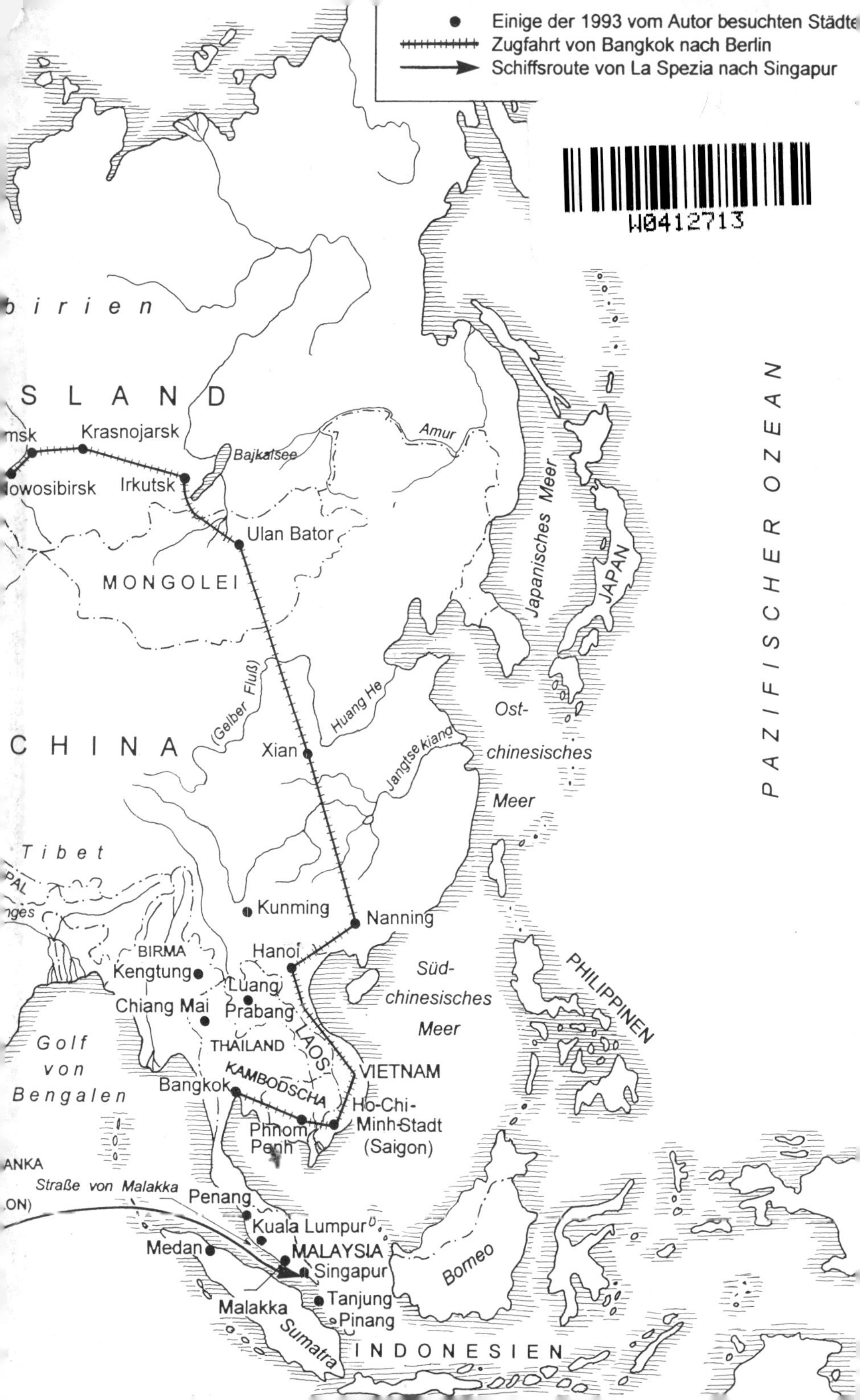
Einige der 1993 vom Autor besuchten Städte
Zugfahrt von Bangkok nach Berlin
Schiffsroute von La Spezia nach Singapur
birien
SLAND
msk
Krasnojarsk
Nowosibirsk
Irkutsk
Bajkalsee
Amur
Ulan Bator
MONGOLEI
Japanisches Meer
JAPAN
PAZIFISCHER OZEAN
Gelber Fluß
Huang He
CHINA
Xian
Jangtsekiang
Ost-
chinesisches
Meer
Tibet
Kunming
Nanning
Hanoi
BIRMA
Kengtung
Luang
Prabang
Chiang Mai
THAILAND
LAOS
Süd-
chinesisches
Meer
PHILIPPINEN
Golf
von
Bengalen
KAMBODSCHA
VIETNAM
Bangkok
Phnom
Penh
Ho-Chi-
Minh-Stadt
(Saigon)
ANKA
Straße von Malakka
ON)
Penang
Kuala Lumpur
Medan
MALAYSIA
Singapur
Borneo
Tanjung
Pinang
Malakka
Sumatra
INDONESIEN

Tiziano Terzani, 1938 in Florenz geboren, in Europa und den USA ausgebildet, kannte Asien wie kaum ein anderer westlicher Journalist. Von 1972 bis 1997 war er dort Korrespondent des *Spiegels* – anfangs in Singapur, dann in Hongkong, Peking, Tokio und Bangkok. 1975 war er einer der wenigen westlichen Reporter, die in Saigon blieben, als Vietnams Kommunisten die Stadt übernahmen.

Terzani lebte bereits seit fünf Jahren in China, als er 1984 plötzlich verhaftet, antirevolutionärer Aktivitäten beschuldigt, einen Monat lang umerzogen und schließlich ausgewiesen wurde. »Fremder unter Chinesen« ist das Resultat dieser Erfahrungen. Nach mehrjährigen Aufenthalten in Japan und Thailand ging Terzani 1994 nach Indien.

Er starb 2004 in Orsigna bei Florenz. Von seiner Krebserkrankung und seiner letzten großen Reise um die Welt erzählt das Buch »Noch eine Runde auf dem Karussell. Vom Leben und Sterben« (Hoffmann und Campe 2005). Ebenfalls bei Hoffmann und Campe erschien »Gute Nacht, Herr Lenin. Reise durch ein zerberstendes Weltreich« (1993).

Tiziano Terzani

Fliegen ohne Flügel

Eine Reise zu Asiens Mysterien

Aus dem Italienischen von
Elisabeth Liebl und Rita Seuß

| Hoffmann und Campe |

Die Originalausgabe erschien 1995 unter dem Titel
Un indovino mi disse im Verlag Longanesi, Mailand.
Der Text der deutschen Ausgabe wurde vom Autor durchgesehen und leicht gekürzt.

Der Text der vorliegenden Ausgabe folgt der 2. Auflage von 1997.

1. Auflage 2005

www.hoca.de
Schutzumschlaggestaltung: Steigenberger Grafikdesign, München
Umschlagfoto: DER SPIEGEL
Satz: UMP Utesch Media Processing GmbH, Hamburg
Druck und Bindung: GGP Media GmbH, Pößneck
Printed in Germany
ISBN (10) 3-455-09533-X
ISBN (13) 978-3-455-09533-3

HOFFMANN UND CAMPE

Ein Unternehmen der
GANSKE VERLAGSGRUPPE

Inhalt

Hätte es an mir gelegen, wäre ich, reich, im Florenz der Renaissance geboren worden. Ich hätte die Welt bereist und Briefe an meine Freunde geschrieben. Statt dessen kam ich, arm, mit ein paar Jahrhunderten Verspätung, aber immerhin in Florenz zur Welt. Ich mußte mir nur noch ein Leben erfinden, in dem ich reisen und schreiben konnte.

Ich habe Glück gehabt. Dieses Buch beweist es: Wie all die Bücher, von denen gesagt wird, sie wären ohne die Hilfe von eifrigen Schreibkräften und geduldigen Ehefrauen nie entstanden, verdankt auch dieses seine Existenz einer Kette von günstigen Umständen. Der erste? Wahrscheinlich der Tag, an dem Rudolf Augstein geboren wurde oder aber sein Vater, sein Großvater ... Denn ohne den *Spiegel* wäre ich nicht geworden, was ich bin.

Dem schöpferischen *Spiegel*-Gründer, den Chefredakteuren Erich Böhme, Johannes K. Engel, meinem unmittelbaren Chef Dieter Wild, Stefan Aust und all den anderen, die sich in den letzten fünfundzwanzig Jahren im elften Stock des Glaspalastes an der Brandstwiete die Tür gereicht haben, danke ich von Herzen. Sie haben mir Arbeit gegeben, aber die Freiheit gelassen.

t. t.,
Neu-Delhi, im Juli 1996

Für Angela,
immer wieder!

Ein segensreicher Fluch

Gute Gelegenheiten bieten sich im Leben immer wieder. Die Schwierigkeit besteht nur darin, sie zu erkennen. Doch das ist manchmal gar nicht so einfach. In meinem Fall sah es zunächst eher nach einem Fluch aus. *»Vorsicht! 1993 läufst du Gefahr zu sterben. In diesem Jahr darfst du nicht fliegen. Nicht ein einziges Mal!«* hatte mir ein Wahrsager geraten.

Das war in Hongkong gewesen. Und es war reiner Zufall, daß ich diesem alten Chinesen begegnet bin. Im ersten Moment machten mich seine Worte natürlich stutzig, aber dann zerbrach ich mir nicht weiter den Kopf darüber. Wir schrieben Frühjahr 1976, und 1993 schien mir noch in weiter Ferne.

Dennoch vergaß ich dieses Datum nicht. Es war mir stets gegenwärtig – beinahe wie der Termin für eine Verabredung, von der man noch nicht weiß, ob man sie einhalten wird oder nicht.

1977 … 1987 … 1990 … 1991. Sechzehn Jahre sind eine lange Zeit, besonders wenn man gewissermaßen am ersten Tag steht. Aber wie die Zeit überhaupt, ausgenommen die Jugend, gingen auch diese Jahre rasend schnell vorbei, und bald neigte sich 1992 seinem Ende zu. Was nun? Sollte ich den alten Chinesen ernst nehmen und eingedenk seiner Warnung mein Leben neu ordnen? Oder sollte ich so tun, als ob nichts wäre, also weitermachen wie bisher, und mir sagen: »Zum Teufel mit all den Wahrsagern und ihren Lügenmärchen!«?

Ich hatte bis dahin mehr als zwanzig Jahre lang ununterbrochen in Asien gelebt – zunächst in Singapur, dann in Hongkong, Peking, Tokio, schließlich in Bangkok –, und so kam ich zu dem Schluß, daß es wohl am besten sei, auf diese »Prophezeiung«

asiatisch zu reagieren: mich also nicht dagegenzustellen, sondern mich ihr zu beugen.

»Du glaubst also daran?« stichelten meine Journalistenkollegen, besonders jene aus dem Westen – Leute, die auf alle Fragen stets ein klares Ja oder Nein erwarten; auch auf solche, die so falsch gestellt sind wie diese. Man braucht ja nicht an die Wettervorhersage zu glauben, um an einem wolkigen Tag mit dem Regenschirm aus dem Haus zu gehen. Der Regen ist eine Möglichkeit, der Schirm eine Vorsichtsmaßnahme.

Warum also das Schicksal herausfordern, wenn es dir schon einen Fingerzeig, einen Wink gibt? Beim Roulette setzen manche Spieler, wenn Schwarz drei- oder viermal hintereinander gefallen ist, aus Gründen der statistischen Wahrscheinlichkeit alles, was sie haben, auf Rot. Ich nicht. Ich setze wieder auf Schwarz. Denn hat mir die Kugel nicht in diesem Sinne zuge»zwinkert«?

Die Vorstellung, ein ganzes Jahr lang nicht zu fliegen, war außerdem an sich schon reizvoll genug. In erster Linie als Herausforderung. Der Gedanke, daß ein alter Chinese aus Hongkong den Schlüssel zu meiner Zukunft in der Hand halten könnte, amüsierte mich außerordentlich. Es schien mir wie ein erster Schritt in ein unbekanntes Land. Ich war neugierig zu sehen, wohin weitere Schritte in diese Richtung mich führen würden. Wenn schon nichts weiter dabei herauskäme, dann wenigstens dies, daß mein Leben eine Zeitlang anders als bisher verlaufen würde.

Seit Jahren war ich immer nur per Flugzeug unterwegs gewesen. Bei meinen beruflichen Reisen in die heikelsten Gebiete der Welt, wo gerade Kriege, Revolutionen oder furchtbare Katastrophen im Gange waren, habe ich natürlich öfter einmal den Atem angehalten, wenn ein Flugzeug mit brennendem Motor landete oder es dem Mechaniker erst im allerletzten Moment gelang, das Fahrwerk, das im Bauch der Maschine festklemmte, durch eine offene Bodenluke zwischen den Sitzen mit Hammerschlägen zu lösen.

Hätte ich 1993 die Prophezeiung in den Wind geschlagen, und wäre ich unbeirrt weiter geflogen, hätte ich jene Unruhe gewiß noch stärker empfunden, die früher oder später jeden packt, der einen großen Teil seiner Zeit in der Luft verbringt – auch den Piloten; doch im wesentlichen hätte ich meine Routine fortgesetzt: Flugzeug, Taxi, Hotel, Taxi, Flugzeug. Jener divinatorische Wink aber – *divin*, göttlich, und divinatorisch, wie verwandt die Worte sind! – gab mir Gelegenheit, ja zwang mich dazu, eine Variante in meinen Tagesablauf einzuführen.

Die Prophezeiung war der Vorwand. Die Wahrheit ist, daß ein Mensch mit fünfundfünfzig Jahren große Lust verspürt, sein Leben mit einem Schuß Poesie zu würzen, die Welt mit neuen Augen zu betrachten, die Klassiker wieder zu lesen, wieder zu entdecken, daß die Sonne aufgeht, der Mond über den Himmel zieht und die Zeit nicht nur eine mit der Uhr meßbare Einheit ist. Dies war meine Chance, und ich konnte sie mir nicht entgehen lassen.

Wie aber sollte ich es anstellen? Ein Jahr lang meinen Beruf aufgeben? Einen längeren Urlaub nehmen oder trotz dieser Beschränkung einfach weiterarbeiten? Wie viele andere Berufe, so ist auch der Journalismus heute in hohem Maß von der Elektronik abhängig. Computer, Modem, Tempo spielen eine überragende Rolle. Die Prägnanz und die Promptheit der satellitenübertragenen Fernsehbilder haben neue Standards gesetzt, und statt das Reflektierende, das Persönliche in den Vordergrund zu rücken, läuft der gedruckte Journalismus nun hinter der unschlagbaren Unmittelbarkeit – und damit auch Oberflächlichkeit – des Fernsehens her.

In den Tagen des Massakers auf dem Tian-An-Men-Platz sendete CNN live vom Ort des Geschehens im Zentrum Pekings. Viele Kollegen blieben deshalb lieber in ihrem Hotelzimmer vor dem Fernseher sitzen, statt sich mit eigenen Augen anzusehen, was wenige hundert Meter entfernt geschah. Es war dies die schnellste Art, sich auf dem laufenden zu halten, die Ereignisse zu verfolgen. Und auch ihre Tausende von Kilometern entfernten Chefredakteure sahen in ihren Fernsehern genau dieselben Bilder. Diese Bilder wurden zur Wahrheit; zur einzigen Wahrheit. Überflüssig, sich aufzumachen und nach einer anderen zu suchen.

Doch wie würden meine Vorgesetzten wohl auf die Ankündigung reagieren, daß ihr Asienkorrespondent aus einer Laune heraus beschlossen hatte, ein ganzes Jahr lang nicht zu fliegen? Was würden sie von jemandem halten, der 1993 urplötzlich zu einem Journalisten der Jahrhundertwende mutierte, zu einem jener Berichterstatter, die sich bei Kriegsausbruch zum Ort des Geschehens aufmachten und häufig erst dann ankamen, wenn alles schon vorbei war?

Die Gelegenheit, das festzustellen, bot sich mir im Oktober 1992. Hans Werner Kilz, Chefredakteur des *Spiegel,* kam nach Bangkok, und eines Abends nach dem Essen erzählte ich ihm ohne Umschweife die Geschichte des Wahrsagers aus Hongkong und berichtete ihm von meiner Absicht, 1993 kein Flugzeug zu besteigen.

»Nachdem Sie mir das jetzt gesagt haben, kann ich wohl kaum noch von Ihnen verlangen, daß Sie nach Manila fliegen zum nächsten Staatsstreich oder nach Bangladesh zum nächsten Taifun. Tun Sie, was Sie für richtig halten«, war seine Antwort. Generös wie immer, meine Vorgesetzten in weiter Ferne! Sie erkannten, daß sich aus dieser meiner Laune etwas Neues ergeben könnte, daß wir möglicherweise dem Leser etwas zu bieten haben würden, mit dem die anderen nicht aufwarten konnten.

Die Reaktion des *Spiegel* nahm mir zwar einen Stein vom Herzen, war aber nicht ausschlaggebend für meinen Entschluß. Die »Prophezeiung« trat mit Beginn des neuen Jahres in Kraft, und ich hob mir die Entscheidung für den allerletzten Augenblick auf, für den 31. Dezember, Schlag Mitternacht, gleichgültig, wo ich mich dann gerade befinden würde. Es war in den Wäldern von Laos. Das »Festessen« bestand aus einem Omelett mit Eiern der roten Waldameise; zu trinken gab es keinen Champagner, sondern frisches Wasser; aber als ich mein Glas hob, nahm ich mir das Versprechen ab, der Versuchung zu fliegen aus keinem Grund und um keinen Preis nachzugeben. Ich würde mit allen nur denkbaren Verkehrsmitteln in der Welt umherreisen, nur nicht mit einem Passagierflugzeug, einem Hubschrauber, einem Segelflugzeug oder Luftgleiter.

Es war ein fabelhafter Entschluß, und das Jahr 1993 wurde zu einem der außergewöhnlichsten meines Lebens: Ich hätte sterben sollen und wurde wiedergeboren. Was wie ein Fluch aussah, erwies sich als wahrer Segen.

Ich bewegte mich zwischen Asien und Europa mit dem Zug, dem Schiff, dem Auto, manchmal auch zu Fuß, und damit änderte sich der Rhythmus meiner Tage; die Entfernungen erhielten wieder ihren Wert zurück, und im Reisen fand ich die alte Freude des Entdeckens und des Abenteuers wieder. Der Möglichkeit beraubt, zum Flughafen zu eilen, mit einer Kreditkarte zu zahlen und blitzschnell an jedem beliebigen Ort der Welt einzutreffen, war ich mit einemmal gezwungen, die Welt wieder als einen komplizierten Organismus zu betrachten. Meerengen, die Länder voneinander trennen, mußten überquert, Flüsse überwunden werden, und zum Überschreiten von Grenzen benötigte man ein Visum – ein Sondervisum mit dem Vermerk »Auf dem Landweg«, als sei der Landweg, besonders in Asien, inzwischen derart ungewöhnlich, daß sich automatisch jeder verdächtig macht, der darauf besteht, ihn zu benutzen.

Von einem Ort zu einem anderen zu gelangen war nun nicht mehr eine Frage von Stunden, sondern von Tagen, ja Wochen. Um keine Fehler zu machen, mußte ich vor Reiseantritt die Landkarte sorgfältig studieren und mich mit Geographie befassen. Die Berge waren jetzt wieder mögliche Hindernisse auf meinem Weg und nicht mehr schöne, aber belanglose Ziselierungen in einer Landschaft, die man vom Flugzeugfenster aus betrachtet.

Das Reisen per Zug oder Schiff über große Entfernungen hinweg hat mir das Gefühl für die Weite der Welt wiedergegeben. Insbesondere habe ich dadurch die Menschen wiederentdeckt, zumal jene, die die Mehrheit ausmachen; durch das Fliegen vergißt man beinahe, daß es sie gibt: jene Menschen, die mit Bündeln und Kleinkindern beladen unterwegs sind und über deren Köpfe Flugzeuge im wahrsten Sinne hinweggehen – wie alles andere auch.

Der selbstauferlegte Verzicht zu fliegen wurde zu einem Spiel voller Überraschungen. Wenn man eine Zeitlang so tut, als sei man blind, entdeckt man, daß gewissermaßen als Entschädigung für das fehlende Augenlicht die anderen Sinne sich schärfen. Eine ähnliche Wirkung stellte sich mit der Abkehr vom Flugzeug ein: Der Zug mit seinem bequemen Umgang mit der Zeit und seiner unbequemen Bewältigung des Raums bringt einem die veraltete Neugier auf Einzelheiten wieder, schärft die Aufmerksamkeit für die allernächste Umgebung, für das, was draußen vor dem Fenster vorbeigleitet.

Im Flugzeug lernt man rasch, nicht hinzusehen, nicht hinzuhören: Die Leute, denen man begegnet, sind immer die gleichen; die Gespräche, die man führt, liegen auf der Hand. Nach dreißig Jahren Fliegen habe ich das Gefühl, mich an niemanden erinnern zu können. In Zügen, asiatischen jedenfalls, ist dies anders! Den Menschen, mit denen man die Tage, die Mahlzeiten und die Langeweile teilt, würde man sonst nicht begegnen, und manche bleiben einem unvergeßlich.

Erst wenn man sich entschlossen hat, auf sie zu verzichten, merkt man, wie sehr einem die Flugzeuge ihre beschränkte Wahrnehmung des Daseins aufzwingen; wie durch die bequeme Verkürzung der Entfernungen schließlich alles verkürzt wird: auch das Verstehen der Welt. Man verläßt Rom bei Sonnenuntergang, ißt zu Abend, döst ein bißchen, und bei Tagesanbruch ist man schon in Indien. Aber zu einem Land gehört auch dessen Andersartigkeit, und man sollte sich die Zeit nehmen, um sich auf diese Begegnung vorzubereiten, sich anstrengen, um die »Eroberung« dann auch genießen zu können. Alles ist heute so einfach geworden, daß man sich an nichts mehr freut. Einen Reiseführer zwischen zwei Flughäfen zu lesen ist nicht zu vergleichen mit der langsam-mühevollen Einverleibung der Eigenarten dieser Erde, mit der man im Zug stets in Berührung bleibt.

Wenn man mit dem Flugzeug – ohne die geringste Mühe – ankommt, sind sich alle Orte ähnlich: lediglich ein paar Flugstunden voneinander entfernte Ziele. Die Landesgrenzen, durch Natur und Geschichte geschaffen und im Bewußtsein der Völker verankert, die innerhalb dieser Grenzen leben, verlieren ihre Bedeutung, verschwinden für den, der durch die vollklimatisierten Glashallen der Flughäfen ein- und ausreist, wo die »Grenze« ein Polizeibeamter vor dem Computerbildschirm ist, wo die Begegnung mit dem Neuen in Gestalt eines Fließbands stattfindet, auf dem die Koffer heranrollen, und wo die Ergriffenheit eines Abschieds durch die Erwartung des obligaten Besuchs beim Duty-free-Shop gedämpft wird.

Schiffe nähern sich Ländern behutsam durch die Mündungen ihrer Flüsse; ferne Häfen werden wieder zu sehnlichst herbeigewünschten Zielen, jedes mit einem eigenen Gesicht, einem eigenen Geruch. Was man einst Luftlandeplatz nannte, war noch ein wenig so. Heute ist es anders. Flughäfen sind trügerisch wie Werbesprüche, sind Inseln vergleichsweiser Perfektion auch inmitten zerfallender Länder, und darin sich gleich; überall wird heute dasselbe internationale Kauderwelsch geredet, das einem den Eindruck vermittelt, man sei zu Hause angekommen. In Wirklichkeit ist man nur an irgendeiner Peripherie gelandet, von der man sich per Bus oder Taxi zur weit entfernten Stadtmitte aufmachen muß.

Bahnhöfe hingegen sind wahrhaftig, sie sind der Spiegel der Stadt, in deren Herz sie gesetzt sind. Bahnhöfe befinden sich neben Kathedralen, Moscheen, Pagoden und Mausoleen. Wenn man da ist, ist man wirklich angekommen.

Mit dem Verzicht aufs Fliegen habe ich jedoch nicht auch gleichzeitig meinen Beruf an den Nagel gehängt, sondern bin stets rechtzeitig dort gewesen, wo es erforderlich schien: ob es die ersten demokratischen Wahlen in Kambodscha waren oder die Eröffnung der ersten Verbindungsstrecke – zu Land! – zwischen Thailand und China quer durch Birma.

Im Sommer habe ich sogar meinen alljährlichen Besuch bei meiner Mutter in Europa absolviert, dank einer »historischen« Zugreise von Bangkok nach Florenz: mehr als 20000 Kilometer durch Kambodscha, Vietnam, China, die Mongolei, Sibirien und so weiter – einer Reise, die an sich nicht ungewöhnlich ist, nur daß sie seit langem niemand mehr unternommen hat. Ein Monat im Rhythmus von Stoß und Gegenstoß der Räder und Schienenschwellen, des Pfiffs von Lokomotiven verschiedener

Länder; eine Reise durch ein Gebiet, das auf der Karte wie ein kleiner Teil der Welt aussieht.

Zur Rückfahrt bestieg ich in La Spezia, diesmal zusammen mit meiner Frau Angela, ein klappriges Schiff des Lloyd Triestino, das die große klassische Route durchs Mittelmeer, den Suezkanal, das Rote Meer, den Indischen Ozean und die Straße von Malakka bis nach Singapur fuhr. Wir waren die beiden einzigen Passagiere an Bord. Ansonsten eine Ladung von zweitausend Containern und eine ganz und gar italienische Crew von achtzehn Mann.

Ohne den Vorwand des Wahrsagers hätte ich nichts von alldem getan, und 1993 wäre ein Jahr wie viele andere gewesen, ohne auch nur ein einziges jener Abenteuer, durch die die Zeit ihren Rhythmus erhält.

Wie viele große Geschichten bieten sich einem Journalisten im Laufe seines Lebens schon? Wenn es das Schicksal gut mit ihm meint, ein paar! Mir war meine Portion Glück bereits zuteil geworden: Im Frühjahr 1975 war ich in Saigon, als die Kommunisten dort einzogen und der Vietnamkrieg zu Ende ging, der für meine Generation darstellte, was der Spanische Bürgerkrieg für die Generation Hemingways und Orwells war. Im Sommer 1991, als sich das Sowjetimperium auflöste und der Kommunismus unterging, befand ich mich im »Bauch« der UdSSR. Eines Tages würde ich vielleicht, wenn ich wirklich Glück hatte, Zeuge eines weiteren großen Ereignisses werden. In der Zwischenzeit aber mußte ich meine Aufmerksamkeit auf weniger Spektakuläres, weniger Aufsehenerregendes richten.

Mit dem Entschluß, nicht zu fliegen, hatte ich zugleich einen anderen gefaßt, der mir gewissermaßen als logische Konsequenz der ganzen Sache erschien. Ich hatte mir vorgenommen, überall, wo ich mich in diesem Jahr aufhalten würde, den bekanntesten Wahrsager, den mächtigsten Magier, den meistverehrten Asketen, den Hellseher, Besessenen oder Verrückten der Gegend aufzusuchen, um etwas über mein Schicksal zu erfahren, um ihn zu bitten, einen Blick in meine Zukunft zu werfen.

Natürlich bekam ich alles Mögliche und Unmögliche zu hören. Jede Begegnung war ein Abenteuer. Unterwegs habe ich zahllose Warnungen zusammengetragen, Ratschläge zur Lebensführung, dazu diverse Öle, Amulette, Pillen, Pülverchen und Anleitungen, um mich vor den verschiedensten Gefahren zu schützen. Am Ende des Jahres war ich mit Fläschchen, Briefchen und dergleichen mehr beladen, die ich mit mir herumtrug. Die Wirkungskraft jedes dieser Gegenstände war an die Respektierung bestimmter Tabus geknüpft – ein Zeichen dafür, daß in jedem System, sei es nun religiös oder sonstwie beschaffen, das Erlangen eines bestimmten Glücks immer die Belohnung für eine Anstrengung ist, für Verdienste, die man sich erst erwerben muß. Ein schönes Prinzip, scheint mir, auch wenn ich bei meinen »Verdiensten« notgedrungen Einschränkungen machen mußte.

Hätte ich alle Ratschläge befolgt und alle Verbote beachtet, wäre mein Leben noch weitaus komplizierter geworden, als ich es mir mit meinem Verzicht aufs Fliegen ohnehin schon gemacht hatte. Auf einer indonesischen Insel riet mir ein *bomoh*, ein Spezialist für Schwarze Magie, keinesfalls gegen die Sonne, ein anderer, keinesfalls gegen den Mond zu pinkeln; eine Schamanin in Singapur, die mit der Stimme eines taoistischen Weisen von vor zweitausend Jahren zu mir sprach, empfahl mir in Versen und altertümlichem Chinesisch, kein Hunde- oder Schlangenfleisch mehr zu essen; ein anderer Wahrsager, ich solle mich vor Rindfleisch hüten; wieder ein anderer, ich solle mich den Rest meines Lebens streng vegetarisch ernähren. Ein alter Lama in Ulan Bator las mir meine Zukunft aus den Rissen im Schulterblatt eines Schafs, das in einem Feuer aus getrockneten Kuhfladen langsam geschwärzt wurde, und überreichte mir dann ein Tütchen mit getrockneten wohlriechenden Kräutern der mongolischen Steppe, die ich im Augenblick der Gefahr benutzen sollte wie Riechsalz bei Ohnmachtsanfällen; unweit Phnom Penhs ließ mich ein buddhistischer Mönch, angekleidet wie ich war, ein Vollbad nehmen, und zwar in dem Wasser, mit dem er die Epileptiker der Gegend heilte.

Viele der Wahrsager, die mir begegneten, waren nichts als farbige Erscheinungen, manchmal sogar richtige Betrüger, die sich auf diese Weise vor allem ihr Brot verdienten. Einige dagegen waren tatsächlich bemerkenswert; sie besaßen ein ungewöhnliches Verständnis für die Menschheit, eine ungewöhnliche psychische Fähigkeit, im Kopf anderer zu lesen oder »Narben« zu sehen, die das normale Auge nicht wahrnimmt. Bei einigen hatte ich wirklich das Gefühl, sie besäßen so etwas wie den siebten Sinn.

Ist das möglich? Ist es möglich, daß dem Menschen im Laufe der Jahrtausende bestimmte Fähigkeiten abhanden gekommen sind, die ihm zuvor ganz natürlich zu eigen waren und die heute nur noch bestimmte Menschen auszuüben fähig sind?

Die Weltgeschichte ist voller Zeichen und Wunder, aber insbesondere im Westen hat man den Eindruck, all dies gehöre der Vergangenheit an. In Asien hingegen dient das Okkulte noch heute dazu, die Tagesereignisse zu erklären – und zwar mindestens im gleichen Maße wie die Wirtschaft und bis vor kurzem noch die Ideologie.

In China, in Indien und in Indonesien gehört das, was wir Aberglauben nennen, noch ganz selbstverständlich zum Alltag. Die Astrologie, die Chiromantie, die Kunst, im Gesicht eines Menschen, aus seinen Fußsohlen oder den Teeblättern in seiner Tasse die Zukunft zu lesen, spielen für das Leben des einzelnen wie auch für die kollektiven Ereignisse in den verschiedenen Ländern eine ebenso große Rolle wie die Praktiken der Heiler, der Schamanismus und das *feng-shui*, die Lehre von Wind und Wasser, die kosmische Geometrie.

In Asien hängen Entscheidungen wie der Name eines Neugeborenen, der Erwerb eines Stücks Land, der Verkauf eines Aktienpakets, die Ausbesserung eines Daches, der Zeitpunkt einer Reise oder eine Kriegserklärung von Kriterien ab, die mit unserer Logik nichts zu tun haben. Millionen von Ehen werden heute noch auf diese Weise geschlossen; Tausende von Häusern werden, wie einst ganze Städte, auf diese Weise geplant und gebaut; ein Großteil der kleinen und größeren politischen Beschlüsse, die ganze Völker angehen, werden noch heute aufgrund irgendwelcher Glaubensvorstellungen oder aufgrund der Ratschläge derer gefaßt, die in einer der zahlreichen Methoden, das Okkulte zu befragen, bewandert sind.

Seit jeher hat der Mensch versucht, dem Rätsel seines Daseins einen Sinn zu geben, einen Schlüssel zu seiner Zukunft zu finden, und dabei gehofft, sein Schicksal beeinflussen zu können. Häufig wird vergessen, daß das Chinesische als Schriftsprache keineswegs als Mittel der zwischenmenschlichen Kommunikation, sondern als Medium zur Befragung der Götter entstand. »Soll ich gegen den Nachbarstaat Krieg führen oder nicht?« – »Werde ich die Schlacht gewinnen oder nicht?« Derartige Fragen ließ der König auf einen flachen Knochen einritzen, durch dessen Löcher dann eine glühende Eisenspitze eingeführt wurde. Die Antwort der Götter ergab sich aus den durch die Hitzeeinwirkung hervorgerufenen feinen Rissen. Man mußte sie nur zu lesen verstehen. Die Knochen mit diesen Ideogrammen, die vor 3500 Jahren entstanden, sind die ersten bekannten chinesischen »Handschriften«.

Noch heute stellen die Chinesen, besonders die aus der südostasiatischen Diaspora, ihren Göttern unzählige Fragen. So werden zum Beispiel zwei große Holznieren in die Luft geworfen, und prompt kommt der ersehnte Ratschlag vom Himmel: Je nachdem, wie die beiden Hölzer auf den Boden fallen – beide mit der Oberseite nach unten, beide nach oben oder eines nach oben und eines nach unten –, lautet die Antwort »Ja«, »Nein« oder »Versuch's noch mal!«.

Die Prophezeiung, die mich betraf, gab mir die Möglichkeit, diese verschiedenen Methoden zu erkunden, diese Art von Ratschlägen zu erhalten, neue Wege der Erkenntnis zu erproben und mit dieser seltsam geheimnisvollen Welt in Kontakt zu treten, die ich so oft schon gespürt, geahnt und flüchtig gestreift, doch niemals ernst genug genommen hatte.

Meine Beschäftigung mit dem Aberglauben war auch eine Reaktion auf das sich verändernde Asien. Ich wollte sehen, was von jenem »geheimnisvollen Orient« übriggeblieben war, der jahrhundertelang eben wegen seiner Andersartigkeit westliche Besucher immer wieder in seinen Bann gezogen hatte. In den

Zeitungen heißt es, Asien erlebe gegenwärtig einen Wirtschaftsboom und das nächste Jahrhundert werde das Jahrhundert Asiens sein. Solche Aussagen bewegen Banker und Investoren, die die Welt anhand der von ihren Computern produzierten Graphiken beurteilen.

In Wirklichkeit aber ist das Asien des Wirtschaftswunders beileibe nicht nur ein Kontinent auf fröhlichem Wachstumskurs; Asien ist in einem langsamen Selbstmord begriffen, indem es einem Entwicklungsmodell folgt, das es sich nicht selbst gewählt hat, sondern das ihm von der Logik des Profitdenkens aufgezwungen wird – einer Logik, die heute das gesamte Verhalten des Menschen unerbittlich zu beherrschen scheint.

Alte Städte werden hinweggefegt, um anonymen »modernen« Wohnsilos Platz zu machen; Volkskulturen werden durch den Druck neuer Verhaltensmuster beiseite gedrängt, die aus dem Ausland per Satellit bis in die letzte Hütte des birmanischen Dschungels oder der mongolischen Steppe gesendet werden. Eine ungeheure Woge des Materialismus reißt im Augenblick alles und jeden mit sich fort. Und doch – womöglich als Reaktion auf diese Entwicklung, die eine immense Orientierungslosigkeit ausgelöst hat – lebt in Asien auch unter den jungen Leuten das Interesse an den alten Glaubensbildern wieder auf, das Interesse am Okkulten und an jenen seltsamen Phänomenen, die tief in der Tradition verwurzelt sind.

Vielleicht ist dies auch ein allgemeines Phänomen. In einer Zeit, in der sich Gruppenbeziehungen mehr und mehr auflösen, die Natur sich aus dem Alltagsleben der Menschen zurückzieht, die Lösung aller Probleme ausschließlich der Wissenschaft überlassen wird, da der Tod zu einem Tabu geworden ist, aus dem Leben verdrängt und nicht mehr gemeinsam erlebt wird (wie es noch in meiner Kindheit der Fall war) – in einer solchen Zeit sind sich die Menschen des Sinns ihres Schicksals immer ungewisser und suchen Trost und Verständnis, Hoffnung und Freundschaft, wo immer sich diese bieten.

Vielleicht ist der Orient mit seiner Aura des Exotischen deshalb für viele junge Leute aus dem Westen wieder zu einer begehrten Inspirationsquelle geworden. In den Religionen und

Riten Asiens suchen sie die Antworten, die sie von den eigenen Schulen und Kirchen offenbar nicht mehr erhalten. Der östliche Mystizismus, der Buddhismus, die asiatischen Gurus scheinen – besser als alle unsere westlichen Meister der Philosophie – demjenigen Hilfe bieten zu können, der dem Gefängnis des Konsums, dem Bombardement der Werbung, der Diktatur des Fernsehens entfliehen will.

Immer mehr junge Leute aus dem Westen kehren einer überorganisierten Welt den Rücken, in der in allen Bereichen für Sicherheit gesorgt ist und sogar die Sehnsüchte von fremden Interessen bestimmt werden, und probieren östliche Wege der Spiritualität aus.

Verschiedene Male hatte ich auf meinen Reisen durch Asien die Körper von Europäern in den orangeroten oder violetten Roben buddhistischer Mönche gesehen, aber ich hatte mich nie für ihre Geschichte interessiert. Dieses Jahr hatte ich einen Grund, innezuhalten und zuzuhören, und auf diese Weise habe ich einen Florentiner, wie ich selbst einer bin, kennengelernt, einen früheren Journalisten, der in einem tibetischen Kloster die Gelübde abgelegt hat; und einen jungen holländischen Dichter, der den Weg der strengen Meditation in einem Tempel im Süden Bangkoks gewählt hat. Beide waren auf unterschiedliche Weise zu Opfern der Orientierungslosigkeit unserer Zeit geworden.

Aufgrund dieser Orientierungslosigkeit wohl nimmt auch in den Telefonbüchern Europas der Umfang der Gelben Seiten zu, auf denen Chiromanten, Astrologen und Wahrsager ihre Dienste anbieten. Die Kunden des Okkulten sind nicht mehr nur leichtgläubige alte Tanten, Minderbemittelte, Einsame oder Ungebildete – dies war eine weitere Neuentdeckung für mich. Im Laufe des Jahres habe ich festgestellt, daß ich meine Neugier für diese Welt im Halbdunkel mit sehr vielen Menschen teile; gänzlich unverdächtigen Menschen, die sich scheuen, darüber zu sprechen. Erst als ich zugab, daß ich mich entschlossen hatte, meine »Wahrsagung« ernst zu nehmen, öffneten sie sich, bekannten und erzählten. Es klingt banal, aber das Problem des Schicksals, des günstigen oder ungünstigen Geschicks, und die

Frage, wie man sich dem gegenüber verhält, beschäftigt uns alle früher oder später einmal.

Die folgenden Seiten erzählen die Geschichte dieser seltsamen Reise, dieses Jahres, das ich mit beiden Beinen auf der Erde stehend verbrachte ... oder besser, ich stand weit weniger mit beiden Beinen auf der Erde als je zuvor, denn nie zuvor bin ich ohne Flügel geflogen, wie ich es in diesen dreizehn Monaten tat.

Ein Jahr mit dreizehn Monaten? Ja. Und das läßt sich noch am einfachsten erklären.

Meine Schlußfolgerung?

»Ich gehe prinzipiell nicht zu Wahrsagern, weil ich mich gern vom Leben überraschen lasse«, antwortete eine witzige ältere Dame in Bangkok auf meine Frage, wie oft im Monat sie einen Wahrsager zu Rate zöge.

In meinem Fall ergaben sich die Überraschungen, eben weil ich einen Wahrsager aufgesucht hatte. Seine Prophezeiung hat mir gewissermaßen ein neues Auge geöffnet; hat mich Dinge, Menschen, Orte sehen lassen, die mir sonst verborgen geblieben wären. In einem Korb auf dem Rücken eines Elefanten in Laos sitzend, begann für mich ein Jahr ohnegleichen, und es endete auf einem Meditationskissen in einer buddhistischen Einsiedelei, die von einem Amerikaner geleitet wurde, der früher CIA-Agent gewesen war.

Die Prophezeiung des Wahrsagers hat mich nicht zuletzt auch ... vor einem Flugzeugunglück bewahrt: Am 20. März 1993 stürzte in Kambodscha ein Hubschrauber der Vereinten Nationen mit fünfzehn Journalisten an Bord ab. Unter ihnen befand sich der deutsche Kollege, der meine Vertretung übernommen hatte.

Knapp dem Tode entronnen

Zum Okkulten hatte ich seit jeher eine kühle, distanzierte Beziehung. Die Gründe dafür liegen wohl – wie für so vieles andere – in meiner Kindheit. Das Mißverhältnis begann nämlich schon ziemlich früh.

In eine mit Wasser gefüllte Schale hatten sie ein kleines Foto gelegt. Sie hatten mir ein Handtuch über den Kopf gebreitet, und ich sollte so, im Dunkeln über die Schale gebeugt, das Brustbild eines Soldaten anstarren, das auf dem Grund des Wassers bebte. Die Frauen standen schweigend um mich herum und warteten. Der Einfall war meiner Großmutter gekommen. Sie meinte, daß es dazu eines »Unschuldigen« bedürfe, und ich schien ihrer Definition zu entsprechen. Der Sohn Palmiras, unserer Nachbarin in Monticelli, einem Arbeiterviertel in Florenz, war in Rußland seit dem Rückzug im Winter 1942/43 verschollen. Und ich sollte nun herausfinden, ob er noch lebte, und möglichst auch beschreiben, was er im Augenblick tat.

Ich hätte nur zu gern erzählt, daß ich ihn an einem Tisch sitzen und essen sah, in einem Holzhaus mitten im tiefsten Schnee, aber leider war das einzige, was ich wahrnahm, sein tiefernstes Gesicht, das sich bei jedem meiner Atemzüge leicht bewegte. Das kleine Schwarzweißfoto erinnerte mich an die, die ich auf den Marmorkreuzen im Friedhof von Soffiano gesehen hatte, aber auch das traute ich mich nicht zu sagen.

Dies ist eine der Szenen aus meiner Kindheit, die mir am deutlichsten im Gedächtnis geblieben sind; ich erinnere mich noch genau an die Enttäuschung, die rundum herrschte, als man mir das Handtuch vom Kopf zog und das Wasser wegschüttete. Palmira nahm ihr Bild wieder an sich und trocknete es mit einem Taschentuch ab. Eine der Frauen meinte, daß die Sitzung vielleicht nur deshalb mißlungen sei, weil ich meine Unschuld auf irgendeine Weise schon verloren hätte. Unwahrscheinlich; schließlich war ich damals gerade erst fünf Jahre alt. Vielleicht war die Sitzung ja auch gelungen: Der Sohn Palmiras kehrte nämlich nie zurück.

Nach dieser ersten Begegnung brachte ich jener ungewissen Welt jenseits der Erscheinungen immer nur eine ganz normale, skeptische Neugierde entgegen, und instinktiv ist es mir immer gelungen, für alles Unerklärliche, das meines Weges kam, eine rationale Erklärung zu finden. Immer notwendiger wurden diese Erklärungen, als ich selbst Kinder hatte, denn Kinder lassen nie locker und wollen immer »verstehen«.

Eines Tages trafen wir in Delhi einen alten Sikh. Ich hatte meine Familie dorthin mitgenommen, um meinen vierzigsten Geburtstag zu feiern. Symbolisch hatte ich damit gewissermaßen ein Samenkorn in die indische Erde legen und so in aller Form kundtun wollen, daß ich die Absicht hätte, eines Tages dort zu leben. Dieser Sikh war auf Saskia und Folco zugegangen, die damals gerade acht bzw. neun Jahre alt waren, und hatte sie angesprochen. »Wenn ihr wollt, errate ich den Namen eures Großvaters!« Ungläubig streckten sie ihm ein paar Rupien hin, und nach ein paar Fragen, die er ihnen stellte, schaffte er es tatsächlich, den Buchstaben G auf ein Stückchen Papier zu malen, den Anfangsbuchstaben des Vornamens meines Vaters, Gerardo. Folco und Saskia waren entgeistert, und ich hatte Mühe, sie zu überzeugen, daß, wie bei so vielen »Wundern« Indiens, von den lebendig Begrabenen angefangen bis hin zu dem Seil, das sich von selbst steil aufrichtet, auch hier ein Trick dahintersteckte. Vermutlich hatten sie selbst dem Sikh den Buchstaben durch ihre Antworten auf seine Fragen suggeriert. Nichts zu machen! Sie waren fest davon überzeugt, daß es sich zumindest um Gedankenübertragung handeln mußte, und als wir Jahre später während eines Urlaubs in Thailand alle miteinander Zeugen eines Vorfalls wurden, bei dem jeder Trick auszuschließen war, verstärkte sich diese Überzeugung noch.

Wir hielten uns damals auf der Insel Phi Phi auf, einem tropischen Paradies mit blauem Meer, strahlend weißem Sand und Hütten aus Bambus und Stroh, bis auch hier elektrisches Licht, Faxgeräte und Betonhotels mit Schwimmbad ihren Einzug hielten. Wir wollten gerade ein Boot besteigen, um die geheimnisvollen Grotten zu besichtigen, aus denen die Einheimischen eine von den Chinesen hochgeschätzte Delikatesse holen – nämlich Schwalbennester –, als Yin, der Lebensgefährtin von Seni, einem Kollegen aus Thailand, bei dem wir wohnten, plötzlich einfiel, daß sie ihren Fotoapparat in der Hütte vergessen hatte. »Wartet, ich rufe Seni schnell an!« sagte sie. Anrufen? Auf der ganzen Insel gab es kein Telefon! Doch Yin wandte sich ab, nahm den Kopf zwischen die Hände und schloß die Augen, so als konzentrierte sie sich bis zum äußersten. Wenige Sekunden später tauchte Seni in der Ferne auf, ein schwarzer Punkt, der den weißen Strand entlanglief. »Der Fotoapparat ... Yin, du hast den Fotoapparat vergessen!« Ein Zufall? Selbstverständlich! Damals stand das für mich außer Zweifel.

Folco hingegen war zutiefst beeindruckt. Das Boot, das Meer, die geheimnisvollen Grotten mit den langen Bambuspfählen, an denen die einheimischen Kinder hochkletterten, um an die kostbaren Nester zu gelangen, all dies interessierte ihn plötzlich nicht mehr, wo es doch diese für ihn bewiesene Möglichkeit gab, mittels Gedanken zu kommunizieren. Er »übte« den ganzen Tag und verkündete vor dem Abendessen, er werde nun mit der Mutter Kontakt aufnehmen, die nach Florenz hatte reisen müssen. »Was macht sie denn gerade?« fragte Saskia. »Sie schläft. Ich sehe, wie sie schläft. Und sie ist ganz in blaues Licht getaucht«, antwortete er. Um jene Zeit war es in Italien gerade früher Nachmittag, bei uns zu Hause gibt es kein blaues Licht, und meine Frau – das weiß jeder – schläft am Mittag nie.

Eine Woche später kam Angela aus Florenz zurück und erzählte, daß sie an jenem Tag im Contadino war, in unserem Landhaus, das sich im toskanisch-emilianischen Teil des Apennin, in einem Dörfchen namens Orsigna, befindet. Ausnahmsweise hatte sie an jenem Tag nach dem Essen ein wenig geschlafen, und zwar im Kinderzimmer, das himmelblaue Vorhänge hat. Ein Sohn mit übersinnlichen Fähigkeiten? Unfug! Ein gelungener Scherz!

Auch ich hatte von wahrgewordenen Prophezeiungen gehört, von Menschen, die Unglaubliches tun, die fliegen, schweben, in die Vergangenheit oder in die Zukunft schauen können. Trotzdem hatte ich diesen Dingen nie größere Bedeutung beigemessen. Wenn nur etwas davon wahr wäre, so dachte ich mir, wie könnte man dann noch normal weiterleben? Wenn unser Schicksal in unserer Hand geschrieben stünde, wenn der Lauf der Geschichte von den Sternen abhinge, wie könnte man fortfahren, die Tram zu besteigen, ins Büro zu gehen oder die Stromrechnung zu bezahlen? Müßte man dann nicht sein bisheriges Leben aufgeben, um sich ganz dem Studium dieser Phänomene zu widmen? Da die Menschen aber einfach so weitermachen, als wäre da nichts, nachdem Züge abfahren, die Post ankommt, die Zeitungen erscheinen, muß jene Welt, so sagte ich mir, die Erfindung einiger weniger sein, eine Ausgeburt der Phantasie, eine von vielen Ausdrucksformen des natürlichen Bedürfnisses des Menschen, an etwas zu glauben, das jenseits der Erscheinungen liegt. Kein Grund, mich damit zu beschäftigen.

Auf diese Weise hatte ich jahrelang in Asien gelebt, ohne mich um die verborgene Seite der Dinge weiter zu kümmern. Ich hatte Tempel besucht und heilige Männer, hatte Geschichten aller Art gehört, ohne mich davon übermäßig beeindrucken zu lassen. Und außerdem hatte ich jedesmal, wenn ich einer jener seltsamen Geschichten auf den Grund ging, etwas gefunden, das nicht ganz stimmte. Die Wirklichkeit, wie sie mir erschien, war letztlich nie so, wie sie mir erzählt worden war.

Während all der Jahre in Asien hatte ich mir nie mein Horoskop stellen lassen und war niemals zu einem der unzähligen Wahrsager gegangen. Gerade gegen sie verspürte ich seit meiner Kindheit einen instinktiven Widerwillen. Als ich noch ein Junge war, unmittelbar nach dem Krieg, kamen häufig Zigeuner an unserem Haus vorbei, die meiner Mutter aus der Hand lesen wollten. Sie weigerte sich jedesmal, verrammelte die Tür und schimpfte, daß dies doch alles Diebe seien, die uns hypnotisieren und uns das wenige nehmen wollten, was wir hatten.

Solche Ausbrüche meiner Mutter hatten mich natürlich beeinflußt.

Auch zu jenem »schicksalhaften« Wahrsager hatte ich eigentlich nicht gehen wollen. Wir waren gerade von Singapur nach Hongkong umgezogen, und dort hatte ich einen alten Freund wiedergetroffen, einen Chinesen aus Shanghai, mit dem ich in den sechziger Jahren an der Columbia University in New York studiert hatte. Seine Frau, eine Enkelin des letzten Kriegsherrn von Yunnan, war eine bekannte Filmregisseurin, die – als gute Chinesin – das Glücksspiel liebte und höchst abergläubisch war. Hin und wieder fuhr sie nach Macao und verbrachte dort – wie ich übrigens auch – ganze Tage an den Tischen der Kasinos, wo Black Jack, Baccarat und vor allem *fan tan* gespielt wurde, jenes einfache, aber faszinierende Spiel, bei dem der Croupier einen Behälter voller Knöpfe auf den Tisch leert und diese dann langsam mit einem Elfenbeinstöckchen in Vierergruppen aufteilt. Das Spiel besteht darin, zu erraten, wie viele Knöpfe am Ende übrigbleiben: keiner, einer, zwei oder drei? Das Schöne an diesem Spiel ist, daß man es von oben verfolgt, von einer Balustrade aus, und daß man Einsatz und Gewinne in Weidenkörbchen an einer Schnur hinunterläßt bzw. heraufzieht.

Bevor diese chinesische Freundin das Tragflächenboot nach Macao nahm, befragte sie jedesmal ihren Wahrsager, um herauszufinden, ob sie an diesem Tag Glück haben würde. »Er ist einer der besten Wahrsager in Hongkong. Du mußt ihn kennenlernen. Komm doch einfach mit!« hatte sie gesagt und damit am Ende meinen Widerstand gebrochen.

Der Mann wohnte in einer der vielen uralten, baufälligen Mietskasernen von Wanchai, in denen es wie in einem Bienenstock wimmelte. Die Türen zu den einzelnen Wohnungen standen auch nachts offen, damit die Luft durchziehen konnte; vor Einbrechern schützten mit Vorhängeschlössern versehene Eisengitter. Wir stiegen mehrere Stockwerke hoch, bis wir vor einem dieser Gitter standen. Ich sah auf dem Fußboden den roten Lichtschein eines Altärchens, vor das man eine Schale Reis und Mandarinen als Opfer für die Schutzgeister des Hauses und die Ahnen gestellt hatte. Ich erinnere mich an den angenehmen

Geruch von Weihrauch und an einen etwa siebzigjährigen Chinesen, der hinter einem alten Metallschreibtisch saß. Der Mann trug einen ärmellosen Trikotkittel, und sein Kopf war geschoren wie der eines Mönchs; seine knochigen Hände ruhten auf ein paar alten Büchern und einem Abakus.

Der Mann erteilte meiner chinesischen Freundin die Ratschläge, die sie haben wollte. Dann zeigte er mit dem Finger auf mich und sagte zu ihr in Kantonesisch, einem Dialekt, den ich nicht verstand: »Er interessiert mich!« Und ich gab nach.

Er maß zuerst mit einem Faden die Länge meines Unterarms, dann betastete er meine Stirnknochen, fragte nach Tag und Stunde meiner Geburt, machte ein paar Berechnungen auf seinem chinesischen Rechenbrett, sah mich fest an und begann dann zu sprechen. Ich erwartete die üblichen vagen Floskeln eines Wahrsagers, die man interpretieren kann, wie man will, die man wie ein Gummiband in die Länge und Breite ziehen kann, bis sie mit der Wirklichkeit mehr oder weniger übereinstimmen. Wenn er gesagt hätte: »Du bist verheiratet, aber in deinem Leben gibt es eine andere Frau«, hätte ich mir sagen können: »Ah, vielleicht meint er jene!« Wenn er gesagt hätte: »Du hast drei Kinder«, hätte ich mich bei dem Gedanken amüsiert, daß ich neben Folco und Saskia wohl irgendwo auf der Welt noch ein anderes Kind gezeugt hatte. Aber als meine chinesische Freundin anfing zu übersetzen, traute ich meinen Ohren nicht. *»Vor etwa einem Jahr wärst du fast eines gewaltsamen Todes gestorben, du hast dich mit einem Lächeln gerettet ...«* Gewiß, das stimmte; aber wie konnte dieser alte Chinese, den ich nie zuvor gesehen hatte, mit solcher Genauigkeit ein Ereignis beschreiben, das nur ich kannte und von dem auch meine chinesische Freundin nie gehört hatte?

Es hatte sich in Kambodscha zugetragen, genau ein Jahr zuvor. Phnom Penh war am 17. April gefallen. Ich, der ich das Land einige Tage zuvor verlassen hatte, befand mich in Bangkok, in der friedlich-luxuriösen Seifenblase des Oriental Hotel am Fluß Chao Phraya, und ärgerte mich grün und blau bei dem Gedanken, daß einige Freunde und Kollegen in Phnom Penh geblieben waren, das nun in Händen der Roten Khmer war, um die weiteren Geschehnisse zu verfolgen. Nicht dabeizusein erschien mir wie eine schreckliche persönliche Niederlage, die ich nicht gewillt war hinzunehmen. Ich mietete mir also einen Wagen und fuhr nach Aranyaprathet, einer thailändischen Stadt an der Grenze zu Kambodscha. Am 18. April passierte ich zu Fuß die eiserne Brücke, die zugleich der Grenzübergang ist. Ich hatte die Wahnvorstellung – eine verantwortungslose, dumme Idee, die bewies, wie wenig ich damals von den Roten Khmer verstanden hatte –, daß ich von dort aus schon irgendwie nach Phnom Penh gelangen würde. Also marschierte ich in jene Richtung los.

In panischer Angst rennende Kambodschaner kamen mir entgegen, hupende Autos, bis unters Dach vollgepackt mit Menschen und Koffern. Entsetzt versuchten sie alle, Thailand zu erreichen. Manche machten mir Zeichen, ich solle doch umkehren, aber ich beachtete sie nicht. Ich war gerade im Städtchen Poipet eingetroffen, als die Roten Khmer im Gänsemarsch dort ihren Einzug hielten. Die Regierungssoldaten warfen ihre Waffen fort, legten ihre Uniformen ab und flohen. Es gab keinerlei Widerstand. Niemand schoß. Die ersten Roten Khmer marschierten an mir vorbei, als hätten sie mich nicht gesehen. Die nächsten dagegen stoppten, richteten ihre Maschinenpistolen auf mich und stellten mich auf dem Marktplatz gegen eine Wand. Dabei schrien sie etwas, das sich anhörte wie »CIA … CIA … American, American!« Sie wollten mich erschießen.

Ich hatte kambodschanische Guerillakämpfer bisher nur als Leichen gesehen, die nach einer Schlacht am Rande der Straße oder eines Reisfeldes liegengeblieben waren. Diese hier waren die ersten lebenden. Sie waren jung, gerade aus dem Dschungel gekommen, hatten trockene, fahle Haut und von Malaria gerötete Augen. Ihr Blick war hart. »CIA … American«, schrien sie weiter und traten ein paar Schritte zurück, als wollten sie der Wirkung ihrer Schüsse nicht zu nahe sein. Ich war sicher, daß sie mich erschießen würden, doch an jenem Tod, den ich mir rasch und schmerzlos vorstellte, bekümmerte mich nur die Art, wie die Nachricht wohl nach Hause gelangen würde, und das Leid, das er meiner Familie zufügen mußte. Also zog ich mit einer instinktiven Geste meinen Paß, der damals noch grün war, aus der Tasche und sagte auf chinesisch, wer weiß, warum, mit einem gewinnenden Lächeln: »Ich bin Italiener … Italiener … nicht Amerikaner, Italiener!«

Aus dem Grüppchen, das hinter den Guerillakämpfern stand und zuschaute, übersetzte ein hellhäutiger Mann, sicher ein ortsansässiger chinesischer Kaufmann, meine Worte: »Ich bin Journalist. Tötet mich nicht! Wartet wenigstens, bis einer der politischen Kader kommt! Laßt ihn entscheiden! … Ich bin Italiener!« Ich lächelte dabei weiter und schwenkte meinen Paß. Schließlich senkten die Roten Khmer ihre Maschinenpistolen. Sie winkten mich zur Seite und überließen mich der Obhut eines blutjungen Kameraden, der mich stundenlang bewachte, wobei er mir immer wieder mit der Mündung seiner dicken chinesischen Pistole langsam und neugierig über Gesicht, Nase und Augen fuhr.

Gegen Abend kam ein älterer Guerillakämpfer dazu, der der Chef der Gruppe zu sein schien. Ohne mich auch nur anzusehen, beriet er sich über lange Minuten mit seinen Leuten. Dann wandte er sich mir zu und teilte mir in perfektem Französisch mit, er heiße mich im befreiten Kambodscha willkommen. Dies sei ein historischer Augenblick, der Krieg sei zu Ende und ich frei, zu gehen.

Spät in der Nacht lag ich wieder zwischen den frischen Leintüchern des Oriental Hotel in Bangkok.

»Wenn jemand eine Waffe auf dich richtet, dann lächle«, sage ich seitdem zu meinen Kindern, und es scheint mir dies eine der wenigen Lektionen fürs Leben, die ich ihnen geben kann.

Mir selbst war von dieser Episode mit den Roten Khmer etwas mehr geblieben als eine »Lektion fürs Leben«. Die wahre Angst kam, wie so oft, erst später. Monatelang hatte ich Alpträume und erlebte diese Szene in Zeitlupe wieder. Nicht immer ging sie gut aus. Offensichtlich hatte mich das Ereignis »gezeichnet«.

Doch wie konnte der alte chinesische Wahrsager in seiner heruntergekommenen Wohnung in Hongkong jenes Brandmal erkennen? Hätte ich einen Messerstich abbekommen oder eine

Kugel, dann wäre eine Narbe auf der Haut zurückgeblieben, die jeder hätte sehen können. Aber mit welchem Auge hatte der Wahrsager von Hongkong die Narbe sehen können, die die Roten Khmer in mir hinterlassen hatten, dort, wo ich selbst sie nicht wähnte? Purer Zufall? Diesmal wäre das schwieriger zu behaupten gewesen.

Nachdem er in meine Vergangenheit geblickt hatte, sprach der Wahrsager von meiner Beziehung zu den fünf Naturelementen: Feuer, Wasser, Holz, Metall und Erde. *»Du liebst das Holz!«* sagte er. Das stimmt: Wenn ich irgend kann, umgebe ich mich mit Dingen aus Holz, und von allen Essenzen ist mir die aus Sandelholz am liebsten. *»Du bist glücklich, wenn du nahe am Wasser wohnst.«* Das stimmt: In Singapur und in Hongkong haben wir immer mit Blick aufs Meer gewohnt, und in Italien können wir von unserem Landhaus in Orsigna aus das Rauschen eines Wildbachs hören. Dann sprach er jenen Satz aus, der mein Leben ein ganzes Jahr lang bestimmen sollte: *»Vorsicht! 1993 läufst du Gefahr zu sterben. In diesem Jahr darfst du nicht fliegen. Nicht ein einziges Mal.«* Dann fügte er, gewissermaßen als Trost, hinzu: *»Wenn du ein Flugzeugunglück überlebst, wirst du vierundachtzig Jahre alt.«*

Zwischen der präzisen Beschreibung eines Ereignisses in der Vergangenheit und der akkuraten Vorhersage der Zukunft besteht keinerlei Zusammenhang, doch macht das eine das andere natürlich glaubwürdiger. Aus diesem Grund – das habe ich erst später entdeckt – gehen alle Wahrsager so vor, daß sie zunächst von der Vergangenheit sprechen. Ganz so einfach konnte ich die Prophezeiung des Alten aus Wanchai also nicht abschütteln. Statistisch gesehen war sein »Wahrsagen« weit mehr als Zufall. Die Schilderung, wie ich dem Tode knapp entronnen war, konnte nicht auf alle Leute, die sein winziges Zimmer in Wanchai betraten, zutreffen. Es war nicht, als sagte man zu einer verheirateten Frau: »Sie haben Kinder« oder »Sie haben keine Kinder«. Mit meinem Erlebnis in Poipet lag ich völlig außerhalb des Durchschnitts.

Und wenn der Mann auf seine Weise fähig gewesen war, derart ins Schwarze zu treffen und im Jahre 1976 zurück ins Jahr

1975 zu sehen, konnte er dann nicht ebensogut vorwärts, ins Jahr 1993, blicken?

So gestellt, und wenn auch nur zum Spaß, ließ sich diese Frage nicht so leicht beiseite schieben. Die Vorstellung, ein Jahr lang darauf eine Antwort zu suchen, erschien mir ungeheuer anziehend ... um so mehr, als der leicht beunruhigende Stichtag nahte.

Am 18. Dezember 1992 flog ich von Bangkok nach Vientiane; am 22. kam ich an Bord eines kleinen, schwankenden Flugzeugs chinesischer Bauart in Luang Prabang an, der alten Königsstadt von Laos.

Laos: An welchem Ufer liegt das Glück?

Zu den schönsten Passagen in Hermann Hesses *Siddharta* gehört die Stelle, an der der Prinz, der kurz darauf zum Buddha, dem Erleuchteten, wird, am Flußufer sitzt und erkennt, daß ohne das Zeitmaß Vergangenheit und Zukunft stets gegenwärtig sind, wie der Fluß, der da ist, wo man ihn sieht, gleichzeitig aber auch an der Quelle und der Mündung. Das Wasser, das noch vorbeifließen muß, ist das Morgen, aber es ist schon da, stromaufwärts; das Wasser, das bereits vorübergeglitten ist, ist das Gestern, aber es ist noch da, anderswo, stromabwärts.

Ich saß auf dem Hügel Wat Phusi in Luang Prabang und blickte im vergoldeten Frieden des Sonnenuntergangs ergriffen hinunter auf den Zusammenfluß des majestätischen Mekong mit dem kleinen, ungestümen Nam Khan, als mir die Vision Siddhartas wieder in den Sinn kam. Es schien mir, als seien diese schlammigen Gewässer, die sich vereinigten und ineinander aufgingen, in der Tat wie das Leben – auch das meine –, das aus vielen Zuflüssen bestand; und als seien Vergangenheit, Gegenwart und Zukunft ununterscheidbar, wie hier, in diesem unbarmherzigen Dahinströmen: fünfundfünfzig Jahre, vorbeigeflossen wie dieser Strom, der zum Chinesischen Meer unterwegs war; die noch verbliebenen waren bereits aus den Gesteinsspalten des Himalaya hervorgesprudelt und strömten unbeirrbar dahin, in ihrem Verlauf bis zur letzten Stunde festgelegt. Wenn ich noch höher hätte hinaufgelangen können, hätte ich dann noch mehr vom Fluß gesehen, in beiden Richtungen? Und damit auch mehr von der Vergangenheit, mehr von der Zukunft?

Ich war allein, und wie es eben so ist, wenn man sich inmitten der Natur befindet, ohne eine Menschenseele in der Nähe, wenn sich der Geist von den Fesseln der Logik befreit und der Phantasie Flügel wachsen, tauchten die absurdesten Vorstellungen an der Schwelle meines Bewußtseins auf. Ja, vielleicht war das, was wir Zukunft nennen, schon da, und wir nehmen es aufgrund unseres eingeschränkten Blickwinkels nur nicht wahr. Vielleicht ist die Zukunft in Wirklichkeit schon vergangen, und deshalb können manche sie mit derselben Leichtigkeit »lesen«, mit der wir alle das Licht eines Sterns wahrnehmen, der bereits vor Jahrhunderten erloschen ist. Das Geheimnis besteht darin, aus der Dimension der Zeit herauszutreten – der Zeit, wie wir sie zu verstehen gewohnt sind, die aus Jahren, Stunden, Sekunden besteht.

Laos war, psychologisch gesehen, eine ideale Vorbereitung auf meinen Entschluß, nicht zu fliegen und gewissermaßen aus der Zeit herauszutreten. Dieses Land hat instinktiv jahrelang dasselbe getan. Ohne einen Zugang zum Meer, umgeben von unpassierbaren Bergen, die es gegen China und Vietnam abschirmen, geschützt vom Mekong, der es von Thailand trennt, ohne eine einzige Brücke zwischen den beiden Flußufern, hat Laos trotz der Kriege, der Invasionen und des Drucks seiner Nachbarn seinen alten Lebensrhythmus unbeirrt beibehalten. Zwar befindet sich dem Kalender nach auch Laos im 20. Jahrhundert, aber geistig verharren die Laoten in ihrer eigenen Zeit, und sie haben nicht die Absicht, diese zu verlassen.

Die Thai haben breite Autobahnen bis an ihr Mekong-Ufer gebaut und den Laoten auf tausenderlei Art und Weise den Gedanken schmackhaft zu machen versucht, daß eine einzige Brücke genügen würde, um sie an das thailändische Straßennetz anzuschließen und ihnen so einen direkten Zugang zum Hafen von Bangkok wie auch ein bequemes Einfallstor für die Dollar-Touristen zu verschaffen. Die Laoten ließen sich nicht überreden. »Nein, danke. Wir brauchen keine Brücke«, wehrten sie jedesmal ab. »Wir wollen weiter auf unsere Art leben.«

Doch leider ist auch diese Lebensart zum Untergang verurteilt. Nicht etwa, weil die Laoten plötzlich ihre Meinung geändert hätten, sondern weil heute ein Land am Scheideweg zwischen der zerstörerischen Modernisierung und einer Isolation, die ihm hilft, seine Identität zu bewahren, in Wirklichkeit keine Wahl hat: Andere haben an seiner Stelle die Wahl bereits getroffen. Geschäftsleute, Bankiers, die Experten der internationalen Organisationen, die Funktionäre der UNO und der Regierungen in aller Welt sind überzeugte Propheten eines »Fortschritts« um jeden Preis; sie glauben an eine Art Mission, die sie zu erfüllen haben. Zuweilen wie jener amerikanische General, der in Vietnam ein vom Vietcong besetztes Dorf dem Erdboden gleichmachte und dann mit dem Stolz dessen, der überzeugt ist, etwas Verdienstvolles geleistet zu haben, verkündete: »Wir mußten es zerstören, um es zu retten.«

In Laos passiert genau dasselbe: Um das Land aus der Unterentwicklung zu führen, wird es von den neuen Missionaren des Materialismus und des wirtschaftlichen Wohlstands zerstört. Den härtesten Schlag allerdings haben ihm die Australier versetzt. In der Absicht, Gutes zu tun, ließ die Regierung in Canberra eine schöne große Brücke über den Mekong bauen und machte sie Laos zum Geschenk; damit verliert das Land jetzt seine Unberührtheit. Mit einem tief verwurzelten Mißtrauen gegenüber allem, was neu und modern ist, nennen die Laoten sie bereits die »Aids-Brücke«.

Tief in ihrer Seele sind die Laoten ein Volk der Vergangenheit, das aus purem Zufall – aufgrund der Tatsache, daß ihr Land in Indochina liegt – gezwungen war, physisch inmitten der Gewalt der heutigen Welt zu leben. Dafür haben sie einen hohen Preis bezahlt. Zur Versorgung der Guerillakämpfer des südvietnamesischen Vietcong legten die Kommunisten von Hanoi durch die Wälder von Laos den berühmt-berüchtigten Ho-Chi-Minh-Pfad an; um diesen Nachschubweg zu blockieren, warfen die Amerikaner zwischen 1964 und 1973 – in »geheimen« Operationen – mehr Bomben auf Laos ab als im Zweiten Weltkrieg auf Deutschland und das von den Deutschen besetzte Europa: zwei Millionen Tonnen Sprengstoff.

Und auch heute, in Friedenszeiten, kann Laos aufgrund seiner geographischen Lage nicht so leben, wie es möchte, es wird gezwungen, »modern« zu werden, die Rolle eines Bindeglieds zwischen China und Thailand, eines Durchgangslandes zwischen den beiden mächtigen Nachbarn zu übernehmen, bei denen der Fortschritt bereits Einzug gehalten hat.

Noch braucht man Laos nur zu betreten, um zu spüren, daß etwas Einzigartiges und Poetisches in der Luft liegt: Die Tage sind lang und träge, und die Menschen sind von einer ruhigen Heiterkeit, die man in Indochina sonst nicht findet. Die Franzosen, die die Bevölkerung ihrer Kolonien gut kannten, sagten: »Die Vietnamesen pflanzen Reis, die Khmer schauen zu, und die Lao lauschen, wie er wächst.«

Im Frühjahr 1972 kam ich zum erstenmal nach Laos. Auf einem Balkon des Hotels Constellation in Vientiane saß ein blondes Hippie-Mädchen und rauchte eine Marihuana-Zigarette, deren starken Duft man bereits auf der Treppe roch. Als das Mädchen mich kommen sah, raunte sie mir zu, als wolle sie mir einen geheimen Schlüssel zum Verständnis des Landes anvertrauen: »Vergiß nicht, Laos ist kein Ort, es ist ein Geisteszustand.«

Ich hatte es nicht vergessen und wollte Laos deshalb noch einmal wiedersehen, bevor auch dieses Land – zwanzig Jahre später – ein »Ort« werden würde, ein Ort wie alle anderen: voller Neonlampen, Beton und Plastik. Den journalistischen Vorwand lieferten mir zwei Meldungen: Die eine betraf die Öffnung des Ho-Chi-Minh-Pfads für den Tourismus, die andere den Bau der großen transasiatischen Autobahn von Singapur nach Peking. Der Abschnitt durch Laos sollte, nachdem die Brücke über den Mekong fertiggestellt war, durch Luang Prabang führen, mitten durch die alte Königsstadt, einen der romantischsten und friedlichsten Orte Asiens, eines der letzten Refugien für den alten Zauber des Fernen Ostens.

Luang Prabang fand ich bei meiner Ankunft so zauberhaft, wie ich es in Erinnerung hatte: hingeduckt in seinem grünen, lauschigen Tal, umgeben von Berggipfeln, die wie mit einem chinesischen Pinsel gemalt sind, überragt vom Hügel des Wat Phusi, von dem aus die Pracht der Tempel, in weiser Unordnung auf dem Landstreifen zwischen dem Mekong und dem Nam Khan verstreut, für die Ewigkeit erbaut scheint.

Im Morgengrauen hatte ich wieder jenem ergreifenden

Schauspiel beigewohnt: wenn Hunderte von Bonzen aus ihren Klöstern strömen und durch die steingepflasterte Hauptstraße ziehen, um die Essensgaben der auf dem Gehweg knienden Bevölkerung in Empfang zu nehmen. Ja, es war genau diejenige, die zu einem Teilstück der transasiatischen Autobahn umgebaut werden sollte! Zum Glück – so entdeckte ich – hatten einige alte Bewohner den Mut gefunden, sich gegen das Projekt zur Wehr zu setzen, und sogar der Gouverneur hatte sich zugunsten einer alternativen Lösung ausgesprochen: einer Umgehungsstraße, die an der Stadt vorbeiführt. Doch ist Luang Prabang damit gerettet? Keineswegs. Ein anderes Projekt, das niemand in Frage stellt, sieht vor, die gegenwärtige, bescheidene Landebahn zu einem großen Flughafen auszubauen, der sich für Jumbos mit ihren Touristenladungen eignet.

Was für eine schreckliche Einrichtung doch der Tourismus ist! Einer der unheilvollsten Gewerbezweige! Durch ihn wurde die Welt in einen riesigen Kindergarten, in ein Disneyland ohne Grenzen verwandelt. Bald werden auch in der alten, fernen Königsstadt von Laos diese neuen Invasoren zu Tausenden einfallen, Soldaten aus dem Reich des Konsums, die mit ihren Fotoapparaten, ihren unerbittlichen Videokameras den letzten natürlichen Zauber hinwegnehmen, der hier noch überall vorhanden ist.

Warum dreht sich in Asien ein alter Mann weg, warum wehrt er sich, versucht sich zu verstecken, bedeckt sein Gesicht, wenn er einen Fotoapparat auf sich gerichtet sieht? Weil er glaubt, daß dieser Fotoapparat etwas von ihm wegnimmt, etwas Wertvolles, das dann für immer verloren ist. Hat er denn nicht recht damit? Stimmt es denn nicht, daß durch den Verschleiß, dem sie durch Abertausende von ausschwärmenden Touristen geknipsten Fotos ausgesetzt sind, unsere Kirchen ihren sakralen Charakter verloren und unsere Monumente ihre Patina der Erhabenheit eingebüßt haben?

Tibet hatte zum Schutz der eigenen Vergeistigung seine Grenzen jahrhundertelang für jedermann geschlossen gehalten und sich so seine ganz besondere Aura bewahrt. Hier war es die chinesische Invasion, die den Zauber brach: Auch sie erfolgte selbstverständlich im Namen des Fortschritts. Zu den bestürzendsten Meldungen, die ich in letzter Zeit gelesen habe, gehört die Nachricht, die Chinesen hätten zur Erleichterung des Tourismus – wozu sonst? – beschlossen, die Beleuchtung des Potala, Kloster und Palast des Dalai Lama, zu »modernisieren«, und zu diesem Zweck Neonlicht installiert. Das geschah gewiß nicht ohne Berechnung: Neonlicht tötet alles, auch die Götter. Und mit ihnen stirbt allmählich auch die Identität der Tibeter.

Der große japanische Schriftsteller Junichiro Tanizaki preist in einer eindrucksvollen Passage über den Untergang des von der Modernität hinweggefegten alten Japan die Schatten, die so viel zur Schaffung der Atmosphäre und damit der Seele der alten Holz- und Papierhäuser beigetragen hatten.

Der Halbschatten des Potala hatte den gleichen Zweck: Nach Betreten der Räume dieses großartigen, düsteren Palastes nahm man im flackernden Licht der Butterlampen erst allmählich die Fratzen der Ogren und das gütige Lächeln der Buddhas wahr. Das Neonlicht macht heute jegliches Entdecken zunichte, stutzt dem die Flügel, der sich noch von den Schwingen des Geistes emportragen lassen will.

Anfang des Jahrhunderts kam Pierre Loti mit der bangen Erwartung eines Pilgers und auf einem von schwarzen Ochsen gezogenen Karren im kambodschanischen Angkor an, um bei den Bonzen um Unterkunft zu bitten, die damals in den Tempeln wohnten. Zwanzig Jahre später organisierte die Agentur Cook's bereits Ausflüge sowie nächtliche Tanzvorführungen inmitten der Ruinen und verkaufte den Touristen Steine als Andenken.

Der Mann, der im Jahr 1860 Angkor für die Menschheit – und für die Touristen – »entdeckt« hatte, hat diese seine Errungenschaft mit dem Leben bezahlt. Nur wenige wissen, daß sich sein Grab noch heute östlich von Luang Prabang befindet. Und ich wollte vor ihm, dem Abenteurer und Forscher Henri Mouhot, dessen Lebensgeschichte mich schon immer fasziniert hatte, niederknien.

Mouhot erforschte als französischer Naturwissenschaftler das kurz zuvor zur Kolonie gewordene Indochina. Ehe er zu seiner Expedition aufbrach – er wollte den Mekong aufwärts bis nach China vordringen –, hatte er den Bericht eines Mönchs gelesen, der zehn Jahre zuvor im Dschungel unweit des Städtchens Siem Reap auf seltsame Ruinen gestoßen war; doch Mouhot hatte keine Ahnung, was ihn dort erwartete. Eines Tages, als er, *La Traviata* singend, immer tiefer in den Urwald eindrang – so erzählt er in seinen Briefen –, spürte Mouhot plötzlich, wie sich aus dem Dickicht der riesenhaften Bäume zwei, vier, zehn, hundert steinerne Augen auf ihn richteten und ihm freundlich zulächelten. Ich habe oft versucht, mir vorzustellen, was er in jenem Augenblick, für den sich seine Reise und sein Tod gelohnt haben, empfand.

Mouhot verweilte eine Zeitlang in den Ruinen von Angkor und setzte dann, ständig Tagebuch führend, seinen Weg nach Norden fort. Er erreichte Luang Prabang, ging weiter und erkrankte während seines Marsches am Fluß Nam Khan, als er das Dorf Naphao gerade hinter sich gelassen hatte. Am 19. Oktober notierte er: »Ich habe Fieber.« Tagelang findet sich hernach im Tagebuch keine Zeile mehr; erst am 29. Oktober die letzten, mit zitternder Hand geschriebenen Worte: »Mein Gott, hab Erbarmen mit mir …« Mouhot starb am 10. November 1861, gerade 35jährig.

Ihn aufzusuchen war für mich weitaus einfacher gewesen: von Luang Prabang aus eine halbe Autostunde in Richtung Ban Noun; dann zehn Minuten zu Fuß auf einem von Gestrüpp überwucherten Pfad eine Böschung hinunter. Als ich ankam, hatte ich den Eindruck, Mouhot sterbe in diesem Augenblick. Alles war unverändert. Derselbe Fluß strömte mit demselben friedvollen Rauschen dahin, das Mouhot beschrieben hatte, derselbe Wald flüsterte mit denselben tausend Stimmen von damals, und eine Frau ging in der Ferne mit einem Weidenkorb auf dem Rücken vorüber – eine Frau von heute, aber auch dieselbe von vor 132 Jahren.

Das Grab befindet sich da, wo Mouhot starb, in einer Einbuchtung des Hügels, etwa 30 Meter oberhalb des Nam-Khan-Ufers, als hätten seine Begleiter es so hoch errichten wollen, damit die Strömung es nicht mit sich risse: ein steinerner Grabhügel, dahinter, wie ein Wächter, ein großer Baum und links daneben, wie ein Banner, ein hoher, freudiger, sattgrüner Bambusschopf.

Wie recht hatte Ugo Foscolo mit seinem Lob der Gräber! Gräber sind inspirierend, und nicht zufällig fühle ich mich immer wieder von diesen schlichten, rührenden Lebensspuren angezogen, die westliche Reisende in der Welt hinterlassen haben. Wie viele Stunden habe ich doch auf Asiens Ausländerfriedhöfen verbracht, von Macao bis Chiang Mai, von Nagasaki bis Yokohama. Ich habe versucht, dem Leben jener fern der Heimat Verstorbenen nachzuspüren und mir ihre mit ein paar beiläufigen Worten in den Grabstein gemeißelte Geschichte vorzustellen. Segelschiffskäpitäne, kaum über zwanzig, vom Fieber hinweggerafft; junge Mütter, die in den Wehen der ersten Entbindung ihr Leben lassen mußten; Seeleute ein und desselben Schiffs, binnen weniger Tage an einer plötzlich ausgebrochenen Epidemie gestorben. Manchmal ein alter Mann, der in seinem Leben – so besagt es die Grabinschrift – anderen zum Vorbild geworden war und um den Kinder und Enkel nun weinten. Abenteurer, Missionare, Kaufleute: unbekannte Namen.

Was zieht uns an Gräbern wohl so an? Vielleicht die Tatsache, daß sie außer Gebeinen noch etwas anderes bergen? Ob in der Erinnerung an die Toten auch eine Spur ihres Daseins mitschwingt? Ob der Grabstein sich mit ihrer Geschichte tränkt? Mouhots Grab, jene stille, vergessene Anwesenheit am Ufer des Nam Khan, schien wirklich zu sprechen. Indem ich es besuchte, verlieh ich ihm gleichsam Leben. Oder verhielt es sich eher so, daß jene Vergangenheit ohne das Maß der Zeit immer schon da war, gegenwärtig für den, der bereit war, sich ergreifen, sich inspirieren zu lassen?

Ich hatte mir Laos als letztes Reiseziel des Jahres 1992 ausgesucht, weil ich wußte, daß ich, falls ich mich für den Verzicht aufs Fliegen entscheiden würde, von dort aus ohne Schwierigkeiten auf dem Landweg nach Bangkok zurückkehren konnte. Schon vom ersten Augenblick an stand dieser Besuch im Zeichen jener Gedanken, die meine Neugier erweckten. Mein neues Interesse für das Ungewöhnliche an den Dingen ließ mich auf all das aufmerksam werden, was mir sonst entgangen wäre. Plötzlich schien mir alles durch seine Verbindung mit jener anderen Welt gezeichnet; Menschen, von denen ich sonst nur das anständige gesellschaftliche Gesicht wahrgenommen hätte, zeigten sich mir von einer anderen Seite, die sehr viel eher dem entsprach, was auch mich interessierte. Offenbar war ich es, der dies mit meiner neuen Aufmerksamkeit geschehen ließ.

An meinem letzten Tag in Luang Prabang nahm ich ein Boot und fuhr den Mekong hinauf zu den Höhlen von Tham Thing mit ihren siebentausend Buddha-Statuen. Während des Krieges waren die berühmten Höhlen in einem steil über den Fluß herausragenden Felsen im Schußfeld der Pathet Lao gewesen. Die kommunistischen Guerillakämpfer kontrollierten das umliegende Gebiet, und so war es mir nie gelungen, die Höhlen zu besichtigen. Ich wußte, daß viele der alten Statuen inzwischen gestohlen und an Antiquitätenhändler in Bangkok verkauft worden waren, aber ich wollte trotzdem hin. Denn führte die Strömung dieses Flusses nicht symbolisch auch meine Zukunft mit sich? Ich wollte ihr entgegengehen.

In der Haupthöhle kniete eine Gruppe Laoten vor einem steinernen Buddha, den sie über ihre Zukunft befragten. Ich tat es ihnen nach. Das Verfahren ist denkbar einfach: Langsam und mit gefalteten Händen schüttelt man einen Becher voller Bambusstöckchen, bis eines davon auf den Boden fällt. Jedes Stöckchen trägt eine Nummer; jeder Nummer entspricht ein Zettel mit einer bestimmten Botschaft. Ich hatte die Nummer 11, und die Botschaft lautete: *»Richte deinen Pfeil auf den Riesen Ku Pan. Du tötest ihn bestimmt. Bald hast du keine Feinde mehr, und dein Name wird auf der ganzen Welt bekannt. Deine Angehörigen brauchen dich, und du mußt sie weiter unterstützen. Wenn du Handel treibst, wirst du dein gesamtes Geld verlieren. Du wirst keine Krankheiten bekommen. Reisen gereicht dir zum Vorteil.«*

Die Wahrsagung erschien mir nicht weiter bemerkenswert, aber als ich den Zettel beim Weihnachtsessen in der französischen Botschaft in Vientiane, deren Gast ich war, herauszog, war dies wie ein Funken, der ein großes Feuer entfachte. Bald sprachen alle in dieser förmlichen Runde, in der uns schweigsame livrierte Kellner bedienten, von Wahrsagern, Prophezeiungen und Magie. Jeder hatte eine Begebenheit zu erzählen, von einer eigenen Erfahrung zu berichten, und zwar ganz ohne die bei solchen Themen übliche Zurückhaltung. Vielleicht, weil wir im Schein von Kerzenlicht tafelten, in einem strahlend weißen Haus, inmitten von Bougainvillea und Orchideen eines geheimnisvollen Gartens, den alte Statuen berühmter Forschungsreisender beseelten und eine französische Trikolore beherrschte; vielleicht, weil Europa mit seiner Logik entfernter schien denn je – jedenfalls war es, als hätte mein Zettel die Büchse der Pandora geöffnet und als sei die Stunde für ungewöhnliche Bekenntnisse gekommen.

»Mir hat ein Wahrsager tatsächlich das Leben verändert«, sagte eine schöne und elegante Frau um die vierzig, die kürzlich aus Paris eingetroffen war und mir gegenübersaß. Noch an der Universität war sie von einem Studienfreund schwanger geworden, der kurz darauf bei einem Skiunfall ums Leben kam. Ein gemeinsamer Freund hatte sich ihrer angenommen, und zwischen den beiden entwickelte sich eine große Liebe. Doch eines Tages suchte die Mutter dieses Freundes eine Wahrsagerin auf. »Dein Sohn wird Vater eines Kindes, das nicht das seine ist, und dies muß er unter allen Umständen vermeiden. Es wäre sein Untergang«, sagte sie. Als die Mutter ihrem Sohn davon erzählte, war er so bestürzt, daß er auf die Heirat verzichtete. »... und auf diese Weise bin ich Vater dieses Kindes geworden!« bemerkte ein Herr, der rechts neben der Gattin des Botschafters saß.

Mir schien dieses das typische Beispiel eines Falls, in dem eine Mutter die Hellseherin das aussprechen läßt, was sie selbst dem Sohn nicht zu sagen wagt; mit Hilfe der Autorität des Okkulten gelingt es ihr, die Dinge in ihrem Sinn zurechtzubiegen. Doch die anderen Gäste waren recht beeindruckt, und die Dame, heute eine bekannte Pariser Anwältin, war absolut überzeugt von den »Kräften« jener Frau. Bezüglich meines Wahrsagers in Hongkong waren sich alle darüber einig, daß ich auf ihn hören und nicht fliegen sollte.

Am frühen Morgen brach ich – noch einmal im Flugzeug – zur Ebene der Tonkrüge auf, in jenes eigenartige Tal mitten in den Bergen von Nordlaos, das übersät ist von riesigen, rätselhaften Steingefäßen, manche über zwei Meter hoch und alle sorgfältig behauen. Aber von wem? Und zu welchem Zweck? Die Anthropologen behaupten, es handle sich um Begräbnisurnen eines alten, heute nicht mehr existierenden Volkes chinesischen Ursprungs, aber die Laoten glauben lieber ihren eigenen Legenden. »Es sind Weinamphoren. Riesen haben sie geschaffen«, sagen die Leute. »Auf dem Berg steht ein mächtiger Steintisch, an dem sich die Riesen zu ihren Gelagen versammeln.« Aber auf den Berg kann man nicht steigen.

Ich verbrachte drei Tage in dieser Region. Der Schlafmohn, aus dem Opium gewonnen wird, war reif, schon fielen die roten, violetten und weißen Blütenblätter ab, und die Frauen schnitten die Fruchtkapseln an, um den wertvollen, klebrig-schwarzen Saft in alten Schüsseln aufzufangen. Es war auch die Jahreszeit, in der die Muong, die Bergbewohner, ihr Neujahr feiern und die jungen Leute beiderlei Geschlechts sich der beliebtesten Sportart widmen: einem Ballspiel, durch das sie ihren Lebenspartner finden. In jedem Dorf standen Mädchen in alten Trachten jungen Männern gegenüber; sie warfen sich gegenseitig Stoffbälle zu und sangen stundenlang denselben alten Reim: »Wenn du mich liebst, ziel besser … Wenn du mich willst, mach dich schöner.«

Ich war in Begleitung eines ganz besonderen Führers unterwegs, Claude Vincent, eines etwa fünfzigjährigen, äußerst gebildeten Franzosen, der seit seiner Kindheit in Laos lebte. Er hatte eine Laotin geheiratet und war auch nach der Machtergreifung der Kommunisten 1975 dort geblieben. In den Kriegsjahren waren wir uns häufiger begegnet, ohne uns aber näher kennenzulernen; ich war für ihn einer jener zahllosen Journalisten, die sich wie die Aasgeier auf dieses Land stürzten, angezogen von seinen Toten. Diesmal war es anders, und Claude wollte mir seine Liebe für ein Laos verständlich machen, über das ohne den Krieg keiner mehr schreibt, mit dessen wunderbarer »alter Seele« er aber immer noch sehr verbunden war.

Das wurde mir klar, als wir nach einem in der Ebene der Tonkrüge verbrachten Nachmittag erschöpft in einer Herberge ohne Licht und Wasser ankamen, um dort zu übernachten. Wir sprachen darüber, wie die Kommunisten, ob in China oder in Kambodscha, als erstes Volksbräuche, Aberglauben und Wahrsager ab- und beiseite geschafft hatten, und ich fragte ihn, wie sich die Pathet Lao verhalten hätten.

Claude antwortete mir mit einer Geschichte, die er wenige Jahre zuvor selbst erlebt hatte, die er aber zum erstenmal erzählte ... vor einem Fremden. Oder war ich das schon nicht mehr für ihn?

Es war 1985 in Vientiane: Eines Sonntags beschließt Claude, mit der ganzen Familie zu einem Picknick am Ufer des Mekong aufzubrechen. Eine seiner Nichten ist ganz aufgeregt wegen des Ausflugs, aber plötzlich bekommt sie hohes Fieber, und die Familie erwägt, sie zu Hause zu lassen. Die Kleine ist völlig verzweifelt und besteht darauf, sie müsse, sie müsse unbedingt mit an den Fluß kommen. Unmöglich, sie nicht mitzunehmen. Die Familie läßt sich am Ufer nieder, die Großen essen, die Kleinen spielen in der Nähe des Wassers. Erst als die Zeit zum Aufbruch gekommen ist, merkt man, daß das Mädchen verschwunden ist. Man sucht überall – vergebens. In ihrer Verzweiflung zieht die Familie eine berühmte Seherin zu Rate, die in Trance sagt: »Kommt am nächsten Freitag um 4.45 Uhr nachmittags an die Biegung des Flusses, vor der Pagode werdet ihr sie wiederfinden. Sie wird blaue Zeichen auf dem Körper tragen: eines unter der Achsel, eines auf der Brust.« Die Familie geht zur bezeichneten Stelle, und zur angegebenen Stunde treibt die Leiche des Mädchens heran, mit den blauen Flecken, wie sie die Frau beschrieben hatte.

Die Seherin, erklärte mir Claude, hatte mit dem Flußgeist Verbindung aufgenommen und ihn gebeten, den Körper des Mädchens gegen ein Opfer von sieben Hühnern und einem Schwein freizugeben. Die Schwierigkeit der Familie bestand nun darin, wie sie dem Geist das versprochene Opfer zukommen lassen sollte. Es ist die schlimmste Zeit des kommunistischen Regimes. In jedem Stadtviertel gibt es Spitzel.

Claude, der Unannehmlichkeiten befürchtet, wenn er die Opferhandlung organisiert, begibt sich zu einem hohen Parteifunktionär, um Rat einzuholen. Dessen Reaktion ist überraschend: »Ihr müßt das Opfer unbedingt vollziehen. Ihr habt es dem Flußgeist versprochen, und dieses Versprechen müßt ihr halten.«

Während des Krieges, fügt Claude hinzu, sei es unter den Pathet Lao üblich gewesen, daß sich beim Überqueren eines Flusses der letzte der Patrouille umdrehte und laut den Namen eines nicht existierenden Kameraden rief. Der Flußgeist rafft gewöhnlich den letzten in der Reihe mit sich fort, und auf diese Weise wollten ihn die Guerillakämpfer überlisten.

»Diese Gepflogenheit gilt heute für alle Patrouillen, die Wasserläufe überqueren, als Militärbefehl«, schloß Claude seine Erzählung.

Die Vorstellung, daß in Laos auch die Marxisten-Leninisten in erster Linie Laoten und damit auf ihre Weise unzeitgemäß geblieben sind, gefiel mir außerordentlich.

Am Tag darauf fuhren wir mit einem Jeep in den Norden. Das Gebiet der Ebene der Tonkrüge war von den Amerikanern schlimm verwüstet worden. Die alte Hauptstadt Xieng Khouang wurde durch die Flächenbombardements von B-52 dem Erdboden gleichgemacht. Die neue Siedlung Phone Savan besteht bisher nur aus Holzhütten.

Um den Bomben zu entkommen, haben die Menschen jahrelang in Höhlen gehaust. Wo sie ihre Dörfer nun wiederaufbauen können, verwenden sie dazu, was der Krieg hinterlassen hat: Hülsen von Streubomben – riesige Eier, die in der Luft explodierten und viele kleine Zeitbomben freigaben – finden als Zaunpfähle oder Futtertrog Verwendung; Artilleriegeschosse dienen als Wasserbehälter.

»Wann bist du geboren?« fragte ich eine Marktfrau in Phone Savan. »Vor dem Krieg«, erwiderte sie. Welchen der vielen Kriege sie meinte, war nicht klar. Seit Menschengedenken war Laos im Krieg.

Rund 45 Kilometer hinter Phone Savan teilt sich die Straße: Ein Weg führt nach Osten, Richtung Vietnam und zum Hafen von Vinh, ein anderer nach Norden, Richtung Sam Neua, der alten Hauptstadt der Guerillabewegung, und zur chinesischen Grenze. Am Rand dieser Straße, gut zehn Kilometer nach der Kreuzung, befindet sich die Höhle Tham Piu. Man gelangt nur zu Fuß dorthin, einen Wildbach entlang. Eine nicht explodierte Bombe liegt noch mitten auf einer Wiese. Ein verlassener Ort.

In der weißen Wand des steilen Felsens gähnt ein großes schwarzes, halbrundes Loch. Die Wiesen duften nach frischen Blumen, aber die Laoten, die uns begleiten, wittern den Tod. Wir klettern einen Pfad hinauf und betreten die Felsöffnung. An den Wänden Brandschwärze, Phosphorspuren und überall die Folgen einer verheerenden Explosion. Um uns herum die angesengten Überreste von Küchengeräten, einer Nähmaschine und Kleiderfetzen der Toten.

Es war dies eine der Höhlen, in der die Menschen während des Kriegs hausten. Bis in das steinerne Innere dieses Berges konnten die Bomben nicht dringen. Aber 1968 hatte sich eine T-28, ein kleines Flugzeug der proamerikanischen Regierungstruppen, dem Berg genähert, die Höhle gesichtet und eine Phosphorrakete abgefeuert. Die Explosion innerhalb der Felswände war gewaltig. Alle vierhundert Höhlenbewohner kamen ums Leben.

Nach etwa dreißig Metern fällt die Höhle ab, wird düster, so daß ich nur mit Hilfe meiner Taschenlampe vorankomme. Bald merke ich, daß ich auf Knochen trete; auch von Kindern. Schließlich bin ich allein, und in der vollkommenen Stille bilde ich mir ein, die Schreie von damals zu hören. Ich stelle mir den Piloten vor, der abfeuert, den Treffer bemerkt und voller Euphorie zur Basis zurückkehrt; und die Qual der Sterbenden, die Klagen der Verwundeten, die sich in den hintersten Teil der Höhle schleppen und nie wieder herauskommen.

Gewiß, ich »spüre« all das, weil ich Bescheid weiß. Aber hinterläßt eine derartige Tragödie, ein großer Schmerz, nicht auch eine Spur in der Luft und auf der Erde? Was meinten die Alten, wenn sie vom *spiritus loci* sprachen, anderes, als daß dort, wo etwas Außergewöhnliches geschehen ist, etwas davon hängenbleibt?

»Wart ihr schon einmal in dieser Höhle?« frage ich beim Abstieg ein paar Buben. Sie weichen erschrocken zurück: »Nein! Dorthin kann man doch nicht gehen. Dort sind die *phi!*«* Die Geister, die Gespenster.

Im Westen wäre dieser Ort zur »Höhle der Märtyrer« erklärt worden, jedes Jahr würden dort Gedenkfeiern stattfinden. Für die Laoten hat die Vergangenheit diese Bedeutung nicht. In der Höhle befinden sich nicht die sterblichen Überreste ihrer Familienangehörigen, sondern nur Gespenster, die die Felswände mit Schreien, Qual und Schrecken durchdrungen haben: Man muß ihnen so fern wie möglich bleiben.

Sie sehen die Dinge anders als wir. Kurz zuvor hatte eine amerikanische Expertengruppe in der Ebene der Tonkrüge nach den Resten von Flugzeugpiloten, die während des Kriegs abgeschossen worden waren, gefahndet. MIA – Missing in Action – ist die Bezeichnung dafür. Die Amerikaner gruben im Dschungel, siebten die Erde durch, um wenigstens ein paar Knochensplitter zu bergen; die Abende verbrachten sie in Phone Savan. Die Laoten begegneten ihnen ohne die geringste Feindseligkeit. Keiner hat ihnen wenigstens eines der zahllosen Kinder vor Augen gehalten, die bis heute noch wegen der hier versprühten chemischen Kampfstoffe mit Mißbildungen zur Welt kommen.

Die Frau des Fotografen von Phone Savan hielt ein dreijähriges Kind im Arm, das einen riesigen viereckigen Kopf, klobige Hände und aneinandergewachsene Finger hatte. »Karma«, meinte sie und führte das Unglück dieses Kindes nach buddhistischer Denkungsart auf irgendeine Schuld in seinem vorherigen Leben zurück.

Um von Xieng Khouang nach Pakse im südlichen Laos zu gelangen, mußte ich nochmals fliegen. Die Maschine war eine wackelige Y-21 chinesischer Bauart mit einem Piloten, einem Kopiloten, siebzehn Sitzplätzen und dem Gepäckraum in der einzigen Toilette. Als ich an Bord ging, waren Gänge und freie

* *Pi* gesprochen.

Sitzplätze bereits vollgepackt mit unförmigen blauen Plastiksäcken. Vor dem Notausgang standen die schwarzen Ledertaschen des Piloten und des Kopiloten. Ich versuchte sie hochzuheben: Sie waren bleischwer – und enthielten, wie die blauen Säcke, Fleisch: Schweinefleisch und Rindfleisch. In Vientiane kostet Fleisch doppelt soviel wie in der Ebene der Tonkrüge, und mit ihrem Handel rundeten die Piloten ihr armseliges sozialistisches Gehalt auf.

»Wie kommt man hier im Notfall wieder heraus?« fragte ich mich, als ich merkte, daß sämtliche Fluchtwege durch jene unförmigen Pakete blockiert waren. Mir mißfiel die Vorstellung, daß im Falle eines Unglücks mein Fleisch mit dem in den Säkken verwechselt werden könnte.

Der Himmel wurde grau und zog sich zu, und der Flug durch regenschwere, von Blitzen durchzuckte Wolken, über tiefgrüne Bergketten und steile Gipfel wurde immer dramatischer. Die Landschaft war von außerordentlicher, urtümlicher Schönheit, aber ich konnte sie nicht genießen. Ich schwor mir, daß ich, wenn das Flugzeug jemals in Savannakhet landete, aussteigen und per Boot weiterreisen würde. Und das tat ich dann auch.

Der Mekong floß glatt und friedlich dahin, sein Wasser war schlammig, manchmal mit dicken Blasen durchsetzt. Unser Boot glitt zwischen den beiden Ufern gemächlich dahin, die für mich jenen Widerspruch verkörperten, den ich so gern gelöst hätte: links das laotische Ufer mit im Schatten von Kokospalmen ruhenden Hütten, an einfachen Bambustreppen vertäuten Ruderbooten und dem zärtlichen Glühen der Öllämpchen in der abendlichen Stille; rechts das thailändische Ufer: Neonlichter, Lautsprechermusik und das ferne Brummen von Motoren. Am einen Ufer die Vergangenheit, von der man die Laoten losreißen will, am anderen die Zukunft, auf die alle zustreben zu müssen meinen. An welchem Ufer liegt nun das Glück?

Am 31. Dezember befand ich mich mitten im Wald von Boloven, einer Hochebene tausend Meter über dem Meeresspiegel, zwischen dem Mekong im Westen, der Annamitischen Kordillere im Osten und der Khmer-Ebene im Süden. Dies ist das meistbombardierte Gebiet der Weltgeschichte, denn hier traf der Nachschub aus Hanoi über den Ho-Chi-Minh-Pfad ein, bevor er verteilt wurde: Ein Teil ging über Kambodscha nach Saigon, der andere nach Zentralvietnam. Nicht ein Bauwerk aus der Kolonialzeit, nicht eine Pagode oder ein Dorf ist hier stehengeblieben. Alles wurde im unablässigen Bombenhagel der Amerikaner hinweggefegt. Sogar die Natur hat ihr Antlitz verloren. Wo früher Wald war, ist heute Gestrüpp, und nur ganz selten ist Vogelgezwitscher zu hören. Hier und da haben japanische und thailändische Gesellschaften damit begonnen, auf der fruchtbaren roten Erde wieder die berühmten Kaffeeplantagen anzulegen.

Ich übernachtete in einer Holzhütte, die über einem Wasserfall stand. Das Tosen des Wassers war ohrenbetäubend, und ich verbrachte – angenehm wach – die Neujahrsnacht damit, mir das kommende Jahr 1993 vorzustellen. Das Omelett aus Eiern der roten Waldameise, das man mir für mein einsames »Festmahl« zubereitet hatte, schien mir das Ungewöhnliche der Situation bestens zum Ausdruck zu bringen. Als meine Uhr gleichgültig die Mitternacht anzeigte, war mein Entschluß, nicht zu fliegen, selbstverständlich geworden. Jenes gemächliche Gleiten des Bootes über den Mekong hatte meinen Tagen bereits einen neuen Rhythmus verliehen. Trotzdem war mir, als ließe ich mich auf etwas Gewagtes, beinah Verbotenes ein. Nachdem ich besonnen gelebt und stets der Vernunft gehorcht hatte, gestattete ich mir nun eine Entscheidung, die auf der irrationalsten aller Überlegungen beruhte, und erlegte mir damit eine sinnlose Beschränkung auf.

Am Morgen des 1. Januar 1993 beschloß ich, um mein Vorhaben noch symbolisch zu untermauern, die ersten Schritte ins neue Jahr auf dem Rücken eines Elefanten zu tun. Der Pfad nach Pakson führt durch ein Tal, das in grauer Vorzeit ein Vulkankrater gewesen war. Das Gras stand hoch und grün, hie und da blitzten silbrig glänzende *lulan*-Halme darin auf, die sich im Winde wiegten. Der Sitzkorb des Elefanten war unbequem und wackelig, aber seine Höhe erlaubte es mir, die Welt aus einer neuen Sicht zu genießen.

Die Leichensammler von Bangkok

Der Wagen, der mich in Takeck, dem thailändischen Grenzposten vor Pakse, erwartete, kam mir wie eine Zeitmaschine vor. Er holte mich am Ausgang eines alten, fernen und noch unberührten Laos ab und fuhr mich binnen weniger Stunden in die vulgäre Modernität Bangkoks – in eine dreckige, chaotische und verpestete Stadt, wo das Wasser verschmutzt und die Luft bleiverseucht ist, wo jeder fünfte keine feste Unterkunft hat, jeder sechzigste – Neugeborene eingeschlossen – mit Aids infiziert ist, jede dreißigste Frau auf die Straße geht und wo jede Stunde ein Selbstmord begangen wird.

Man nennt Bangkok die »Stadt der Engel«, und früher war sie das möglicherweise auch. Damals standen die Häuser auf Pfählen, die Straßen waren Kanäle, und die Leute fuhren in Booten herum; die wenigen Straßen auf dem Festland waren von großen Bäumen gesäumt, deren Laub schattige, kühle Gänge für den geringen Verkehr schuf. Die vergoldeten Spitzen der Pagoden überragten alle Häuser und Paläste, sogar den des Königs; dieser hatte sich Anfang dieses Jahrhunderts einen italienischen Architekten kommen lassen und ihn mit der Einrichtung eines Thronsaals betraut.

Bangkok war nie eine besonders schöne Stadt, doch besaß sie einen eigenen Zauber; sie war exotisch. Die tropische Hitze war manchmal unerträglich, aber häufig blies vom Meer eine frische Brise, die den Chao Phraya hinaufwehte und ungehindert über die Häuser strich.

Inmitten der Menschen aus Fleisch und Blut, die sich den vielfältigen Geschäften einer Stadt widmeten, die seit jeher für ihre süßen Laster und ihre nie gelüfteten Geheimnisse bekannt war, lebten zahlreiche andere Wesen, unsichtbare Geschöpfe der Phantasie, der Liebe und der Furcht der Menschen. Auch die Thai nennen diese Wesen – wie die anderen Völker der Region – *phi*, Geister.

Um die *phi* zu beschwichtigen, standen auf jeder Straße und vor jedem Haus Tempelchen, dic ihnen gewidmet waren. Die Menschen sorgten dafür, daß sich dort immer Speisen befanden, kleine Elefanten aus Holz, Gipsfigürchen von Tänzerinnen, ein Gläschen Alkohol oder duftende Girlanden aus Jasminblüten.

Wenn das Fundament für ein neues Haus gelegt oder ein neuer Brunnen gegraben wurde, errichtete man einen kleinen Altar für den Erdgeist, um sich für die Unannehmlichkeiten zu entschuldigen, die man ihm durch diese Arbeiten bereitete. Mit Opfergaben erneuerte man die Bitte um Vergebung und um Schutz. Und wenn man im Zuge der Arbeiten einen Baum fällen mußte, so bat man den Baum-*phi* in einer Zeremonie um Erlaubnis, die Säge so zu seinem Nachteil einsetzen zu dürfen.

Der *phi* des Ortes, auf dem das alte Erawan Hotel gestanden hatte, zeigte sich so zufrieden mit der Behandlung, die ihm zuteil wurde, daß er sogar Wunder wirkte, und sein Tempelhäuschen ist noch heute eines der beliebtesten und meistbesuchten in ganz Bangkok. Eine seiner Spezialitäten ist die Hilfe bei der Zeugung männlicher Nachkommen. Daher sind schon Tausende unfruchtbarer Frauen mit Darbietungen aller Art dorthin gepilgert; einige führten des Nachts – halb nackt – sogar Tänze vor ihm auf.

Während der letzten zehn Jahre wurde Bangkok vom Fieber der Modernität befallen, und gigantische Bauarbeiten haben die gesamte Stadt aufgewühlt: Kanäle wurden zugeschüttet und in asphaltierte Straßen umgewandelt; prächtige hundertjährige Bäume wurden gefällt; Reihen alter Häuser wurden von Bulldozern niedergewalzt; an ihrer Stelle sind Wolkenkratzer mit tiefreichenden Fundamenten aus Stahlbeton entstanden. Man hat die Erde aufgerissen, durchbohrt und umgewälzt, und obwohl man da und dort noch darauf achtete, die *phi* um Vergebung zu bitten, so war die Störung doch so gewaltig, daß viele dieser unsichtbaren Wesen nun höchst aufgebracht sind und die Stadt mit ihrem Zorn verfolgen, die Menschen um die Vernunft bringen oder schreckliches Unglück verursachen. Zumindest sind die alten Einwohner Bangkoks davon überzeugt, und ich glaube, daß sie damit gar nicht so unrecht haben.

Wir wohnten seit knapp einer Woche in Bangkok, als nicht weit von unserem Haus, mitten in der Stadt, gegen sieben Uhr abends, wenn der Verkehr am schlimmsten ist, ein Tanklaster mit Flüssiggas umkippte. Eine Todeswolke hüllte Autos und Häuser ein, ein Funke löste eine Explosion aus, und mehr als hundert Menschen verbrannten. Das war im September 1990.

Einige Monate später hörten wir am frühen Nachmittag ein dumpfes Grollen und sahen in der Hafengegend eine dichte, schwarze Wolke zum Himmel steigen. In Klong Toey war ein Lagerhaus für Chemikalien in die Luft geflogen, was in den angrenzenden Baracken mehrere Dutzend Opfer forderte. Um welche chemischen Stoffe es ging, war nie zu erfahren, doch die mehr als zweitausend Menschen, die sich damals unter der Wolke befanden, leiden seither an unerklärlichen Hautkrankheiten, haben Schwierigkeiten beim Atmen, und viele ihrer Kinder kommen behindert zur Welt.

Ein Unglück folgte auf das andere. In einem der tragischsten Fälle verbrannten hundertneunzig Mädchen, Arbeiterinnen einer Puppenfabrik, bei lebendigem Leib. Als das Feuer ausbrach, hätten sich die Mädchen noch retten können, doch die Direktion hatte, um mögliche Diebstähle zu verhindern, alle Ausgänge mit dicken Vorhängeschlössern gesichert, so daß die Mädchen in der Falle saßen.

Heute ist Bangkok eine verhexte Stadt, eine Stadt, die der böse Blick getroffen hat. Man sagt, es sei zuviel gebaut worden, das Gewicht der Wolkenkratzer lasse die Stadt jedes Jahr um zehn Zentimeter absinken und sie werde bald vom Meer verschlungen. Schon ist es heißer als früher, weil die frische Meeresbrise die Stadt nicht mehr erreicht, sondern von Neubauten abgeblockt wird. Auch herrscht Wassermangel. Aber worüber machen die Politiker und die Leitartikler der lokalen Zeitungen sich die meisten Sorgen? Etwa darüber, daß die armen Menschen nichts mehr zu trinken haben werden? Nein! Sie bekümmert vielmehr, daß den *massage-parlours* – wie Bordelle in Thailand verschämt genannt werden – nicht mehr genügend Waschwasser für ihre zahlreiche Kundschaft zufließt.

Für jeden Unglücksfall gibt es eine rationale Erklärung: Gas explodiert, weil die Sicherheitsvorschriften beim Transport nicht eingehalten werden; Fabriken sind so feuergefährlich, weil deren Besitzer, statt Geld für die so notwendigen Maßnahmen zur Brandbekämpfung auszugeben, dieses lieber in die Taschen der Funktionäre gleiten lassen, welche die Umsetzung der Vorschriften überwachen sollten. Und doch ist die Erklärung, welche sich auf die *phi* beruft, im Grunde die richtigere, weil sie den Kern dessen trifft, was heute nicht nur in Bangkok, sondern in so vielen Teilen der Welt geschieht: Die Natur rächt sich am Menschen, der sie nicht achtet und aus purer Geldgier jegliche Harmonie zerstört.

Als wir nach Bangkok zogen, in das zauberhafteste Haus, in dem wir je gelebt haben, ein Stück altes Siam mitten in einer modernen Betonhölle, bemerkten wir, daß wir kein »Geisterhaus« hatten.

»Hier ist der Geist noch lebendig, und ihr müßt ihm auch jeden Tag etwas zu essen geben!« beruhigte uns Bill Warren, der amerikanische Schriftsteller, der vor uns in dieser altmodischen Residenz gewohnt hatte. Der »Geist« war eine riesige fleischfressende Schildkröte von fast einem Meter Durchmesser, die im Teich unter dem Haus lebte.

Ich war überglücklich. Das Haus stand am Wasser, wie es der Wahrsager aus Hongkong anempfohlen hatte, und die Schildkröte war für mich, der ich lange Jahre unter Chinesen gelebt hatte, die Quintessenz positiver Kräfte. Der Legende nach lebt die Schildkröte jahrhundertelang, weshalb die Chinesen seit jeher die Stelen mit den Edikten ihrer Kaiser auf den Rücken riesiger steinerner Schildkröten gestellt haben. In der chinesischen Tradition hat die Schildkröte außerdem noch eine andere wichtige Bedeutung: Sie symbolisiert den Kosmos. Der untere Teil ihres Panzers ist ein Quadrat, die Erde; der obere Teil hingegen ist gerundet wie der Himmel. Die Schildkröte vereint in sich also die Gesamtheit von Raum und Zeit. Wer diese beiden Elemente beherrscht, versteht die Vergangenheit und kann in der Zukunft lesen. Daher wurde das Tier schon von alters her in der Wahrsagekunst eingesetzt. Die einfache »Gestalt« der Schildkröte hat die Chinesen fasziniert, die in dieser geheimnisvollen Kombination von Volumen und geometrischen Zeichnungen verschlüsselte Botschaften zu erkennen glaubten, die ihnen von den Göttern übermittelt wurden.

Auch unsere Schildkröte war ein Opfer des Fortschritts. Sie hatte – wer weiß wie lange – im Kanalsystem der Stadt gelebt. Dann, als die Kanäle zubetoniert wurden und das Wasser, das früher vor und unter dem Haus vorbeigeflossen war, zu einem toten Teich wurde, saß sie in der Falle.

Bei unserer Ankunft versteckte sie sich, und obwohl wir unser Haus ihr zu Ehren Turtle House nannten, ließ sie sich nicht mehr blicken. Wir wußten, daß sie da war, denn ab und zu verschwand eines unserer Entenküken, aber irgendwie schien sie sich mit uns nicht wohl zu fühlen. Und in der Folge hatte auch das Personal von Turtle House über eine Reihe von Malaisen zu klagen: Der Gärtner hustete ununterbrochen, die Köchin konnte nicht mehr geradestehen, meine Sekretärin litt unter Kopfschmerzen. Angehörige unseres Personals wurden in Autounfälle verwickelt oder starben. Unsere Ankunft hatte die Harmonie der Dinge offensichtlich gestört, und sie mußte auf irgendeine Weise wiederhergestellt werden.

Thailändische Freunde schlugen vor, daß Angela und ich uns zum Smaragd-Buddha begeben sollten, dem höchsten aller *phi* in Bangkok, um ihm mitzuteilen, daß wir jetzt in Thailand seien und einige Jahre zu bleiben gedächten. Andere wiederum rieten uns, die bösen Geister aus Turtle House austreiben zu lassen.

Wir ließen uns das nicht zweimal sagen: Eines Morgens gingen wir zum Wat Phra Keo, dem großen Tempel neben dem Königspalast am Fluß, und verneigten uns mehrmals vor der berühmten Buddha-Figur. Dann, am 9. April, Angelas Geburtstag, bestellten wir neun Bonzen zu uns nach Hause, die Litaneien sangen, einen langen, weißen Faden rund um Haus und Teich spannten, über Menschen und Dinge Weihwasser sprengten und – ihren Bräuchen gemäß – vor der Mittagsstunde die vegetarischen Speisen aßen, die wir ihnen auftischten.

Nachdem außerdem noch ein Schwarm wilder Bienen eine riesige Honigwabe auf einem der Bäume im Garten plaziert hatte, hörten alle Probleme auf.

Mir stand jedoch ein schwieriges Jahr bevor. Ich hatte fest angenommen, daß ich in dieser Region alle wichtigen Orte – wenn auch wesentlich langsamer – per Schiff erreichen konnte. Da hatte ich mich gewaltig geirrt.

Bangkok ist ein Hafen, Hunderte von Schiffen legen dort jeden Tag an, und mehrmals pro Woche geben die Lokalzeitungen eine umfangreiche Beilage heraus, in der Schiffahrtslinien, Namen und Bestimmungshäfen der Passagierschiffe und Ladezeiten der Frachter genannt werden. Wir begannen also, uns telefonisch nach möglichen Verbindungen zu den Philippinen, nach Vietnam, Hongkong und Singapur zu erkundigen. Es war, als fragten wir nach einer Passage zum Mond. Ich sprach mit Bürovorstehern, Generaldirektoren und Präsidenten. Vergeblich! Die höflicheren sagten wenigstens: »Nein, wir befördern leider keine Passagiere. Aber versuchen Sie es doch bei einer anderen Linie.« Und dort hieß es dann: »Ja, früher, da haben wir noch Passagiere mitgenommen, aber heute ...« Unmöglich! Schiffe transportieren heutzutage nur noch Waren, und auch die möglichst in versiegelten Containern, die man nicht aufbrechen kann, die Sonne und Wasser standhalten und in den Häfen von computergesteuerten Kränen aus- und eingeladen werden.

Um nicht in Versuchung zu geraten, das gesamte Projekt fallenzulassen – wie konnte ich mich nur auf Züge verlassen? –, erzählte ich allen von dem Wahrsager in Hongkong und von meinem Entschluß, ein Jahr lang nicht zu fliegen. So bestärkte ich mich selbst, denn hätte ich den Plan aufgegeben, so hätte ich wirklich das Gesicht verloren. Vor allem aber trug es mir die Sympathien verschiedener befreundeter Thailänder ein, die sich plötzlich »verstanden« fühlten.

Die Tatsache, daß ich die Prophezeiung eines chinesischen Wahrsagers ernst nahm, bedeutete für die Thai, daß ich mich ihrer Logik unterworfen und Asiens Kultur akzeptiert hatte. Das schmeichelte ihnen, und so erklärten sie sich bereit, mir zu helfen, wenn auch nur mit guten Ratschlägen. Am häufigsten bekam ich zu hören: »Mach dir keine Sorgen. Du mußt nur Verdienste ansammeln.«

Nach der Vorstellung, die diesem »Verdienste-Ansammeln« zugrunde liegt, ist das Schicksal nicht unabwendbar, und die Sprüche der Hellseher dürfen höchstens als Vorhersage einer Tendenz, eventuell als Warnung, aufgefaßt werden, nie jedoch als unumstößliche Verurteilung. Da sieht ein Wahrsager, daß du bald schwer erkrankst? Daß jemand in deiner Familie sterben wird? Kein Grund zur Verzweiflung. Laß einem Tempel Spenden zukommen, hilf einem Unglücklichen, laß Käfigtiere frei, nimm ein Waisenkind auf, trage deinen Teil zur Errichtung eines Stupa bei oder bezahle einem Armen sein Begräbnis, und schon hast du das Unglück von dir abgewendet. Selbstverständlich sollte man sich hinsichtlich der Art, der Menge oder des Nutznießers solcher verdienstvoller Aktionen von einem »Profi« beraten lassen; damit stellt sich die Frage nach dem Schicksal gewissermaßen von neuem, oder besser gesagt, wird sie zurück in die Hände des Betroffenen gelegt. Das Schicksal läßt mit sich reden.

Wenn ich mit Thailändern über meine Prophezeiung sprach, wurden mir jedesmal viele gute Ratschläge erteilt. Weitaus schwieriger war es, eine Antwort auf die einfache Frage zu erhalten, wer denn der beste Wahrsager Bangkoks sei.

Ich hatte den Eindruck, daß jeder den eigenen möglichst für sich behalten wollte, so wie eine Frau die Adresse einer guten Schneiderin nicht einmal ihren besten Freundinnen weitergibt. Außerdem – aber das habe ich erst im Laufe des Jahres entdeckt – sind alle davon überzeugt, daß der beste Wahrsager ohnehin nicht unter ihnen, sondern anderswo weilt. Den Thai zufolge sind die besten Seher in Kambodscha zu finden, die Kambodschaner glauben, daß die Inder die besten haben, die Chinesen sind überzeugt, die Mongolen seien unschlagbar, die Mongolen wiederum schwören auf die Tibeter und so weiter, als wolle jeder im Bewußtsein der Relativität dessen, was ihn unmittelbar umgibt, zumindest die Hoffnung aufrechterhalten, daß das Absolute woanders zu finden sei. »Ach, könnte ich doch nur zu jenem Wahrsager in Ulan Bator gehen!« mag ein Javaner seufzen und sich so die Hoffnung erhalten, daß es irgendwo einen Ort gibt, der den Schlüssel zu seinem Glück birgt.

Mein Fall lag viel einfacher: Ich war in Bangkok und wollte einen der Wahrsager aufsuchen, die – wie ich wußte – hier zu Tausenden leben. Ich wollte mein Jahr ohne Flugzeug damit beginnen, daß ich mein Schicksal nachprüfen, meine Zukunft noch einmal lesen ließ, denn immerhin hatte ich seit meiner Begegnung mit dem Wahrsager von Hongkong niemanden mehr konsultiert.

Da keiner meiner thailändischen Bekannten mir einen Wahrsager nennen konnte, fiel mir mein Freund Sulak Sivaraksa ein, der einzige lebende Philosoph Thailands, der schon zweimal als Kandidat für den Friedensnobelpreis genannt worden war. Sulak, ein überzeugter Buddhist, ist der einzige, der die Entwicklung in Thailand grundlegend kritisiert und keine Gelegenheit ausläßt, die anzugreifen, die – wie er meint – vom rechten Weg abgekommen sind: dem Weg der Tradition. Das thailändische Establishment ist auf Sulak nicht gerade gut zu sprechen, und so wurde er aufgrund seiner Offenheit eines Verbrechens angeklagt, das es woanders schon nicht mehr gibt – das der Majestätsbeleidigung –, und ins Gefängnis geworfen. Ich besuchte seine Frau, um sie zu trösten. Sie war jedoch ganz ruhig, hatte ihr doch ein Wahrsager gesagt, Sulak werde binnen weniger Tage wieder auf freiem Fuße sein. Und es kam wirklich so. Der Mann hatte sogar Tag und Stunde erraten. So entschied auch ich mich, ihn aufzusuchen. Ich wußte nur, wo er wohnte und daß er blind war.

Ich brauchte jemanden, der übersetzte, wollte aber keinesfalls meine Sekretärin mitnehmen und auch sonst niemanden, der mich kannte oder auch nur irgend etwas von mir wußte und dem Wahrsager – wenn auch unbeabsichtigt – Hinweise auf meine Identität, meinen Beruf, meine Familie hätte geben können. Also rief ich bei einer Agentur an, die Sekretärinnen für durchreisende Geschäftsleute vermittelt, und tat so, als sei ich

Gast im Oriental Hotel. Dort traf ich mich mit ihr in der Hotelhalle. Sie war um die fünfzig, rundlich, trug eine große Brille, und die Aussicht, einmal nicht Vertragsklauseln und Verkaufsverhandlungen übersetzen zu müssen, gefiel ihr außerordentlich.

Der Wahrsager wohnte mitten im Chinesenviertel. Die cremefarbene Limousine des Oriental Hotel mit ihrem Chauffeur in weißer, goldbetreßter Uniform schob sich im Schrittempo durch dieses wunderbare, chaotische Viertel, das Worachak heißt und zu den lebendigsten, lautesten und – Gott sei Dank – echtesten Vierteln Bangkoks zählt – mit seinen Tausenden von kleinen Läden, die Werkzeuge, Pumpen, Zelte, Nägel, Särge und Süßigkeiten verkaufen, mit den tausend Gerüchen, die das Viertel durchziehen – vom Weihrauch der kleinen Altäre, die in jedem Hinterzimmer stehen, bis hin zum balsamischen Duft der Arzneien; überall wimmelt es von Überseechinesen, erkennbar an ihren schwarzen Shorts und dem weißen Hemd, das sie über dem Bauch hochwickeln, als wollten sie dem Nabel Luft verschaffen und das *qi* frei zirkulieren lassen, die Lebenskraft, die ihrer Ansicht nach genau dort ihren Sitz hat.

Wir mußten den Wagen stehenlassen, da der Wahrsager in einem Gewirr kleiner Gassen wohnte, das nur zu Fuß zu durchqueren war. Durch ein großes Eisengitter traten wir von der Straße aus direkt in ein einziges, großes Zimmer, das gleichzeitig als Wohnraum und Laden diente. Dort ruhten Waren und Götter friedlich nebeneinander.

An einer Wand stand zwischen Reissäcken ein alter eiserner Schreibtisch. Dahinter, in einem Korbsessel, saß ein Blinder; eigentlich kauerte er eher und massierte sich dabei die Füße, da die Chinesen überzeugt sind, daß alle wichtigen Körperorgane, Herz wie Lunge, Darm wie Leber, durch die Füße zu beeinflussen sind. Man muß nur auf die richtigen Punkte drücken.

Seine Augen waren leer. An Stelle der Pupillen hatte er weiße Flecken, die ewig dem Himmel zugewandt schienen. Auf dem Schreibtisch standen eine kleine Teekanne, ein Teller mit Mandarinen, Symbol des Wohlstands, und der leere Panzer einer Schildkröte.

Der Mann lächelte. Der ganze Raum war in starken Weihrauchduft gehüllt, der von einem großen Altar in der Ecke kam, wo vergoldete Holzfigürchen von Göttern und Ahnen thronten, die nicht der Wirklichkeit entsprechend dargestellt waren, sondern so, wie sie hätten leben wollen – nach südchinesischer Art. Ein Onkel war bei den Prüfungen zum kaiserlichen Beamten durchgefallen? Als Toter findet er als Mandarin seinen Platz auf dem Hausaltar. Ein anderer wäre so gern Polizist geworden? Er wird nach seinem Tod in Uniform und mit umgehängtem Gewehr auf dem Ahnenaltar dargestellt. Von den Figuren auf dem Altar des Hellsehers trugen viele ein Schwert in der erhobenen Hand, so als wollten sie ihn in seiner Blindheit beschützen.

Eine ältere Frau im Hausanzug aus grüner Seide, vielleicht seine Gattin, hatte an einem runden Tisch gerade ihre Mahlzeit beendet; sie setzte Deckel aus Weidenruten auf die Töpfe mit den Essensresten und begann, auf einem Hocker vor dem Waschbecken sitzend, abzuwaschen.

Langsam, als wolle er unsere Beziehungen nicht durch Hast trüben, fing der Blinde an zu wispern, und meine Begleiterin übersetzte. Er stellte die übliche Frage, auf die ich die übliche Antwort gab: »Ich bin in Florenz geboren, in Italien, am 14. September 1938.« Die Uhrzeit? Gegen acht Uhr abends.

Der Blinde schien zufrieden. Aus meinem Mund hatte er nur diese wenigen englischen Worte vernommen, aber sie genügten ihm offensichtlich. Er löste die Hände von den Füßen und bewegte seine Finger in der Luft, als führte er seltsame Berechnungen durch. Die leeren Augen, immer noch dem Himmel zugewandt, leuchteten auf, wohl um meine Aufmerksamkeit zu fesseln. Seine Lippen wisperten eine Art Abzählreim, der uns unverständlich blieb. Die alte Uhr über seinem Kopf zählte tickend lange Minuten ab. Ich hatte den Eindruck, als suchte er etwas in seinem Gedächtnis – und fände es schließlich. Aber bis er sprach, verging noch einige Zeit, die mir endlos vorkam.

Ein chinesisches Mädchen im weißen Hausanzug lief herein, reichte der älteren Frau etwas und eilte wieder davon, nicht ohne die gleichmütigen Götter auf dem Hausaltar mit vor der Brust gefalteten Händen zu begrüßen.

Schließlich öffnet sich der Mund des Wahrsagers und entblößt eine lückenlose Reihe weißer Zähne – vielleicht ein Gebiß! Er lächelt mitleidsvoll und spricht klar und deutlich: *»Du bist an einem Mittwoch geboren«*, sagt er, als wolle er mich damit überraschen. Na, wunderbar! Mit dieser Rechnung, ganz ohne Hilfsmittel durchgeführt, hätte er vor einigen Jahren noch so manchen beeindruckt. Heute weniger. Mein Computer führt dieses Rechenkunststück in ein paar Sekunden aus.

Dieser Gedanke lenkt mich jetzt ab. Die Zufriedenheit des Alten rührt und enttäuscht mich, und ich denke schon, daß der Blinde wohl nicht viel zu bieten hat. Also höre ich ihm nur noch mit halbem Ohr zu. *»Du hast ein schönes Leben, einen gesunden Körper und einen wachen Geist, obwohl du einen schlechten Charakter hast. Du gerätst leicht in Wut, beruhigst dich aber auch schnell wieder.«*

Binsenweisheiten, denke ich mir, das trifft für die Hälfte aller Menschen zu, die vor ihm sitzen. *»Dein Geist gibt niemals Ruhe ... immer mußt du an irgend etwas denken, was dir nicht guttut. Du bist anderen gegenüber sehr großzügig.«* Das trifft ja wirklich fast auf jedermann zu, sage ich mir.

Ich habe ein kleines Aufnahmegerät auf den Tisch gestellt, außerdem schreibe ich noch mit, aber es scheint, als wären Tonband und Papier hier verschwendet. Dann höre ich, wie meine Begleiterin übersetzt: *»Als du noch klein warst, warst du sehr krank, und wenn deine Eltern dich nicht zu einer anderen Familie gegeben hätten, hättest du nicht überlebt.«* Meine Neugier flackert wieder auf: Tatsächlich war ich als Kind nicht gerade gesund. Wir waren arm, es war Krieg, niemand hatte etwas Vernünftiges zu essen, und so war ich anämisch, hatte es an der Lunge und ständig Halsentzündung. *»Zwischen deinem siebten und deinem zwölften Lebensjahr warst du gut in der Schule, aber du warst auch häufig krank und bist umgezogen. Von deinem 17. bis zu deinem 27. Lebensjahr mußtest du gleichzeitig arbeiten und studieren. Dein Gehirn funktioniert erstklassig, du bist in der Lage, die verschiedensten Probleme zu lösen, und im Moment* *geht es dir sehr gut, weil du Ingenieurwissenschaften studiert hast. Zwischen deinem 24. und 29. Lebensjahr lag die schlimmste Zeit deines Lebens, danach lief alles viel besser«*, sagt der Blinde, und ich antworte ihm in Gedanken. Ja und nein. Ich war als Kind tatsächlich oft krank, aber ich habe nicht mit siebzehn angefangen zu arbeiten. Wir sind nicht umgezogen, als ich klein war, aber die Zeit zwischen meinem 24. und meinem 29. Lebensjahr war wirklich die schlimmste Zeit meines Lebens: Ich war Angestellter bei Olivetti und sollte dort zum Manager ausgebildet werden. Ich wollte nur weg, wußte aber nicht so recht, wie. Was die Ingenieurwissenschaften angeht, so könnte nichts falscher sein. Ich habe Jura studiert.

Der Blinde beeindruckt mich nicht besonders. Er scheint mir einer der Wahrsager zu sein, die immer nur Dinge sagen, die mindestens auf fünfzig Prozent der Menschen zutreffen. Also höre ich immer weniger zu. Ich betrachte seine Hände, die den Schildkrötenpanzer in die Mitte des Tisches geschoben haben und ihn nun betasten. Ich beobachte sein unablässiges, blindes, wisperndes Rechnen, als sei er ein Computer, der auf der Suche nach Antworten seinen Speicher durchforscht. Offensichtlich spielt er im Geist die Gestirnstände durch wie ein Astrologe, aber vielleicht ist der wahre Schlüssel seiner Erkenntnisse der Instinkt. Als Blinder, der all das, was mich ablenkt, nicht sieht, kann er sich vielleicht auf die Person, die er vor sich hat, intensiver einstellen, sie besser wahrnehmen. Und vielleicht sagt sein Instinkt ihm jetzt, daß ich unaufmerksam bin, nicht richtig zuhöre, daß sein Vortrag über meine Vergangenheit mich nicht interessiert, denn plötzlich reißt sein Singsang ab.

»Ich habe eine schlechte Nachricht für dich«, meint er. Einen Augenblick lang befällt mich die Sorge. Wird auch er mir von Flugzeugen erzählen? Keineswegs! Der Blinde spricht weiter: *»Du wirst niemals reich sein. Du wirst zwar immer genug zum Leben haben, aber reich wirst du niemals werden. Das ist sicher!«* schließt er seinen Urteilsspruch ab.

Ich kann nicht anders – ich muß lachen. Wir befinden uns mitten im Chinesenviertel, wo jeder vom Wohlstand träumt, wo die meisten sich von den Göttern Reichtum erflehen, wo der schlimmste Fluch in dem besteht, was der Wahrsager mir eben verkündet hat. Für diese Leute wäre dies wirklich eine schlechte Nachricht. Für mich nicht: Reich zu werden hat mich noch nie interessiert.

Was interessiert mich dann? Ich stelle mir diese Frage nur in Gedanken und setze meinen Dialog mit dem Blinden stumm fort. Wenn ich nicht reich werden will, was will ich dann? Und da kommt die Antwort, die ich eben in meinem Kopf formuliert habe, von ihm, der weitermacht, als lese er in seinem blinden Computer. *»Berühmt«*, sagt der Blinde. *»Ja, du wirst zwar nicht reich werden, aber zwischen dem 57. und dem 62. Lebensjahr wirst du berühmt.«*

»Und wie?« frage ich instinktiv, diesmal mit lauter Stimme. Kaum hat die Übersetzerin ihm meine Worte übermittelt, als auch schon seine Hände nach oben gehen und er mit einem breiten Lächeln in seinen leeren Augen eine Geste macht, als tippe er auf einer imaginären, in der Luft schwebenden Schreibmaschine. *»Durch Schreiben!«* fügt er hinzu.

Unfaßbar! Der Blinde konnte sich sicher denken, daß es jedem seiner Besucher gefallen würde, berühmt zu werden, aber wie kam er nur auf die Idee, daß ich es mit Schreiben schaffen würde? Warum nicht als Filmschauspieler? Habe ich ihm vielleicht etwas verraten? Im Geist vielleicht, ohne eine wirkliche Sprache zu benutzen – wir haben ja auch keine gemein –, möglicherweise mit der Gestensprache, die jedem verständlich wäre … wenn er sehen könnte?

Im selben Moment, als ich ihn fragte »Und wie?«, hatte ich meine Frage unbewußt auch schon beantwortet, indem ich mir genau diese Geste der schreibenden Hände vorstellte. Kann es sein, daß der Blinde diese Geste in meinem Inneren gelesen hat und sie unmittelbar darauf mit seinen Händen wiederholte? Wie sonst könnte man dieses Ereignis erklären, das sich innerhalb weniger Sekunden abspielte?

Der Blinde spürt, daß ich ihm meine Aufmerksamkeit nun wieder zugewandt habe, und fährt fort: *»Bis zum Alter von zweiundsiebzig Jahren wird es dir gutgehen. Wenn du dreiundsiebzig bist, wirst du dich ausruhen müssen, dann kannst du achtund-*

siebzig Jahre alt werden. Versuche nie, Geschäfte zu machen, sonst wirst du all dein Geld verlieren. Wenn du etwas Neues anfangen willst, in einem anderen Land leben etwa, dann mußt du das unbedingt im nächsten Jahr tun.«

An Geschäfte habe ich niemals gedacht. Was das andere Land angeht, so würde ich gern nach Indien gehen, aber sicher nicht vor Mai 1995, wenn mein Vertrag mit dem *Spiegel* ausläuft und der Mietvertrag für Turtle House. Und dann? Ob ich dann nach Indien komme, hängt von verschiedenen Umständen ab, im nächsten Jahr jedenfalls ist es völlig unmöglich.

»Vorsicht, dieses Jahr ist nicht gut für deine Gesundheit«, sagt der Blinde. Dann stoppt er plötzlich, rechnet noch einmal mit den Händen in der Luft nach: *»Nein, nein, das Schlimmste ist vorüber. Alles Schlimme hat Anfang September letzten Jahres aufgehört.«*

Nun erscheint es mir richtig, ihm zu erklären, weshalb ich zu ihm gekommen bin, und ihm von der Prophezeiung des Wahrsagers in Hongkong zu erzählen. Der Blinde bricht in vergnügtes Lachen aus, er wirft sich in seinem Weidenstuhl zurück, stellt die Füße auf den Boden und wirft die Arme gen Himmel. Jetzt lachen sogar seine leeren Augen, als er sagt: *»Aber nein, das gefährliche Jahr war 1991, damals hättest du wirklich bei einem Flugzeugabsturz umkommen können.«* Und recht hat er! Mich überläuft heute noch das kalte Grausen, wenn ich an die fürchterlichen Flugzeuge denke, mit denen ich im Sommer 1991 durch die Sowjetunion flog, um *»Gute Nacht, Herr Lenin«* zu schreiben.

»Für dich war jede Gefahr am 8. September 1992 vorüber«, schließt der Blinde, und einen Moment lang bin ich beinah enttäuscht. Aber nein, ich werde seinetwegen sicher nicht auf mein Projekt verzichten. Ich werde mir dieses Abenteuer gönnen, ein Jahr einmal auf ganz andere Art und Weise zu verbringen. Und überdies ..., vielleicht sieht er nur deshalb keine Gefahr für die Zukunft, weil ich so fest entschlossen bin, nicht zu fliegen, sage ich zu mir selbst und merke dabei wieder einmal, wie bereitwillig der Verstand Kapriolen schlägt, nur um an das zu kommen, was ihm gerade in den Kram paßt.

Wir bedankten uns, zahlten und gingen – höchst amüsiert.

Auf dem kleinen Platz stand unsere Limousine mit dem Chauffeur in seiner hübschen, weißen Uniform. »Und?« fragte meine Begleiterin. Ich wußte keine Antwort.

Als ich meine Aufzeichnungen durchsah, fiel mir auf, daß das Eigenartigste, was der Blinde mir erzählte, doch war, daß meine Eltern mich als Kind zu einer anderen Familie gegeben hatten und daß ich nur so hatte überleben können. Wie gewagt, so etwas zu sagen! In der Mehrzahl aller Fälle dürfte es wohl kaum zutreffen. Wie es ja auch auf mich nicht zutraf. Oder doch? Der Wagen des Oriental Hotel schlängelte sich gemächlich durch den Verkehr; meine Gedanken jedoch hüpften munter in alle Richtungen.

Es besteht keinerlei Zweifel, daß ich der Sohn meiner Mutter bin. Woher hätte ich sonst diese Kartoffelnase, die meine Tochter nun auch hat? Und doch stimmt es auch, daß ich zur Familie, in der ich aufgewachsen bin, niemals ganz gehört habe. Das empfand ich schon von klein auf, und auch unsere Verwandten spielten darauf an, wenn sie meinen Vater scherzhaft fragten: »Wo hast du denn den aufgegabelt?«

Der Blinde hatte sich in den Fakten getäuscht, trotzdem hatte er mit diesem Satz etwas zutiefst Wahres gesagt. Überdenkt man das eigene Leben einmal nicht nur unter biologischen Gesichtspunkten, so wird man sich fragen, woher das in uns stammt, was nicht durch unsere rein physische Erscheinung zu erklären ist. In meinem Fall stammt es ganz sicher aus »einer anderen Familie«, das heißt aus einer anderen genetischen Quelle als derjenigen, die für meine Nase, meine Augen, sogar meine Bewegungen – die immer mehr denen meines Großvaters väterlicherseits ähneln, je älter ich werde – verantwortlich ist.

Vom Leben, das ich bisher geführt habe, war kein Samenkorn in dem meines Vaters oder meiner Mutter enthalten. Beide kamen aus armen, wunderbar einfachen Familien. Ruhige Landmenschen waren das, hauptsächlich mit dem Überleben beschäftigt, und niemals unruhig oder auf der Suche nach Neuem, wie ich es schon als Kind gewesen bin.

Die Vorfahren meiner Mutter waren Bauern, die immer das Land anderer bearbeitet hatten. Mein Vater hingegen stammte aus einer Familie von Steinmetzen, nach denen heute noch ein Steinbruch heißt. Die Terzanis haben jahrhundertelang die Steine von Florenz behauen, ganz sicher die der Bürgersteige, aber vielleicht auch – so heißt es – die des Palazzo Pitti. Keiner war jemals regelmäßig zur Schule gegangen, und die Generation meines Vaters und meiner Mutter war die erste, die lesen und schreiben konnte.

Woher kam also meine Lust auf die große, weite Welt, meine Liebe zum bedruckten Papier, zu Büchern, dieser brennende Wunsch, Florenz zu verlassen, zu reisen, in die Ferne zu ziehen? Woher kam diese Besessenheit, immer woanders sein zu müssen? Ganz sicher nicht von meinen Eltern, die in dieser Stadt geboren, aufgewachsen und verwurzelt waren, die sie nur einmal zur Hochzeitsreise verließen – um nach Prato zu fahren, ganze zwanzig Kilometer vom Cupolone entfernt, der Großen Kuppel, wie die Florentiner ihren Dom nennen.

Unter all unseren Verwandten war nicht einer, den ich mir zum Vorbild hätte nehmen, den ich um Rat hätte fragen können. Die einzigen, denen ich mich verpflichtet fühlte, waren mein Vater und meine Mutter, die sich das Brot vom Mund absparten, um mich nach der Grundschule noch weiter zur Schule schicken zu können. Was mein Vater verdiente, reichte nie bis zum Monatsende, und ich erinnere mich noch gut, wie ich zuweilen an der Hand meiner Mutter, vorsichtig, damit uns kein Bekannter sähe, zum Pfandhaus in der Via Palazzuolo ging, wo wir ein Leintuch aus ihrer Aussteuer versetzten. Das Geld für ein Heft war schon Anlaß zur Sorge, und die ersten langen Hosen – neue Hosen aus Samt, die man winters wie sommers tragen konnte und die für meinen Übertritt ins Gymnasium unverzichtbar waren – wurden auf Raten gekauft und monatlich abbezahlt. Heute kann sich das niemand mehr vorstellen, aber die Freude, die ich empfand, wenn ich in diese Hosen schlüpfte, hatte ich später bei keinem Kleidungsstück mehr, nicht einmal bei denen, die ich mir in Peking vom Schneider Maos nach Maß anfertigen ließ.

Als ich älter wurde, entwickelte ich eine große Liebe für meine Familie, für ihre Geschichte, aber ich habe mich niemals als einer der Ihren gefühlt; eher so, als sei ich tatsächlich zufällig unter ihnen gelandet. Die Tatsache, daß ich studierte und nicht schon als junger Bursche anfing zu arbeiten, brachte die Verwandtschaft gegen mich auf, und ein Bruder meines Vaters, der gewöhnlich vor dem Abendessen bei uns vorbeischaute, fragte täglich: »Na, was hat der Faulpelz denn heute angestellt?« Und dann kam unvermeidlich der Spruch, der meine Mutter so beleidigte: »Wenn er so weitermacht, wird er es noch weiter bringen als Annibale!« Annibale war ein Cousin meines Vaters, auch er ein Terzani, der tatsächlich einen weiten Weg zurückgelegt hatte. Von Kindesbeinen an arbeitete er als städtischer Straßenkehrer; seine Aufgabe bestand darin, mit einem Schäufelchen und einem Stock mit einem Kratzer daran die Schienen der Trambahn entlangzugehen und die Hinterlassenschaften der Pferde zu beseitigen.

Warum lief ich mit fünfzehn von zu Hause weg, um in halb Europa Teller zu waschen? Warum fühlte ich mich in Asien so sehr zu Hause, daß ich dort blieb? Warum macht mir die Hitze der Tropen überhaupt nichts aus? Und warum schaffe ich es ohne weiteres, mit gekreuzten Beinen zu sitzen? Der Zauber des Exotischen? Der Wunsch, mich so weit als irgend möglich von der ärmlichen Welt meiner Kindheit zu entfernen? Mag sein. Oder hatte vielleicht doch der Blinde recht, wenn er sagen wollte, daß zwar nicht mein Körper – ich war ja das Kind meiner Eltern –, aber doch ein Teil meiner Persönlichkeit einer anderen Quelle entstammte und daß dieses Gepäck aus alten Sehnsüchten, dieses Heimweh nach anderen Breitengraden vorher entstanden ist: vor diesem Leben.

Im Fond des Wagens vom Oriental Hotel ließ ich meine Gedanken schweifen und folgte ihnen belustigt, als ob sie nicht die meinen gewesen wären. Glaubte ich etwa an die Reinkarnation? Um die Wahrheit zu sagen: Ich hatte nie ernsthaft darüber nachgedacht. Aber weshalb eigentlich nicht? Warum sich das Leben nicht wie einen Staffellauf vorstellen, bei dem etwas Nicht-Körperliches, etwas nicht Definierbares, etwas wie die Summe aller

Erinnerungen, wie ein Kapital anderswo gemachter Erfahrungen, von Körper zu Körper und von Tod zu Tod weitergereicht wird – wie der Holzstab bei einer Stafette – und dabei wächst, sich ausdehnt, Weisheit hinzugewinnt und sich auf den segensreichen Zustand zubewegt, der jedem Leben ein Ende setzt: die Erleuchtung, um es buddhistisch auszudrücken? Das würde zumindest erklären, weshalb ich so »anders« bin als die Terzanis, und die Vision des Blinden verständlich machen, der behauptet, daß ich als Kind in eine andere Familie gegeben worden sei.

Jeder von uns kennt das verwirrende Gefühl, eine Situation bereits erlebt zu haben, obwohl sie sich zum ersten Mal in unserem Leben abspielt, oder schon an einem Ort gewesen zu sein, den man mit Sicherheit zum allerersten Mal sieht. Woher kommen diese Déjà-vu-Erlebnisse? Von einem Vorher? Das wäre sicher die einfachste Erklärung. Und wo bin ich gewesen, wenn es denn ein Vorher gibt? Vielleicht irgendwo in Asien, in einem Asien ohne Beton, ohne Wolkenkratzer, ohne Schnellstraßen, dachte ich, als ich draußen das graue, uninteressante Bangkok vorbeihuschen sah, das in den bläulichen Auspuffgasen von Tausenden von Autos geradezu erstickt.

Die Dame, die für mich übersetzt hatte, wohnte in einem Vorort, und so hatte ich mich erboten, sie nach Hause zu bringen. Der Fahrer hatte den Weg über eine Schnellstraße gewählt, die ich nicht kannte. »Eine äußerst gefährliche Strecke«, meinte meine Begleiterin. »Hier kommen ständig Menschen ums Leben. Sehen Sie diese Autos?« Im Dunkel einer Unterführung nahm ich zwei eigenartige Leichenwagen wahr, die Aufschriften in Thai trugen, und ein paar Männer in blauen Overalls, die wartend daneben standen. »Die Leichensammler!« sagte die Frau. Es war das erste Mal, daß ich diesen Ausdruck hörte, und die Geschichte, die dazugehört, ist einfach haarsträubend.

Die Menschen hier glauben, daß der Geist eines Menschen, der eines gewaltsamen Todes stirbt, nicht in Frieden ruhen kann. Wenn dann im Augenblick des Todes auch noch der Körper verletzt, zerquetscht, in Stücke gerissen oder sein Kopf abgetrennt wird, dann wird der Geist ganz besonders »unruhig« und schließt sich dem riesigen Heer »herumirrender Geister«

an, das zusammen mit den bösen *phi* ein so großes Problem für Bangkok darstellt – es sei denn, man vollzieht bald nach dem Tod die vorgeschriebenen Rituale. Und hier treten nun die »Leichensammler« in Aktion, freiwillige Helfer buddhistischer Organisationen, die in der Stadt herumfahren, um alle eines gewaltsamen Todes Gestorbenen einzusammeln, ihre Körperteile wieder zusammenzufügen und die nötigen Zeremonien durchzuführen, damit ihre Seelen sich in Frieden entfernen, statt umherzuirren und den Lebenden böse Streiche zu spielen.

Neben den Ermordeten und den Selbstmördern sind die Opfer von Autounfällen die gegebenen Kandidaten für eine unruhige Existenz als Geister. Deshalb beziehen die Kleinlaster der buddhistischen Organisationen an den gefährlichsten Kreuzungen Stellung, und da sie den Polizeifunk mithören, können sie sich bei Bedarf sofort auf die Opfer stürzen. Stürzen ist das Wort, denn mittlerweile ist diese Aktivität so einträglich geworden, daß die karitativen Organisationen versuchen, sich gegenseitig die Leichen wegzuschnappen, um mehr Spenden zu erhalten. »Wer zuerst am Unfallort ist, hat das Recht auf die Leiche, aber die Helfer der verschiedenen Gruppen können sich nie richtig einigen und prügeln sich oft um einen Toten«, erzählte die Übersetzerin. »Hin und wieder raffen sie in der Eile sogar jemanden mit weg, der noch gar nicht gestorben ist.«

Um für diesen »öffentlichen Dienst« die Werbetrommel zu rühren, veranstalten die diversen Organisationen spezielle Ausstellungen, wo makabre Fotos die eingesammelten Opfer in Farbe zeigen und abgerissene Köpfe und Hände an die Spendenbereitschaft appellieren.

An diesem Abend erschien mir Bangkok tatsächlich wie eine dem Untergang geweihte Stadt. Meine Begleiterin stimmte mir zu. Trotz des erfolgreichen Konkurrenzkampfes unter den »Leichensammlern« nimmt die Zahl der erbosten, ruhelosen *phi*, die Unglück stiftend durch die Stadt streifen, ständig zu. Auch die zahllosen, mit Weihwasser gefüllten Flaschen, die der Generalstab der königlichen Armee hat verteilen lassen, konnten diese Stadt, aus der die Engel sich wahrscheinlich längst davongemacht haben, vom bösen Blick nicht mehr befreien.

Birma, adieu!

Im Januar war mir zu Ohren gekommen, daß die birmanischen Behörden begonnen hätten, an der Grenzstation Tachilek, nördlich des thailändischen Städtchens Chiang Mai, zur »Erleichterung des Tourismus« lokale Einreisevisa auszustellen. Man mußte an der Grenze seinen Paß abgeben, eine bestimmte Summe in Dollars bezahlen, dann konnte man sich drei Tage lang in Birma aufhalten und bis nach Kengtung fahren, in die mythische alte Stadt der Shan. Eine merkwürdige Lösung, die sich vermutlich irgendein Militärkommandant ausgedacht hatte, um wertvolle Devisen einzuheimsen – aber es war genau das, was ich brauchte.

Ich suchte etwas, worüber ich schreiben konnte, ohne ein Flugzeug nehmen zu müssen, und das Thema war interessant: Eine Region, die beinahe ein halbes Jahrhundert lang unzugänglich gewesen war und in die kein ausländischer Reisender hatte gelangen können, öffnete plötzlich ihre Grenzen. Für mich bot sich auf diese Weise auch die Gelegenheit, als Tourist getarnt nach Birma zu gelangen, wo mir als Journalist die Einreise verwehrt war.

Mit größter Wahrscheinlichkeit hatten die Birmanen in Tachilek noch keinen Computer mit einer Liste der in ihrem Land »unerwünschten« Personen, und so beschloß ich, mit Angela und Charles-Antoine de Nerciat, einem alten Kollegen der Agence France Press, unser Glück zu versuchen. Als wir zurückkehrten, hatten wir eine verstörende Geschichte zu erzählen: Die politischen Gefangenen der Militärdiktatur starben, zu Zwangsarbeit verurteilt, zu Hunderten. Unsere Fotos von jungen Männern in Ketten, die Baumstämme schleppen und in einem ausgetrockneten Flußbett Steine klopfen, waren erschütternd. Dank dieser kurzen Reise gelang es uns, die Öffentlichkeit auf einen Aspekt der birmanischen Tragödie aufmerksam zu machen, der sonst unbeachtet geblieben wäre. Ich war rein zufällig dorthin geraten. Besser gesagt … durch einen Wahrsager, der mir empfohlen hatte, nicht zu fliegen.

Dies ist eine Seite meines merkwürdigen Berufs als Reporter, die mich immer wieder fasziniert und gleichzeitig beunruhigt: Was nicht aufgezeichnet wird, existiert nicht. Wie viele Massaker, wie viele Erdbeben geschehen auf der Welt, wie viele Schiffe versinken, wie viele Vulkane brechen aus, und wie viele Menschen, ja wie viele werden verfolgt, gefoltert und getötet! Und dennoch, wenn niemand Zeugnis davon ablegt, darüber schreibt, es fotografiert, in einem Buch darauf aufmerksam macht, ist es, als sei all dies niemals geschehen! Leiden ohne Folgen, ohne Geschichte. Weil die Geschichte nur existiert, wenn jemand sie erzählt. Das ist eine traurige Feststellung; aber es ist nun einmal so. Und vielleicht ist es genau dieser Gedanke – der Gedanke, daß man mit jeder noch so kurzen Beschreibung eines erlebten Vorgangs ein Samenkorn in das Erdreich der Erinnerung legt –, der mich an meinen Beruf fesselt.

Als ich zusammen mit Angela und Charles-Antoine zu Fuß die kleine Brücke überquerte, die das thailändische Städtchen Mae Sai mit dem birmanischen Tachilek verbindet, hatte ich erneut dieses schöne, aber immer rarer werdende bange Gefühl, ein Land zu betreten, in dem vor mir nur wenige waren, und dort vielleicht etwas entdecken zu können.

Einst war dies eine verbotene Grenze gewesen. Man näherte sich ihr heimlich, in der Hoffnung, die Heroin-Raffinerie zu erspähen, die sich angeblich ein paar Dutzend Meter weiter auf birmanischem Boden befand. Mit einem guten Fernglas erblickte man aber nur ein Schild, auf dem in englischer Sprache stand: »Ausländer, halt! Wer diese Grenze überschreitet, wird erschossen.« An dessen Stelle prangen heute in großen goldenen Lettern auf rotem Grund die Worte: »Touristen! Herzlich willkommen in Birma!«

Auch Birma hat sich also dem allgemeinen Schicksal ergeben! Dreißig Jahre lang hat es versucht, sich abzukapseln und seinen eigenen Weg zu gehen, aber es ist ihm nicht gelungen. Niemandem scheint das zu gelingen. Von Maos China über Gandhis Indien bis zu Pol Pots Kambodscha sind alle Versuche, autark zu bleiben, sich auf nichtkapitalistischem Weg weiterzuentwickeln und die nationale Eigenart zu wahren, gescheitert. Die meisten forderten dazu noch Millionen von Menschenleben.

Das birmanische Experiment hatte immerhin einen klangvollen Namen. Es hieß: »Der buddhistische Weg zum Sozialismus«. Erfunden hatte diese Bezeichnung General Ne Win, der im Jahr 1962 die Macht übernahm und eine Militärdiktatur errichtete, um Birma die Härte des chinesischen kommunistischen Regimes einerseits und den materialistischen Einfluß amerikanischer Prägung andererseits zu ersparen, der damals in Thailand gerade Fuß faßte.

Ne Win riegelte das Land ab, verstaatlichte den Handel und warf die Oppositionellen ins Gefängnis. Er behauptete dabei, nur so könne die birmanische Kultur geschützt werden. In gewisser Weise hatte er sogar recht, und das verlieh seiner Diktatur letztlich auch ihre Legitimation. Denn unter Ne Win hat Birma seine Identität gewahrt. Die alten Traditionen wurden weiterhin gepflegt, die Religion blühte, und das Leben der fünfundvierzig Millionen Einwohner blieb von der Industrialisierung, der rapiden Verstädterung und der törichten Nachäffung des Westens verschont, durch die ein Land wie Thailand sich zwar weiterentwickelt hat, jedoch auch nachhaltig traumatisiert wurde.

Wer mit jenem Sieben-Tage-Visum nach Birma einreiste, das die Behörden in Rangun nur sehr zögerlich ausstellten, damit nicht allzu viele Ausländer »die Atmosphäre verunreinigten«, verließ es mit dem Eindruck, ein noch unberührtes Land gesehen zu haben, ein zauberhaftes Stück altes Asien; ein Land, in dem die Männer statt Hosen noch den *longyi* tragen, eine Art langen Rock, und auch Frauen die *cheroot* rauchen, die grünen, starken, handgerollten Zigarren; ein Land, in dem der Buddhismus noch ein lebendiger Glaube ist und die schönen alten Pagoden noch lebendige Kultstätten sind und nicht Museen für die Spaziergänge der Touristen.

Auch dieses Birma ist heute im Untergang begriffen. Nach einem Vierteljahrhundert unumschränkter Herrschaft hat Ne Win die Führung des Landes einer neuen Generation von Militärs übergeben, die Birma – nunmehr in Myanmar umbenannt – eine schamlosere, gewalttätigere, mörderischere, aber auch »modernere« Diktatur auferlegten, als es die paternalistische der Vergangenheit war.

Man brauchte nur das Städtchen Tachilek aufzusuchen und sich auf dem Markt ein wenig umzusehen, um zu merken, daß die neuen Generäle, die jetzigen Herren von Rangun – auch dies in Yangun umbenannt –, den »birmanischen Weg« fallengelassen haben. Sie haben beschlossen, das Land aus seiner Isolation zu befreien, und sich dabei jene Entwicklung zum Vorbild genommen, die seit Jahrzehnten hartnäckig an ihre Tore pocht: das thailändische Modell.

Tachilek verfügt heute über vierzehn Spielkasinos und mehrere Karaoke-Bars. Heroin kann man mehr oder weniger offen kaufen. Das qrößte Restaurant, zwei Diskotheken und der erste Supermarkt sind in thailändischem Besitz. Geschäfte werden nicht mehr in der einheimischen Währung Kyat abgewickelt. Sogar auf dem Markt verlangt man Baht, das Geld aus Bangkok.

Die Fäden aller Gewerbezweige liegen in der Hand von Militärs und Polizisten beider Länder. Sie beschaffen den Touristen das Einreisevisum, sie wechseln die Dollars, sie organisieren einen Jeep, einen Chauffeur und einen Dolmetscher. Da ich vermutete, daß der uns zugeteilte Dolmetscher ein Spitzel war, versuchte ich ihn loszuwerden, indem ich ihm drei Tage Urlaub bezahlte. Auf dem Markt hatte mich ein Mann angesprochen, der mir weitaus vertrauenswürdiger erschien. Er war ein Karen, gehörte also einer ethnischen Minderheit an, die die Birmanen nicht mag. Er war Protestant, also mit westlichem Denken vertraut, und sprach ausgezeichnet Englisch. Spontan hatte ich ihm angeboten, uns als Dolmetscher zu begleiten, und Andrew – diesen Namen hatten ihm amerikanische Missionare gegeben – hatte sich dazu bereit erklärt. Das war unser Glück, denn Andrew war eine wahre Fundgrube an Informationen und Erklärungen.

»Warum sind die Hügel so kahl?« erkundigten wir uns, als wir Tachilek verließen.

»Die Thai haben sie abgeholzt.«

»Wem gehören diese Häuser?« fragten wir, als wir an einem Dorf vorbeikamen, in dem einige neue, gemauerte sich frech von den alten braunen Holzbehausungen abhoben.

»Sie gehören den Familien, deren Töchter in den Bordellen von Thailand arbeiten.«

»Und die dort aufgereihten Autos ohne Nummernschild?«

»Die kommen aus Singapur und sind für China bestimmt. Die Wa sind heute keine Kopfjäger mehr. Sie treiben Schmuggel.«

»Auch mit Heroin?«

»Nur zum Teil. Hier im Süden macht ihnen Khun Sa Konkurrenz, der Drogenkönig.«

Die Bergregion, durch die wir fuhren, schien noch tausend Geheimnisse zu bergen. Auf alten Landkarten wird dieser Teil der Erde als »Shan-Staaten« bezeichnet, weil die Shan, die im 12. Jahrhundert auf der Flucht vor den anrückenden Mongolen aus China hier ankamen, die Bevölkerungsmehrheit stellten. Die ganze Region war eine Art lebendiges Museum der unterschiedlichsten ethnischen Gruppen. Außer den Shan lebten hier zig andere Stämme mit jeweils eigener Sprache, eigenen Sitten und Traditionen sowie eigenen Anbau- und Jagdgewohnheiten.

Die Begegnung mit diesen unterschiedlichen Gruppen – am besten bekannt sind die Pao, die Meo, die Karen und die Wa – war eine der großen Überraschungen für die ersten europäischen Forschungsreisenden, und die langen Giraffenhälse der Padaung-Frauen galten, neben den verkrüppelten Füßchen der Chinesinnen, bald als ein Beispiel für die kuriosen Irrwege Asiens.

Für die Padaung hängt die Schönheit einer Frau bis heute von der Länge ihres Halses ab; von Geburt an werden den Mädchen dieses Stammes dicke Silberreife um den Hals gelegt und mit Gewalt immer höher unters Kinn geschoben, damit sie im Heiratsalter einen kleinen, vierzig bis fünfzig Zentimeter von den

Schultern entfernten Kopf haben, der von diesen wertvollen Reifen gestützt wird. Ohne dieses Hilfsmittel würde der Kopf zur Seite schlagen und die Atmung blockieren.

Die Shan, das weitaus zivilisierteste Volk der Region, haben sich gegen alle Versuche der Birmanen, sie zu beherrschen, zur Wehr gesetzt und sind jahrhundertelang autonom geblieben. Sogar die Engländer, die Ende des 19. Jahrhunderts ihre Kolonialherrschaft von Indien bis Birma ausdehnten, erkannten die Macht der *sawbwa* (ausgesprochen sabuà), der Shan-Könige, an und ließen sie ihre bäuerlichen Reiche – eines hieß »Reich der Tausend Bananen« – selbst verwalten. Insgesamt gab es dreiunddreißig solcher *sawbwa*, von denen jeder seinen Palast und seinen Hof hatte. Einer der wichtigsten *sawbwa* residierte in Kengtung.

Im Jahr 1938 besuchte Maurice Collis, ein ehemaliger Kolonialbeamter, der Schriftsteller geworden war, die Shan-Staaten, um die englische Öffentlichkeit auf dieses Kleinod des Britischen Empire aufmerksam zu machen. Kengtung mit seinen zweiunddreißig Klöstern erschien ihm als eine Perle, und er fand es um so absurder, daß in London davon noch niemand gehört hatte. Das Buch, das er schrieb, *Lords of the Sunset* – wie die *sawbwa* im Unterschied zu den »Herren des Sonnenaufgangs«, den Königen Westbirmas, genannt wurden –, ist das letzte Zeugnis eines Reisenden in diese urtümliche Welt bäuerlicher Könige.

Die Straße, die nach Kengtung führte, war streckenweise wenig mehr als ein Karrenweg, kaum drei, vier Meter breit, voller Schlaglöcher, häufig gefährlich über einem Sturzbach hängend, doch man sah, daß sie verbreitert worden war.

»Wer hat sie gebaut?« fragten wir Andrew.

»Das werdet ihr gleich sehen.« Andrew hatte begriffen, daß wir keine normalen Touristen waren, aber das schien ihn weiter nicht zu beunruhigen. Ganz im Gegenteil.

Nach ein paar Kilometern bat Andrew unseren Fahrer, am Straßenrand anzuhalten. Wir waren kaum aus dem Jeep ausgestiegen, als aus dem Gestrüpp ein seltsames, ungewohntes, rhythmisches Rasseln wie von nachschleifenden Ketten an unsere Ohren drang. Ja! Es waren Ketten! Ketten an den Füßen von etwa zwanzig Männern, die sich, ausgemergelt und in Lumpen und fiebrigen Blicks, mit einem mächtigen Baumstamm auf den Schultern, wie ein riesenhafter Tausendfüßler rhythmisch voranschleppten. Die Ketten an ihren Füßen waren mit Eisen verbunden, die sie um die Hüften trugen.

Die beiden Soldaten, die die Gefangenen begleiteten, bedeuteten uns mit dem Gewehr, unsere Fotoapparate herunterzunehmen.

»Es sind Missionare, keine Sorge!« sagte Andrew beschwichtigend zu ihnen, und das wirkte.

Als die Gefangenen den Baumstamm abgesetzt hatten, blieben sie stehen. Einer sagte, er käme aus Pegu, ein anderer, er sei aus Mandalay. Beide waren fünf Jahre zuvor während der großen Demonstrationen für die Demokratie verhaftet worden: politische Gefangene, zu Zwangsarbeit verurteilt.

Es ist eigenartig, vor einer solchen Ungeheuerlichkeit im Geist Notizen und unauffällig Fotos machen zu müssen, immer darauf bedacht, sich selber und diese Unglücklichen nicht in Gefahr zu bringen, und am Ende zu merken, daß man nicht einmal die Zeit gefunden hat zu einer inneren Regung, zu ein paar mitfühlenden Worten. Der Blick ist plötzlich auf einen Abgrund menschlichen Leids gerichtet. Man versucht dessen Tiefe auszuloten, und die einzige Frage, die man herausbringt, ist, auf die Ketten deutend: »Und das hier?«

»Ich trage sie seit zwei Jahren. Noch ein Jahr, dann kann ich sie ablegen«, sagte der junge Mann aus Pegu. Und dabei war er einer der Glücklicheren: An den Füßen trug er alte Socken, die ein Scheuern der Eisenglieder auf der nackten Haut verhinderten. Die Knöchel der anderen waren voller schlimmer Wunden.

»Und die Malaria?«

»Weit verbreitet«, erwiderte der aus Mandalay und wies auf seinen Nebenmann, dessen Gesicht angeschwollen und gelb war und der am ganzen Körper zitterte. Seine knochigen Hände waren voller seltsamer Flecken, die aussahen wie Brandwunden. Die Gefangenen – insgesamt etwa hundert – hatten ihr Lager auf einem Feld in der Nähe. Ihre Kameraden saßen im ausgetrockneten Flußbett und klopften Steine. Sie waren ebenfalls angekettet und wurden von bewaffneten Soldaten bewacht, die uns aber nicht gestatteten anzuhalten.

»Solche Lager gibt es überall«, sagte Andrew. »Privatfirmen erhalten den Auftrag zum Straßenbau und holen sich aus den Gefängnissen so viele Männer, wie sie als Arbeitskräfte benötigen. Wenn sie verrecken, holen sie sich neue.« Er hatte gehört, daß beim Bau dieses 172 Kilometer langen Straßenabschnitts zwischen Tachilek und Kengtung bereits mehrere hundert ums Leben gekommen waren.

Wir brauchten für die 172 Kilometer volle sieben Stunden, als wir aber in Kengtung ankamen, war uns die Bedeutung dieser Straße klar: Es war Birmas Weg in die Zukunft!

Gebaut, um der Diktatur aus ihren beiden Nachbarländern, China und Thailand, Geld zufließen zu lassen, wurde die Straße inzwischen von allen möglichen Abenteurern benutzt. Einstige kommunistische Guerillakämpfer, neuerdings zum Opiumanbau konvertiert, verschoben dort ihre Rauschgiftladungen; die Wa, einst Kopfjäger, benutzten sie zum Transport von geschmuggelten Autos, Jade und Antiquitäten; thailändische Gangster befuhren sie, um sich Nachschub an jungen birmanischen Mädchen zu holen. Da man glaubt, daß Birma dank seiner Isolation noch vom Aids-Virus verschont geblieben ist, sind diese Mädchen, häufig kaum dreizehn, vierzehn Jahre alt, in den Bordellen sehr gefragt. Mehrere tausend arbeiten bereits in Thailand. Ende 1992 wurden etwa hundert, die HIV-positiv waren, ausgewiesen und nach Birma zurückgeschickt. Es wird gemunkelt, daß die birmanischen Militärs sie in ein Krankenhaus einliefern und durch Strychnin-Injektionen töten ließen.

Wir erreichten Kengtung bei Sonnenuntergang. Nach mühsamem Auf und Ab durch eintönige Berge gelangten wir plötzlich in ein weites, luftiges Tal. Weiße Pagoden, braune Holzhäuser und riesige dunkelgrüne Regenbäume zeichneten sich wie Scherenschnitte vor dem Nebel ab, der sich im Glanz der letzten Sonnenstrahlen rosarot und golden verfärbte. Kengtung erschien flüchtig, körperlos, wie die Erinnerung an einen Traum: ein zeitloser Anblick. Es sah aus der Ferne wie vor Jahrhunderten aus, als die vier Brüder der Legende den See trockenlegten, der sich einst in diesem Tal ausbreitete, die Stadt erbauten und die erste Pagode errichteten; darin bewahrten sie acht Haare auf, die Buddha bei seiner Durchreise hiergelassen hatte.

Das Städtchen ging zum Abendessen. Durch die Fenster der Wohnläden sah man Familien an Tischen sitzen und Öllampen ihre großen Schatten auf Fotos, Kalender und Heiligenbilder an den Wänden werfen. In der Luft lag jenes friedvolle abendliche Murmeln, das aus einzelnen Stimmen und fernen Rufen besteht.

Im Hof um eine Pagode fand ein Jahrmarkt statt, an dessen zahlreichen Ständen sich die Menschen im Schein von Acetylenlämpchen Naschwerk kauften und ein Glücksspiel mit riesigen Würfeln spielten, auf die keine Zahlen oder Punkte, sondern Tiere gemalt waren. Zwischen den Händen, die den grobschlächtigen Croupiers den Wetteinsatz hinschoben, glänzten weit aufgerissene Kinderaugen. Zu Füßen dreier großer scheu lächelnder Bronzebuddhas waren Gläubige im Halbdunkel zur Meditation versammelt. Auf dem Gehsteig hatten Frauen, ihr Haar zum Knoten gesteckt, kleine Feuer angezündet, auf denen sie in dicken Bambusrohren gezuckerten Reis dämpften.

Nichts, was einem den Atem raubte: Kein Bauwerk, kein Tempel, kein Palast war in besonderer Weise beeindruckend. Kengtungs rührender Zauber lag in seinem Frieden, in jenem alten, gemächlichen Dahinschreiten des Lebens.

Ist es nun seltsam, daß man dies schön findet? Ist es widersinnig, daß man fürchtet, es möge sich verändern?

Offensichtlich steht heutzutage in Asien alles zum besten. Die Kriege sind zu Ende, auf dem gesamten Kontinent herrscht Frieden, mit wenigen Ausnahmen, auch ein ideologischer Frieden, und überall ist nur noch von Wirtschaftswachstum die Rede. Doch eben jetzt wird diese alte, große Welt der Vielfalt vom Untergang bedroht. Das Trojanische Pferd ist die »Modernisierung«.

Modernisierung heißt Verwestlichung, und mit dieser Entwicklung verliert Asien endgültig das Bewußtsein seiner selbst.

Für mich hat dieser Kontinent, der so fröhlich Selbstmord begeht, etwas Tragisches. Aber keiner spricht davon, keiner protestiert, am wenigsten die Asiaten selbst. Früher, als Europa unter dem Kanonendonner seiner Kriegsschiffe die Öffnung der Häfen, freien Handel, Konzessionen und Kolonien verlangte, als seine Soldateska plündernd umherzog und Monumente wie den Sommerpalast in Peking mit einer Verachtung in Brand steckte, die den Chinesen noch heute unter den Nägeln brennt, haben die Asiaten – jeder auf seine Weise – Widerstand geleistet.

Die Vietnamesen begannen mit ihrem Befreiungskrieg in dem Augenblick, als die ersten französischen Truppen auf ihrem Territorium an Land gingen. (Dieser Krieg dauerte mehr als hundert Jahre und endete erst mit dem Fall Saigons im Jahr 1975.) Die Chinesen schlugen sich in den Opiumkriegen und vertrauten schließlich ihre Befreiung von den Ausländern, die sich mit der Überlegenheit ihrer Waffen durchgesetzt hatten, der Zeit an. (Die beiden letzten Zipfel chinesischen Territoriums, die noch in fremder Hand sind – Hongkong und Macao –, fallen 1997 bzw. 1999 an Peking zurück.)

Japan wiederum reagierte chamäleonhaft. Es wurde nach außen hin westlich, kopierte vom Westen, was es konnte – von den Uniformen der Studenten bis zu den Kanonen, von der Bahnhofsarchitektur bis zur Staatsidee –, versuchte dabei aber, innerlich immer japanischer zu werden, indem es dem Volk den Gedanken seiner Einzigartigkeit einschärfte.

Nacheinander befreiten sich die Länder Asiens vom kolonialen Joch und setzten den Westen vor die Tür. Und nun? Nun kehrt der Westen durch die Hintertür zurück und erobert Asien – nicht indem er sich seiner Staatsgebiete, sondern indem er sich seiner Seele bemächtigt. Er tut es heute ohne Plan, ohne deutliche politische Absicht, einfach durch einen schleichenden Vergiftungsprozeß, gegen den bisher kein Mittel gefunden wurde: den Gedanken der Modernität. Wir haben die Asiaten davon überzeugt, daß man nur überlebt, wenn man modern ist, und daß die einzig mögliche Modernität die unsrige, die westliche, ist. Gibt es Alternativen dazu? Keine. Alle Versuche, andere Wege zu beschreiten, sind fehlgeschlagen!

Indem sich der Westen als einzig wahrer Vertreter des menschlichen Fortschritts dargestellt hat, ist es ihm gelungen, denen, die nicht nach seinem Vorbild »modern« sind, einen starken Minderwertigkeitskomplex einzuflößen – was nicht einmal das Christentum geschafft hat! Also wirft Asien heute alles über Bord, was sein ist, um das zu übernehmen, was westlich ist, sei es in originaler Form, sei es in einer der regionalen Spielarten aus Japan, Thailand oder Singapur.

Das »Neue«, das »Moderne« zu kopieren ist zu einer Obsession geworden, zu einem Fieber, gegen das kein Kraut gewachsen ist. In Peking werden die letzten Hofhäuser abgerissen; in den Dörfern Südostasiens, in Indonesien wie in Laos, werden mit dem ersten Anzeichen von Wohlstand die wunderbaren einheimischen Baumaterialien durch Kunststoffe, die Strohdächer durch Wellblechdächer ersetzt: Niemanden scheint es zu stören, daß die Häuser glühen wie Backöfen und daß in der Regenzeit die Zimmer zu Trommeln werden!

Alle machen es heute gleich. Sogar die Chinesen! Auch sie, die einst so stolz darauf waren, die Erben einer »viertausend Jahre alten Kultur« zu sein, und deshalb die Überzeugung hegten, allen anderen geistig überlegen zu sein, auch sie haben die Waffen gestreckt und schämen sich zuweilen, noch mit Stäbchen zu essen. Auch sie meinen, mit Messer und Gabel mehr herzumachen; auch sie glauben, es sei eleganter, Jackett und Krawatte zu tragen. Die Krawatte! Ursprünglich eine Erfindung der Mongolen, um Gefangene am Sattelknopf ihrer Pferde hinter sich herzuschleifen ... ein Strick um den Hals eben.

Keine asiatische Kultur ist heute mehr in der Lage, dieser Entwicklung zu widerstehen, ihr etwas entgegenzusetzen. Es gibt keine Grundsätze, keine Ideale mehr, die diese »Modernität« in Zweifel ziehen könnten. Die Entwicklung ist ein Dogma; der Fortschritt um jeden Preis ein Befehl, der keinen Widerspruch duldet. Selbst der leiseste Zweifel an der Marschrichtung, an seiner Moralität, seinen Konsequenzen ist in Asien unmöglich geworden.

Hier gibt es nicht einmal die Hippies, die bei uns begriffen hatten, daß am »Fortschritt« etwas nicht stimmte, und deshalb riefen: »Haltet die Welt an! Ich will aussteigen!« Und doch ist das Problem da und geht uns alle an. Alle sollten wir uns fragen, ob das, was wir gerade tun, unser Leben verbessert und bereichert. Oder haben wir alle durch eine unnatürliche Deformation den Instinkt für das verloren, was das Leben sein sollte, nämlich hauptsächlich eine Gelegenheit zum Glücklichsein?

Nun denn! Sind die Einwohner Kengtungs heute glücklicher, da sie im Familienkreis beim Abendessen plaudern, oder werden sie glücklicher sein, wenn auch sie die Abende abgestumpft und schweigend vor dem Bildschirm verbringen? Ich weiß sehr wohl, daß auch sie, fragte man sie, antworten würden: Das Fernsehen ist uns lieber! Deshalb wünschte ich mir auch, daß eine Stadt wie Kengtung von einem Philosophen-König, einem erleuchteten Bonzen regiert würde, von einem Visionär, der einen Mittelweg zwischen Isolation und Stagnation einerseits und Öffnung und Zerstörung andererseits suchte, anstatt von den Generälen, die heute das Schicksal Birmas bestimmen.

Die Ironie liegt darin, daß es eine Diktatur war, die Birmas Identität bewahrt hat, und daß es jetzt eine neue Diktatur ist, die es zerstört, um auch aus diesem Land, das bis jetzt der Gier unserer Zeit entkommen war, zum häßlichen Ebenbild Thailands zu machen. Würden Aung San Suu Kyi und ihre demokratischen Gefolgsleute etwas anderes tun? Wohl nicht. Auch sie können heute nur den Fortschritt wollen: Er ist das einzig vorhandene Modell.

Die Nacht senkte sich über Kengtung und breitete ihren uralten Mantel der Dunkelheit und des Schweigens aus. Es blieb nur ein friedvolles Bimmeln der Glocken, die auf dem großen Stupa der Acht Haare vom Wind bewegt wurden. Ihm folgend stiegen wir im Licht des beinah runden Vollmonds, der die weißen Häuser silbern umrandete, den Hügel hinauf. Wir fanden eine offene Tür und verbrachten dann viele Stunden auf den geblümten Bodenfliesen des Wat Zom Kam, des Klosters des Goldenen Hügels, sitzend im Gespräch mit den Mönchen. Am Nachmittag waren Lastwagen mit jungen Novizen vom Land angekommen; sie und ihre Familienangehörigen schliefen nun an den Wänden entlang auf dem Boden, zu Füßen der großen Buddhas, die im Schein kleiner Flämmchen funkelten und geheimnisvoll lächelten: jeder mit dem orangefarbenen Gewand der Mönche angetan, als seien sie lebendig und müßten sich wie diese vor dem nächtlichen Wind schützen, der durch die Fenster strich. Für alle diese zehnjährigen Knaben, eben erst kahlgeschoren und in ihre neuen, safrangelben Tücher gehüllt – ein Geschenk der Eltern anläßlich der Weihe –, würde die Pagode über Jahre hinweg die Schule sein: eine Schule des Lesens, Schreibens und Glaubens, aber auch der Traditionen, der Verhaltensweisen und der alten Grundsätze.

Wie anders, dachte ich, ist es, hier aufzuwachsen, in der spartanischen Ordnung eines Tempels, unter Buddhas, die Toleranz lehren, beim Bimmeln dieser Glocken, oder aber in einer Stadt wie Bangkok, wo die Jugendlichen auf dem Schulweg sich zum Schutz gegen die Autoabgase ein Taschentuch vor den Mund halten und mit Rockmusik aus dem Walkman den tosenden Verkehrslärm zu übertönen suchen! Wie unterschiedlich müssen die Menschen sein, die aus so verschiedenen Verhältnissen hervorgehen! Welches sind die besseren?

Die Mönche wollten über Politik sprechen. Sie waren alle Shan und haßten die Birmanen. Zwei von ihnen hegten starke Sympathien für Khun Sa, den »Drogenkönig«, der jetzt auch als Vorkämpfer für die »Befreiung« dieses sich unterdrückt fühlenden Volkes gilt.

1948 erklärten sich die Shan, wie alle anderen ethnischen Minderheiten auch, unter dem Druck der Engländer damit einverstanden, dem neuen unabhängigen Staat, der Birmanischen Union, beizutreten – mit der Option, sich innerhalb von zehn Jahren wieder lossagen zu können. Aber die Birmanen ergriffen die Gelegenheit, um die *sawbwa* zu beseitigen und ihren Druck auf die Shan-Staaten zu verstärken. Die Trennung wurde unmöglich, weshalb zwischen den Shan und den Birmanen seither Kriegszustand herrscht. Die Armee von Rangun wird hier als Besatzungsmacht angesehen, und sie verhält sich auch oft so.

1991 besetzten einige hundert birmanische Soldaten das Zentrum von Kengtung und machten den Palast des *sawbwa* dem Erdboden gleich. Die Birmanen behaupteten, sie brauchten das Grundstück, um dort ein Hotel für Touristen zu bauen. In Wirklichkeit wollten sie ein Symbol der Unabhängigkeit der Shan zerstören. In diesem Palast hatte der letzte direkte Nachkomme des Stadtgründers gelebt. Seine Dynastie reichte siebenhundert Jahre zurück. Alte Fotos des Palastes zirkulieren heute heimlich unter der Bevölkerung – wie in Lhasa die Fotos des Dalai Lama.

Als wir die Pagode verließen, fehlten noch ein paar Stunden bis zur Morgendämmerung, aber auf der Hauptstraße von Kengtung hatte bereits eine schweigende Prozession wunderlicher Leute eingesetzt, die aus einem alten Ethnologiebuch zu stammen schienen. Stumm trippelten im Gänsemarsch Frauen mit riesigen Körben dahin, die sie am Nackenjoch balancierten; andere bewegten sich mit ihren Tragestangen wie im Tanzschritt fort. Jede Gruppe war unterschiedlich aufgemacht: die Akka-Frauen im Minirock, mit schwarzen Gamaschen und helmartigen, mit Münzen und Silberkügelchen verzierten Hüten; die Padaung-Frauen mit dem langen, von Silberreifen gehaltenen Giraffenhals; die Meo-Frauen in blau- und rotbestickten Jäckchen; alle Männer trugen lange, rudimentäre Gewehre. Sie alle waren Bergbewohner, unterwegs zu einem der letzten faszinierenden Märkte Asiens, der um sechs Uhr morgens begann.

Auf hölzernen Schemeln sitzend, frühstückten wir im Teehaus Honey; wir tauchten fetttriefende Krapfen, die ein Junge sehr geschickt mit bloßen Händen aus dem heißen Öl eines großen Kessels fischte, in Kondensmilch. Unter den Soldaten und Händlern, die an den anderen Tischen des Gehsteigs saßen, entdeckte Andrew einen Freund, den Sohn eines Grundherrn aus dem Stamm der Lua, den er zu uns einlud. Männer, ganz in Schwarz gekleidet, zogen Richtung Markt an uns vorüber. An ihrer Hüfte baumelte eine große Machete, die in einem Bambusfutteral steckte. »Das sind Wa, wilde Wa«, sagte der junge Mann verächtlich. »Sie trennen sich nie von ihren Messern.«

Er erzählte, sein Vater habe ihm schon als Kind eingeschärft, sich vor diesen Wa in acht zu nehmen. Im Unterschied zu den anderen, den »zivilisierten« Wa seien diese hier ihren Traditionen treu geblieben und bis heute Kopfjäger. Kurz vor der Reisernte begeben sich die wilden Wa auf nachbarschaftliches Territorium, entführen einen Menschen, bevorzugt ein kleines Kind, und hauen ihm mit der Sichel, mit der sie mähen, den Kopf ab. »Sie vergraben ihn in einem ihrer Felder als Gabe für die Reisgöttin, um sich eine gute Ernte zu sichern«, erzählte der junge Mann. »Sie sind nur dann gefährlich, wenn sie ihr Territorium verlassen. Bei sich tun sie niemandem etwas zuleide. Besuchern gegenüber sind sie sogar äußerst gastfreundlich.« Dann fügte er noch hinzu: »Man muß nur aufpassen, was sie einem zu essen anbieten!« Manchmal komme es vor, »daß man bei den Wa zum Essen eingeladen ist und auf dem Teller ein Stück Fleisch mit Tätowierungen liegt!« Die Wa seien eben auch Kannibalen. Dies jedenfalls behaupten ihre Nachbarn, die Lua!

Ich bat Andrew und seinen Freund, mir bei der Suche nach einem Wahrsager behilflich zu sein. Birma ist ein Land, in dem die Kunst der Wahrsagerei von vielen ausgeübt wird. Es heißt, daß die Birmanen, die sich geographisch zwischen China und Indien, den beiden großen Ursprungsländern dieser Tradition, befinden, ein besonderes Geschick gehabt hätten, sich die okkulte Weisheit ihrer Nachbarn anzueignen, und daß ihre Meister noch heute bedeutende »Kräfte« besäßen.

Der Aberglauben spielt in der Geschichte der ganzen Region eine große Rolle. Hatte doch der König der Birmanen, da er sich sehnlichst einen der sieben weißen Elefanten des Königs von Siam wünschte – die sehr selten waren und deshalb als »magisch« galten –, sogar einen Krieg zwischen den beiden Völkern vom Zaun gebrochen, der praktisch dreihundert Jahre dauerte; Ayudhya wurde zerstört, und die Siamesen mußten eine neue Hauptstadt errichten, das heutige Bangkok.

Bis in die jüngste Zeit spielten Astrologie und okkulte Praktiken für Ne Win und seine Diktatur eine entscheidende Rolle. Gleich bei der Ankunft in Birma fällt einem das einheimische

Geld, der Kyat, auf: Es gibt Banknoten im Wert von 45, 75 und 90 Kyat. Ne Win hielt diese Zahlen, die alle durch 3 teilbar sind, für glückbringend, und die Zentralbank mußte sich danach richten.

Die Birmanen glauben wie die Thai, daß das Schicksal nicht unabwendbar sei und daß die Prophezeiung eines Unglücks es dem Betroffenen erlaube, Vorkehrungen dagegen zu treffen: nicht nur durch das Sammeln von Verdiensten, sondern auch dadurch, daß man ein Ereignis herbeiführt, das äußerlich dem vorhergesagten Unglück ähnlich ist und deshalb das Schicksal in seinen Forderungen gleichsam zufriedenstellt. Ne Win war ein Meister in dieser Kunst.

Einmal sagte man ihm voraus, daß das Land binnen kurzem von einer furchtbaren Hungersnot heimgesucht werde. Ne Win verlor keine Zeit: Er ordnete an, daß alle Staatsbediensteten und ihre Familien drei Tage lang nur eine dünne Suppe aus Bananenkeimen zu sich nehmen dürften; eine vorgetäuschte Hungersnot würde die echte verhindern. Und diese brach ja auch nie aus.

Ein andermal wurde Ne Win von einem seiner Astrologen vor einer ernsten Gefahr gewarnt: Die Rechten würden sich plötzlich erheben und ihn absetzen. Ne Win gab unverzüglich Befehl, daß ab sofort in Birmas Straßen der Rechtsverkehr gelten sollte und nicht mehr, wie seit den Zeiten der Engländer, der Linksverkehr. Das ganze Land stand kopf, aber durch diese »Erhebung von rechts« erfüllte sich gleichsam die Prophezeiung, und der echte (politische) Umsturz wurde vermieden.

1988 teilte derselbe Astrologe Ne Win mit, das Land stehe am Rand einer großen Katastrophe: In den Straßen der Hauptstadt werde Blut fließen und Ne Win gezwungen sein zu fliehen. Als wenig später bei dem Massaker an Tausenden von Studenten in den Straßen von Rangun tatsächlich Blut floß, begriff Ne Win, daß sich bald auch der zweite Teil der Prophezeiung bewahrheiten könnte, und so suchte er einen Ausweg. Der Astrologe brachte ihn auf die Spur: Im Birmanischen klingen wie im Englischen die Wörter »fliehen« und »fliegen« sehr ähnlich. Der Präsident würde nicht »fliehen« müssen, wenn es ihm gelänge, gekleidet wie einer der großen Könige der Vergangenheit und auf einem weißen Pferd sitzend, zu den entferntesten Orten des Landes zu »fliegen«. Nichts leichter als das! Ne Win ließ ein Holzpferd (ein lebendiges wäre zu gefährlich gewesen) weiß bemalen, in ein Flugzeug verfrachten, setzte sich darauf, gekleidet wic ein König aus alter Zeit, und flog über die Lande.

Der Trick gelang, denn Ne Win brauchte nicht zu »fliehen«, und obwohl heute eine jüngere Generation von Generälen die Macht übernommen hat, ist er eine charismatische Figur geblieben, die hinter den Kulissen als verlängerter Arm der neuen Diktatur die Fäden zieht.

Auch den derzeitigen Machthabern stehen Wahrsager als Berater zur Seite. Kürzlich wurde einer der Generäle von einem Astrologen gewarnt, er könnte bald Opfer eines Attentats werden. Der Bedrohte ließ die Nachricht verbreiten, er sei tot, und niemand trachtete ihm mehr nach dem Leben.

Die Hungersnot, der Aufstand von rechts, die Flucht des Präsidenten und das Attentat auf den General fanden natürlich deshalb nicht statt, weil dies alles – wie soll man sagen? – nicht stattfinden sollte, und nicht, weil es dank der Prophezeiungen »vermieden« werden konnte. Doch das ist nicht die Logik, mit der die Asiaten – und besonders die Birmanen – das Leben betrachten. Die Voraussage ist an sich eine Schöpfung. Ein angekündigtes Ereignis ist da, ist wahr, und auch wenn es erst noch zu geschehen hat, ist es doch wirklicher und bedeutungsvoller als ein bereits stattgefundenes. Deshalb ist für Asiaten die Zukunft weitaus wichtiger als die Vergangenheit, und deshalb wird hier weitaus mehr Energie auf das Studium der Prophezeiungen verwendet als auf das der Geschichte.

In Bangkok hatte mir jemand gesagt, in Kengtung gebe es eine alte katholische Mission, in der möglicherweise noch italienische Nonnen lebten. Wir stiegen in der Dämmerung zu ihrer Kirche hinauf. Zu Füßen einer Gipsmadonna brannte ein Nachtlämpchen, und im Refektorium räumten junge birmanische Schwestern gerade die Tische ab. Einer von ihnen sagte ich, wer ich sei, und schon lief sie laut rufend davon: »Italiener sind da ... kommt ... kommt!« Von einer Holztreppe stiegen langsam zwei alte, schmächtige, blasse und aufgeregte Nonnen herab. Ihre weiten grauen Kutten reichten bis zum Boden. Auf dem Kopf trugen sie einen Schleier mit einem schmalen gestärkten Rand. Sie waren außer sich vor Freude. »Das ist ein Wunder! Ein Wunder!« rief die eine. Die andere sagte Dinge, die ich nicht verstand. Die eine war neunzig, die andere sechsundachtzig Jahre alt. Wir blieben und unterhielten uns mehrere Stunden lang.

Ihre Geschichte und die der katholischen Mission in Kengtung gehören zu jenen, die man heute nicht mehr erzählt. Besonders in Zeitungen werden sie nicht mehr erwähnt. Vielleicht, weil sie von außerordentlichen Menschen handeln und die Welt heute mehr darauf aus ist, das Banale zu glorifizieren, gewöhnliche Menschen, mit denen sich jeder identifizieren kann.

Die Geschichte beginnt Anfang dieses Jahrhunderts: Der Heilige Stuhl in Rom hat eingesehen, daß die Shan sich als getreue Anhänger des Dharma, des Weges Buddhas, nicht bekehren ließen; möglicher erscheint es, unter den primitiven und animistischen Stämmen der Region Proselyten zu machen und auf diese Weise einen christlichen Keim in die buddhistische Erde zu stecken. Der erste Missionar trifft im Jahr 1912 in Kengtung ein: Pater Bonetta vom päpstlichen Missionswerk PIME, ein Mailänder. Mit dem wenigen Geld, das er bei sich hat, gelingt es ihm, die gesamte Spitze eines der beiden Hügel der Stadt zu erwerben. An Markttagen henkt man dort Räuber, und das Land ist nichts wert: Es gibt zu viele *phi* hier, zu viele Geister.

Binnen kurzem erbaut Bonetta, dem sich bald weitere Missionare anschließen, eine Kirche und ein Seminar. 1916 kommen die ersten italienischen Nonnen vom Orden Maria Bambina, ebenfalls aus der Gegend um Mailand. Sie gründen ein Waisenhaus und eine Schule, wenig später auch ein Krankenhaus und eine Leprastation. Im Laufe der Jahre wird auch Kengtung in die politischen Wirren der Region verstrickt, und die Soldaten verschiedener Armeen ziehen als Eroberer durch die Stadt: Japaner, Siamesen, Chinesen der Kuomintang, dann die Maos; am Schluß kommen die Birmanen, aber die italienische Mission bleibt.

Der »Geisterhügel« ist bis heute unverändert: Alle Gebäude stehen noch da, gut erhalten und voller Waisenkinder. Pater Bonetta, der neben anderen Missionaren auf dem Friedhof hinter der Kirche begraben liegt, starb im Jahr 1949. Keiner von ihnen war nach Italien zurückgekehrt.

Noch fünf Schwestern sind am Leben; drei wohnen im Krankenhaus, die beiden ältesten zusammen mit den einheimischen Novizinnen im Kloster.

»Als ich ankam, konnte man nachts nicht aus dem Haus gehen, denn draußen waren Tiger«, erzählt die ältere, Giuseppa Manzoni, die seit 1929 in Kengtung lebt und nie wieder in ihre Heimat zurückgekehrt ist. Italienisch zu sprechen fällt ihr nicht mehr leicht. Sie versteht meine Fragen, aber meist antwortet sie in Shan, und die junge Schwester Karen übersetzt ins Englische.

Schwester Giuseppa ist in Cernusco geboren. »Ein schöner Ort, wissen Sie. In der Nähe von Mailand …« Ihre Eltern waren Bauern. Sie hatten neun Kinder, aber die Söhne – sieben an der Zahl – starben noch im Kindesalter, und nur sie und ihre Schwester blieben am Leben.

Schwester Vittoria Ongaro kam im Jahr 1935 nach Kengtung. »Am 22. Februar«, sagt sie, als erinnere sie sich des Tags ihrer Hochzeit. »Die Leute hatten wenig, aber es ging ihnen besser als heute, denn damals gab es kaum einen Unterschied zwischen Arm und Reich.«

Die katholische Mission wurde bald zur Zuflucht aller vom Pech Verfolgten der Umgebung. Krüppel, Schwachsinnige, Epileptiker, von ihren Ehemännern verlassene Frauen, mit einer Hasenscharte zur Welt Gekommene – all jene, die dem Tod überlassen waren, da jedes körperliche Gebrechen als Zeichen einer schweren Schuld im vorangegangenen Leben gilt, für die der Betroffene erbarmungslos zu büßen hat, fanden hier etwas zu essen und ein Dach über dem Kopf. Sie sind es auch heute noch, die Gemüsegarten und Ställe bestellen und für die 250 Waisenkinder kochen.

Als wir aufbrachen, fragte ich, ob ich etwas für sie tun könne.

»Ja, beten Sie für uns … damit wir, wenn wir sterben, ins Paradies kommen!« sagte die Ältere.

»Wenn *Sie* nicht ins Paradies kommen, dann muß das aber ein ausgestorbener Ort sein!«

Meine Worte brachten sie zum Lachen. Und all die jungen Schwestern lachten aufgeregt mit.

Schwester Giuseppa begleitete mich zum Tor, drückte mir noch einmal die Hand und flüsterte mir, diesmal in makellosem Norditalienisch, ins Ohr: »Grüßen Sie mir die Leute von Cernusco, grüßen Sie sie alle!« Sie zögerte: »... Cernusco liegt doch immer noch in der Nähe von Mailand?«

Ich war glücklich, ihr dies bejahen zu können.

Als ich den Hügel hinunterging, war mir, als hätte ich ein Wunder erlebt. Wie ermutigend, Menschen zu begegnen, die so felsenfest an etwas glauben: Reste eines vergangenen Italien, das die Entfernung für uns aufgehoben hat!

Wer Anfang des Jahrhunderts in eine arme Bauernfamilie in Cernusco hineingeboren wurde, träumte nicht davon, die Sterne vom Himmel zu holen; seine Möglichkeiten waren äußerst begrenzt, und damit hatte er ein »Schicksal«. Heute gibt es für den einzelnen weitaus mehr Alternativen, die soziale Mobilität öffnet ihm alle Türen, aber damit ist niemand mehr für etwas »vorherbestimmt«. Vielleicht sind die Menschen deshalb immer desorientierter und sich selber über den Sinn ihres Lebens unsicher.

In Cernusco sterben heute die Kinder nicht mehr wie die Fliegen, und auf die Frage: »Was möchtest du werden, wenn du groß bist?« würde keines mehr antworten: »Missionar in Birma.« Aber hat ihr Leben heute mehr Sinn als das jener Kinder, die einst so antworten konnten? Die Schwestern von Kengtung jedenfalls zweifelten keineswegs am Sinn ihres Lebens.

Und der Sinn des meinen? Wie viele, so frage auch ich mich oft danach. Natürlich wird man nicht geboren, »um Journalist zu werden«. Als ich klein war und die Verwandten mich mit jenen dummen Frage bestürmten, die wohl die Kinder aller Länder und Zeiten über sich ergehen lassen müssen, ärgerte ich sie jedesmal damit, daß ich mir immer wieder neue Berufe ausdachte und schließlich sogar solche, die es gar nicht gab. Diese Lust ist mir geblieben.

Wir hätten Tage in Kengtung verbringen und den Routen meines Maurice Collis folgen können, der dort in den dreißiger Jahren gereist war. Auch ihn hatten seine Begegnungen in diesem Städtchen stark berührt. Bei einem Besuch beim Vertreter der Britischen Krone auf Loi Mwe, dem Hügel der Nebel, einer Wohn-Enklave in der Nähe von Kengtung, erschrak Collis beim Gedanken an all die jungen Engländer aus besten Familien und Schulen, die voller Begeisterung in diesen weit entfernten Festungen ankamen, um die Interessen des Empire zu wahren, sich allmählich aber vergessen und von Krankheiten geplagt sahen. Bald hielten sie sich nur noch an die englischen Sitten, den mittags und abends auf gewohnte Weise gedeckten Tisch, die Teestunde – und verzehrten sich vor Heimweh.

Der Glaube an das Empire war offensichtlich nicht so unerschütterlich wie der an das Reich Gottes!

Wir hielten uns nun schon drei Tage in Kengtung auf, und Andrew hatte immer noch keinen Wahrsager für mich gefunden. Entweder sträubte er sich als Protestant dagegen, oder es stimmte, daß die beiden bekanntesten »zu Beratungen« verreist waren. Am letzten Abend schließlich fanden wir einen, der mit seinen Kindern im Hof seines Hauses Badminton spielte. Doch er entschuldigte sich liebenswürdigst. Er habe nur von 9.30 bis 11.30 Uhr vormittags Sprechstunde, im Anschluß an seine Meditation. Ich versuchte, ihn zu einer Ausnahme zu überreden, aber er blieb fest. Er habe ein Gelöbnis abgelegt und sich diese Beschränkung auferlegt, »um nicht der Geldgier zum Opfer zu fallen«. Wenn er diese seine Verpflichtung nicht einhalte, würde er seine Macht verlieren, meinte er. Seine Standhaftigkeit beeindruckte mich mehr als alles, was er mir hätte sagen können.

An der Grenze erhielten wir unsere ungestempelten Pässe zurück. Offiziell hatten wir Thailand nie verlassen, waren nie nach Birma eingereist. Ein Taxi brachte uns rasch in die Stadt Chiang Rai.

Wir blieben eine Nacht in einem modern glitzernden, erst kurz zuvor eröffneten Hotel, wo junge thailändische Kellner in der Hoflakaientracht des alten Siam einer Schar westlicher Touristen in Tropenhosen und *bush jackets* aufwarteten; sie würden am Tag darauf in vollklimatisierten Bussen nach Tachilek fahren und sich dort unter dem »Goldenes Dreieck« genannten Bogen fotografieren lassen; sie würden ein Museum namens »Haus des Opiums« besuchen und irgendwelchen birmanischen Krimskrams kaufen, den es inzwischen auch in Europa gibt. Ein französischer Pantomimekünstler in Frack, Melone und Spazierstock, der vom Hotel mit einem Sechs-Monats-Vertrag engagiert worden war, machte zwischen den Tischen des Restaurants, vor den Aufzügen und an der Bar Charlie Chaplin nach, um die Kundschaft in Stimmung zu bringen.

Wenn ich mir nach den Gefangenen in Ketten, den Bonzen und Kopfjägern etwas Absurderes hätte ausdenken müssen – es wäre mir nicht gelungen.

Am nächsten Morgen nahmen Angela und Charles ein Flugzeug und waren zwei Stunden später in Bangkok. Ich hatte vier Stunden Busfahrt nach Chiang Mai vor mir und danach noch eine Zugfahrt von einer Nacht. Unbequem. Umständlich. Aber der Gedanke, an meinem Vorsatz festzuhalten, machte mir weiterhin Vergnügen. Ich erinnerte mich daran, wie ich als kleiner Junge auf dem Schulweg versuchte, nicht auf den Spalt zwischen den Pflastersteinen zu treten. Gelang es mir bis zum Ende, so war das ein Zeichen dafür, daß ich richtige Antworten geben oder einen guten Aufsatz schreiben würde. Später habe ich Kinder in anderen Weltteilen dasselbe tun sehen. Vielleicht steckt in jedem Menschen das instinktive Bedürfnis, sich hin und wieder Beschränkungen aufzuerlegen, eine Wette einzugehen, um sich damit etwas Gewünschtes zu »verdienen«.

Im Gedanken an die vielen Wetten, die man im Laufe seines Lebens mit sich selbst abschließt, erreichte ich den Busbahnhof, dann den Zugbahnhof und schließlich Bangkok.

Witwen und alte Scherben

Der Zweifel mußte mir kommen. Und pünktlich stellte er sich ein, der gute, alte Zweifel, diese Stimme des anderen Ich, die immer bereit ist, jede Gewißheit in Frage zu stellen. Er kam, sobald ich mir vornahm, das Thema Wahrsager und Aberglauben als Journalist anzugehen und den Sekretär des siamesischen Astrologenverbandes zu interviewen. Verlor ich etwa nur meine Zeit mit dieser Geschichte vom Nicht-Fliegen? Hatte ich nicht vielleicht nur dem dümmsten und irrationalsten Instinkt nachgegeben? Benahm ich mich denn nicht wie eine gutgläubige Alte? Sobald ich auf mein Thema die gleiche Logik anwandte, mit der ich über anderes geschrieben hätte, erschien mir die ganze Sache lächerlich.

Ich wurde begrüßt von einem vornehmen, hageren Herrn um die sechzig, von tadelloser Haltung, mit dem dichten, grauen, kurz geschnittenen Haar eines Mönchs oder Soldaten. Er drückte mir, wie das in Asien immer mehr zur Regel wird, nicht eine, sondern gleich mehrere Visitenkarten in die Hand, deren verschiedene Adressen, Telefon- und Faxnummern die verschiedenen von ihm ausgeübten Funktionen beschrieben. Eine davon war: »Sekretär des Internationalen Astrologenverbandes von Thailand«.

»International? Wieso das?« fragte ich, um das Gespräch in Gang zu bringen.

»Weil wir auch Kurse auf Englisch abhalten, für ausländische Studenten; im letzten Jahr waren zwei Australier bei uns.«

So einfach ist das mit der Internationalität, dachte ich und stellte mir die beiden vor, wie sie jetzt in irgendeiner australischen Kleinstadt ihr Geld damit verdienten, daß sie den Leuten etwas über ihr Schicksal erzählten – und das mit der Kompetenz und vor allem dem Prestige dessen, der in Thailand, in einem der großen Zentren des Okkulten, studiert hat.

»... und außerdem«, fuhr der vornehme Herr fort, »unterhalten wir Kontakte zu allen großen Astrologenverbänden der Welt. Ganz besonders zum deutschen.«

»Zum deutschen?«

»Die Deutschen sind auf diesem Gebiet am weitesten voran. Ich selbst habe in Hamburg studiert.«

General Payroot – ein leibhaftiger General der Infanterie der Königlich thailändischen Armee – hatte vor Jahren an der berühmten Bundeswehrhochschule in Hamburg studiert. Am Vormittag hatte er Lehrgänge über strategische Kriegführung besucht, am Abend hatte er sich in der Astrologischen Studiengesellschaft mit den Sternen beschäftigt.

Seitdem er pensioniert war, widmete der General seine gesamte Zeit zwei Einrichtungen, die er selbst ins Leben gerufen hatte: einer Schule für Astrologen, die die »deutsche Methode« verbreitet, und einer Gesellschaft für »Astro-Business«, die Astrologie und Geschäft miteinander kombiniert und sich speziell mit Börsenprognosen befaßt. »Das System ist schon völlig auf Computer umgestellt«, erklärte er mir stolz. Die Interessenten bezahlten eine Beitrittsgebühr und verpflichteten sich, fünf Prozent aller aufgrund der Voraussagen von »Astro-Business« erzielten Gewinne abzuführen.

Unser Treffen fand im Sitz des Astrologenverbandes statt, einer schönen, geräumigen Holzvilla der Jahrhundertwende. Die Fußböden waren aus blankem Teakholz, in den offenen Veranden drehten sich langsam die großen Deckenventilatoren. Die Villa lag direkt vor dem Großen Tempel, der, wie ein thailändischer Vatikan, Sitz des Patriarchen, des Oberhauptes der Buddhisten, ist.

Ich war schon früh am Morgen dort. Auf den Gehsteigen öffneten gerade die vielen Stände, die allerlei Glücksbringer und Amulette gegen den bösen Blick feilboten: winzige Ebenbilder von Gottheiten oder ehrwürdigen Mönchen, naturgetreue Phallusminiaturen aus Holz, die man in der – allen Kulturen gleichermaßen eigenen – Illusion mit sich trägt, daß sie die Potenz der Männer stärken und den Frauen zu männlichen Nachkommen verhelfen.

Die Thai haben ein unbegrenztes Vertrauen in die Kräfte des Okkulten, und diese kleinen Märkte der Hoffnung und des Exorzismus gehören zu den einträglichsten des Landes. Kein Thai geht ohne Amulett aus dem Haus. Viele tragen an einer dicken Goldkette eine ganze Kollektion um den Hals und geben Unsummen für eine Tätowierung aus. Kein Teil des Körpers wird vernachlässigt. Und man erzählt sich von einer Dame, die kürzlich einen der Prominenten des Landes geheiratet hat, daß sie dies nur deshalb habe durchsetzen können, weil sie sich einige besondere Muscheln zwischen die Haare ihres Venushügels habe tätowieren lassen.

Während wir im Empfangsraum des Verbandes mit dem astrologischen General sprachen, hörten wir aus den beiden angrenzenden Zimmern die Stimmen von Lehrern. Auch in der Astrologie machen sich die Folgen des Demokratisierungsprozesses unserer Zeit bemerkbar. Zu Anfang war sie eine Disziplin, die nur von Königen studiert oder für sie praktiziert wurde. Das Wissen um die Geheimnisse der Sterne war ein Machtinstrument und durfte als solches natürlich nur wenigen zugänglich sein. Heute ist auch die Astrologie ein wohlfeiles Konsumgut geworden.

Rama I., Begründer der gegenwärtigen Dynastie Thailands, war ein ausgezeichneter Astrologe. Er hatte vorhergesagt, daß es hundertfünfzig Jahre nach seinem Tod eine große Revolution geben werde. Und sie kam pünktlich: 1932 zwang ein Aufstand fortschrittlicher Adliger und Intellektueller die damals noch absolute Monarchie, sich eine Verfassung zu geben.

»Und der jetzige König, Bhumibol?« fragte ich.

»Über meinen Monarchen kann ich nicht sprechen ...« antwortete der General und wich damit geschickt einem Thema aus, das in Thailand ein großes Tabu darstellt. Es gibt zu viele ungelöste Rätsel, zu viele hinter vorgehaltener Hand geflüsterte Prophezeiungen – unter anderen die, daß die Dynastie mit dem nächsten Monarchen, Rama X., ein Ende finden würde –, als daß ein Thai bereit wäre, über die königliche Familie zu sprechen, vor allem mit Ausländern. Der General weigerte sich sogar, zuzugeben, was alle wissen: daß König Bhumibol wie alle seine Vorgänger Astrologen beschäftigt, die den Zeitpunkt seiner Auftritte in der Öffentlichkeit und seine Termine bestimmen.

In dem verwilderten, aber hübschen Garten spielten ein halbes Dutzend neugeborener Katzen und ein paar räudige Hunde. Auf der zum Garten hin offenen Veranda Handleser, die unter einem dicken Vergrößerungsglas die Linien einer Hand studierten, Astrologen, die Skizzen und Berechnungen auf kariertes Papier kritzelten und hingebungsvoll lauschende Frauen mit Ratschlägen versorgten.

Wurde ich ihnen nicht trotz meiner guten Ausrede, »das Geheimnis Asiens« erforschen zu wollen, immer ähnlicher? Benahm ich mich nicht genau wie diese Frauen, wenn ich mir auferlegte, nicht zu fliegen? Wie all die Mütter, die mit ihren heiratsfähigen Töchtern gekommen waren, um sich von den Sternen irgendein Verbot auferlegen zu lassen in der Hoffnung, dafür etwas zu gewinnen?

Ich blieb stehen, um eine Frau zu beobachten, die außer ihrer Tochter auch noch deren Verlobten mitgebracht hatte, um ihn »überprüfen« zu lassen, bevor sie ihn als Schwiegersohn akzeptierte. Der Astrologe stellte seine Berechnungen an, und alle waren vollkommen bei der Sache. Niemand schien beunruhigt.

Der General sagte, eine der berühmtesten Seherinnen des Landes sei heute zufällig Gast des Verbandes, eine Frau, die vor allem im Lesen des Körpers Spezialistin sei. Ob ich sie konsultieren wolle?

»Aber natürlich!« antwortete ich spontan und wurde mir dabei plötzlich bewußt, wie leicht das Aufsuchen von Wahrsagern zur Sucht werden kann; sein ganzes Leben könnte man damit zubringen, die im Grunde immer gleichen Fragen zu stellen und trotzdem neugierig auf die Antworten zu warten: wie im Spielkasino, wo man eine Handvoll Chips auf Rot oder Schwarz setzt, auf Pair oder Impair; und je mehr man spielt, um so weniger kann man es lassen, auf jenes »Ja« oder »Nein« des Schicksals zu warten. Wie einer, der im Kasino verliert, davon überzeugt ist, daß das Blatt sich doch noch wenden und schließlich der Moment kommen werde, in dem er alles zurückgewinnt, ja vielleicht sogar verdoppelt, so hofft man auch bei den Wahrsagern, endlich einmal *den* fabelhaften zu treffen, der sich in nichts täuscht und alles vollkommen klar voraussieht.

Die Frau war um die fünfzig, hatte breite Schultern, kurze Beine, helle Haut und noch schwarzes Haar. Sie war wohl gebürtige Chinesin, aber ich sprach sie nicht darauf an, sondern setzte mich vor sie hin und wartete schweigend auf ihre Fragen. Die Frau sammelte sich im Gebet; sie legte die Hände vor der Brust zusammen, neigte mit geschlossenen Augen leicht den Kopf und flüsterte eine Formel; dann sah sie mir konzentriert ins Gesicht. Sie bat mich zu lächeln, um – so sagte sie – die Falten um meinen Mund beobachten zu können; sie befühlte meine Stirnknochen und die Ohren. Am Ende hieß sie mich aufstehen und die Hosenbeine hochziehen, um Füße und Knöchel genau zu besehen.

Diese Wahrsagetechnik beruht auf einer alten, chinesischen Methode, und ihre Anwendung auf mich selbst interessierte mich deshalb, weil sie mir am reellsten schien. Ein Körper kann, wenn man ihn genau betrachtet, sehr viel ausdrücken, und sollte es ein »Buch« geben, in dem man die Vergangenheit einer Person – und vielleicht auch diesen oder jenen Hinweis auf ihre Zukunft – lesen kann, dann ist das sicher weitaus eher diese sterbliche Hülle, die wir seit der Geburt mit uns herumtragen, als ein Band mit abstrusen Berechnungen, die sich auf einen Zusammenhang zwischen den Sternen und der Geburtsstunde eines Menschen gründen. Menschen, die zur selben Stunde am selben Tag desselben Jahres geboren sind, haben bestimmt nicht dasselbe Schicksal, sterben bestimmt nicht alle zur selben Stunde und haben auch nicht dieselben Linien auf der Hand. Menschen, die jedoch ähnliche körperliche Merkmale haben, teilen häufig dieselben Gewohnheiten, dieselben guten und schlechten Eigenschaften. Es ist also nicht unwahrscheinlich, daß man vom Körper eines Menschen die Vorzeichen eines glücklichen oder unglücklichen Lebens ablesen kann.

Die Methode, das Schicksal eines Menschen aus seinem Gesicht abzulesen, entwickelte sich in China aus der Medizin heraus. Die Ärzte durften ihre Patienten, vor allem die weiblichen, nicht berühren und mußten ihre Diagnose stellen, indem sie vor allem das Gesicht betrachteten. Ein kleiner roter Fleck auf der Wange deutete auf eine Fehlfunktion des Herzens, eine Falte unter dem linken Auge auf ein Magenproblem hin. Bald merkte jemand, daß alle Reichen eine bestimmte Krümmung der Nase aufwiesen, während alle Mächtigen ein Muttermal auf dem Kinn hatten. So gelangte man zu der Vorstellung, daß das Schicksal eines Menschen in sein Gesicht graviert sei.

Die Ohren verrieten den Chinesen den Charakter einer Person, die Stirn den Verlauf ihres Lebens bis zum 32. Lebensjahr, die Augen den bis zum vierzigsten. In den Augenbrauen sahen sie die Zeichen ihres Gefühlslebens, an der Nase ließ sich der Lebenslauf zwischen vierzig und fünfzig ablesen und am Mund Glück oder Pech in den letzten Lebensjahren. An den Mundwinkeln, die sich ja tatsächlich mit der Zeit verändern, erkannten die Chinesen, was der Mensch hatte werden wollen und was aus ihm geworden war. Gar nicht so dumm, schien mir. Hat man etwa nicht – zumindest ab einem bestimmten Alter – das Gesicht, das man verdient? Und verraten die Hände nicht das, was die plastische Chirurgie anderswo zu verbergen sucht?

Ich war neugierig auf das, was diese Frau aus meinem Gesicht, meinen Knöcheln und vor allem aus diesem kleinen, runden, dunklen Leberfleck ablesen würde, den ich von Geburt an über der rechten Augenbraue habe. Aber schon ihre ersten Worte enttäuschten mich.

»Deine Ohren zeigen, daß du großzügig bist …« (Eine der üblichen positiven Bemerkungen, um den »Patienten« für sich einzunehmen, dachte ich bei mir.) *»… deine Brüder und Schwestern sind alle von dir abhängig.«*

»Falsch! Ich habe weder Brüder noch Schwestern«, gab ich mit lauter Stimme zurück, um sie zu ärgern. »Ich bin Einzelkind.«

Sie ließ sich nicht aus der Ruhe bringen. *»Wenn nicht deine Geschwister, dann andere Verwandte. Deine Ohren besagen, daß* *viele deiner Verwandten von dir abhängig sind ...«* (Ja und nein, sagte ich mir. Lauter halbwahre Verallgemeinerungen.) »... *Als du jung warst, hattest du ständig finanzielle und gesundheitliche Probleme, aber seit du fünfunddreißig bist, läuft in dieser Hinsicht alles gut. Du hast Glück, weil du immer jemanden an deiner Seite hattest, dem du vertrauen konntest, der dir half.«*

»Gewiß. Ich bin seit über dreißig Jahren verheiratet.«

»Und du hast deine zweite Liebe geheiratet, nicht die erste ...« (Völlig daneben, weder die erste noch die zweite!) »... *Eines Tages wirst du viel erben. Deine Ohren sagen mir, daß du von deinen Eltern einmal ein hübsches Erbe bekommst.«*

Arme Ohren, da lügen sie – sollten es wirklich die Ohren sein, die das ausdrücken. Von meinen Eltern – mein Vater ist schon tot – habe ich nichts zu erwarten. Gut, wenn ich heute meine fünfundachtzigjährige senile Mutter fragte: »Mama, wo hast du das Geld versteckt?«, so würde sie mit ihrem bezaubernden komplizenhaften Lächeln antworten: »Da hinten, da hinten!« Und mit ihrer Hand zielsicher ins Leere zeigen. Nun, das Geld da hinten ist alles, was ich erben kann. Oder sollte ich vielleicht das Wort »Erbe« nicht nur als Synonym für »Geld« auslegen?

Die Frau fuhr fort. *»In dem Haus, das du bewohnst, gibt es einen Ort, an dem du die Götter und deine Ahnen verehrst. Gib das niemals auf!«* (Ah, das ist eine interessantere Feststellung!)

Im Haus jedes Asiaten, besonders eines Chinesen, gibt es solch einen Ort, normalerweise ist es ein kleiner Altar, und es bedarf keiner besonderen Gaben, um dies zu erraten. Es ist, als sagte man zu einem guten Christen: »Du hast zu Hause ein Kruzifix.« Aber die Frau sieht ja, daß ich Ausländer bin, daß ich mit ziemlicher Sicherheit kein Buddhist bin und ganz bestimmt keinen Ahnenkult betreibe. Und doch, entgegen jeder augenscheinlichen Evidenz, sagt sie so etwas ... und hat recht damit.

In meinem Haus gibt es diesen Ort. Er hat sich mit der Zeit entwickelt. Ich hatte mich für die kleinen Figuren aus vergoldetem Kampferholz interessiert, die die Südchinesen auf ihre Altärchen stellen, und mir in Macao einige davon gekauft. Schon bald hatte ich aber das Gefühl, daß sie, von ihren Altären entfernt und wie Nippes auf den Regalen stehend, litten, als hätten sie ihren Sinn verloren. Also begann ich, Räucherstäbchen vor ihnen anzuzünden. Dann entdeckte ich in Peking bei einem alten Trödler in der Nähe des Trommelturms einen schönen geschnitzten Holzaltar, einen jener Altäre, wo die Familien früher ihre Ahnentäfelchen aufbewahrten. Ich kaufte ihn. Die Figuren aus Macao fanden darin eine würdige Bleibe, und als mein Vater starb, legte ich sein Bild in den Schoß einer Buddhafigur, die mitten auf dem Altar thronte. Seitdem verbrenne ich jeden Tag ein bißchen Weihrauch für ihn, und dieses kleine Ritual läßt meinen Geist in seinem Andenken verharren. Den Friedhof von Florenz, wo man sich im Gewirr der Wege und Weglein verliert und wo alle Gräber – auch das meines Vaters – identisch sind, habe ich nie aufgesucht. Der Platz meines Vaters ist für mich in meinem Haus, auf jenem chinesischen Ahnenaltar.

»Das Haus, in dem du hier in Thailand wohnst, liegt sehr schön und macht dich glücklich. Bleib dort, solange du in diesem Land lebst«, fuhr die Frau fort.

Sie konzentrierte sich von neuem auf mein Gesicht, überlegte, sagte die üblichen Dinge über Geld, das mir zwischen den Fingern zerrinnt – das wenigstens scheint jedem in die Augen zu springen. Sie meinte, ich hätte meistens Glück, einen Instinkt, der mich an einer Weggabelung immer die günstigere Richtung einschlagen lasse und mich immer mit den richtigen Leuten umgebe. Sie sagte, um meinen Mund liege kein Verzicht, da ich im Leben immer getan hätte, was ich wollte.

»Du wirst lange leben«, verkündete sie. Dann betrachtete sie meinen Leberfleck genauer: *»Dies ist das Merkmal deines Glücks, aber es besagt auch, daß du im Ausland sterben wirst.«* Sie schwieg einen Augenblick und fügte dann hinzu: *»Daran gibt es keinen Zweifel, du wirst in einem Land sterben, das nicht das deine ist.«*

Die Frau wollte wissen, ob ich noch Fragen hätte. Ich überlegte angestrengt, bis mir einfiel, daß im Herbst die englische und die deutsche Fassung meines letzten Buches herauskommen würden, ein Bericht über eine lange Reise durch die Sowjetunion in den Monaten, als das Imperium zusammenbrach und der Kommunismus unterging.

»Was soll ich tun, damit dieses Buch sich gut verkauft?« fragte ich sie.

Die Wahrsagerin konzentrierte sich und schien sich ihrer Antwort ganz sicher zu sein: *»Es muß zwischen dem 9. September und dem 10. Oktober herauskommen, es darf weder zu dick noch zu dünn sein. Der Umschlag muß zwar farbig sein, aber nicht zu grell, und vor allem muß der Titel einen Personennamen enthalten, aber nicht den einer Frau.«*

Ich fing an zu lachen und freute mich, daß Wladimir Iljitsch als männliches Wesen zur Welt gekommen war. Das Buch hieß: *»Gute Nacht, Herr Lenin«*, und der Umschlag, der schon vorlag, war in Pastellfarben gehalten.

Dann fügte die Frau noch hinzu: »... *und vergiß nicht, zu Buddha zu beten und am Ahnenaltar zu opfern. Nur so wird das Buch zu einem Erfolg!«*

Die Frau hatte geendet, und ich erhob mich. Sie wollte kein Geld, sondern bat mich, dem Astrologenverband eine Spende zu geben.

Ich grübelte tagelang über meine Entscheidung nach, nicht zu fliegen, und suchte nach ihren wahren Gründen. Sicher hatte ich einfach Lust gehabt, die tägliche Routine zu durchbrechen. Aber hatte ich mich nicht auch vor dem möglichen Flugzeugabsturz schützen wollen, den der Wahrsager von Hongkong mir prophezeit hatte? Gewiß, doch fiel es mir schwer, das zuzugeben.

Obwohl ich viele Jahre in Asien verbracht und mich der hiesigen Lebensweise angepaßt habe, war mir unsere instinktive Verachtung für alles, was wir »Aberglauben« nennen, offenbar geblieben. Der sogenannte Aberglauben ist in Asien ein wesentlicher Bestandteil des Lebens, und außerdem – so sagte ich mir – hatten viele Techniken, die uns heute absurd erscheinen, anfangs wohl durchaus ihre Logik! Nur daß sie mit der Zeit eben verlorenging. So ist es mit der Akupunktur: Sie funktioniert, aber niemand kann wirklich erklären, weshalb. Und genauso ist es mit dem *feng-shui*, das trotz seines magischen Anstrichs eine Kunst ist, die in der genauen Beobachtung der Natur ihren Ursprung hat: der Natur, die wir modernen Menschen immer weniger verstehen.

Feng bedeutet im Chinesischen »Wind« und *shui* »Wasser«; *feng-shui* heißt also »die Kräfte der Natur«. Und ein *feng-shui*-Experte ist jemand, der, weil er die Grundelemente kennt, aus denen die Welt besteht, die Wirkung des einen Elements auf das andere beurteilen kann, jemand, der einschätzen kann, welchen Einfluß der Verlauf eines Flusses, die Lage eines Hügels oder die Form eines Berges auf eine Stadt, ein zu bauendes Haus, den Platz für ein Grab haben kann. Seltsam? Nein. Auch wir achten beim Hausbau darauf, wo die Sonne hinscheint und welches die Regenseite ist!

Jahrhundertelang haben die Grundsätze des *feng-shui* die chinesische Baukunst beeinflußt. Alle alten Ansiedlungen im Reich der Mitte (angefangen bei der Stadt, die heute Xian heißt) sowie die der chinesisch beeinflußten Welt (wie Hue, die alte Kaiserstadt Vietnams) wurden nach den Prinzipien des *feng-shui* angelegt. Und alle kaiserlichen Gräber, auch jenes des ersten Kaisers Qin Shi Huang Di mit seiner heute so berühmten Terrakotta-Armee, sind danach entworfen worden.

Die Lage eines Grabes in der Natur ist ungeheuer wichtig. Ein gut ausgerichtetes Grab, das vom »kosmischen Atem« berührt wird, läßt die Seele des Toten im Jenseits weiterleben, bringt kommenden Generationen Wohlstand und Glück. Ein ungünstig ausgerichtetes Grab hingegen kann den Nachkommen des Toten anhaltendes Pech bescheren.

Die Kunst des *feng-shui* kommt aus China und ist heute in ganz Asien verbreitet. Wenn irgend etwas nicht klappt – in der Ehe, im Geschäft, in der Fabrik –, wendet der Asiate sich erst einmal an einen *feng-shui*-Experten. Vor einigen Jahren konnte ein neu eröffnetes Spielkasino in Macao keine Kunden finden. Dem *feng-shui*-Mann zufolge lag das an der Farbe des Daches: Es war rot wie ein toter Krebs statt grün wie ein lebender. Das Dach wurde neu gestrichen, und das Geschäft lief glänzend.

Anekdoten wie diese haben dem *feng-shui* einiges von seiner einstigen Respektabilität genommen. Die Zahl derer, die in Asien auf Rat eines *feng-shui*-Experten hin ihre Möbel umstellen, ihr Büro neu streichen oder eine andere Haustür einbauen lassen, um sich so das Schicksal günstig zu stimmen, wächst trotzdem ständig.

Sogar die hochseriösen Engländer der Hong Kong and Shanghai Bank versuchten beim Bau ihrer neuen großen Bank-Zentrale in Hongkong Ärger mit dem *feng-shui* zu vermeiden. Während der Planungsphase dieses futuristischen Bauwerks aus Stahl und Glas mußte der Architekt Norman Foster engen Kontakt mit einem »Meister der Naturkräfte« halten und dessen Ratschläge berücksichtigen. Eine Reihe von Details wurden von diesem Mann bestimmt, wie die seltsame Drehung der Eingangsstufen, die nicht im rechten Winkel zur Straße liegen.

Nachdem das Bankgebäude fertig war, wurde Foster für die Planung des neuen, drachenförmigen Flughafens in Hongkong engagiert, aber plötzlich arbeitete niemand mehr gern in seinem Büro: Die Zeichner und Sekretärinnen, die an bestimmten Schreibtischen saßen, wurden ständig krank. Den Angestellten in den darüber- und darunterliegenden Stockwerken ging es nicht besser. Also rief man den *feng-shui*-Experten. Dieser kam zu folgendem Schluß: Die Zerstörung einiger alter Häuser und die Errichtung neuer Wolkenkratzer hatten eine Passage für die »bösen Geister« geschaffen, die genau an dieser Wand aufprallten. Für die Menschen, die dort arbeiteten, sei das, als stieße man ihnen immer wieder mit einem Messer in die Brust, meinte der Meister der kosmischen Kräfte. Er riet, die Schreibtische umzustellen, die Fenster mit Stoffbahnen zu verhängen und nach außen gerichtete Spiegel anzubringen, um die Geister zurückzustoßen. Absurd? Möglicherweise. Aber nachdem dies alles ausgeführt war, hatte kein Angestellter mehr über etwas zu klagen.

Offensichtlich wirkt beim *feng-shui*, wie bei allen magischen Praktiken, Autosuggestion mit, was die erzielten »Erfolge« erklärt: Wenn jemand nur fest genug daran glaubt, daß etwas Bestimmtes ihm hilft, dann tut es das manchmal wirklich. Ein typisches Beispiel dafür ist das des kinderlosen Paares, das plötzlich ein Kind bekommt, nachdem es auf den Rat eines *feng-shui*-Experten hin das Ehebett umgestellt hat.

Obwohl das *feng-shui* nach außen hin wie alle Magie wirkt, bleibt das interessante daran sein Grundprinzip: die ständige Wiederherstellung der Harmonie in der Natur. Für die Chinesen mußte sich alles in ständigem Gleichgewicht befinden. Krankheiten, Unglücksfälle, Unfruchtbarkeit oder Pech waren das Ergebnis der Störung irgendeiner Harmonie; das *feng-shui* diente dazu, sie wiederherzustellen.

Die Chinesen sind keine Metaphysiker, sie haben nie an einen transzendenten Gott geglaubt. Für sie ist die Natur alles; aus ihr beziehen sie ihre Kenntnisse und Erkenntnisse. Sogar ihre Schrift, die ja eine Bilderschrift ist, haben sie aus der Natur abgeleitet und nicht wie wir Europäer aus einer abstrakten Konvention. In jeder europäischen Sprache könnte man von heute auf morgen beschließen, daß das Wort »Pferd« künftig »Fisch« bedeutet und das Wort »Fisch« »Pferd«. Im Chinesischen wäre das völlig unmöglich, denn das Zeichen für »Fisch« *ist* ein Fisch, und das Zeichen für »Pferd« *ist* ein Pferd.

Anders als die westliche Welt, die seit Jahrhunderten zwischen dem Göttlichen und der Natur unterscheidet – für uns hat Gott die Natur erschaffen –, sind für die Chinesen diese beiden Bereiche nicht trennbar. Gott und die Natur sind ein und dasselbe. Deshalb ist auch die Wahrsagekunst eine Art Religion, ist der Wahrsager Theologe und Priester zugleich. Deshalb ist in China bis zum Aufstieg des Kommunismus der Aberglaube niemals unterdrückt worden – im Gegensatz zum Westen, wo die Kirche den Aberglauben immer als ihre Antithese sah und ihn deshalb scharf bekämpfte. Die Chinesen – und mit ihnen fast alle Asiaten – hat diese Unterscheidung zwischen Religion und Aberglaube nie beschäftigt, sie haben sich auch niemals die typisch westliche Frage gestellt, was Wissenschaft sei und was nicht. So haben sie über Jahrhunderte hinweg die Astrologie praktiziert, ohne sich je zu fragen, ob sie auf »wissenschaftlichen« Grundlagen beruhe. Sie funktionierte, und das war ihnen genug.

Gar nicht so falsch!

Die chinesische Astrologie beruht auf dem Mondkalender. Ein Jahr besteht aus zwölf Neumonden, und alle zwölf Jahre kommt ein dreizehnter dazu. Ein Lebenszyklus besteht aus zwölf Jahren. Jedem Jahr ist ein Tier zugeordnet: die Maus, der Büffel, der Tiger, der Hase, der Drache, die Schlange, das Pferd, die Ziege, der Affe, der Hahn, der Hund, das Schwein. Der erste Tag des Jahres ist der erste Tag des ersten Mondes, so daß der Jahresanfang ständig auf ein anderes Datum fällt, das aber immer im Januar oder Februar liegt.

Das Tier des Jahres, in dem man geboren wurde, hat einen enormen Einfluß auf Schicksal und Persönlichkeit: Wer im Jahr der Maus auf die Welt kam, muß darauf achten, in keine Falle zu tappen; ein im Zeichen des Hasen Geborener wird schüchtern und ängstlich sein; während ein Hahn sich seinen Lebensunterhalt zusammenkratzen muß. Frauen aus dem Jahr des Pferdes sind unbezähmbar und deshalb schwierige Ehefrauen; ist ihr Geburtsjahr gar eines, wo zum Zeichen des Pferdes das des Feuers hinzukommt – was alle sechzig Jahre vorkommt –, so sind sie wild, gefährlich und praktisch nicht zu verheiraten. 1966 war so ein Jahr, weshalb viele schwangere Asiatinnen einen Schwangerschaftsabbruch vornahmen, um keine nicht zu verheiratende Tochter zur Welt zu bringen. In Taiwan nahm die Geburtenrate 1966 um 25 Prozent ab.

Jungen aus dem Jahr des Drachen hingegen sind stark, intelligent und vom Glück begünstigt. Im Jahr 1988, ein Drachenjahr mit doppelter Acht (für Chinesen ein Symbol des doppelten Glücks), versuchten viele Paare einen Sohn in die Welt zu setzen: und zwar am liebsten – um das Glück noch zu steigern – am achten Tag des achten Monats. Die Betten der Entbindungsstationen in Singapur, Taiwan und Hongkong waren an diesem Datum durchweg vorbestellt von Müttern, die, wenn auch mit Kaiserschnitt, ihr Kind am 8. 8. 1988 auf die Welt bringen wollten.

Eines der wichtigsten Elemente zur Ermittlung des Schicksals ist die genaue Stunde der Geburt. Nur wenn er die Geburtsstunde kennt, kann der Astrologe ein Horoskop aufstellen, den Charakter eines Menschen feststellen, die wichtigen Momente seines Lebens beschreiben und womöglich seine Todesstunde vorhersagen.

Wer die Geburtsstunde eines Menschen kennt, hat eine Waffe gegen ihn in der Hand, denn er kann vorhersehen, wie er reagiert. Deshalb halten viele asiatische Politiker ihre Geburtsstunde entweder geheim, oder sie geben eine falsche an. So ist allgemein bekannt, daß Deng Xiaoping am 22. August 1904 (im Jahr des Drachen) geboren wurde, aber niemand weiß, um welche Uhrzeit. Sie bleibt eines der bestgehüteten Geheimnisse Chinas.

Mao Zedong und Zhou Enlai waren hierin weniger erfolgreich. In den zwanziger Jahren, als sie noch in Shanghai lebten, waren beide – wer weiß, ob aus Spaß oder weil sie wirklich daran glaubten – zum berühmtesten Astrologen der Stadt gegangen, einem gewissen Yuan Shu Shuan. Als die Nationalisten 1949 China verließen, um nach Taiwan zu flüchten, nahmen sie Berge von Dokumenten mit, darunter auch die Karteikarten mit den Horoskopen des eifrigen Meisters Yuan. Die Horoskope berühmt gewordener Persönlichkeiten wurden veröffentlicht. Aufgrund der Geburtsstunde, die Zhou und Mao Meister Yuan angegeben hatten, errechnete 1962 ein Astrologe aus Taiwan, daß beide 1976 sterben würden. Und so kam es.

Da in Asien eine Unzahl von politischen Entscheidungen auf astrologischer Grundlage getroffen werden, verfügen auch einzelne Länder wie Vietnam, Indien, Südkorea und China in ihrer Gegenspionage über eine Abteilung »Astrologie«. Die Engländer selbst haben eine solche mit Sitz in Hongkong, die erkundet, wie weit die Chinesen es wieder mit dem Okkulten treiben. Sehr weit, offensichtlich! All die alten, seit vierzig Jahren vom Kommunismus geächteten Praktiken sind auch innerhalb der kommunistischen Führung wieder en vogue.

So geschah 1990, wenige Tage vor dem ersten Jahrestag des Massakers auf dem Tian-An-Men-Platz, mitten im Herzen Pekings, etwas Merkwürdiges. Rund um den Fahnenmast errichtete plötzlich eine Gruppe von Arbeitern ein Gerüst und machte sich dahinter zu schaffen. Als das Gerüst abgebaut wurde, entdeckte man, daß der Fahnenmast um einige Meter erhöht worden war, so daß die rote Fahne, das Wahrzeichen Chinas, nun höher wehte, als sie es seit 1949 getan hatte. Anscheinend hatte ein großer *feng-shui*-Meister Deng Xiaoping dies vorgeschlagen, um die Harmonie des Platzes wiederherzustellen und damit auch das Wohlergehen der Volksrepublik.

Ich sammelte all diese Geschichten, denn ich wollte einen Artikel über die Wichtigkeit des Aberglaubens in Asien schreiben. Natürlich wollte ich mich davon überzeugen, daß es sich lohnte, mein Leben ein ganzes Jahr lang aufgrund völlig irrationaler Überlegungen umzukrempeln. Und war nicht ein Großteil des Lebens, das mich umgab, bei näherem Hinsehen ebenso irrational? Gerade in Thailand, wo wichtige Erklärungen nur an »günstigen« Tagen abgegeben werden und sich niemand wundert, wenn sich ein Politiker bei einer Rede zum Zustand der Wirtschaft oder Sicherheit auf Astrologen beruft!

Während des Golfkriegs, als Thailand fürchtete, aufgrund seiner amerikafreundlichen Haltung in die Schußlinie des islamischen Terrorismus zu geraten, berief Premierminister Chatichai eine Pressekonferenz ein und verkündete: »Es besteht kein Grund zur Sorge. Thailand wird verschont bleiben. Dies hat mir mein Astrologe gesagt.« Niemand lachte. Jeder wußte, daß Chatichai das völlig ernst meinte. Ein paar Monate zuvor hatte er sich ein Muttermal unter dem linken Auge entfernen lassen, weil eben jener Astrologe behauptet hatte, es bringe ihm Pech.

Im Februar 1991 wurde Chatichai bei einem der üblichen Militärputsche gestürzt, doch nach ein paar Monaten friedlichen Exils in London kehrte er nach Bangkok zurück. Auch bei diesem Putsch scheint das Okkulte eine nicht unerhebliche Rolle gespielt zu haben. Die Generäle, die Chatichai festnahmen und entmachteten, waren gerade von einer geheimnisvollen Reise nach Birma zurückgekehrt, wo sie sich mit jener speziellen Energie »aufgeladen« hatten, die 1988 auch ihren birmanischen Kollegen bei ihrem Staatsstreich zum Erfolg verholfen hatte.

In Rangun waren die thailändischen Militärs in die Shwedagon-Pagode geführt worden, hatten im selben Tempel geopfert wie seinerzeit die birmanischen Generäle und waren, ohne sich wieder zu »entladen«, das heißt, ohne die Erde zu berühren, über rote Teppiche zum Wagen gegangen, von dort zum Flugzeug und vom Flugzeug in ihr Hauptquartier in Bangkok, wo sie – immer noch »aufgeladen« – erfolgreich putschten. Dank der birmanischen Energie? In Bangkok waren viele Menschen davon überzeugt.

Der Erfolg hielt nicht lange an. Ein Jahr nach dem Putsch begann das Volk, auf die Straße zu gehen, und General Suchinda, der in der Zwischenzeit Premierminister geworden war, befahl seinen Truppen, wahllos in die Menge zu schießen. Es gab einige hundert Opfer.

Die Krise wurde durch eine Intervention des Königs beigelegt: Suchinda trat zurück, aber vorher erteilte er noch eine Generalamnestie, die auch ihn und die anderen für das Massaker Verantwortlichen vor dem Gesetz schützte. Die Demonstranten, sagte Suchinda, seien nicht durch seine Schuld gestorben. Es war ihr Karma, sterben zu müssen. Nur eine Gruppe unverbesserlicher Demokraten gab sich nicht damit zufrieden und suchte Gerechtigkeit in der Schwarzen Magie.

Eines Sonntagmorgens vollzog sich auf dem großen Platz Sanam Luang, vor dem Königspalast, ein seltsames Ritual. Namen und Fotos von Suchinda und den beiden anderen Generälen der Junta wurden in einen alten Sarg gelegt, den man vom Friedhof geholt hatte, dann verbrannten ein paar Witwen Pfefferschoten und Salz in zerbrochenen Almosenschalen. Sarg, Witwen und alte Scherben gelten als Symbole für großes Unglück. Die Zeremonie, nach alten Regeln begangen, sollte die drei Generäle mit dem bösen Blick belegen und sie vernichten.

Die Generäle ihrerseits nahmen die Sache sehr ernst: Suchinda wandte sich an einen berühmten Bonzen und ließ sich einen neuen Namen geben, damit das Unglück den Namen befalle, den er nicht mehr trug; ein anderer General kaufte sich auf Anraten eines bekannten Mönchs ein neues Brillengestell, ließ sich den Schnurrbart abnehmen und aß Blattgold, um seiner Rede mehr öffentliche Wirksamkeit zu verleihen; der dritte ging zu einem Chirurgen, ließ sich seine Unglück bringenden Falten entfernen und wanderte dann mit seiner Geliebten sicherheitshalber nach Paris aus, wo er jetzt ein Restaurant betreibt.

Kein Geschichtsbuch, am allerwenigsten ein im Westen verfaßtes, wird die Ereignisse um diesen Staatsstreich und das Massaker von Bangkok in dieser Form erzählen. Doch genauso hat der größte Teil der Thailänder sie erlebt.

Es war eine Begegnung mit Wissenschaftlern der École française d'Extrême-Orient, die mich in meinem Vorhaben, bei meinem »Aberglauben« zu bleiben, bestärkte. Zum ersten Mal in seiner Geschichte hielt dieses Institut einen Kongreß in Thailand ab, den auch ich besuchte, um mich über die neuesten Forschungsergebnisse zu informieren. Ich stellte fest, daß einige der Wissenschaftler an denselben Themen arbeiteten, die auch mich interessierten.

Ein Ethnologe, der sich mit dem Wiederaufleben okkulter taoistischer Praktiken in der chinesischen Provinz Fukien beschäftigte, erzählte, er habe in einer Vollmondnacht einer Zeremonie beigewohnt, bei der ein Mann, den man zuvor eingewickelt und fest verschnürt hatte, plötzlich wie ein Pfeil durch die Reisfelder schoß – die gesamten Dorfbewohner, nebst örtlichem Parteisekretär, hinter sich herziehend.

Das waren Geschichten, wie Alexandra David Neel sie über das Tibet der dreißiger Jahre erzählte. Nur daß diese das Jahr 1993 in China betrafen und von einem über jeden Verdacht der Übertreibung erhabenen Wissenschaftler erzählt wurden.

Irgend etwas sagte mir, daß ich auf der richtigen Spur war.

Träume eines Mönchs

Der Zufall? Schwierig zu behaupten, daß es ihn nicht gibt. Ich kam aber mehr und mehr zu der Überzeugung, daß das, was scheinbar »durch Zufall« geschieht, von uns selbst verursacht wird. Wir sind es, die – haben wir erst einmal die Brille gewechselt, mit der wir die Welt betrachten – plötzlich das sehen, was uns vorher entging und von dem wir deshalb glaubten, es existiere nicht. Kurz gesagt – der Zufall, das sind wir!

Ende Februar kam der Dalai Lama zu einem kurzen Besuch nach Bangkok. In den wenigen Stunden, die er in der Stadt verbrachte, besuchte er auch den Klub der ausländischen Korrespondenten im 21. Stock des Hotels Dusit Thani. Dort forderte er vor der wohl dichtesten Menge an Journalisten, die sich jemals in diesen Räumen versammelt hatte, die Freilassung von Aung San Suu Kyi, der Heldin der Demokratiebewegung und Oppositionsführerin, die immer noch von den birmanischen Militärs festgehalten wurde, und sprach über Liebe, Reinheit des Herzens und Frieden.

Seine Rede hatte mich enttäuscht, und auch die Tatsache, daß der Dalai Lama, als er – gütig lächelnd – vom Podium stieg, vor mir stehenblieb, als würde er mich wiedererkennen, tröstete mich kaum. Er faltete die Hände vor der Brust, und als ich seinen Gruß auf dieselbe Weise erwiderte, legte er die Hände um meine Handgelenke, schüttelte sie heftig, wünschte mir wärmstens alles Gute und gab mir einen Segen.

»Ist der Dalai Lama immer so hausbacken, so simpel? Er redet ja wie ein Landpfarrer!« sagte ich herausfordernd zu einem der Mönche, die ihm hinterhereilten. Dieser trug wie alle anderen eine rot und gelb gesäumte violette Robe, aber sein Gesicht war das eines Abendländers, bleich, mit kleinen, kurzsichtigen Augen. Er war mir aufgefallen, weil er so glücklich lächelnd an den Lippen des Dalai Lama hing, als sei jedes seiner Worte das schönste und wahrste, das er jemals gehört habe.

»Größe kann sich auch in Einfachheit zeigen. Hierin liegt die Größe des Dalai Lama!« meinte der Mönch mit seinem unverändert glücklichen Lächeln. Sein Englisch war perfekt, aber ich erkannte an seinem Akzent, daß er kein Engländer war.

»Ich bin Italiener«, sagte er.

»Italiener? Wie ich!«

Das konnte nun wirklich kein Zufall sein: Ich hatte mir ausgerechnet Stefano Brunori ausgesucht, fünfzig Jahre alt, aus Florenz, ehemaliger Journalist, seit zwanzig Jahren unter dem Namen Gelong Karma Chang Choub tibetischer Mönch. Das konnte kein bloßer Zufall sein! Chang Choub lebt normalerweise in einem Kloster in Katmandu, aber seine »Meister« – schon dieses Wort faszinierte mich. Es mußte schön sein, einen »Meister« zu haben; ich hatte seit Jahren keinen mehr ... Oder mußte man genügsam sein, um einen zu finden? –, also seine Meister hatten ihm erlaubt, nach Thailand zu kommen, um sich von einer Gastritis zu erholen, die ihm der strenge Speiseplan der Mönche – nur Gemüse, das man freudlos und eilig vor zwölf Uhr hinunterschlang – eingetragen hatte. In der Nähe unseres Hauses befand sich eine erstklassige Klinik, wo er alle nötigen Untersuchungen durchführen lassen konnte, und so zog Chang Choub ins Turtle House ein.

Wir verbrachten drei volle Tage mit Plaudern. Unsere Lebensläufe wiesen so viele Ähnlichkeiten und Parallelen auf, daß der eine im anderen offensichtlich das sah, was er selbst auch hätte werden können, und in diesem heiklen Spiel der Spiegelungen fiel es uns leicht, Freundschaft zu schließen; uns gegenseitig ein wenig kennenzulernen.

Beide waren wir, nachdem wir Florenz verlassen hatten, in der Welt herumgekommen. Beide waren wir 1971 nach Asien gelangt: Ich auf gut Glück, mit Angela, zwei kleinen Kindern und zwei Koffern, aber fest entschlossen, mich als Journalist zu betätigen. Er, ebenfalls mit einer Ausländerin verheiratet, hatte keine Kinder und war damals schon in seinem Beruf nicht mehr glücklich. Er hatte sich »auf den Weg gemacht«, wie man damals von den jungen Leuten sagte, die ziellos von Europa nach Asien auszogen, und sich dann in irgendeinem Ashram Indiens, an Goas Stränden oder mit Gelbsucht in einem Hospital der Heilsarmee verloren. Sein »Weg« hatte ihn nach Nepal geführt. In Katmandu war »in ihm etwas geschehen«, wie er sich ausdrückte; er hatte sich von seiner Frau getrennt, war als Novize in ein tibetisch-buddhistisches Kloster eingetreten und hatte später die Mönchsgelübde abgelegt. Der Dalai Lama selbst hatte ihn ordiniert.

Seit dieser Zeit hatte er die Bürde des Lebens gewissermaßen abgeworfen: Er besaß nichts mehr; der Rhythmus seiner Tage wurde vom Stundenplan des Klosters bestimmt; alle Entscheidungen, die ihn angingen, wurden von seinen »Meistern« getroffen. Sie waren es, die festlegten, ob er eine neue Meditationstechnik ausprobieren oder seine Mutter ihn besuchen durfte; sie waren es, die ihm die Erlaubnis und das Geld dazu gegeben hatten, daß er den Winter in einem buddhistischen Kloster in Penang verbringen konnte.

Bald kamen wir auch auf meinen Wahrsager von Hongkong zu sprechen. Die Tatsache, daß ich mich entschieden hatte, auf ihn zu hören und ein Jahr nicht zu fliegen, verringerte ein wenig den Abstand zwischen unseren Lebensweisen. Auch ich war in eine geistige Ordnung eingetreten, die alles andere als florentinisch war. Auch ich hatte mich auf Asien eingelassen.

Prophezeiungen? Sicher, sagte er, Mönche mit großen meditativen Fähigkeiten seien auch in der Lage, die Zukunft vorherzusehen, aber sie meditierten nicht zu diesem Zweck und sagten kaum, was sie wüßten, um nicht zur Jahrmarktsattraktion zu werden. Die wirklich Erleuchteten, wie Buddha oder Christus, verblüfften Nichtgläubige nicht gern mit Wundern, sondern nutzten diese Gabe nur, wenn es nicht anders ging.

Schon immer hat mir die Geschichte gefallen, wonach Buddha, als er an einen Fluß kam und die Leute ihn aufforderten, ihn doch zu Fuß zu überqueren, auf ein Boot zeigte und meinte: »Damit geht es viel einfacher.«

Viele tibetische Mönche haben außergewöhnliche Fähigkeiten entwickelt. Sogar der Dalai Lama selbst hat außer seinen verschiedenen Beratern noch ein persönliches Orakel, das ihm hilft, in die Zukunft zu schauen und Entscheidungen zu treffen. Es war dieses Orakel, das ihm 1959, als Maos Truppen vor Lhasa standen, Stunde und Richtung der Flucht anriet. Die Flucht gelang. Dasselbe Orakel, so wird behauptet, sei nun überzeugt, daß die Chinesen 1996 die Macht über Tibet verlieren und das Land seine Unabhängigkeit zurückgewinnen werde. Bald werden wir ja sehen, ob es recht damit hat.

Chang Choub sprach über sein Leben als Mönch wie belustigt, so als betrachte er es von außen, mit jenem Schuß Ironie, den ein Florentiner einem Abendländer gegenüber, der tibetischer Mönch geworden war, empfinden muß. Die ersten Jahre seien hart gewesen. Essen und Kälte hätten ihn geschwächt, er sei oft krank geworden. Dazu das Brüllen der um drei Uhr morgens zum Wecken geblasenen Hörner! »Bei Beethoven oder Bach stünde man ja noch gerne auf, aber dieses eintönige Buuuuh, tagein, tagaus, stellt meinen Abstand zu den Dingen der Welt auf eine harte Probe.« Er sagte es beinah zornig.

Auch von der religiösen Seite seines Lebens sprach er mit Abstand. »Buddha selbst hat gesagt, man solle immer wieder alles in Frage stellen: die Meister und sogar den Buddha selbst«, wiederholte er, als wollte er damit eine Ungewißheit rechtfertigen, die ihm nach all den Jahren vielleicht geblieben war. Seltsam war, wie er von seinen »Meistern« sprach. Von einem, dessen Schüler er gewesen war, sagte er: »Weißt du, der ist weit voraus, der hat über zweihundert Jahre Meditationserfahrung.« Und von einem anderen, den er noch aufsuchen wollte: »Der meditiert erst seit neun Jahren, aber in seinem vorigen Leben war er ein großer Meister. Dies könnte seine letzte Reinkarnation sein.«

Ich habe einen Großteil meines Lebens unter Chinesen verbracht, unter Buddhisten, für die es ganz natürlich ist, daß ein Mensch eine lange Reihe von Leben lebt und sich dabei jedesmal im Körper eines anderen Lebewesens wiederfindet. Nun begriff ich zumindest das Grundprinzip dieser Glaubensvorstellung. Unsere Existenz ist nur ein Glied in einer langen Kette von Leben und Toden. Bei jeder Wiedergeburt erhalten wir zusammen mit dem Körper auch die Summe der Möglichkeiten, die sich aus dem in früheren Leben zurückgelegten geistigen Weg ergeben: Dies ist unser Karma. Mit diesem Gepäck gehen wir – vom Punkt, an dem wir angelangt sind – entweder vorwärts oder rückwärts. Dieses aus – sagen wir einmal – Weisheit bestehende Gepäck hat nichts zu tun mit der Erfahrung der uns umgebenden Welt, die sich jeder selbst aneignen muß. Sogar die Reinkarnation eines großen Gurus muß von neuem lernen, daß Feuer brennt, daß man im Wasser ertrinkt und so weiter. Es kann passieren, daß »weit fortgeschrittene Meister« Visionen ihrer früheren Leben haben und sich mit großer Genauigkeit an bestimmte Einzelheiten erinnern.

Dazu gibt es einige klassische Anekdoten. Eine erzählt, wie das Kind einfacher Bauern »Der gehört mir!« rief, als ihm ein als Bettler verkleideter Mönch den Rosenkranz des kürzlich verstorbenen Dalai Lama zeigte. Der Mönch hatte Tibet auf der Suche nach der Reinkarnation des Dalai Lama durchstreift und sie in diesem Kind gefunden. Das Kind wurde in den Potala gebracht, dort blieb es dann vor einer Wand stehen und suchte einen Eingang, genau dort, wo während seines vorherigen Lebens eine Tür gewesen war, die man in der Zwischenzeit zugemauert hatte.

In letzter Zeit erzählen die Gläubigen sich auch von einem Kind, das auf dem Arm der Mutter einem alten Tanzritual von in Indien lebenden Exiltibetern folgt und plötzlich schreit: »Nein! So nicht.« Das Kind läuft zu den Mönchen und beginnt, sich in Trance wie ein großer, alter Tänzer zu bewegen. Nachdem alle sich vor ihm verbeugt haben, weil sie in ihm die Reinkarnation eines großen Meisters, des Karmapa, erkannt hatten, wird das Kind wieder zum Kind und kehrt auf den Arm der Mutter zurück.

Über alle diese Dinge mit Chang Choub zu sprechen – und ich bestand darauf, ihn Chang Choub zu nennen, um ihm zu zeigen, daß ich anerkannte, was er sein wollte – war, als würden wir, auf der Veranda von Turtle House sitzend, eine große Reise machen; als wären wir in Ferien vom Alltagsleben.

»Aber du kannst doch nicht an die Reinkarnation im strengen Sinn glauben! Wo doch die Weltbevölkerung ständig wächst! Wer soll sich denn in den Millionen Individuen reinkarnieren, die jede Minute mehr auf die Welt kommen als früher?« fragte ich banal und prosaisch wie jemand, der einen Heiligen um ein Wunder bittet, um einen Beweis für die Existenz Gottes zu haben. Chang Choub konnte keine Wunder wirken, er war weit davon entfernt. Er hatte viele Meditationstechniken erlernt, war Schüler großer Meister gewesen, hatte einige Monate meditierend in einer Höhle verbracht und behauptete selbst mit spürbarer Trauer, daß er es nicht weit gebracht habe.

»Welches ist denn das Ziel?« fragte ich. »Wovon träumt ein Mönch wie du?« Und zum erstenmal hörte ich jenes Wort.

»Satori.«

»Was ist das?«

»Ein Augenblick großer Klarheit. Der Augenblick, in dem du über allem stehst.«

»Ein Augenblick. Und nicht einmal für einen Augenblick hast du es erreicht?«

Er verneinte, und es schien mir das Eingeständnis einer großen Niederlage zu sein. Es lag nun an mir, mir zu erklären, weshalb zwanzig Jahre der Bemühungen, der Opfer, der getreuen Befolgung so vieler Gebote, des Schweigens, der Kälte, des eintönigen Essens – und des nächtlichen Brüllens der Hörner dazu! – so wenig gebracht hatten. Zwanzig Jahre ohne den Lohn des *satori*, dieses Augenblicks der Gnade, der – wenn auch vereinzelt und kurz – von den Meistern doch sofort erkannt und attestiert werden kann. Jenes Augenblicks, der anderen, die weniger praktiziert hatten als er, immerhin zuteil geworden war. Chang Choub erzählte von einem Mönch, der nach weniger als zwei Jahren Übung *satori* erlangt hatte, plötzlich, als er auf einer Autobahn in Kalifornien dahinfuhr.

Morgens setzte Chang Choub sich in unsere »Sala«, den kleinen Holzpavillon über dem Teich, und meditierte – konzentriert, reglos, mit geschlossenen Augen. Ich sah ihm von weitem zu, aber ich wurde das Gefühl von Traurigkeit nicht los, das seine Anwesenheit mir vermittelte.

Zwischen der Farbe seiner Haut und der seiner Robe lagen Abgründe. Ich spürte in ihm, der sogar in seinen asiatischen Gewändern so westlich wirkte, einen Mißklang. Wie einsam würde Chang Choub sich eines Tages zwischen all den Mönchen fühlen, die nur dem Namen nach seine Brüder waren. Vielleicht würde er sich am Ende seines Lebens fragen müssen – und vielleicht tat er das jetzt schon manchmal –, ob er es nicht auf der Suche nach einer Illusion, die nicht einmal die seine war, vergeudet hatte.

Die Krise, die Stefano Brunori vor zwanzig Jahren befallen hatte, war leicht nachvollziehbar. Es war jene Krise, die früher oder später jeden packt – in der einen oder anderen Form. Man braucht nur anzufangen, sich Fragen zu stellen, um zu entdekken, daß es, besonders auf die einfachsten, keine eindeutigen Antworten gibt. Diese Antworten muß man sich selber suchen. Aber wo? Er hatte den am wenigsten naheliegenden Weg gewählt, einen schwierigen Weg. War er vom Exotischen angezogen worden, vom anderen? Jene fremdartigen, ihm neu klingenden Worte sagten ihm viel mehr als die alten, wohlbekannten seiner eigenen Sprache. *Satori* scheint tatsächlich mehr zu versprechen als »Gnade«.

Und doch, hätte dieser Florentiner sich einen »Weg« innerhalb der eigenen Kultur gesucht, wäre er Franziskaner geworden oder Jesuit, hätte er sich nach Camaldoli oder La Verna zurückgezogen statt in ein Kloster in Nepal, so hätte er vielleicht einen vertrauteren, passenderen und weniger einsamen Weg gefunden. Und auf jeden Fall hätte er sich diese schrecklichen Hörner am Morgen erspart!

War nicht auch er ein Opfer der Sehnsucht nach dem Exotischen, dem anderen, gewesen? Wie ich, im Grunde, der ich genausogut in Italien hätte Journalist werden, meine Vietcong finden und nach verborgenen Wahrheiten suchen können. Letztendlich war das Land exotisch genug – und ebenso unbeschrieben wie Asien.

Als Chang Choub abfuhr, war es, als würden wir uns schon sehr viel länger als nur drei Tage kennen. Ihm zufolge hatten wir uns auf der Konferenz des Dalai Lama nur wiedergefunden. Ich hatte Schwierigkeiten, dieses »wieder« zu akzeptieren, aber auch ich fühlte mich ihm nun gewissermaßen durch vielerlei Fäden verbunden, die ich gern weiter entwirrt hätte. Über sein Leben zu sprechen hatte mich bewogen, mein eigenes genauer zu betrachten; in den Gesprächen mit ihm hatte ich mich zum erstenmal mit dem Begriff »Meditation« beschäftigt und den möglichen Zusammenhang zwischen dem durch Meditation geübten Geist und solchen »Kräften« wie dem Hellsehen erfaßt. Zum erstenmal hatte ich jemanden von Meditationstechniken sprechen hören, und ich war ermuntert worden, sie auszuprobieren. Ich weiß, daß das seltsam klingt, aber es ist wahr. Wie oft hatte ich schon von Transzendentaler Meditation reden hören, von jungen Leuten, die in einem Tempel im Süden Thailands meditieren! Ich habe mich nie weiter darum gekümmert; mir schien dies die Welt anderer zu sein, die Welt von Randexistenzen, von Spinnern und Drogensüchtigen, die einen Weg zum Heil suchten: nichts, was mich direkt berührte.

Chang Choub hatte mir mit seinem Leben all dies wieder vor Augen geführt und mir gezeigt, daß es mich vielleicht doch etwas anging. Als er Turtle House verließ mit seinem halbleeren, violetten Stoffsack über der Schulter, kam es mir so vor, als ließe er eine Menge weißer Kieselsteinchen – oder Brotkrumen – zurück, wie um mir einen Weg zu neuen Entdeckungen zu weisen.

Wir versprachen einander, uns in Indien wiederzusehen. Seit Jahren sagte ich, daß Indien auf dem Programm meiner Zukunft stehe. Aus diesem Grund hatte ich dort mit meiner Familie meinen vierzigsten Geburtstag gefeiert und erklärt, daß wir dort eines Tages leben würden. Der Grund war anfangs ein ganz simpler: Politisch war ich in den fünfziger Jahren erwachsen geworden, als sich für die Dritte Welt – wie das damals hieß – zu interessieren bedeutete, sich mit zwei großen Mythen auseinanderzusetzen: Gandhi und Mao. Sie verkörperten zwei unterschiedliche Lösungen für dasselbe Problem, zwei einander entgegengesetzte Wetten auf das Schicksal der beiden größten Völker der Welt; zwei sozialphilosophische Hypothesen, von denen – wie es schien – auch wir einiges lernen konnten. Da ich später viele Jahre unter Chinesen verbracht und zu verstehen versucht habe, was für ein Unglück der Mao-Mythos für sie war, erschien es mir nur logisch, eines Tages unter Indern zu leben, um zu sehen, was aus dem Gandhi-Mythos geworden war. Indien war für mich und Angela das Gegengift zur »gelben Krankheit«, jener aus Liebe und Enttäuschungen, aus ständigen kleinen Ärgernissen und großer Treue gemischten Vergiftung, die alle befällt, die im Reich der Mitte etwas Wurzeln schlagen und dann entdecken, daß sie sich nicht mehr davon lösen können.

Ich wäre sehr gern nach Indien gegangen, als die Chinesen mir 1984 eine Entscheidung abnahmen, die ich selbst wohl nie hätte treffen können: Sie steckten mich ins Gefängnis und verwiesen mich später des Landes, womit sie mir einen enormen Gefallen taten. Aber damals klappte es nicht mit Indien, und so vergingen weitere Jahre. Nicht ungenutzt! In der Zwischenzeit habe ich fünf Jahre in Japan gelebt, weitere drei in Thailand, und zu dem alten Grund war nunmehr ein anderer, weit gewichtigerer hinzugekommen: Ich wollte sehen, ob Indien mit seiner Geistigkeit fähig sei, der entmutigenden Welle von Materialismus, die sich über die Welt ergießt, standzuhalten; ich wollte sehen, ob Indien es schafft, sich selber treu zu bleiben; ich wollte sehen, ob in Indien der Keim einer Menschheit überleben kann, die andere Wünsche hat als nur den, gierig hinter der Modernität des Westens herzurennen.

Wenn ich mich umsah, mußte ich mir immer wieder sagen, daß keine Kultur mehr in der Lage ist, dem zu widerstehen und sich mit neuer Kreativität auszudrücken. Die Kultur Chinas liegt, vom Vergleich mit dem Westen gedemütigt, schon seit gut hundert Jahren im Sterben, und das wenige, was vom alten China noch übrig war, hat Mao im Versuch zerstört, ein »Neues China« zu gründen. Da sie nichts mehr haben, worauf sie zurückgreifen könnten, träumen die Chinesen nun einzig davon, Amerikaner zu werden.

Welche Kultur Asiens hat noch ein Potential an Phantasie aufzuweisen, ist noch in der Lage, sich zu regenerieren, eigene Modelle zu schaffen, eigene Wege zu gehen? Etwa die Kultur der Khmer, die vor acht Jahrhunderten mit Angkor erloschen ist und in dem sinnlosen Versuch, sie wiederaufleben zu lassen, von Pol Pot und den Roten Khmer erneut zerstört wurde? Die vietnamesische vielleicht, die sich nur mehr als politische Unabhängigkeit zu definieren vermag?

Indien! Indien! sagte ich mir und hegte die leise Hoffnung – oder vielleicht Illusion – auf ein letztes Eiland der Spiritualität. Indien, wo es noch genügend Verrücktheiten gibt; Indien, das den Dalai Lama aufnimmt; Indien, wo der Dollar noch nicht das Maß aller Dinge ist. Aus diesem Grund schmiedete ich nun Pläne, nach Indien zu gehen, wo ich den anderen Florentiner Flüchtling, Chang Choub, wiedersehen wollte. Seine Präsenz blieb im Haus noch tagelang spürbar.

Eine schwerreiche befreundete Dame aus Hongkong kam zu Besuch nach Bangkok, um ihren Guru zu treffen, einen tibetischen, »weit fortgeschrittenen« Mönch aus dem Jet-set. In New York, Paris und London zu Hause, ist er stets von einem Hofstaat schöner, reicher Damen umgeben. Er spielt den Guru, und die Frauen bezahlen seine Rechnungen, kaufen seine Flugtickets, organisieren sein Leben. »Er ist die Reinkarnation eines großen Meisters, er kann sich nicht um solche Dinge kümmern«, erklärte mir die Dame voller Verständnis; williges Opfer – wie Chang Choub? – der subtilen, historischen Rache Tibets.

Wie einzigartig ist dieses Tibet! Jahrhundertelang hält es sich abseits von der Welt, verschließt es sich vor ihr und praktiziert in seiner Isoliertheit »die Wissenschaft vom Innenleben«. Dann kommen die ersten Forscher. Anfang dieses Jahrhunderts dringen die Engländer in Lhasa ein, fünfzig Jahre später besetzen die Chinesen das Land, machen eine Art Kolonie daraus, und Hunderttausende Tibeter müssen fliehen. Aber gerade aus dieser Vertreibung entsteht, wie eine Zeitbombe, die Rache.

Der tibetische Buddhismus, der früher ausschließlich im Himalaya und in der Mongolei praktiziert wurde, verbreitet sich nun auf der ganzen Welt. Tausende von unruhigen jungen Europäern pilgern zum Exilsitz des Dalai Lama in Dharamsala im Norden Delhis. Tibetische Gurus lassen sich überall nieder, von der Schweiz bis Kalifornien, und nehmen den Platz der Yogis ein, die in der Vergangenheit das nach einem Hauch Exotik lechzende Herz Europas gewonnen hatten. Einstmals geheime Lehren werden nun zu Bestsellern; junge Gurus, die bereits in Indien geboren sind, werden zu Sprechern dieser alten Weisheit, nur weil sie als Reinkarnationen alter tibetischer Meister gelten. Tausende von Schülern folgen ihnen, überall in der Welt; kleine Zirkel schöner und reicher Anhängerinnen verwöhnen sie. Bernardo Bertolucci dreht einen Buddha-Film – aus tibetischer Sicht – und läßt sich dabei von einem dieser jungen Gurus beraten, die außerhalb von Tibet geboren und erzogen wurden, der aber offenbar auch die Reinkarnation eines Großen ist. Tibet ist in aller Munde, der Dalai Lama wird zur mythischen Figur, zu einer Art zweitem Papst, einem gelben Papst, der überall als spirituelles Oberhaupt, aber auch als Oberhaupt der tibetischen Exilregierung empfangen wird.

Die Chinesen haben, als sie Tibet besetzten, indirekt den Samen des tibetischen Buddhismus in alle Winde verstreut und sich damit selbst eine Bombe gelegt. Die Sympathien für die tibetische Sache wachsen; das Interesse für den spirituellen Aspekt verwandelt sich in ein politisches, und der Dalai Lama, der als Ehrengast im Vatikan, im Weißen Haus, im Élysée und in den anderen Regierungssitzen der Welt verkehrt, wird zum Symbol des Kampfes gegen das totalitäre Regime Pekings.

Die Kehrseite der Medaille ist, daß die »tibetischen Gurus«, von den mythischen Gipfeln des Himalaya herabgestiegen, nun denen als perfektes Alibi dienen, die sich völlig dem Materialismus ergeben und gerade deshalb das Bedürfnis haben, mit den »kosmischen Kräften« in Kontakt zu treten, die eigenen »außerirdischen Vibrationen« zu spüren. Die allgemeine Orientierungslosigkeit, an der unsere Kultur leidet, ist schuld daran, daß jeder Scharlatan heute seinen Zaubertrank verkaufen kann, wenn er ihm nur einen exotischen Namen gibt.

Bin auch ich ein Opfer dieses Phänomens? Höre ich deshalb Chang Choub tagelang zu? Spiele ich aus diesem Grund mit der Prophezeiung, die mich davor warnt zu fliegen? Und sage ich deshalb jedesmal ja, wenn mir jemand einen neuen Wahrsager vorschlägt?

Der Frau, die mir bei meinem Treffen mit dem blinden Wahrsager als Übersetzerin gedient hatte, war es gelungen, einen Termin mit ihrem Bonzen zu vereinbaren, der auch als Astrologe tätig war. Also tat ich weiterhin so, als sei ich nur auf der Durchreise in Bangkok, und ließ mich von ihr und einer Freundin in der Halle des Oriental Hotel abholen.

Die Freundin der Dame war Chinesin, eine Geschäftsfrau. Sie importierte medizinische Apparate für die Krankenhäuser Thailands und fuhr einen Volvo. Auch sie war zwischen fünfundvierzig und fünfzig. Eine ehemalige Schönheit, die fett geworden war: Aus Mangel an Liebe, schloß ich, und amüsierte mich bei dem Gedanken, daß auch ich den Wahrsager hätte spielen und ihr von ihrer Vergangenheit und Zukunft hätte erzählen können.

Wir überquerten den Chao Phraya auf einer der zahllosen Brücken. Im Viertel Bang Khun Non verließen wir die graue Betonstraße mit ihren heruntergekommenen Häusern und Abfallhaufen und fädelten uns in eines der engen, alten Gäßchen hinein. Nach etwa 200 Metern erreichten wir den stillen Platz vor einem buddhistischen Tempel. Es war nicht einer jener über und über mit Porzellan- und Spiegelscherben verzierten Tempel, die in der Sonne glitzern, nein: ein einfacher Holztempel, mit langen Schlafsälen und wunderschönem geschnitztem Gesims. Durch die großen Fenster sah man auf die orangefarbenen Roben der Mönche, die an der Luft trockneten. Die Hitze war erstickend, aber zwei große Bäume mit dunklem Laub verbreiteten einen Hauch von Frische.

Der Mönch, den wir aufsuchen wollten, war um die fünfzig. Er saß auf dem Teakholzboden einer schattigen Terrasse – inmitten von Kaffeedosen, chinesischen Teekannen, Täßchen und Tabletts, Klopapierrollen, Zigarettenpäckchen und zwei Ventilatoren. Ein junges, mit ihm verwandtes Ehepaar reichte ihm mit den üblichen ehrfürchtigen Gesten die Gegenstände, die er brauchte; dann wieder fächelten die beiden ihrem erst wenige Monate alten Baby Luft zu, das – mit dem Milchfläschchen im Mund – unschuldig zwischen zwei großen Astrologiebüchern und einem geomantischen Quadranten schlief.

Der Bonze, der einen ausdrucksvollen Kopf hatte und Tätowierungen auf Brust und Armen trug, trank ununterbrochen Tee und rauchte eine Zigarette nach der anderen. Der thailändische Buddhismus ist außerordentlich nachsichtig mit seinen Gläubigen. Eine der Mönchsregeln untersagt, giftige Substanzen zu sich zu nehmen, und für den Großteil der Buddhisten zählt der Tabak dazu. Nicht jedoch für die Thailänder, die Zigaretten und Tee als ideale Hilfsmittel für die langen Stunden des täglichen Fastens ansehen.

Auch die Zukunft zu lesen verstößt gegen die Gelübde. Buddha hat dies verboten, aber in diesem Punkt folgen die Thai der Tradition eines Buddha-Schülers, Mogellana, der, kaum war der Meister verstorben, dank der Kräfte, die er durch seine Belehrungen und Meditationsanweisungen erlangt hatte, sich sofort ans Wahrsagen machte.

Der Mönch empfing uns mit einem breiten Lächeln und einem ordentlichen Rülpser. Es war Mittag, er hatte gerade seine Hauptmahlzeit verspeist, und bis zum Frühstück am nächsten Morgen würde er nichts Festes mehr in den Magen bekommen.

Die Geschäftsfrau machte sich als erste auf den Knien rutschend voran. Sie war schon zum zweitenmal da, hatte jedoch weder ihren Namen noch den ihres Mannes genannt. Ihr Mann war ein treuer Schüler dieses Mönchs und besuchte ihn häufig, und sie wollte, ohne daß er davon wußte, sich die Zukunft von derselben Person vorhersagen lassen wie er.

Die Sitzung dauerte etwa eine Stunde, aber der interessante Teil kam gleich zu Anfang. »Du solltest dich scheiden lassen, dein Mann hat mehrere Geliebte«, sagte der Bonze. Die Frau lachte belustigt. Meine Übersetzerin erklärte mir, daß das mit den Geliebten wahr sei und daß ihre Freundin schon alle Vorbereitungen für die Scheidung getroffen habe. Sie hatte nur Angst, daß ihr Mann die Dokumente nicht unterzeichnen oder dafür eine Menge Geld verlangen würde.

»Du mußt das Haus, in dem du mit deinem Mann lebst, verlassen und anderswo wohnen. Wenn du noch im Oktober umziehst, wird alles gutgehen«, fuhr der Bonze fort, und meine

Übersetzerin flüsterte mir ins Ohr, daß ihre Freundin sich schon heimlich ein eigenes Appartement gekauft habe.

»Wenn du erst in deinem neuen Heim bist«, sprach der Mönch weiter, »wird eine Entscheidung auf dich warten: ein neuer Mann oder eine Menge Geld. Vorsicht: Wenn du dir auch nur einen Boyfriend zulegst, wirst du niemals reich werden.«

Angesichts der Aussicht, reich zu werden, wollte die Dame von einem Boyfriend gar nichts wissen, und meinte: »Ehrwürden, wenn du mir hilfst, einhundert Millionen Baht zu verdienen, dann kaufe ich dir einen Mercedes!« Und wie um den Ernst ihrer Worte zu unterstreichen zog sie aus einer riesigen Tasche, die sie mitgeschleppt hatte, eine elektrische Thermoskanne und bot sie ihm feierlich mit beiden Händen dar, nachdem sie mit der Stirn den Boden berührt hatte.

Der Rest war – besonders in der Übersetzung – uninteressant, so daß ich schließlich, ausgestreckt auf einer der Holzbänke, einschlief. Man weckte mich, als auch meine Übersetzerin ihre Beratung hinter sich hatte. Nun war ich an der Reihe.

Ich schrieb auf ein Stück Papier Tag und Stunde meiner Geburt. Nicht die Florentiner Zeit, um acht Uhr abends, sondern die entsprechende Zeit von Bangkok, zwei Uhr nachmittags. In Wirklichkeit wußte ich meine genaue Geburtsstunde gar nicht und hatte mich auch nie darum gekümmert. Ich erinnerte mich nur, daß meine Mutter mir gesagt hatte, es sei »vor dem Abendessen« passiert.

Der Bonze stellte aufwendige Berechnungen an, zog den Quadranten und ein dickes Buch zu Rate, dann malte er mit einem Kugelschreiber auf weißem Papier Kreise in ein Quadrat – offensichtlich mein Horoskop –, er setzte Zeichen hinein und bat mich, auf seine Fragen zu antworten. Er müsse, so sagte er, überprüfen, ob die von mir angegebene Geburtsstunde auch richtig sei, gerade wegen der Unterschiedlichkeit der Zeitzonen. Dazu müsse er einige Dinge aus meiner Vergangenheit kontrollieren, um danach auch in der richtigen Zukunft lesen zu können. Das hörte sich so an, als gäbe es verschiedene Mappen für verschiedene Sorten von Schicksalen und als wolle er, bevor er fortfahre, sicher sein, daß er auch die richtige vorliegen habe.

»Bist du reich?«

»Nein«, antworte ich, ein wenig erstaunt darüber, daß diese Geldmanie allen Wahrsagern eigen zu sein scheint, ob sie nun Bonzen sind oder blind.

»Aber den Berechnungen zufolge müßtest du reich sein«, insistiert er. Ich erkläre ihm, daß meine Familie, als ich klein war, so arm war, daß wir während des Krieges nichts zu essen hatten und daß meine Mutter eigenartige »Süßspeisen« zubereitete, in die sie sogar Sägemehl mischte.

Der Mönch verzieht das Gesicht, betrachtet die Zeichen im Horoskop und fährt fort: *»Aber in der Vergangenheit hast du dikke Geschäfte gemacht und einmal sogar mehrere Millionen auf einmal verloren.«*

»Nein. Ich habe niemals Geschäfte gemacht, in meinem ganzen Leben habe ich noch nie etwas gekauft, um es dann weiterzuverkaufen«, gebe ich zurück.

Der Bonze ist verblüfft. Mit besorgter Miene meint er: *»Kann es sein, daß deine Geburtsstunde nicht stimmt? Bist du vielleicht eine halbe Stunde früher zur Welt gekommen?«* Dann ein kurzes Zögern: *»Vielleicht sogar eine ganze Dreiviertelstunde?«* sagt er entschuldigend.

»Gut möglich!« antworte ich. »Und dann gab es vielleicht in Italien 1938 schon die Sommerzeit ... dann wäre der Unterschied zu Bangkok noch mal eine Stunde mehr.«

Das ermutigt ihn: *»Sag mir, ob stimmt, was ich dir jetzt sage, dann können wir sicher sein, was die Uhrzeit angeht.«*

Ich bin bereit.

»Du bist seit vielen Jahren verheiratet ...« (Bravo! Das stimmt! antworte ich ihm im Geiste.) *»... deine Frau hat einen stärkeren Charakter als du ...«* (Ich gebe es nicht gern zu, aber es stimmt!) *»... und du bist entweder Schriftsteller oder Journalist!«* (Nanu?) *»Du hast einen klugen Kopf, bist aufrichtig und ehrlich.«* (Das wollen wir doch hoffen!)

Ich gestehe, daß mehr oder weniger alles stimmt, und er schmunzelt. *»Von nun an wirst du dich, wenn du zu einem Astro-*

logen gehst, daran erinnern, daß du nicht um acht Uhr abends, sondern um sieben, um Viertel nach sieben geboren wurdest!« Und damit wendet er sich seinen Visionen zu.

»Du hast eine Art Panzer um dich herum, deine Feinde können dir nichts anhaben, nicht einmal verletzen können sie dich. Was das Geld angeht … (da wären wir wieder einmal beim Geld!), *so wirst du immer genug davon haben; manchmal mehr, manchmal weniger, aber du wirst niemals arm sein. Du bist intelligent, und deine Glückszahl ist die Fünf. In deinem Leben gibt es Höhen und Tiefen. Manchmal bist du himmelhoch jauchzend, manchmal zu Tode betrübt.«* (Das stimmt allerdings, das steht in jedem Horoskop für Jungfrauen!) *»Wenn du für dieses Jahr ein spezielles Projekt hast, dann los, setz es in die Tat um! Dies ist ein gutes Jahr.«* (Natürlich habe ich ein Projekt – ich werde nicht fliegen …) *»1990 und 1991 sind keine besonders guten Jahre gewesen …«* (Da liegst du falsch. Gerade 1991 war ein Spitzenjahr, ich habe meine große Reise durch die Sowjetunion gemacht, ich habe ein Buch geschrieben …) *»Die Jahre, die noch vor dir liegen, werden allerdings sehr gut werden.«*

»Ehrwürden, siehst du keine Gefahren in meinem Leben?« frage ich.

»Eine ausgezeichnete Frage«, sagt er zufrieden. *»Nein, ich sehe keine«*, antwortet er entschieden, nachdem er viele Berechnungen angestellt hat.

»Wie ist das möglich? Vor Jahren wurde mir prophezeit, daß 1993 für mich ein gefährliches Jahr sein würde und ich kein Flugzeug besteigen dürfe …«

Der Bonze blättert wieder und wieder in seinen Papieren und sagt dann völlig überzeugt: *»Nein, wirklich nicht. In der Vergangenheit warst du einige Male in Lebensgefahr, aber im Augenblick nicht. Hast du noch Fragen?«*

»Wo sollte ich am besten leben: in Asien oder in Europa?« frage ich.

Nun fühlt der Mönch sich erst richtig in seinem Element, er redet wie ein Wasserfall: *»Du mußt da und dort leben, aber auf keinen Fall dort, wo du geboren bist …«* (Du hast recht, mein Bester, Florenz ist ein guter Zufluchtsort, aber ganz sicher kein

Ort, an dem ich leben könnte, wenigstens jetzt nicht.) »... *Das ideale für dich wäre, ständig in Bewegung zu sein. Wenn du immer am selben Ort lebst, hört dein Gehirn auf zu funktionieren.«* (Nur allzu wahr, ich fühle mich am wohlsten, wenn ich an irgendeinem Ort gelandet bin, von dem ich überhaupt nichts weiß. Die Neugier ist meine beste Triebfeder.)

Ich hörte den Worten des Mönchs zu, die meine Begleiterin übersetzte, und ich fand mich darin wieder. Es schien mir fast, als habe dieser Mann eine Art Paß meiner selbst vor sich, in dem die Züge, die mich erkennbar machten, mehr oder weniger alle vorhanden waren. Erkennbar, aber für wen? Vor allem doch für mich selbst, der ich offensichtlich versuchte, das, was der Mönch sagte, mit der Wirklichkeit in Einklang zu bringen. Eben. Ist es nicht genau das, was man bei einem Wahrsager tut? Er sagt etwas, vor allem über die Vergangenheit, und wir versuchen, das dazu passende Ereignis zu finden. Wir versuchen, uns einen Reim darauf zu machen.

Weitere Frauen kamen schüchtern und respektvoll mit ihren Geschenken die Holztreppen herauf. Meine Zeit war abgelaufen, trotzdem fragte ich noch einmal: »Wenn ich mein Leben verbessern will, muß ich dann etwas verändern? Eine andere Frau nehmen? Einen anderen Beruf? Soll ich aufhören, mich immer ganz in Weiß zu kleiden?«

Der Mönch lachte amüsiert und sagte, seiner selbst völlig sicher, daß ich alles so lassen solle, wie es war. Das hätte ich zwar sowieso getan, aber es gefiel mir, daß wir einer Meinung waren.

Ende der Sitzung. Verbeugungen, das Geld wurde diskret unter den dicken Wälzer gelegt, und rutschender Rückzug zur Treppe hin.

Kaum waren wir außer Sichtweite des Mönchs, fielen die beiden Frauen sich um den Hals und fingen ein Geschnatter an, das mir nur teilweise übersetzt wurde. Im wesentlichen waren sie begeistert von seinen »Kräften«, von den Ratschlägen, die er im Hinblick auf Scheidung und Geldverdienen gegeben hatte.

Mir wurde klar, daß auch dieser Bonze im Grunde über nichts anderes gesprochen hatte. Alle gleich, diese Hellseher, ob Mönche oder nicht! Alle nur darauf aus, Antworten auf die materiellen Probleme des Lebens zu finden, als seien sie ganz auf ihre Kunden eingestimmt, für die Geld die einzige große Obsession, der einzige Lebenszweck ist.

Wir kehrten im Auto nach Bangkok zurück und kamen dabei durch das Chinesenviertel mit seinen Tausenden von kleinen Läden, einer neben dem anderen; in jedem stand hinter dem Ladentisch oder hinter der Kasse ein Chinese, der vom Schicksal nur eines verlangt: reich zu werden. Plötzlich fiel mir auf, daß bis jetzt keiner der Wahrsager, die ich besucht hatte, jemals das Wort Glück gebraucht hatte, als ob es dieses nicht gäbe oder als ob es einfach unwichtig wäre. Oder unerreichbar? Seltsam, daß es so vielen Leuten so wenig zu bedeuten schien.

Ich betrachtete die Frau am Steuer ihres Volvo und dachte an die Leichtfertigkeit, mit der sie auf die Liebe verzichtet hatte, nur um Millionärin zu werden, und wie sie dem Mönch in Form eines Mercedes einen Bruchteil ihres Reichtums abtreten würde! Auch sie eine Chinesin ...

Die Inhaber der Läden, die ich durch das Wagenfenster sah, waren Chinesen – wie die Betreiber der Fährboote auf dem Fluß, die Besitzer der Nahrungsmittelfabriken, die Erbauer der Wolkenkratzer, die Bankiers, die Versicherer, die Spekulanten – alle die, die Bangkok zerstörten, waren Chinesen. Hier sind sie, die Verantwortlichen, dachte ich, während der Wagen von neuem im Verkehr steckenblieb.

Bangkok ist verdammt, aber es sind nicht die Thai, die es zur Hölle schicken; es sind die Chinesen, die seit einer, allerhöchstens zwei Generationen hier leben. Sie waren als Emigranten aus dem Süden Chinas gekommen, um den Kriegswirren und den Entbehrungen in ihrem eigenen Land zu entgehen, und wurden in Thailand besser als in jedem anderen Land Südostasiens aufgenommen. Dank der Toleranz der Menschen und des Buddhismus konnten sie hier arbeiten, heiraten und zu vollständig gleichberechtigten Bürgern werden. Als begabte Handwerker und äußerst geschickte Geschäftsleute haben sie große Reichtümer angehäuft und die wirtschaftlichen Geschikke der Stadt allmählich den Händen der ursprünglichen Einwohner, der Thai, entrissen, eines eher verspielten Volkes, ohne viel Begabung für Krieg oder Geschäfte, das sich lieber amüsiert, als daß es arbeitet.

Schlägt man einen Gong, deutet ein Thai einen Tanzschritt an. Ertönt eine Flöte, hebt eine ganze Gruppe die Hände in die Luft, bewegt die Hüften und fängt an zu tanzen. *»Mai ping rai«*, sagt man hier. »Was soll's!« – »Mach dir nichts draus!« Der Wind hat das Haus abgedeckt? *Mai ping rai.* Die Straßen sind beim ersten Wolkenbruch überschwemmt? *Mai ping rai.* In der Stadt kann man nicht mehr leben? *Mai ping rai.*

Die Chinesen mit ihrem angeborenen Sinn fürs Praktische haben sich diese Einstellung zunutze gemacht und sind die Herren der Stadt geworden. Daran ändert auch der trügerische Augenschein nichts! Der Mann, der sich mit einem Namen wie Chapronwangnatan oder so vorstellt, ist kein Thailänder. Er heißt Wang, ist Chinese und wollte sich einen Hauch Lokalkolorit verleihen. Je länger die angeblich thailändischen Namen sind, um so wahrscheinlicher ist es, daß sich hinter diesen Silben der ursprünglich kurze Name eines Chinesen verbirgt.

Das größte Fest der Chinesen ist der Beginn des neuen Mondjahres. Obwohl in Thailand diese drei Tage nicht als offizielle Feiertage gelten, kommt in Bangkok doch alles zum Stillstand. Die Straßen leeren sich, die Banken schließen, weil die Chinesen, die den größten Teil der Wirtschaft kontrollieren, Ferien machen.

Das trifft mittlerweile mehr oder weniger auch auf die anderen südostasiatischen Länder zu. Wenn eines Tages aus einer Laune heraus die Chinesen der Region beschließen würden, nicht zu arbeiten und ihre Unternehmen dichtzumachen, hätten die Indonesier weder Autos noch Zigaretten oder Schreibpapier; die Filipinos hätten keine Schiffe mehr für ihre Tausende von Inseln, die Japaner keine Krabben mehr auf ihren Tellern. Der größte Teil der in Bau befindlichen Wolkenkratzer würde niemals fertiggestellt. Ja, der ganze Kontinent würde erzittern, denn es sind die Überseechinesen, die die verschiedenen kleinen »Drachen« finanzieren. Sie sind der Motor der »Lokomotive«, welche das Wirtschaftswunder an den Küsten Chinas vorantreibt: sie, die Nachfahren der Kulis, der armen Teufel, die im Laufe einiger Jahrzehnte zu den Nanyang, den Südlichen Meeren, ausgewandert sind, um dort ihr Glück zu versuchen.

Meine beiden Damen plauderten noch immer von Dingen, die ich nicht verstand, und ich grübelte über diese erstaunlichen, »mörderischen« Chinesen nach, diese Missionare des Praktischen, die mit der ihnen eigenen Energie die ganze Welt, von Asien bis Kanada zubetonierten, wohin sie sich nun zu Zehntausenden aus Hongkong zurückziehen, das ab 1997 wieder zu China gehören soll.

Ich erinnerte mich, daß es in einer der ersten großen, mehrteiligen Reportagen, die ich vor zwanzig Jahren für den *Spiegel* schrieb, eben um diese Überseechinesen ging, die damals als mögliche fünfte Kolonne Maos verdächtigt und sogar Opfer ethnischer Pogrome wurden. Wie sehr sich die Welt doch in zwanzig Jahren verändert hat!

Es schien mir richtig, eine neue Geschichte über sie zu schreiben: eine Geschichte, für die ich in Thailand und Malaysia, in Singapur und Indonesien Recherchen würde anstellen müssen – lauter Länder, die ich mit ein wenig Ausdauer auch ohne Flugzeug erreichen konnte!

Gegen Aids? Knoblauch und Pfefferschoten!

Turtle House bei Nacht war wunderbar. Die Wolkenkratzer, die um uns herum wuchsen, nahmen uns zwar täglich mehr Sonnenlicht, aber wenn es Abend wurde und Kamsing, der Gärtner, die zwischen den Bäumen verborgenen Lampen anzündete, die Fackeln rund um den Teich und die Öllichter zu Füßen der Buddha- und der Ganesh-Statue im Garten, dann besaß das Anwesen wieder diesen ruhigen, warmen Zauber der Tropen, dessentwegen wir nach Thailand gekommen waren – nach fünf kargen, kalten Jahren in Japan. Nach unserer Ankunft hatten Angela und ich zwei Wochen lang geschuftet, um jedem chinesischen Möbelstück, jeder Statue, jeder Vase, jeder Götterfigur, jedem Rollbild, jedem Lampenschirm aus gelblicher Seide, die so viel zur Atmosphäre eines Raumes beiträgt, den richtigen Platz zu geben. Dann rührten wir keinen Finger mehr, und das Haus schmiegte sich uns an. Es war wie wir: alt, reich an Erfahrung und angefüllt mit dem, was viele Jahre Asien aus uns gemacht hatten. Die Geschichte, die in jedem einzelnen dieser Gegenstände steckte, war das, was uns bleiben würde. Dem Gegenstand selbst gegenüber fühlten wir uns nur als zeitweilige Hüter.

Die Termiten nagten an den Balken, und der Holzfußboden über dem Wasser bebte bedrohlich. Die Ratten, die von den Schürf- und Schwimmbaggern der Nachbarschaft verjagt worden waren, hatten bei uns ein letztes Schlupfloch gefunden, und nachts wurden wir des öfteren geweckt, wenn sie lärmend und quietschend über unseren Dachboden jagten, wo sie sich außerdem fröhlich vermehrten. Die seltsamen Schatten, die abends auf den Zweigen des Mangobaums über dem Abendbrottisch dahinhuschten, und das Geraschel im Strohdach des Baumhauses, das wir für Besucher zwischen den Kronen zweier Kokospalmen hatten errichten lassen, erschreckten unsere Gäste. »Keine Angst, das sind Eichhörnchen!« sagten wir. Der Unterschied lag ja auch nur im Schwanz – aufrecht und buschig bei den einen, lang und dünn bei den anderen.

Aber die Ratten waren mörderisch. Vom Vogelfutter angelockt, brachen sie in die Voliere ein, wo sie einige meiner schönsten Vögel im Schlaf überraschten und töteten. Ein Wiedehopf war darunter, der wie eine alte Punkerin aussah; eine smaragdgrüne Pitta, die den Grimmschen Märchen entsprungen zu sein schien; und eine Nachtigall, die auf einen Pfiff von mir zu jeder Tages- und Nachtzeit die schönsten Arien trillerte, die ich je von einem Vogel gehört habe.

Totò, die indische Drossel, der ich im Morgengrauen, wenn wir beide unter dem Handtuch steckten, mit dem wir den Käfig verdunkelten, geduldig ein paar italienische Wörter beigebracht hatte, unser Totò, der das Klingeln des Telefons, das Bellen der Hunde und das Pfeifen anderer Vögel nachahmte und auf thai »Wenn du mich liebst, warum sagst du es dann nicht?« sagen konnte – er ertrank in seinem Käfig, der in einer Gewitternacht in den Teich gefallen war.

Baolì, der von uns allen geliebte Hund, der auf dem Victoria Peak in Hongkong geboren worden war und fünf Jahre in Peking und fünf in Tokio mit uns verbracht hatte, war noch bei uns, aber er war schon so alt, daß er sich kaum mehr bewegen konnte und kaum mehr bellte. Doch einen Wachhund brauchten wir, und so adoptierten wir einen Welpen, den jemand kurz nach seiner Geburt auf einem Parkplatz in einer Pappschachtel unter unserem Wagen ausgesetzt hatte. Er war eine richtige Promenadenmischung und vielleicht deshalb so ausgesprochen liebebedürftig. Wir nannten ihn Chok-dii, »Viel Glück«, und bald hatte Totò einen neuen Lieblingssatz, den er bei den Frauen in der Küche aufgeschnappt hatte: »Wenn Chok-dii auf die Straße läuft, wird er von einem Auto überfahren.«

Angela, die Stunden um Stunden lesend oder schreibend hinter den Fliegengittern der Veranda über dem Wasser verbrachte, nahm es schließlich hin, daß die große Schildkröte die Entchen verspeiste, die Ratten die Vögel und die Vögel die jungen Spatzen fraßen, die in die Voliere kamen, um ein wenig darin herumzupicken. Das Treiben der Tiere in Teich und Garten führte uns ständig vor Augen, wie wichtig es für den Menschen ist, ein wenig Natur um sich zu haben, ihre Gesetze zu verstehen und sich daran zu erfreuen.

Bangkoks Verkehr machte jeden Versuch der Geselligkeit zunichte. Mit jemandem in der Stadt zu Mittag zu essen bedeutete, erst gegen fünf Uhr abends wieder zu Hause zu sein; war man in einer Botschaft zum Abendessen eingeladen, mußte man sich mindestens zwei Stunden vorher auf den Weg machen. Da ich mir auf der anderen Teichseite ein Arbeitszimmer gebaut hatte, widerstanden wir jeder Versuchung, uns außer Haus zu begeben, und bemühten uns, die Leute, die wir sehen wollten, ins Turtle House zu locken. Sehr oft waren es Kollegen auf der Durchreise.

Die Nachricht, daß ich in diesem Jahr nicht fliegen wollte, hatte unter den Journalisten der Region bald die Runde gemacht, und die meisten reagierten darauf mit liebenswerter Eifersucht. Viele hatten, wenn wir beim Abendessen das Thema anschnitten, eine eigene Geschichte dazu zu erzählen.

Der letzte Gast, den wir in Turtle House empfingen, bevor ich mit dem Zug nach Malaysia und Singapur abfuhr, war Joachim Hoelzgen, ein Kollege vom *Spiegel*, der von Bangkok aus weiter nach Phnom Penh wollte.

Anfang März hatte Akashi Yasushi, der Chef der UN-Übergangsregierung in Kambodscha (UNTAC), an die großen Nachrichtenblätter Europas geschrieben und sie aufgefordert, ihre Journalisten zu schicken. Er wollte die Öffentlichkeit in den einzelnen Ländern auf die Friedensmission aufmerksam machen, welche die UNO im Zusammenhang mit den für Ende Mai vorgesehenen Wahlen durchführte. In der Einladung wurde unter anderem erwähnt, daß man im Hubschrauber verschiedene Militärstützpunkte besuchen wollte, und meine Chefredakteure in Hamburg hatten, um mich nicht in Verlegenheit zu bringen, entschieden, Joachim Hoelzgen nach Kambodscha zu schicken.

Für Hoelzgen war dies die erste Reise nach Indochina, und er war überglücklich. Ich lud ihn zusammen mit ein paar anderen Kollegen, die gerade aus Kambodscha zurückgekommen waren, zum Abendessen ein. Am nächsten Morgen saß er im Flugzeug nach Phnom Penh, und ich fand mich auf dem Bahnhof Hualampong im Herzen Bangkoks ein, über der Schulter meinen üblichen Reisesack und im Kopf den Plan, über die Überseechinesen zu schreiben.

Bahnhöfe sind eine alte Leidenschaft von mir. Ich könnte ganze Tage damit zubringen, dort in einer Ecke zu sitzen und zuzuschauen, was so alles passiert. Welcher Ort könnte den Geist eines Landes, die Seele seiner Bewohner besser widerspiegeln als ein Bahnhof?

Wenn man eine halbe Stunde lang den Menschenstrom beobachtet, der sich wohlgeordnet durch den wichtigsten Bahnhof Bangkoks wälzt, versteht man mehr vom Thailand unserer Tage als durch die Lektüre einer akademischen Studie. Die Züge, die vom Norden kommen, laden Tausende von Menschen ab. Junge Leute, hauptsächlich Mädchen, alle voller Hoffnung. Sie verlassen ihre Dörfer, die langsam austrocknenden Reisfelder, mit nichts als einem Bündel Kleider und einer Fahrkarte, und suchen in der Hauptstadt Arbeit.

Die Anwerber der Bauindustrie warten am Ende des Bahnsteigs. Man bietet den Arbeitssuchenden 100 bis 115 Baht am Tag (sechs, sieben Mark) und ein Feldbett auf der Baustelle. Die hübschesten Mädchen erhalten Angebote von den Bordellen. Alles spielt sich innerhalb von wenigen Minuten ab: Angebote, Absagen, mündliche Verträge und schließlich die Abfahrt auf der Ladefläche eines der zahlreichen Lieferwagen, die vor dem Bahnhof warten. In der Menge sieht man auch kleine Mädchen und Jungen, die noch verlorener dreinschauen als die anderen. Auch sie finden Arbeit, direkt unter den Augen der auf und ab patrouillierenden Polizisten. Theoretisch gibt es auch in Thailand Gesetze gegen die Ausbeutung Minderjähriger, gegen Prostitution und Pornographie, aber praktisch ist hier wie in den meisten Teilen Asiens nichts wirklich illegal.

Mein Zug in den Süden sollte um 10.20 Uhr abgehen, und pünktlich auf die Minute fuhren wir los. Die thailändische Bahn ist ein Beispiel des wohlfunktionierenden Verwaltungssystems, das so viel zur raschen Modernisierung des Landes beigetragen hat und auch heute noch neben dem Buddhismus und der Monarchie eines der tragenden Elemente Thailands ist. Jedermann trägt Uniform: die Studenten, die Briefträger, die Fahrer der Motorradtaxis, die Schalterbeamten. Der Zugführer, der auf der Brust die Anstecker wer weiß welcher Kampagnen trägt, sieht aus wie ein Operettengeneral.

Die Reise ist ein ununterbrochenes Bankett. Verkäufer mit Körben voll lokaler Spezialitäten steigen an einer Station ein und an der nächsten wieder aus, um dann den Zug in die Gegenrichtung zu nehmen.

Ich war einen Tag und eine Nacht unterwegs, gewiegt vom Schlagen der Räder in den Schienen. Pünktlich um 5.30 Uhr weckte mich der Operettengeneral, unser Zugführer. Der morgendliche Gestank im Waggon, meine unrasierten Wangen, meine Zunge, die sich anfühlte wie eine Raspel, weil ich am Abend zuvor mit den den Zug begleitenden Polizisten eine Flasche Mekong, thailändischen Whisky, getrunken hatte, all das brachte mir den Gedanken nahe, daß es Wahnsinn war, ein Jahr lang so zu reisen. Aber kaum war ich aus dem Zug gestiegen und hatte meine Lunge mit frischer Morgenluft gefüllt, war ich auch wieder in Schwung. Ich war in Yala! Wie oft in meinem Leben würde ich wohl noch hierher kommen?!

Chang Choub kam mir in den Sinn und sein Rat, doch zu meditieren. Vielleicht war es meine Art der Meditation, allein zu reisen! Frei zu sein von der Alltagsroutine, ohne Verpflichtungen außer dem eigenen Gewissen gegenüber, beruhigt den Geist, unnütze, angenehme Gedanken kommen auf, unvermittelte Eindrücke und tief im Innern eine große Freude.

Ich aß eine Suppe an einem Stand vor dem Bahnhof, dann schlenderte ich ein wenig herum. Yala ist ein Städtchen wie viele andere, mit einer Hauptstraße, die aus zwei Reihen völlig gleichartiger Ladenhäuser besteht. Pro Haus eine Familie: Im Erdgeschoß wird verkauft, im ersten Stock gewohnt. Die Besitzer sind allesamt Chinesen. Meine zähen, praktischen, vermaledeiten Chinesen, die hier ohne einen Pfennig angekommen waren und jetzt kleine Herren sind! Das ganze Leben haben sie eingesetzt, um ein Ziel zu verfolgen, das dem ihrer Kultur zuwiderlief! Das China, aus dem diese Emigranten kamen, war konfuzianisch geprägt, und Handel zu treiben galt als verpönt. In der gesellschaftlichen Hierarchie standen die Händler an letzter Stelle, noch nach den Soldaten und weit nach den Bauern und Handwerkern.

Mein erstes Ziel war Betong, ein thailändisches Städtchen, das inmitten der kurzen Bergkette liegt, die die Halbinsel teilt und die Grenze zwischen Thailand und Malaysia bildet. Das Taxi, das in wenig mehr als zwei Stunden die 137 Kilometer von Yala nach Betong hinter sich bringen sollte, teilte ich mir mit fünf weiteren Passagieren. Wir durchquerten zuerst rotes, fruchtbares Land, mit Gummibäumen und Ananasplantagen, dann erklomm der Wagen eine Asphaltstraße inmitten prachtvoller Felsmassive, die im dichten Nebel auftauchten und wieder verschwanden.

Als sowohl Bangkok wie auch Kuala Lumpur noch gegen bewaffnete Aufstände der Kommunisten zu kämpfen hatten, bildeten diese Berge eine natürliche Zuflucht für die Guerilla, und Betong war als wenig sicherer Ort voller Spione bekannt. Jetzt ist das anders.

Der erste Eindruck ist in höchstem Maße friedlich. Doch trotz seiner Fassade touristischer Unschuld ist da etwas Seltsames, das sofort ins Auge fällt, wenn man so durch Betong schlendert – die Anzahl der *barber shops,* der Barbierläden. Es gibt sie zu Dutzenden, alle paar Meter einen, und daß man sich dort nicht nur um Bärte kümmert, wird schon aus ihren seltsamen Namen klar: »Funny Barber« oder »Sexy Barber«.

Betong hat von der Nähe Malaysias und dem dort vorhandenen enormen »Potential« an vom islamischen Puritanismus sexuell unterdrückten Männern profitiert und einen der einträglichsten Gewerbezweige ausgebaut: die Prostitution. Der Service kommt aus Thailand, die Kunden ausschließlich aus Malaysia. Ohne Paßzwang, mit einem bloßen 24-Stunden-Visum versehen, überqueren täglich Tausende von Muslimen die Grenze, um sich Vergnügungen hinzugeben, die ihnen daheim verboten sind. Betong ist eine Bordellstadt.

Ich war nach Betong gekommen, um jemanden aus den Reihen der kommunistischen Guerilla zu treffen. Ich wußte noch nicht, wie ich es anstellen sollte, aber es war dann doch wesentlich einfacher, als ich gedacht hatte. Der Portier des Hotels schickte mich ins Geschäft eines Fotografen, der mich zu einem Verkäufer für elektrische Haushaltsgeräte führte, welcher wiederum einen seiner Freunde anrief, der mich auf einem Motorrad abholte, um mich vor einer kleinen Apotheke alten Stils abzusetzen, in deren Schaufenster getrocknete »Langlebenspilze« lagen und Gläschen mit einer grünen Salbe standen. Im Verlauf einer Stunde war ich, von einem Chinesen an den anderen weitergereicht, bei Herrn Wu gelandet, einem Mann mittleren Alters, klein, mager und vornehm.

Wu war etwa zwanzig Jahre lang der Arzt der Guerillakämpfer gewesen. Nach ihrer Kapitulation im Jahre 1987 war er zum bekanntesten Apotheker der Stadt geworden. Dank der Erfahrung, die er im Dschungel gesammelt hatte, war er der einzige, der die Heilkräfte der Kräuter, Wurzeln und Rinden aus den nahen Bergen von Grund auf kannte.

Herr Wu bot mir eine Tasse Tee an und holte sein Familienalbum heraus, um mir anhand der Bilder seine Geschichte zu erzählen. Wirklich schön waren die Fotos von ihm und seiner Frau als Guerillakämpfer: in maoistischen Uniformen mit Fußlappen – Karabiner an Riemen über den Schultern. Er meinte, daß es für mich wohl am interessantesten wäre, das alte Militärcamp zu besichtigen, in dem er und die anderen einen Teil ihres Lebens verbracht hatten. Es lag nur acht Kilometer von der Stadt entfernt. Also schloß er seinen Laden und begleitete mich.

Neben der Guerilla in Indochina war die kommunistische Guerilla Malaysias historisch gesehen eine der wichtigsten und gefährlichsten Asiens gewesen. Sie formierte sich unmittelbar nach dem Zweiten Weltkrieg. Ihr Führer war Chin Peng, ein Held der Widerstandsbewegung gegen Japan. Wie er waren die militanten Mitglieder hauptsächlich Chinesen. Von Mao inspiriert, der 1949 an die Macht gekommen war, träumten auch sie von der Schaffung einer Volksrepublik auf diesem Gebiet, das damals noch Teil des britischen Kolonialreiches war. London erklärte den Ausnahmezustand und schaffte es mit einer harten Militärkampagne, in der Taktiken angewandt wurden, die die Amerikaner dann mit weit weniger Erfolg in Vietnam kopierten (wie die der strategischen Dörfer), die Guerillakämpfer vom Großteil der malaiischen Bevölkerung zu isolieren. Als die Engländer 1957 den Staat, der sich Malaiische Föderation nannte und außer Malaya und Singapur auch die Territorien Sabah und Sarawak auf der Insel Borneo umfaßte (eben um zu verhindern, daß die Chinesen die Bevölkerungsmehrheit bildeten), in die Unabhängigkeit entließen, da war die kommunistische Guerilla schon keine echte Gefahr mehr. Nur einige wenige Gruppen streng maoistischer Ausrichtung waren an der Grenze zu Thailand noch aktiv. Aber auch diese ergaben sich schließlich, nachdem innere Kämpfe und Säuberungsaktionen, die jedesmal einige Dutzend Todesopfer forderten, sie entzweit hatten.

Am 28. April 1987 übergaben die letzten kommunistischen Guerillakämpfer in einer feierlichen Zeremonie ihre Waffen der thailändischen Obrigkeit. Nach Malaysia konnten sie nicht zurückkehren, also blieben sie – mit Erlaubnis Bangkoks – dort, wo sie waren: in ihrem Camp auf thailändischem Territorium. Da sie ordentliche, praktische Chinesen waren, schafften sie es, ihre Vergangenheit als gescheiterte Revolutionäre zu recyceln und in ein Produkt umzuwandeln, das sich über den Ladentisch verkaufen ließ.

Das wurde mir sofort klar, als ich das Camp betrat. Das alte, gefürchtete Hauptquartier im Dschungel war in »Dorf der Freundschaft« umbenannt und zu einer Art Guerilla-Disneyland umfunktioniert worden: mit Restaurant, Videosaal, Postkarten zum Andenken und Führungen durch die Tunnels in Begleitung eines ehemaligen Kämpfers.

Als Herr Wu und ich ankamen, hatte gerade eine Gruppe junger Malaien mit ihren für einen Tag gemieteten thailändischen »Ehefrauen« die übliche Tour beendet. Übermütig probierten einige die grünen Barette mit dem roten Stern auf, andere ließen sich mit einem alten Karabiner fotografieren. Andere kauften eine ganz besondere »Guerillerosalbe«.

Herr Wu wollte mir seinen ehemaligen Politkommissar vorstellen, aber es gelang mir nicht, ihm auch nur eine Frage zu stellen. Es wäre außerdem sinnlos gewesen: Wie die Prostituierten, so waren auch die alten Kommunisten zu einer der touristischen Attraktionen geworden, die zum Wohlstand Betongs beitrugen.

Am Abend bummelte ich durch Betong. Bei Sonnenuntergang geschieht hier regelmäßig etwas ganz Merkwürdiges: Schwärme von Vögeln verdunkeln den Himmel, fallen in die Stadt ein, übertönen mit ihrem ohrenbetäubenden Gezwitscher die Musik aus den diversen Karaoke-Bars und setzen sich dann auf die Stromleitungen, um dort die Nacht zu verbringen: Zehn-, ja Hunderttausende. Beeindruckend.

Beeindruckend war auch das Kommen und Gehen der Malaien in den Bordellen. Auf den getönten Scheiben dieser Etablissements stand in winziger, kaum lesbarer Schrift: »Ohne Präservativ Aids-Risiko«. Ich schaute mich in einigen dieser Lokale um. Die Ausstattung war mehr oder weniger überall gleich: eine Bartheke, Plastiksessel mit vielen Mädchen, Kammern von wenigen Quadratmetern Größe, in die sich die Paare zurückzogen. Der Preis variierte zwischen 120 Baht (sieben Mark) und 200 Baht (zwölf Mark) die Stunde. Das »Mieten« eines Mädchens für einen ganzen Tag kostete zwischen 1500 und 2000 Baht.

»Mit Präservativ?« fragte ich.

»Wenn du keines willst, zahlst du einfach ein bißchen mehr.«

Auf diese Weise breitet sich Aids wie ein Lauffeuer aus. Die fünfundzwanzigjährige chinesische Puffmutter, deren dreijähriges Kind dort spielte, erklärte mir, daß es in der ganzen Stadt etwa dreitausend Mädchen gebe, daß viele davon aus dem Norden kämen (»Sie haben helle Haut, das mögen die Malaien lieber …«) und daß vor kurzem einige hundert von ihnen aus den *barber shops* abgezogen worden seien, weil sie unter sechzehn waren. Wenn ich jedoch Interesse hätte, dann könne sie mir eine davon holen lassen. Ein Anruf genüge, sie seien in Schlafsälen nahe der Stadt untergebracht.

Ich lief weiter herum und entdeckte in der Menge einen Weißen, einen Halbwüchsigen, ganz allein, der sich hier sichtlich wohl zu fühlen schien: Außer mir war er der einzige Nicht-Asiate in der Stadt. »Was machst du denn hier?« Scott, sechzehn Jahre alt, war ein Schüler aus Kanada, der dank eines Austauschprogramms zwischen dem Rotary Club seiner Stadt in Ontario und dem Rotary Club von Betong hier gelandet war. Er selbst amüsierte sich köstlich bei dem Gedanken, daß in Kanada niemand auch nur die geringste Ahnung hatte, wo er hingeraten war. Er wohnte im Haus einer der angesehensten Persönlichkeiten des Orts, eines Mannes, der selbstverständlich auch einer der größten Bordellbesitzer war.

Wir gingen zum Essen in ein kleines chinesisches Restaurant, und dort traf Scott seine Lehrerin, eine Frau von etwa fünfunddreißig Jahren, aus Bangkok, sehr gebildet, eine ehemalige Linke, die in den Süden strafversetzt worden war. Wir setzten uns zu ihr, und nach dem Essen fragte ich sie, ob sie nicht einen guten Wahrsager in Betong kennen würde. Doch. Sie sei zwar noch nie dort gewesen, aber sie hätte von einem gehört, der sehr gut sein sollte und etwas außerhalb der Stadt lebte. Er sei ein Experte in Schwarzer Magie. Sie bot mir an, mich hinzufahren, und so verabredeten wir uns für den nächsten Tag vor der Schule.

Die Lehrerin kam auf einem Motorrad an, und ich setzte mich auf den Rücksitz. Der Wahrsager wohnte acht Kilometer weiter, »nach der Tankstelle«. Tatsächlich kamen wir zu einem verrosteten Benzintank mit einer Pumpe, und das Haus des Wahrsagers lag gleich dahinter – im Schatten eines Waldes.

Er empfing seine Kunden im Erdgeschoß, in einem großen Raum mit Betonboden. Im Hintergrund bereiteten seine Frau und zwei sehr hübsche Mädchen gerade das Essen zu. Er war um die fünfzig, mager, mit hellwachen Augen und saß auf einer Strohmatte, auf der Mekka abgebildet war. Er war Muslim. In einem Halbkreis vor ihm saßen vier Frauen in typisch thailändischer Sitzhaltung: das Gewicht des ganzen Körpers auf eine Hand gestützt und die Unterschenkel zurückgeschlagen. Eine sah wohlhabend aus, mit einem Ring an jedem Finger und vielen Goldkettchen um den Hals und die Handgelenke; die anderen drei waren einfache Mädchen wie die in den Bordellen. Die Frau beschwerte sich, daß die Geschäfte nicht gut gingen und die Mädchen nicht genügend Kunden hätten. Sie war überzeugt davon, daß jemand ihren *barber shop* mit dem bösen Blick belegt hatte. Sie hatte diese drei mitgebracht, damit der Mann sie überprüfe. »Sie sind ihren Ehemännern davongelaufen«, flüsterte mir die Lehrerin zu.

Wenn man die armen Dinger so sah, war es klar, daß sie keinen großen Erfolg haben konnten: Der böse Blick lag vor allem in ihrer äußeren Erscheinung. Eine war klein, fett und schmutzig und trug den Dreß eines Radrennfahrers; die andere war groß, bleich und spindeldürr; die dritte war weder das eine noch das andere, hatte weder Gesicht noch Busen oder Hüften, nichts, was einen noch so verzweifelten Malaien angezogen hätte.

Der Magier fragte die Frau, ob sie alles Nötige dabeihabe. Sie bejahte und zog aus ihrer Handtasche ein Küken, Eier und Früchte hervor, die hart und grün waren wie wilde Zitronen. Der Magier wandte sich mir zu und meinte, daß er noch etwa eine halbe Stunde brauche, um seine Arbeit abzuschließen. Er entschuldigte sich, daß er mich warten lassen müsse. Ich jedoch war höchst zufrieden, zusehen zu können.

Ein schöner, schwarzer Kater strich immer wieder über die Schwelle, sich wollüstig an den Schuhen reibend, die die Frauen ausgezogen hatten. Mir kam dieser kohlrabenschwarze Kater mit den satanisch funkelnden Augen wie der Inbegriff des bösen Blicks, des schicksalhaften Unglücks vor, aber niemand hier schien darauf zu achten. So ändert sich die Wahrnehmung des Unglücks und seiner Vorzeichen je nach Ländern, Kulturen und persönlichen Standpunkten.

Für uns Abendländer ist die Schlange etwas Verachtenswertes, Gefährliches. Beim Anblick einer Schlange ist unser erster, instinktiver Impuls, sie zu töten. Für die Asiaten hingegen ist die Schlange ein übernatürliches Wesen. Die Schlange beherrscht die Elemente, ist Herr über das Universum: Am Himmel tanzt sie als Blitz zwischen den Wolken; auf der Erde lebt sie sowohl im als auch außerhalb des Wassers; unter der Erde ist sie zu Hause, weil sie alle Wege dorthin kennt. Für einen Asiaten steht die Schlange nicht für Tod und Gefahr, sondern für Schutz. Der Buddha meditiert im Schatten eines Naga, einer Schlange mit sieben Köpfen.

Die Eier standen auf dem Feuer, die grünen Zitronen lagen auf einer silbernen Schale vor dem Magier, und zwischen den vor der Brust gefalteten Händen der Bordellbesitzerin saß das Küken, starr vor Angst, mit geschlossenen Augen. Der Magier rezitierte Sprüche, die ich nicht verstand und die auch meine Lehrerin nicht übersetzen konnte. Sie sagte mir nur, daß man am Ende der Zeremonie die Eier essen und die Zitronen ins Wasser legen würde, um damit den bösen Blick wegzuwaschen. Das Küken würde wieder freigelassen.

Nach längerem Donnergrollen in der Ferne ging nun eines dieser wundervollen, reinigenden Gewitter nieder, die die Hitze der Tropen kurz unterbrechen. Es schüttete wie aus Kübeln, so daß man die Bäume hinter dem Haus des Magiers nicht mehr sah.

Die Lehrerin erzählte mir, wie schwierig es sei, ihren Beruf in einer Stadt wie Betong auszuüben, einer Stadt voller Prostituierter, die gerade mal so alt waren wie ihre Schüler. Sie sagte, daß die Präsenz der *barber shops* jeden Aspekt des Lebens vergifte, daß die Korruption alle sozialen Beziehungen beherrsche und die Polizei häufig selbst in Erpressungen und Vergewaltigungen verwickelt sei, so daß es unmöglich werde, in diesem Klima von Gewalt, Sex und Geld normale junge Menschen zu erziehen. Sie berichtete, daß es in den Schulen von Betong verboten sei, von Aids zu sprechen, da die örtlichen Behörden, die beim Aufteilen der Profite ihren Teil abbekämen, nicht wollten, daß das Geschäft der Bordelle behindert werde.

Die Zeremonie des Magiers war zu Ende. Das arme Küken war zum Fenster hinausgeworfen worden, damit es frei und ungehindert in den Wald verschwinden könne, aber es blieb unbeweglich stehen, piepste und versuchte nur, sich vor dem Regen zu schützen. Die Bordellbesitzerin hatte die Gebühr bezahlt und war mit ihren drei käuflichen Mädchen wieder abgezogen.

Mir ging das Wort Aids nicht mehr aus dem Kopf, und so fragte ich den Zauberer, was er denn davon halte, als ich mich vor ihm niedersetzte. Eine schreckliche Krankheit, sicher, aber er könne, da er regelmäßig die Mädchen der *barber shops* sehe, erkennen, ob eine von ihnen infiziert sei.

»Und wie?«

»Ich spüre es, sobald sie näher kommen. Innen haben sie eine Art Feuer, sie sind glühend heiß, aber nach außen hin sehen sie kalt und bleich aus. Ihre Haut ist verblichen.« Dann meinte er, es gebe eigentlich keinen Grund, sich Sorgen zu machen. Er wisse, daß eine Ansteckung nur zwischen Personen gleicher Blutgruppe möglich sei und daß man sie auch ganz einfach vermeiden könne.

»Mit einem Kondom?«

»Aber nein! Indem man rohen Knoblauch und rote Pfefferschoten ißt!« Davon war er felsenfest überzeugt.

Er hatte begonnen, mich fest anzusehen, und fing, ohne mich etwas zu fragen, ohne wissen zu wollen, wo und wann ich geboren sei oder woher ich käme, ohne meine Hand zu lesen, ohne Berechnungen anzustellen, leise an zu sprechen. Die Lehrerin übersetzte Wort für Wort:

»Du reist viel, aber im Grunde würdest du lieber auf dem Land leben, an einem Ort wie diesem hier …« (Richtig, sagte ich bei mir. Wenn es ein Bild gibt, das in mir unbewußt immer wieder auftaucht, dann ist es das unseres Hauses im Apennin, mit der Wiese davor und dem Kastanienwäldchen dahinter. Das ist für mich Frieden!) *»Du legst keinen Wert auf Geld und hängst auch nicht daran …«* (Richtig! Aber gibt es das denn, daß mir das einfach so aus dem Gesicht zu lesen ist?) *»Was du verdienst, gibst du wieder aus. Du gefällst den Frauen; die Frauen lieben dich, aber du interessierst dich nicht für sie.«* (Genau richtig!) *»Du bist zur*

Treue wie geschaffen, du bist deiner Frau treu; und du lügst, wenn du ihr sagst, daß du eine zweite Frau haben möchtest. In Wirklichkeit willst du das gar nicht.«

Höchst amüsant! Andere Länder, andere Wahrsager! Und der Wahrsager spiegelt die Kultur und die Werte des jeweiligen Landes wider. Hier zum Beispiel befinden wir uns auf muslimischem Gebiet; die Männer dürfen hier mehrere Ehefrauen haben. Und mein Wahrsager behandelte mich als Muslim, genau wie der Blinde in Bangkok mich als Chinesen behandelt hatte, für den nicht reich zu werden eine »schlechte Nachricht« ist.

Der Magier fuhr mit einem Ratschlag fort, der nur im Rahmen der lokalen Ethik Sinn machte. *»Wenn du wirklich beschließt, eine zweite Frau zu nehmen«*, sagte er, *»dann nimm eine Witwe.«* (In diesem Umfeld war das, als riete er mir, ein gutes Werk zu tun ...) *»Sowieso wirst du nicht lange bei ihr bleiben ... Du rauchst nicht, ißt aber gern scharf ...«* (Das stimmt.) *»Du bist ausgesprochen geruchsempfindlich.«* (Das auch.) *»Egal wohin du gehst, du gerätst nie in Gefahr. Wenn du ein Amulett bei dir hast, läuft alles hervorragend. Am besten einen Buddha. Der wird dich beschützen ...«* (Vielleicht sieht er den, den ich um den Hals trage.) *»Du bist ein verläßlicher Freund, einer, der immer Glück hat im Leben. Wenn du ein Lotterielos kaufst, dann wird dieses Los gezogen. Das Problem ist nur, daß du nie eines kaufst.«* (Nur zu wahr. Ich habe noch nie ein Los gekauft, aber vielleicht sollte ich jetzt damit anfangen!) *»Deine Glückszahlen sind: 88, 1, 19. Wenn du diese spielst, wirst du gewinnen.«* (Wenn es in Betong eine Lotterie gegeben hätte, hätte ich es versucht!) *»Du interessierst dich für alles, was du nicht weißt ... Bald wird dir jemand eine wichtige Stellung anbieten, aber du wirst sie ablehnen, weil du das einfache Leben liebst ...«* (»Einfach« würde ich nicht sagen, aber sicher bin ich an Spitzenpositionen nicht interessiert ... Und hier irrt unser Wahrsager, denn niemand wird mir je eine solche anbieten. Wer so etwas täte, wäre verrückt!) *»Du hast häufig Husten ...«* (Nein.) *»Du solltest mehr Nudeln als Reis essen. Auch wäre es gut, wenn du etwas Grünes an der rechten Hand, noch besser am Ringfinger, trügest. Ja, einen Ring mit einem kleinen Jadestein, so wie die, welche die Chi-*

nesen tragen.« (Ringe habe ich immer gehaßt, und sogar den Ehering, den wir aus denen der Urgroßeltern machen ließen und in den »Angela« eingraviert wurde, trug ich nur wenige Monate.)

Ich hatte diesen Gedanken kaum zu Ende gedacht und im Geiste den Ring mit diesem Namen vor mir gesehen, als der Wahrsager auch schon sagte: *»Deine Frau ist ziemlich groß …«* (Klar, daß ich ihm den Gedanken an meine Frau eingegeben habe …) *»Sie hat große Brüste und einen kräftigen Hintern …«* (Arme Angela, sie, die jeden Tag Yoga macht – und wie wird sie jetzt gesehen von diesen magersüchtigen Muslimen im thailändischen Süden!) *»Du kannst Sport treiben, da du eine gute Gesundheit hast. Wenn du eine Katze halten willst, sollte sie dreifarbig sein: weiß, schwarz und braun.«* (Gar nicht so einfach zu finden, dachte ich, und … schon bot der Magier mir eine Alternative an.) *»Wenn du keine in dieser Art findest, sollte sie vollkommen grau sein. Dein Auto sollte rot oder mangofarben sein. Im Augenblick wohnst du in einem Haus, das rechts am Ende eines Sträßchens liegt …«* (Richtig, Turtle House liegt genau so.) *»Wenn du wirklich etwas willst, bekommst du es immer, aber dein Geist ist wie der eines Kindes: Du sagst immer, was du denkst, du redest gern um des Redens willen. Du hast einen labilen Charakter, einmal geht es dir sehr gut, dann wieder sehr schlecht. Du schläfst auf der Seite, vor allem auf der rechten …«*

Ich hatte den Eindruck, der Kerl würde noch stundenlang so weitermachen, und langsam begann ich, mich zu langweilen. Also erzählte ich ihm von dem Wahrsager in Hongkong. Er reagierte prompt: *»Nein, nein, du kannst jegliches Flugzeug besteigen, aber nur am Nachmittag, nicht morgens.«* (Ein schöner Trost!) *»Dies ist ein schwieriges Jahr für dich, du wirst fünfundfünfzig, und zu diesem Alter passen die Winde nicht; aber du bist nicht in Gefahr.«* Und dann, so als leiere er einen Abzählreim herunter, fuhr er fort: *»Du bist in deinem Leben mehrmals angeklagt worden, und zweimal bist du im Gefängnis gelandet …«* (Ah … interessant!) *»Das erste Mal im Alter von fünfunddreißig …«* (In Vietnam? Ich wurde nicht eigentlich festgenommen, aber man hat mich ausgewiesen, weil ich angeblich ein Agent der Vietcong sei.) *»Das zweite Mal mit sechsundvierzig Jahren …«* (Bravo! Genau 1984. Damals in China!)

Es gefiel mir, daß er so exakt war, und ich empfand eine seltsame Freude, wenn ich die Ereignisse fand, die zu seinen Worten paßten. Wie im Wechselgesang: Einer singt eine Strophe, die auf »Herz« endet, und der andere muß eine Strophe erfinden, die sich darauf reimt: »Schmerz« zum Beispiel. Manchmal wirkt der Reim wie an den Haaren herbeigezogen, manchmal sitzt er aber auch perfekt. Es wurde mir klar, daß man genau das gewöhnlich auch bei einem Wahrsager tut. Er sagt etwas, und schon fängt man an, die dazu passenden Ereignisse zu suchen. Und man hat Freude daran wie am Reimen. Plötzlich scheint das Leben selbst Poesie zu werden, weil der Reim den Dingen Sinn verleiht, sie in eine Ordnung bringt, in der man sie gern ansieht. Der Reim ist tröstlich.

Aber war er es nun, der bestimmte Tatsachen meines Lebens vorhersagte, oder war ich es, der versuchte, sie passend aneinanderzufügen, wie die Teile eines Puzzles, das ich genau kannte und das er nur vorgab zu kennen?

Der Wahrsager fuhr fort: *»Das nächste Mal wirst du mit einundsechzig verhaftet werden. Es geht dabei um Probleme, die mit deiner Arbeit zu tun haben, aber du kannst es ohnehin nicht lassen, und im Grunde gefällt es dir, verhaftet zu werden.«* (Gar nicht mal so falsch, pflichtete ich ihm im stillen bei.)

Ich fragte die Lehrerin, ob sie sich die Zukunft voraussagen lassen wolle. Nein, nein und nochmals nein! Sie blieb fest. Eine ihrer Freundinnen hatte einen Freund gehabt, den sie sehr liebte. Kurz vor der Hochzeit war sie mit ihrer Mutter zum Wahrsager gegangen. Dieser sagte, die Heirat sei falsch. Das Mädchen verließ den jungen Mann und ist seitdem unglücklich.

Ich fragte meinen Wahrsager, ob er tatsächlich glaube, in die Vergangenheit der Menschen sehen zu können. Er meinte ja, aber die Zukunft sehe er noch sehr viel genauer. Am Abend zuvor hatte er zum Beispiel gesehen, daß ich, ein Ausländer, kommen würde. Wie? Er hatte es in seinen Händen gelesen.

Ich fragte ihn, ob er Italien kenne, ob er wisse, wo Europa liege und wie es denn seiner Meinung nach mit der Welt stehe.

»Ich verstehe nur von den Dingen etwas, die um mich herum geschehen«, antwortete er. Und das meinte er wirklich ernst.

Der Mann gefiel mir. Seine »Arbeit« gründete nicht auf einer Methode. Er folgte keinen astrologischen Zeichnungen, stellte keinerlei Berechnungen an und gab nicht vor, die Zeichen der Hand zu interpretieren. Er »erfühlte« die Person, die er vor sich hatte, und offensichtlich hatte er, nachdem er schon einige tausend gesehen hatte, eine ihm eigene Geschicklichkeit im Lesen anderer entwickelt. Ein bißchen Pfarrer, ein bißchen Sozialarbeiter, Arzt und Psychologe. Er schien niemandem zu schaden. Ganz im Gegenteil. Er gab Ratschläge, beruhigte die Leute, erlegte ihnen Tabus auf, mittels derer die Unglücklichen von Betong das Gefühl hatten, sich vom eigenen Unheil reinwaschen und ein wenig Glück erhaschen zu können. Und das alles für die bescheidene Summe von dreißig Baht (1,50 Mark) pro »Sitzung«.

Innerhalb dieser seltsamen Gesellschaft, wo Mädchen sich schon mit dreizehn verkaufen, wo Lehrer nicht über Aids reden dürfen und Polizisten Banditen sind, schien er mir eine sinnvolle Rolle zu spielen.

Es hatte aufgehört zu regnen, und der Himmel war dramatisch schön, mit riesigen Wolkenbergen, breiten goldenen Strahlen und dunklen Schwaden fallenden Regens in der Ferne. Das Küken der Bordellbesitzerin mit dem bösen Blick war auf eine Kokosnuß geklettert, eine dicke Kröte saß vor der Türschwelle. Die Papaya- und Bananenbäume hingen voller frisch gewaschener Früchte.

Ich verließ Betong am frühen Morgen. Die Nationalhymne erklang aus allen Lautsprechern der Stadt, in den Schulhöfen und vor den Polizeistationen wurden Dutzende von großen thailändischen Fahnen gehißt; der Verkehr kam zum Stillstand, und die Bevölkerung stand stramm.

Etwas außerhalb von Betong hat man schon den Eindruck, nicht mehr in Thailand zu sein. Die Dörfer werden von Moscheen überragt, die Männer tragen den Sarong und das typisch muslimische Käppchen, Dutzende von Ziegen weiden entlang der Straße, strecken sich auf dem Asphalt aus, und der Taxifahrer muß aufpassen, daß er sie nicht überfährt. Langsam löst Thailand sich auf, aber auf tolerante Weise, ohne Absperrung, ohne Polizei und Kontrollen, ohne genaue Grenze außer der, mit der Malaysia uns begrüßt: zunächst eine Stacheldrahtbarriere, dann noch eine, dann Gitterzäune, danach noch etwa hundert Meter freies Feld, wie ein Niemandsland, in dem man den vorrückenden Feind niedermäht, und endlich, in Himmelblau und Weiß die Gebäude der Grenzpolizei und des Zolls.

Ich mußte zu Fuß an einigen Eisengittern vorbei und blieb dann vor einem verglasten Schalter stehen, hinter dem mich eine Frau in einem himmelblauen Schleier, auf dem ihre dicken Brillengläser aufsaßen, böse anstarrte. Sie fragte mich, wo ich hin wolle und wie lange ich bleiben würde. Höflich, aber kalt. Sie gab mir ein Visum für zwei Wochen. Die Atmosphäre war beängstigend. »Todesstrafe für Drogenschmuggler!« verkündete ein großes Schild mit einem Totenschädel und gekreuzten Knochen.

Wo war das Malaysia von vor zwanzig Jahren? Seine Frauen im Sarong, mit Büstenhaltern, die immer eine Nummer zu klein schienen, mit eng anliegenden Spitzenoberteilen in üppigen Farben und mit einer Freude am eigenen Körper, die jener der Natur nachzueifern schien? Hatte der muslimische Rigorismus sie hinweggefegt?

Im Malaysia der siebziger Jahre, das ich gekannt hatte, spielte die Religion nur eine untergeordnete Rolle. Die Malaien hatten ihre Moscheen, die Chinesen ihre Tempel. Erstere aßen ihre Ziegen, letztere ihr Schweinefleisch. Dann haben die Malaien, um sich vor der wirtschaftlichen Übermacht der Chinesen zu schützen, vor deren materialistischer Kultur, angefangen, den Islam immer stärker zu betonen; sie haben den Frauen den Schleier verordnet, ihnen den Sarong weggenommen und durch zweiteilige Mäntel ersetzt, sie haben sich in ihre Moscheen wie in Festungen zurückgezogen und ihre geistigen Werte betont. Und dies war das Resultat!

Am Grenzposten waren alle Polizisten und alle Zollbeamten Malaien. Die Taxifahrer hingegen, die mir anboten, mich in die nächste Stadt, nach Kroh, zu fahren, waren durchweg Chinesen. »*Hua-ren … hua-ren*«, Blumenmenschen, Kinder des Blumenreiches, sagten sie belustigt und verwendeten dabei einen Ausdruck für »Chinese«, der sonst nicht mehr benutzt wird.

Bis nach Kroh waren es nur zehn Kilometer, doch mein »Blumenmensch« versäumte keine Zeit, mich über die Probleme des Landes, in das ich gerade erst den Fuß gesetzt hatte, aufzuklären: »Sie haben die Macht, und wir sind Menschen zweiter Klasse … Denk doch mal! Wenn ich mir eine Wohnung kaufen will, dann zahle ich dafür 100000 Ringit; wenn einer von denen sie kauft, dann bezahlt er nur 90000. Für dieselbe Wohnung! Findest du das gerecht? Sie haben die Privilegien. Sie nennen sich *bumiputra*, Söhne des Landes. Aber welchen Landes denn? Auch wir sind hier geboren, genau wie sie, und die wirklichen *bumiputra* sind die Pygmäen im Dschungel! Was zählt, ist nur, ob du Muslim bist. Und das sind wir nicht!«

Ich war gerade erst angekommen, aber mein »Blumenmensch« nahm selbstverständlich an, daß ich wisse, wer »sie« waren, nämlich die Malaien, und daß das große, ungelöste Problem Malaysias das Rassenproblem war.

Die Rassenzugehörigkeit ist das A und O. Die Rasse bestimmt, wer deine Freunde und wer deine Feinde sind, welchen Beruf du ausübst, welcher Arzt dich behandelt, welcher Tierarzt sich um deine Tiere kümmert. Die Rasse bestimmt, wo du wohnst, wo du zur Schule gehst, wen du heiratest und wo du begraben wirst. Die Malaien haben die politische Macht, die Chinesen das Geld. Diese Form von Apartheid ist nirgendwo gesetzlich festgehalten; aber sie wurde durch die Gepflogenheiten der letzten zwanzig Jahre so festgelegt. Den Chinesen erscheint die gegenwärtige Situation ungerecht. Die Malaien hingegen glauben, daß dies die einzige Garantie für ein gewisses soziales Gleichgewicht darstellt.

Ursprünglich war Malaysia tatsächlich von den Männern des Dschungels, den *orang asli*, bewohnt. Dann kamen vor einigen Jahrhunderten die Malaien und gewannen die Oberhand. Die breite Masse der Chinesen dagegen ist erst seit etwa hundert Jahren hier; das heißt seit der Zeit, da die Engländer aus den verschiedenen Sultanaten Kolonien machten und Arbeitskräfte brauchten, um die beträchtlichen Bodenschätze des Landes auszubeuten, so daß sie die freie Zuwanderung erlaubten. Mit den Chinesen kamen – auf den Aufruf der Engländer hin – auch Inder. Als die Engländer diesen Territorien ihre Unabhängigkeit zugestanden, achteten sie darauf, daß eine Rasse der anderen zahlenmäßig nicht allzusehr überlegen war. Die Malaiische Föderation, die 1957 entstand – mit einem chinesischen Bevölkerungsanteil von vierzig und einem malaiischen von fünfzig Prozent –, war ein reiches Land, ein Land, von dem man annehmen konnte, daß die verschiedenen Rassen dort harmonisch miteinander würden leben können.

Die einzigen wirklichen Feinde waren damals die Kommunisten. Heute gibt es keine Kommunisten mehr, also sind jetzt die Rassen einander spinnefeind. In den letzten fünfunddreißig Jahren sind die Chinesen immer reicher und die Malaien immer zahlreicher geworden. Die Chinesen stellen nun 32 Prozent der Bevölkerung, die Malaien 62.

Wir mußten verschiedene Kontrollpunkte passieren. Soldaten und Polizisten waren durchweg Malaien. »Sie suchen nach Waffen«, sagte der Taxifahrer. »In Thailand kann man Waffen aller Art haben, und die Banditen fahren nach Betong, um welche zu kaufen.«

»Und Aids? Auch das kommt doch aus Betong!«

Der Taxifahrer war erstaunt. »In Betong gibt es kein Aids. Das ist ein kleiner, sauberer Ort, und die Mädchen sind alle neu im Geschäft. Aids gibt es nur in den großen Städten, in Bangkok oder Pattaya …« antwortete er. Und so kann sich Aids immer weiter ausbreiten.

Bald waren wir in Kroh. Ich ging Geld wechseln, Obst kaufen und informierte mich, wie man denn am besten nach Penang komme. Mir fiel auf, daß alle Mandarin sprachen. Auch Kroh war praktisch eine chinesische Stadt. Stundenlang streifte ich einfach herum. Der Gedanke, daß dies wohl das erste und gleichzeitig das letzte Mal sein würde, daß ich Kroh sah, bewegte mich, und ich beschloß, noch ein wenig zu bleiben. Kroh! Ich sah auf meine Karte. Gerade mal ein Pünktchen.

Mit der Entscheidung, nicht zu fliegen, hatte ich mir die Zeit wiederbeschert: die Zeit, an einem Ort länger zu verweilen, mich umzusehen, nachzudenken. Niemand erwartete mich, und so verzichtete ich mit großem Vergnügen auf die Weiterfahrt mit dem Bus nach Penang, um statt dessen mit einem alten Chinesen zu sprechen. Er erzählte mir von seinem Vater, der, als das Opium noch staatliches Monopol war, sich in dem Gebäude, das heute die Post ist, jeden Tag seine Dosis holte und dann den Rest des Tages mit dem Rauchen seiner Pfeife zubrachte; er erzählte mir von sich, daß er während der japanischen Invasion gefangengenommen worden und an den Fluß Kwai geschickt worden war, um die »Todes-Trasse« für die Eisenbahn zu bauen. Er war einer der wenigen, die zurückkamen.

Es war eine Freude, die Zeit sorglos verrinnen zu lassen, ohne Ängste. Ich machte mir Notizen, plauderte, ließ meinen Gedanken freien Lauf. Langsam bemerkte ich, wie die Freude am Reisen wiederkam, das Vergnügen, sich von Ort zu Ort, von Mensch zu Mensch treiben zu lassen. Als Journalist ist man häufig gezwungen, kurz nach der Ankunft an einem Ort ein paar Leute zu sprechen, zu schreiben und wieder abzufahren. Selbstverständlich genügt es nicht, einen Minister, einen General, einen Experten zu interviewen, um eine Situation zu verstehen ... denn auch sie sagen nur, was sie sagen müssen. Entscheidend ist, mit ihnen zusammenzusein, sie dazu zu bringen, von anderen Dingen zu reden, und abzuwarten, ob nicht im Laufe eines Gesprächs auch sie zufällig sagen, was sie denken, auf die Fragen antworten, die man gar nicht gestellt hat ... was schließlich der Schlüssel zu allem ist. Ich war es leid, auf der Suche nach Zitaten herumzurennen, um damit einen Artikel zu untermauern.

Ich reiste langsam, und ich genoß es. Ich hatte wieder die Zeit, mir Orte anzusehen und sie auf mich wirken zu lassen. Indem ich die Grenze zwischen Thailand und Malaysia zu Fuß überquerte, konnte ich vieles, was beim Unterschied und in den Spannungen zwischen den beiden Völkern eine Rolle spielt, intuitiv erfassen. Natürlich hätte ich all das auch in einem Aufsatz lesen können! Aber ohne dabei etwas zu empfinden, ohne die

Farben, die Gesichter der Menschen zu sehen, ohne ihre Stimmen zu hören.

Ich liebte es, so zu reisen. Reisen ist eine Kunst. Man muß sie in aller Ruhe, mit Liebe, mit Leidenschaft ausüben. Es wurde mir klar, daß ich diese Kunst durch die Reisen im Flugzeug verlernt hatte. Dabei ist sie die einzige, an der ich wirklich hänge!

Eine der schönsten Geschichten aus Angelas Familie handelt von ihrer Großmutter väterlicherseits. Sie war Deutsche, auf Haiti geboren, gebildet – sie kannte die Klassiker, hatte alle großen Romane gelesen, konnte Klavier spielen und sich im Salon bewegen. Kurz bevor sie hochbetagt in Florenz starb, sagte sie: »Was habe ich in meinem Leben fertiggebracht? Ein bißchen Konversation!« Wenn ich am Ende die Zeit haben sollte, mir diese Frage zu stellen, würde ich gerne antworten können: »Ich bin gereist.« Und wenn ich je ein Grab haben sollte, dann möchte ich eines aus Stein, mit einer Vertiefung darin, aus der die Vögel trinken, und darauf sollte außer dem Namen und den beiden üblichen Daten das Wort »Reisender« stehen.

Von Baling nach Butterworth sind es 91 Kilometer. Ich legte sie mit anderen zusammen im Taxi zurück. Die Natur war herrlich. Wir fuhren durch große Gummibaum- und Ölpalmenplantagen. Alles war grün und ordentlich. Inmitten der Vegetation schimmerten zuweilen hell die Häuser der Pflanzer hindurch. Alles war naturnah, farbenprächtig … bis auf die Frauen unter ihren Schleiern. Die Schule war gerade zu Ende, und ich betrachtete voller Entsetzen die malaiischen Mädchen, die bei dieser Hitze in ihrem langen Tschador und dem himmelblauen Umhang neben ihren sorglosen chinesischen Schulkameradinnen in weißen Blusen und kurzen Röckchen herliefen. Zwei nunmehr säuberlich voneinander getrennte Völker. All das im Namen der islamischen Spiritualität und gegen den Materialismus der Chinesen? Auch mir paßt der Materialismus nicht. Aber wie kann ich diese Frömmler, die ihre Töchter in solche Kleider stecken, als meine geistigen Verbündeten betrachten?

Der chinesische Taxifahrer sah mich an und lachte: »Schlimm wird es erst, wenn sie anfangen, Schwarz zu tragen. Dann können sie einem wirklich Angst einjagen!« Wir sprachen chinesisch miteinander, und wir *hua-ren* verstanden uns.

»Schau, schau«, rief er und zeigte mir eine Reihe verlassener Marktstände. »Für sie ist heute Feiertag … und dann essen sie einen ganzen Monat lang nichts mehr!« Er lachte, denn als ordentlicher Chinese konnte er sich ein Fest ohne Essen nicht vorstellen!

Vom Wagenfenster aus gesehen wollte mir scheinen, als ob Malaysia nicht mehr lange in Frieden würde leben können; als würde es eines Tages, wenn der zu verteilende Kuchen kleiner wurde, eine weitere Explosion geben, ein weiteres Pogrom, dessen Opfer nur die Chinesen sein konnten. Das letzte fand 1969 statt, und mehrere hundert *hua-ren* kamen dabei ums Leben.

Die kurze Überfahrt an Bord der windgepeitschten Fähre von Butterworth zu der Insel Penang war wie immer ein Vergnügen.

Im Hotel E & O kam ich an, wie es sich gehört – in einer Trishaw, einer dreirädrigen Rikscha, die ebenfalls von einem Chinesen gefahren wurde. Ich war seit Jahren nicht mehr hier gewesen, aber es war, als käme ich nach Hause. Ich hatte die Tür zum Zimmer 147 kaum geöffnet, als mir schon ein Schwall altvertrauter Gerüche entgegenschlug – nach muffigem Teppichboden und Lysoform im Badezimmer. Auch die Geräusche waren die gleichen wie einst: das Klatschen des Meeres gegen die niedrige Steinmauer am Rand des Rasens und das Krächzen der Krähen, die auf den Palmen und den dekorativ gegen den Horizont gerichteten Kanonenrohren saßen.

Das E & O war wie eine schlafende Schöne, angenehm untätig. Zahlreiche Diener, fast alles Inder, schleppten sich mit ihren zerfransten Besen über die offenen Veranden, doch die Ameisen setzten unbeirrt ihren Weg fort, und die Termiten nagten am alten Holz. Ich bestellte einen Tee mit Zitrone, und man brachte mir Kaffee.

Am Nachmittag tippte ich Notizen in meinen Laptop, las die niemals abgeschickten Liebesbriefe eines hier ansässigen englischen Gouverneurs und lauschte dem Meer und den Krähen.

Ich war glücklich. Ich war allein, und die Einsamkeit schien mir eine großartige Begleiterin.

Der Regenbogen ist verrückt geworden

Die Nachricht, auf die ich unbewußt gewartet hatte, erreichte mich morgens mit der Zeitung, die in einer Plastiktüte am Türgriff meines Zimmers hing. Sie war nur wenige Zeilen lang und stand auf einer der Innenseiten der *New Sunday Times*, datiert: Phnom Penh, 20. März.

Beim Absturz eines Hubschraubers der Vereinten Nationen in Kambodscha wurden alle dreiundzwanzig Personen an Bord verletzt. Der Helikopter war mit fünfzehn europäischen Journalisten unterwegs, die von der UN-Mission nach Kambodscha eingeladen worden waren; an Bord befanden sich außerdem drei UN-Mitarbeiter und fünf russische Besatzungsmitglieder. Der Unfall ereignete sich, als der Hubschrauber bei der Landung in Siem Reap, einer kleinen Stadt in der Nähe der alten Tempel von Angkor, an Höhe verlor, sich mehrmals überschlug und aus einer Höhe von etwa fünfzehn Meter auf die Landebahn stürzte. Es gab keine Toten, aber einige der Verwundeten haben schwere Wirbelsäulenverletzungen erlitten. Die Mission der Vereinten Nationen hat angeordnet, daß die anderen zwanzig MI-17-Helikopter sowjetischer Bauart so lange nicht wieder zum Einsatz kommen, bis die Untersuchungen über die Unfallursache abgeschlossen sind.

Im ersten Augenblick empfand ich absolut gar nichts und wunderte mich darüber. Dann wurde ich von einer ungeahnten Freude durchdrungen. Es kam mir vor, als hätte ich meine eigene Todesanzeige gelesen und genoß es, am Leben zu sein. Am liebsten hätte ich dieses Glück mit jemandem geteilt und dem Nächstbesten, dem ich begegnete, zugerufen: »Sieh mal! Sieh mal!«, aber es war niemand da. Der Morgen dämmerte kaum, und das Hotel war menschenleer. Alle, die ich hätte anrufen können, Angela in Bangkok, die Kinder in Europa, schliefen zu dieser Stunde noch. In meinem Kopf wirbelten tausend Fragen durcheinander, Gedankensplitter, jeder in eine andere Richtung. Ich dachte an den Wahrsager in Hongkong; daran, wer an Bord dieses Helikopters gewesen sein konnte; mit Sicherheit Hoelzgen, der Kollege, der meinen Platz eingenommen hatte. Ich dachte an das große Glück, das ich gehabt hatte. Glück? Ich spielte mit dem Gedanken, zum Flughafen zu eilen und den ersten Flug nach Phnom Penh zu nehmen. Jetzt, da sich die Prophezeiung erfüllt hatte, mußte ich ja nichts mehr befürchten. Nein? Ganz im Gegenteil! War denn dieser Unfall nicht eine weitere Warnung? Das Jahr war ja nicht zu Ende!

Wie gebannt las ich immer und immer wieder die gedruckten Zeilen, als enthielten sie etwas Magisches. Dann bekam auch diese Nachricht für mich den Stellenwert aller anderen Zeitungsmeldungen: Es waren ein paar Sätze über etwas, das bereits geschehen war, weit entfernt von mir, und das mit mir nichts zu tun hatte, etwa wie der Börsenkrach in Neuseeland, ein Taifun in Bangladesh oder ein auf den Philippinen gesunkenes Fährschiff. Es blieb nur die Frage, was ich tun *mußte*, wie ich mich mit dem *Spiegel* in Verbindung setzen, wie ich Hoelzgen helfen sollte. Und diese Überlegungen lenkten mich ab. Seltsam, aber genau so war es, und ich dachte mir, daß es im Grunde immer so ist: Die Tatsache, daß man Verpflichtungen hat, daß man etwas organisieren muß, läßt einen die Gefühle beiseite schieben, unter Kontrolle bringen. Die Notwendigkeit, praktisch handeln zu müssen, verhindert, daß man von den Empfindungen überwältigt wird. Deshalb auch die vielen Rituale im Zusammenhang mit dem Tod. Der Schmerz darüber, einen lieben Menschen verloren zu haben, wäre unerträglich, wenn man nicht an das Begräbnis denken müßte, an die Kleidung, die man anziehen, an die Musik, die gespielt werden soll. Jedes Volk hat eigene Formen dieser Ablenkung entwickelt. Die Chinesen, praktisch und materialistisch, wie sie nun einmal sind, haben dem Schmerz die meiste Sentimentalität genommen: Bei ihnen endet das Begräbnis stets mit einem großen Festgelage!

Es war Sonntag, und in der Redaktion in Hamburg war niemand. Mein Büro in Bangkok war geschlossen. Dann erinnerte ich mich daran, daß ich in meinem Computer die Handynummer des deutschen Arztes gespeichert hatte, der Chefarzt im UNO-Krankenhaus von Phnom Penh war. Bestimmt waren die Verwundeten dorthin eingeliefert worden.

»Hoelzgen vom *Spiegel*? Ja, ja, er ist hier, warten Sie, ich gehe an sein Bett«, und wenige Sekunden später hatte ich Joachim am Telefon. Es war eine jener Situationen, in denen man nicht weiß, was man sagen soll. Er half mir aus der Verlegenheit. Sobald er meine Stimme erkannt hatte, brüllte er: »Zum Teufel mit dir und deinem Wahrsager! Siehst du, was dabei herauskommt? Wie recht hat er gehabt!« Joachim hatte sich ein Bein gebrochen, und seine Wirbelsäule war gestaucht, aber er würde bald wiederhergestellt sein. Alles war bereits in die Wege geleitet, damit er nach Bangkok und von da aus nach Deutschland transportiert würde.

Der hintere Propeller hatte sich verklemmt, und dadurch war der Hubschrauber außer Kontrolle geraten. Beim Aufprall auf dem Boden hatten sich die Treibstofftanks geöffnet, und ein Schwall Benzin hatte sich über viele Kollegen ergossen. Ein Wunder, daß kein Funke übergesprungen war.

Ich erledigte noch ein paar Anrufe, dann machte ich einen langen Spaziergang. Als ich an dem großen chinesischen Tempel in der Pitt Street vorbeikam, hatte ich plötzlich das Bedürfnis, den Göttern zu danken. Ich kaufte ein Bündel Räucherstäbchen und opferte sie vor den Altären; damit glaubte ich, die Sache abgeschlossen zu haben.

Weit gefehlt! Die Geschichte mit dem Hubschrauber spukte mir weiterhin im Kopf herum. Es gelang mir weder, sie als Erfüllung der Prophezeiung zu betrachten noch als simplen Zufall. Ich sagte mir immer wieder, daß vom rationalen Standpunkt aus jede Vorhersage zu fünfzig Prozent wahr und zu fünfzig Prozent falsch ist und daß dieser Hubschrauber hätte abstürzen können oder auch nicht; aber so leicht fand ich meinen Seelenfrieden nicht wieder, so ohne weiteres gelang es mir nicht zu akzeptieren, daß das, was geschehen war, nur ein statistisches Faktum war.

Bis zu diesem Augenblick war die Geschichte des Wahrsagers und seiner Prophezeiung auch für mich ein Spiel und der Entschluß, nicht zu fliegen, eine Art Wette gewesen, die ich mit mir abgeschlossen hatte, um mich zu testen. Das Spiel war aus. Es ging jetzt nicht mehr darum, daß etwas Merkwürdiges theoretisch möglich war. Das Merkwürdige war bereits geschehen; und zwar auf furchtbare Art und Weise. Es war keine Suggestion. Es waren keine subjektiven Projektionen meiner Phantasie oder meiner Ängste. Die Nachricht war eine objektive Tatsache: Der Hubschrauber war tatsächlich abgestürzt.

War das denn aber der Beweis, daß der Wahrsager von Hongkong recht hatte? Daß er etwas »vorhergesehen« hatte? Tief in meinem Innern sträubte ich mich dagegen. Ich betrachtete das Okkulte als Möglichkeit, nicht als Gewißheit. Ich wollte weiterhin ein Zweifelnder bleiben und nicht zu einem Gläubigen werden. Mein Leben lang hatte ich mich vor Glaubensbekenntnissen gehütet; ich wollte jetzt ganz sicher nicht zu diesen konvertieren!

Indem ich mich nach der Prophezeiung richtete, auf den Wahrsager hörte und kein Flugzeug bestieg, hatte ich meinem Leben ein wenig Poesie hinzufügen wollen, nicht einen weiteren Grund zum Verzweifeln. Denn wenn dies der Beweis dafür war, daß alles bereits geschrieben stand, dann hatte das Leben keinen Sinn mehr! Dann hatte es keinen Zweck mehr zu leben!

Seit Beginn des Jahres hatte ich beim Zeitunglesen Nachrichten über Flugzeugabstürze, mißglückte Starts oder Landungen immer besondere Aufmerksamkeit gewidmet und mich dabei jedesmal gefragt, ob ich an Bord hätte gewesen sein können. Nein. Die wenigen Unfälle, von denen ich las, waren an Orten passiert, wo ich nicht hätte sein können. Aber dieser hier? In Kambodscha! Das war der *meine*! In diesem Hubschrauber hätte ich mitfliegen sollen. Daran gab es keinen Zweifel. War ich also dafür verantwortlich, daß er abstürzte? Plötzlich fühlte ich mich schuldig. Gegenüber Jean-Claude Pomonti von *Le Monde*, dem drei Zähne ausgeschlagen wurden, gegenüber Ira Chaplain, dem Fotografen des *Spiegel*, der sich einen Fuß gebrochen hatte, gegenüber dem armen Hoelzgen, der, weil er für mich eingesprungen war, auf der Krankentrage nach Hamburg zurückreiste. Es erschien mir unsolidarisch, aufgrund einer Prophezeiung nicht mit ihnen in diesem Hubschrauber gewesen zu sein. Ja, aber wenn ich dabeigewesen wäre, wäre ich nicht der Funke gewesen, der das Inferno ausgelöst hätte?

Meine Gedanken hörten nicht auf, Purzelbäume zu schlagen.

In Penang erinnerte ich mich an einen sehr alten Freund. Er war hier geboren, stammte aus einer chinesischen Familie und hatte während seiner Ausbildung die ganze Welt kennengelernt. Er war in seinem Beruf bekannt geworden und hatte für die Entwicklung verschiedener Länder Asiens eine bedeutende Rolle gespielt. Beide hatten wir mit dem gleichen Stipendium in den Vereinigten Staaten studiert und waren über die Jahre hinweg immer in Kontakt geblieben. Ich rief meinen Freund an, und zufällig war er eben von einer Dschungelexpedition zurückgekehrt, auf der er nach einer seltenen Palmenart gesucht hatte.

Er ließ mich mit einem alten blauen Mercedes von seinem Fahrer abholen, der mich quer durch Penang kutschierte, eine Stadt – das war überdeutlich –, die irgend jemand zu retten und zu bewahren versuchte, während andere ihre friedvolle, provinzielle Eleganz unterminierten und sie »modernisieren« wollten. Im alten Wohnviertel waren einige Villen aus der Kolonialzeit restauriert worden und hatten den Glanz vergangener Zeiten zurückerhalten; sie strahlten im weißesten Weiß inmitten üppig wuchernder Gärten. Andere waren, wie man so schön sagt, »umfunktioniert« worden: Eine davon war jetzt eine halbautomatische Grillstation für Kentucky Fried Chicken, eine andere ein teurer Nachtklub. Eine dritte wurde gerade abgerissen, doch auf einer großen Schautafel war bereits in Ölfarben der Wohnblock dargestellt, der an ihre Stelle treten sollte.

Das Elternhaus meines Freundes war zwar verkommen, aber immer noch eindrucksvoll. Die mit Leintüchern verhüllten Sessel, das zerrissene Papier der Laternen unter dem Portikus, der

Staub auf den Konsolen und die achtlos hinterlassenen Spuren ihrer zahlreichen Bewohner nahmen ihm nicht den Charakter einer beinahe majestätischen Residenz aus den zwanziger Jahren. Der Vater meines Freundes, der Arzt war, hatte in das wertvolle Holz der Treppe und der Balustraden das Symbol Äskulaps mit der Schlange einschnitzen lassen. In einem Raum hingen balinesische Bilder, in einem anderen befanden sich Holzfiguren aus Borneo; der ganze erste Stock war voll von Schiffsmodellen aus den Sunda-Inseln und wunderschönen getrockneten Palmenblättern, jedes in einer beschrifteten Klarsichthülle. In einem kleinen Salon standen ein Flügel, zwei Celli und ein Spinett, auf dem mein Freund Bach spielte, »wie man ihn zu Bachs Zeiten spielte«. In den großen Volieren im Garten flatterten bunte, kreischende tropische Vögel, über die er genau Bescheid wußte.

Das Haus, für eine große, reiche Familie erbaut, war jetzt nur noch von einem Wächter-Ehepaar bewohnt und hatte etwas Gespenstisches. Das Gespenst, das hier umging, war er, mein Freund. Lim Chong Keat, Architekt, Botaniker, Musikwissenschaftler, Komponist, Mäzen, Essayist und Ornithologe, hatte dieses Haus zu einem Refugium gemacht, in das er sich aus der Welt zurückziehen konnte, zu einem Versteck für all die Dinge, die er liebte und an denen er sich von Zeit zu Zeit ergötzte.

Nach langen erfolgreichen Berufsjahren hatte er das Gros seiner Architektur jüngeren Mitarbeitern überlassen, um sich dem Sammeln und Dokumentieren der Schönheit zu widmen, wo immer er sie fand. Er war ein intelligenter und gebildeter Mann, den die Verzweiflung gepackt hatte. Er sah, daß die »Entwicklung«, an der er mitgewirkt hatte, in die falsche Richtung ging, daß sie die Umwelt zerstörte, die Menschen unglücklicher machte; er sah, daß sein Land durch immer tiefere Rassengräben geteilt wurde. Er war vom öffentlichen Leben enttäuscht, in dem alle Entscheidungen von finanziellen Erwägungen diktiert wurden und niemand mehr den Mut zu einem Gedanken hatte, es sei denn dem, reich zu werden.

Die Städte, alle Städte der Welt, seien im Verfall begriffen, sagte er, da sie nicht mehr den ursprünglichen Bewohnern dienten, sondern hauptsächlich Durchreisenden oder Investoren. Auch der Erhaltung des alten Penang liege ein falsches Ziel zugrunde: Touristen heranzulocken.

Lim Chong Keat hatte wohl schon seit langem auf jemanden gewartet, dem er sein Herz ausschütten konnte, ohne Vorbehalte, ohne die Angst, für verrückt gehalten zu werden. Wie gut ich ihn verstand! Seine Verzweiflung war ja auch die meine. Oder ist es nicht zum Verzweifeln, wenn man sieht, wie heute die verschiedenartigsten Kulturen in einem Mischmasch aus herangetragenen Moden und Banalitäten ersticken?

Lim Chong Keat hatte jahrelang ein Haus auf Bali besessen, wohin er regelmäßig fuhr. Nicht mehr. Auch dort, erzählte er, feiern die Leute heute Riten, die sie nicht mehr verstehen; sie nehmen an Zeremonien teil, ohne zu wissen, warum. »Sie spielen eine auswendig gelernte Rolle«, sagte er. »Der Regenbogen ist verrückt geworden.«

Da er sich mit Palmen beschäftigte, hatte er sich in letzter Zeit häufig im Dschungel aufgehalten und begonnen, sich für die *orang asli* zu interessieren, die Ureinwohner Malaysias, die Pygmäen, von denen es heute nur noch wenige Gruppen gibt. Ein weiterer Grund zur Trauer. Die *orang asli,* die seit Jahrhunderten in den Wäldern lebten, besaßen eine beträchtliche Kenntnis der Natur; ihre Schamanen kannten jede Pflanze und ihre Eigenschaften. Nun verließen sie die angestammte Umgebung, zogen in die Städte, und jenes über Generationen hinweg angesammelte Wissen verschwand. Chong Keat war tief betrübt.

Mein Gott, ich verstand ihn nur allzu gut! Auch ich habe das alte Wissen aus meiner Welt verschwinden sehen. Als ich klein war, gab es in jeder Großfamilie jemanden, der die Heilkräuter kannte und wußte, wo sie im Wald zu finden waren. Bei uns zu Hause war es meine Großmutter mütterlicherseits, die sich auf bittere Kräuteraufgüsse gegen Husten verstand und mir heißen Brei gegen Bronchitis auf die Brust legte. Bereits mit meiner Mutter verlor sich dieses Wissen: Sie ging lieber in die Apotheke. Wer richtet sich heute noch nach dem Mond, wenn er einen Baum umpflanzen oder fällen will und verhindern möchte, daß das Holz später wurmstichig wird?

Die Verherrlichung der Wissenschaft macht, daß alles, was nicht wissenschaftlich ist, lächerlich und verachtenswert erscheint; doch damit haben wir viele alte Bräuche abgelegt, die uns nützlich sein könnten.

Wenn sich in Orsigna jemand mit einem Beil oder einer Sense verletzte, lief er zu Alighiero. Der bekreuzigte sich, murmelte eine geheime Formel, die ihm sein Vater in einer Weihnachtsnacht beigebracht hatte, strich mit der Hand über die Wunde, und sie hörte auf zu bluten. Das war praktisch, denn das Krankenhaus war weit entfernt.

Für Gürtelrose war Ubaldo zuständig, der sie, da er sie selbst zweimal gehabt hatte, »bezeichnen« und so andere davon befreien konnte. Ubaldo stach sich mit einer Nadel in den Finger, beschrieb mit dem Blut, das heraustrat, einen Kreis um die befallene Stelle und murmelte dabei ebenfalls eine Art Gebet vor sich hin. Die Gürtelrose verschwand, ich habe es selbst gesehen.

Es heißt, der heilige Franziskus habe mit den Vögeln gesprochen. Bereits zu seiner Zeit war dies außergewöhnlich, ein paar zehntausend Jahre zurück aber möglicherweise nicht. Vielleicht konnten damals alle Menschen die Tiere verstehen und sogar das Herannahen bestimmter Ereignisse spüren.

Mir fiel wieder der Hubschrauber ein, und ich fragte Chong Keat: »Glaubst du an das Schicksal?«

Ich dachte, er werde lachen. Doch das tat er nicht.

»Zeig mal her«, sagte der Freund, und mit großer Aufmerksamkeit begann er meine hingehaltene Hand zu betrachten.

»Dir ist es bestimmt, ein außergewöhnliches Leben zu führen. Darin sind wir uns ähnlich. Sieh mal«, und er zeigte mir seine Hand. *»Wir haben beide auf der Handfläche ein großes A. Ja, wir sind beide Menschen mit einem Schicksal.«* Dann hielt er fast verlegen inne.

»Weiter!« sagte ich.

»Ich muß die Kraft finden, dir zu sagen, was ich sehe, ohne damit unsere Freundschaft aufs Spiel zu setzen.«

»Weiter!«

»Deine Hand verrät klar und deutlich, daß du kein Intellek-

tueller bist. Du bist ein Mensch großer Gefühle, aber kein Kopfmensch …«

»Das weiß ich.«

»Wer dein Haus sieht, deine Bibliothek, würde dich für jemanden halten, der sich nur mit geistigen Dingen beschäftigt. Aber du bist ein Mensch der Tat; einer, der handelt. Nie nach der Logik, sondern immer nach dem Instinkt. Deine Gefühle schwanken zwischen großen Höhen und Tiefen …«

»Wo hast du das Handlesen gelernt?«

»Bestimmt nicht aus Büchern. In der Chiromantie liegt, wie im feng-shui, *etwas Magisches, etwas Göttliches, das man erspüren muß und nicht aus Büchern lernen kann.«*

Ich kannte Chong Keat seit vielen Jahren, ohne zu ahnen, daß er sich für diese Dinge interessierte. Auch ihn mit seinen Sammlungen von Pflanzen, Vögeln und Palmen hätte man für einen wissenschaftlichen Kopf gehalten. Dagegen saß er mir nun gegenüber und sprach über Magie!

In den folgenden Tagen bemühte ich mich, den Hubschrauber zu vergessen und mich mit anderen Dingen zu beschäftigen.

Jeden Tag hatte ich mindestens drei Termine mit Universitätsprofessoren oder Geschäftsleuten. Mich interessierte die Wirtschaft der Überseechinesen in Asien, ihre gegenseitigen Beziehungen und der Umfang ihrer Investitionen in China. Nach einem ernsthaften Gespräch fragte ich meinen Gesprächspartner jedesmal nach einem Wahrsager. Ob es in Penang einen wirklich guten gebe?

»Wahrsager? Ich hasse sie«, antwortete ein Geschichtsprofessor, der mir soeben eine Lektion über Malaysia vor der Ankunft der Engländer verpaßt hatte. Und er erzählte die folgende Geschichte: Als er und seine Brüder klein waren, kam ein Inder an ihrem Haus vorbei und ließ sich von ihrer Mutter die Hand zeigen. »Du hast eine Krankheit, gegen die es kein Heilmittel gibt«, verkündete er. »Ehe ein Jahr vergangen ist, bist du tot.« Die Mutter war tief erschüttert. Sie erzählte ihrer Familie nichts davon, aber sie war nicht mehr die alte. Eine starke Chinesin, pflichtbewußt und ihrem Ehemann und den Kindern treu ergeben, begann sie auf einmal auszugehen, Karten zu spielen, ein liederliches Leben zu führen. Keiner verstand, weshalb. Als sie ihrem Mann von der Prophezeiung erzählte, war er äußerst verständnisvoll und ließ sie gewähren. Ein Jahr, zwei, drei Jahre vergingen; weder erkrankte die Frau, noch starb sie. Inzwischen aber hatte sie sich so sehr an ihre neue Lebensart gewöhnt, daß sie damit weitermachte, bis ... ja, bis sie fünfundzwanzig Jahre später an einem Herzinfarkt starb. »Die Glückliche!« sagte ich, aber der Professor war anderer Meinung. Seine ganze Kindheit war überschattet gewesen von der abwesenden Mutter, vom Vater, der ihre Schulden bezahlen mußte. Er kannte ganz bestimmt keinen Wahrsager.

Mehr Glück hatte ich bei der Frau eines Wirtschaftsexperten.

»Ja, ja, es gibt einen tüchtigen, in der Bishop Street. Im Hinterraum der Schneiderei Vogue«, sagte sie. »Einen Inder. Kaka ist sein Name.«

Die Bishop Street liegt im Herzen des alten Penang. Im Schatten niedriger, weißgetünchter Arkaden reihen sich die Kurzwarenhandlungen, Parfümerien, Schneidereien und Frisiersalons aneinander. Die Namen der Läden sind in schönen roten oder schwarzen Schriftzeichen von oben nach unten auf die an der Straßenseite befindlichen Säulen geschrieben, und es fiel mir nicht schwer, die Schneiderei Vogue zu finden. Kaka aber war nicht mehr dort. Er war ein Stück weiter weggezogen, und der Schneider, auch er ein Inder, bot an, mich dorthin zu begleiten. Es war dies ein Ausdruck seiner Höflichkeit, aber auch seines Bestrebens, sich das Schicksal gewogen zu machen. Unterwegs erzählte er mir, daß auch er sich hin und wieder bei Kaka Rat hole.

Wir stiegen eine schmale Treppe hinauf in den ersten Stock. Hinter einer Glastür befand sich ein sauberer und ordentlicher Warteraum. Zwei schöne, dicke Inderinnen und ein eleganter Herr, groß, breit und parfümiert, saßen auf blauen Kunstledersesseln und aßen Trockenbohnen. Mir wurde deutlich, daß gerade Mittagszeit war und daß dieser schattige Raum wohltuenden Schutz vor der glühenden Hitze des Straßenasphalts bot.

»Ich habe dich erwartet!« sagte der Mann und erhob sich. Ich hatte noch kein Wort gesagt, fand aber, daß dies für einen Hellseher die perfekte Begrüßungsform war. Er bat mich in sein Büro, setzte sich auf einen großen Managersessel und ließ mich ihm gegenüber am Schreibtisch Platz nehmen.

Geburtsdatum, Geburtsort, Berechnungen auf einem Zettel, schließlich die Auswertung: *»Deine Glückszahl ist die Acht. Dies ist eine sehr bedeutende Zahl in deinem Leben. Sieh zu, daß in deiner Hausnummer, deiner Telefonnummer, deiner Autonummer stets eine Acht enthalten ist und daß die Quersumme der Zahlen acht ergibt. Auf diese Weise wirst du hundertprozentig Glück haben. Die andere Zahl ist die Fünf.«*

Dann nahm er meine linke Hand und betrachtete sie eingehend. *»In deiner Familie haben alle lange gelebt, und auch du wirst in hohem Alter sterben, weil du nicht eine, sondern zwei Lebenslinien hast. Diese zweite Linie beschützt dich. Bist du in einen Autounfall verwickelt, nimmt das Auto Schaden, du aber bleibst unverletzt. Im Alter von vierzig Jahren haben Freunde dich hintergangen, auf dein 55. Lebensjahr aber werden sieben wunderbare Jahre folgen. Bald wirst du etwas tun, was du nie zuvor getan hast, und zwar mit Erfolg. Spielst du in der Lotterie, gewinnst du …«* (Ich bin drauf und dran, ihm zu glauben!) *»Als du jung warst, wärest du beinahe an einer schweren Krankheit gestorben …«* (Das Jahr, das ich mit achtzehn im Sanatorium verbrachte?) *»Jetzt solltest du anfangen zu meditieren …«* (Das hatte Chang Choub auch gesagt.) *»Tust du das, wirst du selbst in die Zukunft blicken können und bald die Macht haben, andere zu heilen …«* (Das wäre mir recht.) *»Diese Fähigkeiten sind in dir bereits vorhanden, du mußt nur lernen, sie anzuwenden.«*

Die Vorstellung, ein Hellseher zu werden, gefiel mir. Daran hatte ich schon in meinen Jahren in Tokio gedacht. Wenn ich eines Tages den Journalistenberuf satt habe, sagte ich mir, erfinde ich eine neue Religion. In Japan entsteht jeden Tag ein neuer Gott! Der Betreiber einer öffentlichen Badeanstalt, ein ehemaliger Polizist oder irgendeine Hausfrau verkünden, eine Vision gehabt zu haben, und sofort finden sie Anhänger. Ein interessantes Phänomen. Wenn ich mich jemals langweile, dann tue ich dasselbe!

»Wenn du an einen Ort kommst, an dem du noch nie zuvor gewesen bist und den Eindruck hast, ihn schon zu kennen, so deshalb, weil du in deinem vorigen Leben schon einmal dort gewesen bist«, fuhr Kaka fort. *»Du hast schon viele Leben hinter dir, einige waren sogar äußerst interessant …«*

»Welche? Wo?«

Kaka meinte, es gebe Spezialisten, die in der Lage seien, diese Leben sehr genau zu sehen; er könne nur ganz allgemein darüber sprechen. *»Du hast schon viele Leben hinter dir und bist dabei, eine höhere Stufe zu erreichen, die des …«*

»Des Asketen?« fragte ich. Im Grunde nahm ich das, was er sagte, nicht besonders ernst.

»Ja, du könntest durchaus einer werden. Die Schwierigkeit liegt darin, daß du viel Hitze in dir hast, daß du sexuell immer sehr aktiv sein mußt, und das raubt dir Energien. Du bist jähzornig und manchmal geradezu unerträglich. Das wird sich bis ins hohe Alter nicht ändern«, sagte Kaka, als wolle er mich für meinen scherzhaften Ton bestrafen.

»Mit sechzehn hattest du zwei Liebesaffären: Beide sind schlecht ausgegangen. Wenn du vor deinem 24. Lebensjahr geheiratet hast, ist deine Ehe gescheitert; wenn aber erst mit achtundzwanzig, ist deine Ehe glücklich.« (Irrtum! Aber das sage ich ihm nicht.) *»Geld hast du reichlich, es verschwindet aber genauso schnell, wie es kommt.«* (Immer die gleiche Geschichte …) *»Wenn du es festhalten willst, mußt du am Mittelfinger der rechten Hand einen goldenen Ring tragen. Nur einen kleinen goldenen Ring. Die Linien deiner Hand besagen, daß du drei Kinder haben müßtest, wenn dem nicht so ist, dann deshalb, weil eine der Mütter, vielleicht ohne dein Wissen, abgetrieben hat, oder weil du später noch welche bekommen wirst.«* (Das hätte gerade noch gefehlt!)

Kaka nahm meine Hände, betrachtete meine Finger, meine Fingernägel und sagte: *»Du bist kerngesund und leidest nicht an Verstopfung. Im Notfall nimm keine Arzneimittel dagegen, iß nur Obst und Gemüse …«* (An sich ein ausgezeichneter Ratschlag.) *»Das allerwichtigste ist, daß du zu meditieren beginnst.«*

Kaka war geschickt. Indem er jede Bemerkung mit »wenn« einleitete, ließ er sich einen Ausweg offen und ermöglichte es dem Patienten beziehungsweise Klienten, seine Aussagen für wahrhaftig zu halten. Das war sein Trick, und als ich ihn begriffen hatte, interessierte mich nicht mehr, was er zu sagen hatte.

»Deine Hand zeigt, daß du eine große Erbschaft gemacht hast. Wenn nicht, dann wirst du im Lotto gewinnen.« Er langweilte mich.

»Kaka, glaubst du ans Schicksal?« unterbrach ich ihn.

»Ja, aber nur als Tendenz. Die Linien der Hand sind nur eine Warnung, mit ihrer Hilfe sieht man das, was man vermeiden kann. Schau meine Hand an! Alle Handleser sehen, daß ich ein Herzleiden habe, und ein berühmter Kollege aus Kuala Lumpur sagte mir vor Jahren, ich werde mit zweiundfünfzig an einem Herzinfarkt sterben. Jetzt bin ich schon fünfundsechzig, und wenn ich sterbe, dann ganz gewiß nicht an einem Herzinfarkt.«

Kaka hatte alle Medizinbücher studiert, die ihm in die Hände gefallen waren, er hatte herausgefunden, was einen Herzinfarkt verursacht, und hielt seit Jahren eine Diät ein, machte Gymnastik, aß große Mengen rohen Knoblauch, ging regelmäßig zum Blutspenden und hielt einen strengen Lebensrhythmus ein: Wecker auf halb sieben, von acht Uhr morgens bis sieben Uhr abends im Büro, und das 365 Tage im Jahr. *»Ich werde nicht am Herzinfarkt sterben!«* sagte er und schlug sich mit der rechten Faust so fest auf das Herz, daß sein Brustkasten dröhnte. *»Ich werde nicht an einem Herzinfarkt sterben, weil mich die Linien meiner Hand davor gewarnt haben.«*

Ich erzählte ihm jetzt, daß mich ein Wahrsager vor dem Fliegen gewarnt hatte und daß kürzlich ein Hubschrauber abgestürzt sei, in dem ich eigentlich hätte mitfliegen sollen. Was sagte meine Hand dazu? Sollte ich tatsächlich in jenem Hubschrauber sterben?

»Unsinn!« erwiderte Kaka mit Bestimmtheit. *»Du hast zwei Lebenslinien in deiner Hand, und wenn du in jenem Hubschrauber gesessen hättest, wärest du ohne einen Kratzer davongekommen. Im Gegenteil, wenn drei oder vier Menschen mit einer Hand wie deiner mitgeflogen wären, wäre dieser Hubschrauber gar*

nicht erst abgestürzt. Denk immer dran: In den Augenblicken der Gefahr rettet dich stets diese zweite Linie!«

Wenn ich das ein paar Jahre früher gewußt – und geglaubt! – hätte! In Vietnam gab es Tage, in denen ich von der Vorstellung geradezu besessen war, daß irgendeiner, irgendwo in einem Reisfeld, die Kugel in seinem Gewehrlauf hatte, die mich töten würde. Diese Kugel sah ich ganz deutlich vor mir! Ich spürte den Geruch des Metalls. Ich habe es niemandem erzählt, aber der Gedanke quälte mich, und manchmal mußte ich mir wirklich Mut machen, um zu gehen, wohin mein Beruf, die Neugier oder einfach das Wetteifern mit den Kollegen mich führte. Überhaupt, Mut, was ist das? Mir erschien er immer als die Kraft, die eigene namenlose Angst zu überwinden.

Ich fragte Kaka, ob die Hand den besten Hinweis auf das Schicksal eines Menschen gebe. Er bejahte es, fügte aber hinzu: *»Man muß genau hinhören und versuchen zu verstehen, was der Handleser sagt.«* Dann erzählte er die Geschichte eines chinesischen Kunden. Dieser wohlhabende Geschäftsmann suchte Kaka auf, der zu ihm sagte: »Deine Hand zeigt, daß du zwei Ehefrauen hast. Wenn nicht, dann kannst du sie bekommen.« Der Mann überlegte es sich nicht zweimal. Er ging nach Hause und verkündete seiner Familie, er habe beschlossen, seine Sekretärin zu heiraten. Der Chiromant habe ihm dazu geraten. Die Familie war verzweifelt, ging zu Kaka, der den Chinesen herbeiholen und ihm erklären mußte, er habe gesagt, er »könne«, nicht er »müsse« zwei Frauen haben. »Wenn ich dir sage, daß in deiner Hand geschrieben steht, du wirst in einem Feuer umkommen, was tust du dann?« fragte Kaka den Chinesen. »Begießt du dich mit Benzin und zündest dich an, oder besorgst du dir einen Kanister Wasser, um einen möglichen Brand zu löschen?« Mit diesem Argument überzeugte er ihn, monogam zu bleiben.

Kaka meinte, daß die Zeichen der Hand nicht das ganze Leben hindurch gleichblieben. Sie verändern sich im Laufe der Zeit, und damit verändert sich auch das Schicksal. Wenn ich anfinge zu meditieren, würde ich das vielleicht bemerken. Das konnte ich mir schwer vorstellen, sagte es aber nicht.

Als ich zu Fuß ins Hotel zurückkehrte, hatte die Sonne gerade ihren höchsten Stand erreicht. Es war die Tageszeit, zu der man in den tropischen Ländern Siesta hält. Die Trishaw-Fahrer schlafen, die Füße auf dem Passagiersitz, unter dem Dach ihres dreirädrigen Fahrrads; die indischen Schneider schlafen an ihren Arbeitstischen, die Chinesen im Halbdunkel ihrer Läden.

Die Besuche bei den Wahrsagern wurden immer enttäuschender. Was sie mir über mein »Schicksal« zu sagen hatten, waren nichts als Banalitäten. Wenn es wirklich große, mit außergewöhnlichen Kräften begabte Meister gibt, dann sind sie bestimmt höchst selten, sagte ich mir. Ob der Alte aus Hongkong ein solcher Meister war? Ich verscheuchte den Gedanken.

Von all dem Geschwätz Kakas behielt ich nur seinen Rat zu meditieren. Ich würde mir keinesfalls einen Ring an den Mittelfinger stecken. Reich zu werden interessiert mich nicht. Wenn man reich ist, gerät man unvermeidlich in die Gesellschaft anderer Reicher, und die – das habe ich längst entdeckt – sind langweilig. Wenn man reich ist, muß man zusehen, daß man seinen Reichtum nicht einbüßt, und diese Sorgen wollte ich mir ersparen.

Dennoch war da etwas an diesen Hellsehern, die alle ziemlich normal und in erster Linie darauf bedacht waren, sich ihren Lebensunterhalt zu verdienen, das mir gefiel. Durch ihr Reden über Familie, Gesundheit, Liebe, Reichtum kam ich ins Grübeln über mich selbst, was ich längst nicht mehr getan hatte. Wer denkt denn in meinem Alter noch an sich selbst? Wer fragt sich ernsthaft, ob er eine zweite Frau, ein drittes Kind oder auch einen Ring am Mittelfinger der rechten Hand haben möchte? Man beschäftigt sich mit den alltäglichen Problemen und hält nie inne, um sich aus der Distanz zu beschauen. Wie viele glücklich Verheiratete freuen sich bewußt darüber? Oder erinnern sich daran auf dem Weg ins Büro? Die Augenblicke des Nachdenkens über das, was man hat, werden immer seltener. Das Beten hatte sicherlich auch diese Funktion; aber wer dankt heute noch dem Herrgott, wenn er sich an den gedeckten Tisch setzt?

Wer denkt noch über den Tod nach? Der ist für uns im Westen zum Tabu geworden. Wir leben in Gesellschaften, die vom Optimismus der Werbesprüche beherrscht werden, da hat der Tod keinen Platz. Man hat ihn beiseite geschafft, aus dem Weg geräumt. Doch jeder Wahrsager, den ich aufsuchte, konfrontierte mich damit.

Wie hatte sich der Tod allein schon im Laufe meines Lebens verändert! Als ich klein war, war er die Sache einer Gemeinde. Wenn ein Nachbar starb, kamen alle herbei und halfen. Der Tod wurde gezeigt. Man öffnete die Haustür, der Verstorbene wurde aufgebahrt, und so machte ein jeder seine Bekanntschaft mit dem Tod. Heute ist das Gegenteil der Fall: Der Tod stört, er wird geheimgehalten. Niemand weiß mehr, wie man mit ihm umgeht. Niemand weiß mehr, was man mit einem Toten macht. Die Erfahrung des Todes wird immer seltener, und man könnte sogar zum eigenen Tod gelangen, ohne jemals den eines anderen miterlebt zu haben.

Wenn jene Frau aus Bangkok recht hatte, die meinen Leberfleck besah, würde ich mein Leben in einem fremden Land beschließen. Schade, denn es hat etwas Beruhigendes, dort zu sterben, wo man geboren ist, in einem Zimmer, dessen Geruch einem vertraut ist, wo man das Knarren der Tür kennt, den Blick aus dem Fenster. Zu sterben, wo die Eltern und Großeltern gestorben sind, wo die eigenen Enkel einmal geboren werden, ist, als stürbe man weniger.

Das haben die Chinesen begriffen, deren einzige, wahre Religion der Ahnenkult war. In alten Zeiten gab es einen Platz in ihren Höhlen, wo die Toten begraben wurden und die Frauen ihre Kinder zur Welt brachten. Es war wie ein Kreislauf, als übernähme das Neue vom Alten das Leben. Dies ist der Gedanke der Reinkarnation.

Zweifellos trug jenes Leben am gleichen Ort, jene durch die Generationen fortdauernde Wiederholung der Gesten viel zur Entstehung der Vorstellung einer großen Kontinuität des Lebens bei, einer Kontinuität, bei der der Körper des einzelnen etwas Beiläufiges war, eine zweckdienliche Hülle, die nur zufällig dem gehörte, der darin steckte.

Einer der Acht Unsterblichen Chinas entfernte sich im Laufe der Meditation so weit von seinem Körper, daß er, als er zurückkehrte, entdecken mußte, daß jemand ihn ihm weggenommen hatte. Er geriet darüber keineswegs in Verzweiflung, sondern schlüpfte in den ersten besten »freien« Körper, den er fand: den eines eben verstorbenen Bettlers, dem ein Bein fehlte. Und auf diese Weise kam dieser Gott des taoistischen Olymps zu seinem Beinamen Li, Eisenkrücke! Schön, nicht wahr?

Von Penang wollte ich nach Kuala Lumpur weiterreisen. Ich hätte den Schnellzug in Butterworth nehmen können, aber diese Lösung schien mir zu überstürzt, und so entschloß ich mich, die Halbinsel gemächlich hinunterzufahren, mit einem jener Taxis, die man sich mit anderen Fahrgästen teilt. Ich wollte in Ipoh haltmachen, jener Stadt, aus der – wie es heißt – die schönsten Frauen und die reichsten Chinesen Malaysias stammen.

Vor etwa hundert Jahren war Ipoh noch ein großes Dorf gewesen. Seinen Namen hatte es von einem Baum, aus dessen Holz die Malaien ihre Giftpfeile schnitzten. Dann kamen die Engländer, entdeckten, daß es hier große Zinnvorkommen gab, und was dann geschah, erklärt die Geschichte Malaysias und seine heutigen Probleme.

Zum Abbau der Bodenschätze wurden Arbeitskräfte benötigt; den Malaien lag nicht viel daran, in Bergwerken zu arbeiten, und so entschlossen sich die Engländer, jeden Einwanderer aufzunehmen, der ins Land kam. Im Jahr 1879 lebten in Ipoh 4623 Malaien, 982 Chinesen und ein Engländer. Im Jahr 1889 war die Zahl der Malaien auf 10291 gestiegen, die der Engländer auf 69, die der Chinesen aber auf 44790. So wurde Ipoh zu einer beinahe ausschließlich chinesischen Stadt; und einige Einwandererfamilien, die es durch Zinn zu Reichtum gebracht haben, sind heute eine Wirtschaftsmacht, mit der die politischen Machthaber, die Malaien, zu rechnen haben.

»Nur zehn Prozent der hiesigen Chinesen sind wirklich reich, was zur Folge hat, daß die übrigen neunzig Prozent wie die Verrückten schuften, um es zu werden«, sagte mir einer der Chinesen, die ich in Ipoh aufsuchte. Keiner von ihnen denkt daran, in die Heimat zurückzukehren. »In Malaysia bin ich ein Bürger zweiter Klasse, doch geht es mir hier immer noch besser als einem Bürger erster Klasse in China«, erklärte mir ein Lehrer. »Also bleibe ich.«

Praktisch gesinnte Leute, meine Chinesen!

Anfang 1993 hatte ich mir außer dem Flugverbot noch ein anderes auferlegt: nie in einem jener modernen Hotels zu übernachten, die in ewiger Gleichförmigkeit überall auf der Welt aus dem Boden sprießen. In Ipoh gelang es mir, in einem typisch chinesischen Fünf-Dollar-Hotel zu übernachten: schmutzig, der Boden voller Zigarettenkippen, auf jedem Stockwerk ein Ahnenaltar, in allen Zimmern mehrere Betten.

Doch auch Ipoh befand sich auf dem Weg der Modernisierung. Ich besichtigte den ältesten chinesischen Tempel der Stadt. Er war gerade vollkommen erneuert worden: mit Beton. Ich besichtigte die Höhlen in den Kalksteinfelsen, in denen die ersten Buddhisten dieser Gegend gelebt hatten: Auch die Höhlen waren auszementiert und mit Neonlicht beleuchtet. Die Statuen in ihren Nischen funkelnagelneu. Die alten, vom Weihrauch und der Zeit verrußten Figuren waren weggeschafft worden.

In der Abenddämmerung kam ich mit dem Bus in Kuala Lumpur an.

Ich war jahrelang nicht mehr hier gewesen und staunte. Die Stadt hatte jetzt einen ausgesprochen muslimischen Charakter. Mit ihrer modernen Architektur haben ihr die Malaien ein völlig neues Gesicht gegeben, ihr alles Chinesische genommen.

Ich landete in einer jener Herbergen, wo die Teller mit Essensresten auf dem Flur stehenbleiben, aber wenigstens brauchte ich die Welt nicht wie durch ein Aquarium zu betrachten. Ich ließ die Fenster offen, und von draußen drangen die Geräusche und Gerüche des wahren Kuala Lumpur herein.

Inhaber, Angestellte, und Zimmermädchen der Herberge waren Chinesen. Nur der Mann, der als Türsteher und Gepäckträger für die Kunden da war – auch diese allesamt Chinesen –, war Malaie. Kaum hatten wir ein paar Worte miteinander gewechselt, sprach er auch schon vom Problem, das Malaysia entzweit: die Rasse.

»Schau mal«, sagte er und machte eine ausladende Geste. »Die Wolkenkratzer gehören Chinesen, die Karren, die Läden, die Supermärkte gehören Chinesen ... Sag mir: Ist das Malaysia?«

Vor dem Hotel hatte eben ein Motorrad nebst Handkarren angehalten. Ein Mann nahm seinen Helm ab und machte sich an die Arbeit. Innerhalb weniger Minuten war aus dem Karren ein kleines Restaurant geworden mit zwei Gaskochern und einem hübschen Tischchen voller appetitlicher, auf kleinen Tabletts verteilter Leckereien. Schon blieben die Leute stehen und holten sich Hackfleischspießchen, Tintenfischhappen, Leberscheiben, Würstchen und Hühnerflügel. Sie tauchten sie in das kochende Wasser, dann in die gelben, roten und orangefarbenen Soßen, die auf Tellerchen aufgereiht bereitstanden, aßen im Stehen und zahlten dann entsprechend der Anzahl der leeren Spieße, die sie in der Hand hielten. Alles war sauber, verlockend und bestens organisiert. Der Mann war Chinese.

Bei solcher Konkurrenz hatte der arme Malaie das Gefühl, er würde es nie zu etwas bringen!

Malaysia: Wunden unterm Schleier

Ich war noch nicht einmal zwölf Stunden in Kuala Lumpur, und schon war ich beim Premierminister zu Gast ... zusammen mit ein paar tausend anderen. In der Zeitung hatte ich gelesen, daß zu Hari Raja, dem Feiertag, an dem das Haus eines jeden Malaien jedermann offensteht, auch der Regierungschef die Tore seiner Residenz weit öffnen und seine Gäste persönlich empfangen würde. Und dieses war der Tag.

Ein Taxi setzte mich etwa fünfzig Meter vor den weit geöffneten schwarzen Gittertoren ab, und ich trat ein. Eine riesige Menschenmenge drängte sich um die Tabletts voller Reis, Hackfleischbällchen und Fleischröllchen, um die Plastikbecher mit Wasser und Orangenlimonade. Jeder häufte sich seinen Teller voll und setzte sich damit ins Gras. Vor dem Eingangsportal standen andere Schlange, um Premierminister Mahatir, der mit seiner Frau mitten in einem vollklimatisierten Salon stand, die Hand zu drücken. Von den Wänden verkündeten häßliche Schilder Rauchverbot.

Die überwiegende Mehrheit der Anwesenden waren Malaien in ihren schönsten und bunt schimmernden Seidengewändern: die Männer, auch die Knaben, in langem Hemd über der Hose, darüber einen röckchenartigen Mini-Sarong und auf dem Kopf das schwarze Käppchen der Muslime; die Frauen in dem zur Nationaltracht gewordenen Zweiteiler: einem bodenlangen Rock und darüber ein züchtiges Hemd, das ihnen bis zu den Knien reichte. Sie sahen alle aus wie Figuren aus einem Märchen, einem Märchen, das so hätte anfangen können: »Es war einmal ein reiches Land, in dem die Malaien glücklich und zufrieden lebten ...«

Da standen sie, rundlich, behäbig mit einem Hauch von Selbstgefälligkeit, versuchten, zäh auszusehen, waren aber weich: und mit einemmal verstand ich ihr Märchen: »... Eines Tages erschienen die Kolonialherren, doch das Land war reich, und die Malaien lebten friedlich weiter. Als die Kolonialherren wieder abzogen, blieben in Malaysia aber die Chinesen zurück ... Und da war es vorbei mit dem Frieden der Malaien.«

Jahrhundertelang hatten sie in den Kampongs, ihren Dörfern, unter der Herrschaft ihrer Sultane gelebt, die ihre politischen wie geistlichen Oberhäupter waren. Erst die Notwendigkeit, den Konkurrenzkampf mit den Chinesen aufnehmen zu müssen, vertrieb die Malaien schließlich aus ihrem paradiesischen Märchenzustand in den Kampongs. Und der Mann, der in dem vollklimatisierten Salon eine Hand nach der anderen schüttelte, war der große Stratege dieser Operation, die Malaysia den Malaien sichern und es gleichzeitig zu einem modernen Land machen sollte.

Auch frühere Regierungen hatten versucht, die Interessen der *bumiputra*, der Söhne des Landes, zu wahren und den Einfluß der Chinesen in Grenzen zu halten; mit fragwürdigen Ergebnissen. Zwar mußte an jeder chinesischen Firma ein Malaie beteiligt sein, doch die Chinesen kauften sich ihre »Gefälligkeits«-Malaien, die dann als Strohmänner fungierten; das Malaiische wurde zur Staatssprache erklärt, wodurch aber das allgemeine Bildungsniveau sank; der Zugang zur Universität wurde für Chinesen eingeschränkt, was zur Folge hatte, daß diese im Ausland studierten und besser ausgebildet zurückkamen, als die im Lande gebliebenen Malaien es waren.

Mahatir, seit 1981 an der Macht, hat begriffen, daß das Problem an der Wurzel gepackt werden muß: Die Malaien selbst müssen verändert, ihre Identität muß gestärkt werden, während die Chinesen möglichst am Rande bleiben sollen, ohne aus dem Land gedrängt zu werden. Siebzig Prozent der Privatwirtschaft sind in ihren Händen, so daß ein plötzliches Abwandern fatal werden könnte. Mahatir möchte die Anwesenheit der Chinesen in einem großen, allgemeinen Bevölkerungswachstum gleichsam auflösen.

Malaysia hat nur zwanzig Millionen Einwohner; Mahatir will, daß es bis zum Jahr 2020 siebzig Millionen sind. Daß die Malaien als Muslime Anrecht auf vier Ehefrauen haben und ihre Geburtenrate jetzt schon doppelt so hoch ist wie die der Chinesen, wird letztendlich zu den gewünschten Ergebnissen führen. Was Mahatir im Sinn hat, ist ein von hinten aufgezäumter ethnischer Säuberungsprozeß.

Um nun den Umwandlungsprozeß der Malaien und ihre schärfer umrissene Identität herbeizuführen, griff Mahatir auf die Religion zurück und drängte das Land in eine muslimische Orthodoxie, wie sie den Malaien vorher unbekannt war. Die Veränderungen, die diese massenweise »Rekonversion« zum Islam mit sich brachte, waren verblüffend. Nicht nur haben die Frauen ihre traditionelle Kleidung ab- und den Schleier angelegt; jeder Bereich des Lebens ist von muslimischen Neuerungen geprägt.

In meinem Hotelzimmer wies, wie nunmehr in allen Hotelzimmern Malaysias ein Pfeil an der Decke gen Mekka. Jede Gemeinde hatte ihr »öffentliches Auge des Islam«, eine Art religiösen Spion, der das Verhalten der Bürger überwachte. Zeitungen besprachen, was nach den Regeln des Islam »schicklich« sei, und Buchhandlungen verkauften Bücher zu diesem Thema.

Ich betrachtete das Haus Mahatirs, die Stadt mit ihren Wolkenkratzern, ihren Einkaufszentren, ihren Luxushotels, und mir schien, daß sich Malaysia trotz des muslimischen Anstrichs vom buddhistischen Thailand oder von dem, was die Chinesen daraus gemacht hätten, nicht allzusehr unterschied: Man kopierte den Westen.

Auch ich hatte mich in die lange Schlange eingereiht, um dem Premierminister die Ehre zu erweisen, und bald stand ich ihm gegenüber. »Bedenken Sie, wie viele Hände Sie schütteln müssen, wenn es einmal siebzig Millionen Malaien gibt!« sagte ich, während er die meinige schüttelte. »Bis dahin gibt es mich nicht mehr«, gab Mahatir prompt zurück, aber doch erleichtert, daß er sich dieser Ochsentour dann nicht mehr werde unterziehen müssen.

In der Schlange standen nur wenige Ausländer, und die Tatsache, daß ich so weit vorgedrungen war, trug mir sofort neue Einladungen ein. Am Ende des Tages hatte ich die Gastfreundschaft einiger hoher Regierungsbeamter und dreier Minister genossen. Auch dies war eine neue Erfahrung für mich: Alle Häuser waren mehr oder weniger identisch, modern und geschmacklos eingerichtet. Ohne jegliches Gefühl für Stil oder Tradition standen sie lediglich voller Andenken und elektronischer Spiele, die man per Kreditkarte in London oder New York eingekauft hatte. Die Kultur der Kampongs war am Ende, auch wenn Feste wie Hari Raja noch gefeiert wurden.

In den folgenden Tagen arbeitete ich an dem Artikel über die Überseechinesen, aber ein anderes Thema spukte mir im Kopf herum: Welche Folgen hatte die muslimische »Rekonversion« Malaysias auf lange Sicht?

Dank eines alten Kollegen, eines Malaien indischer Herkunft namens M.G.G. Pillai, gelang es mir, mit Akademikern, ehemaligen Politikern und einem potentiellen Premierminister Gespräche zu führen. Das Bild, das ich gewann, war eher besorgniserregend. Denn den Islam politisch zur Stärkung der malaiischen Identität einzusetzen war, wie den Geist aus Aladins Wunderlampe zu befreien. Dieser Geist wuchs nun nach einer Logik, die nicht unbedingt den Absichten der Regierenden entsprach. Die jungen Malaien, die man zum Studium an islamische Universitäten im Ausland geschickt hatte, kamen vom Fundamentalismus beeinflußt zurück und kritisierten die hiesige Führung des Landes und der Religion.

Zwar gewährte die Regierung den Frauen die Freiheit der Wahl, doch die Studentinnen, von jungen, radikalen Islamisten dazu genötigt, gingen fast alle verschleiert.

Was zunächst dazu gedacht war, die Verflechtungen zwischen Malaien und Chinesen zu lösen, drohte neuerdings, die Malaien selbst zu entzweien. Mahatir machte sich beträchtliche Sorgen über das Anwachsen islamischer Sekten, vor allem der unter jungen Leuten sehr beliebten Al Arqam. Mein Freund M.G.G. Pillai wollte versuchen, mir einen Besuch in deren »Hauptquartier« zu organisieren.

Nachdem ich eine Woche lang die Probleme der Welt verfolgt hatte, fehlte mir allmählich wieder ein Wahrsager. Der berühmte, von dem Kaka in Penang gesprochen und der sein Büro in einem der großen Hotels der Stadt hatte, war es wohl tatsächlich, oder er tat zumindest so, denn er war für die nächsten drei Monate ausgebucht. Dadurch stieg nur meine Lust, ihn aufzusuchen, und so bat ich seine Sekretärin, mir Bescheid zu geben, sollte einer der vorgemerkten Kunden absagen.

War meine Neugierde wirklich nur von meinen »Untersuchungen« diktiert, oder war ich bereits von diesen »Hexenkünsten« abhängig? Wenn man nicht aufpaßte, konnte man sich damit wirklich das Leben vergiften. Was hat er gesagt? Etwas Positives? Etwas Negatives? Lieber eine zweite Meinung einholen, dann eine dritte. Bist du unzufrieden mit einem Wahrsager, gehst du eben zum Astrologen und dann weiter zum Kartenleger … Da ist kein Ende in Sicht, und schließlich führst du womöglich – nur um die eigene Leichtgläubigkeit zu rechtfertigen – selbst herbei, was einige dieser Schwindler »vorhersehen«.

Die Tatsache, daß eine Drohung ausgesprochen wurde, macht die Bedrohung wahrscheinlich und damit beängstigend. Das Positive geht, wie es gekommen ist. Das Negative aber hinterläßt einen nagenden Zweifel, eine dumpfe Unruhe; denn die Angst ist das Grundgefühl des menschlichen Daseins.

Etwas dieser Art war meiner Tochter Saskia passiert. Sie war nach Bangkok gekommen und hatte eine thailändische Nachbarin besucht. Dort hatte sie eine seltsame, unruhige Frau kennengelernt, selbst offensichtlich voller Probleme, die ihr unbedingt die Hand lesen wollte. Saskia hatte es geschehen lassen, und so sagte ihr die Frau, daß niemand sie wirklich liebe, daß sie niemals heiraten und auch nie Kinder bekommen würde. Für ein hübsches Mädchen von zwanzig ist das wie ein Fluch; für jene Frau mochte es lediglich der Versuch gewesen sein, sich am Leben zu rächen.

Saskia behauptete zwar, sie habe das Gerede nicht ernst genommen, ich aber wußte, daß ihr die Worte dieser Hexe nahegingen, und fürchtete, daß sie – wenn auch unbewußt – versuchen könnte, die Wirklichkeit mit dieser »Prophezeiung« in

Einklang zu bringen. Saskias Erfahrung hatte ich keineswegs vergessen, als ich beschloß, mich mit Wahrsagern zu beschäftigen, um zu verstehen, worum es dabei geht.

Ich telefonierte mit der malaiischen Ehefrau eines hohen Beamten, die ich seit Jahren kannte und die mir versprochen hatte, mir während meines Aufenthalts zu helfen. Ich erklärte ihr, den Premierminister hätte ich bereits gesehen, jetzt wolle ich einen Wahrsager aufsuchen.

»Einen Wahrsager? Gewiß. Ich gehe manchmal zu einer Inderin ...«, antwortete sie: Wer hätte das von ihr gedacht?

Die Inderin wohnte in einem Arbeiterviertel in Kuala Lumpur. Hinter Schmiedewerkstätten und Alteisenhändlern fanden wir ihr bescheidenes Haus. Wir gingen eine Stufe hinab und betraten ein kleines Zimmer mit Zementfußboden. Vor der gegenüberliegenden Wand kampierte die Statue des indischen Gottes Shiva. Zu seinen Füßen standen kleine Tabletts mit Blütenblättern, einem Öllicht und Geldbündeln, die Kunden oder Patienten dorthin gelegt hatten. Im Raum hing der süßliche Duft indischen Weihrauchs.

Die Frau war grauhaarig und trug einen violett-rosa Sari. Aus tiefschwarzen Augen blickte sie mich intensiv an und bat mich, zu ihrer Rechten an einem quadratischen Tischchen Platz zu nehmen. Sie stammte aus Madras und war offensichtlich eine Schönheit gewesen. Noch immer besaß sie Selbstsicherheit und Würde. 1969 war ihr einziger Sohn bei einem Autounfall ums Leben gekommen, und seitdem hatte sie die Gabe »zu sehen«. »Gott gibt und Gott nimmt!« sagte sie und wandte sich mit gefalteten Händen und leicht geneigtem Haupt der Statue zu.

Die Frage war die übliche: Tag und Stunde der Geburt. Aber die Frau stellte keinerlei Berechnungen an. Sie betrachtete meine Hände, mein Gesicht, dann fiel sie in eine Art Trance und begann:

»Du bist ein ehrlicher Mensch; wenn du jemandem dein Wort gibst, dann hältst du es auch. Dein Leben hast du bereits gemeistert. Du hast hoch gesetzt und damit Glück gehabt. Nun denkst du daran, dich von der Welt zurückzuziehen. Dein letztes Leben

hast du auf der Insel Sri Lanka verbracht. Du warst Angehöriger einer sehr hohen Kaste. Dieses Mal bist du in einer unteren Kaste geboren, aber du benimmst dich immer noch, als hättest du königliches Blut in deinen Adern, und fühlst dich unter Weißen und Engländern wohl …« (Sie sprach mit mir, als habe sie einen Inder aus der Kolonialzeit vor sich, dem sie Geschicklichkeit im Umgang mit den Kolonialherren zusprach.) *»Du ziehst seit Jahren von einem Land zum anderen; bald wirst du dich in einem Land niederlassen; aber es wird nicht das Land sein, in dem du geboren bist.«*

Indien, dachte ich bei mir. Seitdem ich ihr mein Geburtsdatum gesagt hatte, hatte ich den Mund nicht mehr aufgetan, und die Frau redete weiter, meine Hände fest in den ihren haltend.

»Du solltest wieder entweder in Sri Lanka oder in Indien leben, aber nicht in einem Dorf; eher in einer großen Stadt, am besten im Norden; Delhi wäre richtig. Wenn du einen Ort findest, wo du dich niederlassen möchtest, dann tu es. In deinem Leben hast du viel Geld verschwendet, du hast jedem etwas gegeben, der dich darum bat. Aus diesem Grund bist du nicht reich, auch wenn die Bettler auf der Straße denken, du seist es. Du hast Familie …«

Die Frau fuhr eine Zeitlang auf diese Weise fort, sagte weder etwas Falsches noch etwas Außergewöhnliches. 1997 sollte ich besonders auf meine Reisedokumente achten (vielleicht würde es Probleme bei der Einreise nach Hongkong geben, wo ich sein wollte, wenn die Chinesen die Kolonie wieder in Besitz nehmen, überlegte ich), und ich sollte mich weiterhin ganz in Weiß kleiden. (Ich hatte ihr nicht erzählt, daß ich gar keine anderen Kleider besaß.)

Die Frau hatte keine Methode. Sie war einfach nur »hellseherisch« veranlagt, so daß es ihr in Trance möglich war, die Person, deren Hand sie hielt, zu »erfühlen«. Sie spürte vielleicht, daß ich aus purer Neugierde gekommen war und keine Probleme hatte, für die ich ihre Hilfe brauchte. Ich hatte keine Ängste, die sie, sobald sie sich auf meiner Wellenlänge befand, hätte auffangen können. Ich inspirierte sie nicht.

Erst als sie wissen wollte, ob ich Fragen hätte, und ich sie fragte, was für ein Schicksal meine Tochter erwarte, lebte sie auf.

»Wie heißt sie?«

»Saskia«, antwortete ich, und die Frau fing an zu lächeln. Sie stand auf, so als ob sie sie berühren wolle, und beschrieb Saskia körperlich, als habe sie sie wirklich vor sich. Und vielleicht hatte sie das ja auch auf ihre Weise. In dem Augenblick, als ich diesen Namen aussprach, hatte mein Geist Bilder produziert, eine Saskia, die die Frau aufnahm und beschrieb. Ist so etwas möglich? Meiner Ansicht nach schon. Eine »Sprache des Geistes« wäre die beste Erklärung für Vorfälle wie diesen. Menschen, die einander gut kennen und die seit langer Zeit zusammen leben, entwickeln diese Sprache. Wie wäre sonst zu erklären, was Angela und mir immer öfter passiert? Da fahren wir zum Beispiel auf der Autobahn dahin, und Kilometer um Kilometer sagt keiner ein Wort. Plötzlich fängt der eine an: »Weißt du noch, in Australien …?« Und der andere war drauf und dran gewesen, dasselbe zu sagen. Das ist uns viel zu häufig passiert, als daß es nur Zufall sein könnte!

Was Saskia anging, so gab die Frau »indische« Antworten. Das richtige Alter, um sie zu verheiraten, sei nach ihrem 23. Geburtstag. Es läge an mir, ihr einen guten Mann zu suchen, am besten einen Techniker, denn so könnten sie, wenn sie denn wollten, in die USA, nach Kanada oder nach Singapur emigrieren.

Meine Begleiterin war enttäuscht; sie sagte, die Wahrsagerin sei oft viel besser gewesen und habe tatsächlich einigen geholfen. Klar! Ich hatte keine Fragen zu stellen; ich war nicht zu ihr gekommen, um Hilfe zu suchen. Wie hätte sie also »gut« sein können? Die Dame erzählte mir von jemandem, den sie ebenfalls zu dieser Hellseherin geführt hatte.

Es handelte sich dabei um einen hohen Regierungsbeamten, der aufgrund eines Skandals seinen Posten verloren hatte. Er war zu alt für eine neue berufliche Laufbahn und noch zu jung, um in Pension zu gehen. Da er keine Arbeit fand, war er deprimiert. Die Inderin erklärte ihm, daß er gerade eine Pechsträhne habe und daß es absolut sinnlos sei, etwas dagegen zu unternehmen. Er müsse ein gewisses Datum abwarten. In der Zwischenzeit solle er beten und jeden Tag der Shiva-Statue Lotosblumen darbieten. Eines bestimmten Tages werde er jemandem begegnen, der ihm eine gute Arbeit anbieten würde. Der Mann beruhigte sich, betete und opferte Lotosblumen. Am genannten Tag suchte er dann den Chef eines großen Industrieunternehmens auf. Er trat dabei mit solch neuer Selbstsicherheit auf, daß man ihm einen hervorragenden Job gab. Wenn das nicht geklappt hätte, so hätte die Hellseherin gewiß auch dafür eine Erklärung gefunden und ihm, bis zum nächsten günstigen Datum, anderes aufgetragen. Früher oder später stellt das Glück sich ein. Man muß nur warten können und jemanden haben – einen Freund, einen Psychoanalytiker oder ... einen Wahrsager –, mit dem man seine Ängste teilt.

Darin war die Wahrsagerin wirklich »gut«.

Ein Problem, das mich seit langem interessierte, waren die neuzeitlichen Piraten, die – mit modernsten Waffen und an Bord blitzschneller Boote – im südostasiatischen und südchinesischen Meer Öltanker und große Containerschiffe überfallen. Ich wandte mich also an das Zentrum zur Bekämpfung der Piraterie, das Reeder aus der ganzen Welt gerade in Kuala Lumpur eröffnet hatten, und erfuhr, daß die schlimmsten Verbrecher mittlerweile die als Piraten verkleideten Polizisten der chinesischen Küstenwache waren.

In der Straße von Malakka ging es in den letzten Jahren besonders hoch her. Es reizte mich deshalb, sie in ihrer ganzen Länge zu durchfahren. Also begab ich mich eines Morgens zum Hafen Klang, um herauszufinden, ob es möglich sei, mich nach Singapur einzuschiffen.

Von Klang aus gab es keine Passagen nach Singapur; und um mit einem Frachter zu fahren, brauchte man eine Sondererlaubnis. Das Außenministerium verwies mich ans Verkehrsministerium, wo man mich um einen schriftlichen Antrag samt Lebenslauf bat. Zum ersten Mal in meinem Leben mußte ich nun – um von einem Ort zu einem anderen zu reisen – schriftlich niederlegen, wo ich geboren war, wo ich studiert hatte und wie viele Kinder ich hatte. Doch auch das half nichts. Jedesmal wenn ich anrief und nach der Erlaubnis fragte, hieß es, ich müsse mich noch gedulden.

Ich wartete also, schrieb einen Artikel über die Abschaffung der Sultansprivilegien. (Man brauchte sich ihnen nicht mehr mit den Worten »Herr, ich bin Staub unter deinen Füßen« zu nähern.) Ich las ein paar Bücher über den Islam, und eines Morgens nahm mich M.G.G. Pillai in seinem wackligen roten Volkswagen zur Gemeinde von Al Arqam mit.

Das Dorf Sungai Panchala, zehn Kilometer von Kuala Lumpur entfernt, war früher das Verwaltungszentrum einer großen Kautschukplantage gewesen und sah mit seinen weißen Häusern unter Wellblechdächern, seinen Bananen- und Papayahainen immer noch so aus. Doch der erste Eindruck trog. Auf der Straße gingen Kinder in weiß-grünen Uniformen und Frauen, die – wie wandelnde, düstere Dreiecke – von Kopf bis Fuß in schwarze Umhänge gehüllt waren und schwarze Handschuhe trugen. Auch das Gesicht war schwarz verschleiert.

M.G.G., der am Steuer saß, erzählte, daß das Schleiergebot die Hautärzte reich machte. Die Frauen, die sich im heißen, feuchten Tropenklima früher häufig wuschen, die Haare ölten und sie an der Luft trockneten, litten nun an Ekzemen und Wunden auf der Kopfhaut. Vielen gingen die Haare aus.

Auch Männer kamen uns entgegen: Sie waren elegant – und bequem! – in helle Tuniken gekleidet und trugen mächtige Turbane. Die privilegierten Männer! dachte ich, und zugleich fiel mir auf, daß sie sich – als einzige – auch schminkten: Ihre Augen waren mit einem feinen, schwarzen Strich umrandet, was ihren Blick um so intensiver machte. War ich im Irrenhaus?

M.G.G. hatte unser Kommen telefonisch angekündigt. Wir wurden mit dem Zeremoniell empfangen, das allen totalitären Staaten und Parteien gemein ist: feierliche Begrüßungsansprache vom Empfangskomitee, sodann Erinnerungsfoto zu Propagandazwecken.

Die Formel, die Gemeinden wie Al Arqam zusammenhält, ist immer dieselbe: eine simple Ideologie, ein charismatischer Führer, eine Uniform, strenge Verhaltensregeln und dafür dann das Versprechen der Erlösung von irgend etwas … hauptsächlich von der Langeweile und der Routine des täglichen Lebens. Al Arqam lebt in der Vorstellung, daß die Welt, die immer dekadenter und immer mehr vom Materialismus zerfressen wird, auf eine Katastrophe zusteuert. Die Rettung soll durch einen neuen Messias aus Usbekistan kommen, der im Zeichen einer »schwarzen Flagge« die Erneuerung des Islam und der Menschheit herbeiführen wird. Al Arqam wurde 1967 von Ustadz Ashaari, einem jungen Radikalen, gegründet, der nach einer gescheiterten politischen Karriere seine wahre Berufung entdeckte: die zum Guru. Für die Angehörigen der Gemeinde ist Ashaari ein Halbgott. Als Ehemann von vier Frauen und Vater von siebenunddreißig Kindern hat Ashaari über fünfzig Bücher geschrieben, die ganze Welt bereist und dabei Staatsoberhäupter und Präsidenten kennengelernt ... wie uns einer seiner Anhänger erzählte, der beim Aussprechen seines Namens ehrerbietig die Stimme senkte, wie die Chinesen früher, wenn sie »Unser Großer Vorsitzender Mao ...« sagten.

Die Angehörigen von Al Arqam, alle im Alter zwischen zwanzig und vierzig, leben in einer Kommune. Später kehren sie dann zum normalen Leben zurück, was zur Folge hat, daß die Gruppe in allen Bereichen der Gesellschaft, der Justizverwaltung, der Politik und Wirtschaft, ihre Anhänger hat. Solange sie in der Kommune leben, brauchen die Mitglieder nicht für ihren Lebensunterhalt aufzukommen – sie bekommen Kost und Logis und noch ein Taschengeld dazu. Außerhalb lebende Mitglieder geben der Gruppe fünfzig Prozent ihres Verdienstes ab.

Das Hauptquartier diente vor allem als Propagandazentrum, wo Bücher, Kassetten und Videos zu weltweiter Verbreitung hergestellt wurden. Das Bild- und Tonstudio leitete ein Techniker von Radio Malaysia, der sich aus der Hektik des Alltagslebens mit Frau und sieben Kindern hierher geflüchtet hatte. Er schien glücklich und zufrieden. Sein einziges Problem sei, daß der Koran die Verwendung bestimmter Blas- und Zupfinstrumente verbiete. So müsse er, wenn er moderne Musik machen wolle, auf den Synthesizer zurückgreifen. »Zu Mohammeds Zeiten gab es den noch nicht, also wurde er auch nicht verboten.«

»Wir sind keineswegs gegen das Moderne«, erklärte der Chefideologe. »Wir sind nur gegen die westliche Sorte Modernität, weil sie rein materialistisch und nicht spirituell ist. Wir sind für einen Fortschritt, der die Natur nicht zerstört und andere Völker nicht ausbeutet.«

Al Arqam lehnt den Konsum ab. Die Gruppe hat deshalb ein eigenes, alternatives Wirtschaftssystem auf die Beine gestellt mit Fabriken, Landwirtschaft und eigenen Läden. Man strebt eine islamische Wirtschaft an, das heißt eine Wirtschaft, die nicht auf dem Prinzip des Profits gründet. Man will in jedem Augenblick des Lebens Muslim sein, und nicht, wie die Mehrheit, »nur zur Gebetsstunde«.

In dieser ihrer Ablehnung des Konsumdenkens und des Materialismus der modernen Gesellschaft, vor allem aber in ihrem Bemühen, den Islam in ihr gesamtes Leben einzubeziehen, kamen mir diese totalitären Hippies jetzt weniger verrückt vor als zu Anfang meines Besuchs. In der Kommune herrschte eine angenehme Gemütlichkeit, ihre Mitglieder schienen mir heiter und ausgeglichen. Beunruhigend blieb nur jenes dauernde »Schwertzücken« des Islam, zu dem sich die Vorstellung jener schwarzen Banner gesellte, welche die Gesundung der Welt herbeiführen soll.

Während wir nach Kuala Lumpur zurückfuhren, sprachen wir über diesen Besuch. Al Arqam zeigt, wie die Ablehnung des Materialismus junge Leute scharenweise dazu bringen kann, ihr Heil in einer neuen Spiritualität zu suchen: in etwas, das ihnen Disziplin und Regeln auferlegt und dafür ein Zugehörigkeitsgefühl vermittelt. Der Islam eignet sich hervorragend zur Befriedigung solcher Bedürfnisse und versucht, die vom Kommunismus hinterlassene ideologische Leere zu füllen. Andererseits ist der Islam zu altertümlich und zu repressiv – gerade den Frauen gegenüber –, um die Hoffnung der Zukunft darzustellen. Ob das 21. Jahrhundert die Geburt einer neuen großen Religion erleben wird?

Den »berühmten« Wahrsager aufzusuchen war unmöglich. Keiner seiner Kunden sagte seinen Termin ab. »Laß gut sein, wenn du in Singapur bist, gehst du zu Rajamanickam«, sagte M.G.G. Pillai. »Der ist hervorragend!« Wie üblich befand sich der beste Wahrsager anderswo.

M.G.G. sagte, Rajamanickam sei jemand Besonderes, und manche politische Persönlichkeit Singapurs frage ihn diskret um Rat. M.G.G. kannte ihn seit Jahren und hatte ihn besucht, als sein Vater im Sterben lag. Rajamanickam, eigentlich Astrologe, fragte nach Beschwerden und Geburtsdatum des Vaters, fügte dann aber hinzu: »Steht euer Haus auf Pfählen über der Erde?«

»Ja!« sagte M.G.G.

»Dann geh und grabe genau an der Stelle in der Erde, die unter dem Bett deines Vaters liegt, und bring mir alles, was du da findest.«

Man fand eine Papierrolle voller trockener Kräuter und ein Amulett der Bugis, der Bewohner der östlichen Inseln Indonesiens und meistgefürchteten Meister der Schwarzen Magie. Rajamanickam behandelte das Päckchen wie eine Bombe, und es gelang ihm nach einigem Hantieren, es zu entschärfen. Der Vater erholte sich. Aber nur für kurze Zeit. Bald erlitt er einen Rückfall und starb. Als die Angehörigen das Zimmer aufräumten und das Bett verrückten, entdeckten sie unter der Matratze ein weiteres, mit dem ersten identisches Amulett.

Jahre später wurde M.G.G. ans Krankenbett eines Kollegen seines Vaters gerufen. Dieser gestand ihm, daß er wegen alter Eifersüchteleien die Amulette habe anbringen lassen. Er wollte vor seinem Tod sein Gewissen erleichtern.

Auch mein Antrag auf Durchquerung der Straße von Malakka per Schiff nahm kein gutes Ende. Wenn ich im Außenministerium anrief, sagte man mir, ich solle mich ans Verkehrsministerium wenden; die dortigen Herrschaften behaupteten, alles hinge vom Sicherheitsdienst ab. Malaysias Gegenspionage fragte sich offensichtlich immer noch, wieso ein europäischer Journalist unbedingt per Schiff nach Singapur fahren wollte, wo es per Flugzeug doch so bequem war!

Ich fügte mich also in den Gedanken, auf dem Landweg weiterzureisen. »Kein Schaden ohne Nutzen«, sagte ich mir, denn nun konnte ich in Malakka Station machen: der verhextesten Stadt der Welt!

Das Geflüster von Malakka

Wenn man wartet, bis die Abenddämmerung hereinbricht, und dann ganz leise die Mauern entlanggeht, auf einen der Hügel steigt, sich auf die alten Steine setzt oder still aufs Wasser sieht, das unter der eisernen Brücke dahinfließt, dann kann man sie hören; nicht laut und dröhnend, sondern schwach, sanft, beinahe flüsternd, wie eine leichte Brise; aber man kann sie hören: die Stimme der Geschichte. Malakka ist einer jener Orte, wo das möglich ist. Eine Stadt voll von Toten. Und die Toten flüstern. Sie flüstern in chinesisch, in portugiesisch, in holländisch, in malaiisch, in englisch. Manche flüstern auch in italienisch, andere in Sprachen, die keiner mehr spricht, aber das macht nichts: Für die Geschichten, die die Toten von Malakka erzählen, interessiert sich offenbar niemand mehr.

Malakka, an der Westküste Malaysias gelegen, ist eine vergangenheitsbeladene Stadt, blutgetränkt, mit Gebeinen übersät; eine außergewöhnliche Stadt, wo die Völker der halben Welt einander begegneten, sich bekämpften, liebten und fortpflanzten; wo die verschiedenen Religionen aneinandergerieten, einander tolerierten, einander ergänzten; wo die Interessen großer Weltreiche aufeinanderprallten und wo heute die Modernität, die keinen Glauben, und der Fortschritt, der keine Nationalität mehr kennt, jede Andersartigkeit mit ihrem erbarmungslosen Zement erstickt. Übrig bleibt jene wurzellose Eintönigkeit, in der die meisten sich wohl zu fühlen scheinen.

Nur weil vor neun Jahren ein *feng-shui*-Meister meinte, Bukit China, der Chinesen-Hügel, sei die Lunge der Stadt und Malakka würde ohne ihn ersticken, blieb diese geschichtsträchtige und romantischste Anhöhe von den Baggern der Bauspekulanten verschont. Über fünfhundert Jahre lang haben die *hua-ren* von Malakka ihre Toten auf den sanften Hängen dieser sonnigen Anhöhe über dem Meer bestattet – in Gräbern, die zwar von unterschiedlicher Größe und Pracht, aber alle gleichermaßen weiß, rund wie der Bauch einer schwangeren Frau und auf jenen »kosmischen Atem« ausgerichtet sind, der dem ins Jenseits Aufbrechenden Lebenskraft spendet und dem Hinterbliebenen Glück bringt.

Am Tag meiner Ankunft feierte Malakka gerade Ching Ming, das Fest der Seelen, und auf dem Hügel wimmelte es von Chinesen, die gekommen waren, um ihre Ahnen zu ehren. Ganze Familien kauerten um die Grabhügel, zupften Unkraut, schmückten sie mit Blumensträußen, zündeten Kerzen und Räucherstäbchen an und bedeckten sie mit Schälchen voller Reis, Orangen, Mandarinen und vergoldetem Papiergeld, damit der Tote sich bediene.

Die Chinesen landeten 1409 in Malakka. Ihr Anführer war ein Eunuch, ein großer muslimischer Admiral namens Chen Ho. China befand sich damals auf dem Gipfel seiner Macht. Es baute Schiffe, die bis zu siebenhundert Passagiere trugen; es hatte das Schießpulver erfunden (mit dem es allerdings nur Feuerwerk entzündete!), und es bemühte sich um Handelsbeziehungen mit dem übrigen Asien.

Malakka hatte seinen Namen von einem jungen malaiischen Prinzen erhalten, der bei der Jagd unter dem großen Melaka-Baum an der Flußmündung gerastet hatte. Der kleine Hafen war ein idealer Ausgangspunkt für weitere Vorstöße nach Südostasien, aber die Chinesen erstrebten nur das Recht, dort zu wohnen, mit ihren Schiffen vor Anker zu gehen und ihre Waren umzuladen. Um dieses Recht zu erhalten, machten sie den lokalen Machthabern fünfhundert heiratsfähige Mädchen, darunter auch eine Tochter des Kaisers, zum Geschenk. Der Vertrag wurde erfolgreich abgeschlossen.

Bereits Ende des 15. Jahrhunderts war Malakka der größte Handelsplatz Asiens: Hier wurden Waren aus allen Erdteilen umgeschlagen, hier lebten Menschen »aus den vier Ecken der

Welt«. Außer den Malaien und Chinesen waren da Perser und Araber, Inder aus Gujarat und aus dem südindischen Reich Kalinga, Afrikaner und die geheimnisvollen Lequios, die bis nach Japan segelten und ihren Göttern zum Dank eine Jungfrau opferten, der sie am Heck ihrer Dschunke den Kopf abschlugen. Jemand hat einmal die Sprachen gezählt, die damals in Malakka gesprochen wurden: Es waren vierundachtzig!

1511 kamen die Portugiesen: Sie kamen als Eroberer. Alfonso d'Albuquerque, der von Goa mit einer Flotte von achtzehn Schiffen und achthundert Soldaten aufgebrochen war, stürmte die Stadt und nahm sie unter Beschuß. Dem Sultan gelang es zu fliehen, sein Palast aber wurde dem Erdboden gleichgemacht und seine Schatzkammer geplündert. Drei mit der Kriegsbeute beladene Schiffe, darunter das Admiralsschiff, die *Flora de la mar*, die d'Albuquerque nach Lissabon hatte schicken wollen, gerieten in der Meerenge in einen heftigen Sturm und versanken unweit des Hafens. Da liegen sie heute noch unversehrt auf dem schlammigen Meeresgrund. Ob auch die Goldreserven an Bord sind, die der Sultan in einem Geheimgang unter der Stadt versteckt hatte, bleibt ein Geheimnis. Niemand weiß, ob es diesen Tunnel tatsächlich gab, doch wird seit Jahrhunderten den Kindern von Malakka eingeschärft, ihn ja nicht zu betreten, falls sie ihn fänden. Niemand könne verraten, wo sein Eingang liegt, denn niemand kehre lebend daraus zurück.

Die Portugiesen blieben hundertdreißig Jahre lang die Herren von Malakka. Es war die Blütezeit der Stadt. Nicht nur war Malakka ein bedeutendes Handelszentrum; es war auch der Ausgangspunkt für die christliche Eroberung der asiatischen Seele. Auf ihrem Weg aus Europa über Goa machten die Missionare – darunter zahlreiche Italiener – in Malakka halt, um sich im Seminar der Franziskaner körperlich und geistig zu stählen. Von hier aus fuhren sie auf Schiffen mit Kurs auf Macao und Nagasaki weiter, in der Hoffnung, in die damals noch verschlossenen und absolut verbotenen Welten Chinas und Japans eindringen und sich dort niederlassen zu können.

Der berühmteste dieser Männer Gottes, die nicht mit dem Schwert, sondern mit dem Kreuz nach Asien kamen, bleibt

Franz Xaver, ein spanischer Jesuit, der 1545 in Malakka eintraf. Hier vollbrachte er seine ersten Wunder – so erweckte er ein seit drei Tagen totes Mädchen wieder zum Leben – und stellte seine Fähigkeiten als Seher und Wahrsager unter Beweis: Er prophezeite den Sieg der Portugiesen in einer Hunderte von Kilometern entfernten Seeschlacht und warnte immer wieder Seeleute davor, an Bord von Schiffen zu gehen, die dann, wie vorhergesagt, auch untergingen. Als er 1552 auf Sanqian, einer kleinen Insel an der Mündung des Perlflusses unweit von Kanton, wahrscheinlich an Malaria starb, hatte Franz Xaver den Grundstein für christliche Missionen in einigen Teilen Asiens gelegt, von den Molukken bis zu den Philippinen und nach Japan.

Das Schicksal seiner sterblichen Überreste kann es mit den abergläubischen Mären Asiens durchaus aufnehmen. In Sanqian war kein Schiff, das Franz Xaver auf christlichen Boden hätte mitnehmen können, und so wurde sein Leichnam mit etwas Kalk in einen schlichten Sarg gelegt und begraben. Zweieinhalb Monate später kam ein portugiesisches Schiff vorbei. Franz Xaver wurde exhumiert, und zur allgemeinen Überraschung war der Leichnam unversehrt. Die Matrosen bejubelten das Wunder; um sich eine Reliquie zu sichern, schnitt einer ein Stück Fleisch aus dem Schenkel des Leichnams, und das Blut sprudelte wie aus einem lebenden Körper. Mit der Ankunft des Leichnams in Malakka hörte dort schlagartig die Pestepidemie auf, die in der Stadt gewütet hatte. Er wurde in der Sakristei der Kirche Sankt Paul auf dem Hügel über dem Hafen bestattet. Neun Monate später wurde der Leichnam erneut exhumiert und nach Goa gebracht. Er war immer noch unversehrt, und eine portugiesische Adlige schnitt ihm einen kleinen Zeh zum Andenken ab. Die Kunde von den Wundertaten Franz Xavers und seines Körpers, dem der Tod nichts anhaben konnte, drang bis in den Vatikan mit der Bitte um Heiligsprechung. Der Papst verlangte Beweise. So wurde das Grab 1614 erneut geöffnet, dem Leichnam der rechte Arm abgeschnitten und nach Rom geschickt.

Im Jahr 1622 wurde Franz Xaver heiliggesprochen, aber die Verstümmelungen gingen weiter. Im Laufe der Jahrhunderte schnitt man ihm bis auf einen alle Zehen ab, 1951 dann das linke Ohr. Sein malträtierter Leichnam liegt heute in Goa, wo er alle zehn Jahre in der Basilika Bom Jesus einen Monat lang der Öffentlichkeit gezeigt wird. Ein Armknochen befindet sich in Rom, ein anderer in der Kirche der Insel Coloane, Macao.

Der Pfarrer dieser Kirche war bis vor kurzem ein Italiener, Pater Angelo Acquistapace. Bevor ihn die Kommunisten 1949 vor die Tür setzten, war er in China als Missionar tätig gewesen; er ging dann nach Vietnam, wo ich ihn in seinem Waisenhaus im Norden Saigons kennenlernte; 1975 vertrieben ihn die Kommunisten auch von dort. So kam er zu diesem letzten Zipfel christlicher Erde und kümmerte sich um Aussätzige. Wenn er die Messe feierte, hob er jedesmal nach dem Segen die Arme, wandte sich zur weit geöffneten Tür der Kirche, durch die man jenseits eines schmalen Meeresarms China sehen konnte, und rief: »Weiche, Satan!« Er ist rechtzeitig gestorben: Im Jahr 1999 wird China sich Macao mitsamt der Reliquie des heiligen Franz Xaver zurückholen.

Nur in Malakka ist kein einziger Knochen des Heiligen geblieben. Jahrhundertelang stand dort nicht einmal eine Statue zu seinen Ehren. 1953 bestellte der Bischof in Italien eine Marmorstatue, die er oben auf dem Gipfel des Hügels über dem Hafen aufstellen ließ. Drei Monate später brach nachts bei einem Gewitter ein Ast von einem Kasuarinenbaum und schlug der Statue den rechten Unterarm ab: derselbe, der auch dem Leichnam amputiert worden war. Die Statue steht heute noch so lädiert da.

Mit dem Sieg der Holländer über die Portugiesen im Jahr 1641 und deren Vertreibung ging das Goldene Zeitalter Malakkas zu Ende. Die Holländer ihrerseits wurden von den Engländern vertrieben. Die Engländer, die 1942 vorübergehend von den Japanern verjagt worden waren, zogen 1957 endgültig ab und gewährten der Malaiischen Förderation die Unabhängigkeit. Alle hinterließen sie Bauten, Gräber, Erinnerungen, Legenden und eine Menge Gespenster. Malakka ist heute die verhexteste Stadt der Welt. Es gibt dort wunderschöne Häuser, in denen aber niemand wohnen will, und Gegenden, in denen man niemals allein ist.

Allabendlich sehen die Leute in den Ruinen der portugiesischen Festung die Schatten zweier junger Menschen, die sich umarmen. Er war ein Seemann von d'Albuquerque, sie eine Nonne. Beim Liebesspiel ertappt, wurden sie zum Tod verurteilt. Er wurde enthauptet, sie lebendig eingemauert, doch ihre Leidenschaft dauert fort.

Vor einiger Zeit erzählte ein angesehener Richter, daß sich in seiner Amtsstube eine Frau befinde, die ihm keine Ruhe lasse. Man hielt ihn keineswegs für verrückt. Einst hatte sich ein Armenhospiz dort befunden, und so war es durchaus vorstellbar, daß einer der elendiglich Zugrundegegangenen immer wieder zurückkehrte, um Gerechtigkeit zu fordern.

Auch die Firma Siemens, die in Malakka ein Werk für integrierte Schaltungen mit 2500 Arbeitern hatte, mußte sich mit Gespenstern herumschlagen. Dies erfuhr ich von einem der deutschen Techniker. Das Aufsichtspersonal beobachtete, wie dann und wann seltsame Gestalten ein und aus gingen, ohne sich einzutragen. Sie gehörten nicht zur Belegschaft, und sobald man versuchte, sie anzuhalten, lösten sie sich in Luft auf und verschwanden, um wenig später wiederzukommen. Ein Kenner der Schwarzen Magie, ein *bomoh*, erklärte dies so: Beim Bau der Fabrik war ein kleiner indischer Tempel zerstört worden, und die Geister, die ihn bewohnt hatten, waren nun ohne eine Bleibe. Die Firma erklärte sich bereit, woanders einen neuen Tempel errichten zu lassen, und damit verschwanden die Unbekannten, die wie Luft die Werktore passiert hatten.

Seltsame Dinge waren auch in anderen neuen Fabriken geschehen. In einer Schuhfabrik hatte eine Frau urplötzlich zu schreien begonnen, sich die Kleider vom Leib gerissen und war wie eine Verrückte herumgelaufen. Eine andere machte es ihr nach, dann noch eine, und im Nu war die ganze Fabrik in Aufruhr. Das Opfer einer Ziege war nötig, um die Geister zu versöhnen und die Produktion wiederaufnehmen zu können.

Natürlich gab es neben dieser »geisterhaften« auch noch eine andere, eine »wissenschaftliche« Erklärung, die dem deutschen

Techniker ganz geläufig war: Den in den Kampongs, den malaiischen Dörfern, aufgewachsenen jungen Leuten fiel es nicht leicht, sich dem Stadtleben und der Fließbandarbeit anzupassen; sie reagierten, indem sie »Amok« liefen – ein Wort aus dem Malaiischen, das in alle Sprachen Eingang gefunden hat und einen »plötzlich ausbrechenden Wahnsinn« beschreibt.

Letztlich standen die beiden Erklärungen in keinem Widerspruch, und wie die Malaien, so gab auch ich derjenigen den Vorzug, die die Frustrationen der jungen Leute als »Geister« beschrieb: Voller Vorfreude hatten sie die Arbeit auf den Feldern aufgegeben, um in die Fabriken zu gehen, dann aber gemerkt, daß sie dadurch nicht glücklicher geworden waren. Ganz im Gegenteil.

Malakka war wirklich besonders. Wen ich auch besuchte, wo ich auch hinging, bekam ich wunderliche Geschichte zu hören. Die malaiische Freundin des deutschen Siemens-Technikers, eine hübsche Frau um die vierzig, mit Universitätsausbildung, sagte, die Leute von Malakka achteten darauf, daß ihre Kinder nach Sonnenuntergang nicht am Strand spielten, da Kobolde sie sonst rauben würden.

»Kobolde?«

»Ja. Keiner hat sie je gesehen, aber man weiß von ihrer Existenz, denn sie hinterlassen eine Duftwolke.« Vor kurzem war ein von Kobolden geraubtes Kind von einem *bomoh* in einer Kokosnußpalme aufgefunden worden. Sein Mund war voller Hühnerexkremente, welche die Kobolde, die nicht wissen, wovon sich die Menschen ernähren, ihm zu essen gegeben hatten. »Die Geschichte stand sogar in der Zeitung«, versicherte mir die Frau.

Ich hatte mich nach einem Restaurant mit traditioneller Küche erkundigt, und man hatte mir »Michael und Nancy« im alten portugiesischen Viertel empfohlen. Ich war noch nicht mit dem Essen fertig – vorzüglicher Kabeljau mit Kartoffeln, Zwiebeln, schwarzen Oliven und rohem Knoblauch –, als Michael, Koch und Wirt zugleich, sich zu mir an den Tisch setzte und fragte: »Brauchen Sie Schutz, mein Herr?«

Michael Texiera, sechsundsiebzig Jahre alt, ein Katholik malaiisch-portugiesischer Herkunft, hatte als Soldat im englischen Heer gekämpft, war in japanische Gefangenschaft geraten und hatte nach dem Krieg gegen die Kommunisten gekämpft. Er hatte in jungen Jahren Nancy geheiratet. Zusammen hatten sie siebzehn Kinder, von denen vierzehn noch am Leben waren. Vor zwanzig Jahren hatte Nancy erklärt, daß ihr Bauch nicht mehr mitmache: noch ein Kind, und er würde platzen. Da sie sich streng an kirchliche Vorschriften hielten, brachen sie ihren Geschlechtsverkehr ab, und dadurch war ihm die Macht zuteil geworden, andere zu heilen und vom Teufel zu befreien. Er benutzte dazu ein kleines hölzernes Kruzifix, das ihm sein Pfarrer von einer Pilgerfahrt nach Rom mitgebracht hatte.

»Sicher. Schutz braucht man immer«, erwiderte ich.

Michael stellte das Holzkreuz in ein Glas Wasser, murmelte Gebete, führte das Glas um meinen Kopf herum, über meine Brust, meine Hände und erklärte dann, der Teufel sei nie in meinem Körper gewesen.

Hauptsächlich interessierte mich die Sache mit seiner Frau. Liebesheirat? wollte ich wissen. Keineswegs. Seine Mutter hatte Nancy für ihn ausgesucht. Er hatte sie geheiratet, nachdem er sie ein einziges Mal gesehen hatte. Zusammen hätten sie ein glückliches Leben geführt und seien immer noch stark verbunden.

Ob nicht in der Tradition der vermittelten Ehen, die in Asien noch weit verbreitet ist, eine Weisheit liegt, die uns im Westen mit unserer freien Partnerwahl abhanden gekommen ist?

Der Taxifahrer, der mich in die Stadt zurückfuhr, war Malaie. Sein Auto, ein alter cremefarbener Mercedes, hatte rote Samtsitze. Der Mann hieß Ali, war vierunddreißig Jahre alt und verheiratet. Zwar hatte er schon vier Kinder, doch er wollte noch mehr. »Die Reichen häufen Geld an, die Armen bekommen Kinder«, meinte er, »aber die Armen sind besser dran, weil sie Zeit für ihre Familie haben; die Reichen haben viel zuviel zu tun.«

Eine Liebesheirat? fragte ich. Nein, auch Alis Ehe war vermittelt worden. Sein Vater, ein Busfahrer, war mit dem Vater des

Mädchens, der einen Marktstand besaß, handelseinig geworden.

»Wir haben uns gesehen und gehaßt. Auch bei der Hochzeit konnten wir uns nicht ausstehen. Die Liebe kam mit dem ersten Kind, und seitdem ist sie ständig gewachsen.«

Sollten die Asiaten recht haben mit ihrem Grundsatz: »Liebe, wen du heiratest; heirate nicht, wen du liebst.«?

Ich bat Ali, mich zu einem indischen Wahrsager zu führen, der, wie Michael mir gesagt hatte, seine Kunden auf dem Bürgersteig in der Straße der Kurzwarenhändler empfing.

»Zu dem? Das ist ein Schwachkopf, der nichts richtig errät«, meinte Ali laut lachend. »Wie kann er anderen das Schicksal deuten, wenn er nicht mal sein eigenes gemeistert hat? Seit dreißig Jahren sitzt er auf demselben Stuhl und wird bei jedem Monsun naß. Wenn er seine Sache verstünde, hätte er jetzt zumindest einen Regenschirm! Nein. Ich vertraue nur Wahrsagern, die es zu etwas gebracht haben, die reich geworden sind.«

Und so verzichtete ich auf den Inder und suchte statt dessen Herrn Lee auf. Der verstand allerdings etwas von seinem Fach! Drei Jahre zuvor hatte er geweissagt, Ali werde bald nicht mehr die Taxis anderer, sondern sein eigenes fahren. Und da war es: ein cremefarbener Mercedes mit roten Bezügen!

Herr Lee, ein echter Chinese, gezeugt auf der Insel Hainan, geboren in Malakka, mit drei Jahren Vollwaise, hat als Kind in einem Restaurant der Stadt gearbeitet und es dann zum Handlungsreisenden für alkoholische Getränke gebracht. Da er ohne Erfahrung war, aber feststellen wollte, ob seine Kunden kreditwürdig seien, kaufte er sich für fünfzig Pfennig ein Büchlein, aus dem er lernte, aus körperlichen Eigenschaften Schlüsse auf die Persönlichkeit zu ziehen. Er wurde reich und machte sich einen Namen als Magier.

»Heute ist es mir zur Gewohnheit geworden: Sobald ich jemandem begegne, betrachte ich unauffällig seine Hände. Manchmal genügen schon wenige Zeichen, um mein Gegenüber zu durchschauen und Macht über ihn zu gewinnen«, sagte Herr Lee. »Hände und Gesicht geben bestens Auskunft. Die bleibenden Zeichen des Schicksals befinden sich jedoch woanders.«

»Wo denn?«

»Auf der Fußsohle.« Die Zeichen der Hand veränderten sich im Laufe der Zeit. Ich zog meine Schuhe aus, und schon verkündete Herr Lee, mein Vater sei bereits gestorben, meine Mutter lebe noch.

»Das stimmt. Aber wie sehen Sie das?«

»Ganz einfach. Aus der Form deines großen Zehs.«

»Der war genauso, als mein Vater noch am Leben war.«

»Ja, aber die Form des Zehs sagt mir, daß deine Mutter eine starke Lebenslinie besitzt und deinen Vater um viele Jahre überlebt. Das stand bei deiner Geburt schon fest.« Herr Lee war felsenfest davon überzeugt.

Dann untersuchte er mit großer Sorgfalt und mit Hilfe eines Vergrößerungsglases meine Fußsohlen. Er meinte, ich sei ein einfacher, geradliniger Charakter, der andere nicht provoziert; ich verließe mich nicht auf die Meinung anderer, sondern nur auf mein eigenes Urteil. Er stellte fest, daß ich mit vierundzwanzig Jahren geheiratet hatte, was mein großes Glück gewesen sei.

Alles war vollkommen richtig, und – was ihn mir sehr sympathisch machte – Herr Lee tat nicht so, als habe er weiß Gott was für eine Entdeckung gemacht. Für ihn stand das alles klar und deutlich ... in meiner Fußsohle geschrieben. Dort las er – auch er –, daß ich niemals reich werden würde. Er könne aber nicht sagen, wie viele Kinder ich hätte. Die Geburtenkontrolle, erklärte er, habe alle Vorhersagen durcheinandergebracht.

Ich erzählte ihm von meiner Prophezeiung und bat ihn um seine Meinung. Er betrachtete aufmerksam meine Fußsohlen und meinte: »Ja, in deinem Leben gibt es Gefahren. Manchmal sogar große, besonders in diesem Jahr. Das ist aber kein Grund zur Sorge, denn du hast Hämorrhoiden; das Blut, das du verlierst, rettet dich.«

Die Fakten waren unbestreitbar. Aber deren Deutung? Sie war zumindest tröstlich.

Malakka besaß auch ein Gespenst aus Fleisch und Blut: Pater Manuel Joaquim Pintado, Portugiese, einst Stadtpfarrer und Amateurhistoriker. Er hatte sein Leben in Malakka verbracht und Dokumente über seine Landsleute gesammelt. Als Rom vor ein paar Jahren beschloß, Malakka der Obhut der portugiesischen Missionare zu entziehen und in die Hände der Franzosen zu legen, übersiedelte Pintado in ein Häuschen am Stadtrand. Im Wohnzimmer stand ein Altar mit dem Bildnis der Jungfrau Maria als Kind; dort las er die Messe. Ansonsten lag das Haus voller alter Zeitungen, Bücher und Landkarten.

Als er hörte, daß ich Florentiner sei, zog Pater Pintado die Fotokopie eines Briefes hervor, den einer meiner Landsleute am 20. Dezember 1510, dem Vorabend des Feldzugs gegen Malakka, geschrieben hatte. Piero Strozzi, ein junger Mann aus d'Albuquerques Gefolge, schilderte seinem Vater in Florenz die Gefahren dieses Unterfangens, schrieb von den vergifteten Pfeilen der Feinde, davon, daß er immer »mit dem Tod vor Augen« lebe, und bat seine Familie, Gott um Beistand für ihn anzuflehen. Er schloß mit den Worten: »...wenn ich gesund zurückkehre, hoffe ich, mit dieser Reise zweitausend Dukaten verdient zu haben.« Das Geld. Immer wieder das Geld. Auch damals schon!

Ich fragte Pater Pintado nach jemandem, der mir die Stadt zeigen könnte. Er gab mir die Telefonnummer einer Frau aus einer der alteingesessenen Familien Malakkas, die ihm bei seinen historischen Recherchen behilflich war.

Wir verabredeten uns vor der Petruskirche und spazierten einen ganzen Tag lang durch die Stadt. Sie war eine Nachfahrin von Portugiesen, die nach der holländischen Eroberung verarmt waren. Jahrhundertelang hatten sie abgeschieden gelebt, sie sprachen ihre eigene Sprache – eine Mischung aus Portugiesisch, Malaiisch und Holländisch – und pflegten ihre eigenen Traditionen. Man nennt sie »Christaon«. In Malakka gibt es rund zweitausend davon.

Auch mit ihr stieß ich in Malakka auf Schritt und Tritt auf Geschichten von Toten und Geistern. Die Häuser der Altstadt sind hier rot angestrichen. Denn die Engländer, die die großartigen portugiesischen Bauwerke zerstörten, ließen die holländischen unversehrt, verlangten aber, sie rot anzustreichen, um sie von den englischen zu unterscheiden. Malakkas Hauptplatz heißt bis heute »Roter Platz«.

»Rot wie Blut«, sagte die Christaon-Dame. Zwischen 1942 und 1945, während der japanischen Besatzung, wurden hier beinahe tausend Bewohner Malakkas enthauptet, mit dem Bajonett niedergemetzelt oder bei lebendigem Leib verbrannt. Auf dem alten Uhrenturm war eine neue Seiko angebracht – ein Geschenk Tokios, meinte die Frau; aber die Toten seien keineswegs zufrieden mit dieser japanischen Präsenz. Besonders nachts sei oftmals ein Proteststöhnen zu vernehmen.

Wir kamen an Banda Hill vorbei, einem dem Meer abgewonnenen Stück Land, auf dem Holzbaracken standen; an jeder Baracke hing ein Vogelkäfig. »Indonesische Einwanderer«, erklärte meine Begleiterin. »Sie suchen Arbeit, wissen aber, daß auf diesem Stück Land der böse Blick ruht, und halten sich Kuckucke dagegen.«

Als wir im Malacca Club beim Essen saßen, zeigte mir die Christaon-Dame einen Ring. »Ich trage ihn zu meinem Schutz, wenn ich mit jemandem unterwegs bin, den ich nicht kenne«, sagte sie. In den Ring war ein kleiner Frosch gesetzt. »Tagsüber muß der Frosch nach außen gedreht sein, nach sechs Uhr abends dann nach innen«, erklärte sie mir. »Frösche sind häßlich, abstoßend, aber wenn wir ihnen unsere Aufmerksamkeit zuwenden, sind sie so dankbar dafür, daß sie uns beschützen und Geld einbringen. So wurden sie zum Glückssymbol.«

Nun schien mir der rechte Augenblick gekommen, sie zu fragen, ob sie einen Wahrsager kenne. Sie nicht – sie sei streng katholisch –, aber ihre Schwester konsultiere eine berühmte Magierin aus Malakka.

Tags darauf befand ich mich zusammen mit drei Damen in einem Kleinbus. Die beiden Schwestern hatten eine malaiische Freundin mitgebracht, die ebenfalls eine Fülle seltsamer Geschichten zu erzählen hatte.

Die Magierin wohnte in einem Reihenhäuschen mit Gärtchen, Kiesweg, blauen Dachziegeln und weißgekalkten Mauern ohne den Schatten eines Baumes weit und breit. Wir betraten ein Wartezimmer mit Plastiksesseln, Plastikblumen und einem Wandteppich, auf dem Mekka dargestellt war. Die Magierin war

Malaiin und gläubige Muslimin. Auf einem leicht erhöhten Podest befand sich ein Tisch, an dessen oberem Ende sie selbst und zu ihrer Linken ein älterer Mann mit freundlicher Miene saß. Auf dem geblümten Plastiktuch lag ein Mobiltelefon, das Statussymbol im heutigen Asien.

Sie hieß Ka (Schwester) Non. Die sehr schmächtige Frau, mit schütterem Haar, abgespanntem Gesicht, fast durchsichtiger Haut und tiefliegenden Augen, trug einen grünen, knöchellangen Rock und einen gleichfalls grünen, knielangen Kittel. Sie war zweiundvierzig Jahre alt, in einem Kampong aufgewachsen und hatte keine Schule besucht. Sehr jung war sie mit einem Mann verheiratet worden, der sie ständig verprügelte. Bei einer dieser Gelegenheiten schlug Ka Non mit dem Kopf irgendwo an und verlor das Bewußtsein. Als sie wieder zu sich kam, entdeckte sie, daß sie Kräfte besaß, daß sie »sah«. Sie verließ ihren Mann und heiratete den freundlichen Herrn, der wie sie selbst Magier, jetzt aber ihr Assistent geworden war.

Wir warteten, bis die Seherin mit der Beratung zweier anderer Frauen fertig war. Als wir an die Reihe kamen, nahmen weitere Kunden – an diesem Tag nur Frauen – in den Sesseln Platz. Alles vollzog sich laut, in völliger Offenheit, wie bei einem kollektiven Schuldbekenntnis. Alle waren beteiligt, stellten Fragen, gaben Kommentare ab und brachten ihr Erstaunen zum Ausdruck.

Mir war zum Lachen, wie ich da kerzengerade auf meinem Stuhl saß, vor einer Verrückten, in Begleitung dreier Anstandsdamen, die mich wie einen Patienten zum Arzt begleitet hatten. Immer läuft es darauf hinaus, daß ich mit Frauen über die Angelegenheiten meines Lebens spreche, sagte ich mir. Die Vorstellung, daß jemand plötzlich ins Zimmer käme, der mich in meiner gewöhnlichen Rolle als Journalist, als Reporter der Weltgeschehnisse kannte, war unwiderstehlich komisch.

Ka Non sah mich eindringlich und ironisch an. Es schien mir, als wolle sie mich auf die Probe stellen, aber ich hielt ihrem Blick stand. Sie wollte weder wissen, wo noch wann ich geboren war, nur nach meinem Namen fragte sie und wiederholte ihn so lange, bis sie »Ticciano« sagen konnte. Sie schloß die Augen und sprach ihn ein dutzendmal rasch hintereinander, dann begann sie eingehend, ihre Handflächen zu betrachten, die sie wie die Muslime beim Beten vor dem Körper ausgestreckt hielt. »Für sie ist es, als blicke sie in einen Fernseher«, erklärte ihr Ehemann. Als die Frau zu sprechen begann, war sie in einer Art Trance:

»Ticciano, dieses Jahr hast du mit etwas ganz Besonderem begonnen …« (Ja, ein Jahr, ohne zu fliegen! dachte ich bei mir und wunderte mich, wie recht sie hatte. Wäre ich als Direktor einer dieser neuen Fabriken nach Malaysia gekommen, wäre mir diese Aussage ebenso zutreffend erschienen.) *»Du hast eine ganz besondere Aufgabe zu erfüllen. Wenn du sie ausgeführt hast, steigst du weit nach oben.«*

Meine drei Damen kicherten, und die Freundin der beiden Schwestern konnte es sich nicht verkneifen zu fragen: »Bist du ein Spion? Wer bist du?«

Ka Non fuhr fort: *»Seit Jahren warst du auf der Suche nach etwas. Jetzt hast du es gefunden. Du weißt, was ich meine. Du kennst deine Aufgabe, verstehst mich.«*

Meine Damen wurden immer aufgeregter. Die Magierin fuhr fort, bald würde ich jemandem begegnen, der mir den Weg weisen und mich erleuchten würde, dann würde ich großen Erfolg haben und berühmt werden. War ich es selbst, der ihr all das suggerierte? Es schien mir nicht so, dachte ich doch immer noch, wie lächerlich die ganze Szene sei.

Ich fragte Ka Non, ob sie in meiner »Aufgabe« auch Gefahren entdecke.

Die Frau, immer noch in Trance, schien zunächst amüsiert, dann angespannt. Sie nahm meine Hände und betrachtete meine Handflächen (meinen Fernseher, dachte ich). Sie wurde wütend, schrie etwas, das ich nicht verstand, und schließlich übersetzte jemand: *»1993 ist das Jahr, in dem du angefangen hast, an Gott zu glauben.«* (Auch so könnte man die Tatsache erklären, daß ich hier vor ihr saß.) *»Seitdem du mein Haus betreten hast, bist du auf sicherem Boden; dies ist der erste Schritt in ein neues Leben, ein Schritt, der dir Glück bringen wird.«*

Ka Non gestikulierte heftig, mit einer Hand fuchtelte sie wie mit einem Schwert senkrecht in der Luft herum, die andere hielt sie waagrecht, als schnitte sie jemandem die Kehle durch: »*Von jetzt an erfüllt sich alles, was du willst, weil du beschützt wirst, weil du gefunden hast, wonach du suchtest.*« Gewiß, dachte ich, ich hatte einen ruhigen Lebensrhythmus gefunden, ich hatte mehr Zeit, mich umzusehen, und es schien mir, als habe die Frau den Nagel auf den Kopf getroffen. Mir kam Anatole France in den Sinn, der einmal gesagt hatte: »Alle Übersetzungen sind dem verständlich, der sie angefertigt hat.« Mit den vagen Aussprüchen dieser Magier steht es ebenso: Sie sind dem verständlich, der an sie glauben will.

Ka Non sagte, ich könne getrost fliegen, ich sei in der Vergangenheit einmal in Lebensgefahr gewesen. (Jenes eine Mal? Nein! Jeder Mensch meines Alters hat eine Situation hinter sich, in der er »wirklich hätte sterben können«.) Und ich würde über achtzig Jahre alt werden.

Sie wollte wissen, wie meine beiden Kinder hießen.

»Mein Sohn heißt Folco«, sagte ich. Es folgte die gleiche Prozedur: Ka Non wiederholte den Namen ein dutzendmal, betrachtete ihre Handflächen und sagte, Folco sei sehr intelligent, er sei *pintar* (meine Damen waren überrascht angesichts dieses Wortes, konnten es aber nicht übersetzen...). »*Pintar, pintar*«, wiederholte Ka Non; dann fügte sie hinzu, Folco würde in der Kunst erfolgreich sein, müsse sich aber vor Freunden in acht nehmen, die moralisch nicht ganz einwandfrei seien. Über Saskia sagte sie, sie sei äußerst entschlossen; sie würde einen reichen Mann heiraten und ihn so auswählen, daß er auch mir gefalle. (Welch töchterliche Liebe!) Sie würde ein leichtes Leben haben und einen Sohn zur Welt bringen.

Als ich sie die Namen meiner Kinder aussprechen hörte, war mir, als hätte ich etwas Ungebührliches damit getan, sie ihr zu verraten. Dann schüttelte ich auch dieses Tabu als absurd ab und fragte, was sie in Angelas Leben sehe (sie, die Wahrsager verabscheut und nichts von ihnen wissen will!). Es ging noch mal gut. Ka Non meinte, Angela sei äußerst sensibel, ich müsse darauf achten, sie nicht zu verletzen, denn sie könne leicht explodieren, wenn man sie nicht respektiere. »*Behandle sie, als sei sie aus Gold*«, riet mir die Wahrsagerin. »*Geh mit ihr um wie mit einer Schüssel siedendem Öl, und paß auf, daß du dir nichts davon über die Hände gießt!«* Ein guter Rat, der auf alle Menschen zutrifft.

Nun zeigten meine Begleiterinnen eine ganz eigene Neugier. »Führt Ticciano ein Doppelleben? Hat er eine Geliebte?« fragte eine von ihnen die Magierin.

Sie blickte in den »Fernseher« ihrer Hände und verkündete: *»Ticciano ist extravertiert, er ist gern unter Leuten, besonders liebt er die Gesellschaft von Frauen, und die Frauen bewundern ihn, manche verlieben sich auch in ihn, aber er nutzt es nicht aus. Es fällt ihm schwer, untreu zu sein.«*

Alle lachten, und auch ich lachte, bloßgestellt, wie ich war!

Meine Konsultation hatte alle in gute Laune versetzt, und eine der Frauen bestand darauf, daß auch meine Begleiterin von den Christaon sich der Magierin vorstelle. Sie war, wie gesagt, katholisch, strenggläubig, und es erschien ihr wie eine Sünde, aber sie gab nach. Alles lief nach demselben Schema ab: Name, Hand-Fernsehen, Trance, aber die Antwort lautete anders als bei mir: *»Du hast große Probleme«*, sagte die Magierin, ohne zu zögern. *»Dein Mann betrügt dich ständig, und jetzt hat er eine Geliebte, die er besonders mag. Durch einen Freund habt ihr viel Geld verloren. Vor langer Zeit hat dir jemand den bösen Blick angehängt. Das Schlimmste ist vorbei, aber etwas ist noch übrig. Ich spüre es. Daher kommen die Probleme.«*

Die Dame verlor die Fassung und fing an zu weinen. Alles stimmte. Ihr Mann hatte stets andere Frauen gehabt, und ein Freund war mit zwei Millionen malaiischer Dollar durchgebrannt. Und das Gegenmittel? Ein Gemisch aus Blüten und Essenzen, das jeden Tag in die Badewanne gegeben werden sollte. Der Ehemann der Magierin schrieb das »Rezept« auf.

Ka Non begleitete uns zur Tür. Beim Abschied sagte sie: *»Bald wirst du deine Aufgabe erfüllt haben. Da du angefangen hast zu sehen, wirst du weiter sehen.«* Mit diesem rätselhaften Satz entließ sie uns.

Eine der beiden Schwestern saß am Steuer, die andere war wie unter Schock. Lange habe sie gewußt, daß sie etwas unternehmen müsse, aber sie habe Angst. Auch vor den eigenen Kräften. Als sie einmal an einer Bar vorbeigegangen war, in der ihr Ehemann häufig seine Abende verbrachte, habe sie sich gesagt: »Hoffentlich brennt sie ab.« Am Tag darauf brach Feuer aus, und die Bar brannte nieder.

Einer der Frauen fiel ein, wie man *pintar* übersetzen könne. Es bedeutet »Genie«.

Ich hatte mich in einem staubigen alten Hotel einquartiert, so wie sie mir gefallen: große Zimmer, hohe Decken, Holztreppen; schäbig, aber voller Vergangenheit. Zwei Nächte schlief ich bestens in dem großen Bett mit seiner *kapok*-Matratze und dem harten, mit Teeblättern gefüllten Kopfkissen. In der dritten hatte ich einen schrecklichen Alptraum. Mir träumte, ich befände mich zwischen vielen Treppen, die Menschen verschiedener Farben hinaufkletterten und dabei abstürzten. Ich bemühte mich, sie zu stützen, doch mir fehlten die Kräfte. Auf einmal krachten die Treppen, wie von einem Erdbeben erschüttert, in sich zusammen und auf mich herab. Ich fuhr aus dem Schlaf und merkte, daß das Bett tatsächlich bebte. Es war schon hell, und nach zwei Feiertagen hatten die Arbeiten auf der Baustelle neben dem Hotel wieder angefangen. Arbeiter mit gelben Sturzhelmen fuhren mit Baggern umher, deren stählerne Reißzähne sich in das Erdreich gruben. Mit einem riesigen Kran wurden Eisenträger für ein neues Gebäude in die Erde gerammt: hier, mitten im Herzen des alten Malakka!

Singapur: Eine vollklimatisierte Insel

Jede Stadt hat ihre eigene Art, sich zu präsentieren, sich von ihrer besten Seite zu zeigen. Die Schokoladenseite Singapurs ist der Flughafen. Der Flughafen ist das Schaufenster dieser Stadt, ihr geschminktes Gesicht, ihre Visitenkarte. Hier kommen die Leute an, von hier reisen sie wieder ab, und eigentlich bräuchten sie nichts anderes mehr zu sehen, denn der Flughafen ist das Konzentrat all dessen, was Singapur zu bieten hat: Effizienz, Sauberkeit, Ordnung, den größten asiatischen Supermarkt für Konsumgüter, das Überflüssige und das Wohlansehnliche.

Als Fußgänger, der dort nicht einreisen konnte, betrat ich Singapur wie alle anderen unerwünschten Besucher – die mittellosen Schlafsacktouristen, die eingewanderten malaiischen Tagelöhner und die armen russischen Kleinhändler – durch die Hintertür: auf dem Landweg, von Malaysia. Von hier waren Anfang Dezember 1941 auch die Japaner eingedrungen. Damals rechnete Singapur noch damit, daß Freund und Feind sich der Insel vom Meer her nähern würden; das Meer war ihre Verbindung zur Welt, das Meer war ihr Reichtum. Deshalb waren auch alle Kanonen ihrer beachtlichen Verteidigung aufs Meer gerichtet. Sie erwiesen sich als nutzlos. Die Japaner wichen ihnen aus, indem sie die Stadt von hinten einnahmen. Auf ähnliche Weise entging auch ich Singapurs Verführungskünsten: Ich sah die Stadt, wie sie aus dem Schlaf erwachte, ungeschminkt, von ihrer ungünstigen Seite.

Die Einreise aus Malaysia über den künstlich aufgeschütteten Damm, jene »Nabelschnur«, die besagt, daß der eitle insulare Stadtstaat geographisch nur ein winziges Anhängsel der großen Malaiischen Halbinsel ist, hat nichts Aufsehenerregendes an sich. In der Morgendämmerung sah ich aus dem Fenster des Zuges, der aus dem Norden kam, vor einer glutroten Sonne vier mächtige Schornsteine, die schwarzen Ruß in die Luft bliesen. Parallel zu den Bahnschienen verliefen drei riesige Eisenröhren mit dem Wasser, das die Stadt am Leben erhält, und die Autobahn, auf der sich bereits Autos und Motorräder stauten: Pendler, die in Johor Bahru wohnen, wo das Leben billiger ist, und auf der Insel arbeiten, wo die Löhne höher sind. Singapur präsentierte sich mir wie jede andere asiatische Stadt, mit seinen Armenbaracken, Müllhaufen, verrosteten Wellblechdächern und den Gras- und Pflanzenbüscheln, die, sich selbst überlassen, rasch Terrain zurückgewannen.

Die ersten Singapurer, die ich vom Zug aus sah, erschienen mir wie ehedem: Plastiksandalen, kurze schwarze Hose und weißes Unterhemd. Wie die Hauptfigur einer der ersten Geschichten, die man mir erzählte, als ich 1971 hier ankam: Ein Arzt hatte unter seinen Patienten einen solchen Mann. Einfach und bescheiden nahm der Alte im Wartezimmer Platz, legte die Füße auf den Stuhl und rollte sein Hemd über den Bauch hoch. Der Arzt, der ihn für einen Habenichts hielt, verlangte von ihm weniger Geld als üblich, manchmal auch gar nichts – bis eines Tages die Sprechstundenhilfe zum Fenster hinaussah und beobachtete, wie der Alte in einen bereitstehenden Mercedes mit Chauffeur stieg. Der Mann kontrollierte den gesamten Reishandel der Stadt …

Für mich blieb dieser Alte der Inbegriff des Diaspora-Chinesen: selbstbewußt, aber unauffällig, mächtig, aber zurückgezogen und bescheiden aus Angst, den Neid der Götter oder der Regierenden auf sich zu ziehen. Von dieser Art gibt es heute freilich nur noch wenige. Die einzige Befürchtung der neuen Generation besteht darin, nicht als reich zu gelten. Auch in Singapur ist das so. Und deshalb möchte es vom Flughafen aus betrachtet werden – als strahlend und modern.

Der Bahnhof hingegen machte einen baufälligen Eindruck, was mir durchaus behagte. Als man ihn in den zwanziger Jahren errichtete, wurde er mit farbigen Gummiplatten ausgelegt, um den Schall zu dämpfen. Zur stillen Eleganz jener Epoche gesellte sich später die lässige Stille eines Ortes, der aus der Mode gekommen ist. Nur wenige Singapurer benutzen ihn noch; viele wissen nicht einmal mehr, daß es ihn gibt. Mit dem heutigen Singapur hat dieser alte Bahnhof nichts zu tun; man schämt sich seiner wie eines armen Verwandten.

Ich stieg aus dem Zug und mußte vor der Paßkontrolle eine Stunde Schlange stehen. Die Polizisten saßen in kleinen stickigen Kämmerchen zwischen dicken Büchern; darin waren alle »Feinde« Singapurs verzeichnet. Computer gab es nicht, die Passagiere wurden also »von Hand« genaustens kontrolliert. Am eifrigsten waren ein paar Russen beim Ausfüllen der Formulare und Beantworten der üblichen Fragen; sie taten alles, um sich die unbeirrbaren Zollbeamten gewogen zu stimmen.

Mir fiel der Satz wieder ein, mit dem *Der Roman von den Drei Reichen*, der große chinesische Klassiker, beginnt: »Reiche wachsen und vergehen ...« Wie schnell ist das Sowjetreich gewachsen und vergangen! Noch vor wenigen Jahren bereisten dieselben Russen die Welt mit dem Stolz der Bürger einer Großmacht; sie waren gefürchtet und respektiert. Und jetzt? Arme Teufel, lächerlich und pathetisch zugleich, die in Bluejeans und Sportschuhen die tagelange Zugreise in dieses Mekka des Konsums auf sich nehmen – in der Hoffnung, hier etwas erstehen zu können, was sich zu Hause verkaufen läßt und einen kleinen Gewinn einbringt: Taschenrechner und Seidenschlüpfer, Feuerzeuge, Videorekorder, elektronische Spiele und Büstenhalter.

Seltsam, unser Wirtschaftssystem, von dem wir uns das Heil versprechen! Niemand stellt mehr etwas her, niemand macht mehr einen Topf oder eine Flöte mit eigener Hand. Der glorreichste Einfall, auf den man verfallen kann, besteht darin, irgendwo auf der Welt etwas zu kaufen, um es irgendwo anders mit Profit wieder zu verkaufen.

Shopping, shopping, shopping! In den reichen Ländern ist dies zur Lebensweise geworden, in den armen ein Mittel zum Überleben. Liegt darin nicht etwas Grundverkehrtes? Und kann man da junge Leute etwa nicht verstehen, wie zum Beispiel die »Verrückten« von Al Arqam, die samt Turbanen und schwarz verschleierten Frauen autark leben und mit alledem nichts zu tun haben wollen?

Angesichts einer Welt, die blindlings auf den Materialismus zutaumelt, wächst in manchen die Überzeugung, daß nur etwas Furchtbares, eine Pest oder eine große Hungersnot, die Dinge wieder ins Lot bringen und den Menschen einen Lebenssinn geben kann. Angesichts des zu Ende gehenden Jahrtausends finden solche Vorstellungen leicht Anhänger, besonders unter Idealisten, die nach einem Sinn suchen. Das Aufflackern des religiösen Fundamentalismus in seinen verschiedenen Ausprägungen muß auch in diesem Licht gesehen werden.

Die Rückkehr nach Singapur war für mich wie eine Wiederbegegnung mit der ersten großen Liebe. Im Jahr 1965 hatte ich in Singapur zum erstenmal den Duft der Tropen geatmet, ihre Hitze und Farbenpracht genossen; hier war mir bewußt geworden, daß ich in der Ferne zu Hause war. Ich blieb nur wenige Tage, aber der Eindruck war unauslöschlich. 1971 kam ich wieder, um hier zu leben. Ich hatte Olivetti verlassen, mich an der Columbia University in New York mit China beschäftigt und Chinesisch gelernt, und da es mir nicht gelungen war, nach Peking zu gehen, ich nach Taiwan aber nicht wollte, beschloß ich, unter den Chinesen des »Dritten China« zu leben, den Überseechinesen. Wir blieben vier Jahre in Singapur. Saskia machte hier ihre ersten Schritte, Folco besuchte seine erste Schule, und ich schrieb mein erstes Buch.

In Singapur hatte ich noch Freunde und Bekannte, aber ich kam unangemeldet zurück. Ich wollte die Stadt allein durchstreifen, meine eigenen Eindrücke sammeln, und vor allem wollte ich mit dem, was ich schrieb, niemandem Schwierigkeiten bereiten. Denn trotz all der verführerischen, musikdurchfluteten und einladenden *shopping malls, shopping arcades, shopping centers* bleibt Singapur ein Polizeistaat, eine Gesellschaft, in der unterschwellig die Angst herrscht. Und ich wollte mich wie ein unvoreingenommener Besucher ins neue Singapur treiben lassen, das viele Ausländer so erstaunlich finden.

Bald mußte ich mir eingestehen, daß Singapur mir nach mehr als fünfzehn Jahren Abwesenheit vollkommen fremd geworden war. Die Stadt hatte sich bis zur Unkenntlichkeit verändert. Es gab neue Straßen, neue Gärten, neue Überführungen und neue Plätze. Auch die Menschen waren nicht mehr dieselben. An den Bushaltestellen standen sie elegant und gut gekleidet, aber keiner wechselte ein Wort mit dem anderen; immer öfter fielen mir Leute mit nervösen Ticks auf – wie in Japan. Die warmherzige Liebenswürdigkeit der Inder, die sinnliche Natürlichkeit der Malaien, der Sarkasmus der Chinesen und die allgemeine angenehme Trägheit, die vielleicht auf die einschläfernde Hitze der Tropen zurückzuführen war, waren dahin. Sogar die Hitze war verschwunden!

Ich hatte Singapur als heiß, ja zuweilen sengend heiß in Erinnerung. In der Stunde nach dem Mittagessen war auch in unserem von Bäumen beschatteten Haus die Luft so glühend und reglos, das Zirpen der Zikaden so ohrenbetäubend gewesen, daß man nur unter den Ventilatoren sitzen und auf den erlösenden Wolkenbruch oder die frische Brise warten konnte, die bei Sonnenuntergang vom Meer heraufwehte. Im neuen Singapur dagegen war es kalt! Kalt in den Hotels, den Geschäften, den öffentlichen Gebäuden und Büros; eiskalt in den Restaurants, der U-Bahn, den Taxis, den Krankenhäusern, den Privathäusern und Autos. Es schien, als bekäme man in Singapur nur noch klimatisierte Luft zu atmen.

Die ganze Insel lag wie unter einer riesigen Glasglocke, unter der ein künstliches und effizientes Leben gedieh, das mit der Natur, die sie umgab, mit der Hitze des Äquators nichts mehr zu tun hatte. Die Frauen trugen nicht mehr wie einst leichte Blusen, geblümte Sarongs oder Seidenhosen; die neue Nationaltracht war Rock und Jacke mit Strumpfhosen, wie in London.

Das Singapur von einst war eine Stadt voller Gerüche: Es roch nach Schimmel, feuchter Erde, frischem Obst, fauligem Gemüse, gebratenem Knoblauch, moderndem Holz. Auch sie waren verschwunden.

Meine erste Begegnung mit dem neuen *homo singaporensis*, einem Taxifahrer, war erschreckend.

»Fahr mich zum Alexandra Park.«
»Besuchst du Freunde dort?«
»Nein.«
»Lebst du dort?«
»Nein.«
»Wo lebst du dann?«
»Weit weg.«
»Bist du zum *shopping* in Singapur?«
»Nein.«
»*Business?* Wie viele Tage bleibst du?« Und so weiter, bis wir am Ziel waren.

Aufdringlich wie Polizisten, waren die Taxifahrer für mich der Inbegriff des neuen Singapur, das offenbar nichts mehr dem Zufall oder der freien Wahl des Individuums überließ.

Es reichte das Armaturenbrett eines Taxis, mit der Schachtel Papiertaschentücher, dem Deodorantfläschchen, dem Formular, auf das alle Fahrten eingetragen werden, und den Schildern mit den verschiedenen gesetzlichen Vorschriften, um mich aus der Haut fahren zu lassen. Da war das eine Schild mit dem Foto des Fahrers samt Namen, Lizenznummer und einer Telefonnummer für eventuelle Beschwerden; da war das andere mit dem Gewicht der Räder, der zulässigen Anzahl von Fahrgästen und der zulässigen Höchstgeschwindigkeit. Auf einem weiteren stand: »Bleib Singapur treu!«

Hauptsächlich mußte ich nun zusehen, wie ich meine Reise fortsetzen konnte. Ich wollte mit dem Schiff nach Jakarta fahren, was sich aus den mir inzwischen bekannten Gründen als schwierig erwies: Die Schiffe beförderten nur Frachtgut. Es war unglaublich! In Singapurs Hafen, dem zweitgrößten der Welt, lagen zahllose Schiffe vor Anker, Schiffe aus aller Herren Länder, mit allen möglichen Tonnagen, Schiffe, die darauf warteten, be- und entladen zu werden, darunter bestimmt auch einige, die indonesische Häfen anliefen, wohin ich gern mitgefahren wäre. Aber nein. Keines wollte mich als Passagier mitnehmen.

Schließlich gelang es mir, jemandem von der Singapurer Hafenkommandantur mein Anliegen vorzutragen. Der versprach, mir zu helfen, fragte mich aber erst mal auf typisch Singapurer

Art, was meine *wahren* Beweggründe dafür seien, unbedingt mit dem Schiff reisen zu wollen.

Singapur ist ein Touristenparadies, jedoch nur für Touristen, die so sind, wie es sich Singapur wünscht! Meine verhaßten Touristen! Wenn man kein Schiff sucht, dann findet man hier alles, und zwar billiger als anderswo, denn Singapur ist ein Freihafen und erhebt keine Steuern: einen Anzug, wertvolle Jade, eine modische Brille, eine Badehose, die neueste Schallplatte, den kleinsten Fotoapparat, die leistungsfähigste Stereoanlage, den leichtesten PC. Dies alles gibt es hier zuhauf.

Singapur ist das Bethlehem der neuen großen Religion: der Religion des Konsums, des materiellen Wohlstands, des Massentourismus. Kathedralen und Moscheen sind überflüssig geworden. Die neuen Tempel sind die Hotels. Hier wie überall in Asien. Nicht schöne Paläste oder Pagoden bestimmen das Gesicht einer Stadt, sondern Hotels. Die Hotels sind zum Treffpunkt des Lebens, der Unterhaltung, des Vergnügens geworden. Die Hotels sind das, was einstmals Cafés, Kirchen, Stadtplätze, Theater waren. In Kuala Lumpur wie in Hongkong, in Seoul wie in Bangkok. In Singapur allerdings sind sie es mehr als anderswo.

Ich habe meine ersten achtzehn Lebensjahre in Florenz verbracht, und ich glaube, ich habe damals nie ein Hotel betreten. In Asien kommt man nicht darum herum. Im Hotel trifft man sich, ißt man, feiert man Feste, Geburtstage, im Hotel geht man schwimmen, kauft ein, tanzt, heiratet. Die begüterten jungen Leute des neuen Asien kennen beinahe nichts anderes mehr. Für viele von ihnen bedeutet Spazierengehen soviel, wie von einem Hotel zum anderen zu ziehen, über riesige *shopping malls* mit Marmorfußböden und Plastikbäumen. Ja, Singapur liegt am Äquator, am Rande des Dschungels, doch die beliebtesten Bäume sind die Kunstbäume, die keinen Regen brauchen und nur ab und zu abgestaubt werden müssen.

Bald merkte ich, daß ich die Spielregeln, die Etikette und die Tabus dieser neuen Gesellschaft nicht kannte. Ich saß im Foyer eines großen Hotels, hatte bereits zwei Tassen Tee getrunken und verlangte noch etwas heißes Wasser, um es in den Teetopf zu gießen. »Bedaure, mein Herr, unser Tee ist nicht wiederauffüllbar«, gab eine der jungen Kellnerinnen zurück, die »chinesisch« gekleidet waren, mit einem Schlitz bis zum Hintern, weil dies den Touristen gefällt. Was für ein seltsamer Ausdruck! Nur die Singapurer konnten so etwas erfinden: nicht wiederauffüllbarer Tee.

Ein anderes Mal ging ich zufällig am Büro einer Gesellschaft vorbei, deren Schiffe ausschließlich zwischen Singapur und Indonesien verkehrten. Als ich eintrat und mich nach einer Passage nach Jakarta erkundigte, war der Direktor plötzlich in einer Besprechung, der Sales Manager bei der Mittagspause, und die Angestellten schienen tief in ihre Arbeit am Computer versunken. Mein Freund M.G.G. Pillai hatte mich gewarnt: »In Singapur ist sofort verdächtig, wer nicht Business class fliegt, in einem First-class-Hotel übernachtet und mit Kreditkarten zahlt.« Recht hatte er! Die einzige Frage, die all diesen Angestellten, die sich bemühten, mich weder zu sehen noch zu hören, durch den Kopf ging, war offenbar: Ist das ein Terrorist?

Für eine Gesellschaft, die von unzähligen Verboten beherrscht wird – Männer dürfen keine langen Haare tragen; Männer wie Frauen dürfen keinen Kaugummi kauen –, ist der Mensch, der sich nicht normgerecht verhält, inakzeptabel. Die soziale Pflicht des einzelnen besteht darin, seinem Mitmenschen zu einem korrekten Verhalten zu verhelfen. Obwohl ich lediglich auf der Durchreise hier war, hatte ich ständig das Gefühl, »geführt« zu werden: sei es von anderen Menschen (»Hören Sie auf meinen Rat: Nehmen Sie ein Flugzeug!«), sei es von einer unsichtbaren Macht. Überall im neuen Singapur ertönen aus Lautsprechern, die in Bäumen, Aufzügen, Rolltreppen, in der U-Bahn oder an Straßenlaternen versteckt sind, Stimmen, die etwas ankündigen oder empfehlen. Überall stehen Schilder, die etwas anempfehlen: »Trage kein Aids nach Hause!«, oder mahnen: »Angeln von der Brücke verboten!«, »Nicht ausspuken!«. Wieder andere geben banale Ratschläge: »Achtung auf den Kopf! Niedrig hängende Äste.« Für diejenigen, die schwer von Begriff sind, zeigen Bilder, wie man sich den Kopf anschlagen kann.

Damit die Bewohner so werden, wie das System es gern hätte, werden ständig »Kampagnen« durchgeführt: eine Kampagne zum Sauberhalten der Rinnsteine, eine zum Anpflanzen von Bäumen oder zum Begießen der Blumen. Als ich ankam, lief gerade die *Wellness*- oder »Wohlbefinden«-Kampagne. Die 1800 Angestellten eines einheimischen Unternehmens hatten sich öffentlich dazu verpflichtet, einen Monat lang nicht den Fahrstuhl zu benutzen, um ihr »Wohlbefinden« zu steigern. Als ich abreiste, startete eine Kampagne zur Aushungerung der letzten freien Geschöpfe der Stadt: »Füttern wir keine Tauben mehr! Sie bringen Unheil und Krankheiten«, hieß es auf Plakaten.

Trotzdem war dies eine herrliche Stadt! Von oben, von Fort Canning aus, wo ich jeden Morgen meinen Dauerlauf machte, war Singapur ein Traum. Wolkenkratzer, durchsichtig wie geometrische Wolken, makellose Parks, leicht befahrbare Straßen. Ich begab mich zur Universität: makellose Alleen, supermoderne, sonnendurchflutete Bibliotheken, Rasen in unterschiedlichem Grün, dazwischen Sportplätze und schattenspendende Bäume. Nichts war dem Zufall überlassen, von der verschiedenfarbigen Begrünung der Hänge bis zur Krümmung eines Astes, um zu gewährleisten, daß der Autoverkehr auf der Straße nicht behindert wurde. Wenn ich mich allerdings mit jemandem eine Weile unterhielt, überkam mich wieder die Angst.

»Unsere Studenten sind erstklassig. Ihre Ausbildung ist von internationalem Rang und politisch zuverlässig. Sie wissen, wann sie zu reden und vor allem wann sie zu schweigen haben«, sagte der Direktor eines Forschungsinstituts zu mir. Er betrachtete dies als ein Zeichen der Reife.

Ich verbrachte die Tage in einem Wechselbad der Gefühle, war hin- und hergerissen zwischen Bewunderung und Abscheu, zwischen Erstaunen und Entsetzen. »Dies ist die Zukunft … und sie funktioniert«, sagte ich mir in Augenblicken der Niedergeschlagenheit.

Diese Zukunft ist die Erfindung eines einzigen Menschen: Lee Kuan Yews, eines Mannes von großer Intelligenz, großer Arroganz, großen Ambitionen und keinerlei Skrupeln. Lee Kuan

Yew hatte die Führung Singapurs im Jahr 1959 übernommen, er hatte sie inne, als 1965 die Republik aus der Malaiischen Föderation austrat, und er behielt sie bis 1990, als er sich aus seinem Amt als Ministerpräsident zurückzog; er ist »Altersmitglied« der Regierung und damit weiterhin die letzte Instanz aller die Insel betreffenden Entscheidungen.

Er ist es, der aus dieser Hafenstadt am Äquator das Zentrum der Modernität gemacht, der die Stadt neugestaltet, ihr Klima verändert, aus ihren Bewohnern andere Menschen gemacht hat; er hat den besten und am wenigsten korrupten Verwaltungsapparat aller asiatischen Staaten auf die Beine gestellt, indem er die Beamten wie leitende Angestellte einer Firma bezahlte; er hat eines der fortschrittlichsten Bildungssysteme ganz Asiens geschaffen, dessen Professoren mit die höchsten Gehälter der Welt beziehen. Zweifellos ist sein Experiment erfolgreich.

Doch der Preis dafür? Eine leblose Stadt, ein banales Volk und eine Diktatur. Obwohl sich das politische System den Anstrich einer Demokratie gibt: mit Parteien, einem Parlament und Wahlen, hat Lee Kuan Yew nie auch nur den geringsten Zweifel daran gelassen, daß die Macht ihm gehöre und daß dies auch so bleiben werde. Er hat sich aller möglichen Verbündeten bedient und sie nacheinander vernichtet, sobald sie zu Rivalen wurden. Von der Opposition hatte keiner die geringste Chance, seine Macht in Frage zu stellen. Wie jeder Diktator hat er jede kritische Stimme im Keim erstickt, alle Informationsorgane unterstehen seiner Kontrolle; er hat versucht, die Geschichte umzuschreiben und die Vergangenheit auszuradieren.

Alte Zeitungsjahrgänge sind in Singapur nur schwer aufzutreiben; sogar die Reden von Lee Kuan Yew gelten als Staatsgeheimnis. Man würde darin allzu viele Widersprüche entdecken, allzu viele Kursänderungen, allzu viele Wahrheiten, die sich in Irrlehren verwandelt haben und umgekehrt. Das Gedächtnis ist für Diktaturen eine schrecklich gefährliche Sache. Selbst das meine!

Ich erinnerte mich an ein multiethnisches Singapur, das sich bemühte, Chinesen, Inder und Malaien dazu zu bringen, ihre

Ursprünge zu vergessen und »Singapurer« zu werden. Was ich vorfand, war eine fast ausschließlich chinesische Stadt, deren meistverbreitete Sprache das Mandarin war und wo alle Nichtchinesen – immerhin 25 Prozent der Bevölkerung – sich ausgeschlossen fühlten.

Eines Abends saß ich in einem Restaurant im Freien mit einem Inder, der in Singapur geboren war und hier sein Leben verbracht hatte. Die chinesischen Gäste an den Nebentischen behandelten ihn als Ausländer und mich als »Mitbürger«, nur weil ich Chinesisch sprach und er nicht. Der Inder versicherte in Englisch und Malaiisch – immerhin noch Amtssprachen auf der Insel: »Ich bin Singapurer.« Es half nichts; die anderen machten sich über ihn lustig. Einer antwortete ihm auf chinesisch: »Singapurer? Die Singapurer sind alle ausgestorben. Hier gibt es nur noch Chinesen.« Die anderen lachten und klatschten Beifall.

Noch vor wenigen Jahren wäre solcher Chauvinismus undenkbar gewesen. Doch die Zeiten haben sich geändert. China ist heute nur noch dem Namen nach kommunistisch; die Diaspora-Chinesen sind nicht mehr des Maoismus verdächtig und können sich uneingeschränkt zu ihrer Identität bekennen. China ist jetzt eine Großmacht, und dementsprechend mächtig fühlen auch sie sich. Der Schritt zu ethnischer Überheblichkeit ist nicht groß.

Ein Blick in die Geschichte erklärt vieles. Die überwiegende Mehrzahl der heutigen Diaspora-Chinesen hat China im letzten Jahrhundert verlassen – als Boat People, auf Schiffen, die ihr Ziel nicht immer erreichten. Sie flüchteten vor Hungersnöten, Krieg und Elend. Das China, aus dem sie kamen, war ein vom Kolonialismus gedemütigtes Land, vom Opium geschwächt und von Konflikten zerrissen. Diese Chinesen waren keine Mandarine, keine Dichter. Es waren Arbeitskräfte: Kulis. Das chinesische *ku li* bedeutet »bittere Kraft«, ein schöner, aus zwei einfachen Schriftzeichen bestehender Ausdruck, der die Situation der Verzweifelten prägnant wiedergibt.

Wie alle Emigranten, so hatten auch diese Chinesen nur den einen Traum: Geld zu verdienen. Mit Geld konnten sie sich den

Schutz der Länder erkaufen, in denen sie lebten, mit Geld konnten sie zuweilen sogar ihr Leben retten. Es waren Menschen ohne Kultur, die bei ihrer Ankunft in *Nanyang*, dem Südlichen Meer, ihre dörflichen Traditionen und Götter mitbrachten. Doch bald wurden Geld und materieller Wohlstand zu ihrer wahren Kultur.

Das große Verdienst von Lee Kuan Yew war es, dies alles verstanden und auf seinem kleinen, von Kulis bewohnten Inselstaat den Traum der chinesischen Auswanderer erfüllt zu haben: den Traum von einem sicheren Hafen, einer Schule für ihre Kinder, einer Bank für ihre Ersparnisse. So wurde Singapur, das zum kommunistischen China wie zum nationalchinesischen Taiwan stets geschickt Distanz bewahrte, zur Hauptstadt des Dritten China, zur Hauptstadt der Diaspora-Chinesen. Und so konnte sich Lee Kuan Yew, der von den äußeren Umständen dazu verdammt war, gewissermaßen der Bürgermeister einer kleinen chinesischen Stadt von kaum drei Millionen Einwohnern zu sein, sich als das natürliche Oberhaupt eines heimatlosen Stammes behaupten, eines Flüchtlingsvolkes aus einem »Israel«, in das heute keiner der fünfundzwanzig Millionen in Asien verstreuten Chinesen mehr zurückkehren möchte ...

Lee Kuan Yew hat historisch gesehen sogar noch mehr geleistet: Auf seiner kleinen Insel hat er bewiesen, daß Chinesen es – wie alle anderen – zu Wohlstand bringen können. Damit hat er etwas verwirklicht, von dem die chinesischen Intellektuellen seit Ende des vorigen Jahrhunderts träumten: die Modernisierung. Nach chinesischem Vorbild? Nein, durch Nachahmung des Westens, aber das macht ihm niemand zum Vorwurf. Im Gegenteil: Heute ist Singapur eine Stadt, in der so gut wie alles westlich ist, von der Architektur bis zum Bildungswesen, von der U-Bahn bis zum Kran, vom Computer bis zum Bleistiftspitzer, wo sogar der typisch chinesische Abakus durch Rechenmaschinen ersetzt wurde, wo die Leute nur noch von einer Rolex-Uhr, einem Pierre-Cardin-Gürtel, einem Montblanc-Federhalter und einem Mercedes träumen – dieses Singapur ist also das, was China selbst zu werden anstrebt. Singapur ist heute Chinas neues Modell.

All das hat *er* zustande gebracht – mit Entschlossenheit, manchmal auch mit unnötiger Grausamkeit, ohne Rücksicht auf irgend etwas oder irgend jemanden und insbesondere ohne Gewissensbisse. Lee Kuan Yew hat Menschen und Dinge zerstört, die ihm im Wege waren, er hat das Alte hinweggefegt, wenn es ihn daran hinderte, das Neue aufzubauen. In der Orchard Road, der Hauptstraße der Stadt, stand ein indischer Tempel, der als der älteste der Insel galt: Er wurde abgerissen, weil er den U-Bahn-Bau störte. Ein Präsident der Republik, sein alter Mitstreiter, war ihm ein Dorn im Auge, weil er Dissidenten umwarb; er wurde abgesetzt mit der Anschuldigung, Alkoholiker zu sein. Ganze Stadtviertel des alten Singapur wurden dem Erdboden gleichgemacht. Generationen von Singapurern wurden gleichgeschaltet durch ein raffiniertes System schleichenden Terrors.

Das Aufgebot an Polizisten ist – gemessen an der Einwohnerzahl Singapurs – eines der höchsten der Welt. Doch die Polizei ist nirgends zu sehen. Der Verkehr wird automatisch geregelt. Wenn ein Auto bei Rot über die Ampel fährt, registriert eine Videokamera das Nummernschild, und im Handumdrehen wird dem Autobesitzer die Strafe zugestellt. Um in den Stoßzeiten ins Stadtzentrum fahren zu dürfen, muß man eine Gebühr entrichten: Eine elektronische Anlage stellt automatisch mittels einer Magnetkarte die fällige Geldsumme fest.

Die überwiegende Mehrheit der Polizisten ist in der Binnenspionage tätig. Die Agenten sind – inkognito – allgegenwärtig: in den Blocks der Arbeitersiedlungen, in den Büros, den Fabriken und vor allem an den Universitäten. Ein Gesetz zur Aufrechterhaltung der inneren Sicherheit erlaubt die Festnahme und Inhaftierung Verdächtiger auf unbestimmte Zeit. In der Vergangenheit wurden die Oppositionellen – die wirklichen wie die mutmaßlichen – jahrelang ohne Gerichtsverhandlung gefangengehalten: Der Rekord war dreiundzwanzig Jahre. Das System hat sich nunmehr gewandelt. Man wird verhaftet, »gebrochen« und wieder in den Kreislauf eingegliedert: Man erhält eine Anstellung beim Staat, wodurch man erpreßbar ist und unter ständiger Kontrolle bleibt.

»Gebrochen« wird man an einem unterirdischen Ort, der sich unter einem alten chinesischen Friedhof in der Oreat Road befindet, einer Querstraße der Thompson Road. Er wurde in den sechziger Jahren mit Hilfe von Spezialisten der israelischen Polizei eingerichtet. Die Gefangenen werden in eiskalte Zellen ohne Tageslicht gesperrt, ihr Essen ist mit Drogen versetzt, und sie werden halbnackt verhört. Die psychische Folter geht zu Ende, wenn der Gefangene sich zu einem »Bekenntnis« entschließt. In den letzten zwanzig Jahren wurden nicht mehr als tausend Personen dieser Tortur unterworfen, aber der Abschreckungseffekt hält an.

Wer ihn kennt, behauptet, Lee sei von den Ereignissen in Osteuropa schwer getroffen worden und befürchte, daß er, sollte er die Macht verlieren, selbst vor Gericht gestellt und der unter seiner Verantwortung begangenen Menschenrechtsverletzungen angeklagt werden könnte. Ein Grund mehr, den eigenen Sohn zu seinem Nachfolger zu machen. Die Welt hat über Kim Il Sung gelacht, als er, Jahre vor seinem Tod, eine rote Dynastie errichtet und seinen Sohn Kim Jong Il zu seinem Erben einsetzte, aber Lee Kuan Yew hat genau dasselbe getan. Sein designierter Nachfolger heißt Lee Hsien Long. Vor seinem Eintritt in die Politik hatte er im Militär eine Blitzkarriere durchlaufen und es zum General gebracht.

Doch auch das ruft bei der gefügigen Einwohnerschaft Singapurs keinen besonderen Unwillen hervor. In der chinesischen Gesellschaft ist die Familie der Mittelpunkt, um den sich alles dreht, und wenn der eine seinem Sohn das Geschäft vererben kann, warum dann ein anderer seinem Sohn nicht den Staat? So wachsen die Dynastien ... und vergehen!

Die Dynastie von Singapur sieht nicht so aus, als sei sie von Dauer. Auch der Erfolgsstory Lee Kuan Yews haftet etwas Unheimliches und Beunruhigendes an, das die Asiaten nur durch das Wirken des Schicksals erklären können: Der erste Enkel, ein Sohn des Generals, ist als Albino zur Welt gekommen, die Mutter, eine Ärztin, hat Selbstmord begangen, und sogar Lee Kuan Yews Nachfolger, sein Sohn, der General, ist an Krebs erkrankt; der andere Sohn, auch er beim Militär, leidet an Depressionsschüben. Der Mann, der buchstäblich an alles gedacht hatte, konnte das Schicksal nicht programmieren.

»Schwarze Magie ... Schwarze Magie«, meinte aus tiefster Überzeugung einer der wenigen noch verbliebenen malaiischen Taxifahrer. »Er ist so verhaßt, daß es irgend jemandem gelungen sein muß, den ganzen Haß auf ihn zu konzentrieren.«

Je mehr ich mich mit der Geschichte Singapurs beschäftigte, desto mehr wurde mir bewußt, daß hinter der Fassade aus Glas und Stahl, hinter dem Schutzschirm höchster Effizienz und Rationalität auch in Singapur die Welt des Okkulten weiterlebte, ja vielleicht sogar wuchs. Als ich ins Hotel zurückkehrte, fand ich Nachrichten von Leuten vor, denen ich nur ganz nebenbei von meinem neuen Interesse erzählt hatte und die mich mit einem *bomoh* bekannt machen oder mich zu einer Frau bringen wollten, die Krebs aus der Ferne diagnostizieren könne.

Ich hatte einen Journalisten aus Singapur gebeten, alle Geschichten über Wahrsager für mich zu sammeln, die in den letzten drei Jahren in der Presse erschienen sind. Er brachte mir einen Computerausdruck, auf dem mehrere hundert solcher Storys verzeichnet waren.

Leute, die ihn kannten, erzählten mir, Lee Kuan Yew selbst habe Wahrsager zu Rate gezogen, insbesondere in der Zeit, als er fürchtete, ermordet zu werden. Einer dieser Wahrsager aus seinem engsten Umkreis, der ihm Jahre zuvor geweissagt hatte, er werde Ministerpräsident werden, war kürzlich gestorben. Inzwischen hatte Lee Kuan Yew ein Gesetz erlassen, das den Beruf des Wahrsagers als illegal brandmarkte, »wenn er in betrügerischer Absicht ausgeübt« wird. Trotzdem waren die Gelben Seiten des Singapurer Telefonbuchs voll mit Adressen von Sehern, Astrologen und Magiern.

Seit meiner Ankunft hatte ich auch von einer bekannten Persönlichkeit der Singapurer High-Society gehört, einem erfolgreichen Geschäftsmann, der »Kräfte« besaß und ein ausgezeichneter Chiromant war.

Endlich erhielt ich einen vielversprechenden Anruf von einer Reiseagentur. Es gab ein Passagierschiff, das nach Jakarta fuhr. Ob ich mich dafür interessiere? Unbedingt. Es war ein zu einem großen schwimmenden Kasino umgebautes Kreuzschiff mit Roulette- und Baccarat-Tischen. Man mußte spielen. Großartig! Wie für mich geschaffen.

Die Illusion blieb mir nur wenige Tage. Man rief mich erneut an und teilte mir mit, die Fahrt des Kreuzschiffes, das von der thailändischen Insel Phuket aus hätte starten sollen, sei annulliert worden.

Ich kam mir in Singapur vor wie in einem Gefängnis, dennoch wollte ich unbedingt noch dableiben. Ein Grund war der 27. April, an dem das erste offizielle Treffen zwischen kommunistischen und Nationalchinesen seit dem Ende des Bürgerkriegs 1949 stattfinden sollte. Die Tatsache, daß diese Begegnung ausgerechnet in Singapur und durch Vermittlung Lee Kuan Yews stattfand, erschien mir außerordentlich bedeutsam im Hinblick auf ein Großchina, das ich im Entstehen begriffen sah. Es war dies ein historischer Augenblick, den ich keinesfalls versäumen wollte. Der zweite Grund lag darin, daß ich mich mit Rajamanickam in Verbindung gesetzt hatte, dem Wahrsager, von dem mir M.G.G. Pillai zum erstenmal erzählt hatte und den mir verschiedene Singapurer als den besten der Stadt empfohlen hatten. Er war ausgebucht, versprach aber, mich zu empfangen.

Singapur irritierte mich immer mehr. Diese reich gewordenen Ladenbesitzer, die sich alles erlauben konnten, außer zu denken, waren mir unerträglich. Mich langweilte ihre Knauserigkeit und ihre schlecht verhohlene Arroganz, ihre Verwechslung des Bruttosozialprodukts mit dem Intelligenzquotienten, des durchschnittlichen Pro-Kopf-Einkommens mit dem Fortschritt, des Kitsches mit dem Schönen, der Quantität mit der Qualität. Herausfordernd hatte mich ein Student an der Universität gefragt, wie viele Stockwerke der größte Wolkenkratzer Italiens habe. Mit der Zeit wurde ich immer aggressiver.

»Fahr mich zum Holland Park«, sagte ich zu einem Taxifahrer.

»Willst du dort zu Abend essen?«

»Nein.«

»Aus welchem Land kommst du?«

»Afrika.«

»Wie kann das sein? Du bist doch weiß!«

»In Afrika gibt's auch Weiße.«

»Was ist dein Beruf?«

»Mörder von Taxifahrern, die zu viele Fragen stellen!«

Er sah mich überrascht an. Er habe doch nur seine Pflicht getan, meinte er; gerade sei eine Kampagne der Höflichkeit gegenüber Touristen gestartet worden. Mir fiel auf, daß er zwei Ringe trug: einen mit einem blauen und einen mit einem braunen Stein. »Ich trage sie seit zwanzig Jahren. Sie schützen mich vor allem Bösen«, erklärte der Taxifahrer, und da er merkte, daß mich dies interessierte, zeigte er mir noch eine kleine weiße Kugel, die er an einer Kette um den Hals trug. »Eine Kokosperle«, sagte er. »In jeder zehntausendsten Kokosnuß befindet sich eine solche Perle. Ich habe sie von einem *orang asli* bekommen, und sie besitzt eine große Kraft.« Auch er mußte gewisse Tabus beachten, damit seine diversen Schutzmechanismen funktionierten.

Auf einmal widerten mich alle diese Gespräche an, dieses Zeug, das man um den Hals oder an den Fingern trug und die damit verknüpften Tabus. All das, was mir anfänglich poetisch und interessant erschienen war, kam mir plötzlich widersinnig, dumm, demütigend vor. Als sei ich in eine Falle geraten und drauf und dran, ebenfalls verrückt zu werden. Mich überkam große Lust, zum Flughafen zu gehen, ein Flugzeug nach Jakarta zu besteigen und die ganze Sache an den Nagel zu hängen.

Wirklich? Wollte ich mich wieder in Reih und Glied stellen? Zur Normalität zurückkehren? Zur Logik? Zu jener Logik, aus der Singapur hervorgegangen ist? Ich zögerte. Ein Flugzeug zu nehmen wäre fast der Unterbrechung eines Urlaubs gleichgekommen.

An jenem Abend war ich bei einem bekannten Architekten zum Essen eingeladen. Er war gerade von einer Reise nach Bombay zurückgekehrt, wo er an einer zweitägigen Konferenz mit indischen Architekten und Intellektuellen teilgenommen hatte. Er war tief beeindruckt: Nicht ein einziges Mal hatte er von Geld, von unterschriebenen oder unterschriftsreifen Kontrakten reden hören. Dann war es also richtig, nach Indien gehen zu wollen!

Während dieses Abendessens deutete ich mein Problem mit den Flugzeugen an und sagte, manchmal hätte ich es satt, den Ratschlägen eines Wahrsagers zu folgen. Eine ältere Dame, die am anderen Ende des Tisches saß, meinte: »Ich besuche morgen meine Wahrsagerin ... wenn Sie mitkommen und sich einen Rat holen möchten ...«

Und so kam es, daß ich am nächsten Tag neben einer äußerst lebhaften und geistreichen älteren Chinesin in einem Auto saß, das Richtung Rangoon Road fuhr, einer Querstraße der großen Serangoon Road, der Straße der Inder. Es war schwer zu sagen, wie alt sie war, aber ihren Erzählungen zufolge reichten ihre Ursprünge in weite Ferne. Sie war in Shanghai geboren, als es noch die Metropole Asiens war. »Dort gab es große Wahrsager«, erzählte sie. Einer von ihnen habe sie in jungen Jahren gewarnt: »Wenn du in Shanghai bleibst, wirst du nicht älter als fünfundzwanzig«, und sie hatte auf ihn gehört. Sie war Schauspielerin, und als sie mit ihrer Truppe in Singapur auf Tournee war, blieb sie hier. Sie lernte einen wohlhabenden einheimischen jungen Mann kennen, heiratete ihn und bekam drei Kinder. Nach Shanghai kehrte sie nie wieder zurück. Sie hatte gerade ihr 81. Lebensjahr vollendet.

Das Problem, das sie beschäftigte, war ihr Haus: Dort hatte sie mit ihrem Mann fünfundfünfzig Jahre lang glücklich gelebt, aber seit sie Witwe war, spürte sie, daß das Haus ihr kein Glück mehr brachte. Die Investitionen, die sie tätigte, schlugen fehl, die Geschäfte, auf die sie sich eingelassen hatte, brachten kein Geld ein, und sie wollte umziehen. Deshalb suchten wir die berühmte Kartenlegerin auf, in die meine Begleiterin großes Vertrauen setzte. Es war dieselbe, die ihr davon abgeraten hatte, jemals wieder nach Shanghai zurückzukehren, und sei es auch nur für einen Kurzbesuch. »Wenn du hingehst, erfüllt sich sofort die alte Prophezeiung«, hatte sie zu ihr gesagt.

Das Auto hielt vor einem alten chinesischen Tempel, der dem Glück und dem langen Leben geweiht war. Die Kartenlegerin hatte direkt neben dem Göttertempel ihre Praxis. Sie war beleibt, hatte ein schönes heiteres Gesicht, ein freundliches Lächeln und dichtes graues Haar, das ihr, nach hinten gekämmt, bis zum Nacken reichte. Sie trug ein braunes Kleid mit gelben und himmelblauen Blümchen und war vielleicht siebzig Jahre alt. Vor sich auf einem runden Tisch hatte sie einen Packen abgegriffener Karten liegen, deren Figuren schwer zu erkennen waren. Die alte Dame wollte, daß ich anfange.

Die Frau bat mich, eine Karte zu ziehen, und fragte mich, in welchem Jahr und in welchem Monat ich geboren sei.

»1938: das Jahr des Tigers«, sagte sie und begann, die Karten auf dem Tisch anzuordnen. *»Dann war also das vergangene Jahr schwierig für dich. Es war das Jahr des Affen, und dem Affen macht es Spaß, den Tiger zu foppen. Im vergangenen Jahr warst du sogar in Lebensgefahr. Wußtest du das? Aber mit Beginn des nächsten Monats werden alle Gefahren vorbei sein, und es beginnt ein zweites Leben für dich. Der bessere Teil deines Lebens. Dein Leben lief immer gut, aber nach deinem 55. Lebensjahr wird es hervorragend werden. Wirklich ausgezeichnet. Der Grund dafür ist, daß du – als Tiger geboren – erst jetzt ein richtiger Tiger wirst. Bisher warst du eine Art großer Katze. Du hast viel für die anderen und wenig für dich selbst getan. Wenn irgendwo Ratten waren, hat man dich gerufen, und du hast sie gefangen. Wenn es keine Ratten zu fangen gab, hat dich auch niemand gerufen.«*

Die Frau sprach ein schönes Chinesisch, ihre Sätze waren knapp und prägnant wie Aphorismen.

»Wohin du auch gehst, überall hast du Freunde; die Leute mögen dich, aber dich interessieren andere nicht besonders. Dich interessiert allerhöchstens deine Familie. Du hast zwei Kinder, einen Sohn und eine Tochter …« (Bravo!) *»Du bist verheiratet, und deine Ehe wird dein ganzes Leben bestehen. Was ist deine Frau für ein Tierkreiszeichen?«*

»Hase.«

»Gut. Der Hase wird im Alter immer schöner. Das trifft auf deine Frau zu: ye lao ye piaoliang, *je älter, desto schöner«*, meinte

sie belustigt. *»Deine Ehe wird halten, weil der Tiger mit dem Hasen gut auskommt. Du bist ein in der Dunkelheit geborener Tiger. Deshalb kümmerst du dich viel um deine Kinder und gehst für sie auf die Jagd nach Futter. Du bist mehr Mutter als der Hase.«*

Es amüsierte mich, wie die Figuren des Tierkreises zur Beschreibung eines Menschen, zur Entzifferung seines Charakters dienten. Schließlich erkannte ich mich in dieser Beschreibung des Tigers ja auch wieder! Die Frau fuhr fort, mich und die Karten auf dem Tisch zu betrachten.

»Bald wirst du in einem anderen Land leben, und die Menschen dort werden dir sehr helfen.« (In Indien? Nicht so bald. Ich muß bis 1995 warten.) *»Du bist gewitzt und intelligent. Du bildest dir deine eigene Meinung von den Dingen, brauchst nicht auf andere zu blicken. Dein Großvater väterlicherseits war ein guter Mann und hat dir als kleinem Jungen sehr geholfen.«* (Na ja. Er war der einzige Großvater, den ich wirklich gekannt habe, und die Erinnerung an gewisse Spaziergänge mit ihm sind mir lieb und teuer. Geholfen? Nur in diesem Sinn.)

»Hast du Fragen?«

»Ich hätte Lust, meinen Beruf zu wechseln. Etwas vollkommen anderes zu machen«, sagte ich.

»Wenn du unbedingt willst, tue es, aber erst nach dem Reisfest im August. Aber es ist nicht klug zu wechseln. Deine jetzige Arbeit kennst du. Du beziehst ein Gehalt. Das verlierst du, wenn du wechselst. Besser, nicht zu wechseln. Hör auf mich!« Mehr als die Karten schien mir aus diesen Sätzen ihr praktischer chinesischer Verstand zu sprechen.

Sie mischte die Karten wieder, ließ mich abheben und legte sie in Achterreihen auf. *»In diesem Monat sei auf der Hut! Vermeide es, im Meer zu schwimmen, damit der Drache dich nicht in seine Gewalt bekommt! Du kannst in einem Schwimmbad schwimmen, aber nicht im Meer. Ab Ende Mai kannst du schwimmen, wo du willst. Meide auch das Gebirge! Meide das Gebirge in den nächsten zwei Monaten! Hör auf mich! Vergangenen Monat kam ein Japaner zu mir. Ich riet ihm, nicht im Meer zu schwimmen, aber er sagte, er müsse es tun, weil er Perlen-*

fischer sei. Ich habe soeben erfahren, daß er ertrunken ist!« (Wer weiß, ob das wahr ist, solche Geschichten sind jedenfalls wirkungsvoll!) *»Vorsicht! Der April ist noch ein gefährlicher Monat für dich.«*

»Kann ich Politiker werden?«

»Nein! Regierungen sind nichts für dich. Du bist von deiner Grundeinstellung her ein Gegner der Regierungen …« (Bravo, hier hat sie den Nagel auf den Kopf getroffen!) *»Und außerdem bist du mit dem, was du tust, sowieso schon ein halber Politiker.«* (Mein Beruf als Journalist ist mit keinem Wort zur Sprache gekommen.)

Wieder mischte sie die Karten, ordnete sie in Form eines Kreuzes an und danach in Form eines Kreises. *»Jetzt hör mir gut zu: Iß in deinem Leben nie Schildkröten- und Schlangenfleisch, dann wirst du lange leben. Wenn du sechzig wirst, feiere ein großes Fest und lade alle deine Freunde ein, dann wirst du dreiundachtzig Jahre alt werden. Wenn du dann noch ein wenig aufpaßt, kannst du sogar achtundachtzig werden.«*

Die anderen Kunden, die warteten, bis sie an die Reihe kamen, und mit großer Neugier an meinem »Schicksal« teilgenommen hatten, lachten amüsiert, und ich räumte meinen Platz für die chinesische Dame.

Die Kartenlegerin riet ihr, so schnell wie möglich umzuziehen. Das Ableben ihres Ehemanns habe das Gleichgewicht im Haus gestört. Wenn sie dort bliebe, werde ihr alles mißlingen, und sie werde bald schwer krank werden. Das überzeugte sie.

Erst auf dem Rückweg zum Hotel fiel mir auf, daß ihr Familienname gleich lautete wie der Name eines der engsten Vertrauten von Lee Kuang Yew, eines treuen Anhängers des Regimes. »Ist er mit Ihnen verwandt?« fragte ich beiläufig. Ich erwartete ein »Nein«, um dann gleich auf andere Dinge zu sprechen zu kommen. Sie jedoch sagte: »Natürlich, er ist mein Sohn.« Da empfand ich eine heimliche Freude. Lee Kuan Yew und seine Anhänger hatten sogar das Klima in Singapur verändert, aber etwas aus urzeitlicher Ferne, etwas Irrationales war geblieben, das sie nicht hatten tilgen können … nicht einmal in ihren eigenen Familien!

Eine Stimme aus zweitausend Jahre alter Ferne

Sir Stamford Raffles hatte vollkommen recht, als er im Jahr 1819 Singapur als Stützpunkt der Ostindischen Kompanie wählte. Wer mit dem Schiff nach Südostasien fahren und den Monsunwinden ausweichen wollte, kam notgedrungen hier vorbei. Singapurs Trumpf war seine geographische Lage – und deshalb wurde es zu einem Knotenpunkt des internationalen Schiffsverkehrs. Allerdings zu einem leicht verwundbaren.

Ein Kanal durch den Isthmus von Kra, die schmalste Stelle der malaiischen Halbinsel, würde den Schiffsweg von Europa nach Thailand, Indochina, den Philippinen, China und Japan und zurück um Hunderte Seemeilen verkürzen. Immer mal wieder ist die Rede davon; doch wäre Singapur mit einem solchen Kanal aus dem Spiel und würde bald zu einer Geisterstadt werden – ähnlich jenen amerikanischen Städten, die mit dem Goldrausch aufstiegen und verfielen.

Lee Kuan Yew und seine Leute wissen das und stellen Singapur bereits heute auf eine neue Rolle um: Es soll die Informatik-Hauptstadt Asiens werden, die erste wirklich integrierte »intelligente« Stadt der Welt.

Im Verhältnis zu seiner Bevölkerung verfügt Singapur jetzt schon über die meisten Roboter der Welt, über die meisten Computer der Region und über den höchsten Kenntnisstand im Bereich der Elektronik. Überall stehen Computer; überall werden Kurse angeboten, in denen man den Umgang mit ihnen erlernen kann. So kommt zu dem alles beherrschenden Materialismus auf dieser Insel, wo das Geld zum alleinigen Maßstab für Erfolg und Moralität geworden ist, noch ein weiteres Element der Verengung hinzu: die binäre Logik dieser Apparate, die nicht nur die Arbeitsweise, sondern auch die Denkweise des Menschen verändert.

»Dies ist die Zukunft«, bekam ich in Singapur immer wieder zu hören, und mich bedrückte die Vorstellung, daß dies nicht nur die Zukunft Singapurs, sondern die von Millionen Asiaten sein könnte. Und vielleicht auch die unsrige.

Früher lehrte man in den Schulen, auch in denen Singapurs, denken. Heute lehrt man dort vor allem das Programmieren. Doch was wird aus einer Gesellschaft, die sich ohne ein »Aber« entwickelt, die nicht mehr differenziert, sondern sich mit der Computerlogik des »Ja« und »Nein« begnügt? Wie sieht es in den Köpfen von Kindern aus, die mit dem Eindruck aufwachsen, daß es für jedes Problem eine Lösung gibt und diese höchstens eine Frage der Software ist?

Singapur machte mir angst, weil es bereits größtenteils nach dieser Logik funktioniert. Der Staat ist der Computer, und die Gesellschaft wird, wie die Temperatur, von einer Art elektronischem Thermostat reguliert. Entdeckt man etwa, daß Kinder von Intellektuellen einen höheren Intelligenzquotienten haben als andere: Dann werden eben insbesondere Universitätsdozenten zur Fortpflanzung angehalten. Entdeckt man, daß die Anzahl der Ehen unter den jungen Leuten nicht ausreicht: Dann ruft der Staat einen Familiengründungsausschuß ins Leben, der Kreuzfahrten und Bälle organisiert, um die Paarbildung zu fördern. Entdeckt man eines Tages, daß diese reiche und moderne Stadt langweilig, kulturlos und kunstarm ist: Dann wird ein Armeegeneral zum Minister ernannt. Er wird schon die richtigen Befehle erteilen, damit Kultur und Künste zur Blüte gelangen.

Ich hätte diesen Mann gern kennengelernt, doch gestattete man mir nur, einen seiner Geheimdienstleute und einen seiner Sekretäre zum Mittagessen einzuladen. Mit welchen Künstlern ich wohl sprechen könnte, erkundigte ich mich; doch sie wußten mir keine Namen zu nennen. Dafür wollten sie wissen, was ich in Singapur zu tun hätte, und machten mich darauf aufmerksam, daß ich als Tourist niemanden interviewen dürfe. Hatten sie mich beobachtet, als ich mich unter all den üblichen

Vorsichtsmaßnahmen – einschließlich des Tricks mit den zwei Taxis und des letzten Stück Weges zu Fuß – mit dem neuesten Opfer ihres totalitären Staates traf? Es handelte sich um einen jungen Universitätsdozenten, der dem Gerede von Demokratie geglaubt und die Illusion gehegt hatte, bei den nächsten Wahlen für die Opposition kandidieren zu können. Das Regime hatte seine Vergangenheit durchforstet und prompt ein Vergehen »entdeckt«: Er hatte ein persönliches Schreiben mit einer Briefmarke der Universität frankiert. Des Diebstahls angeklagt, wurde er seines Postens enthoben und zum Opfer einer brutalen Verleumdungskampagne. Der Ärmste trat aus Protest in den Hungerstreik, vermochte damit aber niemanden zu rühren. Alle waren sie gegen ihn: der Rektor, die Kollegen, die Presse und die öffentliche Meinung dieser gefühl- und seelenlosen Insel. Dabei war er ein großartiger Mensch, ein Idealist und entschlossen, sich nicht mundtot machen zu lassen.

»Wenn nicht ich, wer dann?« hatte er zu mir gesagt. Für die Welt der Computer war gerade das nicht akzeptabel.

»Ach, du interessierst dich für Außergewöhnliches? Dann geh heute abend zum Chee-Tong-Tempel, da wirst du was erleben.«

Ich hatte den Architekten T. K. Soon schon vor zwanzig Jahren kennengelernt. Inzwischen hatte er vor allem unterrichtet und gebaut. Der Chee-Tong-Tempel war sein Werk. »Eine einzigartige Erfahrung!« sagte er.

Ursprünglich befand sich der Chee-Tong-Tempel, ein altes taoistisches Heiligtum, im nördlichen Teil der Insel. Da er einem Modernisierungsprojekt im Weg stand, war er abgerissen worden. Als Entschädigung hatte die Regierung Singapurs Taoisten ein Stück Land für einen neuen Tempel zugeteilt. Ein Wettbewerb wurde ausgeschrieben, der Entwurf von T. K. Soon gefiel, und so wurde er aufgefordert, mit dem Meister darüber zu sprechen. Dieser bestand auf einigen Änderungen: Der Dachsims durfte nicht gegen Menschen oder Gebäude weisen; im gesamten Tempel durfte es keinen rechten Winkel geben. T. K. Soon gehorchte. Schließlich war der Meister ein taoistischer Weiser, der vor über zweitausend Jahren gestorben war. »Schau ihn dir an«, empfahl T. K. Soon. »Heute ist Donnerstag.«

Mein Taxifahrer erzählte, der Tempel werde nur noch »Tempel des gläsernen Lotos« genannt, und als ich ihn sah, schien mir das treffend. Inmitten einer Arbeitersiedlung, am Rand der Querstraße Nummer 3 der Hougang Avenue, stand, in blaues Licht getaucht, ein hochmoderner, kühner Bau, der tatsächlich an eine aus dem Asphalt geschossene Blume erinnerte. Die Folge der nach oben abgewinkelten Dächer waren die Blütenblätter; die Säulen, auf denen sie ruhten, der Stengel. Das Dach war ganz aus Glas; zwischen den Säulen waren keine Wände, und der auf einer achteckigen Plattform aus weißem Marmor stehende Bau war wie durchsichtig. Ein großer leerer Raum, durch den der Wind strich. Wunderschön! In der Mitte stand ein Altar, dessen Öllämpchen sich in der Glasdecke spiegelten. Auf dem Altar standen drei Statuen: der Affengott und zwei taoistische Heilige. Der rechte Heilige, ein lächelnder Alter mit langem weißem Bart, war der Meister, Kuan Lao Xiang Xian, der hundert Jahre vor Christus in der Nähe von Chengdu in China gelebt hatte. Sein Geist war es, der sich pünktlich jeden Donnerstagabend in dieses unscheinbare Vorstadtviertel von Singapur begab.

An die hundert Menschen warteten schon. Vor dem Altar, auf einem roten Stuhl mit drachenförmigen Armlehnen, saß eine korpulente Frau: hoch aufgerichtet und breitbeinig wie die chinesischen Kaiser auf den Gemälden. Sie war etwa fünfzig Jahre alt und trug einen Pyjama aus feuerroter Seide. Unbeweglich, mit geschlossenen Augen, war sie das Medium. Zwei weitere Frauen, ihre Gehilfinnen, ebenfalls rot gekleidet, brachten ihr Teeschälchen, grünes Papier und einen Kalligraphiepinsel, während rundherum das ehrfurchtlose Kommen und Gehen und Geplapper fortdauerte, das für chinesische Tempel so typisch ist.

Der Geschäftsführer der Tempelvereinigung kam auf mich zu und fragte mich, wer ich sei und was ich wolle. Seiner Visitenkarte zufolge war er unter anderem Präsident des Singapurer Gaststättenverbandes und Vorsitzender eines Rotary Club. Ich sagte, ich sei wie alle anderen gekommen, um mit dem Meister zu sprechen. Er hatte nichts dagegen, ermahnte mich aber, der Frau nicht zu nahe zu kommen. Ein flüchtiges Anstreifen genüge, um sie aus ihrer Trance zu bringen. Allein die beiden Gehilfinnen dürften sie berühren.

Ich setzte mich auf eine der Marmorbänke. Einige Zeit verstrich. Der Geschäftsführer erzählte mir, der Tempelbau selbst sei ein von Kuan Lao Xiang Xian vollbrachtes Wunder. Der Meister habe ihn in allen Details entworfen und alle technischen Berechnungen vorgenommen. »Unglaublich, nicht wahr? Ein Mann, der vor zweitausend Jahren gelebt hat und so modern dachte!« meinte er, Zustimmung heischend. Ich verriet ihm nicht, daß T. K. Soon ein alter Bekannter von mir war. Schließlich ist die Geschichte mit dem Wunder viel schöner, sagte ich mir. Und je öfter man sie erzählt, um so wahrer wird sie.

Plötzlich begann die Frau im Lehnstuhl sich zu schütteln und mit dem Oberkörper vor und zurück zu schaukeln. »Er ist da!« rief der Geschäftsführer, und im Tempel trat Stille ein. Alsbald ertönte eine seltsam schrille, greisenhafte Stimme, die tief aus den Eingeweiden der Frau zu dringen schien. Der Geschäftsführer sagte, da ich Gast und von weit her angereist sei, hätte ich den Vortritt. Also kniete ich rechts vom Lehnstuhl nieder, faltete die Hände vor der Brust und wandte mich der Frau zu, die sich beruhigt hatte und nur noch mit dem Kopf zuckte. Ihre halbgeschlossenen Augen blickten auf die Statue des Meisters. Eine der Gehilfinnen steckte ihr eine Pfeife in den Mund und zündete sie ihr an. Die Frau nahm einen tiefen Zug und begann, als sei sie wirklich der Alte der Statue, sich langsam über einen imaginären langen, weißen Bart zu streichen.

Sie fragte mich, wie ich hieße und woher ich käme. Ich kramte meinen alten chinesischen Namen hervor – Deng Tiannuo – und stellte mich vor. Die Frau durchzuckte es, sie schüttelte heftig den Kopf, dann ertönte ein kurzes, beinahe hämisches Lachen. Ich blickte mich um, weil ich nicht wußte, woher es kam. Wieder dieses Lachen. Es kam aus dem Bauch der Frau. Sie war Bauchrednerin. Dann ertönte durch ihre halbgeöffneten Lippen eine wunderbare uralte Stimme, die in klassischem

Mandarin, rhythmisch wie die Sprache der Peking-Oper, deklamierte:

»Kuan Lao Xiang Xian freut sich,
daß du Chinesisch sprichst.
China ist ein großes Land,
ein Land von großer Kultur,
ein altes Land …«

Daß sogar eine Schamanin sich dem überheblichen Rassenbewußtsein der Kinder des Gelben Kaisers nicht entziehen konnte!

»… was hast du Kuan Lao Xiang Xian zu fragen?«

Allzugern hätte ich gewußt, was ein taoistischer Mystiker über Singapur dachte; was er, der bestimmt jahrelang als Einsiedler gelebt hatte, davon hielt, daß seine Anhänger heute allesamt nur das Geldverdienen im Sinn hatten. Aber um mich seltsamen Fremden scharten sich die Anhänger des Meisters, und ich hielt mich, um sie nicht zu kränken, an das Übliche.

»Ein Hellseher sagte …«

Die Frau wollte wissen, welcher Hellseher diese Prophezeiung wann ausgesprochen habe, und zählte dann auf chinesische Art bis fünf, indem sie die gespreizten Finger, mit dem Daumen beginnend, nacheinander abknickte, um dann weiter bis zehn die Finger der geschlossenen Faust, mit dem kleinen Finger beginnend, wieder zu öffnen. Dann sagte sie:

»Du fürchtest
die Angst, nicht die Flugzeuge.
Willst du keine Angst mehr haben,
mußt du fliegen.
Setz dich ins Flugzeug,
überzeugt, daß nichts geschieht,
und nichts wird geschehen.«

Ihre Sprechart war ungewöhnlich. Jeder Satz war wie der Vers eines klassischen Gedichts, bestand aus vier Schriftzeichen und wurde im Rhythmus eines Wechselreims vorgetragen.

»Drohen mir denn keine Gefahren?« fragte ich nach.

»Die Gefahr liegt im Leben selbst.
Auch du bist geboren, um zu sterben.«

»Wann?« fragte ich und schämte mich im Grunde meines Herzens dieser Banalität; andererseits wechselt man mit der Sprache auch seinen geistigen Horizont, und da meine Kenntnisse des Chinesischen denen eines Kindes entsprachen, war es wohl in Ordnung, wenn ich kindliche Fragen stellte. Die Frau war mir nicht böse, ließ ihr nervöses Lachen erschallen, strich sich über den imaginären Bart und sagte:

»Alles hat seine Zeit.
Die Liebe,
die Ehe und die Kinder.
Auch der Tod.
Auch deiner wird kommen,
doch erst später im Leben.«

Dabei vollführte sie mit der rechten Hand eine ausladende Geste, als weise sie auf einen weiten Weg.

»Kuan Lao Xiang Xian
gibt dir
ein wertvolles Stück Papier,
das dich beschützt.«

Die Schamanin schwitzte, und eine der Gehilfinnen tupfte ihr immer wieder die Stirn ab. Die andere hielt ihr eine Tasse dunklen Tee an die Lippen und ließ sie trinken, behutsam, wie einen Kranken. Sie blickte mich nie an. Ihre Augen waren starr auf die Statue des Meisters gerichtet, der von seiner Höhe auf uns alle herabblickte.

Eine der Gehilfinnen gab ihr nochmals zu rauchen, die andere legte drei Streifen grünes Papier vor sie hin. Die Schamanin schüttelte sich, stieß ein langes Zischen hervor, bewegte die Hände, als verscheuche sie etwas, und begann dann mit einem Pinsel, den man ihr in die rechte Hand gegeben hatte, mit kräftigen und präzisen Bewegungen, ständig den Kopf vor und zurück wiegend, Zeichen aufs Papier zu malen. Es waren wohl Schriftzeichen, aber ich konnte sie nicht entziffern. Die drei Streifen wurden vom Geschäftsführer vor einen kleinen Altar gelegt. Ein Streifen müsse auf diesem Altar verbrannt werden, sagte die Schamanin, einen müsse ich hinunterschlucken und einen stets bei mir tragen. Dann kam das Tabu.

»Gib acht!
Der Schutz
hängt allein
von deinem Willen ab.«

Die Frau sprach weiterhin in Versform und mit der Stimme eines alten Mannes, nahm dabei abwechselnd einen Zug aus der Pfeife und einen Schluck Tee.

»Koste
kein Hundefleisch!
Nimm
weder Rindfleisch
noch Heroin zu dir!«

Dann fragte sie: *»Geht das?«*, als könne man darüber reden.

»Auf Heroin und Hundefleisch kann ich verzichten, auf Rindfleisch weniger.«

Die Frau schüttelte sich heftig. Aus ihrem Innern stieg wieder jenes hämische Lachen, dann die greisenhafte Stimme:

»Stell dir den Ochsen vor. Ein kräftiges, schönes Tier. Es hilft dem Menschen auf Feld und Straße. Um es zu essen, muß man es töten. Dieses Fleisch dringt in dich ein und macht auch dich zum Mörder. Nein! Du sollst nie wieder Rindfleisch essen. Gerätst du in Versuchung, denke daran, wie der Ochse getötet wird. Die Lust wird dir vergehen. Man soll die Natur, die Tiere achten, natürlich leben … Ißt du Rindfleisch, schützt Kuan Lao Xiang Xian dich nicht mehr.«

Der Geschäftsführer gab mir ein Zeichen. Meine Zeit war um. Mit immer noch gefalteten Händen sagte ich auf chinesisch: *»Xie xie ni«*, »ich danke dir«. Die Frau verbesserte mich: »Nicht mir. Dein Dank gilt Kuan Lao Xiang Xian.«

Doch das Schlimmste stand mir noch bevor. Der Geschäftsführer ließ mich auf den Zeichen für Yin und Yang inmitten eines großen taoistischen Oktogramms, eines Mosaiks aus schwarzem und weißem Marmor, niederknien, verbrannte vor meinen Augen einen der drei Streifen, schüttelte die Asche in ein Glas Wasser und befahl mir zu trinken. Auf diese Weise werde der Schutz in mich eindringen. Ich wußte, wie unnütz das war, denn ein Steak würde ich bestimmt hin und wieder essen, aber wie konnte ich ihm das sagen? Also trank ich. Mit dem zweiten, brennenden Streifen wedelte er mir um Körper und Kopf, um mich mit einer Schutzzone zu umgeben. Der dritte Streifen wurde in einen gleichfalls grünen Umschlag gesteckt und mir wie eine Kostbarkeit überreicht.

Tags darauf rief ich T. K. Soon an und erfuhr noch eine Geschichte über die Schamanin. Kurz nachdem der Tempel vollendet war, hatte die taoistische Vereinigung einen Ausflug nach China unternommen, um, von der Schamanin geführt, die Stätten aufzusuchen, an denen der Meister gelebt hatte, und um den ihm zu Ehren erbauten ursprünglichen Tempel zu finden. In Chengdu, der Hauptstadt der Provinz Sichuan, hatte niemand von einem Chee-Tong-Tempel gehört. Die Frau ließ alle wieder in die Busse steigen und gab dem Fahrer eine Richtung an. Nach zwei Stunden erreichten sie ein Bauerndorf. Auch dort kannte keiner den Tempel. Die Frau aber wandelte in Trance über die Felder und zeigte endlich auf die Reste alter Fundamente. Dort hatte der Tempel gestanden. Unweit davon entdeckten sie auch die Höhle, wo der Meister zu meditieren pflegte.

Das Warten hatte sich gelohnt. Den Anblick der kommunistischen und der Nationalchinesen, die in einem Wolkenkratzer Singapurs ihren ersten Vertrag unterschrieben und dabei ihre Champagnergläser klingen ließen, hätte ich nicht missen mögen. Historisch gesehen war dies der Beginn des chinesischen Wiedervereinigungsprozesses. Für mich war es ein Beweis mehr, daß China seine Eigenart aufgegeben hatte. Es hatte aufgehört, chinesische Lösungen für seine Probleme zu suchen, und wurde allmählich zu einem Land wie alle anderen: beherrscht vom Wettlauf zu Modernisierung und Verwestlichung, ohne weitere Ideologie als die des Geldes und der Rasse.

Man brauchte sie nur anzusehen: Kommunistische und Nationalchinesen unterschieden sich nicht mehr voneinander. Noch vor wenigen Jahren hätte ein Funktionär aus Peking sich ganz anders benommen, gekleidet, bewegt als einer aus Taiwan. Bei dieser ersten historischen Begegnung seit dem Ende des

Bürgerkriegs im Jahre 1949 waren die Chinesen beider Fronten identisch: Alle waren sie gekleidet wie westliche Geschäftsleute, alle waren sie darauf erpicht, über gemeinsame Wirtschaftsinteressen zu reden. Ein Funktionär aus Peking ging sogar noch einen Schritt weiter und erklärte, das Singapur-Treffen sei für die »Wahrung der Interessen der gesamten chinesischen Rasse« ausschlaggebend gewesen.

Die Diaspora-Chinesen wurden somit wieder zu »Kindern des Gelben Kaisers«, vereint unter einem gemeinsamen Dach. Der Drache, von dem Napoleon befürchtet hatte, daß er erwachen werde, erhob vielleicht erst jetzt sein Haupt.

Schließlich bekam ich auch einen Termin bei Rajamanickam. Ungern wäre ich abgereist, ohne ihn getroffen zu haben. Alle hatten mir gesagt, er sei der wahre Astrologe, ernsthaft und vertrauenswürdig. Er war verwandt mit einem Regierungsmann und wurde hin und wieder auch von Lee Kuan Yews Entourage konsultiert.

Am Telefon hatte Rajamanickams Sekretärin mich gefragt, ob ich die genaue Uhrzeit kenne, zu der ich geboren wurde. »Mehr oder weniger«, antwortete ich. »Nein. Sie müssen sie auf die Minute genau kennen, sonst brauchen Sie gar nicht erst zu kommen.« Ich mußte Angela anrufen, die sich glücklicherweise in Florenz aufhielt. Ein Beamter des Einwohnermeldeamtes im Palazzo Vecchio fand sie im Originalregister von 1938: 19.15 Uhr. Unglaublich. Dann hatte jener Bonze in Bangkok, der mich über meine Vergangenheit befragt hatte und zu demselben Ergebnis gekommen war, also recht gehabt! Ich war nicht um acht Uhr geboren, sondern genau eine Dreiviertelstunde früher: ein riesiger Unterschied ... für die Astrologie!

Rajamanickam wohnte in einem indischen Viertel in der Straße, die zum Flughafen führt. Das Haus war bescheiden, an den Wänden hingen Darstellungen hinduistischer Gottheiten. Er empfing mich in einem kleinen sauberen und wohlriechenden Arbeitszimmer – an einem Schreibtisch sitzend, hinter sich ein Regal voller alter Bücher. Rajamanickam war schlank und von dunkler Hautfarbe, wie alle südindischen Tamilen. Er wirkte elegant, trug eine gestärkte, blütenweiße Gurta mit zwei kleinen goldenen Knöpfen auf der Brust und einen weißen Sarong mit blauem Rand. Seine Brille hatte dicke Linsen, und er lächelte freundlich. In der Hand hielt er Papier und Stift, mit dem er ständig rechnete. Eine starke und vertrauenerweckende Erscheinung. Nichts daran wirkte falsch oder anbiedernd.

Er sprach im rollenden Tonfall Südindiens und wiegte ständig den Kopf hin und her, um seine Ausführungen zu unterstreichen. Eine alte deutsche Pendeluhr an der Wand schlug die volle Stunde und bimmelte zu jeder Viertelstunde.

»*Du bist in der vierten Phase des Sterns Parani geboren*«, begann Rajamanickam, »*deshalb stehst du unter dem Einfluß Jupiters, des Königs der Planeten. Dein Zeichen ist nach westlicher Terminologie die Jungfrau, mit dem Mond in den Fischen. Eine gute Kombination, die dir Intelligenz und Geschicklichkeit verleiht, einen unabhängigen Geist, ein großes Talent zum Argumentieren. Du hättest Jura studieren können.*« (Bravo! Ich habe es getan.)

Er hielt inne und betrachtete eingehend seine Notizen. Er wußte nichts von mir. Ich hatte seiner Sekretärin meine Geburtsdaten durchgegeben, und er hatte damit mein Horoskop erstellt und es in eine hübsche altmodische Mappe gelegt, zusammen mit ein paar Aufzeichnungen in roter und blauer Schrift. Er sah sie sich an und wurde argwöhnisch.

»*Bist du etwa Astrologe?*« fragte er.

»Nein.«

»*Du könntest es aber werden. Du könntest auch Schriftsteller, Journalist, Forscher werden. Man kann sich auf dich und auf das, was du sagst, verlassen. Eines Tages wird dir ein unvorhergesehenes Vermögen beschert, und im Alter bist du ein reicher Mann. Dein Geist hält nie inne, ist in ständiger Bewegung, und du bist ein guter Arbeiter. Du bist ein geradliniger und aufrichtiger Mensch, hintergehst niemanden. Du bist dazu bestimmt, dir einen Namen zu machen, vielleicht sogar berühmt zu werden. Du lebst bis ins Alter von vierundneunzig Jahren, doch gibt es in deinem Leben zwei kritische Abschnitte: einen zwischen deinem 59. und 61. Lebensjahr, den anderen, wenn du siebenundsiebzig bist.*

Hüte dich in dieser Zeit vor dem Wasser! Meide das Wasser! Geh nicht segeln und nicht schwimmen! Ganz besonders mußt du dich zwischen dem 8. August 1997 und dem 11. August des Jahres 2000 vor dem Wasser in acht nehmen.« (Ausgerechnet dann, wenn ich in Hongkong sein will, um mitzuerleben, wie sich die Chinesen die Kolonie zurückholen! Hoffentlich muß ich mich nicht schwimmend davonmachen!)

»In deinem Leben stehen dir noch viele Veränderungen bevor, alle zum Besseren, denn die schönste Zeit deines Lebens wird noch kommen ...« (Das höre ich nun zum zweitenmal!) *»Das Jahr der großen Wende ist dein 57. Lebensjahr. Da gibt es ein starkes Licht, das auf dich zukommt. Genau gesagt: Mit dem 2. Dezember 1995 beginnt der beste Abschnitt deines Lebens ... Du wirst mit dem, was du tun wirst, großen Einfluß haben. In einer Eigentumsangelegenheit wirst du Glück haben und zum erstenmal in deinem Leben reich werden. Bisher ist dein Geld gegangen, wie es gekommen war, aber nach deinem 57. Lebensjahr ändert sich das. Für dich beginnt das Leben mit 57. Im Augenblick befindest du dich in einer Zwischenzeit, in einer Zeit der Ungewißheit.«*

Rajamanickam sprach, mein Kassettenrekorder lief, ich machte nur mechanisch Notizen, und mein Kopf spielte mit seinen Worten. Ich spürte, daß er im Grunde recht hatte. Nicht, daß ich ein besseres Leben erwartete, aber die Vorstellung, daß mir der schönste Lebensabschnitt noch bevorstand, besaß für mich eine eigene Logik. Bis zu meinem heutigen Alter erfüllt der Mensch seine Pflicht und trägt, Kinder zeugend und arbeitend, zum Fortbestand der Gesellschaft bei. Er spielt die Rolle, die er sich ausgesucht hat oder die ihm zugewiesen wurde; er tut, was er tun muß. Dann ist er endlich frei. Ganz sicher nicht, um in Rente zu gehen. Die Rente als der Lebensteil, in dem man bezahlt wird, damit man nichts tut? Welch ein Mißverständnis auch dies! Wiederum eine gänzlich materialistische Deutung des Alters! Die Rente ist eine schöne Sache für den, der zu malen, zu angeln, bergzusteigen oder Romane zu schreiben hat. Für mich bedeutet dieses Voranschreiten im Alter nur, freimütiger, unbekümmerter zu werden, zunehmend das zu sagen, was ich denke, mich mit dem zu beschäftigen, was ich für richtig halte. Nun darf ich frei sein wie kein junger Mensch. Erst in meinem Alter darf man sich die Verrücktheit erlauben, für verrückt gehalten zu werden. Habe ich denn nicht bereits damit begonnen? Da sitze ich vor einem Hellseher! Mit dreißig hätte ich mir das niemals erlaubt! Der Mann inspirierte mich.

»Deine Mutter hat ein starkes Lebenszeichen und wird lange leben. Dein Vater hingegen hat ein schwarzes Zeichen, ein sehr schwaches, und er dürfte bereits gestorben sein …« (Ganz richtig.) *»Du bist seit langem verheiratet, aber gib auf deine Ehe acht. Wenn sie so lange gehalten hat, liegt das daran, daß deine Frau unter einem starken Zeichen steht. Wenn es nach dir gegangen wäre, wäre die Ehe schon mehrmals gescheitert. Dein Problem besteht darin, daß du einem Menschen sexuell nicht treu sein kannst. Sex ist für dich sehr wichtig und beherrscht dein Verhalten. Sexuell bist du ein Elefant. Sex wird dich bis zu deinem Lebensende interessieren, und das wird dir immer wieder Scherereien eintragen. Tendenziell bist du jemand, der, auch gleichzeitig, mehr als eine Frau haben kann. Ob du wieder heiraten wirst, hängt vom Horoskop deiner Frau ab. Wenn du aber mit deiner jetzigen Frau bis zu deinem 62. Lebensjahr verheiratet bleibst, wird die Ehe danach perfekt sein. Bereits mit neununddreißig Jahren gab es ein Problem in der Ehe. Die Ehe wäre beinahe gescheitert.«* (Das stimmt nicht ganz, aber wenn es überhaupt jemals so etwas wie eine Krise gab, dann war es im Jahr 1977. Bravo!?) *»Du müßtest drei Kinder haben: ein schwaches, zwei sehr kräftige.«* (Bravo; jetzt, da ich weiß, wie diese Worte zu deuten sind: ein Kind war so schwach, daß es gar nicht geboren wurde.) *»Die beiden starken Kinder sind ein Junge und ein Mädchen … Über deinem Namen liegt eine Art Licht. Es ist ein Name, der nicht von deiner Familie stammt, sondern den du dir selbst gemacht hast. Von Zeit zu Zeit hast du gesundheitliche Probleme, und zwischen dem 59. und dem 61. Lebensjahr sowie zwischen dem 65. und 66. Lebensjahr mußt du dich erneut einer Operation unterziehen. Du bist dein Leben lang gereist und wirst reisen bis zu deinem Tod.«*

Rajamanickam sprach, als lese er aus einem Buch vor, und dieses Buch hatte Seiten wie die, aus denen mir andere vorgelesen hatten. So muß man sich es vorstellen, und deshalb besitzt auch die Astrologie, insbesondere wenn sie von Experten praktiziert wird, eine große Anziehungskraft. Sie präsentiert sich mit einer Sicherheit, die anderen Weissagungsmethoden abgeht. In der Astrologie gibt es Texte, Regeln, Messungen. Kennt man Datum und Uhrzeit der Geburt, braucht man nur noch nach dem Lehrbuch zu gehen. »Siehe Seite 232«, heißt es da, und dort lesen dann alle mehr oder weniger dasselbe. Durch ihre Wiederholung gewinnt die Weissagung an Glaubwürdigkeit.

Rajamanickam zog aus meiner Mappe ein Blatt Papier, das voll handgeschriebener Zahlen stand. Es war mein ausführliches Horoskop für die kommenden Jahre:

»Zwischen dem 8. April 1994 und dem 14. März 1995 wirst du in ein anderes Land übersiedeln.« (Schon wieder dieser Gedanke, daß ich Bangkok verlassen werde! Wie denn? Das einzige andere Land, wo ich leben könnte, wäre Indien, aber nicht vor Sommer 1995!) *»Zwischen dem 14. März 1995 und dem 8. August 1997 wirst du größere Ausgaben haben, aber es bedeutet nicht deinen finanziellen Ruin. Nimm dich jedoch in acht … Zwischen dem 24. August 1997 und dem Jahr 2000 wird es in deinem Leben zahlreiche Veränderungen geben. Das ist auch der Zeitraum, in dem der Einfluß Saturns auf dich spürbar wird, die Zeit deiner großen Stärke. Wenn du in die Politik gehen willst, dann am besten zu dieser Zeit. Es ist auch die Zeit, in der du auf deine Gesundheit achtgeben mußt. Wenn du dich zur Wahl stellst, mußt du deine Kandidatur am 8. August 1997 ankündigen, dann wirst du weiter und weiter hinaufsteigen …«* (Wenn überhaupt, werde ich höchstens für die Präsidentschaft im Club der Auslandskorrespondenten in Hongkong kandidieren! Dort möchte ich den Sommer 1997 verbringen, um das Ende der letzten Kolonie der Welt mitzuerleben.)

»Du wirst ein glückliches Alter haben. Deine Glückszahlen sind die Fünf, die Drei und die Neun. Besonders die Fünf und die Drei. Dein Stein ist der grüne Smaragd.« (Das hatte auch Kaka in Penang gesagt: Die gleiche Seite im gleichen Buch?) *»Und der gelbe Saphir. Noch Fragen?«*

Ich frage ihn, ob er glaube, ich solle nach Indien gehen.

»Gewiß, aber du solltest in Nordindien leben, nicht im Süden.«

»Welches ist der günstigste Zeitpunkt?«

»Auf alle Fälle vor deinem 57. Geburtstag. Am besten, bevor du sechsundfünfzig wirst.« (Also vor September 1994: unmöglich. Der Vertrag für Turtle House läuft bis Anfang Mai 1995, und es ist noch keineswegs gesagt, daß mich der *Spiegel* nach Indien schickt. Ich werde erst noch Verdienste ansammeln müssen, dachte ich.)

Was er über meine Ehe äußerte, erschreckte mich. Ich hatte nicht geglaubt, daß ich in diesem Bereich Probleme haben könnte, aber er bestand so nachdrücklich darauf, daß mir sogar der Verdacht kam, er habe mir nicht alles gesagt, was er »sah«.

»Soll ich mir eine andere Frau suchen?« fragte ich.

»Das ist nicht das Problem. Ob du willst oder nicht, es wird eine andere Frau in deinem Leben geben, weil du ein Elefant bist und nicht nur eine einzige Frau haben kannst. Das ist dein Problem. Eine andere deiner Schwächen ist, daß du manchmal in deinen Entscheidungen nicht fest genug bist; du bist nicht fähig, das, was du dir vorgenommen hast, auch durchzuführen. Aber denk immer daran: Die beste Zeit deines Lebens steht dir noch bevor.« Das war immerhin ein tröstlicher Gedanke.

Der Mann gefiel mir. Von allen, die ich kennengelernt hatte, war er der distanzierteste. Keinen Augenblick vermittelte er mir den Eindruck, er wolle mir gefällig sein, sich bei mir einschmeicheln. Er sagte nicht: »Ich sehe Schwierigkeiten, aber ich kann dir helfen, sie zu lösen.« Er bot nichts an. Es war wirklich so, als lese er in einem Buch, zu dem er den Schlüssel besaß. Er las, und auch in diesem Lesen lag nichts Anteilnehmendes – als gehe ihn mein Leben nichts an, so wie auch den Arzt das Leben des Patienten nichts angeht, dem er eben mitgeteilt hat, daß er Krebs und nur noch sechs Monate zu leben habe. Dieses sein Unbeteiligtsein war überzeugend.

Ich hatte inzwischen gelernt, daß Leute, die immer über andere sprechen, froh sind, wenn jemand sich nach ihrem Leben erkundigt, und bat Rajamanickam, mir von sich zu erzählen. Er zögerte nicht. Es war ein Samstag, und er hatte Zeit.

Er war in Tamil Nadu in Südindien geboren und gerade dreiundsiebzig Jahre alt geworden. Vater und Großvater waren Astrologen gewesen. »Indiens Astrologie ist Jahrtausende alt«, sagte Rajamanickam. »Die Inder selbst machen davon kein Aufhebens, aber es gibt in Indien alte Bücher, Abschriften von noch älteren Büchern, die beschreiben, wie in den verschiedenen Epochen ein Horoskop angefertigt wurde. In unserer Epoche, die vor 5995 Jahren begann, ist der Augenblick, auf den es ankommt, der Zeitpunkt der Geburt. In einer früheren Epoche war es der der ersten geschlechtlichen Erfahrung. Er bestimmte das Schicksal eines Menschen.«

Rajamanickam sagte, die Astrologie sei eine auf mathematische Berechnungen gegründete Wissenschaft. Diese Berechnungen müssen aber exakt sein. Äußerst wichtig sei es zu wissen, um wieviel Uhr die Sonne am Geburtsort des Menschen aufgegangen ist. Denn sie beeinflußt sein Schicksal. Die verschiedenen Berechnungen müssen dann der Kultur, dem Milieu und der geschichtlichen Epoche gemäß gedeutet werden.

Rajamanickam zufolge gibt es »uralte Bücher«, in denen vorhergesagt wird, daß die Menschen zu allen Planeten, mit Ausnahme der Sonne, reisen werden; andere weisen tausend Jahre im voraus auf Überschwemmungen, Erdbeben und andere Naturkatastrophen hin. Er sagte, die Inder der Vergangenheit hätten je nach der Position des Paares im Augenblick der Zeugung das Geschlecht des Kindes vorhersagen können. Sie hätten über die Natur und den Einfluß der Sterne so gut Bescheid gewußt, daß sie beispielsweise genau die Uhrzeit berechnen konnten, in der ein bestimmter Stein zum Bau eines Tempels leichter hochgehoben werden konnte. Legenden, Mythen, vielleicht aber auch ein Stück Wahrheit, dachte ich, während ich ihm zuhörte.

Rajamanickam hatte mit zwölf Jahren angefangen, sich für Astrologie zu interessieren. Er las die Bücher seines Vaters, der aber war der Ansicht, die Astrologie bringe nichts ein und ein junger Mann, der in dem von den Engländern beherrschten Indien Karriere machen wolle, müsse die Schule besuchen. Um ihn dazu zu bewegen schlug er seinen Sohn. Einmal kam ein Sanyasin ins Dorf, einer jener Asketen, die auf alle Güter der Welt verzichtet haben und, nur mit einem Lendenschurz angetan, umherziehen und von Almosen leben. Der Sanyasin betrachtete Rajamanickams Hand und erklärte dem Vater, dieser Sohn würde nicht studieren, aber dennoch unter den Angehörigen anderer Kasten, anderer Stämme und anderer Völker berühmt werden; er werde in einer Sänfte umhergetragen werden und eine Frau mit einem Muttermal auf der Brust heiraten.

»Alles hat sich bewahrheitet«, sagte Rajamanickam. In einem Nachbardorf erlernte er die Astrologie. Im Jahr 1938 wanderte er nach Singapur aus, wo Menschen aller möglichen Nationalitäten und Religionen lebten. Und was die Sänfte betreffe, meinte er lachend, so fahre er heute einen Volvo.

»Und die Frau mit dem Muttermal?« fragte ich.

Es geschah, als die Japaner Singapur besetzten. Alle jungen unverheirateten Männer wurden eingezogen und mußten beim Bau einer Eisenbahnlinie nach Birma, der »Todes-Trasse«, mithelfen. Also galt es, schnell eine Frau zu finden. Eine Heiratsvermittlerin stellte ihm eine vor, an der nichts auszusetzen war, die aber kein Muttermal hatte. Die Zeit drängte, die Heiratsvermittlerin suchte weiter und fand ein Mädchen mit einem Muttermal. Die beiden heirateten. Und verließen einander nicht mehr. Kurz vor der goldenen Hochzeit starb die Frau plötzlich, und Rajamanickam wurde krank. »Mein einziger Schmerz ist, daß ich nicht mit ihr gestorben bin«, sagte er. Wieder ein Fall, in dem die Liebe nicht zum Ausgangs-, sondern zum Zielpunkt der Ehe wurde!

Ich fragte Rajamanickam, ob er sich sein eigenes Horoskop und das seiner Frau gestellt und ob er die Ereignisse seines Lebens vorausgesehen habe.

»Ein Astrologe ist wie ein Arzt. Wenn er krank wird, wenn er operiert werden muß, sucht er einen anderen Arzt auf«, erwiderte er. Nach dem Sanyasin habe er sich von niemandem mehr die Zukunft vorhersagen lassen, denn sein Leben werde von Durga geleitet und beschützt, fuhr er fort und richtete seinen Blick auf ein Bild, das eine auf einem Tiger sitzende Göttin darstellte.

Rajamanickam erzählte mir mehrere Geschichten von Leuten, die er gerettet hatte, indem er sie vor Gefahren gewarnt hatte, und von anderen, die nicht auf ihn gehört hatten. Geschichten, wie man sie zuhauf erzählt bekommt; ich schrieb sie nicht auf. Die beste Geschichte schien mir er selbst zu sein, der so solide, so heiter und sich dessen so sicher war, was er im Buch des Lebens anderer las.

Ich bedankte mich und hinterließ einen Umschlag mit der »Spende«. Wie auf Zehenspitzen trat ich aus dem Haus. Der Mann hatte mich beeindruckt.

Er hatte mir auch einen schönen Hunger eingejagt. Ein paar Schritte entfernt sah ich eine volkstümliche Gaststätte und setzte mich an einen der Tische. In dem großen Raum mit seinem Zementfußboden standen Auslagen mit verschiedenen Spezialitäten, die jeweils von einem Chinesen zubereitet wurden. Man guckte in die riesigen dampfenden Kochtöpfe und bestellte. Ich aß eine Suppe mit Reisnudeln, Sojasprossen und feingeschnittener Hühnerleber.

Das ganze Viertel war makellos sauber und ordentlich. Das Gras war gemäht, die Bäume beschnitten, die Kantsteinrinnen ausgefegt; kein Fetzchen Papier, keine einzige Zigarettenkippe lag auf der Straße. Die Leute sprachen leise, als wollten sie sich gegenseitig nicht stören oder selbst nicht gehört werden: angenehm und bedrückend zugleich.

Alle meine Versuche, mit dem Schiff nach Jakarta zu fahren, waren fehlgeschlagen. Mir blieb nur die Möglichkeit, mit einer Fähre nach Pulau Pinang, der nächsten indonesischen Insel, überzusetzen und dort nach einer weiteren Schiffsverbindung zu fahnden. Also tat ich das. Ich hatte das Gefühl, an Klaustrophobie zu leiden: als würde mir in Singapur die Kehle zugeschnürt. Als ich meine Rechnung bezahlt und mein Bündel geschnürt hatte, fühlte ich mich wie befreit.

Auf dem Weg zum Keppel Pier fuhr das Taxi an dem Park vorbei, in dem wir jahrelang gelebt hatten, aber ich wagte nicht, mir unser Haus noch einmal anzusehen. Singapur sollte mir so in Erinnerung bleiben, wie es gewesen war.

Nie gegen die Sonne

Ich hatte mich auf die Schiffsreise gefreut, auf das Gefühl der Freiheit, das mich auf dem Meer immer wieder überkommt; und prompt wurde ich enttäuscht. Keppel Pier war kein Hafen, wie ich ihn mir vorgestellt hatte; es war eine Raumstation, wo alles elektronisch gesteuert vor sich ging. Und meine Fähre war tatsächlich ein Raumschiff: flach, aerodynamisch, blitzschnell und hermetisch verschlossen, damit wir die klimatisierte Luft genießen könnten. In Singapur erschien mir sogar das Meer wie recycelt, desinfiziert, als habe man irgendwelche Pülverchen hineingeschüttet, um ihm sein wunderschönes Jadegrün zu geben. Nach fast zwei Wochen im Reich von Lee Kuan Yew war ich argwöhnisch geworden.

Wir kamen an der Insel Sentosa vorbei. Ich hatte sie wild und kahl in Erinnerung. Nun war sie ein tropisches Paradies oder vielmehr die Kopie eines tropischen Paradieses. Der strahlend weiße Sand war in Schiffsladungen von Indonesien herbeigeschafft worden, die Palmen waren zu Hunderten zwischen neugebaute Hotels gepflanzt und die »alten« englischen Forts renoviert worden, um sie den ahnungslosen Touristen als Überbleibsel aus dem Zweiten Weltkrieg vorzuführen. Ein enormer Aufwand, um auch Singapur einen sonnigen Strand zu verschaffen.

Binnen weniger Minuten waren wir außerhalb der Hoheitsgewässer des Inselstaates. Echte einsame Inseln mit langen, weißen Stränden gab es nun unzählige, nur mußte ich sie durch das Plexiglas der Bullaugen betrachten.

Auf der Fähre war ich der einzige Ausländer. Von einigen Singapur-Chinesen abgesehen waren alle Passagiere Chinesen aus

Indonesien; »Provinzler«, die von einem Ausflug in die »Hauptstadt« zurückkehrten. Eingezwängt in eine enge Sitzreihe, versuchte ich, einen Artikel über das »Wirtschaftswunder« Asiens zu lesen und über die Schwierigkeiten, die westliche Wissenschaftler angeblich haben, dieses Phänomen zu verstehen. Er war am Morgen in der *Straits Times* erschienen, der Tageszeitung von Singapur, und klang herablassend und arrogant.

Die Auswirkungen dieses Wunders waren rings um mich herum. Seit unserer Abfahrt dröhnte der Passagierraum vor Musik, Gekreisch und dem Geplapper aus verschiedenen Fernsehkanälen, mit ihren brutalen Kung-Fu-Filmen voller Toter, Erwürgter, Erstochener und Strömen von Blut; darunter mischten sich Video-Songs und das Piepsen elektronischer Spiele. Meine Nachbarin, eine etwa dreißigjährige, mit Goldschmuck behangene Chinesin, war so vertieft in ihr Spiel, daß sie ihren kleinen Jungen vergaß, der versuchte, seine Finger in meine Ohren zu bohren. Sie alle waren Diaspora-Chinesen jener neuen Generation, wie ich sie hier nun kennenlernte: selbstsicher, ordinär und auffällig. Die bescheidene Uniform von einst – weißes Trikothemd und schwarze kurze Hose – hatte sich in geblümtes Hemd, Piepser und Handy verwandelt, ein Kamm und ein dikkes Portemonnaie in den hinteren Hosentaschen und überall Gold: am Handgelenk, um den Hals, an den Fingern. Im Kopf hatten sie alle das »Projekt«, irgend etwas zu entwickeln, zu errichten, zu betonieren.

Das Projekt meines Sitznachbarn trat bald zutage. Zusammen mit Verwandten aus Taiwan, einem Bruder aus Singapur und einigen japanischen Investoren baute er gerade das erste große Hotel auf der Insel, zu der wir unterwegs waren. Der Plan sah noch acht weitere Hotels vor. »Wir wollen aus Pulau Pinang das Hawaii Südostasiens machen«, sagte er und zeigte auf den Horizont, wo ich nur eine ferne schöne Reihe Palmen sah, er aber bereits das Glitzern von Wolkenkratzern.

Ich hatte nicht versucht, mir Pulau Pinang vorzustellen, und fand die Insel auf den ersten Blick hinreißend; ursprünglich und vom modernen Leben noch verschont. Wir legten an einer alten

Mole an und gingen über einen langen Holzsteg an Land. Die Häuser waren ein- oder zweistöckig und die Straßen eng. Klimaanlagen gab es offensichtlich nicht. Ich quartierte mich in einer alten Pension vor der Moschee ein und engagierte an Ort und Stelle einen Übersetzer und einen Fahrer, die mir dort ihre Dienste angeboten hatten. Wir würden einige Tage miteinander verbringen müssen, und ich dachte, um sich kennenzulernen, sei es am besten, miteinander essen zu gehen. Als ich den Fahrer engagierte, hatte ich ihn nicht gefragt, welchen Wagen er fuhr, und wurde angenehm überrascht: einen vorsintflutlichen, mit Draht zusammengehaltenen Chevrolet.

»Glück gehabt!« sagte Nordin, der Übersetzer. »Auf den Riau-Inseln fahren sonst Autos, die es nicht einmal mehr in Amerika gibt.«

Pulau Pinang (*pulau* heißt Insel), dreimal so groß wie Singapur, aber mit nur 250000 Einwohnern, ist die Hauptinsel des Archipels von Riau, der zwischen den beiden großen Inseln Sumatra und Java liegt. Die Riau-Inseln sind reich an Erdöl – der größte Teil des indonesischen Rohöls kommt von dort – und anderen Bodenschätzen. Pinang selbst hat große Bauxitlager: In der Vergangenheit wurden sie von den Holländern abgebaut, jetzt von den Japanern. Die Hauptstadt der Insel ist Tanjung Pinang (*tanjung* heißt Stadt), von den 90000 Einwohnern sind die überwiegende Mehrzahl Chinesen, die – wie überall – den Handel in der Hand haben.

Auch das Restaurant, in dem wir aßen, meinen beiden Begleitern zufolge das beste der Stadt, war chinesisch. Wir saßen auf einer schönen Holzterrasse hoch über dem Meer. Alles, was es dort zu essen gab, schwamm unter uns lebendig in einem Bassin: die verschiedensten Fischarten, Krebse, Hummer, Krabben. Man sah hinunter und wählte, ein Junge fischte die Opfer heraus und schickte sie dem Koch in einem Körbchen. Gräten und Schalen warf man von der Balustrade aus ins Meer, und die Strömung spülte sie fort.

In Reisebeschreibungen, auch neuzeitlichen, liest man nur selten etwas über das, was die Menschen essen; aber in Asien zählt Essen noch zu den großen Vergnügen. Die Auswahl ist groß, die Zubereitung einfach, und Farbe und Geruch tragen genauso zum Genuß bei wie der Geschmack. Außerdem hat jedes Gericht einen speziell magischen Wert, was das Essen um so anziehender macht. Ein Gericht ist gut für die Leber, ein anderes für den Kreislauf. Eine Frucht wärmt, eine andere kühlt, und vieles ist gut für das Sexualleben, die Obsession, die alle Völker in diesem Teil der Welt verbindet.

Sex beherrschte auf amüsante Weise auch unser Gespräch. Es war Nordin, der damit anfing. Er warnte mich davor, das bißchen Malaiisch, das ich konnte, in Indonesien anzuwenden. Die malaiische und die indonesische Sprache sind fast identisch, einige Wörter haben in den beiden Ländern jedoch völlig unterschiedliche Bedeutung. So heißt *aqua* auf indonesisch Wasser, in malaiisch aber etwas völlig anderes. Vor einer Woche war Pinangs Fußballmannschaft nach Kuala Lumpur gefahren. Im Hotel baten die Spieler um *aqua*, und es präsentierte sich alsbald eine Gruppe von Transvestiten!

Nordin sagte, sein Name bedeute »Licht der Religion«. Die Religion war natürlich der Islam, aber ein »Islam auf indonesisch«, fügte er hinzu, also außerordentlich locker und liberal. Nordin stammte aus dem Herzen der Insel Sumatra. Er war ein Batak und auf seinen Ursprung sehr stolz. Die Batak teilen sich in vier Stämme. Nordin gehörte zu den Karo. Er erzählte, daß man dort, wenn ein unverheiratetes Mädchen sterbe, ihr eine frisch gepflückte Banane in den Sarg lege, »damit sie Gesellschaft hat auf ihrer Reise in die Unterwelt«. In den Sarg der unverheirateten jungen Männer hingegen legte man ein dickes Bambusrohr mit einem Loch in der Mitte.

Jedes Volk scheint einen eigenen Mythos von der Erschaffung der Welt und des Menschen zu haben. Nordin erzählte uns den der Batak: Eines Tages merkten die Affen, daß auf den Bäumen kein Platz mehr für sie war. Sie hatten so viele Kinder gezeugt, daß alle Äste übervölkert waren; man konnte nicht mehr an ihnen schaukeln, über sie laufen oder sich von einem zum anderen schwingen. Es wurde also beschlossen, daß die Hälfte der Affen auf der Erde leben sollte. Nun, das waren unsere Vorfahren! Eine hübsche Fassung der Genesis, schien mir.

Wohin werden wir aber die Hälfte der Menschheit schicken, wenn wir endlich merken, daß die Lebensbedingungen auf der Erde genauso unerträglich geworden sind wie die der Affen auf den Bäumen?

Wir sprachen weiter über Sex, und der Fahrer, ein großer, junger Mann mit schulterlangem Haar und dem Aussehen eines Piraten, erzählte, daß Sex der Grund war, weshalb er von zu Hause hatte fliehen müssen. Er stammte aus einem Dorf im Westen Sumatras, wo immer noch ein strenges Matriarchat herrscht: Die Frauen befehlen und bestimmen. Wenn ein Mädchen einen gewissen Jungen begehrt, so braucht sie nur zu ihm nach Hause zu gehen und mit seiner Mutter zu sprechen. Der Ärmste kann sich ihr nicht verweigern. Ihm selber sei nichts anderes übriggeblieben, als abzuhauen: Das Mädchen, das ihn begehrte, sei schaurig gewesen, sagte er. Ein anderer Dorfbrauch, der ihm mißfiel, war, daß die Frau den Mann, den sie sich ausgesucht hat, jederzeit wieder davonjagen kann: Sie braucht ihm nur am Morgen sein schwarzes Muslimenkäppchen vor die Haustür zu legen, um ihm den Abschied zu geben. Damit ist sie geschieden und kann sofort einen anderen heiraten.

Für unseren Fahrer war die Flucht nach Pilau Pinang eine »Befreiung« gewesen. Er erzählte, daß viele junge Männer aus seiner Gegend es genauso machten und daß die Frauen deswegen unzufrieden seien.

Ich hingegen war höchst zufrieden. Die Geschichten von Nordin und dem Fahrer versetzten mich in eine Welt der Vielfalt, wo der Mensch noch nach eigener Fasson lebte, mit ganz anderen Hoffnungen und Sorgen als denen, reich zu werden. Wie die beiden versuchten, sich über Tugenden und Fehler der Inselfrauen einig zu werden, um sie mir zu beschreiben, war an sich schon ein Vergnügen: Treulos seien die Frauen von Aceh (ein Gemisch aus arabischem, portugiesischem und indischem Blut, meinten sie). Wundervoll die Javanerinnen (mit einem Sondermuskel in ihrer Scham und von unvergleichlicher Liebenswürdigkeit). Wenn einem eine Javanerin auf den Fuß tritt, entschuldigt sie sich tausendmal, daß sie ihren schuldigen Fuß weiter benutzen müsse.

Ich fragte meine beiden Begleiter, ob auf der Insel seltsame Dinge geschähen, ob es *bomoh* gäbe.

Selbstverständlich! Unzählige! Nur daß man auf den Riau-Inseln die *bomoh*, die Kenner der Magie, *dukun* nenne. In einem Dorf an der Nordküste lebe ein außerordentlich mächtiger. Der Fahrer kannte ihn von Kindesbeinen an. Er habe eine Stimme, die einen erzittern lasse. Wenn ich mich aber für das Okkulte interessiere, sollte ich unbedingt nach Lingga fahren; auf dieser geheimnisvollen Insel, etwa fünf Bootsstunden von hier, hätten einst Sultane residiert, und noch heute verfüge die gesamte Bevölkerung, so erzählten meine Begleiter, über außergewöhnliche Kräfte. Es sei eine Insel, wo die Fische sprächen und wo es Überreste einer uralten Kultur gebe, von der niemand mehr etwas wisse. Der Ort gefiel mir!

Nordin telefonierte herum, und wir suchten nach einem Chinesen, der ein für die Reise geeignetes Boot hatte, doch als wir ihn fanden, war es zu spät, um noch loszufahren. Außerdem braute sich ein Gewitter zusammen. Wir würden es am nächsten Tag versuchen. Für heute blieb mir nur der *dukun*.

Über eine Stunde fuhren wir auf einer asphaltierten Straße an der Küste entlang. »Das Militär hat sie gebaut. Seitdem es nicht mehr gegen die Kommunisten kämpfen muß, tut es etwas fürs Volk«, sagte Nordin. Dann fuhren wir über rote Erde durch eine Ebene voller Kokospalmen. Der alte Chevrolet schwankte und ächzte, aber nur ich sorgte mich darum. »Der Mann hat sich hierher zurückgezogen, um sich in Ruhe konzentrieren zu können«, erklärte der Fahrer, und ich dachte, daß auch ich mir einen ruhigen, einsamen Ort aussuchen würde, sollte ich den Heiligen spielen oder eine neue Religion gründen wollen. Dumm waren diese Leute mit ihren »Kräften« ja nicht!

Eine der Spezialitäten des *dukun* war es, Geisteskranke zu heilen. In schwierigen Fällen mußte der Mann einige Tage fasten, um die Kraft zu erwerben, die Krankheit aus dem Körper auszutreiben.

Die Bäume standen nun dichter, und inmitten eines herrlichen Wäldchens sahen wir ein altes Holzhaus, das einmal himmelblau war. Ein Schriftzug über der Tür besagte: *Salamat Datang*, willkommen. Ein alter Mann in Sarong und dunklem Trikothemd, mit einer schwarzen, fettigen Kappe auf dem Kopf, saß gegen die Wand gelehnt auf der Veranda. Zu seinen Füßen übten sich ein paar dürre Hähne im Hahnenkampf; Kinder mit Welpen auf dem Arm sahen zu. Hunde sind für Muslime gewöhnlich tabu, aber der Mann erklärte Nordin, daß sie die Wildschweine fernhielten, die andernfalls ihre Felder verwüsten würden. So locker werden in Indonesien die Regeln des Islam gehandhabt.

Der Mann war auf einem Auge blind. Das linke war ganz weiß und leer, aber die unglaubliche Lebendigkeit des rechten glich das wieder aus. Er lud uns in das größte Zimmer seines Hauses ein. Wir nahmen auf Bänken rund um einen großen Holztisch Platz. Durch die geöffneten Fenster wehte eine angenehme Brise. An den Wänden hingen Bilder von javanischen Tänzerinnen, Porträts der Präsidenten Sukarno und Suharto sowie anderer Indonesier, die ich nicht kannte. Über dem Altärchen war ein alter Druck mit muslimischen Heiligen: blasse, bärtige Gesichter. Von der Decke baumelte eine Acetylenlampe für die Nacht. Der *dukun* hatte keinen Strom, folglich hatte er auch keinen Fernseher.

Er hatte mich noch nicht angesprochen, und ich verstand, daß es an mir war, mich vorzustellen: Ich käme von weit her, hätte von seinen Kräften gehört und wolle wissen, ob jemand mich mit dem bösen Blick bedacht habe, ob ich für meine Zukunft etwas fürchten müsse und ob ich in diesem Jahr etwas von Flugzeugen zu befürchten hätte.

»*Baik!*« sagte er, »gut. Ich werde dir allen Schutz geben, den du brauchst.« Seine Stimme ließ mich zwar nicht erzittern, doch war sie fest, tief und dunkel. Einer seiner Gehilfen servierte uns zuckersüßen Tee. Der Fahrer zeigte mir die Zimmer, wo die Patienten während länger andauernder Behandlungen Quartier bezogen. Der *dukun* erklärte, um herauszufinden, ob jemand mich mit dem bösen Blick bedacht habe, müsse er mich einer besonderen Untersuchung unterziehen, ich solle ihm also folgen. Während er sprach, erhob er häufig die Hände zum Himmel wie die Zauberin auf Malakka. Seine Fingernägel, besonders die der kleinen Finger, waren lang und schmutzig.

Durch einen schönen Vorhang aus Muscheln, die, wenn sie bewegt wurden, einen hübschen Klang ergaben, betraten wir einen dunklen, fensterlosen Raum. Auf der gestampften Erde lag eine Strohmatte, wo wir uns mit gekreuzten Beinen im Kreis niederließen. Der *dukun* zündete drei kleine Kerzen an, und ich sah, daß auf der Matte fünf runde Spiegel lagen, die auf die verschiedenen Himmelsrichtungen wiesen, und ein paar Eier. In einem Korb zur Rechten des *dukun* lagen weitere Eier.

»Wie heißt du?«

»Tiziano!« Er übte es ein paarmal und rezitierte dann mit lauter Stimme eine lange Litanei, von der ich nur den Namen »Allah« und hin und wieder auch den meinen – perfekt ausgesprochen – verstand. Aus einem Briefumschlag zog er ein Vergrößerungsglas hervor und sah damit bedächtig in die verschiedenen Spiegel. Er fuhr mit seinen Anrufungen fort, verkündete dann im Brustton der Überzeugung, daß auf mir kein böser Blick liege, daß ich ganz beruhigt sein könne, daß er mir aber trotzdem ein besonderes Schutzöl gebe. Unter einem Lappen zog er ein winziges Fläschchen hervor, das im Kerzenlicht wie Gold funkelte. Als er es öffnete, durchzog ein starker, süßlicher Geruch den Raum. Er führte es zum Mund, als wolle er hineinspucken, dann aber blies er heftig hinein, wie um ihm seine Seele einzuhauchen oder die des Geistes, den er verkörperte. Er verschloß es wieder, hob es unter neuerlichen Anrufungen gen Himmel und überreichte es mir wie etwas überaus Kostbares. Wenn ich mich in Gefahr fühlte, sollte ich mir mit diesem Öl die Stirn einreiben. Wenn ich diese Flasche immer bei mir trüge, könne mir niemand etwas zuleide tun. Falls jemand versuchen sollte, auf mich zu schießen – denn, meinte der *dukun*, diese Gefahr bestünde –, so würde die Waffe im letzten Moment streiken, der Arm des Schützen würde sich senken und Gewehr oder Pistole zur Erde weisen. Dank dieses Öls sei ich geschützt und geachtet, wo immer ich auch hinkäme. Jedermann würde verstehen, daß er es mit einem höheren Wesen zu tun hätte. Auch Generäle und Minister. Nur eines müsse ich beachten – der *dukun* sprach ohne jede Pause, aber langsam, und Nordin hatte Zeit, Wort für Wort zu übersetzen: *»Du darfst niemals gegen die Sonne pinkeln! Vergiß das nicht: Niemals! Wenn du gegen die Sonne gewandt pinkelst, verliert das Öl seine Wirkung. Verstanden?«*

Der Mann faltete die Hände. Ich betrachtete seine langen schmutzigen Nägel und das leere, weiße Auge, das im fahlen Licht der Kerzen plötzlich zu sehen schien. Der *dukun* fing an, eine verblüffende Litanei zu rezitieren, in der ich meinen Namen zwischen denen von Bangkok, Hongkong, London, Afrika, Pakistan, Jakarta, Indien, Europa, Amerika, Australien, New York, Asien, Deutschland, London und Rom heraushörte. Diese Namen von Städten, Ländern und Kontinenten wurden minutenlang in einem wilden Crescendo, mit meinem verflochten, vorwärts und rückwärts rezitiert: All diese Orte kann ich nun aufsuchen in der Gewißheit, dort als »höheres Wesen« beschützt und erkannt zu werden.

Die Zeremonie war zu Ende. Wir kehrten an den großen Tisch zurück, und ich bat den *dukun*, mir seine Geschichte zu erzählen. Wie hatte er entdeckt, daß er Kräfte besaß? Nein, das könne er nicht. Wäre ich am Morgen gekommen, so hätte er mir alles erzählt, aber der einzig günstige Augenblick des Tages sei nun vorüber. Auch er habe seine Tabus. Wenn er sie nicht einhielte, würde er alle seine Kräfte verlieren. Er sagte nur, er heiße Ismail, sei siebenundsiebzig Jahre alt und nach dem Krieg von Java nach Pulau Pinang gezogen. Er stamme von den Weisen mit den weißen Bärten ab, die dort auf dem Bild über dem Altar abgebildet seien. Das seien wirklich außergewöhnliche Leute, meinte der *dukun*; Leute, die sich, wenn sie es wollten, sogar unsichtbar machen könnten! Er könne das nicht. Aber Kugeln aufhalten, das könne er, und aus diesem Grunde kämen auch viele junge Inselbewohner zu ihm, bevor sie zum Militär gingen. Er mache sie unverwundbar.

Ich lauschte Nordins Übersetzung, und meine Gedanken schweiften ab, vollführten unkontrollierte Purzelbäume. Ich dachte darüber nach, wie doch zu allen Zeiten und in allen Winkeln der Erde der Mensch versucht hat, sich diese Unverwundbarkeit zu verschaffen, und daß von allen Mythen der von Achilles der schönste war, weil der Held dank dieser seiner Ferse so sympathisch menschlich bleibt. Die Behandlung des *dukun* war natürlich wirkungslos, aber die Unverwundbarkeit, die sie den Soldaten angeblich verlieh, wurde auch nie auf die Probe gestellt: Die Armee baut mittlerweile Straßen!

Mit Worten wußte der *dukun* gut umzugehen, und darin liegt vielleicht die wirkliche »Kraft« der meisten dieser Magier. Plötzlich erzählte er, daß er und Sukarno, der Mann, der Indonesien zur Unabhängigkeit geführt hat und bis 1967 Präsident war, denselben Urgroßvater hätten. Sukarno, sagte der *dukun*, habe enorme Kräfte gehabt, und direkt von Sukarno habe er die seinigen erhalten. Sukarno sei erstaunlich gewesen. Wenn sein Wagen oder sein Flugzeug ohne Benzin war, brauchte er nur in den Tank zu pinkeln, und die Motoren sprangen wieder an. Seine letzte Gemahlin habe sich nach seinem Tod wieder verheiraten wollen, aber am Vorabend der Hochzeit sei ihr Sukarno erschienen, und die Hochzeit fiel ins Wasser. Ob ich wisse, daß Sukarno gar nicht tot sei? In seinem Grab sei seine Statue beerdigt worden! Der echte Sukarno lebe noch irgendwo in Indonesien. Der *dukun* war sich seiner Sache absolut sicher, und auf seine Weise hatte er nicht unrecht.

Sukarno starb 1970, aber in Indonesien ist er heute vielleicht präsenter, als er es als Staatsoberhaupt war. Mit der Zeit wird sein Mythos immer mächtiger, so daß auch sein Nachfolger Suharto, der seit über dreißig Jahren an der Macht ist, mit diesem Gespenst rechnen muß, das auf dem Archipel herumgeistert und in dessen Namen die unterschiedlichsten »Wunder« vollbracht werden. Sukarno ist mittlerweile zur Schutzgottheit all dessen geworden, was in Indonesien mit Magie zu tun hat. Und um Magie dreht sich hier fast alles!

Ein Programmierer, der eine Diskette verliert, erkundigt sich beim *bomoh*, wo er sie wiederfinden kann; die Polizei wendet sich an Hellseher, um einen Dieb oder Mörder aufzuspüren; hohe Regierungsbeamte lassen sich von Magiern beraten, wenn sie einen wichtigen Vertrag zu unterzeichnen haben, den die Wirtschafts- und Finanzexperten bereits verabschiedet haben.

Kürzlich haben ein paar Automechaniker sogar erklärt, sie würden die Beulen in Autos durch Magie entfernen, und zwar in wenigen Stunden und zu einem Bruchteil des üblichen Preises. Auch sie behaupten, diese Kraft von Sukarno erhalten zu haben – sie stammen allesamt aus Blitar, seinem Geburtsort – und sie sich durch Beten und strenges Fasten zu bewahren. Ein Schwindel? Möglicherweise, aber er klappt. Sie leisten gute Arbeit, und sogar der Vertreter der Weltbank in Jakarta hat sich von ihnen seinen Toyota reparieren lassen.

Ich fragte den *dukun*, was er davon halte, daß der Mensch zum Mond geflogen ist. Er warf seine schmutzigen Hände wieder zum Himmel. »Das ist nicht wahr. Der Mensch kann nicht auf den Mond fliegen, weil der Mond eine Schöpfung Gottes ist. Seine Phantasie kann auf den Mond fliegen, aber nicht er selbst. Menschlichen Wesen sind Grenzen gesetzt, und diese Grenzen müssen beachtet werden, sonst geschehen schreckliche Dinge!« Mein Verstand, ganz sich selbst überlassen, gab ihm recht.

Auf dem Tisch lag ein Plastiktütchen mit gefärbten Arzneien, wie man sie auf allen Märkten Asiens findet. »Glaubst du an moderne Arzneien?« fragte ich den *dukun*. Aber ja! Er nehme sie selbst und empfehle sie seinen Kunden, wenn sie an körperlichen Beschwerden litten. Das Problem sei nur, daß all diese Mittel nicht in der Lage seien, die durch Zauberei verursachten Leiden zu beseitigen. Diese könnten einzig und allein durch einen noch stärkeren Zauber geheilt werden. Hatte er nicht vollkommen recht?

Der Wahnsinn zum Beispiel, so meinte er, werde durch Magie hervorgerufen und es gebe keine Medizin dagegen. Die Menschen kämen zu ihm, nachdem sie es mit den Ärzten in der Stadt versucht hätten. Der Junge, der uns den Tee serviert hatte, unterbrach uns und erzählte, daß viele Frauen von ihren Angehörigen hierhergebracht worden seien – mit schrecklichen Zitteranfällen und Krämpfen. Nach zwei, drei Tagen Behandlung seien sie dann ruhig und friedlich wieder nach Hause zurückgekehrt. Geheilt.

»Nicht ich erwirke das«, sagte der *dukun*. »Es ist Gott, der durch mich wirkt.«

Es ging ums Bezahlen. Der Fahrer hatte gesagt, es gebe keine festen Preise, aber man hinterließe etwas, wenn man zufrieden sei. Nordin schlug den Gegenwert von zwanzig Dollar vor. Das ist hier ein Vermögen, sagte ich mir, aber wenn das Öl wirklich wirkte... Außerdem konnte ich nicht von so weit her kommen, um in den Seelen der Leute herumzustöbern, ohne wenigstens ein bißchen Dankbarkeit zu zeigen, etwas Wohlwollen mir gegenüber zu bewirken, das mir mindestens so gut tun würde wie das Öl.

Unauffällig holte ich eine Handvoll Rupien aus meiner Hosentasche und verbarg sie in der rechten Hand. Als ich mich zum Abschied leicht verbeugte, streckte ich die rechte Hand aus, mit der linken das Handgelenk umfassend – eine freundliche Geste, die in Asien Pflicht ist. Er tat dasselbe; die beiden Hände trafen sich, er spürte die Münzen, und sein Gesicht strahlte in zufriedenem Lächeln. Er war glücklich, und ich fühlte mich beschützt – und wichtig.

Auf der Rückfahrt erzählte Nordin von seiner Erfahrung mit einem *dukun*. 1979, zwei Jahre nachdem er in Pinang angekommen war und angefangen hatte, Touristen zur benachbarten Bieneninsel zu fahren, ging es ihm plötzlich schlecht. Er fühlte sich schwach, hatte Kopfschmerzen, und häufig mußte er sich nachts übergeben. Seine Frau brachte ihn ins Krankenhaus. Die Ärzte verschrieben Medikamente, aber nach einem Monat ging es ihm noch schlechter, und er konnte sich fast nicht mehr bewegen. Seine Frau ließ einen weiblichen *dukun* kommen. Diese gab ihm verschiedene Tränklein, Blätter zum Auflegen, und nach drei Tagen fühlte sich Nordin, »das Licht der Religion«, wieder blendend. Die Erklärung? Die Bewohner der Bieneninsel hatten ihm den bösen Blick geschickt. Sie waren neidisch, weil er Englisch sprach und mit den Touristen von ihrer Existenz profitierte, ohne ihnen etwas abzugeben. Der weibliche *dukun* vollzog einen Gegenzauber und nahm den bösen Blick von ihm. Doch warnte sie Nordin: Bis an sein Lebensende solle er mehr Achtung vor anderen Menschen haben, sie nicht unnötig stören und das, was er verdiente, mit denen teilen, die ihm dazu verholfen hatten.

Nordin hatte diesen Rat sehr ernst genommen. Was soll man sagen? Natürlich haben alle Revolutionäre und Positivisten in solchen Magiern die Feinde der Moderne, die Ausbeuter des Volkes gesehen und versucht, sie – wie Mao in China – auch physisch auszurotten, um die Menschen von den Ketten des Aberglaubens »zu befreien«. Wer aber hat ihren Platz eingenommen? Wer lehrt heute noch solche wichtigen Selbstverständlichkeiten? Wer gibt noch Unterricht in gesundem Menschenverstand, und sei es mittels solch verrückter Zaubertränke und Öle? Und vielleicht haben sogar diese ihren Sinn!

Nordin holte aus seiner Brieftasche ein Stück Metall heraus, ein winziges, dünnes Stückchen Blech mit einer Aufschrift, das der weibliche *dukun* ihm gegeben hatte. Dies war ein Schutz, und er mußte ihn immer bei sich tragen. Aber wirkte dieses Stück Metall denn nicht als Katalysator? Erinnerte es ihn nicht jedesmal, wenn er es ansah, daran, daß er versprochen hatte, »anderen Menschen nicht mehr lästig zu fallen«? Hätte er sich einen Knoten ins Taschentuch gemacht, wäre es aufs gleiche herausgekommen, nur hätte dieser Hauch von Heiligkeit, von Magie gefehlt!

Auch Nordin hatte sein Tabu, das mit den Kräften dieses Metallstückchens zu tun hatte: Er mußte es jedesmal abnehmen, wenn er auf die Toilette ging, und er durfte kein Fleisch von Tieren essen, die nicht *halal*, also nach den Regeln des Islam geschlachtet worden waren. Alles mußte ihm seine Verpflichtung anderen gegenüber ins Gedächtnis rufen!

Mir fiel mein *dukun* wieder ein: Er war der erste gewesen, der weder von Geld oder Reichwerden noch von ausstehenden Erbschaften gesprochen hatte. Auch in den anderen *dukun*-Geschichten ging es nie um Materielles. Ich genoß meine Distanz von den Chinesen!

Wir fuhren wieder am Meer entlang. Das drohende Unwetter hatte sich verzogen, aber der Himmel hing tief und grau, doch das spiegelglatte Meer war wunderschön: Vom weißlichen Grün am Ufer wurde es zum Horizont hin immer dunkler, fast schwarz. Der Strand war schmal und stand voller Kokospalmen. Die Fischer errichteten etwa hundert Meter vom Ufer entfernt ihre Pfahlbauten, die der September-Monsun wieder hinwegraffen würde. Im April des folgenden Jahres würden sie sie wieder aufbauen. Das geht jedes Jahr so, seit Generationen: Sie bauen ihre Hütten, um darin zu wohnen, um mit einem dicken Netz, das von der Terrasse herabhängt, zu fischen und um sie sich vom Meer wieder davonspülen zu lassen.

»Die Fischer sind Malaien, die Käufer der Fische Chinesen. Das ist überall so, die ganze Küste entlang«, meinte Nordin. »Wenn die Fischer nichts fischen, leihen die Chinesen ihnen Geld zum Überleben, das sie später mit Zinsen vom Fang zurückverlangen. Manchmal laufen die Malaien Amok und erschlagen ein paar Chinesen«, sagte er im selben Tonfall, mit dem er von den Hütten erzählt hatte, die das Meer davonspült. Auch die Massaker schienen eine Frage der Jahreszeiten zu sein.

Das große Pogrom von 1965, ausgelöst von Militärs, die dann Suharto zur Macht beförderten, richtete sich eigentlich gegen die Kommunisten; aber vor allem auf den kleinen Inseln nutzten die Leute die Gelegenheit, um mit den Chinesen abzurechnen. Mehr als eine halbe Million Menschen wurden innerhalb weniger Tage niedergemetzelt. Einige der grausamsten Verbrechen fanden auf der friedlichsten und paradiesischsten der Inseln statt – auf Bali.

Am Abend aßen wir auf dem Markt; zwischen Dutzenden von Ständen, von denen jeder seine Spezialität feilbot – Meeresfrüchte, Fleisch, Gemüse und eine Unmenge Fische waren im Schein der Acetylenlampen ausgestellt: ein faszinierendes Mosaik aus Farben und Formen, umwoben von starken Düften. Das Öl flackerte in den riesigen Pfannen auf, mit denen die chinesischen Köche wie Taschenspieler umgingen. Im Dunkel hinter den Ständen wimmelte es von Hunden und Bettlern. Unter einem der Tische kroch ein Junge hervor, der mir die Schuhe putzen wollte. »Gib ihm nur einen zur Zeit!« mahnte Nordin. »Wenn du ihm beide auf einmal gibst, rennt er damit davon, und du bleibst barfuß zurück. Mit einem Schuh kann er nichts anfangen, also putzt er ihn dir.«

Nordin entdeckte in der Menge den einzigen anderen Westler der Insel und rief ihn an unseren Tisch. »Er weiß alles über die Insel Lingga«, sagte Nordin, als er ihn mir vorstellte. Michael war Australier, ein ehemaliger Philosophiestudent. Er war vor einigen Jahren nach Indonesien gekommen; auch er »auf der Suche«. Er war auf Lingga gelandet, und seitdem war er von dieser Insel wie besessen.

»Wieso Lingga?« fragte ich unschuldig, wohl wissend, daß ich damit die Büchse der Pandora öffnen würde.

»Lingga ist das Zentrum der Bunyan! Du weißt doch, wer sie sind?«

»Nein!«

»Die Bunyan sind weiche Menschen. Verstehst du? Wir sind harte Menschen«, erklärte Michael und berührte meine Haut, um mir zu zeigen, daß sie da war, fest und hart. »Sie sind weich, verstehst du? Auf Lingga gibt es viele davon, sehr viele, aber niemand kann sie sehen. Sie leben ihr Leben, wir das unsere, und nur selten mischen wir uns unter sie. Manchmal heiratet einer der Harten ein Bunyan-Mädchen, aber das kommt selten vor. Ich kenne einen Mann auf Lingga, der eine schöne Bunyan geheiratet hat. Er mußte einmal die Woche, am Donnerstag, mit ihr ins Bett gehen. Ansonsten war er frei und durfte sogar eine andere Frau heiraten.«

Gefesselt hörte ich Michael zu. Rundherum fuhren die Leute fort, zu kochen, zu essen, zu betteln; der Junge putzte meinen zweiten Schuh. Der etwa vierzigjährige Michael erzählte mir voller Ernst von den Bunyan, so wie andere über Aktien und die Börse gesprochen hätten. Und ich fand seine Geschichten herrlich! Auch in der chinesischen Tradition gibt es die Vermählung toter Seelen: zum Beispiel, um zu verhindern, daß ein unverheiratetes Mädchen als böser Geist unter den jungen Leuten des Dorfes herumspukt.

»Eines Tages vergaß der Mann seine Donnerstagsverabredung«, fuhr Michael fort, »und das beleidigte Bunyan-Mädchen ließ sich einfach nicht mehr blicken. Früher, wenn jemand auf Lingga heiratete, kamen die Bunyan zur Hochzeit, und als Hochzeitsgeschenk liehen sie dem Brautpaar ihre goldenen Teller, damit die Gäste davon essen konnten. Dann geschah es jedoch, daß jemand einen der Teller versteckte, in der Absicht, ihn zu klauen. Und die Bunyan kamen zu keiner Hochzeit mehr. Zur selben Zeit barst einer der drei Gipfel des Berges von Lingga. Der Berg ist heilig; er ist nur 1200 Meter hoch, aber niemand kann ihn erklimmen.«

Michael sagte, einige behaupteten, oben gewesen zu sein, könnten sich aber nur vage erinnern, wie sie es angestellt hätten. Er kannte eine Frau, die krank geworden war. Die Ärzte hatten sie aufgegeben. Als sie auf dem Sterbebett lag, fing sie plötzlich an, seltsame Kräuter zu erbrechen, und wurde wieder gesund. Sie sagte, sieben Bunyan-Mädchen hätten sie auf den Berg geführt, wo sie auf einer Wiese gegessen habe, bevor sie sie wieder in ihr Bett gebracht hätten. Dies habe sie geheilt.

Man sagt, daß zwischen den drei Gipfeln des Berges ein See liege. Michael hat eines Tages mit einem Freund versucht hinaufzugelangen, aber es ist ihm nicht gelungen. Die Straße dorthin sei rutschig und höchst gefährlich.

Michael fragte mich, woher ich denn komme. Ich sagte, ich sei Italiener. Italiener? In Diak, der Hauptstadt von Lingga, habe über fünfzig Jahre lang ein Italiener gelebt... Ja, ein Italiener. Er hatte eine Frau aus dem Ort geheiratet und sechs, sieben Kinder gehabt. Er war ein Gegner des Faschismus gewesen und nach Lingga geflohen, um während der Besetzung Indonesiens nicht von den Japanern gefangengenommen zu werden. Alle nannten ihn Tuan Greg, Herr Gregorio. Ich hätte sogar ein Flugzeug bestiegen, um ihn kennenzulernen, aber leider war er schon seit vier Jahren tot. Auch seine Kinder hätten italienische Namen, aber die Sprache des Vaters habe keines gelernt.

»Die Bunyan«, fing Michael von neuem an, »wollen um sich herum immer alles sauber haben. Wenn ein Haus verkommt, lassen sie sich dort nicht mehr blicken. Sie sind freundlich, sie wollen den Harten helfen, doch wollen sie auch, daß man ihr Eigentum respektiert. Wenn du im Wald einen Baum fällst, der ihnen gehört, verirrst du dich und findest nicht mehr nach Hause. Der Gharau zum Beispiel, aus dem man den besten Weihrauch der Welt macht und den die Chinesen schon seit Jahrhunderten dort kaufen, gehört den Bunyan. Alle Gharau-Bäume gehören ihnen, und wehe dem, der sie ohne Erlaubnis fällt!«

»Und wie kommt man zu der Erlaubnis?« fragte ich, neugierig, auf welche Kriterien sich die offensichtlich grün angehauchten Bunyan stützten.

»Sie wird demjenigen erteilt, der sich im Wald anständig benimmt, das Unterholz ausschneidet, die Lichtungen sauberhält und die Häuser der Bunyan nicht verunglimpft.

»Aber wie erkennt man sie denn, diese Bunyan?« fragte ich Michael, wobei ich mich selbst fragte, ob ich eigentlich noch ganz bei Trost sei, diese Geschichte so ernst zu nehmen.

»Nichts einfacher als das!« mischte sich Nordin ein, der unserem für ihn offensichtlich völlig normalen Gespräch gefolgt war. »Man muß nur ihre Oberlippe ansehen, hier«, meinte er und zeigte mit dem Finger auf den eigenen Mund. »Die Bunyan haben diese Teilung unter der Nase nicht. Ihre Oberlippe ist platt.«

So verbrachte ich meinen ersten Abend in Tanjung Pinang und ließ mir der Reihe nach Geschichten über Magie, Weichhäutige und unheimliche Begegnungen erzählen, während ich die Köstlichkeiten der verschiedenen Stände genoß, die Nordin besorgte und auf unseren Tisch stellte.

Um Mitternacht war der Markt noch genauso belebt wie am Tag. Als ich allein in meine Pension zurückkehrte, fiel mir auf, was ich vorher nicht bemerkt hatte. In der Menge waren viele Verrückte, manche waren noch jung: seltsame, schmutzige Figuren mit dicken Bärten und langem, zerzaustem Haar. Einer ging mit einer Einkaufstasche in der Hand auf und ab, drehte sich ständig um und starrte auf die Erde, als habe er etwas verloren; ein anderer ging sehr schnell und summte dabei irgendwelche Litaneien; andere schleppten Plastiksäcke hinter sich her, die ihrerseits voll unnützer Plastikfetzen steckten. Einer lehnte an einer Straßenlaterne, als warte er auf jemanden.

»Wer bist du?« fragte er mich in tadellosem Englisch, als ich an ihm vorbeiging. Wie eigenartig! Auf englisch!

»Und wer bist du?« fragte ich zurück. Es war dunkel, und ich konnte sein Gesicht kaum erkennen. Als ich mich ihm näherte, um nachzusehen, ob seine Oberlippe platt sei, lief er davon.

Der Missionar und der Magier

Jeder Ort ist eine Fundgrube. Man muß sich nur treiben lassen. Sich Zeit nehmen, im Teehaus sitzend die Leute beobachten, sich in einen Winkel des Marktes stellen, zum Friseur gehen und dann dem Faden eines Knäuels folgen, der mit einem Wort, einer Begegnung anfangen kann, mit dem Freund eines Freundes von jemandem, den man soeben kennengelernt hat – und schon wird der fadeste, unscheinbarste Ort der Erde zu einem Spiegel der Welt, zu einem Fenster, das sich auf das Leben öffnet, zur Bühne der Menschheit, vor der man endgültig verweilen möchte. Diese Fundgrube befindet sich immer genau da, wo man gerade ist: Man muß nur graben.

Es hatte mich allein deshalb nach Tanjung Pinang verschlagen, weil es der einzige Ort ist, den man von Singapur aus mit dem Schiff erreichen kann. Ich hatte vor, nur ein paar Tage zu bleiben, eben so lange, bis ich eine Passage nach Jakarta fand. Doch allmählich geriet ich in den Sog des Alltags dieser Stadt, und ich hätte Wochen hier verbringen können, immer hinter jemandem oder etwas her, das mich fesselte. Tanjung Pinang: wieder einer jener Orte, die man auf Landkarten zumeist vergebens sucht und in dem ich bloß durch jene unendliche Verkettung von Zufällen gelandet war, die das Schicksal ausmachen.

Eines Morgens – ich war in aller Frühe aufgestanden, hatte einen halbstündigen Dauerlauf gemacht und war dann losgezogen, um irgendwo zu frühstücken – lernte ich den alten Yang kennen. Der hatte soeben nacheinander die numerierten Holzplanken abgenommen, aus denen die Tür seines Restaurants zusammengesetzt war, sich eine Zigarette angezündet und angefangen zu fegen. Zuerst hatte er getan, als sähe er mich nicht, wie es die Asiaten immer tun, überzeugt, sich mit einem Ausländer nicht verständigen zu können. Ich sprach ihn auf chinesisch an, und das überraschte und ermutigte ihn.

»Auch ich bin Chinese«, sagte ich.

»Chinese?«

»Ja, ich gehöre einer ethnischen Minderheit an: den Italienern.« Das ist ein Scherz, der immer ankommt. China ist ein großes Reich, das vor allem von den Han bevölkert ist, den »Blumen-Menschen«, aber auch von zahlreichen anderen »Völkern geringer Größe«, den Minderheiten: Mongolen, Tibetern, Uiguren, Kasachen, Dai, Hui, Miao und – warum nicht? – Italienern. Aus der Sicht der Chinesen ist das durchaus möglich.

Ich war nach wie vor auf der Suche nach Material für ein Porträt der Diaspora-Chinesen, und die Geschichte des alten Yang war geradezu klassisch, sie allein erklärte alles.

Sein Vater war Ende des vorigen Jahrhunderts mit dem Schiff auf der Insel Pinang angekommen. Er stammte aus der Provinz Kanton, die direkt an Hongkong angrenzt. Mehr als das, was er auf dem Leib trug, besaß er nicht: ein Hemd und eine kurze Hose. Er arbeitete in den Bauxitminen als Kuli. Als er genug Geld gespart hatte, ließ er sich aus seinem Dorf in China eine Frau kommen, die ihm fünf Kinder gebar. Der alte Yang war der Erstgeborene, und als solcher war er in Tanjung Pinang geblieben, um sich um den Vater und später um das Restaurant zu kümmern, das jener eröffnet hatte. Seine zwei Brüder und die beiden Schwestern hingegen wurden Anfang der fünfziger Jahre zum Studium nach China geschickt. Zigtausende junger Chinesen, Kinder armer Einwanderer, kehrten in jenen Jahren aus den verschiedenen Ländern Südostasiens in ihr Mutterland zurück. China war befreit, die Universitäten, einstmals ein Privileg der Reichen, waren allen zugänglich, und das Studium war kostenlos. Die Diaspora-Chinesen sahen die Chance, ihren Kindern eine chinesische Ausbildung zuteil werden zu lassen. Viele kehrten nicht mehr zurück. Sie wurden in die Tragödie dieses unglückseligen Landes hineingezogen und fielen der Kulturrevolution zum Opfer. Die Tatsache, daß sie aus dem Ausland kamen, aus Familien stammten, die in kapitalistischen Ländern lebten, machte sie verdächtig. Sie wurden als Spitzel, als Konterrevolutionäre denunziert und in Arbeitslager geschickt, wo sie umerzogen wurden oder ums Leben kamen.

Erst im Jahr 1972 und dank Zhou Enlai, der sich persönlich um diese in der Welt verstreute »Saat des Drachens« kümmerte, gelang es den Überlebenden, unauffällig aus China auszureisen. Aber wohin? Die Länder, aus denen sie kamen, bekämpften allesamt die kommunistische Guerilla, verdächtigten diese Heimkehrer, Agenten Maos zu sein, und gewährten ihnen keine Einreise. Einige tausend blieben jahrelang abwartend in Macao. Der alte Yang sah seine Geschwister nicht wieder. Ein Bruder wurde zu Tode geprügelt; der andere schaffte es nicht, aus China auszureisen, und lebt heute noch in Dailan; die beiden Schwestern gelangten nach Jahren in Macao über Hongkong nach Kanada – in jener ständigen Migrationsbewegung, die die Chinesen in alle Winkel der Erde verstreut hat.

Während wir uns unterhielten, kam sein Sohn herein. Ein Geschäftsmann der neuen Generation. Zusammen mit entfernten Verwandten aus Singapur machte er mit dem Ankauf und Verkauf von Land auf der Insel Geschäfte. Auch er mit einem Piepser und dem Etui einer Ray-Ban-Sonnenbrille am Gürtel. Sein Traum? Auswandern. Wohin? »In irgendein Land, in dem das durchschnittliche Pro-Kopf-Einkommen höher ist als hier«, gab er mir zur Antwort. Typisch!

Der alte wie der junge Yang waren in Tanjung Pinang geboren und aufgewachsen, aber sie empfanden keine Zuneigung für diesen Ort, hatten keine richtige Beziehung zu den Einheimischen. Sie, die sich rühmten, der »großen chinesischen Kultur« anzugehören – von der bei ihnen allerdings nicht viel zu verspüren war –, fanden die Indonesier derb und ungebildet. Sie fühlten sich als Chinesen, Chinesen waren ihre Vorfahren, und Chinesen würden auch ihre Nachkommen sein. China war ihre Heimat. Wo dieses China genau lag, war nicht klar. Es war nicht das China Maos und Deng Xiaopings, das noch zu arm, nicht Taiwan, das allzu klein und unbedeutend war. Vielmehr war es die *Idee* China, ein vages Chinesentum, in dem sich alle Chinesen der Diaspora wiedererkennen.

Über die Insel Pinang sagte der alte Yang: »Ein guter Ort, wo man seine Geschäfte machen kann. Wenn die Lage sich verschlechtert ... dann können wir uns immer noch an Verwandte in Malaysia wenden oder die in Singapur um Hilfe bitten.« So denken die Chinesen, gleich, wohin sie ausgewandert sind: Die Länder, in denen sie leben, sind für sie wie Spieltische.

Indonesien hat hundertneunzig Millionen Einwohner. Davon sind knapp zwei Prozent Chinesen; aber siebzig Prozent des Handels befinden sich in ihrer Hand, die fünf größten Industriekonzerne und die größten Banken gehören ihnen. Chinesische Firmen produzieren alles: von der Seife bis zum Zement, von Zigaretten bis zum Kokosöl.

Auch Tanjung Pinang befindet sich im wesentlichen in chinesischer Hand: Die Chinesen kontrollieren die meisten Läden, die Dampfer, die zu den Nachbarinseln fahren, und sie mischen bei allen neuen Entwicklungsprojekten mit. Die erste Karaoke-Bar der Stadt gehört einem Chinesen, ebenso die diversen Bordelle, die sich auch hier hinter harmlosen Frisiersalon-Schildern verschanzen.

Die gesamte Geschichte der Diaspora-Chinesen hatte ich hier vor Augen: Stark, zäh, arbeitsam, stets bereit, weiterzuziehen und Bürger eines anderen Staates zu werden, wenn er ihnen Schutz und Sicherheit gewährt, haben sie nur ein Ziel vor Augen: Geld zu machen. Ein neuer Weg zu diesem Ziel heißt: bauen, überall Zement hinschütten – und darin sind die Chinesen führend.

Ihr Einfluß erstreckt sich mittlerweile auf ganz Asien. Bauend zerstören sie Bangkok. Bald werden sie das gleiche mit Rangun machen, mit Hanoi und mit allen anderen Städten, zu denen sie Zugang haben. Es sind die Diaspora-Chinesen, die mit ihren immensen Investitionen jetzt auch die Küstenstädte Chinas nach ihren Vorstellungen umgestalten. Sie sind die Vorbilder des Erfolgs, die neuen Idole der chinesischen Jugend, die nach dem Scheitern des Maoismus die Orientierung verloren hat. Die Diaspora-Chinesen kamen mir immer mehr vor wie die Missionare jenes Materialismus, vor dem ich zu fliehen suchte.

Bei meinem morgendlichen Dauerlauf hatte ich entdeckt, daß auf dem Hügel eine katholische Kirche stand, und von Nordin hatte ich gehört, daß der Pfarrer ein Franzose war, der seit mehr als zehn Jahren hier lebte. Bestimmt einer, mit dem man sich unterhalten konnte. Ich begab mich am Nachmittag zu Fuß zu ihm.

Kirchen sind immer Oasen des Friedens, der Ordnung, der Sauberkeit, mit ihren in Reih und Glied stehenden Bänken, den Schaukästen mit den Meß- und Andachtszeiten. Ich genoß diesen Gegensatz zum morschen Chaos der Stadt.

Der französische Pfarrer war nicht da. Er hatte sich auf eine andere Insel zurückgezogen und würde erst in zwei Wochen wiederkommen. Ich wollte gerade enttäuscht wieder abziehen, als ein Geistlicher mir nachlief und rief: »Wenn Sie wollen, ein holländischer Pater ist da!« Ich wartete eine Weile in einem sonnendurchfluteten, luftigen Zimmer. Ein hochgewachsener, eleganter Herr um die fünfzig trat ein, mit blondem, langem Haar, einer braunen Hose und einem leichten, weißen Hemd. Er trug Ledersandalen. Pater Willem war, wie ich, seit ein paar Tagen in Tanjung Pinang zu Besuch. Er kam aus Bangka, einer weiter südlich Richtung Java gelegenen Insel. Die Holländer hatten sie wegen ihrer Zinnminen von den Engländern im Austausch gegen Singapur erworben. Kein gutes Geschäft!

Ich hätte ihn am liebsten ohne Umschweife gefragt, was er von den *dukun* wußte, ob auch auf seiner Insel die Magie verbreitet sei, aber es schien mir dies nicht die beste Art und Weise, mit einem Mann der Kirche in Beziehung zu treten. Ich erklärte also, daß ich mich für die Chinesen interessiere, und so unterhielten wir uns eine Zeitlang über sie.

Pater Willem hatte die ganze Inselwelt bereist, und ihm zufolge war auf allen Inseln die Lage gleich: Die Chinesen sind überall in der Minderheit, sind aber die Unternehmungslustigsten, die Aktivsten und die Reichsten. Der Unterschied gegenüber den Einheimischen war ihm zufolge ganz einfach zu erklären: »Fährt ein Indonesier aufs Meer hinaus und fängt viele Fische, so kehrt er glücklich nach Hause zurück, freut sich in den folgenden Tagen über seinen Fang und ruht sich aus. Fährt ein

Chinese aufs Meer hinaus und fängt viele Fische, so denkt er, die Jahreszeit sei günstig und die Fangstelle ideal; er entlädt das Boot, fährt noch einmal hinaus und fängt noch mehr Fische.« Pater Willem meinte, dies sei eine Frage der Rasse, daran sei nichts zu ändern.

Langsam steuerte ich auf das Thema zu, das mir am Herzen lag. Ich erwähnte, daß mir jemand von den Bunyan erzählt habe. Gewiß, meinte er, sie seien auch auf seiner Insel berühmt, lebten aber vor allem auf Lingga.

Und die Magie? »Sie ist hier die wirkliche Welt«, erwiderte er, als wolle er von vornherein seinen Standpunkt deutlich machen, falls ich einer der üblichen verächtlichen Skeptiker wäre. »Wer das nicht versteht, versteht Indonesien nicht. Die Magie ist hier allgegenwärtig, die Magie bestimmt das Leben der Leute mehr als alles andere.«

Pater Willem war vor dem Krieg in Holland geboren, 1960 als Missionar nach Indonesien gekommen und dort geblieben; er nahm die indonesische Staatsbürgerschaft an, um alle Scherereien mit Visa und Aufenthaltsgenehmigungen zu vermeiden. »Als ich als guter Europäer hier ankam, war ich überzeugt, Magie sei Aberglauben und für mich inakzeptabel. Aber mit der Zeit habe ich gelernt, sie zu respektieren. Heute berücksichtige ich sie; ja, ich könnte sogar sagen – verstehen Sie mich nicht falsch –, daß ich daran glaube. In der Magie steckt etwas zutiefst Reales, Wahres. Die Leute hier nennen sich Muslime oder Christen, wie in meiner Pfarrei, aber sie sind es nur an der Oberfläche. Darunter liegt jene andere Welt mit weitaus stärkeren und damit auch weitaus wahrhaftigeren Glaubensvorstellungen.«

Es gebe, so erklärte er mir, zwei Arten von Magie. Die »Weiße«, die insbesondere von den Chinesen praktiziert werde, um Erfolg im Geschäft zu haben und gute Ehen zu schließen; und die »Schwarze«, die ausschließlich von den Malaien praktiziert werde, um den Willen anderer zu steuern, um Böses zu tun, um Rache zu üben.

In Java lebe, fuhr er fort, ein Freund und Mitbruder von ihm, Pater Lokman, der sich über dreißig Jahre lang der Forschung der Schwarzen Magie gewidmet und selbst auch mediale Kräfte erworben habe. Seine Schlußfolgerung lautete, daß die Magie mit den Schwingungen des Gehirns zu tun habe.

»Weshalb«, fragte er, »findet man bei der ersten Begegnung den einen Menschen sympathisch, während man den anderen nicht ausstehen kann? Da findet doch etwas statt in der menschlichen Kommunikation, das nach außen hin nicht sichtbar ist. Wie läßt sich das Phänomen der Liebe erklären? Wir haben es uns abgewöhnt, uns solche Fragen zu stellen, aber sie bleiben bestehen. Einer begegnet einer Frau und verliebt sich in sie, weshalb? Bisher ist es uns nicht gelungen, dies zu erklären.«

Mir gefiel dieser Priester, der sich über die Liebe Gedanken machte. Ich habe es mehrfach bei Geistlichen beobachtet: Sie sprechen über die Liebe, als wüßten sie mehr darüber als gewöhnliche Sterbliche. Und vielleicht ist dem auch so: Sie haben mehr darüber nachgedacht.

»In den dreißig Jahren, die ich nun schon auf den Inseln bin, habe ich Dinge gesehen, die ich in Europa nicht erzählen könnte, ohne daß man mich für verrückt erklärte. Ich habe gesehen, wie Nägel aus lebenden Körpern entfernt wurden, ich habe gesehen, wie der Boden einer Flasche aus der Brust einer Frau entfernt wurde. Ein Mann aus meiner Pfarrei hatte starke Rükkenschmerzen. Er ging zum Arzt. Man machte eine Röntgenaufnahme und fand heraus, daß in seinem Rücken drei Nägel steckten. Man operierte ihn, konnte aber nur zwei Nägel entfernen, der dritte blieb drinnen. Wieder wurde der Mann geröntgt, und nun entdeckte man weitere sieben Nägel in seinem Rükken. Das alles ist unter meinen eigenen Augen geschehen. In Bangka habe ich gesehen, wie ein Mann aus der Ferne, nur durch die Kraft seiner Gedanken, das Haus seines Feindes in einem anderen Dorf in Brand steckte. Er schickte ihm in Gedanken einen so glühend heißen Nagel, daß er beim Auftreffen auf das Holzhaus den Brand verursachte. Ein holländischer Laienbruder kam hinzu, einer, der sich ebenfalls jahrelang mit Magie beschäftigt hatte, und meinte: ›Ich könnte den Nagel dorthin zurückschicken, woher er gekommen ist, aber ich kann auch etwas Besseres tun.‹ Er legte den Nagel in den Kühlschrank der Pfarrei, und der Mann, der ihn geschickt hatte, wäre beinahe erfroren. Auch ich frage mich, wie das möglich sein kann, wie es funktioniert, aber ich werde mich hüten zu sagen, daß es nicht möglich, daß es irrsinnig ist.«

»Kann es sein, daß all dies Teil eines Wissens ist, dessen Ursprünge wir nicht mehr kennen, das aber manche Menschen noch praktisch anwenden können?« fragte ich. »Etwa wie bei der Akupunktur. Sie ist wirksam, aber man weiß nicht genau, wieso.« Er hielt es für möglich.

»Mein Großvater kannte drei Gebete, und er sprach sie, als wir klein waren, damit unsere Zahnschmerzen vergingen«, fuhr Pater Willem fort. »Die Schmerzen verschwanden nicht endgültig, sondern nur, bis wir einen Zahnarzt aufsuchen konnten. Glauben Sie mir, es klappte. Ich bin Priester, ich kenne diese Gebete, aber wenn ich sie spreche, nutzt es gar nichts. Warum? Vielleicht, weil ich nicht daran glaube! Wenn sich auf meiner Insel jemand einen Arm bricht und nicht ins Krankenhaus gehen kann, das zu weit entfernt ist, sucht die Familie ein schwarzes Huhn, eines mit ganz schwarzen Federn, und zerstampft es in einem Bottich. Mit dem Brei wird dann der gebrochene Arm bestrichen, und nach vier Tagen ist er wieder heil. Manchmal kommt es vor, daß die Knochen nicht richtig zusammenwachsen, daß der Arm ein wenig verdreht bleibt, aber der Bruch ist geheilt. Wie kann man das erklären? Weshalb ein schwarzes und nicht ein weißes Huhn? Ich weiß es nicht, ich weiß es nicht, aber es klappte; ich habe es mit eigenen Augen gesehen.«

Der Missionar sprach voller Eifer, voller Leidenschaft, nicht, um mich zu überzeugen, sondern so, als wolle er sich selbst davon überzeugen. Die Geschichten, die er erzählte, waren keineswegs ungewöhnlich, es waren Geschichten, wie man sie früher oder später, wenn man ein paar Jahre in Asien gelebt hat, erzählt bekommt. Man hört sie und vergißt sie wieder, weil man sie nicht glauben kann. Aber hier hörte ich sie aus dem Mund eines Mannes der Kirche, eines katholischen Priesters, der sich sein ganzes Leben mit geistigen Problemen beschäftigt hatte und der aus mehr als dreißigjähriger Erfahrung sprach. Verrückt war er nicht!

»Und die Liebe?« fragte er und kam auf das Thema zurück,

das ihm offenbar besonders am Herzen lag. »Wenn ein Mann eine Frau begehrt, versucht er, sich ein Haar von ihr zu besorgen, einen Kleidungsfetzen, etwas, das ihr gehört, und bringt es zum *dukun*. Der faltet es zusammen und gibt es dem Verliebten, damit er es sich unters Kopfkissen lege ... und eines Nachts kommt diese Frau tatsächlich zu ihm. Sie muß einfach kommen. Es geschieht in einer Art Trance, aber sie kommt.«

Pater Willem erzählte, einmal, als er noch nicht lange auf seiner Insel war, habe er scherzhaft zu einem *dukun* gesagt: »Versuch's doch mal mit mir! Schick mir ein hübsches Mädchen ...!« Die älteren Priester hatten ihn getadelt und gewarnt, man dürfe diese Leute niemals herausfordern. Der Glaube, so sagten sie, sei ein starkes Bollwerk gegen die Magie, aber auch der Glaube habe seine Stärken und Schwächen, und einem mächtigen *dukun* könne es durchaus gelingen, ihn zu besiegen.

Um die Praktiken der Schwarzen Magie zu verstehen, fuhr Pater Willem fort, müsse man wissen, daß man aus der Sicht eines Indonesiers nicht klar zwischen unbeseelten Gegenständen und lebendigen Wesen, seien es nun Menschen oder Tiere, unterscheiden könne. Für einen Indonesier seien viele Gegenstände belebt. Der *kris* beispielsweise, der zeremonielle Dolch, besitze einen Geist, genauso wie ein lebloser Körper, ein Leichnam, weiter einen Geist besitze. Die Macht des *dukun* bestehe darin, sich diesen Geist zunutze zu machen, sei es nun der Geist eines *kris*, eines Nagels oder eines Toten. Was im Körper eines Menschen zurückbleibt, wenn dieser eines gewaltsamen Todes gestorben ist, ist ein mächtiges Ingrediens für die Schwarze Magie, besonders, wenn er gehängt oder erstochen worden ist oder Selbstmord begangen hat.

So wie ein Amulett mit positiver Energie »geladen« werden kann, das dessen Träger beschützt, so kann auch ein Gegenstand, beispielsweise ein Messer, vom *dukun* mit einer negativen Kraft geladen werden, so daß es sich gegen den richtet, der es benutzt. Das Messer wird durch die Konzentration des *dukun* zur Waffe für einen unfreiwilligen Selbstmord.

Pater Willem hatte von einem *dukun* gehört, der dies bewerkstelligen konnte, indem er sich mindestens einen Monat lang auf den zu animierenden Gegenstand konzentrierte. Das Grundprinzip besteht darin, daß der *dukun* durch die Kraft seiner Meditation eine Energieladung auf den Gegenstand überträgt.

Außerdem, fuhr Pater Willem fort, müsse man auch die Sprache verstehen, die Art und Weise, wie sich die Leute ausdrücken, wenn sie über Magie sprechen. Auf seiner Insel beispielsweise sagen die Leute, der *dukun* könne mit den Pflanzen reden. Sie wollen damit sagen, daß er sich mit den Eigenschaften ihrer Wurzeln, Blätter und Blüten auskennt. Sie wollen damit sagen, daß er aus Pflanzen tödliche Gifte herstellen kann oder einen Trunk, der Tote wieder lebendig macht.

Die Deutung, die Pater Willem mir von der Magie gab, interessierte mich um so mehr, als sie derjenigen ähnelte, die mir das *feng-shui* nahegebracht hatte. Seiner Meinung nach stand hinter den Praktiken des *dukun* das natürliche Streben des Menschen nach Harmonie, das Bedürfnis, ein gestörtes Gleichgewicht wiederherzustellen. Da verschmäht eine Frau die Liebe eines Mannes, der darunter schrecklich leidet: Mit Hilfe der Magie wird die Harmonie wiederhergestellt, indem die Frau verliebt gemacht wird. Da hat einer ein Verbrechen begangen, für das er nach menschlichen Gerechtigkeitsvorstellungen nicht bezahlt hat: Durch die Magie wird ihm die gerechte Strafe zuteil!

»Es ist mir schleierhaft, wie es funktioniert«, fuhr Pater Willem fort. »Aber nehmen Sie beispielsweise die Insel Belitung, eine unserer Nachbarinseln. Dort gibt es einen Berg, auf dessen Gipfel eine Relaisstation für das Fernsehen von Jakarta errichtet wurde. Um auf den Gipfel zu kommen, hat man eine Straße gebaut. Man kann mit dem Jeep hinauffahren, aber vorher muß man den Geist, der den Berg bewacht, um Erlaubnis bitten. Dieser Geist, der Penjaga, ist ein merkwürdiges Wesen, das am Fuße des Berges wohnt und dessen Zugang bewacht. Versuchen Sie es, ohne seine Erlaubnis hinaufzukommen! Der Jeep gerät ins Stocken, der Benzintank scheint plötzlich leer zu sein, der Motor fängt an zu stottern, stirbt ab. Ich weiß nicht, wie ich es erklären soll, aber glauben Sie mir, genau so geschieht es!«

Auch Pater Willem beklagte sich – wie ich – über die Welt, die sich allzu rasch ändere, und über den Verlust jener Vielfalt, die einst seine – und meine – Liebe zu Asien ausgelöst hatte. »Es ist traurig, aber langsam verschwindet auch die Magie«, sagte er. »Die Leute wenden sich immer mehr der westlichen Medizin zu. Das Fernsehen bringt ihnen die ganze Welt ins Haus, und alle wollen sein wie alle anderen. Traurig, aber wahr!«

Er schwieg, als suche er nach den richtigen Worten für etwas, das er schon seit geraumer Zeit im Kopf hatte, das ihm aber nur schwer über die Lippen kam: »Und jetzt stehe ich vor einem kuriosen Phänomen: Sie wenden sich zunehmend meiner Kultur zu, während ich mich zunehmend der ihren zuwende. Das ist für mich zu einem echten Gewissenskonflikt geworden«, fuhr Pater Willem fort. »Ich bin Priester, ich bin hierher gekommen, um den Menschen meinen Glauben zu bringen, aber irgendwie interessiere ich mich immer mehr für den ihren. Es fesselt mich ihre Welt, jene wahre Welt, die hinter der Welt der aus Islam, Buddhismus und auch meinem Christentum gemachten Erscheinungen liegt.« Wie gut ich ihn verstand!

Das Gespräch mit Pater Willem ging mir nach, und als ich tags darauf meinen Dauerlauf machte, empfand ich eine große Freude und etwas zutiefst Vertrautes in dem Gedanken, daß in jener Kirche mit ihrem weißen Glockenturm oben auf dem Berggipfel ein Missionar im Bann der Magie lebte.

Nordin hatte sich mit dem Chinesen in Verbindung gesetzt, der uns mit seinem Boot nach Lingga bringen konnte, und Michael hatte einen Führer für die Insel gefunden. Doch im allerletzten Augenblick – alles war schon abgemacht – beschloß ich, nicht zu fahren. Ich wollte mir das Bild der Bunyan lieber so im Gedächtnis bewahren, wie es Michael mit seinen Geschichten am ersten Abend in mir erweckt hatte. Alles, was ich dazu noch hätte sehen oder hören können, wäre nur enttäuschend gewesen.

Auch wollte ich lieber nichts weiter von Michael wissen. Nordin hatte mir erzählt, er organisiere demnächst Ausflüge auf die Insel für australische Reisegruppen. Prospekte mit dem Titel *Abenteuer im Verlorenen Reich* habe er schon vorbereitet. Auch

Lingga würde also bald zu einer Touristenattraktion werden, und die Bunyan – dessen war ich gewiß – würden sich immer seltener blicken lassen.

Ich beschloß abzureisen. Um sechs Uhr morgens würde in Kijiang, dem 30 Kilometer von Tanjung entfernten Haupthafen der Insel, das wöchentliche Passagierschiff nach Jakarta anlegen. Damit würde ich fahren. Eine Fahrkarte zu kaufen war nicht so einfach, aber Nordin gab einem Vertreter der Agentur ein Trinkgeld, und es gelang. Was ich über diesen Schiffsverkehr zwischen den Inseln gehört hatte, ließ mir die Haare zu Berge stehen. Der Rumpf vieler Fähren war aus leichtem Plexiglas, das einem hohen Wellengang nicht standhält. Nicht einmal die grundlegendsten Sicherheitsvorschriften wurden eingehalten. Schiffe nahmen zwei-, dreimal so viele Passagiere an Bord wie zulässig. Schwimmwesten und Rettungsboote reichten niemals aus. Die Brandschutzvorkehrungen waren hoffnungslos; vor den Notausgängen häuften sich Passagiere und Gepäck …

Mir blieb keine Wahl, und es war schon etwas, daß ich überhaupt eine Fahrkarte bekommen hatte. Außerdem sagten mir ja alle Wahrsager, daß ich vor meinem achtzigsten Lebensjahr nicht sterben würde!

Ich verbrachte jedoch eine merkwürdige Nacht. Der Wasserhahn im Bad tropfte unablässig, und im Halbschlaf bildete ich mir ein, in der Stadt wüte ein schrecklicher Sturm und das Schiff nach Jakarta würde nicht abfahren. Offensichtlich suchte ich nach einer Ausrede, um dazubleiben. Ich wickelte ein Handtuch um den Wasserhahn und schlief wieder ein, doch dann hatte ich einen Traum: Ich war in unserem Landhaus in Italien, fand aber meine Wanderstiefel nicht. Ich wollte auf dem Corno alle Scale zelten, aber mit bloßen Füßen konnte ich nicht losgehen. Ich war zutiefst enttäuscht. Ich suchte und suchte diese Stiefel, aber ich fand sie nicht.

Ich erwachte, und der Traum erschien mir wie eine Botschaft aus dem Unbewußten: Fahre nicht! Das Schiff wird sinken! Mir gingen alle Geschichten über Vorahnungen durch den Kopf, die ich kannte. Aber was ist das, eine Vorahnung? Ein reiner Zufall?

Wie viele Menschen richten sich mindestens einmal im Leben nach einer Vorahnung und nehmen kein Flugzeug, besteigen kein Auto! Nichts geschieht: Das Flugzeug stürzt nicht ab, das Auto hat keinen Unfall. Also? Andererseits passiert es, daß einer den Zug verpaßt, in dem später eine Bombe explodiert, und dann heißt es, er habe eine Vorahnung gehabt.

Schlaflosigkeit nährt Zwangsvorstellungen, und mein Geist schlug weitaus mehr Kapriolen als ich, der ich mich schlaflos im Bett herumwälzte. Wenn ich erst nach meinem achtzigsten Lebensjahr sterben werde, dann gewiß, weil geschrieben steht, daß ich dieses Schiff nicht besteige! Daher der warnende Traum ... Lauter Hirngespinste. Das schöne ist doch, daß es auf die Frage des Schicksals keine Antwort gibt, sagte ich mir. Man kann das Leben entweder betrachten, als sei es bereits irgendwo von irgendwem niedergeschrieben worden oder aber als werde es von uns jeden Augenblick neu geschrieben. Beide Sichtweisen sind wahr. Von jeder Entscheidung kann man behaupten, man habe sie aus freier Wahl getroffen, oder aber man sei dazu vorherbestimmt.

Und ist denn dies nicht der Sinn der Ödipus-Prophezeiung, die unsere Kultur in so entscheidender Weise geprägt hat? Ein Seher verkündet Laios: »Dein Sohn wird dich umbringen und der Liebhaber der eigenen Mutter werden.« Um dies zu verhindern, schickt Laios Ödipus weit weg. Nur deshalb kann Ödipus nach seiner Rückkehr Laios töten, ohne zu wissen, daß er sein Vater ist, und sich dessen Frau Jokaste zur Geliebten nehmen, ohne zu wissen, daß sie seine Mutter ist. Wenn Laios nicht auf die Prophezeiung gehört hätte, wäre nichts davon geschehen; doch die Prophezeiung erfüllt sich, gerade weil Laios sie ernst nimmt und versucht, ihre Folgen zu verhindern. Demnach ist das Schicksal unausweichlich und die Prophezeiung ein Teil davon: Sie bewirkt das, was die Menschen aus eigener Wahl verhindert hätten. Die Griechen! Fünf Jahrhunderte vor Christus hatten sie bereits all das verstanden und ausgesprochen, was wir Heutigen neu erfinden, neu entdecken müssen!

Ich dachte an das aufgewühlte Meer, an jenes Schiff nach Jakarta, das sich bedenklich neigen und wenige Sekunden später kentern würde, und eine andere Geschichte kam mir in den Sinn, die Nordin mir tagsüber erzählt hatte. Er war als Junge Fischer gewesen, und seine Großmutter hatte ihm beigebracht, daß man auf dem offenen Meer bei hohem Wellengang in jede Hand ein frisches Ei nehmen, Gebete sprechen, die Augen schließen, intensiv an die Rettung denken und dann die Eier – eines vor und eines hinter sich – in die Wellen werfen solle. Dann lege sich der Sturm. Nordin sagte, er habe es mehrmals praktiziert, und es habe immer geklappt. Aber wo sollte ich jetzt mitten in der Nacht zwei frische Eier auftreiben?

Meine Gedanken hatten sich längst verselbständigt, und als ich durch das Fenster den häßlichen, neonbeleuchteten Stern der Moschee sah, schlugen sie eine neue Richtung ein: Stern, Sterne. Wie phantastisch muß die Sternenkonstellation im 5. Jahrhundert vor Christus gewesen sein! So viele Geister wurden damals geboren: Sophokles, Perikles, Platon und Sokrates in Griechenland, Zarathustra in Persien, Buddha in Indien, Laotse und Konfuzius in China. Alle mehr oder weniger innerhalb von hundert Jahren!

Heute werden weit mehr Menschen geboren! Aber nicht einer von ihnen ist wie sie. Warum? Liegt der Grund in den Sternen?

Es klopfte. Vier Uhr morgens. Das Taxi, das ich bestellt hatte, stand zur Abfahrt bereit. Ich konnte keinen Rückzieher mehr machen. Vorahnung hin oder her, ich würde mit dem Schiff nach Jakarta fahren.

In stockfinsterer Nacht brachen wir zum Hafen auf. Das Auto war eine jener Klapperkisten, die aus diversen Autos zusammengebastelt und nur durch Draht zusammengehalten waren. Auf freiem Feld stellte sich uns eine Gruppe bewaffneter Männer entgegen, die uns mit Taschenlampen zum Halten zwangen: Polizisten oder Banditen? »Polizisten *und* Banditen«, erwiderte der Taxifahrer. Er gab ihnen ein Päckchen Zigaretten, und wir fuhren weiter.

Nach einer Weile fing der Motor an zu stottern, japste nach Luft, bekam eine Art Hustenanfall und streikte. Abgestorben. Der Fahrer öffnete die Motorhaube, werkelte an irgendwelchen Kabeln herum, aber alle Versuche, den Motor wieder zum Leben zu erwecken, waren zwecklos. Der Fahrer machte ein kummervolles Gesicht, aber als er mich amüsiert lachen sah, zündete er sich eine Zigarette an und setzte sich auf die Motorhaube.

Am Himmel zogen große graue Wolken auf, von sanftem Rot umrandet; ein kleiner einsamer Stern leuchtete schwächer und schwächer. Ich war überglücklich. Mir schien, als habe ich eben einen Beweis für meine übernatürlichen Kräfte geliefert. Ich hatte tatsächlich den Motor dieses Autos abgewürgt! Ich würde nicht nach Jakarta fahren, und falls dieses Schiff tatsächlich untergehen sollte, würde ich den Beruf wechseln und Magier werden müssen!

Ein Motorrad brachte mich in die Stadt zurück. Am Nachmittag sollte das Schwesterschiff jenes anderen, das nach Jakarta fuhr, in Kijiang eintreffen und nach Medan auf Sumatra Kurs nehmen. Das kam mir sehr gelegen. Endlich würde ich per Schiff die Straße von Malakka durchqueren – was von Malaysia aus so schwierig erschienen war – und von dort aus einfacher nach Hause kommen. Überdies blieb mir noch die Zeit, den ältesten *dukun* von Tanjung Pinang aufzusuchen.

Das Dorf lag 30 Kilometer von Kijiang entfernt, am Strand von Trikora. Sein Holzhaus war auf Pfählen erbaut. Der Alte saß auf einer alten Matratze am Boden. Er war dürr und atmete schwer. Ihm gegenüber, an die Wand gelehnt, saß seine Frau, weitaus jünger als er. Seine zweite Frau. Zwei Kinder spielten mit einer Katze auf den schönen Holzbrettern des Fußbodens. Der Ältere habe bereits den ganzen Koran gelesen, erzählte stolz der Alte.

Der *dukun* wußte nicht genau, wann er geboren war. Doch da seine Enkelinnen selbst schon Kinder bekamen, schätzte er, daß er in Anbetracht all der Generationen nach ihm mindestens hundert Jahre alt sei. Und dann die Kokospalmen, hier vor dem Haus: Er hatte seinen Vater sie pflanzen sehen, und jetzt standen sie schon hoch.

Seine Familie hatte immer hier gelebt, und das ganze Land ringsum gehörte ihnen. Auch hatte sie immer die *dukun* der Gegend gestellt. Grundherren und Magier: die perfekte Kombination, um alles in der Hand zu haben, dachte ich mir. Und in der Tat: »Wenn zwei heiraten«, erzählte der Alte, »müssen sie sich meinen Segen holen, sonst hat ihre Ehe keinen Bestand, die Eheleute verstehen sich nicht, ihr Reis verdirbt oder ist voller Steinchen.«

Die »Kräfte« hatte ihm sein Vater übertragen, am Tag seiner Heirat. »Die Kräfte werden an einen aus der Familie weitergegeben, einen, der vertrauenswürdig ist, einen, der sie nicht anwenden wird, um Böses zu tun oder selbstsüchtige Ziele zu verfolgen«, erklärte der Alte. Der Vater hatte sie allen seinen Kindern übertragen, den Söhnen wie den Töchtern.

Der *dukun* war schwächlich und konnte sich nur mühsam aufrecht halten, aber es machte ihm Vergnügen zu erzählen. Sein Leben lang habe er die Kräfte dazu benutzt, den Leuten zu helfen, verlorene Gegenstände oder verstecktes Diebesgut wiederzufinden, aber in erster Linie habe er von Geistern Besessene geheilt. »Wirklich böse sind die Geister von gewaltsam ums Leben Gekommenen, von Hingerichteten, und die Insel ist voll von ihnen«, erklärte der *dukun.* »Zuerst die Holländer ... sie haben viele Menschen umgebracht. Dann die Japaner ... Es ist eine merkwürdige Insel, voller böser Geister.«

Wenn die *dukun* so mächtig waren, warum hatten sie dann ihre Kräfte nicht dazu genutzt, sich der holländischen Kolonisation zu widersetzen und gegen die Japaner zu kämpfen?

»Bei uns sagt man: ›Die Magie überquert keine Ozeane‹«, erwiderte der Alte. »Das heißt, daß man von hier aus die Geschehnisse auf einem anderen Kontinent nicht beeinflußen kann. Das heißt auch, daß die Fremden Geister haben, die wir nicht kennen und über die wir keine Macht gewinnen können. Unsere Kräfte auf Europäer anzuwenden ist besonders schwierig.«

Während des Krieges hatte er allerdings verblüffende Dinge miterlebt. Wenn die Japaner drauf und dran waren, Leute zu erschießen, gab es *dukun,* die es fertigbrachten, sie allesamt verschwinden zu lassen. Sie machten die Leute unsichtbar. Der Alte schwor, er habe dies mit eigenen Augen gesehen, und die beiden Kleinen, die dem Gespräch lauschten, waren tief beeindruckt. Die Geschichte würde also mindestens eine Generation weiterleben.

Ich fragte den Alten, was er von den Bunyan wisse. Er kannte sie. Sie seien in den Bergen zu Hause. Menschen, die für sich lebten, keine Geister.

Endlich brach auch das Gewitter los, das ich so gefürchtet hatte. Ein dichter, erfrischender Regen fiel, und ein angenehm feuchter Wind strich durch das Holzhaus, durch die offenen Fenster und Türen. Der Alte begann zu husten und sagte, seit er krank sei, besitze er keine Kräfte mehr. Der letzte Fall, den er geheilt habe, sei ein zwanzigjähriger Junge gewesen, bei dem plötzlich Kopf und Arme zu wachsen begonnen hätten. Sie seien länger und immer länger geworden. Er habe ihm einen Kräutertrank gegeben, den er dreimal täglich nach dem Beten einnehmen sollte. Innerhalb eines Monats sei er wieder normal gewesen. Und die Ursache der Krankheit? Der Junge hatte gestohlen, sagte der *dukun*. In der Vergangenheit hatte er mit ähnlichen Fällen zu tun gehabt. Leuten, die Ananas von den Nachbarfeldern geklaut hatten, schwoll plötzlich der Bauch an, als seien sie schwanger. Ihr Bauch war voller Ananas! Dasselbe geschehe mit denen, die Kokosnüsse stehlen.

Gewiß war dies für *dukun*, die Grund besaßen, eine ausgezeichnete Taktik, um etwaige Diebe abzuschrecken. Aber lag darin nicht auch eine Antwort auf jene natürliche Sehnsucht nach Gerechtigkeit und Harmonie, die der Mensch in sich trägt?

Die Gelegenheit, mit einem dem Tode nahen *dukun* zu sprechen, würde sich mir nicht oft wieder bieten. Also wagte ich es, die Frage zu stellen, die mir auf der Zunge lag, seitdem ich das Haus betreten hatte: »Fürchtest du dich vor dem Tod?«

»Ich weiß nicht … Ich weiß nur, daß ich im Laufe meines Lebens alle möglichen Geister gesehen habe, Geister alter Frauen mit wallendem weißem Haar, Geister von Tieren, Meeresgeister, die manchmal die Körper der Fischer befallen, wenn sie in ihren Booten auf See sind. Ich habe viele seltsame Dinge gesehen, und erwarte noch weitere … auch danach«, antwortete er.

Seine Frau war unruhig geworden und wollte wissen, ob auch ich ein Kenner der Schwarzen Magie sei, ihrem Mann irgendein Geheimnis entreißen wolle. Auf ihre Weise hatte sie recht, und ich entschuldigte mich bei ihr. Der Alte bedauerte, daß ich aufbrach, und wollte mir seinen Segen geben. Ein Segen mehr würde mir sicher nicht schaden.

Der Fahrer hatte sein Auto vor der Krankenstation des Bezirks geparkt, und der für die Gegend zuständige Arzt war zufällig da. Was er von dem *dukun* halte, fragte ich. Die Leute glaubten an ihn, das genüge, sagte er. Wenn er mit gängigen Medikamenten Fieber senken wolle, so dauere das ein paar Tage; der *dukun* schaffe es manchmal innerhalb weniger Minuten, und die Leute gingen lieber zum *dukun* als zur Krankenstation. Als er seinen Dienst hier antrat, habe er den *dukun* aufgesucht und ihm die Ehre erwiesen. »Der *dukun* besitzt das Land und damit auch die Macht über Geister«, meinte der Arzt. »Hier folgt alles einer Logik, die anders ist, als ich es an der Universität gelernt habe, aber es ist dennoch eine Logik. Also? Ich arbeite hier und muß glauben, an was die Leute glauben.«

Als ich am Hafen ankam, hatte das morgendliche Schiff nach Jakarta eben die Anker gelichtet: mit zehn Stunden Verspätung. Eine Frau stand an einem Getränkekiosk und weinte vor Verzweiflung. Sie hatte den langen Aufenthalt dazu genutzt, nach Tanjung Pinang zu fahren und Einkäufe zu machen, und als sie zurückkam, waren die Landungsstege schon eingezogen. Ihr gesamtes Gepäck, ihre Reisedokumente, ihr Geld waren an Bord des Schiffes. Der gestrenge Direktor der Pelni Lines tadelte sie, sprach von Disziplin, sagte, seine Firma könne keine Verantwortung übernehmen, sie müsse sehen, wie sie allein zurechtkäme; dann aber wurde er äußerst liebenswürdig und bot an, ihr das Geld für den Flug nach Jakarta vorzustrecken; so würde sie noch vor dem Schiff ankommen, könne ihre Sachen abholen, das Geld solle sie ihm per Post rücküberweisen. An ihn privat. »Das ist kein Problem der Pelni Lines, sondern ein menschliches Problem, und ich bin hier für alles verantwortlich, auch für die menschlichen Probleme!« meinte er ironisch und gutmütig; dabei zwinkerte er mir komplizenhaft zu.

Dunkle Sonnenbrille, goldbetreßte Schirmmütze nach amerikanischer Admiralsart, darauf sein Name und der der Schifffahrtslinie, dünner, nach unten hängender Schnurrbart und ein breiter Mund voll strahlend weißer Zähne. Er war per Schiff in der ganzen Welt herumgekommen und sprach Holländisch, die Sprache der Kolonialherren, für die er jedoch nichts übrig hatte. »Sie waren dreihundert Jahre hier, und was haben sie hinterlassen? Palmen!« sagte er und deutete auf eine Reihe Palmwipfel, deren Umrisse sich gegen den Himmel abzeichneten. Er sprach auch ausgezeichnet Englisch und hatte oberflächliche, aber dezidierte Urteile über die Frauen aus verschiedenen Ländern: herrlich die Italienerinnen, verführerisch die Spanierinnen, professionell die Französinnen; schrecklich hingegen die Nordeuropäerinnen, allesamt. »Die Haut ... diese weiße Haut widert mich an«, sagte er.

Wo er doch allen helfe – könne er vielleicht auch mir behilflich sein? Ich hätte eine Fahrkarte nach Jakarta, wolle aber in die entgegengesetzte Richtung: nach Medan ... »Kein Problem«, meinte er. Dann wandte er sich den Umstehenden zu, die zuerst die Sache mit der Frau und jetzt die meine mitverfolgten – Dockarbeiter, Passagiere, Motorradtaxi-Fahrer, Soldaten und dickleibige Polizisten mit verrosteten Pistolen im Gürtel: »Dieser Mann ist nicht nur Gast der Pelni Lines, er ist Gast unseres Landes. Also: den roten Teppich!«, und er machte eine Geste, als rolle er einen endlos langen Teppich vor mir aus. Gelächter ringsum. Er nahm meine Fahrkarte, rief einen jungen Helfer herbei, flüsterte ihm etwas ins Ohr, woraufhin der loszog.

Ich mag solche Typen: ein bißchen Schmierenkomödiant, ein bißchen Ganove und Prahlhans, im Grunde aber gutherzig. Ich mag den Wirbel, den sie veranstalten, dieses verschwörerische Geflüster, wie sie das Wort an jemanden richten, der gleich darauf wieder verschwindet, die Geldbündel, die wie Diebesgut von einer Hand in die andere gleiten; dann der abschließende Klaps auf die Schulter, das erlösende Lächeln nach dem Grollen, den scheelen Blicken und bedrohlichen Gesten.

Evert Bintang, Direktor der Pelni Lines in Kijian, wurde 1939 im Norden von Celebes geboren. Er war als junger Mann in die antikommunistische Jugend eingetreten und hatte 1957 im Dschungel mit einer rechtsextremen Guerillagruppe gegen das linksgerichtete Regime von Präsident Sukarno gekämpft. 1962 wurde er amnestiert, in die *commandos* aufgenommen und zuerst nach Irian Jaya geschickt, um gegen die Separatisten zu kämpfen, dann nach Celebes, um »die Kommunisten auszurotten«. Diesmal auf Befehl der Regierung. »Ich stamme von dort. Ich kannte die Gegend wie meine Westentasche, ich kannte jeden Pfad, weil ich dort selbst in der Guerilla war; nicht einen Kommunisten ließen wir entkommen. Wir spürten sie auf, fesselten sie und warfen sie ins Meer«, erzählte er.

So etwas mag in jenem Krieg die Regel gewesen sein, aber fast dreißig Jahre später so damit zu prahlen, war das nicht, als bekenne man sich offen zum Mord? »Wir liebten die Heimat, und wir waren zu allem bereit, um sie nur nicht den Kommunisten zu überlassen«, erklärte er. Er hatte eine Frau aus Sumatra geheiratet, und aus »dieser Mixtur«, wie er seine Ehe nannte, waren »acht echte Indonesier« hervorgegangen.

Das Problem Indonesiens, fuhr er fort, sei folgendes: Wenn die Zentralregierung den Leuten ein bißchen Freiheit zugestände, teilte sich das Land sofort in zehn verschiedene Republiken auf, denn alle wollen unabhängig sein: die Batak, die Bewohner von Aceh und die der Molukken ... »Und dann ginge es bei uns aus wie in der Sowjetunion und Jugoslawien.«

Er hatte nicht unrecht. Das heutige Indonesien ist ein Reich, das von den Javanern zusammengehalten und beherrscht wird. Die Javaner haben die Schlüsselpositionen im Heer und in der Zivilverwaltung inne. Die Javaner sind sich auch mehr als jede andere ethnische Gruppe dessen bewußt, daß die Stärke Indonesiens in seiner Einheit liegt. Daher die Militärdiktatur, daher die sofortige, brutale Anwendung von Gewalt gegenüber jeder Form von Dissens, gegenüber jeder Forderung nach mehr Autonomie. Daher die Okkupation Timors, des portugiesischen Territoriums im Zentrum der Inselwelt, und die Unterdrückung der dortigen Unabhängigkeitsbewegung.

Für die Indonesier der anderen Inseln ist die Frage der nationalen Einheit ziemlich irrelevant – man blickt nicht sehr weit über sein eigenes Dorf hinaus –, aber die Javaner sind entschlossen, das Land zusammenzuhalten, und betrachten es nur noch als eine Frage der Zeit, bis sich in der Bevölkerung ein stärkeres Gefühl für die Einheit entwickelt.

Der Direktor erklärte, er sei Protestant, neigte sich dann zu mir und flüsterte mir ins Ohr: »Wir sind eine Minderheit, aber wir haben eine Zukunft! Jetzt, da wir unser Land von den Kommunisten befreit haben, wollen wir doch nicht, daß es den islamischen Fundamentalisten in die Hände fällt!«

Er schien mir schon wieder bereit, das Gewehr zu ergreifen, um sie aufzuspüren, zu fesseln und allesamt ins Meer zu werfen. »Als Indonesier glauben wir an die fünf Grundprinzipien Pancasila, und das genügt uns. Das erste lautet: ›Alle Indonesier sollen an Gott glauben, das zweite ...‹« – da geriet er ins Stocken. Glücklicherweise befand sich unter den Umstehenden ein Junge, der noch zur Schule ging, und er ratterte mechanisch die anderen Grundprinzipien herunter, so wie sie jedes Kind in der Schule lernt: »... Humanität, Einheit der Indonesier, Demokratie und Sozialismus.«

»Richtig«, nahm der Direktor den Gesprächsfaden wieder auf, »auch Sozialismus. Ja, denn den schrankenlosen Liberalismus nach amerikanischem Vorbild, den wollen wir nicht ... Das wichtigste ist der erste Grundsatz, der den Glauben an Gott betont, ohne jedoch zu sagen, an welchen. Das bringt zum Ausdruck, daß Indonesien ein Land mit verschiedenen Religionen ist, nicht nur des Islam. Nicht nur des Islam! Verstehen Sie?« sagte er und machte böse Augen. »Wir sind ein Inselreich, bestehend aus 13677 Inseln, großen und kleinen, mit 186 Millionen Indonesiern, die an die fünf Grundsätze Pancasila glauben. Fazit? Wir wollen aus Indonesien keinesfalls ein islamisches Land machen, vielmehr ein großes Land, ein großes, sehr großes Land!« Evert Bintang hatte sich in Hitze geredet: »Und nicht vergessen, Fremder, daß die Sonne hier bei uns aufgeht, daß Osten Osten und Westen Westen ist und daß es daran nichts zu rütteln gibt. Ihr im Westen strengt euren Kopf an, vergeßt dabei aber oft das Herz ... Wir hingegen ... Na ja, lassen wir das. Die Sonne geht bei *uns* auf, und eines Tages werden wir die Welt beherrschen, weil wir alles haben, was man dazu braucht. Wir haben Land, wir haben Menschen, wir haben Bodenschätze.« Dann fügte er noch hinzu: »...auch wenn wir Faulenzer und Dummköpfe sind«, und er lachte. »Fremder, sieh dir die Sonne an, und du wirst verstehen ... In Norwegen bekommt man sechs Monate im Jahr die Sonne nicht ein einziges Mal zu Gesicht. Wir haben sie zwölf Stunden am Tag. Wir haben den wunderbaren Anblick der Sonne: der aufgehenden Sonne, der untergehenden Sonne. In Norwegen hingegen – nichts, nichts von alledem! Die Sonne wird niemals im Westen aufgehen. Niemals. Also, Fremder, denk dran: Die Zukunft liegt hier!«

Die Sonne, seine Sonne, schickte sich eben an unterzugehen – eine Postkartenidylle, der Himmel glutrot hinter der schwarzen Silhouette der Palmen. Ein wehmütiges indonesisches Lied, das aus den Bordlautsprechern ertönte, kündigte unüberhörbar die Ankunft meines Schiffes an: ein schönes, großes Schiff, weiß und gelb, beladen, ja überladen mit Menschen, die in einem nicht enden wollenden Strom die Landungsbrücken hinunterschritten. Schöne Frauen, schlank und aufrecht in bunten Sarongs, Männer mit Batikhemden und schwarzen Mützen. »Pinang ... Pinang ... Pinang«, brüllten die Taxifahrer, die Motorradtaxi- und Kleinbusfahrer, die die Leute am Arm zerrten, ihnen ihr Gepäck oder die Kinder zu entreißen versuchten, um sie ja als Kunden zu gewinnen. Die großartige Luft des Orients!

Ich dachte an Singapur, das ich erst vor wenigen Tagen verlassen hatte und das mir nun so weit entfernt schien wie ein anderer Planet. Dies hier war die Welt der mit Schnüren zusammengehaltenen Pappkartons, der Bündel, der Umarmungen; hier gab es noch ein Zerren und Ziehen, Probleme, die von Mensch zu Mensch und nicht vom Computer gelöst werden, mit vielen überflüssigen Worten und Gesten und Blicken, aber auch mit mehr Gefühl, mit weniger Gesetzen, weniger Reglementierungen – und einem Kiosk am Hafen, wo ein Direktor – zugleich auch Patriot, Philosoph und Mörder – großzügig allen Umstehenden etwas zu trinken spendiert: seinen Freunden, seinen Helfern, einer Frau, die das Schiff nach Jakarta verpaßt hat, und mir, dem Fremden, der mit einem neuen Fahrschein versehen ein Schiff nach Medan besteigt!

Ein Hoch den Schiffen!

Das Schiff war eine wahre Freude: ein großes, schönes Schiff, vor gut dreißig Jahren in einer Hamburger Werft gebaut, mit Laufplanken aus Holz, die Kabinen mit Bullaugen; es gab ein Bordrestaurant, einen Tanzsaal und eine Bar, ja sogar eine Moschee und eine Kapelle für christliche Gottesdienste. Kurz, es war ein richtiges Schiff, wie man sie früher hatte. Ein Schiff wie eine kleine Stadt, durch die man wie ein Entdecker schlendert, wo man von Deck zu Deck steigt, an einer Reling rastet, um auf den Horizont hinauszublicken oder nach einem interessanten Gesicht Ausschau zu halten, einem Mitreisenden, mit dem man sich gern unterhalten würde.

Das Schiff folgte seinem Kurs zwischen einsamen, palmenbestandenen Inselchen. Meer und Himmel waren kupferfarben. Das Schauspiel des letzten Abendlichts hatte etwas Religiöses an sich. Auf allen Decks standen gemeinsam mit den Passagieren Matrosen in blauen Anzügen, Schiffsoffiziere in weißen Uniformen, Bordkellner in schwarzen Hosen und roten Jacken mit Goldknöpfen und genossen andächtig die ergreifende Schönheit der Natur, die da vor ihren Augen vorbeizog. Alle schwiegen.

Bald kam die Gebetsstunde. Und danach war es Zeit fürs Abendessen.

Welch erstaunliche Erfindung, diese Schiffe! Und sie sollen verschwinden? Gewiß, sagt man mir. Der Markt will es so, denn wirtschaftlich gesehen sind Schiffe »unrentabel«. So funktioniert unsere Welt, und so bringen wir uns um ein weiteres Vergnügen. Schließlich werden wir die Frauen auch noch abschaffen, diese göttlichen Geschöpfe! Ganz bestimmt! Und zwar an dem Tag, an dem man entdeckt, daß es wirtschaftlicher ist, Kinder im Reagenzglas zu zeugen, ohne neun Monate auf das Ergebnis warten zu müssen; an dem Tag, an dem man entdeckt, daß es für die Liebe keinen »Markt« mehr gibt und die Männer ihre Gurke lieber in einen elektronischen Apparat stecken, der auf die Erfüllung all ihrer Wünsche programmiert ist, und das ohne jedes Ansteckungsrisiko, ohne irgendwelche Gegenforderungen, abgesehen vom Geld. Ein Hoch den Schiffen!

Ein Hoch den Schiffen! Wie sie keuchen und seufzen, wie sie schlingern, wie sie sich freuen an der zärtlichen Liebkosung der Wellen und die Umarmung des Meeres genießen; darin sind die Schiffe auf den Menschen zugeschnitten. Lassen wir sie leben als Zeichen der Liebe! Machen wir mit ihnen die letzten Romantiker glücklich! Setzen wir sie ein, um die Depressiven zu retten! Lassen wir all die auf Schiffen fahren, die die Last des Lebens nicht länger ertragen, die keinen Sinn mehr darin sehen, sich von Tag zu Tag noch weiterzuschleppen, die glauben, ersticken zu müssen. Auf diese Weise würden wir Zentner von Tabletten sparen, kämen wir ohne Valium und Prozac aus!

Nach dem Abendessen hatte ich mich zum Bug begeben und lag dort ausgestreckt auf den hölzernen Planken. Mein Blick verlor sich in der Unendlichkeit des Himmels, ich ließ meinen Gedanken freien Lauf und dem Gefühl, daß ich dank des Wahrsagers in Hongkong nicht nur am Reisen allmählich wieder Gefallen fand, sondern auch am Leben selbst. Meine Ängste waren verschwunden, das Verrinnen der Tage erschien mir nicht mehr als Drama. Ich hörte denen zu, die mit mir sprachen, hatte meine Freude an allem, was um mich herum geschah, und ich hatte Muße, meine Eindrücke zu ordnen und zu verarbeiten. Ich hatte Zeit und Ruhe – etwas so Wichtiges, so Natürliches, aber mittlerweile ein Luxus, den sich nur noch wenige leisten können. Deshalb greifen Depressionen um sich!

Die meine hatte in Japan begonnen. Das Leben war eine ständige Hetze, Verpflichtung reihte sich an Verpflichtung. Alles war so schwierig und verdreht. Es gab keinen Augenblick, zumindest schien es mir so, in dem ich einmal eine Atempause hätte machen können; keinen Augenblick ohne das schlechte Gewissen, irgend etwas nicht erledigt zu haben. Am Morgen stand ich auf und fühlte schon die ganze Last der Welt auf meinen Schultern. Es gab Tage, da brauchte ich bloß das Bündel Tageszeitungen vor meiner Tür zu sehen, und schon schnürte sich mir die Kehle zu.

Offensichtlich wirkte Japan an sich bedrückend, seine Gesellschaft, die in einer Zwangsjacke steckt, seine Menschen, die nie natürlich sind, stets eine Rolle spielen. Doch ich zahlte damals auch den Preis, den dieser sonderbare Beruf des Journalisten fordert. Immer befindet man sich am Schauplatz irgendeines Dramas, und kein Mensch kann jahrelang ungestraft Zeuge gescheiterter Revolutionen, ungelöster Verbrechen, enttäuschter Hoffnungen sein, Zeuge von Problemen, für die es keine Lösung gibt. Vietnam, Kambodscha, Tian-An-Men: immer wieder Tote, immer wieder Flüchtlinge, und langsam, aber sicher die Überzeugung, daß alles zwecklos ist und der Augenblick der Gerechtigkeit nie kommen wird. Zuletzt hatte ich das Gefühl, daß auch die Worte, mit denen man wieder und wieder die gleichen Situationen beschreibt, die gleichen Massaker, die Gesichter der Toten und das Leid der Überlebenden, jede Bedeutung verloren hatten. Sie kamen mir vor wie das Geklirr von Scherben.

Unter solchen Umständen war es nur natürlich, daß ich depressiv wurde, wie es für jeden natürlich wäre, der noch eine Vorstellung davon hat, wie das Leben sein könnte und nicht ist. Depressionen werden zu einem Recht, wenn man sich umschaut und nichts oder niemanden mehr entdeckt, an dem man sich wieder aufrichten könnte. Wenn man nur noch das Gefühl hat, daß die Welt in Dumpfheit und engherzigem Materialismus versinkt, daß es keine Ideale, keinen Glauben, keine Träume mehr gibt, nichts Großes mehr, an das man sich halten, keinen Meister, den man sich zum Vorbild nehmen könnte.

Selten hat es der Menschheit so sehr an Leitfiguren, an leuchtenden Beispielen gefehlt wie heute. Wo haben wir denn noch einen großen Philosophen, einen großen Maler, einen großen Schriftsteller, einen großen Bildhauer? Die wenigen Namen, die einem einfallen, sind hauptsächlich Produkte der Werbung und des Marketing.

In der Politik herrscht, und das mehr als in jedem anderen Bereich der Gesellschaft, vor allem im Westen, das Mittelmaß, wohl weil der Gedanke der Demokratie zu einem Zerrbild seiner selbst verkommen ist. Bedeutete Demokratie ursprünglich, abzustimmen, ob man gegen Sparta in den Krieg ziehen sollte oder nicht, und dann auch persönlich in den Krieg und vielleicht sogar in den Tod zog, so beinhaltet sie heute für die meisten nicht viel mehr, als alle vier oder fünf Jahre ein Kreuz auf ein Stück Papier zu setzen und jemanden zu wählen, der, weil er so vielen gefallen muß, einfach nur mittelmäßig sein kann, so durchschnittlich und banal, wie die Mehrheit eben ist. Auch wenn es eine außergewöhnliche Persönlichkeit gäbe, jemanden mit ungewöhnlichen Ideen, mit einem Plan, der sich nicht darin erschöpft, die Menschen mit Versprechungen zu beschwichtigen – er würde niemals gewählt werden. Er bekäme die Stimmen der Mehrheit nicht.

Und was ist mit der Kunst, diesem unmittelbarsten Weg zur Erkenntnis von Größe? Auch sie hilft den Menschen nicht mehr, das Wesen der Dinge zu verstehen. Musik scheint nur mehr fürs Ohr und nicht mehr fürs Herz bestimmt. Die Malerei ist oft eine Beleidigung für die Augen. Und auch die Literatur wird zunehmend von den Gesetzen des »Marktes« beherrscht. Wer liest heute noch Gedichte? Niemand vermag sich mehr daran zu begeistern. Und doch kann ein Gedicht ein Feuer entfachen, das dem der Liebe ebenbürtig ist. Dabei wäre ein Gedicht weit besser geeignet, den Geist zu »erheben«, als ein Glas Whisky, als Valium oder Prozac, eben weil es uns die Welt von einer höheren Warte aus betrachten läßt. Wenn man sich einsam fühlt, sind schöne Verse eine angenehmere Gesellschaft als ein eingeschalteter Fernseher!

Wenn es darum ginge, eine der Errungenschaften dieses Jahrhunderts wieder abzuschaffen, würde Angela das Fernsehen verschwinden lassen – noch vor der Atombombe. Es verringert unsere Konzentrationsfähigkeit, stumpft unsere Leidenschaften ab und hindert uns am Nachdenken, da es sich uns als der wichtigste Erkenntnisträger aufdrängt. Dabei gibt es nichts Falscheres als »die Wahrheit« des Fernsehens, das jedes Ereignis, jedes Gefühl notgedrungen in ein Medienspektakel umsetzen muß – mit dem Ergebnis, daß sich niemand mehr für etwas begeistert oder über etwas empört.

Alle rennen. Aber wohin? Und weshalb? So mancher spürt, daß uns dieses Rennen nicht entspricht und um viele alte Freuden bringt. Aber wer hat noch den Mut zu rufen: »Halt! Schlagen wir einen anderen Weg ein!« Hätten wir uns im Wald oder in der Wüste verirrt, würden wir mit allen Kräften versuchen, einen Ausweg zu finden. Warum halten wir es mit diesem verflixten Fortschritt nicht ebenso, der zwar unser Leben verlängert, uns reicher, gesünder und schöner, im Grunde aber immer unglücklicher macht?

Kein Wunder, daß Depressionen zu einem so verbreiteten Leiden geworden sind. Irgendwie ist das sogar ermutigend. Zumindest zeigt es, daß im einzelnen noch ein Wunsch nach Menschlichkeit steckt.

Nach fünf Jahren Tokio, wo ich ständig umgeben war von Geräuschen und Menschen, fühlte ich mich wie vergiftet und beschloß, mich zu kurieren. Nachdem ich unser Haus geräumt und Bücher und Mobiliar nach Thailand geschickt hatte, schor ich mir den Kopf und stieg wie ein Pilger auf den Fuji. Meinen letzten Bericht über Japan schrieb ich von den Höhen dieses immer weniger heiligen Berges; dann zog ich mich in eine Hütte mitten in den Wäldern der Provinz Ibaragi zurück. Einen Monat lang. Dort gab es niemanden, mit dem ich hätte sprechen können außer Baolì, meinen Hund, den ich hierher mitgenommen hatte. Ich verbrachte die Stunden lesend, lauschte dem Wind in den Bäumen, beobachtete die Schmetterlinge und genoß die Stille. Endlich hatte ich die Zeit zum Zeit-Haben. Die Natur, die herrliche Natur, kam mir zu Hilfe und stellte mich wieder her.

Zurück in Europa, suchte ich einen bekannten Arzt auf. »Wenn Ihnen die Last der Welt wieder wirklich unerträglich scheinen sollte, nehmen Sie eine hiervon«, sagte er und gab mir eine Schachtel Prozac. Seitdem hat mich dieses Schächtelchen – wie mein Paß, die verschiedenen Scheckhefte und der Führerschein – auf allen meinen Reisen begleitet. Ungeöffnet! Allmählich ist es zu einer Art Talisman geworden, wie das Öl des *dukun* oder der grüne Papierstreifen der Schamanin in Singapur. Ich hätte nie gedacht, wie nützlich es mir eines Tages noch sein würde.

Das Schiff setzte stampfend und sicher seinen Kurs in der Dunkelheit fort. Während ich den Himmel betrachtete und die kühle Nachtluft in mich einsog, war mir, als füllte ich mich mit Sternen. Wäre die Depression, jenes schattenhafte Ungeheuer, das immer auf der Lauer liegt, hierher gekommen, sie hätte in keiner Brust Aufnahme gefunden. Ein Hoch den Schiffen!

Gegen Mitternacht passierten wir die offene See vor Singapur. Aus der Ferne gesehen war selbst diese so makellose, selbstsichere und bedrückende Stadt nichts als ein vager Schimmer am Horizont.

Außer mir gab es keine Europäer an Bord, und meine Anwesenheit hatte natürlich die Aufmerksamkeit anderer Passagiere erweckt. Einer von ihnen, ein alter Chinese, reichte mich, als er merkte, daß ich seine Sprache verstand, wie einen seltenen Fund an andere belustigte *hua-ren* weiter. Der zweite, der mich ansprach, war ein junger Indonesier, groß, dünn und mitteilsam. Als er sich mit dem üblichen »Woher kommst du?« an mich wandte, was im allgemeinen der Auftakt zu weiteren Standardfragen ist, fiel ich ihm ins Wort: »Sag mal, glaubst du an die Macht der *dukun*?« Aus Verlegenheit brach er, wie Asiaten es tun, in ein fast hysterisches Gelächter aus. Als er sich wieder gefangen hatte, erzählte er von eigenen Erfahrungen.

Er stammte aus einer Familie mit fünfzehn Kindern, fünf von ihnen waren schon gestorben: »Magenprobleme, Fieber, Asthma.« Er war der Älteste. Eines Tages verschwindet im Haus eine größere Geldsumme. Die Eltern haben einen Jungen aus ärmlichen Verhältnissen in Verdacht, den sie erst vor kurzem als Adoptivkind und Diener in die Familie aufgenommen haben. Die Mutter und mein junger Freund begeben sich zum *dukun*. Der läßt sie vor einer Schüssel Wasser Platz nehmen (wie ich damals als Kind in Florenz!), und sie sehen darin wie in einem Fernseher, wie der verdächtigte Adoptivsohn das Zimmer betritt und das Geld stiehlt. Sie stellen ihn zur Rede. Er gesteht und gibt das Geld zurück.

»Könntet ihr nicht das Bild eures Verdachts ins Wasser projiziert haben?« fragte ich den jungen Mann. »Hättet ihr auch einen Unbekannten im Wasser sehen können? Wie kann man sich einen Unbekannten vorstellen?« Der junge Mann war erstaunt, daß ich ihn nicht begriff.

Endlich glitt ich durch die Straße von Malakka! Man hatte eigentlich nie den Eindruck einer richtigen Meerenge: Sah man den einen Küstenstreifen, verschwamm der andere, und meistens verschwanden sie beide, so daß man das Gefühl hatte, auf hoher See zu sein. Vor Piraten schien niemand Sorge zu haben.

Nach der dritten Mahlzeit an Bord begann ich die religiöse Toleranz zu hassen. Da Muslime kein Schweinefleisch und Chinesen nichts Pikantes essen, da Hindus Vegetarier sind und die Batak weiß Gott was, mußte man sich bei jeder Mahlzeit den Magen mit einer faden Gemüsebrühe, gedünstetem Reis und gebratenen Fischlein füllen. Der Umstand, daß die Indonesier an einen Gott glauben sollen, der Götter aber viele sind und alle geehrt werden müssen, wirkte sich auf die Qualität der Bordküche nicht eben günstig aus.

Fahrplanmäßig liefen wir im Hafen von Belawan ein, an der Ostküste Sumatras. Aus den Bordlautsprechern ertönte dasselbe wehmütige Lied, das sie in jedem Hafen abspielten. An der Kaimauer waren verrostete Pötte vertäut, die unter ausgebleichten Flaggen von nie gehörten Ländern fuhren. Sie alle waren hier, um den großen, übelriechenden Reichtum der Insel zu laden: Kautschuk.

Von Belawan bis zur Stadt Medan sind es 30 Kilometer, die ich auf einem von einem Motorrad gezogenen Karren zurücklegte. Diesmal, glaube ich, war mein erster Eindruck richtig: Sumatra ist eine noch reiche Insel, aber voll armer Leute. Wir fuhren durch üppige Palmenplantagen. Daneben befanden sich zwischen Abfall und Bergen von Plastiktüten die stinkenden Baracken der Plantagenarbeiter. Und überall, wo ein paar Hütten dieser armen Schlucker standen, gab es auch eine Kirche. Ich wollte herausfinden, wie viele, verlor aber bald den Überblick. Es gab Kirchen jeglicher Glaubensrichtung. Auch das wiederum eine Frage des Marktes: Da jeder Indonesier mehr oder weniger per Gesetz dazu verpflichtet ist, einen Gott zu haben, und viele keinen vorweisen konnten, stellte sich ein buntes Händlervolk ein, das von der Öffnung dieses neuen Seelenmarktes profitieren wollte: Baptisten, Charismatiker, Evangelisten, Adventisten vom Siebenten Tag und noch einige mehr. Je größer die Zahl der Missionare, desto besser, meint die Regierung, da sie ihr alle eine Hilfe im Kampf gegen den Kommunismus sein können.

Ich blieb vier Tage in Medan, um ein paar wichtige Chinesen zu treffen, in deren Händen, hier wie überall, die Fäden der Wirtschaft zusammenliefen. Bevor ich mich aber an die Arbeit machte, schaute ich im Büro der Pelni Lines vorbei. Ich ging zum Direktor und fragte ihn, was aus dem Schiff geworden sei, das einmal in der Woche von Medan nach Jakarta fuhr und das ich nicht genommen hatte. Er blickte mich regelrecht besorgt an: »Nichts, mein Herr. Wieso?«

Das Schiff war nicht untergegangen. Folglich war meine Vorahnung falsch gewesen. Um so besser! Anderenfalls hätte ich mich künftig vor jedem meiner Gedanken fürchten müssen! Dennoch bleibt einem der Argwohn, daß es Vorahnungen geben kann, und die Tatsache, daß sie sich in einem von tausend oder zehntausend Fällen auch bewahrheiten, bestätigt ihn. Mit Fakten in der Hand das Gegenteil zu beweisen ist viel einfacher, aber auch weniger interessant. Gilt das gleiche nicht genauso für Vorhersagen?

Zur Zeit meiner Reise kam der Präsident von Sri Lanka, Ranasinghe Premadasa, bei der Explosion einer Bombe ums Leben, die vermutlich von den Tamilischen Tigern gelegt worden war, Guerillakämpfern, die 1991 auch den indischen Premierminister Rajiv Gandhi getötet hatten. Premadasa ließ sich bekanntlich von Astrologen und Experten des Okkulten beraten und war im Parlament von der Opposition sogar beschuldigt worden, bei der Ausübung der Regierungsgeschäfte unter ihrem Einfluß zu stehen. Hat ihn denn keiner gewarnt? Doch. In einer Tageszeitung las ich, daß ihn ein Astrologe vom Land – keiner von denen, die ihn gewöhnlich umgaben – aufgesucht habe, um ihm zu sagen, er solle zwischen dem 14. April und dem 1. Juni äußerst vorsichtig sein. In dieser Zeit solle er weder reisen noch sich in der Öffentlichkeit zeigen. Gut! Der hat recht gehabt. Aber was war mit all den anderen? Mit denjenigen, die Premadasa regelmäßig konsultierte? Denjenigen, die ihm zu Jahresanfang in ihren überall veröffentlichten Horoskopen Gesundheit, Reichtum und Glück vorausgesagt hatten?

Es ist wie beim Roulette: Einer hat immer auf die richtige Zahl gesetzt. Aber beim nächsten Spiel ist dieser eine ein anderer.

Auch Medan war eine Fundgrube, ein Ort, an dem man vielerlei Fäden folgen konnte, die zu schönen Geschichten führten.

Eine davon wäre einen kleinen Roman wert. Ein Chinese zeigt mir ein altes Foto der Familie von Tjong Ah-fei, dem Mann, der Medan so gut wie gegründet hatte. Ende des vorigen Jahrhunderts bettelarm aus China herübergekommen, wurde er in kürzester Zeit zu einem mächtigen Mann. Er besaß achthundert Häuser, fünfzehn Plantagen und eine Bank; er besaß das Opium-Monopol und auch jenes Haus, das, wenngleich verlassen, heute noch das zauberhafteste der Stadt ist. 1908 heiratete Tjong Ah-fei eine hübsche sechzehnjährige Chinesin; 1921, nachdem er viel Gutes getan, Krankenhäuser, Schulen und einen Tempel gebaut hatte, starb er. Das Foto – die Witwe in der Mitte, um sie herum die Kinder und an die zwanzig Verwandte, dem Alter nach aufgereiht – stammte aus dem Jahr 1927. Links stand in der ersten Reihe ein junger Mann weißer Hautfarbe, keck und mit frechem Blick, der die Chinesen weit überragte.

»Und wer ist das?« fragte ich.

»Ein Italiener ... eine lange Geschichte«, sagte der Chinese.

Ich brauchte ein paar Stunden, um sie zu entwirren. Pietro Maurizio Lungo, Jahrgang 1899, Tennisspieler, Rad- und Sportwagenfahrer, arbeitete als Tänzer in einem Genfer Nachtklub. Dort lernte er die junge Witwe von Tjong Ah-fei kennen, die jedes Jahr in die Schweiz fuhr, um ihre schwindsüchtigen Kinder behandeln zu lassen. 1927 kam er als ihr »Sekretär« nach Medan. Elegant, ein Mann von Welt, diktierte Pietro Maurizio Lungo die Mode in der Provinzstadt. Sportbegeistert, wie er war, führte er den Radsport auf Sumatra ein und organisierte die ersten Radrennen in der Geschichte der Insel. 1959 begegnete er einer wunderschönen Javanerin, die vierzig Jahre jünger war als er, und heiratete sie. Dazu trat er zum Islam über.

Bedauerlicherweise war Pietro Maurizio schon seit einigen Jahren tot, aber es gelang mir, seine javanische Frau und ihre beiden Töchter aufzuspüren. Die Achtzehnjährige war gerade Miß Medan geworden. Sie holten alte Fotoalben hervor, Briefe, Zeitungsausschnitte, und da ich leidenschaftlich gern in der Vergangenheit herumstöbere, hätte ich mich in den Geschicken eines jener Italiener verlieren können, die abenteuerlustig durch die Welt zogen und überall Spuren hinterlassen haben.

Der Chinese, der mir Tjong Ah-feis Familienfoto gezeigt hatte, erzählte mir auch von einem ganz besonderen Tempel, der von einer Sekte vegetarisch lebender Jungfrauen unterhalten wurde. Damit die Tradition aufrechterhalten bleibt, adoptiert jede von ihnen zwei kleine Mädchen. Diese Jungfrauen nun konnten die Zukunft vorhersagen. Eine von ihnen tat es mittels der Blätter einer Blume, die man in ihrem Garten pflücken mußte. Konnte ich mir so etwas entgehen lassen?

Von der Straße aus hätte man niemals geahnt, daß sich hier ein Tempel befand. Die Chinesen haben in Indonesien kein Recht auf ihre Identität: Sie dürfen weder ihre Sprache in der Öffentlichkeit benützen noch ihre Kinder darin unterrichten; sie müssen indonesische Namen annehmen und dürfen keine chinesischen Schilder anbringen. Deshalb war die große schwarze Tafel mit ihren goldenen Schriftzeichen hinter einer hohen Umfassungsmauer verborgen. Hatte man diese jedoch passiert, war man in einem Winkel des alten China: Weihrauchwolken, Altäre mit Statuen der verschiedensten Gottheiten, Höfe voller Vasen und Blumen, ein Tiger aus Pappmaché, vor dem viele kleine Kerzen brannten, und eine Art Backofen, in dem die Gläubigen bündelweise Banknoten verheizen, um den Göttern zu beweisen, wie wenig Wert sie darauf legen. Natürlich ist es Falschgeld – die vergoldeten Geldscheine werden von der Bank der Hölle gedruckt –, aber das wissen die Götter nicht. Immer haben sie Sinn fürs Praktische, meine Chinesen!

Auch die Jungfrauen mit ihrem langen, im Nacken zum Knoten gebundenen Haar und ihren rosa Seidenpyjamas wirkten altertümlich. Diejenige, die sich um die Zukunft kümmerte, saß bleich und schön an einem hohen, rechteckigen Tisch. Sie schickte mich zu einem Beet hinaus, wo ich eine Blume, eine Art großer Margerite mit schwarz-gelbem Auge und weißen Blütenblättern, pflücken sollte. Sie fragte mich nach Tag und Ort meiner Geburt, studierte meine Hände und mein Gesicht, zupfte die Blütenblätter ab und ordnete sie vor sich an wie Spielkarten. Aus alldem zog sie den Schluß, daß ich, *wenn ich nicht vor meinem 38. Geburtstag operiert worden sei, mit sechzig operiert werden würde; daß ich über siebzig würde und es mir bestimmt sei, ein zweites Mal zu heiraten und ein drittes Kind, einen Sohn, zu bekommen.* Vermutlich sah ich etwas besorgt drein, denn sie fügte hinzu, *daß die zweite Ehe nicht unbedingt offiziell sein müsse. Ich könne mir die zweite Frau als* xiao lao puo *halten, als »kleine Ehefrau«, Konkubine. Diese Frau würde ich noch nicht kennen, ihr aber im nächsten Monat begegnen, im Juni. Daran bestünde kein Zweifel: Die Blätter besagten, daß ich zwei Frauen haben und zu dem Sohn und der Tochter, die ich schon habe* (gut geraten!), *noch einen weiteren Sohn bekommen würde.*

Was das Berufliche angehe, so hätte ich einen schlimmen Fehlstart gehabt … (Nicht schlecht, denn mich um Olivetti-Schreibmaschinen zu kümmern paßte weniger zu mir als auf einer solchen zu schreiben.) *Erst mit dreißig Jahren hätte ich angefangen zu tun, was ich gern tun wollte …* (Sehr richtig.) *Und erst nach meinem 38. Lebensjahr hätte ich Erfolg gehabt.* (Ja und nein.)

Die Jungfrau sagte, ich solle *in meinem 59. Lebensjahr äußerst vorsichtig sein, denn es gebe ein großes Hindernis.* (Immer wieder das Jahr, in dem ich in Hongkong sein wollte, um das Ende der Kolonie mitzuerleben! Rajamanickam hatte Ähnliches gesagt.) *Zwischen meinem 64. und 66. Lebensjahr sollte ich mich nicht in Krisen- oder Kriegsgebiete begeben* ... (wie zum Teufel kam sie auf den Gedanken, daß eine solche Möglichkeit bestünde?) *Auch hier gebe es ein Hindernis.*

In puncto Geld sagte die vegetarische Jungfrau das, was sie alle sagen: *Das Geld rinne mir durch die Finger. Sie rate mir, am Mittelfinger der rechten Hand einen goldenen Ring zu tragen. Zu sorgen brauchte ich mich aber nicht, denn im Alter würde ich reich sein ... und meinen* »drei« *Kindern ein großes Barvermögen und viel Landbesitz hinterlassen.* (Das Mädchen las aus den Blütenblättern, schien mir aber in dieselben Seiten desselben Buches zu blicken, aus dem mir auch andere vorgelesen hatten.)

Sie sagte, *dieses Jahr sei für mich äußerst günstig und werde viel Neues bringen, inklusive jener* xiao lao puo, *jener »kleinen Ehefrau«, der ich bald begegnen würde.* Diese Nonne, die so auf einer zweiten Ehefrau bestand, amüsierte mich, und da sie besonders hübsch war, fragte ich sie: »Könntest nicht du diejenige sein?« Sie mußte lachen und bat abschließend um Entschuldigung, wenn sie Dinge gesagt habe, die mir mißfielen oder falsch seien.

Dann segnete sie mit einer Handbewegung und ein paar Worten die Blütenblätter, wickelte sie fest in rosa Seidenpapier ein und sagte, ich solle sie als Amulett stets bei mir tragen. Irgendwelche Tabus? Ja: Ich müsse Vegetarier werden, könne aber ab und zu Fisch essen.

Am nächsten Morgen setzte sich beim Frühstück im Hotel Dharma Deli, einem Relikt aus holländischen Kolonialzeiten, ein vornehmer indonesischer Herr zu mir. Er kam aus Jakarta, wo er beim Ministerium für Forstwirtschaft angestellt war. Er sei nur ein kleiner Beamter, erklärte er mir. Verheiratet? wollte er wissen. Diesmal sagte ich »nein«, und er beneidete mich darum. Seine zweite Frau hatte sich ständig mit der ersten herumgestritten, und so mußte er sie mitsamt ihrer Brut verjagen. Er war bei seiner ersten Frau und deren drei Kindern geblieben, hatte nun aber Sehnsucht nach den anderen. Wer hatte mir diesen Mann mit seiner Geschichte geschickt? Etwa der Himmel, um mich vor der »kleinen Ehefrau« zu warnen, der ich im nächsten Monat begegnen sollte?

In Medan sind einige der wichtigsten Länder der Welt vertreten. Zwar nicht durch Berufsdiplomaten, wohl aber durch Honorarkonsuln, die im allgemeinen seit langem hier ansässig und ortserfahren sind. Ich suchte den deutschen Honorarkonsul auf, sicher, von ihm etwas lernen zu können. Er selbst war verreist, aber seine Sekretärin bot mir ihre Hilfe an. Sie gab mir die Namen von Leuten, die ich aufsuchen sollte, traf ein paar Verabredungen für mich und schließlich ... landete das Gespräch beim gewohnten Thema.

»*dukun*? Mein Großvater war ein berühmter *dukun* in der Gegend um den Tobasee«, erzählte mir das Mädchen. »Er war ein Raja, ein Fürst. Als es auch bei uns zur Revolte gegen das Sultanat kam und viele Rajas umgebracht und ihre Häuser niedergebrannt wurden, blieb mein Großvater verschont, weil er mit seinen »Kräften« allen Gutes getan hatte. Die Dorfbewohner brachten ihn in ein unterirdisches Versteck und behielten ihn tagelang dort. Als er starb, war er 118 Jahre alt. Er war ein Kenner der Schwarzen Magie, vor allem aber kannte er alle Waldkräuter genau. Meine Großmutter bereitete die Kräutertees für die Patienten vor und züchtete Enten, aber nur rote.«

»Enten?«

»Ja, Enten. Denn mein Großvater«, erklärte mir das Mädchen, »verdankte seine Kräfte den roten Enten. Jede Woche mußte er mindestens eine Ente essen, die beim Kochen niemand probiert haben durfte. Wenn er Patienten empfing, hielt mein Großvater immer einen Stock mit eingeschnitzten Figuren in der Hand. Diesen Stock haben wir noch. Er war das Symbol seiner Kräfte.«

Ihr Großvater hatte sieben Frauen und achtzehn Kinder. Ihr Vater hätte als erstes Kind der ersten Frau die Kräfte des *dukun* eigentlich erben sollen. »Auf dem Sterbebett rief ihn mein Großvater zu sich und flüsterte ihm etwas ins Ohr, aber mein Vater sagte, er könne es nicht tun, und bat ihn um Verzeihung. Mein Vater hatte studiert und sich zum Christentum bekehrt, war Pastor geworden und konnte sich nicht mit Magie abgeben«, erzählte das Mädchen weiter. »Mein Großvater starb, tief enttäuscht, seine Geheimnisse nicht weitergegeben zu haben.«

Das Mädchen erinnerte sich an das Haus ihres Großvaters als an einen Ort »voller Frieden und Heiterkeit«. Die Worte waren mir vertraut, als bestünde tatsächlich eine Verbindung zwischen Harmonie, Einklang mit der Natur und der Ausübung magischer Kräfte.

Schade, daß der Vater dieses Mädchens jene Traditionen am Tobasee nicht weiterführen wollte! War dadurch noch eine Seite aus dem Buch unseres Wissens herausgerissen worden?

In Medan nahm ich eine Fähre, die die Straße von Malakka überquerte und mich in Butterworth absetzte, der Stadt, die auf dem malaiischen Festland Penang gegenüberliegt. Dort bestieg ich meinen geliebten Zug nach Bangkok.

Er war überfüllt mit naiven Rucksacktouristen und gewitzten ausländischen Thailandfreaks – amerikanischen Ex-Soldaten, Ganoven aus Deutschland und Aussteigern aller Art, die sich alle drei Monate in die thailändische Botschaft in Penang begeben müssen, um dort ihr »Touristenvisum« verlängern zu lassen.

Weiter hinten in meinem Abteil – ich fuhr zweiter Klasse, denn in dem vollklimatisierten der ersten erfriert man – saß ein Mönch. Er war groß, trug eine orangefarbene Robe, hatte einen kahlgeschorenen Schädel und eine Umhängetasche aus gelbem Stoff. Seine Haut war dunkel, und so hielt ich ihn, als ich mich neben ihn setzte, zunächst für einen Inder. Es war ein braungebrannter Holländer! Er war fünfunddreißig Jahre alt und in Surinam geboren, wo sein Vater Richter war. Mit sechzehn hatte man ihn zum Studium nach Holland geschickt, und da kam die Krise. »Ich stammte aus einem armen Land, wo die Menschen recht zufrieden lebten, und befand mich nun in einer wohlhabenden Welt voller Unglücklicher.« Diese Erfahrung habe ihn »auf den Weg der geistigen Suche geführt«, wie er sagte. Sieben Jahre hat er als Yogi in Indien verbracht, ohne sich je Haare oder Bart zu schneiden oder etwas anderes zu tragen als einen Lappen um die Lenden. Dort hatte er mit einem »großen Meister«

meditiert; später, als buddhistischer Mönch, meditierte er unter verschiedenen »Meistern« in Sri Lanka.

»Der Buddhismus paßt bestens zu unserem abendländischen Denken, denn er entspricht unserem Bedürfnis nach Rationalität. Ein buddhistisches Prinzip lautet: ›Glaube nichts, was du nicht überprüfen kannst. Glaube nichts, was du nicht selbst erfahren kannst.‹ Alle Meister sind wichtig«, sagte Bikkhu – die einfache Bezeichnung für einen Mönch in Thailand, mit der auch er angesprochen werden wollte. »Aber ein buddhistischer Lehrer zeigt dir den Weg, den du dann allein gehen mußt, während die indischen Meister sagen: ›Glaube, hab Vertrauen in mich, und ich führe dich ins Paradies!‹ Den Weg legst du sozusagen auf ihren Schultern zurück!«

Nur in einem Zug, wenn viele Stunden Fahrt vor einem liegen, die Landschaft an den Fenstern angenehm vorbeigleitet und ein plötzlicher Tropenregen so dicht niederprasselt, daß man sich mit vollen Händen das schweißüberströmte Gesicht waschen und sich ein wenig Abkühlung verschaffen kann, nur dann läßt man sich zu solchen Gesprächen hinreißen, ohne dabei auf die Zeit oder die offensichtliche Absurdität der Unterhaltung zu achten.

»Bikkhu, glaubst du an Kräfte?« fragte ich ihn.

»Aber sicher. Man erlangt sie durch Meditation.«

Diesbezüglich hatte er keinerlei Zweifel. Er selbst, sagte er, sei durch Meditation einen Kehlkopftumor losgeworden. Er zog aus seinem Umhängesack ein schmales violettes Büchlein hervor, das von einer birmanischen Krankenschwester handelte, die, von Medizinern bereits aufgegeben, zu meditieren anfing und ebenfalls von Krebs geheilt wurde. Das Buch sah genauso aus wie diejenigen, die während der Kulturrevolution in China im Umlauf waren und Geschichten über Leute enthielten, die sich ohne Narkose hatten operieren lassen oder die dank der Aussprüche Maos das Gehör wiedererlangt hatten. Immer wieder die gleichen Geschichten. Und im Grund basierten sie alle auf dem gleichen Prinzip: Man muß nur glauben, die Macht des Glaubens bewirkt das Restliche.

So wie es nicht eine Behandlungsmethode für alle Krankheiten gibt, sagte Bikkhu, so gibt es auch verschiedene Anwendungen für die »Kräfte«. Bestimmte Meister können sogar die Wünsche anderer materialisieren. (Du hast Durst, und der Meister läßt ein Glas Wasser in deiner Hand entstehen.) Andere können mit den Pflanzen reden oder den eigenen Tod hinausschieben. Der Lehrer seines Lehrers in Sri Lanka habe das eigene Leben auf »mehrere hundert Jahre« verlängert, und sein Lehrer selbst, Ananda Maitreya, sei auch schon siebenundneunzig und könne noch so lange leben, wie er wolle. Mit Hilfe der Meditation!

Was die »Kräfte« angehe, fuhr Bikkhu fort, müsse man bei ihrer Entwicklung äußerst vorsichtig sein. Die Führung durch die Meister spiele dabei eine wichtige Rolle, denn diese »Kräfte« ließen sich sowohl zu guten wie zu schlechten Zwecken verwenden. Sie können ebenso heilen wie töten. Die *bomoh* und *dukun* verwenden bei der Ausübung ihrer Schwarzen Magie die gleichen Kräfte wie die Mönche auf dem Weg zur Erleuchtung. Allen Aussagen über sein Bedürfnis nach abendländischer Rationalität zum Trotz glaubte Bikkhu fest an den Weg des östlichen Mystizismus. Er mußte daran glauben, schien es mir. Wie Karma Chang Choub hatte auch er nach einem Meister gesucht und war weit gegangen, um einen zu finden. Ich hatte den Eindruck, daß er sich dabei verirrt hatte und ihm der Weg zurück nunmehr verbaut war.

Bikkhu fuhr in ein kleines Kloster bei Hua Hin, wo er lebte. Er war in Malaysia gewesen, um seine Nieren behandeln zu lassen. Seit er ein mönchisches Leben führte, war er ständig krank. Ich wagte zu fragen, ob das vielleicht mit der Ernährung und dem neuen Tagesrhythmus zu tun habe. Er verneinte. Seine Krankheiten, sagte er, seien eine Art Reinigung vom schlechten Karma, das er in früheren Leben angesammelt habe. Die Meditation helfe ihm, auch diese Übel ans Licht zu bringen und sich davon zu befreien.

Trotz vieler Jahre des Mühens, der Entbehrungen und harter geistiger Exerzitien schien mir Bikkhu, wie Karma Chang Choub, ein im Grunde unglücklicher Mensch zu sein. Getroffen hat mich seine Schilderung einer Erfahrung, die er in Nepal gemacht hatte. Er war in den Bergen, als ihn das Gefühl überkam, sein Körper löse sich auf und er selbst werde zu einem Teil dessen, was ihn umgab: Pflanzen, Berge, Gras, Luft. Alsdann hörte er eine Stimme, die sagte: »Nein! Noch nicht! Deine Zeit ist noch nicht gekommen ...« Die Erinnerung an jenes Gefühl habe ihn seitdem nicht mehr verlassen, und der Gedanke, daß sich sein Körper eines Tages auf diese Weise auflösen werde, erfülle ihn mit Wohlgefallen. »Der Körper«, sagte er, »ist wie ein Schuh, der drückt. Es geht sich nicht gut darin, und man hat größte Lust, ihn wegzuwerfen.«

Während der magere, kränkelnde Bikkhu mir mit poetisch verbrämten Worten von seiner Todessehnsucht erzählte, unterhielten sich im Gang zwei robuste Amerikaner, zwei Barbesitzer aus Pattaya, über die Schwierigkeiten, die sie mit den Mädchen hatten, und welche Tricks sie sich einfallen lassen mußten, damit diese jeden Abend zur Arbeit antraten und die vereinbarten Prozente ihrer nächtlichen Einnahmen ablieferten. Ich gesellte mich zu ihnen, und nach zweistündigem Plaudern wußte ich bereits genug, um im Notfall meine eigene Bar eröffnen zu können: Man braucht dazu mindestens acht Mädchen (nicht alle erscheinen regelmäßig; außerdem gibt es Kunden, die sich ein paar für eine ganze Woche abholen!); man darf keine Fehler machen (besonders nicht mehr als die anderen Bars bezahlen!); und man muß mindestens zweitausend Dollar pro Monat verdienen. Netto! Nach Abzug auch der Zahlungen an die Polizisten des Reviers! Wo sonst, wenn nicht in einem solchen Zug, hätte ich eine derartige Lektion in der Kunst des Überlebens bekommen können?

Zum Abendessen trank Bikkhu nur einen Fruchtsaft und legte sich dann schlafen. Ich ging in den Speisewagen, wo sich Polizisten, Eisenbahnangestellte und die beiden Barbesitzer eingefunden hatten, um weitere Geschichten über thailändische Mädchen auszutauschen. Wir alle tranken jene mörderische Mixtur aus einheimischem Whisky, Soda, Eiswürfeln und Zitronensaft, der man nachsagt, daß sie blind mache, besonders wenn Äthylalkohol verwendet werde. Aber wie soll man das wissen? Man vertraut sich seinem Schicksal an!

Als ich mich schlafen legte, ließ ich den Vorhang in meinem Abteil offen, um den Wind zu genießen. Ein großer Mond hing wie an einem Nagel im Fensterrahmen, während der Zug weiter durch die warme Nacht fuhr.

Ich stand früh auf, um mich von Bikkhu zu verabschieden, der in Hua Hin, 200 Kilometer vor Bangkok, ausstieg. Aus dem hellen Morgennebel tauchten wie in Gold gestochen die Tempelspitzen zwischen noch dunklen Palmwipfeln auf. Auf einem Hügel zeichneten sich die Umrisse des kleinen Klosters ab, in dem Bikkhu lebte.

Noch ein paar Stunden, dann verlangsamte der Zug seine Fahrt, und es begann jenes angenehme Rattern über die Weichen, jenes Zuckeln und Schaukeln, das das Einlaufen in einen großen Bahnhof ankündigt.

Bangkok! Endlich! Zwei Monate waren vergangen. Zwei Monate unterwegs, ohne zu fliegen – dank eines Wahrsagers. Eine Verrücktheit, wie manche bereits meinten.

Mir machte dieses Für-verrückt-gehalten-Werden immer mehr Spaß.

»Nagarose«

Ich hatte für Somerset Maugham nie jene Bewunderung empfinden können, die er einem Großteil seiner Leser einflößt. Er erschien mir immer als ein allzu englischer Schriftsteller, der kein bißchen an Asien selbst interessiert war, sondern nur eine exotische Kulisse für seine Geschichten von Weißen benötigte.

So geschah es zufällig (zufällig?!) – das Auto stand schon abfahrbereit am Tor von Turtle House, als ich im allerletzten Moment noch einmal loslief, um ein Buch als Schiffslektüre mitzunehmen –, daß mein Blick auf *The Gentleman in the Parlour* fiel, das auf dem runden chinesischen Tisch in der Bibliothek lag. Es war eine Erstausgabe, die ich vor zwanzig Jahren in Singapur gekauft hatte. Die Termiten Bangkoks hatten das Buch angefressen, und es war eben vom Buchbinder zurückgekommen. Ich zwängte es mit einiger Mühe in meinen Rucksack und fuhr los. Wenig später saß ich auf dem aufgewickelten Schiffstau im Heck eines kleinen Frachters, der von Bangkok nach Kambodscha unterwegs war. Von einem starken Gefühl der Freude, aber auch der Unruhe ergriffen – wie immer, wenn man vor einem Rätsel steht, zu dem man keinen Schlüssel besitzt –, schlug ich das Buch auf, blätterte ein wenig darin herum und entdeckte, daß Maugham … genau diese meine Reise beschrieb; er hatte die seine im Jahr 1929 auf einem ähnlichen Schiff angetreten!

Das Buch beginnt so: »Ich hatte für Charles Lamb nie jene Bewunderung empfinden können, die er einem Großteil seiner Leser einflößt …« Maugham erzählt, wie er vor der Abreise ein Buch sucht, das er mitnehmen könnte, und sein Blick zufällig auf eines mit einem grünen Umschlag fällt, das er dann an Bord eines Schiffes zu lesen beginnt …

Es war schon ein merkwürdiges Jahr! Das Leben – wieder so wunderbar. So ungewöhnlich. So voller Überraschungen. Voller Zufälle?

Somerset Maugham hatte seine Reise in Rangun begonnen und war nach Hanoi unterwegs. Und ich, wo hatte ich meine Reise begonnen? Was war mein Ziel? Und wer zog die Fäden all dessen, was mir begegnete? Denn daß es da im Hintergrund jemanden gab, davon war ich allmählich selbst überzeugt!

Die Kette von Ursache und Wirkung, die alle menschlichen Geschehnisse miteinander verknüpft, ist unendlich, und deshalb bleibt jedes Ereignis ohne eine echte Erklärung. Ich befand mich auf diesem Schiff durch eine unendliche Verkettung von Gründen, deren ersten ich unmöglich angeben konnte.

Es gibt immer eine unerklärliche Brücke von San Louis Rey, auf der verschiedene Menschen mit verschiedenen Lebensgeschichten aus verschiedenen Orten sich zufällig genau in dem Augenblick begegnen, in dem die Brücke zusammenkracht und sie alle in den Tod reißt. Aber der erste Schritt bei all diesen Reisen, die unternommen wurden, um pünktlich zu dieser Verabredung zu kommen, ist nicht auszumachen.

Auch mein erster Schritt war nicht auszumachen, und jeder Anfang, den ich hätte benennen können – der Wahrsager von Hongkong, die Tatsache, daß ich in Kambodscha dem Tod entronnen war, die in Laos gefaßte Entscheidung, ja selbst meine Geburt –, war nicht der richtige. Vielleicht, weil es jenen Anfang im Grunde gar nicht gibt.

Ich rief Leopold an, einen wiedergefundenen Freund, der angeboten hatte, mich bei diesem Abenteuer zu begleiten, und zu dritt – Somerset Maugham bewies nunmehr eine starke Präsenz – feierten wir die Tatsache, daß wir hier waren und das ruhige Dahingleiten eines Schiffes namens *Nagarose* genossen.

Ich mußte rechtzeitig zu den von den Vereinten Nationen organisierten Wahlen in Kambodscha sein, und das … Glück hatte mir dabei geholfen. Auf dem Landweg dorthin zu fahren, wäre schwierig und gefährlich gewesen. Die Grenze nach Thailand war offiziell gesperrt, und die Roten Khmer, die beschlossen hatten, die Wahlen zu boykottieren, machten die Straße zwischen Poipet und Battambang unsicher. Der einzige Weg, auf dem Ausländer nach Kambodscha einreisen durften, führte über den Flughafen von Phnom Penh.

Eines Tages fiel mir in einer thailändischen Zeitung jedoch die Anzeige eines Frachters auf, der die Route von Bangkok zum kambodschanischen Hafen Kompong Som fuhr. Ich rief sofort an: Das Schiff gehörte einem jungen Amerikaner, der am Anfang seiner Laufbahn als Reeder stand. Ich lud ihn zum Essen nach Turtle House ein und konnte ihn überreden, mich mitfahren zu lassen. Und Leopold schloß sich begeistert an.

Ein wunderbarer Typ, dieser Leopold. Er stammte aus gutem Hause, aus einer alten adligen Militärsfamilie, aus der so manch einer sein Leben für Frankreich geopfert hatte. 1968 hatte er in Paris, wo er Jura studierte, »Revolution gemacht«. Enttäuscht über ihren Ausgang hatte er sich »auf den Weg gemacht«: nach Indien, Nepal, Thailand und schließlich Indochina. Ich lernte ihn 1975 in Saigon kennen, im Garten des Hotels Continental, nachdem die Stadt von den Kommunisten erobert worden war. Eine aufrechte, elegante Erscheinung, stets mit akkurat gebügeltem Seidenhemd, war Leopold nicht aus denselben Gründen in Vietnam, die uns – Journalisten, Geschäftsleute oder Abenteurer – hierher geführt hatten. Er war ein Beobachter des Lebens, und Saigon war im Jahr 1975 der ideale Ort für diese seine Leidenschaft. Nach jahrelangem Herumvagabundieren mußte auch er sich beweisen, daß er fähig war, etwas auf die Beine zu stellen. Er ging nach Bangkok, und durch eine Reihe von Zufällen gründete er eine Schmuckfabrik mit einem klangvollen französischen Namen, den er auf gut Glück aus dem Pariser Telefonbuch herausgepickt hatte. Damit hatte er ein Vermögen gemacht.

Es machte ihn aber nicht glücklich. »Man kann doch sein Leben nicht mit der Herstellung derart unnützer Dinge wie Schmuck verbringen«, meinte er, als wir uns jetzt, fünfzehn Jahre später, wiederbegegneten. Er hatte beschlossen, die Fabrik der Belegschaft in Selbstverwaltung zu übergeben und sich anderen Dingen zuzuwenden. »Schenken ist besser als verkaufen«, sagte er. »Wenn ich in Zukunft in Not bin, werden sie mir helfen. In Asien bindet Dankbarkeit die Menschen fester aneinander als ein Vertrag.«

Unsere Abreise wurde von einem Tag auf den nächsten verschoben. Da es regnete, konnte das Schiff seine Zuckerfracht nicht an Bord nehmen. Dann endlich teilte man uns mit, wir sollten uns an Pier 5 in Tomburi am anderen Ufer des Chao Phraya, Bangkoks großem Fluß, einfinden.

Die Begegnung mit einem Schiff ist wie ein Rendezvous mit einer Frau, mit der man bisher nur am Telefon gesprochen hat. Man geht hin, voller Neugier und mit einem Bild im Kopf, das der Phantasie entsprungen ist und gewöhnlich mit der Realität nichts zu tun hat. Klein, verrostet, mehr schlecht als recht hellblau und weiß gestrichen, das Deck verdreckt und mit Zigarettenkippen übersät, die maltesische Flagge geschwärzt vom Rauch aus dem Schornstein, der Hauptmast von einem Kran gerammt und verbogen, war auch die *Nagarose* nicht so, wie ich sie mir vorgestellt hatte.

Begleitet von einem jungen, großen und vornehm aussehenden Matrosen, der auf diesem Seelenverkäufer völlig fehl am Platz schien, stellte ich meinen Rucksack in der Kajüte ab, die er uns zuwies. Sie war winzig, glühend heiß und ohne Lüftung. Es überraschte mich, daß an der Tür ein Bild von Aung San Suu Kyi hing, der Wortführerin des birmanischen Widerstands gegen die Militärdiktatur. »Ich war einer ihrer Leibwächter«, erklärte mir der junge Mann in makellosem Englisch. »Ich war im dritten Studienjahr für Physik eingeschrieben, aber als sie verhaftet wurde, mußte ich fliehen.« Die gesamte Schiffsbesatzung bestand aus Birmanen. Viele wie er ehemalige Studenten, die vor der politischen Repression nach Thailand geflüchtet waren.

Um sechs Uhr abends lichteten wir die Anker. Die *Nagarose* hatte kaum hundert Meter zurückgelegt, als an Deck ein prächtiges Mädchen auftauchte, einen schönen Sarong fest um den Körper gewickelt, das eine Girlande aus Jasminblumen, Streifen bunter Seide, Räucherstäbchen und einen Orchideenzweig am Schiffsheck befestigte. »Das bringt Glück. Es schützt uns«, meinte der Kapitän, auch er Birmane, um die vierzig. Vierzig intensiv gelebte Jahre, seinem Gesicht nach zu urteilen.

Das Schiff glitt das linke Ufer des Chao Phraya entlang, vorbei an der Marineakademie, an mehreren Pagoden und einem chinesischen Tempel, auf dem eine große gelbe Skulptur in Form einer Münze prangte. Hier und da noch alte, auf Pfählen stehende Holzhäuser mit Leitern, die in den Fluß hinunterführten und von denen aus Kinder ins Wasser sprangen. Einstmals, als der Fluß noch der Hauptzugang nach Siam war, waren dies die ersten Bilder, die den Reisenden, noch vor den funkelnden Dächern des Königspalastes in der Ferne, beeindruckten.

Um neun Uhr gelangten wir zur Flußmündung. Am großen Leuchtturm mitten in der Strömung setzten wir den thailändischen Lotsen ab und fuhren aufs offene Meer hinaus. Vor uns lagen Hunderte von Fischerbooten, an deren langgestreckten Armen Lämpchen über den dunklen Fluten blinkten – es sah aus, als steuerten wir auf eine Stadt voller Licht und Leben zu.

Unser Speisesaal war ein alter, im Boden verankerter Tisch mit zwei Bänken, aber als das Abendessen serviert wurde, trauerten wir den großen Restaurants keinen Augenblick mehr nach. Es war prächtig wie die, die es zubereitet hatte: das Mädchen an Bord. Sie war zwanzig Jahre alt, von dunkler Hautfarbe, mit hohen, kräftigen Hüften und für eine Thai kecken Brüsten. Am Handgelenk trug sie mehrere Armreife. Einer mit einem goldenen Glöckchen begleitete musikalisch jede ihrer Bewegungen.

Der Kapitän hatte sie entdeckt, als sie auf einem Markt T-Shirts verkaufte. Sie war gerade aus der Provinz gekommen, und dies war ihre erste Arbeit. Er hatte sie gefragt, wieviel sie verdiene, und hatte ihr 1000 Baht (60 Mark) mehr pro Monat angeboten, wenn sie ihm als Ehefrau diene. Sie wurden handelseinig. Der Kapitän hatte sie dann auch als Köchin auf der *Nagarose* unterbringen können. Beide schienen zufrieden mit ihrem Vertrag.

Die »gemietete Ehefrau« ist eine alte Tradition in Thailand, und Leopold und ich waren uns schnell einig, daß es auch eine höchst ehrenwerte Tradition ist.

Wir fuhren die ganze Nacht durch das Lichtermeer der Fischerboote dahin. Unter Deck zu schlafen war unmöglich. Das Schiff, in Norwegen gebaut, war für nördliche Meere geschaffen, nicht für die Tropen; große Rohre bliesen die heiße Luft aus dem Maschinenraum direkt in die Kabinen und verwandelten sie in Backöfen. Man konnte nicht einmal barfuß über die Metallplatten im Korridor gehen, so glühend heiß waren sie. Nur riesige Schaben krochen seelenruhig darauf hin und her.

Die Mannschaft hatte sich an Deck schlafen gelegt. Nur der Kapitän schlief mit unserer Köchin in einer bequemen Hängematte in seiner Kajüte, auf die ein Ventilator – der einzige an Bord – einen Schwall Luft richtete.

Leopold und ich machten es uns auf dem Oberdeck bequem, direkt unter dem Schornstein, aber wir konnten nicht sofort einschlafen. Die Nacht, die Stimmung auf dem Schiff und wieder dieses völlige Losgelöstsein von der gewöhnlichen Welt hatten in mir jenes rauschhafte Freiheitsgefühl erweckt, das meine Droge ist; in Leopold hingegen eine große Lust zu sprechen und zu lachen.

»Stell dir doch mal den Amerikaner vor, der stolz verkündet: ›Ich bin der Besitzer der *Nagarose!*‹ Wahrscheinlich hat er das Schiff nie betreten. Er verbringt seine Zeit in einem vollklimatisierten Büro und beschäftigt sich mit Versicherungen und Zuckerfrachten. Und wir? Wir genießen sein Schiff!« sagte Leopold, und die Vorstellung, daß der Amerikaner nur einen Fetzen Papier hatte, der ihn zum Eigentümer machte, während wir, die wir nicht einmal eine Fahrkarte hatten, sein Schiff hatten, brachte mich ebenfalls zum Lachen.

»Man muß im Leben sein, was wir auf diesem Schiff sind: Passagiere. Man muß nichts besitzen«, fuhr Leopold fort, wie um seinen Entschluß, sich der Fabrik zu entledigen, zu bekräftigen.

Ich glaube, es war hier, daß er mir zum erstenmal von John Coleman erzählte: »Du mußt ihn unbedingt kennenlernen. Er ist ein wirklich großer Meister und kann dir die Meditation beibringen.«

Wir schliefen ein, wo wir waren. Wenn der Wind sich drehte,

spürte ich, wie der Rauch mir ins Gesicht schlug, aber ich war viel zu müde, um mich umzubetten. Geweckt wurde ich von der Sonne.

Den größten Teil des Tages verbrachte ich an Deck. Am Schiffsheck waren die Taue in dicken Ringen aufgerollt und bildeten gleichsam riesige Nester, in denen ein vorgeschichtlicher Vogel seine Eier hätte ablegen können. Hier saß ich, sonnte mich und las Somerset Maugham, manchmal auch laut, um Leopold an der »Konversation« teilhaben zu lassen.

Am Nachmittag wurde die Hitze unerträglich, doch es war Regenzeit, und das regelmäßige Drei-Uhr-Gewitter brachte pünktlich Erfrischung. Danach blieb der Himmel wie ein riesiges blau-schwarz-graues Fresko, vor dem unbeweglich schneeweiße Wolken wie großartige Denkmäler standen.

Das Schiff fuhr ungeheuer langsam, manchmal schien es regelrecht stillzustehen. Plötzlich ertönte Feueralarm an Bord, doch niemand regte sich auf. Schuld daran war der überhitzte Akku, und der Kapitän gab Anweisung, die Geschwindigkeit weiter zu drosseln: auf höchstens drei Knoten. Wir würden mit einem Tag Verspätung in Kompong Som ankommen.

Das Meer wurde nun öd und leer. Das einzige Schiff, das wir im Laufe von Stunden sahen, war ein anderer alter Frachter mit einer birmanischen Besatzung, die die unsrige kannte. Sie versuchte, sich per Funk mit ihr in Verbindung zu setzen, erhielt aber keine Antwort.

»Reisen hat nur Sinn, wenn man mit irgendeiner Antwort im Gepäck zurückkehrt«, begann Leopold. »Du, der du soviel unterwegs bist, hast du sie gefunden?«

Auch für ihn war das Schiff eine Pause, eine Befreiung von der Routine. Leopold verbrachte die vielen leeren Zeiten während dieser Schiffsreise mit Nachdenken, und ich war wie der Sandsack beim Sparring, der seiner Faust Widerstand bot. Sie traf mich diesmal hart, weil ich wußte, daß ich die Antwort nicht gefunden hatte. Im Gegenteil, im Laufe der Zeit hatte ich sogar jene paar Gewißheiten verloren, die ich vorher zu besitzen glaubte. Vielleicht war dies die Antwort, aber das sagte ich nicht;

um das Gespräch aufzulockern, fügte ich hinzu, daß ich reiste, weil meine Natur die eines Ausbrechers sei: Früher oder später müsse ich mich immer davonmachen. Leopold gab sich nicht damit zufrieden.

»Wir beide haben unser halbes Leben in Asien verbracht und eigenartige Erfahrungen gemacht«, sagte er. »Wenigstens ein Fünkchen müßte einem davon doch geblieben sein. Man kann nicht nur mit leeren Koffern und ein paar Geschichten, die man erzählt, nach Hause zurückkehren, wie alte Seeleute.«

Ich habe mir über jene »Koffer« nie Gedanken gemacht, geschweige denn über das, was ich bei meiner Rückkehr hineintun würde. Wenn ich überhaupt jemals zurückkehrte!

Das Schiff keuchte, und jeder seiner Atemzüge schien der letzte zu sein. Ich saß Maugham lesend in meinem Nest aus Schiffstauen, als mich ein Vögelchen besuchte. Es umflatterte mich mehrmals, zwitscherte, flog ganz nah zu mir heran und flog weiter. Ein paar Sekunden, aber welche Überraschung, hier auf hoher See!

Zum Abendessen hatte die schöne Köchin geschmorten Schweinsfuß zubereitet, gebratenen Fisch und Gemüse mit Ingwer. Dazu Reis in Mengen. Wir aßen alle zusammen, bis auf die zwei Burschen, die von der Kommandobrücke aus das dunkle Meer beobachteten. Nach dem Essen bot der jüngste Matrose jedem ein Betelpaketchen an.

Der Kapitän merkte, daß dies für mich und Leopold nicht der ideale Nachtisch war, und ließ eine Flasche Gin und eine Flasche Zitronensaft kommen. Bis weit nach Mitternacht saßen wir zusammen. Er hatte das Bedürfnis, uns sein Herz auszuschütten. Vierundvierzig Jahre war er alt, und seit zwanzig Jahren fuhr er zur See. Er war hier und dort gewesen und hatte dies und das getrieben – vom Zigarettenschmuggel bis zum Schwarzhandel mit elektronischen Geräten. Seine Familie lebte in Rangun, aber als Gegner der Diktatur konnte er nicht zu ihr zurückkehren. Die Schiffsbesatzung hatte er selbst ausgewählt. Der Maschinist war ein Ingenieur aus Birma, zwei Schiffsjungen waren Architekturstudenten. Wegen der Militärdiktatur sei sein

Land rückständig geblieben und werde mittlerweile allseits mit Verachtung gestraft, besonders von den Thailändern.

Die Thai, fuhr der Kapitän fort, dächten nur ans Geld. Auch ihr Buddhismus sei bestechlich. In Birma hingegen ... und er zeigte mir seinen Buddha, den er auf der Brust trug. Da sah er, daß auch ich einen um den Hals hatte. Beide nahmen wir unsere Kette ab und hielten sie einander mit beiden Händen zur Begutachtung hin. Sein Buddha hatte ihn aus den verschiedensten Lebenslagen gerettet. Ich sagte dasselbe von meinem.

Das war vielleicht sogar wahr, aber ich hatte noch nie darüber nachgedacht. Auch damals in Poipet, als mich die Roten Khmer erschießen wollten, hatte ich ihn um, doch hatte ich das eine nie mit dem anderen in Verbindung gebracht. Dieser Buddha war für mich kein Amulett. Er war mir zur Gewohnheit geworden, wie die Uhr, die man sich jeden Morgen ums Handgelenk legt. Ich besaß ihn seit 1972. Als ich zum erstenmal nach Kambodscha kam, war mir aufgefallen, daß sich die Soldaten die kleinen Buddhafigürchen, die sie sonst am Körper trugen, während der Schlacht in den Mund steckten. Sie erklärten, daß dies die Kugeln abwehre, und so beschloß ich, daß auch ich einen Buddha brauchte.

Ich kaufte mir einen aus Elfenbein und ließ ihn mir von einem chinesischen Goldschmied setzen. Nun mußte ich ihn von einem Mönch weihen lassen, und Pran, mein Dolmetscher, schlug vor, den Abt der heiligsten Pagode von Phnom Penh aufzusuchen, die auf dem geheimnisumwitterten Hügel mitten in der Stadt lag. Pran organisierte die Feierlichkeit und handelte den Preis aus: Ich zahlte die Restaurierung einer Szene aus dem Leben des Erleuchteten an der Kassettendecke der Pagode, an der die Mönche gerade arbeiteten.

Und so saß ich dann eines Nachmittags auf dem Fußboden vor einigen Mönchen, die in gleichförmigem Singsang seltsame Litaneien vortrugen, die mich beschützen sollten.

»Wovor?« fragte der Abt.

»Das müssen die doch wissen«, flüsterte ich. Pran übersetzte hin und her, aber der Bonze verstand weiterhin nicht, wovor ich beschützt werden wollte.

»Ja nun, was für einen Beruf hat denn dein Fremder?«

»Er ist Journalist.«

»Aha. Sehr gut«, rief der Bonze. »Also benötigt er Schutz vor Feuer, Wasser und Syphilis!« Und fuhr fort, mit den anderen kräftig zu psalmodieren. Den kleinen Buddha erhielt ich zurück. Ich überreichte die vereinbarte Geldspende – und blieb von den drei Übeln verschont.

Doch auch mit diesem Buddha verband sich ein Tabu: Man mußte ihn »vor der Liebe« abnehmen. Pran erklärte mir, daß es »in dringenden Fällen« jedoch ausreiche, ihn mitsamt dem Kettchen hinter sich zu werfen. Das entscheidende sei, daß er nichts sehe!

Die schöne Köchin hatte sich, Comics lesend, in die Hängematte unter den Ventilator gelegt. Als dann der Kapitän nicht kam, schlief sie ein. Wir unterhielten uns unterdessen weiter. Als die Flasche Gin ausgetrunken war, wollte der Kapitän eine Revolution machen, um Birma von den Diktatoren zu befreien, Leopold wollte die Welt durch Meditation erlösen und ich die gesamte Menschheit in die Vergangenheit zurückversetzen bis zu dem Punkt, an dem sie den falschen Weg eingeschlagen hatte.

Als ich mich zu meinem Schlafplatz unter dem Schornstein begab, war die Nacht ungewöhnlich dunkel und der von Sternen übersäte Himmel von einer Tiefe, wie ich das nie zuvor gesehen hatte. Das Schiff rauschte durch die phosphoreszierenden Wellen. Ich schlief, bis mich ein verlockender Duft nach Weihrauch und gebratenen Eiern weckte. Die schöne Köchin war als erste aufgestanden, hatte aufgeräumt, ihre Gaben am Altärchen dargebracht und bereitete jetzt das Frühstück zu.

»Eines Tages wird auch sie sich aus der Sklaverei des Kapitäns befreien, und wir werden ihr an Bord eines Flugzeugs der Thai International als Stewardeß wiederbegegnen, die uns tiefgefrorene Omeletts serviert«, sagte Leopold. Gewiß träumte sie davon; aber ich konnte es ihr nicht wünschen.

Wir liefen mit genau einem Tag Verspätung in der Reede von Kompong Som ein. Somerset Maugham hatte ein halbes Jahrhundert früher für die gleiche Strecke weitaus weniger Zeit benötigt. Die Strände waren strahlend weiß. Hinter den Palmen waren keine Gebäude zu erkennen; Kambodscha erschien, von weitem betrachtet, wie eine verlassene Insel.

Unsere Seeleute waren frisch geduscht, in sauberen Hosen und Hemden und bereit, von Bord zu gehen. Wir ebenso. Doch vom Hafen startete kein Patrouillenboot, um uns einen Lotsen zu bringen. »Hier ist die *Nagarose* ... *Nagarose* ... Hören Sie uns?« rief der Kapitän unablässig ins Funkgerät. Keine Antwort. Eine Stunde. Zwei Stunden. Nichts. Die Birmanen schlüpften wieder in ihre Arbeitsanzüge und machten sich am Schiff zu schaffen.

Auf einer Bank im »Speisesaal« ausgestreckt, las ich Somerset Maugham. Auch er war von hier aus erst nach Phnom Penh und dann nach Angkor weitergefahren. Dort hatte ihn vor allem Ta Prom beeindruckt, der vom Dschungel umklammerte Tempel. Hier in der Natur, die sich die vom Menschen aufgestellten Steine zurückeroberte, hatte er »die mächtigste aller Gottheiten« gespürt.

Für mich hingegen kommt in den Tempeln das menschliche Werk dem göttlichen am nächsten. Es gibt ein paar Orte auf der Welt, an denen man stolz darauf ist, der menschlichen Gattung anzugehören. Einer davon ist zweifellos Angkor. Hinter seiner vergeistigten Schönheit verbirgt sich etwas zutiefst Schlichtes, Archetypisches, Natürliches, das einen ohne den Umweg über den Kopf im Innersten berührt. Jeder Stein besitzt hier eine Erhabenheit und Größe, die man als Maß mit sich fortnimmt.

Man muß nicht Buddhist oder Hindu sein, um dies zu verstehen. Man muß sich nur gehenlassen, um zu spüren, daß man in Angkor auf irgendeine Weise schon einmal war. »Die Ruinen von Angkor! Ich erinnere mich noch so gut an die Stunde, in der ich sie vor meinem geistigen Auge erblickte. Dies ereignete sich in meinem kindlichen ›Museum‹«, schrieb Pierre Loti im Jahr 1901, als er, auf seiner *Pilgerfahrt in Angkor,* in den Dschungel vordrang und sich daran erinnerte, wie er schon als Kind versucht hatte, aus dem Fenster des väterlichen Hauses diese mythischen Türme wahrzunehmen.

1972 hatte auch ich aus einem der oberen Fenster des Grand Hôtel von Siem Reap diese Türme gesehen, die Türme von Angkor Wat. Doch konnte ich nicht zu ihnen gelangen. Die Roten Khmer hatten die gesamte Tempelanlage besetzt, und jene grauen Spitzen über dem Grün des Waldes erschienen mir unerreichbar wie eine Fata Morgana. Die Straße, die vom Hotel direkt zu den Tempeln führt, wurde vor Kilometer 7 von einem Graben unterbrochen. Dies war die Frontlinie. Wer sich ihr näherte, vertraute sein Leben Heckenschützen an.

Als ich acht Jahre später die letzten sechs Kilometer zurücklegen konnte, erschien mir Angkor noch bewegender, noch tragischer, noch geheimnisvoller, als ich es mir vorgestellt hatte. Das Regime Pol Pots und der Roten Khmer war gerade erst von den Vietnamesen gestürzt worden, und die Kambodschaner, denen ich unterwegs begegnete – kranke, ausgehungerte Gestalten –, sahen wie die Überlebenden einer desorientierten Rasse aus, die mit der Größe ihrer Denkmäler in keinerlei Bezug mehr stand.

Im Laufe der Jahrhunderte hatten die Khmer ihre große Hauptstadt Angkor vergessen, die zwischen dem 9. und dem 11. Jahrhundert erbaut und 1431 aufgegeben worden war, nachdem die Siamesen sie zerstört und ausgeplündert hatten. Ohne Mouhot, der Angkor für die Welt und die Kambodschaner wiederentdeckte, könnten die Khmer heute nicht einmal mehr auf die eigene Geschichte zurückblicken.

Dennoch liegt in diesem riesigen Komplex alles. Es liegt darin das Leben: das vergangene und das künftige. Ja, auch das, denn Angkor war unter anderem eine Art in Stein gemeißelte Prophezeiung für die Nachwelt. Jedenfalls kam es mir so vor, als ich, vom Gekreisch der Affen und vom Zirpen der Zikaden umgeben, dort ankam. Dieser Eindruck hat mich nicht mehr verlassen.

Ich war der einzige Besucher. Begleitet war ich von Pich Keo, einem alten Führer, der die Massaker Pol Pots überlebt hatte. Kambodscha war ein riesiges Todeslager, und die Größe Angkors schien mir auf merkwürdige Weise das Ausmaß jener Tragödie widerzuspiegeln.

Auf einem der großen Flachreliefs entdeckte ich dieselben Folterszenen – abgeschlachtete, in Stücke zerteilte, gepfählte, zu Tode geprügelte oder den Krokodilen zum Fraß vorgeworfene Menschen, von denen ich auf meiner Reise durch das Land gehört hatte. Dieselben Geschichten, die mir die Überlebenden der Todeslager erzählt hatten, waren hier vor zehn Jahrhunderten in Stein gemeißelt worden. Prophezeiung? Mahnung? Oder einfach die Feststellung der Unveränderlichkeit des Lebens, das immer Freude und Gewalttätigkeit, Lust und Qual zugleich ist? Auf den Flachreliefs war es so. Neben Szenen entsetzlichen Leidens gab es Szenen höchster Wonne; neben den furchteinflößenden Henkern standen Tänzerinnen mit wollüstigen Körpern. Orgien des Schmerzes und Orgien des Glücks unter dem großen steinernen Lächeln, den halbgeschlossenen Augen jener geheimnisvollen Antlitze im Dschungel. Ich hatte keine Zweifel: Die Botschaft von Angkor war über die Jahrhunderte hinweg gültig geblieben. In den Stützbalken einer Tür hatte eine Hand aus alter Zeit etwas gemeißelt, das mir Pich Keo übersetzte: »Der Weise weiß, daß das Leben wie ein Flämmchen ist, das ein heftiger Wind bewegt.«

Die Stunden gingen dahin. Von der Kommandobrücke ertönte immer noch die Stimme eines der jüngeren Besatzungsmitglieder: »Hier ist die *Nagarose* ... *Nagarose* ... Hören Sie uns?« Keine Antwort. Erst um zehn Uhr des nächsten Morgens fing das Funkgerät eine Antwort auf. Der Lotse würde kommen, aber nicht sofort. Wir müßten uns gedulden. Am frühen Nachmittag traf er schließlich ein. Er war der einzige, der den Hafen kannte, und er hatte seinen Beruf unter allen Regimen der Vergangenheit ausgeübt. Auch unter den Roten Khmer: Sie hatten ihn gebraucht, damit die Schiffe, die ihnen ihre chinesischen Verbündeten schickten, im Hafen anlegen konnten.

Um vier Uhr nachmittags verabschiedeten wir uns, Leopold und ich, und gingen von Bord. Wir waren in Kambodscha, frei zu gehen, wohin wir wollten ... allerdings ohne Einreisevisum. Das würde uns bei der Abreise zum Problem werden, befürchtete ich. Demnach mußte unser erstes Ziel Phnom Penh sein.

Zwischen Kompong Som und der Hauptstadt liegen 296 Kilometer; die Straße ist asphaltiert und eine der besten des Landes, aber gerade weil auf ihr ein Großteil der Versorgungsgüter transportiert wird, ist sie auch die gefährlichste. Regierungssoldaten, als Rote Khmer verkleidet, echte Rote Khmer und einfache Banditen legen Baumstämme quer über dic Straße, räumen die Lastwagen aus und plündern Autos. Um sich Respekt zu verschaffen, erschießen sie ab und zu ein paar Menschen.

Wir stiegen in einem Hotel in Kompong Som ab, das vor kurzem zur Unterbringung von Funktionären der Vereinten Nationen und anderen Organisationen, die sich an den internationalen Bemühungen beteiligten, Kambodscha die Demokratie zu bringen, eingerichtet worden war. Unser erster Eindruck war, daß im Takt der Dollars auch die Demokratie erfolgreich voranschritt. Kompong Som, wo noch vor einem Jahr nach acht Uhr abends nur ein paar klägliche Funzeln brannten, war eine »ville lumière« geworden, wo Restaurants und Bars bis spät in die Nacht geöffnet blieben und wo püppchenhaft geschminkte Dorfmädchen in einer großen Diskothek zusammenströmten. Die Prostitution – das hatte ich mittlerweile begriffen – ist das erste Anzeichen für Liberalisierung und wirtschaftlichen Aufschwung!

Mein Zimmer lag direkt über dem Tanzsaal, und ich konnte bis ein Uhr nachts nicht schlafen. Erst dann hörte das Hämmern der Musik auf, und eine glückliche Menschenmenge zog von dannen – gemietete oder noch zu mietende Mädchen, Experten für humanitäre Hilfe, Soldaten und Polizisten der internationalen Völkergemeinschaft, Geschäftsleute und Wahlbeobachter. Müde und verschwitzt defilierten sie an den aufgereihten Bettlern vorbei, die mit leeren Hüten, verstümmelten Beinen, Armen ohne Hand und einem rührenden Lächeln an ihr zerstreutes Mitgefühl appellierten. Die Völkergemeinschaft, gekommen, um Kambodscha die Demokratie zu bringen, begab sich endlich zu Bett.

In Kompong Som war die wichtigste Einheit der Vereinten Nationen ein Bataillon französischer Fremdenlegionäre. Ein

Oberst empfing uns: groß, elegant, mit blauen Augen, zwei Narben wie Schmisse auf der Wange, selbstsicher und äußerst liebenswürdig. Als er Leopolds ungewöhnlichen Familiennamen vernahm, fixierte er ihn scharf. »… wie der Oberstleutnant von Dien Bien Phu?« fragte er. »Ja, mein Vetter«, sagte Leopold. Der Oberst nahm Haltung an und hob die Hand zum militärischen Gruß, als sei sein Gegenüber selbst einer der großen Gefallenen jener Schlacht und ein Held der Legion.

Er lud uns zum Frühstück ein, und natürlich fragte er alsbald, weshalb wir mit dem Schiff gekommen seien. Ich erzählte meine Geschichte, und der Oberst bemerkte: »Schade, daß Sie nicht in jenem Helikopter in Siem Reap saßen. Der Wahrsager hatte zu Ihnen gesagt: ›Wenn du im Jahr 1993 einen Flugzeugabsturz überlebst ..‹ Sie hätten diesen Unfall also überleben müssen. Nur dann hätten Sie jetzt die Gewißheit, vierundachtzig Jahre alt zu werden!« Es belustigte ihn, daß mir das nicht aufgegangen war.

Der Oberst riet uns, am frühen Morgen nach Phnom Penh aufzubrechen. Überfälle fänden gewöhnlich am frühen Nachmittag statt. Er gestattete uns, einen alten Vietnamesen als Dolmetscher mitzunehmen, den wir bereits auf dem Markt kennengelernt hatten und der Chinesisch, Khmer, Englisch und Französisch sprach. Auch er hatte als Informant für alle verflossenen Regierungen gearbeitet (mit Ausnahme vielleicht der Pol Pots), und die Fremdenlegion zahlte ihm nun fünfzig Dollar im Monat, damit er täglich einen Bericht über die in der Stadt kursierenden Gerüchte verfaßte. Häufig, so erzählte er uns, bestand der Bericht nur aus drei Buchstaben: RAS (*rien à signaler* – nichts zu melden).

Der alte Spitzel erwies sich als sehr hilfreich. Er organisierte ein Auto mit einem Fahrer und erkundete die Lage auf den gefährlichsten Abschnitten der Straße. Sie war kilometerweit menschenleer, kein einziges Auto kam uns entgegen. Wir brausten an den Wracks der in der Vergangenheit Überfallenen vorbei, die im Straßengraben verrosteten. Die Hitze gaukelte uns in der Ferne Luftspiegelungen vor, und manchmal schien es wirklich, als lägen Baumstämme quer über der Straße und als bewegten sich dort bewaffnete Männer.

Am Stadtrand von Phnom Penh angekommen, atmeten wir erleichtert auf. »Mission abgeschlossen: RAS«, sagte der vietnamesische Spitzel. Wir fingen an zu lachen.

Als wir am Flughafen vorbeifuhren, sah ich, wie eine Maschine der thailändischen Fluggesellschaft, die täglich die Strecke Bangkok–Phnom Penh fliegt, zur Landung ansetzte. Und mir kam eine Idee. Ich bat den Fahrer zu parken, nahm meinen und Leopolds Reisepaß und betrat das Flughafengebäude. Wichtigtuerisch schwenkte ich einen seit Monaten abgelaufenen Passierschein der Vereinten Nationen und mischte mich unter die Passagiere, die vor dem Schalter Schlange standen, wo für zwanzig US-Dollar jeder sein Einreisevisum bekam. Ich füllte die Formulare aus, unterschrieb auch für Leopold, zahlte und begab mich zur Einreisestelle.

»Und das da?« fragte der Polizist.

»Das ist der Paß meines Freundes … da drüben, er kümmert sich ums Gepäck«, sagte ich und deutete in die Menge. Bum … bum. Zwei Stempel, und im Nu war ich wieder draußen.

So kam ich am 20. Mai 1993 aus Bangkok in Phnom Penh an, offiziell … mit dem Flugzeug!

Kambodscha: Buddhas Wimper

In Kambodscha habe ich nie gut geschlafen. Es lag etwas in der Luft, das in der Nacht, wenn alles still war, auftauchte, mich anwehte, auf der Hut sein ließ und mich daran hinderte, Ruhe zu finden. Auch wenn ich einschlief, war es nur ein kurzer, leichter Schlummer, aus dem ich ständig erwachte. Ich spürte, daß etwas da war, und schaute mich um. Doch ich entdeckte nichts. Niemanden.

Während des Kriegs war mir das nie passiert. Es fing an, als ich zum erstenmal kurz nach dem Sturz von Pol Pot hierher zurückkam und das Land bereiste.

Was in Kambodscha zwischen 1975 und 1979 unter der Herrschaft der Roten Khmer geschah, stellt alle nur erdenklichen Schreckensphantasien in den Schatten; es war entsetzlicher gewesen als alles, was ein Mensch sich überhaupt vorstellen kann. Die gesamte Gesellschaft war umgekrempelt worden. Die Städte waren verlassen, die Pagoden zerstört, die Religion abgeschafft und die Bevölkerung im Zuge von Säuberungsorgien regelrecht abgeschlachtet worden. Eineinhalb, vielleicht auch zwei Millionen Kambodschaner – ein Drittel der Gesamtbevölkerung – waren liquidiert worden. Ich suchte nach den Menschen, die ich gekannt hatte, und fand niemanden. Sie waren alle zu »Dünger für die Felder« geworden, denn auch die »Konterrevolutionäre«, so hatten die Roten Khmer verkündet, sollten wenigstens als Leichen zu etwas nütze sein.

Ich reiste damals einen Monat lang durch ein gemartertes Land, um Augenzeugenberichte für diesen Wahnsinn zusammenzutragen. Die Menschen waren derart verschreckt, derart von Entsetzen gelähmt, daß sie häufig nichts erzählen konnten oder wollten. Auf dem Land zeigte man mir die »Sammelstellen für die Liquidierung der Feinde« – gewöhnlich waren es ehemalige Schulgebäude –, wo noch die Spuren der Folterungen zu sehen waren; Brunnen, aus denen man kein Wasser schöpfen konnte, weil sie voller Toter waren; Reisfelder, durch die man bisweilen nicht gehen konnte, ohne auf die Gebeine derer zu treten, die hier mit Stockschlägen zu Tode geprügelt worden waren. Man hatte sich die Gewehrkugeln sparen wollen.

Immer wieder wurden neue Massengräber entdeckt. Es gab Überlebende, die kein Boot mehr besteigen konnten, seit sie mitangesehen hatten, wie ihre Familienangehörigen in die Mitte eines Sees gebracht und den Krokodilen zum Fraß vorgeworfen worden waren. Andere konnten keine Palme mehr hinaufklettern, weil die Roten Khmer die Bäume dazu benutzt hatten, ihre Opfer auf die Probe zu stellen und dann zu entscheiden, wer am Leben bleiben und wer sterben sollte. Wem es gelang, die Spitze zu erreichen, wurde als brauchbarer Bauer betrachtet; die anderen wurden als Intellektuelle liquidiert.

Seither war Kambodscha nicht mehr dasselbe. Die Spuren des Leidens waren allgegenwärtig, und die unsichtbare Schmerzenslast, die sich in den vier Jahren des Pol-Pot-Regimes angehäuft hatte, erfüllte die Luft, bedrückte die Stille und machte die Nächte schlaflos. Auch ich konnte nicht mehr der Stimme des Geckos, der sprechenden Eidechse, lauschen, ohne seine Rufe zu zählen und ihn – wie man es macht, wenn man die Blütenblätter eines Gänseblümchens abzupft – zu fragen: »Sterbe ich? ... Sterbe ich nicht? ... Sterbe ich?« Ich konnte keine Palmenreihe mehr unbeschwert betrachten, ohne instinktiv daran denken zu müssen, daß die höchsten wohl mit Leichen gedüngt waren. In Kambodscha hatte sogar die Natur ihre erfrischende Unschuld verloren.

Mit Leopold hatte ich im Monorom Hotel im Zentrum Phnom Penhs übernachtet. Es war nicht leicht gewesen, ein Zimmer zu finden. Die Stadt war von Ausländern überflutet: Soldaten, Verwaltungsbeamte, Experten für dies und jenes, Journalisten.

Nachdem die internationale Völkergemeinschaft über Jahre

hinweg die Tragödie dieses Landes nicht zur Kenntnis genommen hatte, hatte sie schließlich massiv eingegriffen. Doch keineswegs, um Ordnung zu schaffen, die Mörder zu bestrafen und wenigstens ein Minimum an Rechtmäßigkeit wiederherzustellen! Dies war »politisch« unmöglich. China, das seit jeher Pol Pot und die Roten Khmer unterstützt hatte, war nicht gewillt, seine Schützlinge fallenzulassen, und so fanden die »Großmächte« für das kleine Kambodscha eine jener Lösungen, mit der man jede Unmoral rechtfertigen konnte: einen Kompromiß. Mit dem Abkommen von Paris, 1991 mit großem Pomp unterzeichnet, wurden die Massaker dem Vergessen anheimgegeben. Henker und Opfer standen jetzt auf einer Ebene. Die verschiedenen sich bekämpfenden Gruppen wurden aufgefordert, die Waffen abzugeben, und ihre Anführer, bei den Wahlen zu kandidieren. Auf daß der Beste siege! Als wäre das Kambodscha von 1993 das Athen aus der Zeit des Perikles gewesen.

Diesmal war ich seit ein paar Tagen in Phnom Penh, und ich hatte den Eindruck, in ein Tollhaus geraten zu sein.

In einem palastähnlichen Gebäude aus den dreißiger Jahren, der einstigen Residenz des französischen Gouverneurs, hatte sich das Hauptquartier der UNTAC, der United Nations Transitional Authority in Cambodia, niedergelassen, die damit beauftragt war, die Beschlüsse des Pariser Abkommens umzusetzen. Tag für Tag erteilte auf einer schönen Terrasse ein junger Mann französischer Nationalität den fünfhundert Journalisten Informationen und Instruktionen; die Journalisten waren aus der ganzen Welt angereist, um die »ersten demokratischen Wahlen in der Geschichte Kambodschas« mitzuerleben; ein anderer junger Mann amerikanischer Nationalität erklärte, es sei verboten, die Wähler vor den Wahlurnen zu fotografieren und sie draußen vor den Wahllokalen zu fragen, für wen sie gestimmt hätten.

In den oberen Stockwerken saßen in den kleinen Büros, in die die einstigen Salons aufgeteilt worden waren, hohe Funktionäre der internationalen Völkergemeinschaft, Anwälte, Richter und Universitätsprofessoren, die man aus verschiedenen Ländern hinzugeholt hatte, vor ihren Computern und erarbeiteten Pläne für die Entwicklung und Modernisierung des Landes, formulierten eine neue Verfassung, schrieben Gesetze zur Neuordnung des Zollwesens, zur Bekämpfung der Korruption, zur Reorganisation von Schulen und Krankenhäusern. Wenn man sie hörte, war es für Kambodscha die einzige Chance, um wieder auf die Beine zu kommen und ein normales Land zu werden. Die ganze Welt war gekommen, um dabei zu helfen.

Auf dem Papier war das durchaus richtig. Die Vereinten Nationen waren seit über einem Jahr mit einem Aufgebot von 22000 zivilem und militärischem Personal und mit einem Budget von zweieinhalb Milliarden Dollar in Kambodscha vertreten. Das dumme war nur, daß es den Vereinten Nationen trotz all dieser Leute und trotz des vielen Geldes nicht gelungen war, durchzusetzen, was im Pariser Abkommen als erster Schritt des Friedensprozesses festgelegt war: die Bürgerkriegsparteien zu entwaffnen. Die Roten Khmer hatten sich strikt geweigert, die Waffen abzugeben, sie mordeten weiter aus dem Hinterhalt. Ihr formeller Anführer Khieu Samphan, Pol Pots Nummer zwei, der den Völkermord rationalisiert hatte, lebte nach wie vor unbehelligt in Phnom Penh und traf sich mit UNO-Vertretern und westlichen Botschaftern, die ihm die Hand schüttelten und ihn mit »Exzellenz« anredeten.

Aber die internationale Völkergemeinschaft konnte keine Niederlage hinnehmen. Das Ziel der gesamten Operation waren die Wahlen. Nun also, auf zu den Wahlen! Auch wenn die Voraussetzungen dafür beileibe nicht gegeben waren. Entscheidend sei – so die Diplomaten –, daß die Wirtschaft wieder auf die Beine komme und der Friedensprozeß in Gang gesetzt werde. Früher oder später würden die Roten Khmer dann schon nachziehen.

Ich hatte den Eindruck, daß die »internationale Gemeinschaft« – dieser merkwürdige, undefinierbare Mischmasch von Menschen aller Hautfarben, Körpergrößen und Sprachen, die einzig und allein das Interesse verband, als Aufwandsentschädigung einen Tagessatz zu erhalten, der dem entsprach, was der durchschnittliche Kambodschaner in einem Jahr verdiente, nämlich 150 US-Dollar – entschlossen war, in Kambodscha zu bleiben, gleichgültig, um welchen Preis.

Nicht das Schicksal der Kambodschaner hatte höchste Priorität. Für die Vereinten Nationen bestand das vorrangige Ziel darin, die Intervention in Kambodscha gut über die Bühne zu bringen, so daß dieselbe Operation anderswo wiederholt werden konnte.

Aber wer war das eigentlich, die Vereinten Nationen?

Ich rasierte mich und hörte dabei Nachrichten aus dem Taschenradio, das ich immer bei mir trage; und was ich da zu hören bekam, vermittelte mir den Eindruck, als befände sich mittlerweile die ganze Welt in den Händen dieser neuen, allgegenwärtigen, weisen und gerechten Regierung: in den Händen der Vereinten Nationen. Die Vereinten Nationen waren in Kambodscha, die Vereinten Nationen hatten im Irak etwas zu melden; in Ex-Jugoslawien und in Afrika mußten sie intervenieren. In allen Nachrichten galt die erste Meldung ihnen.

Dann ging ich hinaus auf die Straßen von Phnom Penh, und die Vereinten Nationen waren indonesische Soldaten (die für das Massaker von Dili auf der Insel Timor verantwortlich waren), thailändische Soldaten (die im Zentrum von Bangkok auf eine wehrlose Menschenmenge geschossen hatten); die Vereinten Nationen – das waren auch die Polizisten einiger afrikanischer Diktaturen. Sie alle waren, mit der hellblauen Mütze auf dem Kopf, gekommen, um Demokratie und die Respektierung der Menschenrechte zu bringen.

Etwas hatten die Vereinten Nationen allerdings erreicht. Durch ihre Anwesenheit hatten sie den Geschäftsleuten wieder Vertrauen eingeflößt. In Phnom Penh waren die Häuserpreise so hoch wie in New York, überall wurden neue Hotels, Restaurants, Tanzlokale und Bordelle eröffnet. Der Friedensprozeß hatte die Logik der Marktwirtschaft wieder eingeführt, die keinen Grundsatz kennt außer dem des Profits.

Innerhalb weniger Monate war Kambodscha zum Ziel von Spekulanten geworden, größtenteils Chinesen aus Bangkok, Kuala Lumpur und Singapur, die sich dank der ungeheuren Korruption des lokalen Verwaltungsapparates die Reichtümer des Landes zu eigen machten und bei den dunkelsten Geschäften mitmischten – angefangen vom Handel mit verfallenen Medikamenten bis zum Auto- und Edelsteinschmuggel. Ein Geschäftsmann, ein Amerikaner, wollte in Kambodscha Atommüll abladen, den kein anderes Land haben wollte.

Überall prangten jetzt große Werbeplakate: »Angkor: der Stolz der Nation«. Eine Aufforderung zum Besuch der Tempel? Keineswegs! Ein neues Bier. Die Brauerei, die es herstellte, war aus der einzigen ausländischen Investition im Industriesektor hervorgegangen. Vielleicht war Bier nicht ganz das, was die Kambodschaner in diesem Augenblick am dringendsten benötigten, aber die Wirtschaft besaß eben ihre eigene Logik. Genau wie die Natur! Nach jahrelangen Kriegen und Massakern triumphierte nun das Leben wieder über den Tod, jedoch auf die allerprimitivste, die allergrausamste Art und Weise: Der Mensch wurde dem Menschen wieder zum Wolf.

Auf den Gehsteigen von Phnom Penh wuchsen die Scharen schmutziger und hungriger Frauen und Kinder, die bettelnd umherzogen. Es gab allerdings auch immer mehr brandneue, blank polierte Mercedes, an deren dunkel getönte Fenster jene Unglücklichen mit ihren dürren Fingern vergeblich klopften.

Der Frieden schuf in Windeseile erneut zweierlei Kambodschas: das der wenigen Reichen und das der vielen Armen; das städtische und das ländliche. Die Verhältnisse der Vergangenheit, die sich Pol Pot zunutze gemacht hatte, wiederholten sich. Seine Philosophie hatte gelautet: Die Stadt ist korrupt, morsch, sie kann nicht gerettet werden. Die einzige Lösung besteht darin, sie zu verlassen und neu anzufangen. »Wir müssen zur Reinheit des Reiskorns zurückkehren«, hatte er gesagt. Pol Pot zufolge hatte alles, was aus dem Ausland kam, die Khmer entartet und geschwächt. Um zur Größe von Angkor zurückzukehren, mußten alle Spuren ausländischer Präsenz beseitigt und jede Verbindung mit dem Ausland abgeschnitten werden. Daher die Sprengung der Zentralbank, bei der ganze Dollarbündel durch die Luft flatterten; daher der gnadenlose Abriß der katholischen Kathedrale; daher die Evakuierung der Städte als Symbol jener nichtkambodschanischen Modernität, die die Roten Khmer verabscheuten. Die Stadt war das Böse an sich.

Und doch, da war es wieder: Phnom Penh! Lebendig und korrupt, auferstanden wie Phönix aus der Asche. Von den Hütten der Bauern aus gesehen, in denen noch Stechmücken und Malaria wüteten, erschien die Stadt wieder als etwas, das eliminiert, gesäubert werden mußte, und es gab bereits Menschen, insbesondere junge Leute, die sich in die Zeiten Pol Pots zurücksehnten. War das nicht Wahnwitz?

Aber war denn der Anspruch der Vereinten Nationen, die inneren Probleme Kambodschas innerhalb kurzer Zeit einfach durch Wahlen zu lösen, nicht ebenso wahnwitzig? Und waren jene Funktionäre nicht beinahe ebenso wahnwitzig wie Pol Pot, jene, die glaubten, mit dem Computer, mit neuen Gesetzen und neuen Programmen und mit viel gutem Willen Kambodscha neu schaffen zu können – genau wie er?

Wenn die internationale Völkergemeinschaft etwas für die Kambodschaner hätte tun wollen, hätte sie das Land eine Generation lang unter eine Glasglocke stecken, es vor seinen Feinden in der unmittelbaren Nachbarschaft, den Thai und den Vietnamesen, vor den raffgierigen Geschäftsleuten schützen müssen, die wie die Heuschrecken einfielen, um sich die Gelegenheit, schnelles Geld zu machen, nur ja nicht entgehen zu lassen. Sie hätte ihnen vor allem helfen müssen, in Frieden zu leben, sich selbst neu zu entdecken ... Und dann hätte man sie vielleicht auch fragen können, ob sie eine Monarchie oder eine Republik wollten, ob sie der Partei der Kuh oder der Partei der Schlange den Vorzug gaben.

Statt Experten für Verfassungsrecht, Wirtschaft und Kommunikation zu schicken, hätten die Vereinten Nationen eine Abordnung von Psychoanalytikern und Psychologen schicken sollen, die sich um das entsetzliche Trauma hätten kümmern müssen, das dieses Volk erlitten hatte.

Einen Anthropologen und Psychiater gab es wohl, aber er war gewissermaßen privat hier, mit einem Stipendium seiner Universität und einem Videorekorder. Maurice Eisenbach, dreiundvierzig Jahre alt und Australier. Er war wie ich überzeugt, daß die Vereinten Nationen mit ihrer massiven Präsenz und ihrer Logik jene wenigen Überreste der Khmer-Kultur hinwegfegten, die wie durch ein Wunder die amerikanischen Flächenbombardements und die Massaker Pol Pots überlebt hatten.

Maurice hatte es sich zur Aufgabe gemacht, die letzten Zeugnisse dieser untergehenden Welt zu sammeln. Für ihn waren die *kru*, die Medizinmänner und Dorfheiler, die Überlieferungsträger der Traditionen der Khmer, und seit Monaten reiste er kreuz und quer durch Kambodscha, um die wenigen noch Überlebenden aufzuspüren und deren »Wissen« in einer Art Handbuch zu sammeln.

»Die *kru* glauben«, erklärte mir Maurice, »daß die meisten Krankheiten von Geistern verursacht werden. Da bewegt sich ein Neugeborenes in der Wiege unruhig hin und her. Weshalb? Weil die Mutter aus seinem vorausgegangenen Leben versucht, in seinen Körper zu gelangen, um es mit sich fortzunehmen. Für die Kambodschaner sind die Geister so real wie für uns die Viren. Wer von uns hat das Aids-Virus jemals zu Gesicht bekommen? Und trotzdem glauben wir an seine Existenz. Die Wahrheit ist, daß weder wir noch sie über unser Leben verfügen können. Sie nennen dies Schicksal, wir Genetik. Was macht das schon für einen Unterschied?«

Maurice als Psychiater meinte, die Kambodschaner seien Opfer eines Massentraumas. Sie hätten immer noch Angst und wüßten nicht, wovor. »Da für sie die Zeit nicht existiert«, sagte er, »haben sie Angst vor dem Tod der vergangenen Jahre, in denen sie so viele Menschen haben verschwinden sehen. Sie haben Angst vor dem heutigen Leben, in dem sie selbst sich als Tote sehen.« Maurice zufolge hat sich kein Vertreter der Vereinten Nationen jemals die Frage nach den tieferen Auswirkungen der dort durchgeführten politischen Maßnahmen gestellt. Was bedeutete für die Khmer diese ganze Wahlpropaganda? »Die Khmer sind krank«, fuhr er fort. »Aber welchem Arzt ist es jemals eingefallen, die Demokratie als Heilmittel gegen die Krankheiten der Seele zu verschreiben?«

Maurice zufolge bestand die Tragik der UNO-Intervention, so wie sie durchgeführt wurde, darin, daß die echten Khmer es nie schaffen würden, modern, demokratisch und kapitalistisch zu werden. Von der Situation würden eigentlich nur die Kambodschaner chinesischer Herkunft profitieren. In den rein von Kambodschanern bewohnten ländlichen Gebieten würde der Fortschritt lediglich in Form noch größerer Ausbeutung einziehen, erklärte Maurice. »Mit jedem neuen Hotel, mit jedem neueröffneten Supermarkt werden die Kambodschaner gezwungen, sich noch einen Schritt weiter von ihrer Kultur zu entfernen«, sagte er.

Maurice war der einzige, der mich verstand, als ich sagte, statt all dieser Blauhelme, all dieser Entwicklungshelfer hätten die Vereinten Nationen besser ein paar Experten für böse Geister nach Kambodscha schicken sollen, um diejenigen hinwegzubeschwören, die die Luft so drückend und die Nächte so schlaflos machten.

Die einzige Möglichkeit, Hoc anzutreffen, war, ihn frühmorgens in seinem Haus zu besuchen; es lag in der Nähe des Olympischen Marktes, wo seine Frau einen kleinen Reishandel betrieb.

Hoc war Journalist. Er besaß ein Moped, und wann immer ich nach Phnom Penh kam, war er mein Fahrer und Dolmetscher – nicht nur sprachlich, sondern vor allem politisch. Ich empfand eine große Sympathie für ihn: Um zu überleben, hatte er alle Kapriolen der kambodschanischen Politik mitmachen müssen, im Herzen jedoch war er rein geblieben.

Er war unter Sihanouk geboren worden, als man notgedrungen monarchistisch gesinnt war; er hatte Jura studiert zu einer Zeit, als man republikanisch sein mußte; den Todeslagern Pol Pots war er nur dadurch entkommen, daß er sich als marxistisch-leninistisch ausgerichteter Bauer ausgab. Als 1979 die Vietnamesen in Kambodscha einmarschierten, um Pol Pot zu stürzen, war Hoc prosowjetischer Kommunist und als solcher zum Studium nach Hanoi und in verschiedene osteuropäische Länder geschickt worden. Mit dem Fall der Berliner Mauer und der Ankunft der Vereinten Nationen und anderer internationaler Organisationen hätte Hoc, wie so viele andere, eine erneute Wende vollziehen und eine gut bezahlte Arbeit finden können. Doch das tat er nicht. Er blieb Parteimitglied, ließ sich aber geistig nicht vereinnahmen. Aus dem Mechanismus der immer weiter wuchernden Korruption hielt er sich heraus, und für wenig Geld leitete er ein politisches Wochenblatt.

Er saß in seinem großen, auszementierten Wohnraum, der zur Straße hin offen war. Ob er mir bei der Geschichte mit den Wahlen behilflich sein und außerdem den besten Wahrsager der Stadt für mich ausfindig machen könne, fragte ich ihn. Diesmal interessierte mich weniger mein eigenes Schicksal – ich hatte ja inzwischen schon mehrere Fassungen davon zusammengetragen –, vielmehr suchte ich eine Antwort auf eine Frage, die mich schon seit Anfang des Jahres beschäftigte: Wenn es tatsächlich möglich war, die Zukunft vorherzusehen, wenn der Mensch die Keime dessen, was ihn erwartete, tatsächlich in sich trug, dann war Kambodscha der rechte Ort, um dies zu beweisen. Innerhalb von vier Jahren war in diesem Land ein Drittel der Menschen ums Leben gekommen, zumeist durch Gewalt. Hatten das die Hellseher vorhergesagt? Gab es jemanden, der vor der Möglichkeit eines Blutbads gewarnt hatte?

Wenn in der Innenfläche einer Hand eine Linie auf eine Krankheit mit achtzehn und einen Herzinfarkt mit zweiundfünfzig hindeutet, was muß dann in der Hand jener zwei Millionen Kambodschaner zu sehen gewesen sein, die am 17. April 1975 den Untergang ihrer Welt erlebten? Die Massengräber Kambodschas waren voll mit Menschen, deren Schicksal es gewesen war, hier zu enden. Wenn niemand diese ihre Zukunft hatte lesen können, dann bedeutet dies, daß, wer immer behauptet, es zu können, ein Scharlatan ist; dann bedeutet dies, daß die Zukunft nicht in der Hand, nicht in den Sternen liegt. Es bedeutet, daß es kein Schicksal gibt.

Hoc wußte zwar nicht, wer der beste Wahrsager in Phnom Penh war, aber er wußte von einem, den seine Frau regelmäßig aufsuchte. Er wohnte hinter dem Doeun-Thkol-Markt.

Wir kamen am Spätnachmittag zu ihm. Sein Haus stand auf Holzpfählen, in einer Straße voller Schlaglöcher und Schlamm. Eine steile Treppe führte hinauf zum Eingang. Wir zogen die Schuhe aus, setzten uns auf ein breites Bett – zugleich der Tisch – im Vorraum und warteten.

Der Raum des Wahrsagers war dunkel und nur von einem Öllämpchen erhellt. An der Tür stand mit Kreide geschrieben: »Fleischeslust, Mißgunst, Gewalt, Trunkenheit, Unversöhnlichkeit, Ehrgeiz: Wenn du dich auch nur von einem dieser Übel nicht befreien kannst, wirst du keine Ruhe finden.« Der erhabene Frieden, den solche Menschen fast immer ausstrahlten, beeindruckte mich erneut. Der Mann war soeben mit dem Schicksal einer ganzen Familie beschäftigt.

Ich beobachtete neugierig, wie ehrerbietig Hoc sich verhielt und wie er die richtigen Gesten vollführte, als die Frau kam und uns Wasser zu trinken brachte. Er war Kommunist, aber er war ein Khmer geblieben, und der Wahrsager hatte für ihn den Rang eines Priesters. Wie alle Khmer glaubte auch Hoc an die Kraft der Amulette.

Er hatte ein sehr wirkungsvolles Amulett besessen: einen Buddha, den ihm seine Mutter im Jahr 1979 gegeben hatte und der ihn in den Kriegsjahren vor den versprengten Resten der Pol-Pot-Truppen beschützt hatte. Das Tabu, das mit diesem Amulett verknüpft war, bestand darin, daß Hoc kein Hundefleisch essen durfte. Eines Tages aber hatte er aus Höflichkeit gegenüber den vietnamesischen Militärberatern, mit denen er unterwegs war, von deren geschmortem Hundefleisch probieren müssen, und im selben Augenblick hatten die Roten Khmer das Dorf überfallen. Wie durch ein Wunder hatte er sich retten können.

Danach zu urteilen, wie weit Hoc beim Erzählen die Augen aufriß, mußte die Geschichte wahr sein. Er hatte sie gewiß so erlebt. Ich zeigte ihm meinen Buddha, und Hoc fragte mich, wann ich ihn zum letztenmal aufgeladen hatte. Aufgeladen? Ja, die Amulette verlören im Laufe der Zeit ihre Wirkung und müßten dann neu geladen werden. Seit mehr als zwanzig Jahren war das nicht mehr geschehen? Dann mußte die Kraft dieses Buddhas inzwischen »erloschen« sein. Hoc wußte von einem Bonzen in einer Pagode unweit des Flughafens, der im Reaktivieren von Amuletten sehr tüchtig war. Er hatte auch das seine wieder geladen. »Es ist ein merkwürdiger Bonze«, fügte Hoc hinzu. »Mal zeigt er sich als alter, mal als junger Mann.« Diese Beschreibung machte mich neugierig. Eines Tages würden wir ihn aufsuchen.

Die Familie, die den Wahrsager befragt hatte, trat heraus. Nun war eine Frau mit ihrer Tochter an der Reihe, und wir setzten uns hinter sie auf den Boden.

Die Frau wollte ein Stück Land verkaufen und bat um Rat, wie sie vorgehen solle. Der Wahrsager meinte, innerhalb der nächsten fünf Tage kämen zwei Frauen, die sie nach dem Preis fragen würden; doch es würde schwierig sein, das Geschäft abzuschließen, da die Zufahrt zum Grundstück ungünstig sei. Die Frau bestätigte dies. Zu den meisten Grundstücken ist die Zufahrt problematisch, dachte ich.

Die Frau wollte außerdem wissen, was sie für ihre noch ganz junge Tochter zu erwarten habe, die neben ihr kniete. Der Mann erwiderte, wegen der Tochter solle sie in einer Woche wiederkommen: Es sei nicht einfach, das Schicksal eines so jungen Mädchens vorherzusehen. Dafür brauche man Zeit! Das leuchtete mir ein: Je weniger Vergangenheit jemand hat, desto schwieriger ist es, dessen Zukunft vorherzusagen. Es gibt keine Zeichen; das Gesicht erzählt keine Geschichte, und der Wahrsager, der häufig nur ein instinktsicherer Psychologe ist, hat wenige oder gar keine Anhaltspunkte.

Hoc übersetzte leise. Er sprach jenes liebenswerte Indochina-Französisch, für das die vielen Infinitive und die vielen *Monsieur* und *Madame* anstelle von »er« und »sie« typisch waren. Die Sache interessierte ihn. Es war das erste Mal, daß er hierherkam, aber die Tatsache, daß seine Frau diesen Wahrsager konsultierte, weckte seine Neugier.

Der Wahrsager, ein Mann um die sechzig, der diesen Beruf bereits seit seiner Jugend ausübte und dem Tod dadurch entronnen war, daß er die Roten Khmer glauben gemacht hatte, er sei ein Trishaw-Fahrer, saß im Lotossitz gegen eine Wand gelehnt. Er wollte wissen, wann ich geboren sei, und erkundigte sich auch nach dem Wochentag meiner Geburt. Mittwoch, antwortete ich. Er schrieb Ziffern auf ein Blatt Papier, die er in Form einer Pyramide anordnete, und begann zu sprechen, wobei er sich immer wieder auf sie bezog:

»Im Verlauf deines Lebens hättest du schon mehrmals sterben können. Bis zum 21. Lebensjahr hattest du große Schwierigkei-

ten, finanzieller wie gesundheitlicher Art ...« und so weiter, wie ich es bereits kannte, die gleichen Dinge, die ein bißchen wahr und ein bißchen falsch waren. Nichts Interessantes, nichts Neues, außer, daß ich in meinem 56. Lebensjahr stünde (auch bei den Khmer ist man, wie bei den Chinesen, bereits ein Jahr alt, wenn man zur Welt kommt) und daß ich Opfer eines Diebstahls werden würde: Ich würde auf diese Weise etwas verlieren, woran ich sehr hinge. Da ich ihn nicht kränken wollte, ließ ich ihn eine Zeitlang fortfahren. Dann unterbrach ich ihn, um ihm jene eine Frage zu stellen, derenthalben ich gekommen war: Hatte er vor 1975 Fälle gehabt, in denen er hatte vorhersagen können, daß Pol Pot kommen und so viele Menschen ermordet werden würden?

Der Wahrsager zeigte sich überrascht. Er meinte, er habe die Frage nicht richtig verstanden, und Hoc mußte sie ein zweites Mal übersetzen.

»Nein. Aber damals hat mir niemand eine derartige Frage gestellt.« Das erschien mir lächerlich. Dann fügte er hinzu: *»Aber auf jeden Fall war alles bereits in der Weissagung Buddhas niedergeschrieben. Die Khmer kannten sie. Und sie hat sich bewahrheitet.«*

Als wir uns verabschiedeten, fragte der Wahrsager Hoc, wie es seiner Frau ginge. Hoc war wie vom Donner gerührt. Er hatte ihm nur wenig über sich erzählt, doch der Wahrsager hatte sofort gemerkt, wer er war. Leicht, die Leute zu durchschauen, dachte ich mir, in einem so kleinen gesellschaftlichen Umfeld und für jemanden, der alle Details aufmerksam registriert und ein gewisses psychologisches Gespür besitzt. Schwierig ist es bei mir, der ich von außerhalb komme, aus einer anderen Kultur, und eine andere Art habe, mich auszudrücken, und andere Fragen stelle.

»Was hat es mit dieser Weissagung Buddhas auf sich?« fragte ich Hoc, während wir unsere Schuhe wieder anzogen.

»Es sind Verse, die jeder kennt, aber ich erinnere mich nicht mehr genau daran«, sagte er.

Ich ließ nicht locker, und Hoc begann stockend, als ob er einen Kinderreim aus der Erinnerung hervorkramte:

Es gibt Häuser,
doch keine Bewohner mehr.
Es gibt Straßen,
doch sie sind leer.
Stufen und Treppen,
doch verlassen die Stätten.
Die schwarzen Krähen scheinen arglos,
aber im Innern der Frucht
der Wurm ist nicht harmlos.
Angkor allein feiert Feste,
doch nur der überlebt,
der im Schatten
eines Regenbaums steht.

Merkwürdig! Alles war in diesen Versen enthalten: die Evakuierung von Phnom Penh, die verlassenen Straßen und Häuser der Stadt; die schwarz gekleideten Roten Khmer, die gekommen waren, um die Frucht des Friedens zu bringen, in Wirklichkeit aber ein Massaker auslösten; Angkor, der einzige Ort, der von der Revolution unangetastet geblieben war, und schließlich die Überlebenden – so wenige, daß sie im Schatten eines großen Baumes Platz fanden.

Aber von wann stammten diese Verse? Hoc wußte es nicht. Aus der Zeit vor Pol Pot? Er erinnerte sich nicht mehr, und ich trug mich mit dem Verdacht, daß sie jüngeren Datums waren, im nachhinein verfaßt, um die Vergangenheit zu erklären. Auch das galt es herauszufinden.

Als wir heraustraten, war es bereits dunkel. In den Häusern der Nachbarschaft sahen wir die Feuerstellen, auf denen das Abendessen gekocht wurde. Weiße in Trainingsanzügen liefen naßgeschwitzt an uns vorbei und sprangen über Pfützen: UNO-Funktionäre, die ihr abendliches Jogging absolvierten – vorbei am Haus eines Khmer-Weissagers. Zwei Welten, dachte ich, die niemals zusammenkommen werden. Sie können laufen, so schnell sie wollen!

Nur einer konnte mir über die Weissagung Buddhas eine wissenschaftliche Auskunft geben, jemand, der selbst in Phnom

Penh lebte: Olivier de Vernon, wissenschaftlicher Mitarbeiter an der École française d'Extrême-Orient, ein Fachmann für Khmer-Sprache und -Buddhismus.

Olivier lebte seit mehreren Jahren in Kambodscha und hatte es sich zur Aufgabe gemacht, das »religiöse Gedächtnis« der Khmer wiederherzustellen, das Pol Pot hatte zerstören wollen. Er reiste im Land umher, um, insbesondere in den Pagoden, jedes mit einem Text versehene Bananenblatt, jede alte Handschrift zu retten, die den Scheiterhaufen der Roten Khmer entgangen war. Er fotografierte die Texte ab, tippte sie in den Computer und stellte daraus die »Klassiker« der Tradition zusammen. Auf dem Laserprinter gedruckt, verteilte er sie an Bibliotheken, Pagoden und die neueröffneten buddhistischen Schulen. Eine Arbeit, die eine Engelsgeduld erforderte.

Ich traf mich mit Olivier in seinem winzigen Büro, das zwischen die Außenmauer des Königspalastes und die Silberpagode eingezwängt war. Die Weissagung Buddhas? Gewiß, Olivier kannte sie! Er sagte, es gebe sie in verschiedenen Fassungen und er selbst habe Spuren davon in verschiedenen Teilen des Landes gefunden. Die ältesten Handschriften gingen hundertfünfzig bis zweihundert Jahre zurück, aber das hieß noch lange nicht, daß die Weissagung selbst nicht noch weitaus älter war. Die Bananenblätter sind nicht sehr haltbar, und zu den traditionellen Aufgaben der jungen Mönche gehörte es, neue Abschriften alter, unleserlich gewordener Texte anzufertigen. Ich trug Olivier Hocs Fassung vor. Er kannte sie nicht, meinte aber, es sei durchaus möglich, daß es eine volkstümliche und modernisierte Fassung der alten Prophezeiung war. Diese, so Olivier, lautete in etwa so:

»Um die Mitte des buddhistischen Zeitalters …« (die Ära von fünftausend Jahren beginnt mit der Geburt Buddhas im Jahr 543 vor Christus, daher ist deren exakte Mitte das Jahr 1957) *»… wird ein goldener und silberner Palast am Kreuzungspunkt der vier Flüsse erstehen.«* (Am Zusammenfluß des Mekong und des Flusses Bassac, die sich vierfach verzweigen, hatte Sihanouk ein Kasino erbauen lassen. Aufgrund der nachfolgenden politischen Wirren nahm es niemals seinen Betrieb auf. Heute ist darin das Hotel Cambodiana untergebracht.) *»Danach wird im Land ein*

großer Krieg ausbrechen, und das Blut der Opfer wird bis zum Bauch der Elefanten steigen« (der amerikanische Krieg und danach die Massaker Pol Pots). *»Die Religion wird ausgerottet werden.«* (Pol Pot verbot die Ausübung des buddhistischen Kults, zerstörte die Pagoden und ließ die meisten Mönche umbringen.) *»Dann wird ein als Chinese verkleideter Mann kommen ...«* (Sihanouk kehrt aus Peking zurück), *»... begleitet von einem weißen Elefanten mit blauen Stoßzähnen«* (die weißen UNO-Fahrzeuge mit den Soldaten an Bord, die blaue Mützen trugen). *»Es wird einen weiteren kurzen Krieg geben, bis ein Mönch die heiligen Schriften von den Kulen-Bergen wieder herunterholt ...«* (heute eine Basis der Roten Khmer) *»... und der Name des Landes nicht mehr Kampuchea ist ...«* (so lautet Kambodscha in Khmer – ein Wort, das soviel heißt wie »Schmerzenskarma«), *»... sondern in Nagar Bankat Puri geändert wird. Erst dann wird das Glück herrschen, alle Krankheiten werden verschwinden, jeder Mann wird fünfzig Frauen haben und 220 Jahre leben.«*

Natürlich mußte diese Prophezeiung exakt erscheinen ... im nachhinein. Dennoch war sie eindrucksvoll! Olivier de Vernon schrieb später einen Aufsatz über diese merkwürdigen »Koinzidenzen«.

Der Wahltag begann mit einem heftigen, wunderbaren Regen. Es war Sonntag. Die Kambodschaner zogen ihre besten Kleider an und begaben sich voller Begeisterung zu den Wahllokalen. Es herrschte Festtagsstimmung.

Und entsprechend ging es auch zu. Überall standen Soldaten der UNO in den Uniformen ihres jeweiligen Landes und mit den blauen Mützen auf dem Kopf; überall Ausländer als Wahlleiter, Wahlbeobachter, Fotografen; überall Journalisten, Fernsehkameras, Mikrofone. Der Wahlakt selbst war für die Kambodschaner ein ungewöhnliches, unterhaltsames Spektakel. Um Wahlbetrug zu verhindern und um zu vermeiden, daß die Leute von ihrem Wahlrecht mehrmals Gebrauch machten, mußte jeder, der gewählt hatte, den Zeigefinger der rechten Hand in unsichtbare Tinte tauchen, die dann im Licht einer Speziallampe den Fingerabdruck phosphoreszierend aufleuchten ließ, auch noch

Stunden später. Das grenzte an Zauberei, und die Kambodschaner staunten.

Wen sollte man wählen? Es gab viele Parteien. Jede Partei hatte ein Symbol, das man ankreuzen mußte: eine Schlange, eine Kuh, das Gesicht von Sihanouk, die Silhouette der Türme von Angkor.

Die regierende kommunistische Partei stand ganz oben auf der Liste, und in totalitärer Manier hatte sie die Losung ausgegeben, die Leute sollten den obersten Listenplatz ankreuzen. Aber wo war oben? Man brauchte nur das Blatt auf den Kopf zu stellen, und der oberste Platz wurde der letzte. Viele, die nicht lesen konnten und derartiges nicht gewohnt waren, standen ratlos in der Wahlkabine und drehten das Blatt um und um, ohne sich entscheiden zu können.

Am Ende wendete sich alles zum Besten, und das Weltgewissen, insbesondere das westliche, konnte sich zu einem weiteren »Triumph der Demokratie« beglückwünschen.

Seit Sihanouk aus Peking zurückgekehrt war, um seinen alten Platz als Staatsoberhaupt wiedereinzunehmen, war der Königspalast frisch getüncht und neu möbliert worden und stellte jetzt wieder den Dreh- und Angelpunkt der kambodschanischen Politik dar. Leichtgläubigen und wenig belesenen Besuchern wurde er als Residenz der »Vorfahren« Sihanouks vorgeführt, obwohl der Palast in Wirklichkeit, wie alle schönen Bauwerke Phnom Penhs, aus der Kolonialzeit stammt und von den Franzosen errichtet worden war, um der Monarchie des Landes etwas mehr königliche Würde zu verleihen.

Sogar die berühmte Silberpagode ist jüngeren Datums, und beim sogenannten Kronschatz handelt es sich in Wirklichkeit um eine bescheidene Sammlung zweitklassiger Geschenke, die Kambodscha Ende des vorigen Jahrhunderts von Besuchern erhalten hat. Der Eiserne Pavillon Napoleons III. war von den Franzosen anläßlich der Eröffnung des Suezkanals erbaut und, nachdem er dort ausgedient hatte, dem kambodschanischen König zum Geschenk gemacht worden, der ihn vor dem Thronsaal hatte aufstellen lassen.

Nur die drei heiligen Kleinodien, Symbol der monarchischen Macht, sollen alt gewesen sein, doch sie sind seit der Flucht des letzten Regierungschefs der amerikafreundlichen Republik, General Lon Nol, kurz vor der Ankunft der Roten Khmer, auf mysteriöse Weise spurlos verschwunden. Eines dieser Kleinodien war ein Schwert, das bei der Weissagung verwendet wurde: Wenn der König eine wichtige Entscheidung zu treffen hatte, lasen die Wahrsager am Hof die Antworten des Himmels auf die Fragen des Staates aus den Rostspuren auf der Klinge.

Als Sihanouk in jenen Palast zurückgekehrt war, in dem er zuerst König, dann Premierminister und schließlich Gefangener der Roten Khmer gewesen war, besaß er also nicht ein einziges dieser traditionellen Insignien der Macht. Doch das war gar nicht nötig. Er hatte mehr als ein halbes Jahrhundert lang auf der politischen Bühne seines Landes gestanden, und ein Großteil der Kambodschaner verehrte ihn als Gottvater der Nation. Das genügte ihm. Er herrschte durch ein ganz persönliches Charisma in einem Palast, den man mit geschmacklosen Stühlen in falschem Empire ausgestattet hatte, mit billigen Teppichen und alten Porträts von ihm und seiner Frau Monique, die man im Keller aufgestöbert hatte und die von einem indonesischen Maler stammten. Sihanouk hatte kein Blendwerk nötig. Er fühlte sich als direkter Erbe der Größe Kambodschas.

»Sie sitzen am Tisch der Könige von Angkor«, sagte er zu mir, als ich einmal kurz nach den Wahlen zu einem Mittagessen im Palast eingeladen war. Der Tisch war ein langes Ungetüm aus hochglanzpoliertem Holz, in Thailand gekauft, aber es stimmte, daß an diesem oder an einem anderen Tisch unter seinem Vorsitz – und vor mir, wie Sihanouk ironisch betonte – große Persönlichkeiten gesessen hatten: Mitterrand, Tito und de Gaulle, »mein großer Held«, wie Sihanouk ihn nannte.

Wir aßen unter den wachsamen Blicken der nordkoreanischen Garden, die ihm Kim Il Sung, »mein großer Freund«, leihweise überlassen hatte. Das Gespräch drehte sich um Politik, aber bald gelang es mir, das Thema Geister ins Spiel zu bringen, indem ich erzählte, ich hätte mich auf die Suche nach André Malraux' Geist im alten Hotel Manolis gemacht. In diesem inzwischen arg heruntergekommenen Gebäude am Postplatz war der französische Schriftsteller in jungen Jahren mit seiner Frau abgestiegen, als er seine berühmte Expedition nach Angkor unternahm. In Angkor hatte Malraux eines der großartigen Kapitelle des Heiligtums Banteay Srei geraubt. Er war erwischt und zu drei Jahren Gefängnis verurteilt worden – einer Strafe, die er dann aber nicht antreten mußte.

»Malraux war kein Dieb, er war ein Kunstliebhaber«, unterbrach mich Sihanouk. »Er beging keinen Diebstahl. Er beging eine Entführung aus Liebe!« Seine Tante, erzählte Sihanouk, habe sich aufgrund dieses Vorfalls stets geweigert, Malraux die Hand zu drücken, aber für ihn sei er ein großartiger Mann.

Bei dieser Gelegenheit fragte ich Sihanouk, ob einer der Wahrsager des königlichen Hofes, bei denen seine Tante und seine Mutter sich Rat geholt hatten, noch am Leben sei. Ich interessierte mich für diese Tradition, erklärte ich. Sihanouk gab meine Frage an eine der anwesenden Damen weiter, und die faltete, wie alle anderen, an die sich Monseigneur wandte, die Hände auf der Brust, neigte den Kopf und flüsterte die Formel der Ehrerbietung: *»Pom Chà … Pom Chà«*; und mein heißgeliebtes Thema verlor sich den Tisch entlang.

Nicht, daß Sihanouk sich für derartiges nicht interessiert hätte … Von dem Augenblick an, als er in den Palast zurückgekehrt war – er trat durch das »Tor des Sieges« ein, und als erstes dankte er den Geistern seiner Ahnen –, hatte sich Monseigneur mit der Welt des Okkulten ebenso intensiv beschäftigen müssen wie mit der Politik.

Kurz nach seiner Rückkehr war eine »Prophezeiung« in Umlauf gekommen, derzufolge Sihanouk binnen eines Jahres tot sein würde. Um diesem Schicksal zu entgehen, so erzählte man sich auf den Märkten von Phnom Penh, habe Sihanouk einen Pakt mit dem König der Toten geschlossen: sein Leben im Austausch für fünftausend junge Kambodschaner, von denen viele sich freiwillig opfern würden. Der Palast mußte ein offizielles Kommuniqué herausbringen, um sowohl die »Prophezeiung« als auch die damit verbundenen Gerüchte zu dementieren. Die Geschichte war so ernst genommen worden, daß viele junge

Leute sich weiße Fäden ums Handgelenk gebunden hatten, um dem König der Toten zu signalisieren, daß sie nicht bereit waren, sich zu opfern.

Eine weitere Krise war durch eine Wimper Buddhas heraufbeschworen worden. Vierzig Jahre zuvor hatte Sihanouk diese wertvolle Reliquie von einer Indienreise mitgebracht – ein Geschenk Nehrus. Die damaligen Astrologen hatten herausgefunden, daß sich der geeignetste Platz zur Aufbewahrung der Wimper vor dem Bahnhof befinde. Dort, mitten auf dem Platz, hatte Sihanouk einen Stupa als Reliquienschrein aufstellen lassen. Im Jahr 1992 aber hatte eine Prinzessin und Nichte Sihanouks, eine Ballerina und Magierin – die dank mehrerer ahnungsvoller Träume den Massakern der Roten Khmer entgangen war, bei denen Sihanouk insgesamt vierzehn Angehörige, Kinder und nahe Verwandte, verloren hatte –, »entdeckt«, daß dieser Stupa am falschen Ort stünde. Die Probleme Kambodschas kämen daher, daß diese Reliquie sich in der schmutzigen und chaotischen Umgebung eines Bahnhofs befinde, was von mangelnder Ehrerbietung zeuge, und daß sie vor allem ständig der Sonne ausgesetzt sei. »Solange die Reliquie in der Sonne steht, wird das Land verbrennen«, hatte die Prinzessin gesagt.

Sihanouk beherzigte ihren Rat. Er ließ die Wimper Buddhas im Schatten eines großen Baumes zu Füßen des Hügels im Zentrum Phnom Penhs verwahren. Dann gab er den Bau eines neuen, großen, 50 Meter hohen Stupa in Auftrag, der das Panorama der Stadt verändern würde. Der geheimnisumwitterte Hügel, den einer Legende zufolge die Feinde Kambodschas errichtet hatten, um den Kopf des *naga*, Symbol für die Stärke des Landes, niederzuhalten, sollte nicht mehr der höchste Punkt der Stadt sein. Der neue Stupa Sihanouks mit der Wimper Buddhas würde von nun an das Stadtbild beherrschen ... und somit auch das Schicksal des Landes verändern.

Als das Mahl zu Ende war und Sihanouk uns durch die Räume führte und uns dabei seinen Hund Micki vorstellte, kam eine der Hofdamen auf mich zu und fragte mich, ob ich die Frau kennenlernen wolle, die die Kartenlegerin der Königinmutter gewesen war. Sie würde um fünf Uhr nachmittags in den Palast kommen. Ich verabschiedete mich von Sihanouk und von Prinzessin Monique, dann brachte man mich diskret in ein Sekretariatsgebäude, wo ich wartete.

Pünktlich kam sie, eine hagere Frau, mit sehr kurz geschnittenem Haar, einem langen Rock aus schwarzer Seide und einer weißen Bluse. Wir setzten uns auf den Boden, zwischen uns ein Handtuch, auf dem die Frau ihre Karten auslegte.

»*Sie stammen aus einer sehr begüterten und einflußreichen Familie*«, begann sie, und ich begriff – immer »sensibler« werdend –, daß ich genausogut gleich hätte gehen können. Tatsächlich erzählte sie fast eine Stunde lang das Übliche: *daß ich im Alter von zehn Jahren und zehn Monaten sehr krank gewesen sei, daß einflußreiche Leute mir eine Idee geklaut hätten, daß ich mich im Oktober vor zwei Personen hüten müsse, die meinen Ruf ruinieren wollten: Die eine sei acht Jahre jünger als ich, die andere in meinem Alter. Sie sagte, mein Leben lang würde ich kein Geld haben, und wenn mir jemand ein gutes Geschäft vorschlüge, solle ich die Finger davon lassen. Ich würde alles verlieren.*

Ich wollte mich bedanken und verabschieden, konnte aber nicht. Denn durch die Fenster sah ich Sihanouk mit Micki im Garten. Es wäre schrecklich peinlich gewesen, wenn er mich hier entdeckt hätte, nachdem ich mich bereits verabschiedet hatte. Also ließ ich die Frau weitererzählen, und schließlich fragte ich sie, ob sie für meine Zukunft Gefahren sähe. Ja: eine zwischen dem 20. Juli und dem 1. August. »*In dieser Zeit sollten Sie keine Grenze überschreiten, und wenn, dann passen Sie gut auf Ihre Reisepapiere auf*«, riet sie mir. Es war genau die Zeit, in der ich auf dem Landweg nach Europa reisen wollte!

Von dieser Kartenlegerin blieb mir nicht viel mehr in Erinnerung als das Gefühl, daß ich vor der Frau gestanden hatte, die einst mit ihrem Geschwätz die Geschicke des Hofes beeinflußt hatte, und daß ich mich vor dem König hatte verborgen halten müssen, der im Garten mit seinem Hund spazierenging. Als ich schließlich ungesehen durch einen Nebenausgang des Palastes verschwinden konnte, schien es mir, als sei ich aus den Seiten eines Märchenbuches herausgetreten.

Eines der neuen Lokale, die als Treffpunkt der Vertreter der internationalen Völkergemeinschaft groß in Mode waren, hieß »No Problem«, ein Mittelding zwischen Klub, Café und Restaurant in einer alten Villa aus der Kolonialzeit. Als ich eines Abends am Nachbartisch einiger UNO-Funktionäre saß, die ich nicht kannte, hörte ich die Geschichte eines deutschen Journalisten, dem ein kambodschanischer Hellseher geraten hatte, nicht zu fliegen, und der allein dadurch sein Leben gerettet habe, daß er im letzten Moment nicht in den russischen Hubschrauber gestiegen sei, der dann in Siem Reap abstürzte.

Auch diese Geschichte hatte inzwischen ein Eigenleben entwickelt. Sie würde weitererzählt, mit immer neuen Einzelheiten ausgeschmückt und dabei immer wahrer werden.

Meinen letzten Abend in Phnom Penh verbrachte ich im Palast. Sihanouk führte dem diplomatischen Corps das neueste Produkt eines seiner alten Hobbys vor: des Filmemachens. Es handelte sich um eine Liebesgeschichte zwischen einem jungen krebskranken Mann und einer Krankenschwester. Der Titel klang so, als solle damit eine der zahlreichen auf ihn gemünzten Weissagungen gebannt werden: »Angkor sehen ... und sterben.«

Der Palast, vom warmen Licht der gegen die ockerfarbenen Mauern gerichteten Scheinwerfer schwach erleuchtet, erschien immer schöner und irrealer. Sihanouk war in Bestform und übersetzte mit einem Mikrofon in der Hand die Dialoge auf der Leinwand ins Englische und Französische. Wir saßen in dem kleinen Pavillon im Freien vor dem Thronsaal. Ein frischer Wind strich zwischen den Säulen hindurch, eine leichte Brise, gleichsam der Atem der Nacht. Unter dem sternenübersäten Firmament lag ein wunderbarer, überwirklicher Frieden.

In der Morgendämmerung fuhr ich mit Hoc und Leopold, der inzwischen in Bangkok gewesen und wieder zurückgeflogen war, um mich auf dem letzten Stück der Reise auf dem Landweg zu begleiten, im Taxi nach Battambang; am Abend wollten wir dann an der thailändischen Grenze sein. Trotz ihrer Drohungen hatten sich die Roten Khmer relativ ruhig verhalten, und bis Poipet kam der Verkehr zügig voran. Die Grenze war theoretisch geschlossen, aber wir hatten gehört, daß die Funktionäre der UNTAC, wenn sie mit ihren Autos unterwegs waren, zum Einkaufen oder zum Abendessen ins thailändische Aranyaprathet einreisen durften.

Am Marktplatz in Poipet setzte uns das Taxi ab. Es erschien mir ganz natürlich, daß ich die Mauer sehen wollte, gegen die mich die Roten Khmer im April 1975 gestellt hatten. Ich blieb ein paar Minuten dort, stumm, als sei dort jemandes Grab. Mir gingen die vielen Dinge durch den Kopf, die ich seither erlebt hatte, die Orte, die ich besucht, die Menschen, die ich kennengelernt, die unendlich vielen Worte, die ich geschrieben hatte; all das hätte ich nicht getan, wenn mein Leben hier zu Ende gegangen wäre: sehr viel und doch im Grunde nichts.

Wir sahen ein weißes Auto mit der Aufschrift UN auf die Grenze zufahren. Am Steuer saß eine junge Japanerin, die nach Aranyaprathet unterwegs war, um sich mit ihrem Verlobten zu treffen. Sowohl sie als auch die Wachsoldaten am Schlagbaum an der Grenze meinten, wir seien ebenfalls von der UNTAC, und im Nu hatten wir Kambodscha hinter uns gelassen.

Die thailändische Polizei war von meinem Büro in Bangkok informiert worden, und ein liebenswürdiger Beamter, der schon beim Abendessen saß, kam zurück, stempelte unsere Pässe und war uns behilflich, ein Auto zu finden. Die letzten 300 Kilometer der Wegstrecke bis Bangkok schlief ich. Ohne bedrohliche und ohne süße Träume.

Vietnam: Das Schicksal der Hunde

Der Juni verging, ohne daß sich die Prophezeiung der Jungfrau von Medan erfüllt hätte. Ich war meiner *xiao lao puo*, der mir angekündigten zweiten »kleinen Ehefrau«, nicht begegnet, und wenn ich ihr begegnet war, so hatte ich es nicht gemerkt. Ich hatte an einem Artikel über die Korruption der UNTAC und an einem zweiten über die Roten Khmer gearbeitet, die sich nach wie vor durch den Verkauf von Nutzhölzern und Edelsteinen an Thailand finanzierten.

Ich hatte in diesem Monat auch meine alljährliche Europareise vorbereitet. Vor allem hatte ich mich um Visa für jene Länder bemüht, die ich mit dem Zug durchfahren würde: kein leichtes Unterfangen, da einige Staaten, beispielsweise Vietnam, die Einreise per Flugzeug verlangen. Erst nach wortreichen Erklärungen und zähem Beharren gewährten sie ein Visum »für den Landweg«, das jedoch nur für einen ganz bestimmten Grenzübergang gültig war, der in den Paß eingetragen wurde.

Am Abend vor meiner Abreise suchte ich sorgfältig zusammen, was ich mitzunehmen gedachte, wobei mir klar war, daß es da, wo ich hinfuhr, keine Kofferkulis, Rolltreppen und Gepäckträger gab, die mir die Sache erleichtert hätten. Ich hatte mich schon von allen verabschiedet und war erfüllt von jener Freude, die mich stets überkam, wenn ich mich auf die Reise machte, erfüllt von diesem immer wieder neuen Gefühl der Erleichterung, wenn ich daran denke, daß ich für niemanden erreichbar bin, keine Termine habe und nirgendwo erwartet werde, daß ich keinerlei Verpflichtungen habe außer denen, die sich durch Zufall ergeben. Ich liebe es, mich unter eine Menschenmenge zu mischen, ein gewöhnlicher Reisender zu sein, frei von der üblichen Rolle, von dem Bild, das man von sich selbst hat und das zuweilen ein enger Käfig ist wie der Körper. Es droht keine Gefahr, an jemanden zu geraten, mit dem ich Konversation machen muß, und ich kann den ersten, der es versucht, zum Teufel schicken.

Mit diesem Gefühl verließ ich am Morgen Turtle House, mit nichts als meinem Rucksack auf den Schultern und einer Tasche in der Hand, und brach auf zu einer großen Reise, einer der längsten und einer der langsamsten meines Lebens. Ich wollte sie ganz gemächlich angehen: von Bangkok nach Florenz. Ich mußte nach Westen, doch dazu mußte ich zunächst einmal nach Osten fahren. Da es unmöglich war, über Birma nach Indien zu gelangen, war die sicherste Möglichkeit, aus Thailand hinauszukommen, der Weg über Kambodscha und von da aus weiter nach Vietnam, China, die Mongolei, Sibirien und weiter und immer weiter bis nach Hause.

»Auch eine Reise von 10000 Meilen beginnt mit dem ersten Schritt«, sagen die Chinesen, die für jede Lebenslage das passende Sprichwort haben. Meine Reise war rund 20000 Kilometer lang, aber gerade dieser erste Schritt schien am schwierigsten zu sein: Wie sollte ich bloß rechtzeitig zum Bahnhof kommen? In der Sukhumvit Road staute sich der Verkehr; in einer halben Stunde waren wir mit dem Auto kaum zehn Meter vorangekommen, und es bestand wenig Aussicht, daß sich dies ändern würde. Ich bedankte mich beim Chauffeur, nahm meine beiden Gepäckstücke und setzte mich auf den Rücksitz eines Motorradtaxis, das sich zwischen den stehenden Autos hindurchschlängelte, im Zickzack durch Quersträßchen, Einbahnstraßen in verkehrter Richtung und häufig auf dem Gehsteig. So erreichte ich – ohne weitere Zwischenfälle – den Bahnhof. Rechtzeitig!

Vor mir lag jetzt nur noch eine lange, sehr lange Schienenstrecke, die nur hie und da, bedingt durch die Ereignisse der letzten Jahre, unterbrochen war. Der Zug brauchte fünf Stunden bis Aranyaprathet: eine Fahrt durch das »Land des Lächelns«, das sein Lächeln verloren hat.

Am Grenzübergang nach Kambodscha drängelten sich Menschen, die einem äußerst einträglichen Gewerbe nachgingen:

dem Schmuggel. Beladen mit Säcken und Bündeln kamen und gingen Hunderte von Thailändern und Kambodschanern unbehelligt von einem Land ins andere, unter den Augen der Soldaten beiderseits der Grenze. Ich mischte mich ins Getümmel, doch meine weiße Kleidung verriet mich, und ich wurde sofort angehalten: »Nein. Nein. Hier ist kein Übergang für Ausländer. Das ist verboten«, sagten die Soldaten. »Ausländer müssen das Flugzeug nehmen.« Ich kannte diese alte Leier, ließ aber den Mut nicht sinken. In Asien besitzt kein Verbot absolute Gültigkeit, keine Regel ist unverletzlich, und schon bald wurde ich zu einem sehr vernünftigen Entgelt auf dem Rücksitz eines »autorisierten« Wagens nach Kambodscha »geschmuggelt«.

Vor dem Krieg ging die kambodschanische Eisenbahnlinie bis nach Thailand; aber das Land liegt darnieder, seine Ressourcen sind ausgebeutet, und so hat man auch die ersten 30 Kilometer der Schienen – von der Grenze aus gesehen – als Alteisen verhökert. Der Zug nach Phnom Penh fährt jetzt erst ab der Stadt Sisophon. Der Zug? Das ist nicht ganz das richtige Wort. Ein paar klapprige Viehwaggons mit Schmuggelware und Fahrgästen, von denen viele auf dem Dach sitzen, nimmt zwei- bis dreimal pro Woche die 330 Kilometer bis Phnom Penh in Angriff. Die Abfahrtszeiten ändern sich ständig und werden nie im voraus angekündigt, um »die Banditen« zu täuschen, die den Zug immer wieder angreifen und ausplündern. Es genügt eine Mine, ein quer über die Gleise gelegter Baumstumpf; die Banditen – oder sind es Soldaten der regulären Armee? – schießen, erschießen einige arme Teufel, um die übrigen einzuschüchtern, nehmen alles mit und verschwinden wieder. Diese Meldung ist den regionalen Zeitungen nicht mehr als zwei Zeilen wert. Manchmal nicht einmal das.

Ich setzte mich zwischen die Körbe, die Bündel und die anderen Fahrgäste – sehr dunkelhäutige Khmer, die Khmer vom Land, aus den Wäldern: Menschen aus einer anderen Zeit.

Die wohlgeordnete, schlichte Schönheit der Reisfelder half mir, die Gedanken an die Banditen zu verscheuchen, aber als der Zug dann endlich in Phnom Penh einfuhr, stieß ich einen Seufzer der Erleichterung aus. Doch der Bahnhof mit seinem

Heer von Bettlern, Obdachlosen und Verzweifelten bot einen trostlosen Anblick: Die einen hatte einst der Krieg hervorgebracht, die anderen waren, auf nicht minder grausame Art und Weise, Opfer der freien Marktwirtschaft.

In Phnom Penh erinnerte ich mich an den »sehr mächtigen« Bonzen, der zuweilen als junger, zuweilen als alter Mann in Erscheinung trat und von dem mir Hoc erzählt hatte. In Anbetracht der mir bevorstehenden Reise dachte ich, es könne nützlich sein, meinen Buddha wieder »aufzuladen«, den ich um den Hals trug. Hoc war sich allerdings nicht sicher, ob der Bonze noch am Leben sei. Seine Frau hatte gehört, die Banditen hätten sein Kloster ausgeraubt und ihn ermordet. Wir beschlossen, es dennoch zu versuchen: tags darauf, in aller Frühe, damit ich anschließend nach Saigon weiterfahren konnte.

Die Morgendämmerung dort wird mir unvergeßlich bleiben: die dunklen Wipfel der Zuckerpalmen vor einem pastellfarben makellosen Himmel, die wie Spiegel glitzernde Wasserfläche der Reisfelder, in denen der goldene Glanz der Pagoden aufblitzte. Wir fuhren mit Hocs Moped. Die letzten fünf Kilometer querfeldein waren voller Schlaglöcher, und wir mußten hellauf lachen bei der Vorstellung, daß wir vor der »Aufladung« nicht geschützt waren und leicht steckenbleiben konnten. Im Nirgendwo.

Der Bonze war nicht ermordet worden, jedenfalls seine jugendliche Inkarnation nicht: Weit mehr als ein Magier oder ein Heiliger kam er mir vor wie der Kommandant einer Fallschirmspringerkompanie. Er war stark, muskulös und regierte die hundertzwanzig Mönche, die er unter sich hatte, mit eiserner Faust.

Hoc legte ihm meinen Fall dar, schilderte ihm die Gefahr durch die Flugzeuge und die Geschichte meines Buddha, der seit 1972 nicht mehr »aufgeladen« worden war. Der Mönch erklärte, wenn es ganze Arbeit sein sollte, müsse ich sieben Pagoden besuchen und ihn von sieben Bonzen laden lassen; da ich aber keine Zeit hatte, sollte ich wenigstens sieben weiße Lotosblüten vor dem großen Bild des Erleuchteten darbringen, der seinen Tempel beherrsche. Ich tat, wie mir geheißen, und dabei ging mir durch den Kopf, daß die Sieben in allen Kulturen der Welten und Zeiten eine »magische« Zahl war: die sieben Tage der Woche, die sieben Zwerge, die sieben guten Jahre mit den sieben fetten Kühen, die Siebenmeilenstiefel und … eben die sieben Lotosblüten. Sogar in Kambodscha!

Der Bonze sagte, ich solle mich vorbereiten und neben die Kette mit dem Buddha alle anderen Gegenstände legen, die ich gewöhnlich, insbesondere auf Reisen, mit mir herumtrage. Er müsse auch diese »aufladen«, damit sie mich beschützten. In der Zwischenzeit kümmerte er sich um andere Patienten.

Eine Schar junger Geisteskranker oder Epileptiker, die aus verschiedenen Teilen des Landes hergebracht worden waren, nackt, nur mit einem *krama* um die Hüfte, warteten im Garten unter einem großen Baum neben einem mit Wasser gefüllten Holzzuber. Einige von ihnen zappelten ständig herum, andere zitterten. Der Bonze packte einen Eimer mit beiden Händen, tauchte ihn in den Zuber, rezitierte mit lauter Stimme Gebete oder magische Formeln und schüttete dabei mit aller Kraft das Wasser über die vor ihm knienden Unglücklichen: einen Eimer nach dem anderen, bis der Behälter leer war und die Verrückten, sei es durch die Wirkung des Zaubers, sei es einfach nur durch die kalte Dusche, sich beruhigt hatten. Hoc erklärte mir, der Bonze sei Spezialist für die Heilung von Kriegstraumen und die jungen Männer hier seien ehemalige Soldaten.

Zum Glück lagen in meinem Fall die Dinge anders: ein »Halbbad« würde genügen, meinte der Bonze, aber wenn ich wolle, könne ich mich ebenfalls ganz ausziehen. Ich lehnte dankend ab. Er nahm den Buddha und die Gegenstände, die ich ausgewählt hatte – meine alte Rolex, die alte Leica und einen Clip für das Geld in meiner Hosentasche –, legte sie in eine silberne Schale, streute Jasminblüten darauf, breitete die Hände darüber aus, sprach Gebete und spritzte – zum Glück für den Fotoapparat! – nur ein paar Tropfen Wasser darauf. Über mich aber, der ich mit einer Blumengirlande um die gefalteten Hände auf einem Stuhl saß, kippte er langsam eine Schüssel Wasser, das mir vom Kopf den Nacken und den Rücken hinunterrann. Dann noch eine, noch eine und noch eine, wobei er unablässig psalmodierte.

Statt mich auf den Segen zu konzentrieren, dachte ich, wieviel klüger doch die Geisteskranken gewesen waren, sich ganz auszuziehen, denn am Ende war ich tropfnaß und hatte nichts dabei, um mich umzuziehen.

Nach beendeter Badezeremonie überreichte mir der Bonze eine Darstellung Buddhas auf laminiertem Papier. Immer wenn ich das Gefühl hätte, mir drohe Gefahr, erklärte er mir, solle ich es mir sofort auf die Stirn legen und mit der flachen Hand darauf schlagen, als wolle ich es mir aufprägen. Um es mir vorzuführen, versetzte er mir ein paar derart kräftige Schläge, daß mir schier der Kopf dröhnte.

Ich gab ihm eine Spende, und wir gingen.

Beim Hinausgehen übersetzte mir Hoc eine Inschrift an der Wand des Tempels, die mir aufgefallen war: »Das Leben gehört nicht dir, es kann dir jeden Augenblick entrissen werden. Denk darüber nach!«

Von der ganzen Inszenierung des »Wiederaufladens« war dies vielleicht das einzige, das sich mir einprägte.

Die kambodschanische Eisenbahn war auch in der Kolonialzeit nicht mit der vietnamesischen verbunden gewesen. Das ist heute noch so, und das schnellste Verkehrsmittel zwischen Phnom Penh und Ho-Chi-Minh-Stadt, wie das alte Saigon heute heißt, ist das Auto. Dutzende klappriger Autos, deren Türen mit Draht nur notdürftig zusammengehalten werden, befahren die Strecke zwischen den beiden Städten und befördern Tausende vietnamesischer Schreiner, Maurer, Malermeister und Prostituierter, die ihr Glück suchen.

Für die Vietnamesen ist Kambodscha heute eine Art Eldorado: Das Land ist unterbevölkert, die Reisfelder sind fruchtbar, die Flüsse reich an Fischen und die Städte voller Menschen, die durch den Krieg, später durch den Frieden und die Vereinten Nationen, zu schnellem Reichtum gekommen sind.

In Neak Leung müssen Autos, Lastwagen und Handkarren auf eine Fähre verladen werden, mit der sie den Mekong überqueren. Der mächtige Strom mit seinen schlammbraunen Fluten, die soviel Geschichte mit sich schleppen, schneidet Kambodscha von Norden nach Süden in zwei Teile, wobei die beiden kambodschanischen Ufer durch keine Brücke verbunden sind. Seit Jahrhunderten liegt die größte Gefahr für das Land darin, daß es entlang dieser natürlichen Grenze aufgespalten wird: daß das westliche Ufer dem Machtbereich Thailands und das östliche dem Machtbereich Vietnams einverleibt wird. Diese bevölkerungsreichen Nachbarstaaten (Thailand mit seinen sechzig und Vietnam mit seinen siebzig Millionen Einwohnern) stellen bis heute für Kambodscha mit seinen acht Millionen Menschen eine ständige Bedrohung dar.

Das Ende Kambodschas wird durch einen großen Triumphbogen aus rosafarbenem Stein mit einer Nachbildung der Türme von Angkor markiert. Von da aus mußte ich etwa hundert Meter zu Fuß weitergehen, bis zu einem Tor aus grauem, schmucklosem Beton: Hier beginnt Vietnam. Nur sehr wenige Fremde verirren sich hierher, und mein Erscheinen erregte sofort großes Aufsehen; mein Gepäck wurde peinlich genau durchsucht, und ich mußte mich einem Verhör unterziehen, in dem die immer wiederkehrende Frage lautete: »Weshalb bist du nicht geflogen?« Tja, weshalb nur?

Vielleicht nicht zuletzt deshalb, weil ich wiederentdecken wollte, daß die Welt ein kompliziertes Mosaik von Ländern mit jeweils eigenen Grenzen ist, die es zu überschreiten gilt; vielleicht, um mir einmal mehr klarzumachen, daß die Erde keine einfarbige, von Flughäfen durchsetzte Masse ist, wie es die Karten der Fluggesellschaften vortäuschen; oder vielleicht nur, um von neuem das Gefühl zu haben, körperlich, zu Fuß und nicht in der Luft eine richtige Grenze wie diese hier zu überschreiten.

Der Unterschied zu Kambodscha wird auf beeindruckende Weise sofort deutlich. Nach den fast menschenleeren Ebenen im Land der Khmer scheint Vietnam geradezu überzuquellen vor Menschen, an ihnen zu ersticken. Wohin das Auge blickt, Menschen, Menschen, Menschen. Menschen, die sägen, hämmern, löten, nähen oder kochen – in scheinbar zwanghafter Überlebensangst.

Von der Grenze bis nach Saigon sind es 73 Kilometer, die letzte Strecke, bevor ich Europa erreichen würde, die ich mit dem Auto zurückzulegen hatte, wieder in einem klapprigen und wackeligen Gefährt.

Als ich in Saigon ankam, wurde mir schlagartig bewußt, daß ich darauf schlecht vorbereitet war. Ich hatte an alle praktischen Dinge gedacht, nur nicht daran, was diese Rückkehr für mich bedeuten könnte. Das Saigon, das sich meinem Blick bot, war ein wirres Menschengetümmel. Ich fühlte mich verloren und bekam fast Angst. In dieser Stadt hatte ich einige der eindringlichsten Momente meines Lebens erlebt; jetzt aber erschien mir die Vergangenheit als etwas, dem ich aus dem Weg gehen mußte.

Ich mied die Hotels, in denen ich damals gewohnt hatte: das Continental, dessen schöne, auf den Platz hin offene Terrasse mit einer häßlichen Verglasung und einer Klimaanlage modernisiert worden war; das Majestic mit seiner Aussicht auf den Fluß und jetzt auch auf überdimensionale Werbeplakate. Ich übernachtete in einer billigen Pension für Rucksacktouristen. Einige der Freunde von einst waren tot: Cao Giao, mein alter Dolmetscher und Lehrer, gestorben an Krebs nach langen Jahren in den Gefängnissen des kommunistischen Regimes, dessen Sieg er erhofft hatte. Ich zögerte, die anderen aufzusuchen.

Stundenlang durchstreifte ich ziellos die Stadt, die ich zwar kannte, in der ich aber nichts und niemanden wiedererkannte. Es war wie ein Gang durch die Hölle: An jeder Ecke versuchte jemand meine Aufmerksamkeit auf sich zu lenken, bot mir eine Mütze zum Kauf an, eine Fahrt mit der Trishaw, eine Suppe oder die Gesellschaft eines Mädchens. Auch wenn Saigon seinen Namen geändert hatte und nun offiziell Ho-Chi-Minh-Stadt hieß, war es wieder ganz das alte Saigon: eine Stadt des Verfalls, der Korruption und der Vitalität, und das alles in typisch orientalischer Ausprägung; eine extrem materialistische Stadt, nur noch chaotischer, noch schmutziger, noch schamloser und verhurter als während des Krieges.

Das Gedächtnis kann ein wunderbares Refugium sein, und wenn ich jemals alt werden sollte, wie die Wahrsager alle meinen, werde ich in ihm herumstöbern wie in einer alten Familientruhe, die vergessen auf dem Dachboden steht; aber das Gedächtnis kann auch eine schreckliche Last sein, besonders für die anderen. Wie ich so umherging, unablässig von Erinnerungen begleitet, wurde mir bewußt, wie hassenswert ich sein mußte mit diesem meinem Gedächtnis: hassenswert für die Menschen in meinem Alter, denn mit meinen Erinnerungen an die Vergangenheit hinderte ich sie, sich über die unerfüllten Versprechungen hinwegzumogeln; hassenswert für die jungen Menschen, die in der Gegenwart leben und nicht hören wollen, wie die Welt gestern war. Ich war hassenswert und dennoch im Grunde harmlos. In jenem Krieg hatte ich nur ein paar Illusionen verloren, und das sah man mir nicht einmal an. Doch was war mit jenen, die in der Revolution, die wie alle Revolutionen gescheitert ist, Beine, Arme, Augen oder auch nur ihre Jugend verloren haben und nun bettelnd durch die Straßen zogen? Sie, ja, sie waren tatsächlich hassenswert mit ihrem Erinnern, das so körperlich war, so sinnfällig, daß es auf allen lastete!

Am Morgen des 30. April 1975 hatte ich vor Freude geweint, als die Panzer der Befreiungsarmee in Saigon einzogen: Der Krieg war zu Ende, und die Vietnamesen wurden Herren ihres Landes. Als ich zehn Jahre später zurückkehrte, weinte ich vor Verzweiflung, als ich sah, wie die Kommunisten ihre große historische Chance vertan hatten, aus Vietnam ein wirklich befreites Land zu machen. Jetzt war ich noch trauriger. Das Scheitern war überall mit Händen zu greifen. Es durchdrang das Leben jedes einzelnen Siegers.

Während der Kriegsjahre war ich von einigen Revolutionären, die ich kennengelernt hatte, beeindruckt gewesen. Sie waren arm, hart, aber der Sache ergeben, an die sie glaubten. Manche hatten in mir die Vorstellung von modernen Heiligen geweckt. Auch sie hatten in diesen zwanzig Jahren ihre Aura verloren und waren jetzt gewöhnliche Durchschnittsexistenzen. Einer hatte sich mit französischen Kommunisten zusammengetan und war im Import-Export-Geschäft tätig. Ein anderer, der sich wenigstens seine Ironie bewahrt hatte, betrieb, wie er selbst sagte, »gelben Menschenhandel«: Er belieferte koreanische Baufirmen mit vietnamesischen Arbeitskräften! Wieder ein anderer, eine einstmals mythische Figur des Vietcong, sagte mir, die Tragödie bestünde darin, den Krieg gewonnen zu haben: Im

Falle einer Niederlage wären sie gezwungen gewesen, sich anzupassen, sich zu verändern, und hätten sich so gebessert. Die Sieger jedoch glauben, sie hätten nichts zu lernen.

Ich gab ihm recht. Wenn der kommunistische Sieg nur dazu getaugt hatte, die Gesellschaft hervorzubrinngen, die ich hier vor mir sah, dann wäre es besser gewesen, die anderen hätten gewonnen! Sie hätten es besser gemacht!

Der Zug S-10 nach Hanoi heißt »Wiedervereinigungs-Expreß«, aber wenn man ihn sah mit seinen gepanzerten Fenstern, schien er eher aus den Zeiten zu stammen, da der amerikafreundliche Süden gegen den kommunistischen Norden Krieg führte. Alle Fenster waren mit Eisengittern versehen, die »im Bedarfsfall« heruntergelassen werden konnten.

»In welchem Bedarfsfall?« fragte ich.

»Die Banditen!« erklärte einer meiner Mitreisenden, ein ehemaliger Soldat. Mit einem geringfügigen Trinkgeld für die Zugschaffnerin war es ihm gelungen, seine junge Frau in unser Abteil zu schmuggeln, und so streckten wir uns statt zu sechst zu siebt auf den Holzpritschen aus, die durch schmuddelige Strohmatten kaum weicher wurden. Eine Alte, die unablässig quasselte, und ein weiterer Soldat lagen über mir; mir gegenüber zwei merkwürdige junge Männer ohne Gepäck und mit einem seit Tagen unrasierten Bart.

Ich versuchte zu schlafen, aber das war gar nicht so einfach. Jedesmal wenn der Zug hielt, stürmte ihn eine brüllende Menschenmenge – Frauen, Kinder und Bettler, die etwas verkaufen wollten oder um ein Almosen baten. Viele Fahrgäste stiegen aus und scharten sich um das Schulterjoch der Frauen, die am Bahnsteig Gemüsesuppe in Näpfen feilboten. Im Dunkel der Bahnhöfe flackerten die Lichter ihrer Öllampen wie Glühwürmchen: ein Bild wie aus dem Mittelalter. Armes Vietnam! Das einzig Moderne, das dieses Land gekannt zu haben scheint, ist der Krieg; die Waffen, Flugzeuge, Raketen entstammen diesem Jahrhundert; alles übrige gehört noch der Vergangenheit an.

Die Nacht war mondlos, der Himmel sternenübersät. Am Fuße der dunklen Silhouetten der Berge verriet der Schein kleiner Feuer, auf denen sich die Leute Essen kochten, das Vorhandensein von Dörfern. Mitten in der Nacht kam die Schaffnerin ins Abteil, hieß uns alle aufstehen und begann, unsere Nachtlager zu durchwühlen. Ein Passagier hatte sich beschwert, sein Gepäck sei verschwunden, und es galt, den Dieb ausfindig zu machen. Ohne Erfolg.

Zwei Tage und zwei Nächte keuchte der Zug die Küste entlang Richtung Norden: ein langes, klappriges, klägliches Ungetüm. Nicht so für die Dörfer, durch die wir fuhren! Für sie war der Zug das Symbol von Reichtum, von Überfluß, und an jedem Bahnhof reckten sich zahllose magere Arme den Zugfenstern entgegen. Manche hatten etwas feilzubieten: Buben in zerlumpten Kleidern verkauften warmes Wasser aus verbeulten, mit Stroh überzogenen Aluminiumteekannen; Mädchen boten in Stücke geschnittenes Zuckerrohr an. Die meisten streckten ihre leeren Hände aus. Krüppel stiegen ein, um ihre Arm- und Beinstümpfe zu zeigen, Blinde, um ihren Singsang anzustimmen. Die Polizisten stießen alle wieder hinab. Gewiß, alle waren Opfer des Kriegs, aber in Vietnam werden heute nur die Toten als Helden geehrt. In jeder Stadt, in jedem Dorf gibt es ihnen zum Gedenken ein Monument. Für die Verstümmelten hat man nur Verachtung übrig: Sie sind eine Last.

Die Zugschaffnerinnen und -schaffner waren beim Militär gewesen. Sie bekamen einen Hungerlohn (15000 Dong, rund fünfzehn Dollar monatlich), behalfen sich aber mit allen nur denkbaren Geschäften, die ihnen der Dienst bei der Eisenbahn ermöglichte. In Saigon kauften sie beispielsweise aus Thailand importierte Fernseher, die sie in Hanoi weiterverkauften. An jedem Gerät verdienten sie zehn Dollar. Das wichtigste war das Startkapital von siebenhundert Dollar, um den ersten Fernseher erstehen zu können.

Die gesprächige Alte und die Ehefrau des Ex-Soldaten tätigten ebenfalls große Geschäfte. Beide hatten Geldbündel am Leib versteckt, und allmählich füllte sich unser Abteil mit Körben voller Trauben, aufgespießtem Trockenfisch und Heilkräutern, die sie an den verschiedenen Bahnhöfen gekauft hatten. Die Alte feilschte so lange über den Preis, bis der Zug sich in

Bewegung setzte, dann warf sie im letzten Augenblick, die Ware schon in Händen, dem Verkäufer, der voller Bangen den Bahnsteig entlang neben dem Zug herlief, die Geldsumme zu, die zu zahlen sie beschlossen hatte. Vogel, friß oder stirb! In Hanoi würde sie die Ware mit beträchtlichem Gewinn weiterverhökern. Die beiden verwahrlosten jungen Männer ohne Gepäck hatten keinen Pfennig Geld und damit auch keine Möglichkeit zu derartigem Handel.

Die Landschaft, die vor dem Fenster vorbeizog, war von anrührender Schönheit. Nicht weniger herzzerreißend waren die Menschen um mich herum. Zur Mittagszeit, als die Schaffnerin mit einem großen Topf hereinkam und Suppe in klebrige Blechnäpfe schöpfte, drückten sich draußen im Gang magere und schmutzige Buben herum, die insgeheim darauf warteten, die Essensreste in Plastikbeutel zu kippen. Sie kamen durch die Zugfenster herein, und durch die Zugfenster sprangen sie auch wieder hinaus, kaum daß der Zug seine Geschwindigkeit drosselte – ein gefährliches Spiel mit dem Tod.

Die zweite Nacht fuhr der Zug am Meer entlang. Vom Fenster aus sah er in jeder Kurve aus wie eine leuchtende, sich windende Schlange.

Im Morgengrauen kamen wir in Kim Lu an. Einwohner standen mit Schüsseln voll Wasser bereit, auf dem als Schöpfbecher Bierdosen ohne Deckel schwammen. Es waren dies tragbare Waschbecken, damit sich die Fahrgäste frisch machen konnten. Dutzende von Kindern, Frauen, Alten, jeder eine Schüssel auf dem Kopf balancierend, hatten stundenlang auf unsere Ankunft gewartet – genau wie die Hunde, die gierig unter die Waggons krochen in der Hoffnung, wenigstens ein Krümelchen unseres Reichtums zu ergattern.

Der Ex-Soldat mit seiner Ehefrau bemerkte meinen Abscheu und erklärte, dies sei die von den Amerikanern am meisten bombardierte Provinz. Mit den Händen machte er dazu Bewegungen, die die B-52-Bomber, die Entladung ihrer tödlichen Fracht und die weinenden Menschen andeuten sollten. Dies war zwanzig Jahre her, aber es rechtfertigte immer noch das Elend der Gegenwart.

Als wir die Stadt Vinh hinter uns gelassen hatten, wurde per Lautsprecher etwas durchgegeben, das ich nicht verstand. Meine Mitreisenden sprangen auf und ließen die Eisengitter an den Fenstern herunter. Warum denn nur? Wir passierten eben die Region, in der Ho Chi Minh geboren war, und ich wollte doch die Leute auf den Reisfeldern fotografieren. Verärgert schob ich das Rollgitter wieder hinauf ... gerade rechtzeitig, um von draußen eine Ladung Dreck und Kot abzubekommen; im nächsten Augenblick prasselte ein Steinhagel gegen die Zugwände und die Eisengitter.

Für die Erben von »Onkel Ho« war der Zug das Symbol all der leeren Versprechungen der Revolution. Besetzt mit Parteifunktionären, Städtern und durchtriebenen Händlern brauste dieser Zug, in den Augen der Bauern der Inbegriff von Bequemlichkeit und Luxus, vorbei, wie er immer vorbeigebraust war, ohne sich um sie zu scheren. Sie fühlten sich verraten, beiseite geschoben, und so ließen sie an diesem Zug ihre ganze Wut aus und bewarfen ihn mit allem, was sie gerade in Reichweite hatten.

Der Zug glitt vorbei an diesem Elend, sein Herannahen durch Pfeifen ankündigend. Manchmal verliefen die Schienen an der Hauptstraße entlang, manchmal überquerten sie sie. Häufig gab es nicht einmal einen Übergang, und das Pfeifen war die einzige Warnung. Ein Mann auf einem Fahrrad konnte nicht schnell genug ausweichen und wurde vom Zug erfaßt. Der Zug blieb ein paar Minuten stehen und fuhr dann weiter. Das passiert jedesmal, sagte man mir.

Schließlich übertrugen die Lautsprecher eine patriotische Weise; eine Frau kündigte mit honigsüßer Stimme die Ankunft in Hanoi an. Der Zug verlangsamte seine Geschwindigkeit, als müsse er sich zwischen den Gärten, Häusern, Fahrrädern, Kindern hindurch erst seinen Weg bahnen, und vorbei an Läden und Verkaufsständen fuhr er in Hanoi ein.

Der Bahnhof, von den Franzosen in der Zeit erbaut, als Vietnam eine Kolonie war, erschien mir wie eine Miniaturausführung von Versailles: ein betrüblicher Kontrast zu den zahllosen Menschen, die abgemagert und staubbedeckt entlang der Bahnsteige und auf den Treppen schliefen.

»Kennst du hier eine Opiumhöhle?« fragte ich einen der Trishaw-Fahrer vor dem höchst bescheidenen Hotel für vietnamesische Reisende in Bahnhofsnähe, wo ich mir eine Unterkunft gesucht hatte. Der Mann erhob sich aus seiner müden Lethargie, lächelte und entblößte dabei seine verfaulten Zähne, hieß mich Platz nehmen und radelte davon ins nächtliche Hanoi.

Auf den zerklüfteten Gehsteigen, vor alten, einstmals gelb getünchten Häusern, unter ausladenden Platanen, die von den elektrischen Leitungen der Straßenlampen und von Schildern geradezu erstickt wurden, tummelten sich ärmliche, bleiche, kränkliche Menschen in kurzen Hosen und Trikothemden. Verschwitzt, erschöpft, zornerfüllt. Jeder Torweg ein kleiner Laden, jeder Stand ein Zigarettenverkauf, ein Zeitungskiosk, eine Tankstelle. Zwei Schemel um einen Tisch stellten ein Café dar, eine Pumpe und ein Eimer Wasser eine Reifenwerkstatt. Jedes Gespräch wirkte wie ein Streit und war es häufig auch.

Alles schien vor sich hinzumodern: die Dächer, die Türen, die Mauern; sogar die Menschen. Die Stadt roch nach Schimmel. Ich war immer ein begeisterter Friedhofsbesucher gewesen; aber dieser riesige Friedhof Hanoi strahlte kein bißchen Größe und Erhabenheit aus. Das »heldenhafte«, würdevolle, stille Hanoi des Kriegs war nunmehr eine Stadt des Elends, in der alles wohlfeil war. Wenn man sich auf eine symbolische Reise durch die politischen Illusionen meiner Generation machen wollte, müßte man von hier aufbrechen, wo die Nacht wieder in tausend Geheimnisse gehüllt war.

Der Trishaw-Fahrer hütete das seine. Er setzte mich in einer dunklen Gasse ab, zwischen zwei großen Gebäuden mitten im Zentrum. Ein junger Mann machte mir ein Zeichen, und so fand ich den Weg hinein in den alten Bauch Asiens, den das Feuer der Revolution für immer hatte hinwegfegen wollen und der sich nun erneut mit Leben füllte. Wir passierten einen Hof, stiegen die elegante Holztreppe eines alten, herrschaftlichen Hauses aus kolonialer Zeit hinauf, vorbei an Hütten, dort errichtet, wo einst Balkone waren, eine Terrasse, eine Galerie entlang, dann wieder eine Holztreppe hinauf, bis wir zu einer kleinen Tür gelangten. Sie öffnete sich zu einem halbdunklen Raum, dessen

Wände mit Bambus verkleidet waren und der von einem süßlichen und vertrauten Duft erfüllt war. In einem Metallnapf auf einem kleinen Herd kochte das Opium. Auf dem mit Strohmatten ausgelegten Fußboden hatten sich junge Leute ausgestreckt, den Kopf auf einen Holzschemel gestützt. Eine schöne, schlanke Frau mit heller Haut ging mit einem Öllämpchen, auf das man die Pfeife auflegte, von einem zum anderen.

Im Licht dieses Lämpchens sah ich die Schatten anderer Körper, die entlang der Wand ausgestreckt lagen, die Umrisse eines kleinen Frosches, der in die Pfeife eingeschnitzt war, die von Hand zu Hand ging, und einen auf die Schulter des neben mir liegenden Mädchens tätowierten Schmetterling.

Ich blieb ein Stündchen und genoß dieses gedämpfte Dösen, erinnerungslos, schwerelos, ohne Enttäuschung. Als ich heraustrat, war ich gleichsam mit der Welt versöhnt, und es entlockte mir ein Lächeln, als ich sah, daß die Opiumhöhle nur wenige Schritte vom Sitz der Parteizeitung entfernt lag.

Der Trishaw-Fahrer hatte auf mich gewartet, und ich bat ihn, mit mir noch eine lange Stadtrundfahrt zu machen. Kein anderes Transportmittel gibt dem Fahrgast diese majestätische Behaglichkeit, dieses Gefühl von Freiheit, diese Frische, die einem ins Gesicht weht. Die Trishaw, in der ich nun saß, glitt die Allee um den See des Zurückgegebenen Schwertes entlang, vorbei an der Oper und der einstigen Residenz des französischen Gouverneurs und bog dann Richtung Fluß zu den engen Gassen der Altstadt ab. Ich fühlte mich wie an Bord eines Raumschiffs, das zwischen Vergangenheit und Zukunft durch den Raum glitt, aber ohne daß ich den Zwang verspürte, Vergleiche anzustellen und Urteile abzugeben. Geschichte und Politik gingen mich nichts mehr an. Mich faszinierte nur das Leben, das hartnäckig, unersättlich und lasziv inmitten dieser Fäulnis weiterblühte. Rasch fuhren wir durch Straßen, in denen es vor Laster und Verführung flirrte. Ich konnte nur unzusammenhängende Bilder in mich aufnehmen: nackte Körper in einem Lichtkegel, plaudernde Frauen, Lachen und obszöne Gesten von Mädchen vor einer Haustür und hin und wieder eine Ratte, die eine seit Jahrzehnten ungetünchte Mauer entlangflitzte.

In jener Nacht – ich weiß nicht, ob ich es träumte oder es mir mit offenen Augen vorstellte – sah ich mich ein Wörterbuch fortwerfen, das ich bis dahin benutzt hatte, und ein neues zur Hand nehmen, in dem nur positive Wörter standen.

Im Halbschlaf kamen mir dann grundlos die Worte in den Sinn: »Passen Sie beim Überschreiten der Grenzen … auf Ihre Reisepapiere auf.« Die Kartenlegerin von Phnom Penh! Die Gefahr, so schien mir, drohte in eben diesen Tagen. Ich sah in meinem Reisepaß nach, und … tatsächlich, mein Ausreisevisum aus Vietnam trug nicht den Vermerk »auf dem Landweg«. Die Beamten von der Botschaft in Bangkok hatten »vergessen«, »Paß der Freundschaft« einzutragen, wie der Grenzübergang nach China heißt. Wenn ich dort angelangt wäre, hätte man mich mit Sicherheit zurückgeschickt!

Obwohl ich in Hanoi war, war es nicht leicht, dieses Visum zu bekommen. Ich mußte Briefe verfassen und Empfehlungsschreiben versenden und weitere zwei Tage warten.

Zuerst schnitt ihm der Mann direkt hinter dem Ohr ein wenig Fell ab, dann stieß er an dieser Stelle das Messer hinein, das langsam bis zur Halsschlagader vordrang. Das herausströmende Blut sammelte er in einem Topf. Der Hund, mit dem Kopf nach unten, an den Hinterpfoten am Türrahmen aufgehängt, geknebelt, konnte nicht einmal mehr winseln. Eine Schar Kinder schaute zu und hüpfte herum, größtenteils gleichgültig. Der Mann zog dem Hund das Fell ab und zerteilte ihn. Die Brust für Schmorbraten; die Schenkel vielleicht für Rostbraten.

Ich war auf meinem letzten morgendlichen Dauerlauf unterwegs in den Gäßchen rund um jene Spelunke, die mein Hotel war, und diese häusliche Schlachtpartie versetzte mich in glühenden Zorn. Wie konnte der Tod – selbst der eines Hundes – als derart beiläufiges Ereignis hingenommen werden? Dann kam mir eine Nachricht in den Sinn, die ich vor kurzem in einer Zeitung gelesen hatte, und ich mußte lachen: In Tokio waren die ersten Astrologieläden für Haustiere, insbesondere Katzen und Hunde, eröffnet worden. In Hanoi waren derartige Weissagungen kein Problem: Das Schicksal der Hunde ist der Kochtopf!

Dann richtete sich meine Wut auf die Hunde. Es heißt doch, sie hätten eine so gute Witterung! Warum spüren sie dann nicht, daß diese Vietnamesen nach Hundefleisch stinken, das sie seit Jahrhunderten essen? Warum merken sie nicht, daß der Mensch, den sie für ihren Freund halten, in Wahrheit skrupellos ist?

Doch auch das Leben der Hunde verlief absurd wie alles Leben. Während ich weiterrannte, sah ich noch viele andere, die genauso aussahen wie jener eben geschlachtete. Sie spielten mit den Kindern, balgten sich und schnüffelten in den Müllhaufen herum, aus denen sich schon die Bettler bedient hatten.

Ich bemühte mich um die Adresse eines Wahrsagers, doch mein erster Eindruck war, daß es in Hanoi nicht leicht sein würde, einen zu finden. Man sagte mir, niemand glaube an sie und es gebe keine mehr. Der Fehler war, daß ich die Beamten im Außenministerium danach fragte, an die ich mich wegen eines Visums »für den Landweg« gewandt hatte. Dann lernte ich durch eine Reihe von Zufällen, wie sie häufig vorkommen, eine Frau kennen, die eine Magierin kannte. Sie selbst hatte sie wenige Wochen zuvor aufgesucht: Ihr drogenabhängiger Sohn hatte ihren Fernsehapparat im Hafen von Haiphong verkauft, um sich mit dem Erlös Heroin zu besorgen. Sie hatte nicht gewußt, was sie tun sollte. »Warte drei Tage, dann wird der Junge zurückkommen«, hatte die Magierin ihr gesagt. Und so war es dann auch.

Die Frau war die Quintessenz all dessen, was mich in Vietnam verzweifeln ließ. Sie entstammte einer Familie großer Revolutionäre, sie war in der Guerillabewegung aktiv gewesen und hatte einen aktiven Kämpfer geheiratet. Nach dem Krieg hatte sich ihr Ehemann jedoch eine jüngere Geliebte genommen und sie mit einem Sohn voller Probleme allein gelassen.

Die Magierin wohnte unweit des Tempels der Literatur, und wir fuhren mit der Trishaw hin. Das Haus war äußerst bescheiden, ein einfacher Betonkasten. Die Magierin war um die fünfzig, hager, hatte einen ungewöhnlichen Lockenkopf und machte einen herzlichen und sympathischen Eindruck. Mit dem »Sehen« hatte sie nach einer schweren Krankheit begonnen, von der sie durch einen Lichtstrahl geheilt worden war.

Wir saßen auf winzigen Schemeln rund um ein niedriges Tischchen. Sie benötigte keine Angaben von mir. Vielmehr nahm sie meine Hände, streichelte sie, sah mir ins Gesicht und begann mit überaus sanfter und liebevoller Stimme zu sprechen. Was sie mir zu sagen hatte, interessierte mich nicht mehr. Ich hatte inzwischen begriffen, wie die verschiedenen Systeme funktionierten, und wußte, daß Beschreibungen und Vorhersagen immer nur annähernd stimmten. Erst nach einer Weile fragte sie mich, in welchem Jahr ich und in welchem meine Frau geboren sei …

»Schlimm!« sagte die Frau. *»Für einen Tiger wie dich ist es keinesfalls ratsam, ja, es ist sogar gefährlich, einen Hasen zu heiraten.«* (Das genaue Gegenteil von dem, was die Magierin in Singapur gesagt hatte.) *»Deine Frau hat dich in deiner Karriere und deinem Erfolg behindert. Du solltest dich von ihr trennen oder immer wieder lange Zeit räumlich getrennt von ihr leben, sonst wirst du große gesundheitliche Probleme bekommen.«*

Das fand ich interessant, denn wenn ich jeden dieser Sätze für sich deutete, lag in dieser Beschreibung meiner Beziehung zu Angela etwas Wahres: Wenn wir seit nunmehr über dreißig Jahren zusammenlebten, dann auch deshalb, weil auf lange Zeit der Gemeinsamkeit lange Zeiträume der Abwesenheit folgten. Auch als die Kinder noch klein waren und ich nach mehr als zwei, drei Wochen zu Hause unausstehlich geworden war, pflegte Angela zu sagen: »Aber passiert denn gar nichts in der Welt? Gibt es in Vietnam keine Offensive?« Etwas passierte immer, und so reiste ich ab. Ich blieb ein paar Wochen fort, und wenn ich zurückkam, war es wunderbar für alle. Zahlreiche Ehen gehen schlicht und einfach an Langeweile zugrunde. Sicher war es nicht das, was die Magierin hatte sagen wollen, aber das kam mir bei ihren Worten in den Sinn.

»Von nun ab bis an dein Lebensende wirst du keine gravierenden Probleme haben. Nur eins, und es hat mit dem Grund und Boden zu tun, auf dem du wohnst. Unter deinem Haus liegt ein Toter, ein jung Verstorbener, der verhindert, daß du reich wirst …« (Da haben wir's also!) *»Sobald du etwas Geld verdienst, macht er es dir zunichte. Du solltest seine Seele durch einen Altar oder eine*

neue Tür auf der südwestlichen Seite des Hauses besänftigen: eine nach Indien gerichtete Tür.«

Eine schöne, etwa fünfzigjährige Dame war eingetreten, die mein »Schicksal« vernommen hatte und sich anschickte, das ihrige zu erfahren. In makellosem Englisch erklärte sie mir, sie suche die Magierin häufig auf, die inzwischen ihre beste Freundin war. Die Frau, Ingenieurin bei der Eisenbahn, hatte in China studiert, war Parteimitglied gewesen und mit einem hohen Funktionär verheiratet. Ihr Ehemann – auch er! – hatte eine Geliebte gehabt, und die Magierin hatte ihr mit guten Ratschlägen geholfen. Ratschläge welcher Art? Sie solle Geduld haben, mit ihrem Mann reden, gemeinsam das Problem besprechen, ihn verstehen. Ratschläge, wie sie jede gute Freundin erteilen könnte, die aber die Frau weder von ihren Arbeitskollegen noch von ihren Parteigenossen erhalten hatte. Ist dies denn nicht auch eine Funktion der Wahrsager?

Wieder befand ich mich unter Frauen um die fünfzig mit Eheproblemen und befragte eine einfache Scharlatanin; dennoch fand ich die Frauen weitaus angenehmer und menschlich interessanter als die Männer, und auch die Scharlatanin erschien mir weitaus sympathischer als meine Revolutionsheiligen, die jetzt auf Handel umgesattelt hatten.

Ich fragte die Magierin, ob sie Gefahren für mich sehe, wenn ich im Flugzeug unterwegs sei. Nein. Absolut nicht, sagte sie; aber ich solle beim Zugfahren vorsichtig sein. Das sei gefährlich für mich!

»Ein Jammer, denn ausgerechnet morgen muß ich den Zug nach Lam Son und weiter zur chinesischen Grenze nehmen«, erwiderte ich.

»Auf gar keinen Fall! Fahr bloß nicht mit diesem Zug … der Zug ist voller Banditen und Diebe. Oft sind es die Polizisten selbst, die sich als Banditen ausgeben und die Fahrgäste ausrauben. Ändere deinen Plan! Nimm das Flugzeug! Dieser Zug ist gefährlich für dich!«

Nun wußte ich nicht mehr, ob sie als Magierin oder als Fahrgast der vietnamesischen Eisenbahn zu mir sprach. Fest stand jedenfalls, daß ich nicht auf sie hören würde.

Ein Schiff in der Wüste

Nachts hatte es ein heftiges Gewitter gegeben, doch hatte es dem Bahnhof von Hanoi seinen durchdringenden Latrinengeruch nicht nehmen können. Wie die Soldaten einer besiegten Armee auf dem Rückzug kampierten Hunderte von Passagieren auf den Treppen, in den Gängen, entlang der Gleise und warteten auf ihre Züge. Es war noch dunkel, und ich konnte meinen Zug nicht finden. Jeder der Polizisten oder Bahnbeamten, die ich fragte, zeigte in eine andere Richtung. Schließlich führte mich eine Frau – ein Hoch auf die Frauen! – vorbei an abgestellten Waggons, über Gleise von Zügen, die kurz vor der Abfahrt standen, und lieferte mich sicher beim Verantwortlichen für den Personenzug nach Lam Son ab.

Der Zug zur chinesischen Grenze war noch bescheidener als der, mit dem ich aus Saigon gekommen war; die Strohmatten auf den Holzsitzen waren noch schmutziger und zerfranster. Meine Anwesenheit gab den Behörden eine harte Nuß zu knakken: Wie sollte man mich und mein Gepäck beschützen? Man entschied sich dafür, alle Fahrgäste von den beiden Sitzreihen neben den für die Polizisten reservierten zu vertreiben, so daß sie mich immer im Auge behalten konnten. Jeder, der sich mir näherte, wurde sofort verscheucht.

Vielleicht hatte die Magierin am Ende noch recht, und Banditen würden den Zug überfallen! Oder stellten die Polizisten selbst die Gefahr dar? Auch die Kartenleserin am Hof von Phnom Penh hatte gesagt, daß es gefährlich sei, Ende Juli zu reisen.

Der Zug fuhr um 5.30 Uhr ab. Es dämmerte gerade, und das erwachende Hanoi, das ich vom Zugfenster aus sah, bot wieder ein trauriges Schauspiel – Hütten, Schweineställe, Dachstuben,

Rumpelkammern, Baracken; ein riesiger Kaninchenstall, wo jeder Verschlag von Stacheldraht umgeben war, von mit Glasscherben gespickten Mauern, die das armselige Stückchen Besitz vor den Streifzügen der ebenso armseligen Nachbarn schützen sollten.

Wir überquerten den Roten Fluß: rot vom Schlamm, der das Wasser zu einer trüben Brühe machte. Ein paar alte Männer trieben auf den Radwegen der Brücke Gymnastik. Von hier aus waren 1954 die Guerillakämpfer in Hanoi eingezogen, während die besiegten Franzosen auf demselben Weg die Stadt räumten; hier auf dieser Brücke trat ein Vietminh-Soldat einem französischen Offizier verachtungsvoll in den Hintern.

Der Zug kroch dahin. Stunden um Stunden fuhren wir durch Reisfelder. Ihre Ordnung, ihr jahrtausendealtes Grün wirkten nach dem eintönigen Grau Hanois belebend.

An einer der Bahnstationen stieg der Mann mit der Wasserpfeife zu. In seinem Korb hatte er eine Petroleumlampe, eine Teekanne und zwei kleine Gläser. Die Pfeife ist aus Bambus. Man legt eine Prise Tabak ein, zieht daran, hört das Gluckern des Wassers, durch welches der Rauch eingezogen wird, atmet tief ein und ist wie benommen. Man glaubt ohnmächtig zu werden, aber das Gläschen Tee, stark und bitter, bringt einen wieder zu sich.

Zwei Jungen, die ohne Fahrkarte erwischt worden waren, wurden neben mich bugsiert. Sie wurden mit Handschellen an die Sitze gefesselt und von den Polizisten geohrfeigt. Der eine weinte, der andere setzte eine herausfordernde Miene auf, so als behielte er sich vor, es ihnen ein andermal heimzuzahlen.

Am Bahnhof von Dong Mo hatten wir eine halbe Stunde Aufenthalt, um an den Ständen etwas essen zu können.

Als wir wieder abfuhren, aufs Gebirge zu, bewegte sich der Zug so langsam, daß einige Jungen abspringen, an einer Quelle trinken und dann wieder aufspringen konnten. Die Berge waren bewaldet und feucht. Diesen Streifen Land hatten die Chinesen 1979 besetzt, um die Vietnamesen dafür zu »bestrafen«, daß sie in Kambodscha einmarschiert waren und Pol Pot gestürzt hatten. Als sie wieder abzogen, zerstörten sie alles, was sie vorgefunden hatten.

Früher ging die Bahnlinie an der Grenze in das chinesische Schienennetz über, aber bei ihrem Vormarsch rissen die Chinesen die Schienen auf den letzten Kilometern heraus und transportierten sie ab, so daß der Zug nur mehr bis Dong Dan kommt. Für die 164 Kilometer von Hanoi bis dorthin hatten wir genau acht Stunden gebraucht.

Die letzten Kilometer bis zur Grenze legte ich auf dem Rücksitz eines Motorrollers zurück. Die Kontrollen der Vietnamesen waren pingelig. Die Zöllner wollten meinen Rucksack durchsuchen, die Polizisten, anmaßend und unhöflich, besahen mein »Visum für den Landweg« mit dem Vergrößerungsglas.

Die Entfernung zwischen dem vietnamesischen und dem chinesischen Grenzposten beträgt ungefähr einen Kilometer. Die Straße verläuft bergauf durch einen dichten Wald. Ich war allein, und dieser Fußmarsch Richtung China, der mich zum Schwitzen brachte, versetzte mich in jene Erregung, mit der man zu einer Verabredung mit jemandem geht, den man liebt und lange nicht mehr gesehen hat. Hier war wieder eine Grenze, die ich wahrnehmen, die ich spüren konnte; von neuem empfand ich die Vorfreude auf ein Land, das ich mir durch die Mühe, mit der ich mich einem seiner Pässe näherte, redlich verdiente. Und tatsächlich! Nach einer Biegung lag China mit seiner Geschichte, seiner Kultur, seiner Größe vor mir. Auf dem mit Nägeln beschlagenen Holzportal jener imposanten alten Festung prangten drei elegante Schriftzeichen: »Paß der Freundschaft«.

Rundum herrschte eine nüchterne, altertümliche Stille. Ich war tief bewegt – als käme ich nach Hause. Der Gegensatz hätte nicht krasser sein können. Ich verließ ein armes, hartes, starrsinniges, kleines Land und betrat ein majestätisches Reich, seiner selbst sicher und hochmütig.

Dieses Reich war alt, riesenhaft, und es bezeichnete sich immer noch als sozialistisch. Doch auch hier schien es mittlerweile nur noch einen Gott zu geben: das Geld. *qian* war das Wort, mit dem China mich begrüßte, und *qian*, Geld, war das Wort, das ich während der fünf Tage, die ich brauchte, um das Land von Süden nach Norden zu durchqueren, bei jedem Gespräch heraushörte.

Die Zöllner vom »Paß der Freundschaft« stritten sich mit den Soldaten der Chinesischen Befreiungsarmee darum, wer meine Dollars zum Schwarzmarktkurs umtauschen dürfe. Die Fahrgäste des Busses, der mich zur ersten Bahnstation brachte, boten mir im Austausch gegen mein *qian* Äffchen, fette Schlangen und andere seltene Dschungeltiere an, die mit hoher Wahrscheinlichkeit auf der Liste der vom Aussterben bedrohten Arten standen. Ich kaufte kein einziges, und so setzten sie in ihren Bambuskäfigen ihren Weg in die Kochtöpfe der großen Restaurants im Süden Chinas fort, für die sie bestimmt waren.

Eine Lokalbahn brachte mich nach Nanning. Von hier reichten die Schienen ohne weitere Unterbrechung bis nach Europa, bis nach Florenz. Ich mußte nur noch die Fahrkarten dafür ergattern. Bis vor wenigen Jahren wurden Ausländer in China als privilegierte »Ehrengäste« behandelt. Ihre Fahrscheine wurden an Sonderschaltern verkauft. Heute nicht mehr.

»Ausländer? Stellen Sie sich an wie alle anderen!« gebot mir der erste Bahnbeamte, an den ich mich wandte.

In der Bahnhofshalle von Nanning drängten sich Abertausende vor winzigen, mit Eisengittern geschützten Schlitzen. Auf einem Balkon über den Schaltern standen stämmige Polizisten, die mit ihren Elektroknüppeln die zankende Menge in Schach hielten. Jeder versuchte, irgendein Privileg geltend zu machen und sich vorzudrängen. Einem Offizier der Befreiungsarmee, der sich vorboxte, hielt ich eine Strafpredigt im Stil Maos. Seine Uniform besage, daß er »dem Volke diene«. Alle lachten, so als sei dieser berühmteste Slogan Maos, mit dem Generationen von Chinesen aufgewachsen waren, mittlerweile nichts weiter als ein Witz. Im Moment tat er jedoch seine Wirkung, und der Ärmste zog sich zurück.

Ich brauchte drei Stunden, bis ich meine Fahrkarte hatte: Zeit genug, um eine Feindseligkeit gegenüber Ausländern zu bemerken, die ich in China früher niemals zu spüren bekommen hatte. Die Unduldsamkeit ist wechselseitig; bei den Chinesen vermischt sie sich nun mit Neid, Wut und der immer unverhüllteren Lust, mit denen abzurechnen, »die von außerhalb kommen«.

Nanning zählt zu den aufstrebenden Städten Südchinas. Es versucht, mit seinen Wolkenkratzern Hongkong nachzueifern. Hochelegante neue Hotels, glitzernde Restaurants, Nachtklubs und Massagesalons sind Oasen für eine neue Schicht Privilegierter, die Mercedes fahren, ihr Handy ständig am Ohr haben und sich mit Leibwächtern umgeben.

Von Nanning bis Xian sind es 2381 Kilometer. Der Zug brauchte dafür zwei Tage und zwei Nächte. Die Fahrkarte, die ich ergattert hatte, galt nur für die »harten Sitze«. Da der Zugführer aber ein »Sammler ausländischer Banknoten« war, gelang es mir, im Austausch gegen ein paar Dollarscheine für seine Sammlung einen Schlafplatz zu bekommen.

Der Zug war bereits gerammelt voll, doch stürmten in jedem Bahnhof neue Massen magerer, schmutziger, bepackter Menschen die Türen und versuchten einzusteigen. Zu Maos Zeiten mußte jeder Chinese, der verreisen wollte, eine Sondererlaubnis von dem für seine Arbeitseinheit zuständigen Parteisekretär einholen. Heute kann jeder gehen, wohin er will, aber diese Freiheit zieht auch einen Mangel an Schutz nach sich. Der ideologische Druck ist verschwunden, doch wurde das alte durch kein neues Wertesystem ersetzt. Überall ist die Rückkehr zur Anarchie offensichtlich. Die mit *qian*, Geld, werden immer mächtiger und aggressiver, die ohne immer wehrloser.

Der Zug selbst war ein ausgezeichnetes Beispiel für diese Veränderung. Vorbei waren die Zeiten, in denen die Teekessel, auch die in den »harten« Abteilen, immer wieder mit kochendem Wasser aufgefüllt wurden; in denen bezopfte Schaffnerinnen an jeder Haltestelle die Türgriffe polierten. In meinem Zug fegte niemand mehr die Gänge, und der Küchengeruch ähnelte im Laufe der Stunden und Tage immer mehr dem der Aborte, vor denen ständig eine ungeduldig lärmende Menschenschlange stand.

Als wir durch die Provinz Guilin fuhren, sah ich die berühmten Berge, aber wie in Vietnam beeindruckte mich vor allem die Ordnung der Reisfelder – das Ergebnis unendlicher Mühen. Überall vermittelte die Landwirtschaft den Eindruck von Kraft und das Gefühl, daß diese Länder standhalten, weil ihre Bauern standhalten. Mao hatte sie diszipliniert und in die Politik einbezogen; seine Nachfolger werden ihre Mühe haben, sie im Zaum zu halten.

Xian kündigte sich mit einer gelblichen Staub- und Smogwolke an. An den Hauswänden entlang der Bahngleise, dort, wo man einst die neuesten politischen Parolen hatte lesen können, forderten jetzt große Werbetafeln auf, Zigaretten, Wein, Motorroller und Hautcremes zu kaufen.

Die Stadt brodelte vor Geschäftigkeit. Ich hatte den Bahnhof kaum verlassen, als ich schon von einem Mädchen im Minirock angemacht wurde: »My name is Milly. Do you want sex?«

»Ob ich Sex will? Wo denn?«

»Dort gegenüber, im Hotel der Befreiung.«

Lächelnde, heftig geschminkte Frauen versuchten, Kunden in obskure Etablissements zu locken. Junge Männer mit Megafonen luden die Passanten in ihre »Video-Säle« ein. Während der fünf Jahre, die ich in China gelebt hatte, hatte ich mich nie so fremd, so unsicher gefühlt, hatte so viel Angst gehabt, angegriffen oder ausgeraubt zu werden, wie hier.

Von Xian nach Lanzhou nahm ich den Zug Nummer 44, der für die ihn kontrollierende Mafia berüchtigt war. Der »Boß der Bosse« saß im Speisewagen. Ich stellte mich vor und schilderte ihm mein Problem: »Ich habe nur eine Fahrkarte für ›harte Sitze‹, bin aber, wie du siehst, ziemlich groß und stark und würde mich in der Nacht gern ausstrecken.« Abgemacht: Für fünfzig Yuan bekam ich einen Platz im »weichen« Waggon. Da der Capo auch in der Küche das Sagen hatte, wurde mir für ein paar weitere Dollars ein gutes Abendessen serviert. Ausnahmsweise auf einer weißen Tischdecke statt – wie heute üblich – auf einem Stück Plastik, an dem noch die Speisereste anderer Kunden kleben. Kurz darauf verschwand jedoch einer meiner Fotoapparate. Teil des Trinkgelds? Sinnlos, es den Polizisten zu melden. Sie hatten ihn womöglich selbst weggenommen.

War das der Diebstahl, dessen Opfer ich werden sollte? »Dieses Jahr wirst du Opfer eines Diebstahls werden. Du wirst etwas verlieren, woran du sehr hängst«, hatte der Wahrsager von Phnom Penh gesagt. Das Massaker an ein bis zwei Millionen Menschen in seinem eigenen Land hatte er zwar nicht vorhergesehen, wohl aber den Diebstahl eines Fotoapparats in einem chinesischen Zug. Und doch, wenn man ein Ereignis suchte, das zu der Prophezeiung paßte, dann war es dieses. Schließlich erinnere ich mich keines anderen Diebstahls in meinem Leben.

Während der Zug gemächlich gen Norden zuckelte, vergaß ich allmählich das neue, vulgäre und aggressive Chaos der Städte und entdeckte die uralte, tröstliche Ordnung der seit Jahrtausenden vom Menschen bearbeiteten Natur wieder. Wir durchquerten die Provinz Gansu, eine der rückständigsten des Landes. Die Erde war gelb; die Felder waren klein, die Esel mager und die Bauern – wie seit jeher – über ihre Arbeit gebeugt. Dies war noch das alte, arme China, über das nicht berichtet wird, das keine beeindruckenden Wachstumsraten aufweist, in das niemand investiert. An den Wänden der Lehmhäuser waren immer noch die Parolen der Revolution zu lesen, und von den Dächern wehten die roten Fahnen. Vom Zugfenster sah es aus wie Maos China! Männer und Frauen in blauen Arbeitsanzügen, auf den Straßen nur Fahrräder. Es war, als seien die Reformen Deng Xiaopings noch nicht bis hierher vorgedrungen.

Wie lange kann das so weitergehen? Meine beiden Reisegefährten waren überzeugt, daß sich die Widersprüche bald zuspitzen würden. Einer war Major der Chinesischen Befreiungsarmee und sprach von der Möglichkeit eines neuen Bürgerkriegs: Provinz gegen Provinz; Küstengebiete gegen Hinterland; Bauern gegen Stadtbewohner. Und er sei nicht der einzige in der Armee, der die Dinge so sehe. Der andere war ein pensionierter Parteifunktionär. Ihm zufolge stand das gesamte System, das die Kommunisten nach 1949 errichtet hatten, vor dem Zusammenbruch. »Lehrer gehen lieber auf den Markt als zum Unterricht, weil sie im Kleinhandel mehr verdienen. Polizisten fangen keine Diebe mehr, weil sie selbst zu Gangstern geworden sind. Wie kann ein Land da bestehen?« sagte er so, daß alle es hörten.

Auch die Freiheit, so zu reden, wäre vor wenigen Jahren noch undenkbar gewesen. »Um die Anarchie zu verhindern«, schloß er, »müssen Armee und Sicherheitskräfte das Land in die Hand nehmen und es mit Gewalt zur Ordnung zurückführen. Eine andere Lösung gibt es nicht.«

»Von Maos Kommunismus über das Gangstertum Dengs zum Faschismus? Unter wessen Führung?« fragte ich.

Ja, China würde bald ein faschistisches Land werden, nickte der alte Kader. Der Major schien gleicher Meinung zu sein. Keiner von beiden hatte jedoch eine Ahnung, wer der chinesische »Führer« sein könnte.

Einen ganzen Nachmittag fuhr der Zug am Rand der Wüste Gobi entlang und einen ganzen Tag am Gelben Fluß. Die Vegetation war armselig und karg; doch der Mensch hatte die Natur gezähmt und zwang sie, Früchte zu tragen. Die Reihen der Elektrizitätsmasten verloren sich am Horizont; über Hunderte von Kilometern hatte man am Bahndamm Grasstreifen angelegt, um das Vordringen des Sandes zu verhindern. Überall sah ich Deiche, Brücken, Bewässerungskanäle und die endlos vielen grünen Barrieren der Pappeln, die man in Unmengen eingesetzt hatte, um das entfernte Peking vor den mörderischen Sandstürmen zu bewahren: Alle diese Projekte waren während der letzten vierzig Jahre in kollektiver Anstrengung verwirklicht worden. Wer würde sie weiterführen?

Der Zug bog nach Osten, in Richtung Peking, ab. Ich stieg in Huhehot aus, um den Schnellzug nach Norden, in die Mongolei, zu nehmen.

In Huhehot blieb ich einen Tag und eine Nacht: Ich ließ meine Wäsche waschen, schlief in einem richtigen Bett und spazierte auf den Bürgersteigen einer großen Stadt voller Menschen, Fahrräder, Autos und alter Karren, die von Eseln oder Menschen gezogen wurden. Ich ließ mich treiben, lauschte den Geräuschen und verglich sie mit denen der Vergangenheit. Die Reformen Dengs hatten sogar die Geräusche Chinas verändert! Hörte man früher auch in einer belebten Straße nur das Schuffeln der Stoffschuhe, so war es jetzt das Tacken von Absätzen. Aus den großen Kaufhäusern drang westliche Musik, und in manche Brunnen hatte man ein Tonsystem eingebaut, das das angenehme Rauschen des Wassers mit dem Gedröhn irgendeines Orchesters übertönte.

Allenthalben hörte ich dieses eine Wort: *qian*, Geld, mit dem China mich empfangen hatte. Ein Mann wiederholte es in einem fort, während er an einem Stand Damenslips anpries. Ich verstand den Zusammenhang nicht und trat näher: Es war eine besondere Variante, die vorn ein geheimes Täschchen zum Geldverstecken hatte.

Erneut wuchs sich der Kauf einer Fahrkarte zu einem Abenteuer aus. Als der Schalter um sechs Uhr morgens öffnete, gab es schon keine mehr: Sie waren alle auf dem Schwarzmarkt verhökert worden. Ich bezahlte für die meine das Doppelte und stieg voller Begeisterung in den Expreß nach Ulan Bator.

Endlich ein Zug, in dem man in den Gängen gehen und die Toiletten benutzen konnte, ohne daß jemand an die Tür hämmerte! Die wenigen Passagiere waren in erster Linie Mongolen. Seltsame Gestalten, deren Tun und Lassen ich aufmerksam beobachtete. Einer zog einen Schraubenzieher aus der Hosentasche, öffnete die Deckenpaneele des Abteils und versteckte dort eine Pappschachtel; ein anderer stocherte von einer Bodenluke aus mit einem langen Eisenstab im Bauch des Zuges herum. Ich wußte von einer »Mongolischen Drogenstraße«, die von Yunnan, im Süden Chinas, nach Ulan Bator und von dort durch Sibirien und Polen bis nach Deutschland führt. Sah ich ihren Kurieren bei der Arbeit zu?

Nur wenige Chinesen waren im Zug. Für sie gibt es keinen Grund, in die Mongolei zu fahren, wo sie ungern gesehen, ja gefürchtet sind. Die Mongolei ist riesig, hat aber nur etwa zweieinhalb Millionen Einwohner, die sich vom überbevölkerten China zu Recht bedroht fühlen. In den Augen der Nachkommen Dschingis Khans haben die Chinesen sich mit der Inneren Mongolei, deren Hauptstadt Huhehot ist, schon ein schönes Stück von dem einverleibt, was einst ihr Land war. Und um sich gegen Peking zu schützen, beschloß die Mongolische Republik, ein Satellitenstaat der Sowjetunion zu werden.

Die Mongolen waren bis vor wenigen Jahrzehnten noch ein Nomadenvolk. Was sie an Modernem haben, ist von den Sowjets kopiert. Sogar der Gleisabstand der Züge beträgt 1,52 Meter wie bei der Eisenbahn der ehemaligen UdSSR. Deshalb mußte der Zug in Erliang, dem letzten chinesischen Bahnhof, in eine Wartungshalle, wo man die chinesischen Achsen samt Rädern gegen die breiteren russischen austauschte. Dieses Unterfangen dauerte fünf Stunden, und die Chinesen nutzten die Gelegenheit, um den Mongolen Berge von Waren zu verkaufen. Mitten in Erliang fand ein riesiger Markt statt, wo es die wichtigsten Konsumgüter Chinas zu kaufen gab. Die Mongolen füllten ihre Säcke mit Kleidern und Essen. Bierflaschen, mit Plastikschnüren zu Zehnertrauben zusammengebunden, fanden reißenden Absatz. Als sich der Zug wieder in Bewegung setzte, ähnelte er einem Güterzug.

Wo China endete, standen bezeichnenderweise ein mächtiger Triumphbogen und ein Wachturm, über dem ein roter Stern prangte. Die niedrige Stacheldrahtbarriere, die den Grenzverlauf markierte, verlor sich in der leeren, sattgrünen Ebene. Wie um nicht zurückzustehen, hatten die Mongolen in nur wenigen Metern Entfernung ebenfalls einen Triumphbogen errichtet – auch er dem sowjetischen Modell nachempfunden.

Kaum hatten wir die Grenze passiert, ging es unter den Mongolen hoch her. Sie waren zu Hause. Eine Bierflasche nach der anderen wurde unter lautem Prosit geleert und dann zum Fenster hinausgeschleudert. Die ganze Nacht über begleitete uns dieses Bersten von Glas auf den Gleisen.

Im silbernen Licht des Mondes war die unendliche Weite der Steppe wie ein stilles Meer, der Zug glich einem Schiff. Wir hielten an »Bahnhöfen« von Städten, die nur aus ein paar Häusern zu bestehen schienen. Selten sah ich einen Menschen, aber in der Dunkelheit fuhren wir an großen Herden von Pferden, Rindern und Hunderten von Kamelen vorbei.

Über dem eintönigen Grün der Ebene, die sich hinzog, soweit das Auge reichte, ging die Sonne auf und begann, ihre Spiele mit dem Zug zu treiben; seine Schatten wurden größer, wurden kleiner, tanzten neben uns her. Die Weite, diese unendliche Weite ohne eine Menschenseele, war nach dem bis zum Ersticken mit Menschen angefüllten China eine Erholung.

Der Horizont schimmerte wie ein feiner Goldfaden in der Ferne. Nichts, aber rein gar nichts gab es hier zu sehen – außer einer immensen grünen Fläche. Nicht das Jadegrün der Reisfelder, nicht das dunkle, tiefe Grün des Dschungels; nein, ein blasses, eintöniges, lebloses Grün. Da war kein Hügel, kein Fluß, auch nicht die leiseste Andeutung eines Berges, und sei es in der Ferne, kein einziger Punkt zur Orientierung; nichts außer dem Zug und den Strommasten, die zu Tausenden an uns vorüberflogen.

Was tut diese Monotonie dem Geist an? Wovon kann ein Volk, das in diesem gleichförmigen Universum lebt, liebt und stirbt, schon träumen – außer von Dämonen?

Mir fiel es schwer, in diesen Mongolen, die ich zum erstenmal als Gruppe erlebte, die Nachkommen jener Eroberer zu sehen, die die halbe Welt mit Feuer und Schwert verheert, China fast ein Jahrhundert lang regiert und Peking zu ihrer Hauptstadt gemacht hatten. Nur in ihrer äußeren Schönheit lag noch ein Rest von Größe.

In der Mongolei verlor der Zug an »Professionalität«. Er glich weniger einem modernen Fortbewegungsmittel als einer Karawane, die weder Fahrplan noch Pünktlichkeit zu beachten brauchte. Dann und wann hielt er an – wohl nur, weil einer der Passagiere einen Verwandten in einer nahe liegenden Jurte besuchen wollte. Bei Sonnenuntergang des zweiten Tages stand er für zwei Stunden still, um den Zug aus der Gegenrichtung abzuwarten. Alle Passagiere stiegen aus und betrachteten den Glutball der Sonne, der gerade am Horizont verschwand. Aus den vier Häusern beim »Bahnhof« kamen Menschen und Hunde, um nachzusehen, was sich da tat.

Bei der ersehnten Ankunft zeigte auch das erträumte Ulan Bator der Steppen sich nicht mit den goldenen Dächern seiner berühmten Lamatempel, sondern mit dem Qualm seiner sozialistischen Schlote. Die Einfahrt in den Bahnhof – mit achtstündiger Verspätung – wurde zum Fest. Familienangehörige und Freunde der Fahrgäste, die am Bahnsteig gewartet hatten, halfen beim Ausladen der riesigen Taschen, der mit chinesischen Waren gefüllten Pappkartons und der wenigen Bierflaschen, die übriggeblieben waren.

Endlich waren wir da! Ja, wir, denn nach Ulan Bator war ich nicht allein gefahren.

Mein Freund, das Gespenst

Er war jahrelang bei mir gewesen, ohne daß ich mir dessen bewußt wurde. Eines Tages dann, per Zufall – immer wieder dieser Zufall, der, wie es scheint, jeden Augenblick des Lebens bestimmt –, nahm ich ihn wahr, war fasziniert von seiner Geschichte und versprach, mit ihm gemeinsam nach Ulan Bator zu reisen. Für mich würde es das erste Mal sein, aber er kannte die Stadt noch aus der Zeit, als sie Urga hieß; er würde mich führen. In dieser Stadt, wohin er auf der Suche nach Schutz und Freiheit geflüchtet war, immer den Tod vor Augen, machte er die außergewöhnlichsten Erfahrungen seines Lebens. Dann gelangte er an sein vermeintliches Ziel und verbrachte viele banale Jahre als angesehener Mann, der auf den Tod wartete. Ist es denn nicht immer so im Leben? Man jagt mit großen Hoffnungen etwas nach, und hat man es endlich erreicht, stellt sich heraus, daß es nicht an dieses erwartungsvolle Unterwegssein heranreicht! Auch bei meiner Suche nach Wahrsagern zählte letztlich allein diese Suche.

Ferdinand Ossendowski, Ende des 19. Jahrhunderts in Polen geboren, Offizier im Russisch-Japanischen Krieg, Professor für Industriegeographie an der Universität von Sankt Petersburg, war zuletzt Bergbauingenieur in Krasnojarsk im tiefsten Sibirien. Im Winter 1920, als die Bolschewiken in dieses Gebiet vordrangen – er wußte, daß er auf ihrer schwarzen Liste stand –, flüchtete er: zuerst nach Süden, in der Hoffnung, über Tibet nach Indien zu gelangen, dann nach Osten, im Zickzackkurs quer durch die Mongolei Richtung Peking. Ganz Asien war in Aufruhr, Armeen verfolgten einander, und Räuberbanden versetzten die Menschen in Angst und Schrecken. Während seiner fast zwei Jahre dauernden Flucht wurde Ossendowski immer wieder in Kämpfe verstrickt, aus dem Hinterhalt bedroht und befand sich in ständiger Lebensgefahr. Einmal wurde er sogar für tot erklärt, als seine Papiere bei einem von Wölfen halbzerfleischten Leichnam in einem Wald gefunden wurden. Tatsächlich aber hatte Ossendowski diesen Mann, einen bolschewistischen Kommissar, umgebracht und die Papiere ausgetauscht, um sich eine neue Identität zuzulegen und seine Verfolger in die Irre zu führen.

Die Geschichte dieser seiner sagenhaften Flucht durch eines der unheimlichsten Gebiete der Erde, durch die Berge und Steppen des »Landes der Dämonen«, wie die Mongolei damals hieß – während der russische Bürgerkrieg tobte und im Herzen Asiens gekämpft wurde –, machte Ossendowski zum »Robinson Crusoe des 20. Jahrhunderts«. Die Aufzeichnungen seiner Abenteuer, *Beasts, Men and Gods,* im August 1922 in New York erschienen (in deutscher Übersetzung 1923 unter dem Titel *Tiere, Menschen und Götter*), wurden ein großer Erfolg.

Ich hatte dieses Buch für zwei Pfund bei einem meiner Sommeraufenthalte in London gekauft, und jahrelang stand es ungelesen zu Hause im Regal. Eines Tages, zu Beginn des Jahres, in dem ich aufs Fliegen verzichtete, schlug ich es, durch den Titel neugierig gemacht, auf und las, wie Ossendowski im Mai 1921 dem Baron Ungern von Sternberg begegnet und mit ihm nach Urga gereist war. Dort hatte er miterlebt, wie eines Nachts zwei verschiedene Wahrsager – ein Lama im Tempel der Prophezeiungen, der aus dem Fall der Würfel das Schicksal las, und eine Frau, die Knochen im Feuer verbrannte – diesem sagten, daß er nur noch hundertdreißig Tage zu leben habe. Und die Weissagung erfüllte sich: Ende September wurde Ungern von einigen seiner Offiziere verraten, den Bolschewiken ausgeliefert und hingerichtet. Die genauen Umstände seines Todes wurden nie geklärt, aber er war exakt am 130. Tag nach jener Nacht ums Leben gekommen, und sein Sterben muß so schrecklich gewesen sein, wie es ihm vorhergesagt worden war.

Ungern war eine höchst merkwürdige und umstrittene Persönlichkeit. Wie er wirklich war, läßt sich heute kaum mehr ausmachen. Er stammte aus altem baltischem Adel, seine Vorfahren waren Ritter und Kreuzfahrer, aber auch Piraten und Straßenräuber gewesen. Als einstiger russischer Marineoffizier, der später zum Buddhismus übertrat, war er einer der erbittertsten und zugleich berühmt-berüchtigtsten Gegner der Roten Armee, die immer weiter nach Osten vorrückte. In den Augen des Barons war die bolschewistische Revolution der »Große Fluch«, den einige Prophezeiungen vorhergesagt hatten. Der Krieg zwischen den »Weißen« und den »Roten« verkörperte für ihn den Kampf zwischen den Kräften des Guten und des Bösen, wie er in verschiedenen Religionen beschrieben ist. Ungern fühlte sich vom Schicksal berufen, ja, er war geradezu besessen von seiner Mission, die Menschheit vor der »Verderbnis der Revolution« zu erretten, und hatte sich mit einer Entschlossenheit und Unerbittlichkeit in diesen Kampf gestürzt, die ihm zu Berühmtheit verholfen haben. Wenn seine Truppen, ein marodierender Haufen von Russen und Mongolen, visionären Idealisten und psychopathischen Mordgesellen, durch ein Dorf oder eine Stadt kamen, wurden alle, die der Sympathie mit den Kommunisten verdächtig waren, bestenfalls an den Straßenlaternen aufgehängt.

Die bolschewistische Propaganda stellte Ungern als Ungeheuer dar, was stimmen mochte, doch die alten Mongolen betrachteten ihn als Helden, als einen neuen Dschingis-Khan, die Reinkarnation des Kriegsgottes, denn schließlich hatte er auch für den Erhalt einer unabhängigen mongolischen Republik gekämpft, die weder von Peking noch von Moskau – wie es später geschah – als Satellitenstaat abhängig sein sollte.

Ossendowski beschreibt Ungern als eine tragische Figur, als einen Mann, der trotzig der Prophezeiung seines Todes ins Auge blickt, gefangen im Labyrinth der mongolischen Geheimnisse und Legenden, von denen Ossendowski selbst fasziniert war. Er erzählt von einem alten Lama, der seine in Europa zurückgebliebene Frau vor seinen Augen erscheinen läßt – sie trägt sogar ein ihm vertrautes Kleid; von einem anderen Lama, der einen Mann, den er soeben erdolcht hat, wieder zum Leben erweckt. Als Wissenschaftler und Mitglied der Académie Française erklärt Ossendowski diese Vorkommnisse damit, daß er und seine Begleiter – die genau dasselbe »sehen« – hypnotisiert worden seien. Aber wie ist es zu erklären, daß ein Mongole, in dessen Herberge Ossendowski eine Nacht verbringt, ihm aus einem im Feuer verkohlten Schafsknochen die Zukunft liest und ihn vor einem Hinterhalt warnt, vor dem er sich dank dieser Prophezeiung retten kann?

Aus diesem Grund gelobte ich, mit ihm nach Ulan Bator zu reisen! Ich wollte den Spuren dieser Geschichte nachgehen, wollte eine Verbindung zu den Wahrsagern von einst herstellen. Wie immer hatte ich nur wenig Gepäck bei mir. Doch außer einem Roman von Jean Hougron, den ich für meine Fahrt durch Indochina mitgenommen hatte, und Archibald Colquhouns Buch *Overland to China* für die Transsibirische Eisenbahn – verfaßt von einem Engländer, der vermutlich als Journalist getarnt spionierte –, hatte ich auch die alte vergilbte Ausgabe von *Beasts, Men and Gods* bei mir.

Als ich mit Ossendowskis Buch unterm Arm, das ich soeben wieder und wieder gelesen hatte, in Ulan Bator aus dem Zug stieg, hatte ich das Gefühl, mit einem Gespenst auf sehr vertrautem Fuß zu stehen: Das Buch war er selbst, Ossendowski. Ich blieb eine ganze Woche in Ulan Bator, und während dieser Zeit trennten wir uns nicht einen Augenblick. Er beschrieb die Orte von einst, die wir dann gemeinsam aufsuchten. Er erzählte von bestimmten Riten, und gemeinsam sahen wir uns nach jemandem um, der sie noch praktizierte.

Das war nicht einfach. Genau zweiundsiebzig Jahre waren vergangen. Die Revolution, gegen die Ungern vergeblich gekämpft und die sich wie ein »Großer Fluch« über die Mongolei gelegt hatte, hatte das Gesicht des Landes und die Menschen verändert.

Im Jahr 1921, zur Zeit von Ossendowskis Besuch, ähnelte Urga einem Zeltlager am Ufer des Flusses Tola inmitten bewaldeter Hügel und Berge. Die Stadt war der Sitz von Bogdo Khan Hutuktu, dem Lebenden Buddha, der nach dem Dalai Lama und dem Tashi Lama dritten bedeutendsten Inkarnation des tibetischen Buddhismus. Das Urga von damals ist buchstäblich vom Erdboden verschwunden. Die Hügel und die Berge sind kahl. Von den mehr als hundert Klöstern von einst sind nur noch drei erhalten, die offiziell zu »Museen« erklärt worden sind. Von den 30000 Buddhas aus Gold und Bronze, deren Urga sich einstmals rühmte, gibt es heute nur noch ein paar Dutzend, die nicht mehr auf Altären, sondern in Glaskästen stehen. Auch die riesenhafte vergoldete Bronzestatue Buddhas im Lotossitz aus dem alten Tempel von Gandan auf der Hochebene ist verschwunden. Sie wurde dem sowjetischen Vaterland übereignet, das im Zweiten Weltkrieg Kanonen daraus goß. Diese Statue, so erzählt Ossendowski, hatte Ungern nie gefallen: Sie war jüngeren Datums und trug auf ihrem Gesicht noch nicht die Tränen des menschlichen Schmerzes und der menschlichen Freude, die nur die Zeit hervorbrachte. Wie sehr er doch recht hatte, der blutige, aber gebildete Baron! Dem Neuen fehlt die Last der Geschichte, die den Dingen stets Pathos verleiht.

Die 60000 Lamas von einst sind auf knapp hundert geschrumpft: darunter einige ältere, die dank der neuen Liberalisierungspolitik kürzlich in die Stadt zurückgekehrt sind; die anderen sind junge Novizen. Schon allein die Stätten von einst aufzuspüren war ein schwieriges Unterfangen. Die Stadt war komplett neu, alles war umbenannt worden, und die neuen Generationen haben keine Erinnerung an das Vergangene. Ihnen war lediglich gesagt worden, die Vergangenheit sei schuld an der Unterentwicklung und Rückständigkeit der Mongolei.

Am ersten Tag in Ulan Bator gelangte ich bei meinem frühmorgendlichen Dauerlauf auf den riesigen Roten Platz mit seinen sozialistischen Prunkbauten, wo ein einsamer Straßenkehrer in Uniform die immense leere Fläche fegte. Es war mir, als sei ich in einer Spielzeugstadt, die ein großzügiger Vater als Zeichen seiner Liebe dem Sohn zu Weihnachten schenkte. Und das entsprach in gewisser Weise sogar der Wahrheit. Die Revolution hatte auch den Mongolen beigebracht, ihre Vergangenheit geringzuachten, sich ihrer alten Kultur zu schämen und davon zu träumen, »modern« zu sein: modern wie die Sowjets, mit denen ja die Revolution gekommen war. Das Symbol für Modernität aber war die Stadt, und deshalb mußten auch die Mongolen – Nomaden, Hirten, Menschen der Steppe, die gewohnt waren, in Jurten zu leben – eine solche haben. Die Sowjets lieferten gleich noch den Plan dazu: mit langen breiten Straßen, weißen und gelben Häusern, einem Mausoleum für den Nationalhelden – aus demselben Marmor, im selben Baustil und in dieselbe Richtung gewendet wie das Lenin-Mausoleum in Moskau –, mit einem Museum, öffentlichen Prachtbauten, Säulen, die nichts zu stützen hatten, und einem Kulturpalast – einer Art auf einem Kolosseum ruhenden Parthenon; zu den Billigwohnblocks kamen Supermärkte mit leeren Schaufenstern und Regalen, die aber den gleichen Geruch wie die sowjetischen Supermärkte verströmten.

Hinter einer der vielen Säulen auf dem menschenleeren Platz trat ein Mann hervor, der mich in tadellosem Englisch ansprach: »Bitte, lachen Sie nicht, aber hätten Sie vielleicht Interesse, einen Wolf zu kaufen?« Ich hatte gar keine Zeit, mich zu fragen, ob er recht bei Verstand sei. Er verschwand hinter der Säule und kam mit einem wunderschönen Pelzmantel zurück. Ich nutzte die Gelegenheit, ihn zu fragen, in welcher Richtung die alte Residenz von Hutuktu, dem Lebenden Buddha, läge, aber nun war er es, der glaubte, er habe es mit einem Verrückten zu tun.

Ins Hotel zurückgekehrt, fing ich an herumzutelefonieren. Einige Kollegen, die in den letzten Jahren in der Mongolei gewesen waren, hatten mir Kontaktadressen gegeben, aber es waren nur Namen von Leuten, die Journalisten oder offiziellen Besuchern nützlich sein konnten, nicht ganz das, was ich und Ossendowski suchten. Sobald ich mich am Telefon nach *dalcin*, der Kunst des Zukunftlesens aus dem Feuer, erkundigte oder nach dem Tempel der Prophezeiung, schlug mir ein merkwürdiges Schweigen entgegen. Ich gab auf und beschloß, mich auf meine beste Kontaktadresse zu verlassen, den Zufall.

Mit Ossendowski unterm Arm durchstreifte ich die Stadt wie ein Tourist. Eins fiel mir sofort auf: Die Praxis der Wahrsagerei war nicht ausgestorben oder jedenfalls mit der Liberalisierung neuerdings wieder in Mode gekommen.

Am zentralen Busbahnhof, inmitten am Boden liegender Betrunkener, sah ich einen alten Mongolen, der einem Soldaten die Zukunft vorhersagte. Er warf weiße Kieselsteinchen auf ein mit geometrischen Zeichnungen versehenes rotes Tuch, teilte die Steinchen in Gruppen zu jeweils zwei, dann drei und dann vier, schob sie hin und her und dann wieder zu einem Haufen zusammen und murmelte dabei Formeln, die wie Verse klangen. Eine alte Methode: Man sagt die Zukunft voraus, indem man die Art und Weise betrachtet, in der die Steinchen fallen, so wie man sie in den Karten liest, nur mit dem Vorteil, daß die Steinchen – gewöhnlich zwanzig oder vierzig an der Zahl – überall in der Steppe zu finden sind und die Quadrate und Kreise auch auf den Boden gemalt werden können.

Vor einem der neuen großen Kaufhäuser entdeckte ich einen anderen Alten, der den Passanten anbot, ihnen die Zukunft zu lesen, indem er *arz* verbrannte, ein wohlriechendes mongolisches Kraut, das getrocknet und zu Pulver gemahlen wird.

Von der alten Tempel- und Klosteranlage Gandan sind nur noch die leeren Gewölbe einiger Bauwerke erhalten. Eine Alte saß zu Füßen eines Pfahls, den die Leute betend im Uhrzeigersinn umkreisten. Sie sagte die Zukunft mit Hilfe eines buddhistischen Rosenkranzes voraus: Nachdem sie sich ihn dreimal ums Handgelenk geschlungen hatte, teilte sie die Perlen in Zweier- oder Dreiergruppen. Ich bat sie, auch mir die Zukunft zu lesen.

»Du bist ein guter und großzügiger Mensch«, sagte sie. *»Du hast eine gute Zukunft vor dir, und deine Lebenslinie verläuft gerade. Am Ende dieser Reise wartet ein großer Erfolg auf dich.«*

»Ist das alles?« fragte ich den betrunkenen Mongolen, der mich auf französisch angesprochen und sich mir als Führer angeboten hatte. Er hatte mir die Worte der Alten übersetzt.

»Das sind alles Gauner, die die Touristen nur ausnutzen! Jetzt, wo Freiheit herrscht, sind sie überall«, erwiderte er. Ich fragte ihn, ob er jemanden kenne, der *dalcin* beherrsche, aber auch er wußte nichts. Mit Hilfe der Beschreibung Ossendowskis konnte er mich jedoch zu einem schmucklosen kleinen Turm führen, vor dem zwei Reihen Gebetsmühlen standen. Das Innere war leer, aber die altersgeschwärzten Wände mit den helleren Stellen, wo einst das Mobiliar und die Statuen gestanden hatten, wiesen darauf hin, daß dies ein geschichtsträchtiger Ort war. Keiner der Mongolen, die auf den Holzbänken saßen und die Scharen von Tauben fütterten, konnte mir Auskunft geben. Doch dies war einst der Tempel der Prophezeiungen gewesen. Hier hatten die Lamas Würfel auf ein niedriges Tischchen geworfen und die Anzahl der Tage zusammengezählt, die Ungern noch zum Leben blieben: hundertdreißig. Als ich, auf denselben Steinen stehend, die betreffende Stelle bei Ossendowski las, schien mir, als würde der Tempel vor meinen Augen wieder lebendig, als kehrte alles an seinen angestammten Platz zurück und als kniete der Baron wie in einer Zeitlupenaufnahme nieder, um vor der kleinen Steinstatue des Erleuchteten zu beten, die aus Indien hierher gebracht worden war.

Nach diesem Besuch im Tempel hatte sich Ungern in Begleitung Ossendowskis den letzten Segen des Lebenden Buddha geholt. Ich folgte ihren Spuren, aber als ich ankam, war das »Museum« bereits geschlossen. Ein Wärter sah mich durch einen Spalt im Hauptportal hineinspähen und sperrte mir auf. Er wollte mir buddhistische Miniaturen aus einer alten Handschrift verkaufen, ich wiederum wollte diesen Ort allein besuchen, und bald wurden wir in der einfachen Sprache der Gesten und des Geldes handelseinig.

Ein tiefer Grabesfrieden herrschte in diesen Mauern. Das Gras war hochgewachsen und nicht gemäht worden; als ich es durchschritt, schlug mir sein starker Duft entgegen. Ich pflückte ein paar blühende Halme und legte sie zwischen die Buchseiten, überzeugt, Ossendowski damit eine Freude zu bereiten: dasselbe Gras wie einst, derselbe Duft.

Ich ging von Saal zu Saal und gelangte schließlich in den letzten Raum, in dem Ossendowski und der Baron dem Hutuktu gegenübergestanden hatten. Vielleicht, weil die mongolischen Kommunisten das Bedürfnis verspürten, etwas von ihrer Vergangenheit zu bewahren, um es vor allem ausländischen Gästen zeigen zu können, war der Ort in seiner musealen, leblosen Ordnung intakt geblieben. Ein letzter Strahl der untergehenden Sonne fiel durch ein hohes Fenster herein und ließ im Halbdunkel der Banner und Tankas, die von der Decke herabhingen, die seltsamen gemalten Götter und Tiere, die goldenen Buddhas, die Fratzen der grinsenden Dämonen entlang der Wände erstrahlen. Der goldene Thron an der rückwärtigen Wand, erhöht wie auf einem Altar, war leer. Nicht eine Kerze brannte, nicht ein Räucherstäbchen, aber der Geruch der Yakbutter, die jahrhundertelang verwendet wurde, hatte das Holz und den Stoff durchdrungen und erleichterte es mir, mir die Vergangenheit vor Augen zu führen.

Einer plötzlichen Regung folgend, legte ich Ossendowski auf den Boden, setzte mich mit überkreuzten Beinen vor den Thron und wandte mich an ihn: »Ich habe mein Versprechen gehalten, wir sind da.« Kein Hauch war zu spüren, doch dann strich ein leichter Luftzug durch die bunten Seidenbänder, die seitlich von einem Tanka herabhingen, und sie ließen eine andere Zeit zum Leben erwachen. Ich spürte die Anwesenheit Hutuktus auf dem Thron, die Anwesenheit Ungerns neben Ossendowski und anderer hinter ihnen. Natürlich war es nur ein Spiel, daß ich all das sah und hörte, aber mir wurde bewußt, wie leicht man einer Suggestion erliegen kann, wenn man empfänglich dafür ist. Orte und Gegenstände besitzen ein verborgenes Leben, das sich dem enthüllt, der ihre Geschichte kennt.

Gern hätte ich dieses Spiel fortgesetzt und so getan, als befände ich mich in der Vergangenheit. Gern hätte ich, und sei es für wenige Augenblicke, in dieser anderen Zeit gelebt, der ich mich häufig weitaus enger verbunden fühlte als der meinigen. Aber ich dachte an den Wächter, der bald kommen und nachsehen würde, was ich da tat. Und plötzlich hörte ich die Geräusche des Heute, das Hupen der Busse in der Ferne, und die Vision verschwand. Nur Ossendowski blieb bei mir, der mich bis hierher begleitet hatte und nun wieder lebendig geworden war. Indem ich dieses Buch wiederentdeckt hatte, hatte sich seine Existenz verlängert.

Auf dem Rückweg zum Hotel dachte ich darüber nach, was mir gerade widerfahren war. Wie schmal, wie unmerklich schmal doch manchmal die Grenze zwischen Wirklichkeit und Phantasie ist, zwischen Normalität und dem, was man gemeinhin als Wahnsinn bezeichnet. Meine Beziehung zu dem Ossendowski des Buches bewegte sich in diesem Grenzbereich. Mir war es noch möglich, mich diesseits oder jenseits dieser Grenze aufzuhalten, mit dem Buch zu »spielen«, als sei es Ossendowski selbst, oder mir vorzustellen, daß er und das Buch wirklich eins waren.

Unleugbar war, daß ich durch meine Neugier dieses Buch aus seinem Todesschlaf erweckt, daß ich es lebendig gemacht hatte, daß es nun etwas anderes geworden war als einfach nur ein Gegenstand, ein Buch unter vielen. Aber nahmen denn die malaiischen *kris* nicht auf dieselbe Weise eine Seele in Besitz? War denn nicht dies der Sinn auch der berühmten tibetischen Geschichte, die Alexandra David Neel erzählte? Ein Kaufmann reist nach Indien, und seine Mutter bittet ihn, ihr eine Reliquie mitzubringen. Er vergißt es. Auf seiner folgenden Reise vergißt er es wieder. Als er sich das dritte Mal auf dem Heimweg befindet – wiederum ohne die Reliquie, die für seine Mutter soviel bedeutet –, bricht er einen Zahn aus dem am Straßenrand liegenden Schädel eines Hundes, bringt ihn ihr und erklärt, dies sei der Zahn eines großen Heiligen. Die Mutter ist überglücklich und verehrt diesen Zahn; andere Frauen kommen und beten vor ihm, und am Ende sehen alle Lichtstrahlen, die diese »Reliquie« aussendet. Daher die tibetische Redensart: »Wenn man ihn verehrt, strahlt auch ein Hundezahn Licht aus.«

Ich war müde und beschloß, entgegen meinen Reisegepflogenheiten im Hotel zu Abend zu essen. Im großen sozialistischen Speisesaal war jedoch kein Tisch mehr frei.

»Rauchen Sie?« fragte ich einen westlich aussehenden Herrn, der allein an einem Tisch saß.

»Nein.«

So nahm ich Platz. Es war ein amerikanischer Meteorologe, der seit einer Woche hier war, um seine Kenntnisse weiterzugeben.

»Ah, Sie haben also mit Wettervorhersagen zu tun!« sagte ich. »Ich beschäftige mich mit Zukunftsvorhersagen.«

Der Mann war verblüfft; er sah nicht ein, was wir gemeinsam haben könnten. Er erklärte, seine Wissenschaft sei beinahe am Gipfelpunkt ihrer Entwicklung angekommen.

»Es ist inzwischen möglich, mit 99prozentiger Genauigkeit das Wetter drei Tage im voraus zu bestimmen. Der letzte große Schritt ist die Beherrschung der Chaostheorie. Dann könnten wir bis zu zwei, drei Jahre im voraus exakte Voraussagen machen«, erklärte er.

»Aber wenn es möglich ist, das Wetter vorherzusehen, warum sollte es dann nicht auch möglich sein, die Zukunft eines Menschen vorherzusehen? Worin liegt der Unterschied? Auch wir bestehen aus Luft, Wasser, Wolken, Träumen ... und Depressionen«, erwiderte ich.

Der Meteorologe war der festen Überzeugung, es mit einem Spinner zu tun zu haben, und vielleicht hatte er von seinem Standpunkt aus gesehen gar nicht so unrecht.

In den Tagen danach war mir der Zufall mehrmals behilflich.

Ich ließ mir auf der Straße die Schuhe putzen – von einem Mann, der barfuß auf einem Stück Zeitung am Boden saß. Er war Tierarzt, Spezialist für die künstliche Besamung von Kühen, hatte in Ostdeutschland studiert, und so konnte ich mich mit ihm auf deutsch verständigen. Ein Schulkamerad von ihm – der Klassenbeste, wie mir der Mann versicherte – war Mönch geworden; vielleicht wußte der mehr über *dalcin*.

Eines Morgens nahm ich ein Taxi, dessen Fahrer, wie sich herausstellte, der Leiter der Fakultät für Geologie war. Er besserte sein Gehalt dadurch etwas auf, daß er sich von einem Freund das Auto lieh und als Taxifahrer arbeitete. Da er sich für die Geschichte seines Landes interessierte, hatte er von einem alten, kürzlich wiedereröffneten Tempel gehört, in dem die Novizen wieder die Geheimnisse der Prophezeiung erlernten.

Über die Geschäftsführerin des Hotels lernte ich dann eine Frau kennen, die jahrelang Mitglied der kommunistischen Partei und Staatsbeamtin gewesen war, sich jetzt aber für Religion interessierte und anbot, mich zum berühmtesten Wahrsager der Stadt zu bringen.

Der erste, der sich bei mir meldete, war der Tierarzt. Eines Tages rief er in aller Frühe an, noch bevor ich meinen Dauerlauf gemacht hatte. Ob ich bereit sei, ein Schaf zu bezahlen, das vor meinen Augen geschlachtet und dessen Schulterblatt dann ins Feuer gelegt werden würde? Aber selbstverständlich!

Gegen Mittag kamen wir in einer Art Konvent an, einem zweigeschossigen Holzgebäude am Stadtrand unweit des Gandan-Klosters. Der Tierarzt erklärte, hier bringe die Regierung Lamas unter, die vom Land zurückkehrten. Ein kräftiger Geruch nach gekochtem Hammelfleisch strömte aus den Türen, hinter denen Frauen und Kinder hervorlugten, um den ungewöhnlichen Fremden zu beobachten, wie er die wacklige, staubige Treppe hinaufstieg. Der Lama erwartete uns schon in einem blitzsauberen Zimmer, in dem ich alle Symbole des zentralasiatischen Wohlstands vorfand: eine chinesische Thermoskanne, einen Wecker, ein Transistorradio. Das einzige Möbelstück war ein großes, mit einem Teppich bedecktes Bett, auf dem sitzend er seine Gäste empfing. Der Lama war groß und schlank, hatte ein offenes Gesicht, schmutzige Hände und schwarze Fingernägel und trug eine weinrote fleckige Robe.

Die Kunst des *dalcin* habe er von seinem Vater, einem Hirten, erlernt, sagte er. Sein Vater wiederum habe es von dem Lama erlernt, der es auch Bodgo Khan Hutuktu beigebracht habe. Das mochte stimmen oder auch nicht, ich fragte nicht weiter nach. Diese schöne Geschichte bildete das letzte Glied in dieser Kette von Zufällen, die mich mit Ossendowski und dem Baron verband und durch die ich bis hierher gekommen war.

Mein Lama kannte die Vergangenheit gut. Er wußte, daß es Hutuktu gewesen war, der als erster Ungerns Tod prophezeit hatte. Die beiden hatten sich sehr nahe gestanden, berichtete der Lama, aber auch Hutuktu konnte das Schicksal des Barons nicht abwenden. Nach dem Bürgerkrieg ging Hutuktu in die Vereinigten Staaten, wo er hochbetagt starb. Seine Reinkarnation lebt dem Lama zufolge heute in Rußland.

Von der Vergangenheit zu reden ließ ihn sichtlich aufleben. »Als Hutuktu geboren wurde, sah ein Jäger im Tal ein großes Feuer, die Jurte seines Freundes ging in Flammen auf«, erzählte der Lama. »Der Jäger war in Sorge wegen der Frau des Freundes, die, wie er wußte, schwanger war, und er lief hin, um zu helfen. Als er ankam, war das Feuer verschwunden und die Jurte unversehrt. Drinnen hatte die Mutter ihr Kind zur Welt gebracht. Und was bedeutete das Feuer? Alle wußten es: Es war das Zeichen, daß ein außergewöhnlicher Mensch geboren worden war. Wenig später wurde dann der Säugling als Reinkarnation des Lebenden Buddha erkannt.«

»Ein seltsamer Mensch war er, Hutuktu«, fuhr der alte Lama fort. »Er konnte es regnen lassen. Dazu nahm er ein Hemd, hängte es auf eine Leine, und der auf diese Weise entstehende Schatten verwandelte sich in eine große Regenwolke.«

Der Lama sagte, er selbst sei achtzig Jahre alt. Er sei im Jahr der Ratte geboren: 1912. »Bald habe ich es geschafft«, rief er aus, als handle es sich um eine Verabredung, der er schon lange entgegenfieberte. Ich fragte ihn, ob er Angst vor dem Tod habe. »Ich bin dieses Lebens müde und habe nur noch den Wunsch, ins nächste einzutreten. Ich weiß, daß es besser sein wird, viel besser, und ohne Leiden«, meinte er lachend. Das Wort »Tod« gebrauchte er in unserem ganzen Gespräch nicht einmal.

Das *dalcin* war im Hof eines etwas entfernt liegenden Hauses vorbereitet worden, und wir mußten eine halbe Stunde über holprige Pfade gehen. Sie wurden von endlosen Holzzäunen flankiert, hinter denen sich, grau in grau, die gleichförmigen mongolischen Häuser duckten. Durch eine grüne oder braune, mit weißen Zeichen bemalte Tür gelangten wir in einen Hof aus gestampfter Erde; dort befand sich auf der einen Seite eine ärmliche Hütte aus Backstein und Lehm, auf der anderen – gewissermaßen zur Vergegenwärtigung der nomadischen Vergangenheit – eine Jurte aus hellem, vom Alter geschwärztem Filz.

Das Schaf blökte, umgeben von einer Schar Kinder, die neugierig herbeigeeilt waren. Der alte Lama ging in die Jurte hinein, schickte alle nach draußen und begann zu beten. Er reichte ein halbmondförmig gebogenes Ritualmesser an einen jungen Novizen weiter. Hinter dem Haus hörte ich Tumult, und nach einer Weile kam der Novize mit einem flachen, handgroßen, fächerförmigen Knochen zurück. »Das ist das Schulterblatt«, erklärte mir der Lama, und mit einem anderen Messer begann er, die noch daran haftenden Fleischreste abzuschaben. Mit einem Lappen rieb er dann den Knochen so lange glatt, bis er makellos sauber war, ja in einem butterfarbenen Weiß wie alte Jade erglänzte.

»Die materielle Reinheit spiegelt sich in der spirituellen Reinheit wider«, sagte der Lama und unterbrach seine Litaneien. »Von dieser Reinheit hängt die Qualität der Prophezeiung ab.« Die Vorbereitung des Knochens nahm mindestens eine Stunde in Anspruch. Die Zeit verging langsam, begleitet vom Murmeln der Gebete und dem Klirren der Messer und Schüsseln hinter dem Haus, wo das Schaf, mein Geschenk an die Familie, deren Gäste wir waren, gehäutet und zerlegt wurde.

Den Knochen in den hocherhobenen Händen, wie ein Priester den Kelch mit der Hostie hält, stand der Lama auf und schritt in die Jurte; nur ich und mein Tierarzt und Dolmetscher folgten ihm. Er mußte sich konzentrieren, und deshalb durfte ihn niemand stören und ihm so, wenn auch unabsichtlich, in Gedanken die Antworten suggerieren, die er zu geben hatte.

Wir setzten uns auf den Boden um ein Kohlebecken, das aus einem alten Benzinkanister gemacht worden war. Das Feuer brannte langsam, genährt von kleinen flachen Klumpen, die aussahen wie getrocknetes und gepreßtes Gras. »Kuhfladen«, erklärte mir der Tierarzt. Der Lama warf eine Prise *arz* ins Feuer, das in grauem Rauch aufging und die Luft in der Jurte mit einem würzigen angenehmen Duft erfüllte. Er entschuldigte sich, daß er kein guter Wahrsager sei, und meinte, er könne in dem Knochen nur die Antworten auf die Fragen suchen, die ich ihm stellte.

»Wie viele Tage habe ich noch zu leben?« hatte der Baron seinen Lama gefragt. Das fragte ich auch den meinen. Der Lama sah mir fest in die Augen, führte, die breitere Seite nach oben, den Knochen an den Mund und wiederholte flüsternd meine Frage. Dann begann er erneut zu beten und legte vorsichtig mit Hilfe zweier Metallstäbchen, wie sie die Mongolen zum Essen benutzen, den Knochen ins Feuer, der sich langsam schwarz verfärbte. Dann holte ihn der Lama wieder heraus, pustete die Asche ab, und nachdem er lange die beiden Seiten des Knochens untersucht hatte, verkündete er mit feierlicher Stimme und mit – wie mir später der Tierarzt sagte – gewählten und sibyllinischen Worten:

»Je nachdem, wo man geboren ist, glaubt man an verschiedene Götter. Aber obwohl du woanders geboren bist, lebst du hier. Der Buddhismus wird dir mehr als jede andere Religion helfen. Dein Lebenszeichen ist sehr stark, und wenn du dem für dich bestimmten Weg Buddhas folgst, wird dieses Zeichen noch stärker werden. Die Wege der Zukunft stehen dir offen«, schloß er und warf noch eine Prise *arz* ins Feuer.

»Siehst du keine Hindernisse auf meinem Weg?« fragte ich. Wieder hob der Lama den Knochen langsam in die Höhe, flüsterte, betete, besah sich erneut die Risse, die das Feuer verursacht hatte, und sagte:

»Es gibt keine Berge zu ersteigen, keine Abgründe zu überwinden, ich sehe nur einen ebenen Weg …« (Wie langweilig! schoß es mir durch den Kopf.) *»Nur bei Schiffsreisen mußt du dich in acht nehmen, insbesondere bei mehrtägigen.«*

Ich dachte an meinen Plan, per Schiff aus Europa nach Asien zurückzukehren, und fragte, was ich tun könne, um mich zu schützen.

»Ich gebe dir ein Mantra, das sich sehr gut für dich eignet und das du immer sprechen sollst, wenn du dich in Gefahr wähnst. Also, schreib auf:

Om Dadid Ada
Om Dadid Ada
Om Muni Muni
Maha Muni Yesoha.«

Die Sitzung dauerte noch eine Weile, mit anderen Fragen und anderen Antworten von geringer Bedeutung. In Wahrheit interessierte mich das alles schon nicht mehr.

Die gesamte Zeremonie war für mich enttäuschend und ernüchternd. Nicht einen Moment lang hatte ich in diesem Ritual, das zweifellos sehr alt und bei den Hirten entstanden war, auch nur einen Funken jenes Mysteriums gespürt, das Ossendowski – und mich beim Lesen seines Buches – so sehr in Bann geschlagen hatte. Vielleicht weil seine Zeit eine Epoche der großen Umwälzungen gewesen war, vielleicht weil die Menschen damals auf dramatischere Weise lebten – und starben. Aber dieses Ritual, in einer Jurte von Ulan Bator eigens für mich vollzogen, hatte den Sinn, den es gehabt hatte, als die Stadt noch Urga hieß, vollkommen verloren.

Die Prozedur, die Gesten, die Formeln, die Anrufungen mögen dieselben gewesen sein. Doch es fehlte alles übrige: das kollektive Bewußtsein eines Volkes, seine Angst, sein Glaube ans Okkulte, seine Hoffnung auf irgendeine Erlösung. Meinem *dalcin* fehlte der Geist jener Zeit.

Die Mongolei von 1921 war anders als die von 1993, und die Mongolen selbst waren in der Zwischenzeit ein anderes Volk geworden. Hier, genau wie in Tibet, hatte einst eine Oligarchie von Mönchen unter der Führung Hutuktus regiert, der Gott und König, Priester und Lehnsherr zugleich gewesen war. Die Lamas hatten die ganze Macht in Händen: Sie waren Verwalter, Ärzte, Wahrsager, Generäle, Magier und Richter. Das Leben war geprägt durch große Unsicherheit, der Tod ein ständiger Begleiter. Legenden und Mythen waren für die Mongolen wahrhaft und real wie der Sonnenaufgang, und ein Lama konnte ein paar hundert schlecht ausgerüstete Soldaten gegen das mächtige chinesische Heer in den Kampf schicken – indem er mit einer Handbewegung eine Vision der Zukunft vor ihren Augen entstehen ließ: eine Siedlung prächtiger Jurten, Steppen mit riesigen Rinderherden, mit Seidengewändern bekleidete, reich geschmückte Frauen. Die Soldaten glaubten daran, und sie sahen wirklich das, wofür sie in den Tod zogen.

Die Natur war beseelt. Jeder Berg wurde als der Aufenthaltsort eines Gottes betrachtet, jeder Bergpaß als Unterschlupf eines Dämons. Das ganze weite Land war das Reich des Mysteriums, dem gegenüber der Mensch seine Ohnmacht spürte. Das Land war mit den Gebeinen der Vorfahren, der Hirten und Eroberer, und mit den Überresten antiker Städte übersät, die längst im Sand versunken waren. Und dieses Land würde auch die Erlösung bringen. Die Mongolen von 1921 lebten in der Überzeugung, daß zwar die Welt und sie selbst dem Untergang geweiht waren, das Unterirdische Reich dort unter ihren Füßen jedoch überdauern würde. In diesem Reich wohnte ein alter

Stamm, der vor 60000 Jahren untergegangen war. Dort regierte der König der Welt, der inzwischen alle Geheimnisse der Natur ergründet hatte. In diesem Unterirdischen Reich gab es das Böse nicht mehr; dort hatte sich die Wissenschaft weiterentwikkelt, nicht um zu zerstören, sondern um zu erschaffen; Männer und Frauen waren im Besitz allen Wissens. Dort war das Schicksal der ganzen Menschheit aufgeschrieben.

Als Ossendowski in die Mongolei kam, wurde ihm gesagt, der König der Welt habe vor kaum dreißig Jahren einmal ein Kloster in der Nähe von Urga besucht. Bei seiner Ankunft hätten sich alle Kerzen auf den Altären plötzlich entzündet, die Kohlebekken hätten begonnen, Weihrauch zu verbrennen, und er, der mythische König von Agharti, der seit Jahrhunderten in den heiligen Texten beschrieben wurde, saß vor einer Versammlung der bedeutendsten Lamas jener Zeit auf dem Thron. Seine Prophezeiung der Zukunft der Welt fing mit folgenden Worten an: »Mehr und mehr werden die Menschen ihre Seelen vergessen und auf ihr leibliches Wohl bedacht sein …«

Die Mongolen von 1921 glaubten dies und lebten davon. Und deshalb konnten im Urga Ossendowskis, dem Ort des Mysteriums, des Schreckens, aber auch des großen Zaubers, unglaubliche Dinge geschehen. Heute nicht mehr. Die Moderne hat diese Welt des Glaubens hinweggefegt, hat die Mongolen von der Versklavung durch ihre Legenden und ihre Lamas »befreit«, gleichzeitig aber ihre Tempel geleert, ihre Zeremonien des Sinns beraubt und damit ihr Leben arm gemacht.

Die Prophezeiung des Königs von Agharti hat sich voll und ganz bewahrheitet: Die Menschen denken nur noch an ihren Bauch, und für die Poesie gibt es keinen Platz mehr auf der Welt.

Bevor ich mich verabschiedete, fragte ich den Lama, wie er die Antworten aus dem Knochen las. Er erwiderte, alles hinge von den Rissen ab, die das Feuer verursache. Der Knochen habe zwei Oberflächen, eine müsse demjenigen zugewandt sein, der das *dalcin* durchführe, die andere auf den zeigen, der seine Zukunft erfahren möchte. Wenn sich die Risse auf der Außenseite bilden, sei die Antwort positiv; wenn sie sich hingegen auf der Innenseite bilden, negativ. Das zweite Kriterium sei der Verlauf der Risse. Am besten seien die, die sich von der Knochenmitte zum Rand hin zögen. Die nach oben verlaufenden Risse seien ein Zeichen für Veränderungen zum Positiven hin, die nach unten für Veränderungen zum Schlechten hin.

»Eine Antwort gibt es immer«, fuhr der Lama fort. »Man muß sie nur aus dem Knochen herauslesen können. Darin liegt die Schwierigkeit.« Wenn man Zweifel habe, könne man den Knochen unter der Achselhöhle verbergen und sich dann unauffällig Menschen nähern, die sich unterhalten: In den ersten Worten, die man vernimmt, liege der Hinweis auf die Antwort. Im Grunde so, wie man entscheidet, ob man eine bestimmte Sache tun oder nicht tun soll, indem man sich danach richtet, ob die erste Person, der man begegnet, wenn man frühmorgens das Haus verläßt, ein Mann oder eine Frau ist.

Wir bezahlten das Schaf, überreichten die Geschenke, die der Tierarzt mitzubringen empfohlen hatte, und bekamen vom Lama Tütchen mit *arz*, die uns vor allem möglichen Unheil schützen sollten. Der Tierarzt war begeistert: Er hatte das Gefühl, etwas Außergewöhnliches erlebt zu haben. Dank meiner suchte er später auch seinen alten Schulkameraden auf, der Mönch geworden war, und in mancher Hinsicht gab das seinem Leben eine neue Richtung. Auch ich war ein »Zufall«, der das Schicksal anderer veränderte … in der Mongolei.

Auf dem Rückweg gingen wir ein gutes Stück weit zu Fuß und begegneten vielen Bettelnden: schmutzigen Kindern, die auf Plastikfetzen auf dem Gehsteig zusammengekauert saßen, Frauen mit einem Kärtchen in der Hand, das erklärte, auf welche Weise sie Witwen, Opfer von Bränden oder anderen Unglücksfällen geworden waren. »Rückschritt«, spottete der Tierarzt, nachdem wir uns so lange über den »Fortschritt« unterhalten hatten, der meiner Meinung nach die Mongolen für all das, was er ihnen genommen, noch nicht ausreichend entschädigt hatte.

Die Szene, in der Baron von Ungern zum zweitenmal erfährt, daß seine Tage gezählt sind, wird von Ossendowski, der dem Geschehen beiwohnte, eindringlich beschrieben. Die Frau, eine Art Hexe, klein und schmächtig, fällt in Trance und verzerrt das Gesicht in Furcht und Schmerz. Sie reißt sich das um den Kopf gewickelte Tuch herunter, verfällt in Zuckungen und stößt mühevoll stammelnd kurze Sätze hervor: »Ich sehe ... Ich sehe den Kriegsgott ... Sein Leben geht zu Ende ... schrecklich ... danach ein Schatten ... schwarz wie die Nacht ... Schatten ... Einhundertdreißig Stufen bleiben noch ... darüber hinaus Finsternis ... Nichts ... Ich sehe nichts ... Der Kriegsgott ist verschwunden.«

Ungern senkte den Kopf. »Ich werde sterben, aber das macht nichts. Der Kampf hat begonnen, und er wird nicht sterben. Niemand wird das Feuer in den Herzen der Mongolen auslöschen«, sagte er. Dann stand er auf und verkündete seine Vision eines großen asiatischen und buddhistischen Staates, der sich bald vom Pazifischen und Indischen Ozean bis an die Ufer der Wolga erstrecken würde, eines Staates, regiert von einem Mann, der stärker sei als Dschingis Khan, gnädiger als Sultan Babur und der die Macht so lange behalten werde, bis der König der Welt aus seiner unterirdischen Hauptstadt heraustrete. »Aber zuerst muß sich Rußland von der Schmach der Revolution reinwaschen, es muß sich mit Blut und Tod reinigen. Alle, die sich zum Kommunismus bekannt haben, müssen mitsamt ihrer Familie untergehen, damit ihre Nachkommenschaft ausgerottet werde«, sprach der blutige Baron und ging seinem Schicksal entgegen.

Die Frau, die im Jahr 1921 Ungern die Zukunft vorhergesagt hatte, war eine berühmte Wahrsagerin, die ihre übernatürlichen Kräfte – so hieß es – von ihrer Mutter, einer Zigeunerin, geerbt hatte. Mongolischen Legenden zufolge hatten nur wenige Menschen das Unterirdische Reich besucht; unter ihnen auch einige Bewohner des nördlichen Asien, die dort gelernt hatten, wie man die Geister der Toten (die Schamanen) ruft, sowie die Zigeuner, die von dort die Kunst des Kartenlesens, des Zukunftlesens aus dem Gras und aus der Hand mitgebracht hatten.

Die Begegnung mit der berühmtesten Wahrsagerin von Ulan Bator im Jahr 1993, »einer Art Hexe merkwürdiger Herkunft«, als die sie mir beschrieben worden war, bedeutete für mich die Fortsetzung meiner Reise mit Ossendowski.

Den Termin hatte die Ex-Kommunistin vereinbart, die nun zum Lamaismus konvertiert war. Sie war selbst eine außergewöhnliche Erscheinung. Bei der Begrüßung stellte sie sich als Reinkarnation eines Lamas vor. Sie sagte, sie habe drei schwarze Male auf der linken Schulter, an der Stelle, an der ihr »Vorgänger« sich immer die Robe über die Schulter geworfen habe. An allen religiösen Kultstätten, die sie besuche, werde sie sofort als jemand erkannt, der bereits einen langen Weg zur Erleuchtung zurückgelegt hatte. Auch der Dalai Lama habe sie bei seinem Besuch in Ulan Bator in besonderer Weise behandelt und ihr einige seiner Spezialpillen für Augenblicke der Gefahr geschenkt.

»In welchem Jahr bist du geboren?« fragte sie, während sie mich zu unserer Verabredung mit der »Hexe« fuhr.

»1938, im Jahr des Tigers«, erwiderte ich.

»Des Tigers? So wie ich, bloß zwölf Jahre später. 1938 war das Jahr des Tigers mit den acht weißen Flecken. Dein Element ist das Wasser. Der Tiger ist großzügig, er beherrscht sein Revier. Du bist immer auf der Suche nach Nahrung für die Familie und stets wachsam, um sie zu beschützen.«

Die Handleserin in Singapur hatte etwas ganz Ähnliches gesagt.

»Im Buddhismus«, fuhr die Frau fort, »ist der Tiger der große Feind der Dämonen; deshalb taucht in den lamaistischen Zeremonien immer ein Tiger auf, und auf den Tankas wird häufig der Tigerschwanz dargestellt. Kein anderes Tier ist stärker als der Tiger. Der Tiger kann alle töten, aber er hat einen großen Feind: den Menschen, der intelligenter ist als er. Zwischen dem Menschen und dem Tiger besteht eine Haßliebe, sie fürchten einander und ziehen einander an. Meine Ehe ist schwierig, weil ich einen Mann geheiratet habe, der im Jahr des Affen geboren ist, und der Affe ist das Tier, das dem Menschen am ähnlichsten ist. Wie viele Tigerfrauen haben außerdem Schwierigkeiten, Kinder zu bekommen! Tigerfrauen sind gefürchtet. Deshalb hält es eine Frau in Asien geheim, wenn sie Tiger ist, sonst findet sie keinen

Mann. Die Tigerfrau sucht immer Qualität, will von allem das Beste, und das kann sich als großer Fehler erweisen, wenn die Tigerfrau immer auf dem besten Essen, den besten Kleidern, der bestmöglichen Lebensart besteht. Sie muß sich also im Zaum halten.«

Ich hörte ihr mit großem Vergnügen zu, bis ich daran dachte, daß selbst der Tiger eine aussterbende Spezies ist. Wie sollen sich die Menschen in Zukunft auf den Charakter, die Persönlichkeit ihrer Mitmenschen einstellen, wenn es keine Tiere mehr gibt, die sie beobachten können? Wenn sie nicht mehr von der Natur lernen können?

Wir hatten Ulan Bator jetzt hinter uns gelassen und fuhren nach Norden, vorbei an einem großen Friedhof an einem Hügel. Die weißen Holzgrabmale, in Reih und Glied aufgestellt, ähnelten einem riesigen Lattenzaun. »Früher ließ man die Toten draußen auf dem freien Feld, wo sie von den Vögeln gefressen wurden, doch seit der Revolution begraben wir sie«, erzählte meine Begleiterin. »Wenn der Leichnam innerhalb von drei Tagen verschwunden war, bedeutete dies, daß der Tote ein guter Mensch war. Wenn er länger liegenblieb, hieß es, daß ihn sogar die Tiere verschmähten, und das war ein schlechtes Omen für seine Reinkarnation.« Ein Relikt dieser Tradition war die Tatsache, daß die Mongolen Raben und Geier als heilige Tiere betrachten, die niemand tötet oder verzehrt.

Wir kamen an einem Tempel mit einem vergoldeten Tierpärchen auf dem Dach vorbei, der kürzlich wiedereröffnet worden war, und gelangten dann zu einer großen Jurtensiedlung. Jede Jurte war mit einem krummen Holzzaun umgeben. Auch die Türen, grün und mit seltsamen weißen Punkten und Kreisen bemalt, hingen schief in den Angeln.

Die »Hexe« wohnte in einem mit Krimskrams vollgestellten Hof, wo hinter der üblichen Jurte ein weißes Häuschen stand. Wir traten durch die Küche ein, wo Frauen am Boden sitzend in einem großen Kessel Krapfen in Öl frittierten.

Das Zimmer der »Hexe« war sehr ordentlich: ein Bett, bedeckt von einem Teppich mit Pferdemotiven, mehrere Koffer, eine Kommode mit Fotos von der Familie und von Männern in Uniform. Im Sozialismus ist alles geregelt, auch das Okkulte: An der Wand hingen gerahmte Zertifikate, die bescheinigten, daß die Frau Mitglied des Verbands für Traditionelle Medizin sowie Mitglied der Mongolischen Vereinigung für Menschen mit übersinnlichen Kräften war. Es gab Fotos, die sie zusammen mit bedeutenden Persönlichkeiten zeigten, sowie weitere Auszeichnungen.

Als ich der »Hexe« gegenüberstand, mußte ich zugeben, daß es kein treffenderes Wort gab, um sie zu beschreiben: klein, sehr mager, mit runzligem Gesicht, langem, fettigem Haar, winzigen Augen und einem Goldzahn. Sie trug ein geblümtes grünes Kleid, darüber einen einfachen Kittel in hellerem Grün. Sie erzählte, sie habe eine Zeitlang als Busfahrerin in Ulan Bator gearbeitet, aber ihre Kräfte hätten es ihr unmöglich gemacht, diesen Beruf weiter auszuüben. Während sie durch die Straßen fuhr, habe sie ständig das Böse und das Gute der Orte und Menschen »gespürt«, was ihr schwer zu schaffen gemacht habe. Wenn ein Dieb oder ein Mörder in den Bus eingestiegen sei, habe sie dies sofort »gespürt« und habe nicht mehr fahren können. Sie sei achtundfünfzig Jahre alt und im Norden, nahe der Wüste Gobi, geboren. Ob ihre Familie Zigeuner waren, wollte ich wissen. Das wußte sie nicht. Ihre Eltern waren bettelarm gewesen, aber ihre Geburt habe ihnen Glück gebracht.

Daß sie »Kräfte« besaß, sei ihr zum erstenmal im Alter von neun Jahren bewußt geworden. Ihr Vater habe sie zum Schafehüten aufs Feld geschickt, und sie habe bemerkt, daß die Wölfe und Hunde Angst vor ihr hatten und ihrer Herde fernblieben. Schon damals habe sie es als ihre »Mission« erkannt, den Leuten zu helfen. Wenn beispielsweise einer dem Tod nahe sei, könne sie, ohne dem Betreffenden auch nur ein Wort zu sagen, sein Leben um drei, vier Jahre verlängern. Länger nicht, fügte sie bescheiden hinzu.

Sie saß auf dem Bett, mich hatte sie auf einem Schemel vor sich Platz nehmen lassen. Sie atmete auf eigenartige Weise, wobei sie unablässig Luft ausstieß, als puste sie sich ein lästiges Haar aus dem Gesicht. Einen buddhistischen Rosenkranz in der Hand, betrachtete sie mich sehr aufmerksam, jedoch so, als suche sie etwas, besonders hinter meinen Ohren. Dann sah sie in einen Spiegel hinter mir, der die Bilder eines anderen, auf der Kommode stehenden Spiegels reflektierte (daher also mein Platz hier auf diesem Schemel). Sie blickte mir eindringlich in die Augen, als lese sie darin das, was sie sagen wollte, und begann dann zu sprechen:

»Ihr seid zu viert in der Familie. Zwei Kinder, das erste ist ein Junge, das zweite ein Mädchen. Vor acht oder neun Jahren hat sich in deinem Leben etwas Einschneidendes ereignet; ich kann nicht sagen, ob es gut oder schlecht war, aber es hat dein Leben verändert.« (Bravo, darauf kann ich mir leicht einen Reim machen: die Ausweisung aus China. Gewiß war das ein Ereignis, das mein Leben verändert hat. Eine Zeitlang habe ich selbst nicht sagen können, ob es gut oder schlecht war. Erst heute weiß ich, es war von Vorteil ... sonst hätte ich mich nie von diesem maroden Land lösen können!) Meine Begleiterin, die einstige Marxistin, Reinkarnation eines Lamas, übersetzte mir:

»Bis ans Ende deines Lebens wird dir nichts Derartiges mehr zustoßen, nichts Schlimmes, keine Unfälle. Du hast ein langes, ein sehr langes Leben vor dir; besonders wenn du Gelassenheit erreichst und zu meditieren anfängst ...« (Sie auch!) *»Nenne mir drei Zahlen unter zehn.«*

»Drei, sechs, neun«, erwiderte ich, ohne viel nachzudenken. Sie nahm ihren Rosenkranz, legte ihn sich um den Hals und um die Hüfte, machte Berechnungen, trennte ein paar Perlen von den anderen und sagte dann:

»Deine Zahl ist 18000. Du mußt diese Zahl verehren; das darfst du nie vergessen. Diese Zahl wird dir in deinem ganzen Leben helfen. Wenn dir ein Unglück zustößt, wenn du dich in Gefahr wähnst, denke ganz fest an diese Zahl, und alles wird gut werden. Denk immer dran: 18000.«

Sie stand auf, nahm Pfauenfedern, wedelte damit in der Luft herum und blies mich mit ganzer Kraft an, als wolle sie Geister verscheuchen.

»Was hast du für einen Beruf?« fragte sie dann.

»Ich lebe von Worten, genau wie du«, erwiderte ich. Da ich fürchtete, sie könne mich für einen Konkurrenten halten und mir den bösen Blick anhängen, fügte ich dann doch lieber hinzu: »Ich schreibe Artikel, Bücher.«

»Gut, im Jahr des Schweins …« (Meinte sie damit 1995 oder 2007, überlegte ich.) *»… werden deine Bücher Erfolg haben …«* (Ich war versucht, es zu glauben und mich darüber zu freuen …) *»… denn in der Vergangenheit wurden deine Werke unterdrückt, verboten. Aber jetzt gibt es mehr Freiheit, und es ist leichter, sie in Umlauf zu bringen.«* (Natürlich sah die »Hexe« nicht *meine* Zukunft, sondern die … eines mongolischen Schriftstellers! Ihre »Prophezeiung« spiegelte die örtlichen Verhältnisse wider, wie es mir bereits bei anderen Gelegenheiten aufgefallen war.)

»Du hast Schwierigkeiten mit deiner Frau. Sie ist gegen deinen Beruf, gegen dein Schreiben, sie will, daß du damit aufhörst. Aber du darfst nicht auf sie hören. Du mußt weitermachen. Deine Frau ist furchtbar eifersüchtig auf dich, weil du ständig auf Reisen bist …«

Nach einem geglückten Anfang schien es mir jetzt, als lese die Frau in der Tat aus dem falschen Buch und als sei nichts Interessantes mehr von ihr zu erwarten. Sie sagte viel Falsches über meine Beziehung zu Angela, gab mir Ratschläge, wie und wann ich meine Kinder verheiraten solle, warnte mich vor Folcos Alkoholismus (der Ärmste, wo er doch nicht einmal ein Gläschen Wein anrührt! Doch in der Mongolei stellt Alkoholismus eines der schwerwiegendsten Probleme bei Jugendlichen dar!) und sagte weitere abgedroschene Dinge. Es erstaunte mich, auch in einer mongolischen Jurte auf sie zu stoßen.

Aber sind dies nicht die Themen, die die meisten Menschen beunruhigen? Was wollen die Leute denn erfahren? Ob die Ehefrau oder der Ehemann sie betrügt, die Tochter heiratet, der Sohn eine gute Arbeit findet. Wer geht denn zum Wahrsager, um zu fragen, ob das Ozonloch reparabel ist? Ob die Weltbevölkerung weiter unkontrolliert wachsen kann, ohne daß es einen großen Knall gibt? Oder ob mit dem Ende des Sozialismus die Menschen in der Mongolei nicht vom Regen in die Traufe kommen? Denn jetzt werden sie aus ihrem angenehmen Dämmerschlaf gerissen und müssen mit der Hundemeute hinter dem

Kunststoffkaninchen der trügerischen Segnungen des Konsums herjagen.

Das war schon immer so. Selbst die großen Orakel der Antike mußten Antworten auf diese entscheidende Frage finden: »Werde ich die Schlacht gegen meine Feinde gewinnen?« Immer ging es ums Überleben, um die Liebe und um den Tod. Die Sorge des Menschen gilt dem Unmittelbaren, dem Naheliegenden, denen, die ihm am nächsten stehen, der Familie. Die Neugier auf das, was in der Welt und in der Gemeinschaft geschieht, war schon immer sehr begrenzt.

Die Frau nahm den Rosenkranz, pustete ihn an, legte ihn mir um dem Hals, pustete auf meinen Kopf, als wolle sie Staub oder böse Geister verscheuchen, und sagte, sie würde an mich denken, für mich beten, ich würde glücklich leben und neunzig bis hundert Jahre alt werden.

Ich ärgerte mich über mich selbst, daß ich von so weit her gekommen war, um eine gewöhnliche Schwindlerin aufzusuchen. Aus der Küche drang das Geräusch von brutzelndem Öl, und der verlockende Duft von karamelisiertem Zucker stieg mir in die Nase. Wie gern ich ein paar dieser Krapfen essen würde … ein Gedanke, der sich als außerordentlich mächtig erwies! Denn einen Augenblick später bot uns die »Hexe« welche an. Das Beste an dem ganzen Besuch, dachte ich. Vielleicht nicht ganz. Wie sonst wäre ich jemals an den Stadtrand von Ulan Bator gekommen? Wie sonst hätte ich eines dieser gleichförmig anmutenden Häuser von innen gesehen, wenn ich nicht dieser Spur gefolgt wäre? Der Gedanke tröstete mich.

Ich fragte die »Hexe«, ob sie an die Wiedergeburt glaube. Aber gewiß! Und sie erzählte, wenn sie zwischen den Gräbern eines Friedhofs umhergehe, »spüre« sie, wer wiedergeboren worden sei und wer nicht. Ein Gedanke, der mir noch nie gekommen war! Die Ärmsten, die nicht wiedergeboren werden und in ihrem alten, verwesenden Körper verharren müssen! *»Daher muß man Vater und Mutter ehren«*, meinte die »Hexe«. *»Es sind Menschen, die einem anderen Lebewesen geholfen haben, wiedergeboren zu werden.«* Auch daran hatte ich nie gedacht.

Bevor ich ging, überreichte sie mir, genau wie der Lama, noch ein Tütchen mit *arz*, dem grünen duftenden Kraut, das ich zu meinem Schutz immer bei mir tragen sollte. Auch gab sie mir zwei chinesische Schälchen, aus denen ich essen sollte. Falls sie zerbrächen, sollte ich auf jeden Fall auch die Scherben aufbewahren. Dann überreichte sie mir noch, gewissermaßen zum krönenden Abschluß, ein paßbildgroßes Foto von sich – eins von den altmodischen mit gezackten Rändern –, damit ich aus der Ferne leichter an sie denken könne.

Ich hatte das Gefühl, daß das duftende Gras, das ich zwischen die Seiten des Buches gepreßt hatte, Ossendowski sehr gefiel. Es erinnerte ihn gewiß, wie es manchmal nur den Gerüchen gelingt, an seine merkwürdigen Tage in Urga. Ich hätte liebend gern noch einen Vormittag mit ihm zusammen in Hutuktus Thronsaal verbracht, aber ich hatte mit dem Geologen, Taxifahrer und Leiter der Fakultät, ein Treffen vereinbart, und ich wollte ihn nicht enttäuschen. Er hatte einen Übersetzer bei sich, einen adretten jungen Mann, der ausgezeichnet Französisch sprach. Er arbeitete im Außenministerium, aber sein Traum war es, eine Handelsschule in Bordeaux zu besuchen und sich dann als Geschäftsmann selbständig zu machen.

Wir waren unterwegs zum Kloster Gisir auf der Hochebene, wo sich auch der Gandan-Tempel befand. In alten Zeiten war Gisir eine Astrologie- und Wahrsageschule für Mönche gewesen. Sie war soeben wiedereröffnet worden, um Novizen in der alten Kunst der Prophezeiung zu unterweisen. »Der Abt kann in die Zukunft sehen«, sagte der Geologe, mein Taxifahrer. Der junge Dolmetscher zeigte sich sehr skeptisch, und es war ihm ein wenig peinlich, daß er an diesem Ausflug teilnehmen mußte. Er trug ein gutgeschnittenes blaues Jackett mit goldenen Knöpfen, eine rauchgraue Hose, ein weißes Hemd, eine gestreifte Krawatte und glänzend polierte Lederschuhe: alles sehr geeignet, ihn als respektable Person auszuweisen und ihn vor den Rausschmeißern der Hotels zu schützen, in denen man gegen Dollars Importwaren kaufen konnte. Ein aufstrebender junger Mann, der in die internationale Zukunft blickte. Und ich brachte ihn ins mongolische Mittelalter zurück – in ein Kloster!

Von dem alten Klosterkomplex war so gut wie gar nichts erhalten. Auch in den beiden noch vorhandenen Gebäuden gab es nicht eine Statue, nicht ein Bild oder altes Möbelstück; auf den Dächern wuchs Gras. Sogar die Steinstufen zur Terrasse des kleinen Pavillons, wo einst der Abt gewohnt hatte, waren entfernt worden. Nur mit Mühe konnte man sich die einstige Atmosphäre dieses Ortes vorstellen. Nur manche Klänge waren vielleicht wie damals. In einem großen kahlen Raum saßen, angeleitet von einem älteren, auf einem hohen Stuhl sitzenden Lama, ein Dutzend Novizen. Sie lasen wie in besessener Monotonie Sutras zum Rhythmus von Schellentrommeln.

Der junge Dolmetscher fand es absurd, daß die Novizen in Tibetisch lasen, einer Sprache, die sie nicht verstanden. Der Geologe und Taxifahrer erklärte ihm, daß der lamaistische Buddhismus tibetischen Ursprungs sei, die Originale der heiligen Schriften in dieser Sprache verfaßt und die mongolischen Texte zerstört seien. »Aber das ist doch ein Wahnsinn«, sagte der junge Mann. Ein Wahnsinn jedoch, der zunehmend um sich griff: Viele junge Leute bäten um Aufnahme als Novizen, und wiedereröffnete Tempel schössen »wie Pilze aus dem Boden«, meinte der Geologe und Taxifahrer.

Vielleicht hatte das Scheitern der sozialistischen Moderne die Menschen auch hier zu den Ursprüngen zurückgeführt? Einer, der aus dem Norden des Landes kürzlich hierher zurückgekehrt war, erzählte mir, daß die wenigen Fabriken jener Region wegen Rohstoffmangels schließen mußten und daß viele mongolische Arbeiter, die jetzt ohne Beschäftigung dastanden, glücklich wären, wieder Hirten werden zu können. Was nicht weiter verwunderlich ist. Denn was hat ihnen die Moderne zum Ausgleich für all das geboten, was sie ihnen genommen hat? Was ist an die Stelle der schönen Mythen und Legenden getreten, die hinweggefegt wurden? Der Mythos von einer Handelsschule in Bordeaux!

Wir mußten uns ein wenig gedulden, denn vor der Tür des Abts standen Leute Schlange, die alle zu ihm wollten. Schließlich – unser junger Dolmetscher war verärgert, daß wir nicht bevorzugt behandelt wurden – kamen wir an die Reihe.

Der Abt war ein hochgewachsener, kräftiger Mann, um die vierzig Jahre alt, mit einem breitknochigen Gesicht und Augen wie zwei schmale Schlitze. Er hatte eine sehr dunkle Haut, Arme muskulös wie ein Ringkämpfer, große auffällig geformte Hände, deren Handflächen länger waren als die Finger, und unverhältnismäßig große Daumen. Sein Zimmer war klein und sehr staubig. Auf dem Tisch, an dem er saß, stand eine flache, dreißig mal siebzig Zentimeter große Holzkiste, gefüllt mit grauem, feinem Staub: der Asche des Weihrauchs.

Ich war der erste Fremde, dem er die Zukunft las. Er verfuhr so, daß er mich, von meinem Geburtsjahr ausgehend, bat, eine Zahl unter 109 zu nennen; mit einem silbernen Eßstäbchen schrieb er komplizierte Rechenaufgaben in die Asche, löschte sie wieder und begann erneut. Er skizzierte ein Bild meines Lebens in die Asche, das im nächsten Augenblick durch ein leichtes Rütteln am Kasten wieder verschwunden war und keine Spuren hinterließ. Seine Wahrheiten gefielen mir, weil sie flüchtiger waren als auf Papier geschriebene Horoskope.

Der Abt meinte, eben darin bestünde das Geheimnis: Die Tatsache, daß jede Berechnung wieder gelöscht würde und er sie sich merken müsse, zwinge ihn dazu, sich zu konzentrieren und so besser zu »sehen«. Schließlich zeichnete er einen formvollendeten Kreis in die Asche, schrieb etwas hinein und sah dann in einem Haufen handgeschriebener Zettel nach, die jedoch neueren Datums waren. »Ja«, meinte der Abt. Grundlage seines Systems seien die 108 Bände des *Kangyur*, des heiligen Buchs der Mongolen, aber was am meisten zählte, waren die Register mit den Kommentaren zu den Ereignissen der Vergangenheit, und die seien verlorengegangen. Die Lamas hätten sie von 1940 an rekonstruiert, aber weiter zurück könnten sie nicht gelangen. Daher sei mein Horoskop auch schwierig zu erstellen.

»Hast du Herzprobleme?« fragte er.

»Noch nicht«, antwortete ich.

Er ließ sich nicht davon abbringen, daß ich welche bekommen würde: nichts Gravierendes, aber doch Herzprobleme, das sei sicher. Wenn ich gesund bleiben wolle, dürfe ich jedenfalls keine Bäume fällen.

Ich fand alles hochinteressant, obwohl ich, was die »Kräfte« der Mongolen anging, so meine Zweifel behielt. Für den jungen Dolmetscher war der Besuch erneut der Beweis für den Wahnsinn ... und trotzdem hatte er von einer großen Seherin gehört, einer Blinden namens Vanga. »Wo lebt sie?« fragte ich, bereit, auch ihren Spuren zu folgen.

»In Bulgarien, in einer Kleinstadt an der Grenze zu Griechenland«, erwiderte er.

Es war inzwischen Mittag geworden, und ich kehrte ins Hotel zurück. Im Restaurant das Übliche – kein einziger freier Tisch. Ich setzte mich zuerst zu einem Amerikaner, der seinem mongolischen Führer soeben etwas über China erzählte, ging dann aber, bevor ich bestellt hatte, an den Tisch eines Libanesen. Ich hatte ihn schon an den vorhergehenden Tagen kennengelernt, er verkaufte in der Mongolei französische Telefone. Ich erzählte ihm von meinem Vormittag und erwähnte die phantastische Seherin, von der ich eben gehört hatte: Vanga.

»Vanga?« fragte der junge Mann, der dem Libanesen gegenübersaß. »Sie besitzt wirklich große Kräfte. Ich bin Bulgare und könnte Ihnen helfen, bei ihr einen Termin zu bekommen, man muß sonst monatelang warten.« Er meinte, der Ort, an dem Vanga wohne, sei neben Tibet die am meisten mit Energie geladene Gegend der Welt. Daher beziehe sie einen Großteil ihrer Kraft. Dasselbe habe ich von den *faith healers*, den Heilern auf den Philippinen, gehört!

Der Bulgare gab mir diverse Telefonnummern seiner Freunde in Sofia, die mir behilflich sein könnten, Vanga zu finden. Einer war der Pressesprecher des Staatsoberhauptes.

Ist der Zufall unser Schicksal? Wodurch kam es, daß ich mich genau an den Tisch gesetzt hatte, an dem der Bulgare saß, der Vanga kannte?

Am Abend verfolgte ich auf der Landkarte den Verlauf der Eisenbahnlinien. Wenn ich erst einmal in Warschau war, konnte ich leicht nach Süden, Richtung Sofia, fahren statt nach Westen, Richtung Berlin. Der Umweg würde mich nur ein paar Tage Zeit kosten.

Die »fliegenden« Händler der Transsib

Im Sommer geht die Sonne in Ulan Bator langsam und glorreich unter. Die Berge leuchten in zauberhaftem Licht, dessen Pastellfarben von Grün über Blau in Violett übergehen – wie die Schärpen, die in der Mongolei Männer wie Frauen um die Hüfte tragen.

Der Sonnenuntergang, den ich bewunderte, würde mein letzter hier sein. Der Himmel war weit und klar, die Hügel von durchsichtiger Zartheit. Die Sonne verweilte lange am Horizont und warf immer längere Schatten über die vielen Menschen, die dem Zug nachwinkten – und über den Dieb, der im letzten Augenblick vor der Abfahrt noch versuchte, mir meine kleine Minox aus der Tasche zu ziehen.

Sie alle waren gekommen, ohne daß der eine vom anderen wußte, um mir eine gute Reise zu wünschen, und jeder hatte einen Glücksbringer für mich dabei: Der Geologe und Taxifahrer schenkte mir eine Bronzemedaille mit dem Bildnis Dschingis-Khans; der Tierarzt und Übersetzer ein paar Gips-Buddhas, die auf einen Holzteller geleimt waren; die ehemalige Marxistin, Reinkarnation eines Lamas, drei der letzten Pillen, die der Dalai Lama ihr persönlich gegeben hatte – einzunehmen mit einem Schluck Wasser, falls Gefahr drohte. Ihr Gatte, der hohe Regierungsbeamte, bewies mehr Sinn fürs Praktische als alle anderen zusammen, indem er mir eine Plastiktüte mit höchst nützlichen Vorräten wie Bier und Kaviar überreichte.

In solchen Augenblicken wünscht man sich, daß der Zug auf der Stelle abfahren möge. Der meine hingegen verließ Ulan Bator mit halbstündiger Verspätung, so daß sich die verlegenen Gespräche unter dem Zugfenster noch in die Länge zogen.

Die Reise von Ulan Bator nach Moskau dauerte fünf Tage. Der Begriff »Transsibirische Eisenbahn« hatte in mir stets Vorstellungen von etwas Altmodischem, Romantischem geweckt. In seinem Buch *Overland to China* erzählt Colquhoun, der 1898 mit diesem Zug gereist war, daß es in den Luxuswaggons Badezimmer, eine Bibliothek, eine Turnhalle und ein Musikzimmer mit Klavier gegeben habe. Ich wußte zwar, daß es so nicht mehr war, doch mit dieser Vorstellung im Kopf hatte ich, als die Angestellte am Fahrkartenschalter fragte: *»De luxe?«*, automatisch »ja« gesagt.

Als ich einstieg, war in meinem *»De luxe«*-Abteil gerade noch so viel Platz, daß ich mich setzen konnte. Es war vollgeräumt mit riesigen Säcken und Paketen, auf denen ein korpulenter, pausbäckiger Mongole von etwa dreißig Jahren thronte: mein neuer Reisegefährte.

»Businessman?« fragte ich, absichtlich ein Wort gebrauchend, das man mittlerweile überall mit Prestige gleichsetzt.

Er nickte zustimmend. Gottlob entdeckten wir, daß wir uns auf chinesisch verständigen konnten. Der ganze Zug war voll solcher *businessmen.* Jedes einzelne Abteil war proppenvoll mit überquellenden Säcken und Kartons. Sogar unter den Liegesitzen war alles voller Bündel und Schachteln. Dasselbe galt für den Gang und die Toiletten. In dem ganzen langen Zug schien kein einziger gewöhnlicher Reisender mit Koffer zu sitzen.

Es war ein russischer Zug. Jemand hatte mir gesagt, daß in Rußland mittlerweile alles, was mit Essen zu tun hat, von der georgischen Mafia kontrolliert werde, was mir meine Inspektion des Speisewagens kurz nach der Abfahrt bestätigte – denn der Chefkellner, Wladimir, kam aus Tiflis. Ich stellte mich mit einem Zehn-Dollar-Schein vor und bat ihn, sich meiner anzunehmen. Es klappte bestens: Während der ganzen Reise bekam ich immer einen sauberen Platz bei Tisch, frischen Kaviar und eisgekühlten Wodka.

Wie es um die neue Transsib stand, wurde mir klar, als wir die Grenze zu Rußland passiert hatten. Schon beim ersten Bahnhof begannen die Mongolen, ihre Säcke zu öffnen und sich aus dem Fenster zu hängen, um die Aufmerksamkeit der Russen auf ihre

Waren zu lenken. Meine romantische Transsib war zu einem prosaischen Basar auf Rädern geworden, der in jedem Bahnhof von einer kaufwütigen Menge gestürmt wurde. Hauptsächlich Frauen waren es, die sich wie Besessene auf den Zug stürzten, um Plastikanzüge, Regenmäntel, Hausschuhe, Kinderkleider zu ergattern, welche die Mongolen über ihren Köpfen baumeln ließen … unerreichbar, solange sie nicht den geforderten Betrag in Händen hielten.

Wir fuhren lange am Baikalsee dahin. Groß wie ein Meer lag er da, still und glatt; nachts erhellte ihn eine herrliche quecksilbrige Mondsichel.

Wir fuhren über Irkutsk, und an den Zugfenstern rann weiterhin die Taiga vorbei, wie am Tag zuvor, mit den gleichen kleinen, weißstämmigen Birken, den gleichen grünen Wiesen voller Blumen und Blockhütten mit ihren weiß-blauen Fenstern. Sobald der Zug seine Fahrt verlangsamte und das Holpern über die Weichen einen nahen Bahnhof ankündigte, kam Bewegung in die Mongolen – sie öffneten ihre Säcke und zogen ihre Reserven unter den Sitzen hervor.

»Krasnojarsk!« brüllte die Frau, die für die *»De luxe«*-Wagen verantwortlich war. Im glühenden Licht eines weiteren sibirischen Sonnenuntergangs hielten wir an. Die Stadt Ossendowskis! Von hier war er aufgebrochen.

Unter dem Bahnsteigdach lauerte die Menge wie ein wildes Tier. Die Leute warfen sich gegen den Zug und versuchten, einen Pullover, einen Regenmantel oder ein Paar Plastikschuhe zu ergattern: hübsche Mädchen im Minirock ebenso wie behäbige alte Frauen mit Kopftuch. Die einzigen, die sich nicht rührten, waren schmutzige, betrunkene, unrasierte Männer, die am Fuße zweier Lichtmasten kauerten.

In Krasnojarsk, wo die Odyssee Ossendowskis begonnen hatte, überkam mich das Gefühl, meine Reise mit ihm sei nun vollendet. Vielleicht wäre er gern hier ausgestiegen, um sich anzusehen, welch geringen Weg die Stadtbevölkerung seit dem Tag zurückgelegt hatte, an dem er geflohen war, um sein Leben zu retten, und wie weit die dem Baron so verhaßte Revolution Wurzeln geschlagen hatte! Ich meinte, wir sollten uns hier voneinander trennen. Ich nahm das Buch, dankte ihm für die wunderbare Gesellschaft, die es mir geleistet hatte, und schlug es zum Spaß an einer beliebigen Stelle auf, indem ich mir sagte, daß die ersten Worte, auf die mein Blick fallen würde, Ossendowskis Abschiedsworte an mich sein sollten. Und so las ich in der ersten Zeile auf Seite 188: »... schrecklicher, verfluchter Baron! Keiner kann über das eigene Schicksal verfügen.« Dann steckte ich das Buch in einen der Umschläge, die ich dabeihatte, um ab und zu nach Hause zu schicken, was ich nicht mehr brauchte. Am nächsten Bahnhof würde ich es in den Briefkasten werfen.

Tomsk, Nowosibirsk, Omsk: Tag für Tag wiederholte sich auf jedem Bahnhof, ob groß oder klein, dasselbe Spektakel. Kaum hörten die Leute das Pfeifen des Wunderzuges, stürzten sie aufgeregt aus dem Haus und zum Bahnhof. Manchmal war es, als renne die gesamte Bevölkerung neben den Schienen her.

Zwischen den Stationen tranken die Mongolen, oder sie schliefen. Draußen sausten eintönig die Birken vorbei.

Ein seltsames Schicksal, das der Transsibirischen Eisenbahn! Vor etwa hundert Jahren, auf dem Höhepunkt russischer Machtansprüche in Asien als Verteidigungslinie gegen China gebaut, dient sie jetzt als Versorgungslinie, an der sich die armen, von der Geschichte besiegten Russen mit billigen chinesischen Klamotten versorgen. Statt von Herzoginnen und Spionen, von Generälen und Abenteurern aus halb Europa wird die Transsib heutzutage von den Nachkommen Dschingis-Khans benutzt, die zwar erneut auf den Spuren ihrer einstigen Eroberungen wandeln, diesmal aber – die Ärmsten! – als einfache Händler.

Bei jedem Erwachen lag vor dem Zugfenster die Taiga und auf dem Klapptisch des Abteils, auf Zeitungspapier, eine Portion mit Schaffleisch gefüllte Teigtaschen, die immer übler rochen. »Sie halten sich länger als eine Woche, ohne schlecht zu werden«, erklärte mir mein Mitreisender, der *businessman.* Und er erzählte, daß jede Familie in Ulan Bator gegen Ende Oktober einen ganzen Ochsen kauft, ihn enthäutet und dann auf dem Balkon liegenläßt. In der Kälte gefriert das Fleisch und kann während des Winters nach und nach verzehrt werden. Dasselbe macht man mit Schafen.

Unter den Passagieren der Nachbarabteile war eine hübsche Frau, eine ehemalige Bergwerksingenieurin, die sich gezwungenermaßen auf den Handel mit Lederjacken verlegt hatte; außerdem eine Studentin der französischen Literatur, die mit Hausschuhen, Anoraks, Sportanzügen und Windjacken unterwegs war. Eigentlich war dies der Job ihres Bruders, aber der Großvater hatte seine Zukunft in den Steinen gelesen und gesehen, daß diese Reise ihm kein Glück bringen würde, also hatte die Familie sie geschickt. Jeder Mongole hatte gut tausend Dollar in Waren investiert und rechnete damit, mit dem Dreifachen nach Ulan Bator zurückzukehren. Die Mongolen können ihre Vorräte in China leicht wieder auffüllen; sie brauchen kein Einreisevisum nach Rußland, und so nützen sie ihre Stellung zwischen den beiden Staaten weidlich aus.

In Marinsk riet Wladimir, die Türen von Waggon und Abteil gut zu verschließen, dies sei die Station der Gangster und der Mafia.

»Skolka? Skolka?« grölte es in der gesichtslosen Menge, als wir mitten in der Nacht in Jekaterinburg einliefen, wo die Bolschewisten die Zarenfamilie abgeschlachtet hatten. »Wieviel, wieviel?« riefen die Leute, ohne zu sehen, was sie kauften. Geldbündel und Plastiktüten mit den erwünschten Waren gingen im Dunkeln von Hand zu Hand. Mein Mongole nutzte das aus, um die unpaarigen Schuhe und den Regenmantel mit dem großen Fettfleck loszuwerden.

Erst gegen Mitte der Reise merkte ich, daß ich nicht der einzige Europäer im Zug war. Im letzten Wagen saß ein junger Franzose mit einem hübschen Mädchen aus Zentralafrika, das er gerade geheiratet hatte. In einem anderen *»De luxe«*-Waggon befanden sich ein bulgarischer Diplomat und ein eleganter 74jähriger Architekt aus Paris. Er kam aus der Mongolei, wo er zwei Wochen verbracht hatte. »Interessieren Sie sich für Buddhismus?« fragte ich. Ja und nein. Seine Frau war eine berühmte Hellseherin, doch seit kurzem war sie gelähmt, und so hatte sie ihn in die Mongolei geschickt, um sich mit der Energie

»aufzuladen«, die – so sagte er – dort so reichlich vorhanden sei. Seine Frau nutzte diese Energie hauptsächlich, um Menschen wieder gesund zu machen.

»Sie behauptet ja nicht, Krebs heilen zu können, wenngleich ihr zuweilen auch das gelingt. Am besten ist sie bei psychischen Krankheiten«, sagte der Architekt. Jede Sitzung bei seiner Frau dauere mindestens zwei Stunden. Ihre Methode bestehe darin, daß sie den Patienten als erstes einen Baum zeichnen lasse – der Baum sei die Quelle, ein Symbol für das Leben selbst – und dann einen Mann oder eine Frau. Jeder von uns werde, so fuhr er fort, von sieben Hautschichten geschützt, von denen einige leuchteten. Er erzählte voller Begeisterung von der letzten Reise, die er mit seiner Frau an die »starken« Orte Frankreichs gemacht hatte – Orte, an denen sich spirituell etwas Besonderes zugetragen habe. Auch dorthin war sie gereist, um »Energie« zu tanken. War es wieder nur ein Zufall, daß ich genau auf ihn traf?

Er war ungeheuer sympathisch, warmherzig, und es amüsierte ihn zu hören, aus welchem Grund ich im Zug war. Er meinte, ich müsse unbedingt nach Paris kommen, um seine Frau kennenzulernen, und gab mir ihre Visitenkarte mit der Adresse. Ich behielt sie zwei Tage lang in der Tasche; dann, eines Nachmittags, als ich diese ewig-gleichen Birken am Fenster vorbeirinnen sah, überlegte ich mir, daß ich den Rest meines Lebens damit zubringen könnte, auf der Suche nach Wahrsagern und Sehern von einem Ort zum anderen zu eilen. Es würde immer einen geben, von dem man hoffte, daß er der allerbeste sei, und es würde immer der nächste sein – vielleicht ja auch diese Frau. Und ich ließ mir ihre Visitenkarte vom Wind entreißen. Als ich sie so den Zug entlang dahinflattern sah, war mir, als hätte ich meine Entscheidungsfreiheit wiedergewonnen. Ich beschloß, nicht nach Bulgarien zu fahren, um Vanga aufzusuchen, und auch in Moskau zu keinem einzigen Wahrsager mehr zu gehen.

Ein neuer Halt, ein neuer furchterregender Ansturm auf den Zug. Es war der Morgen eines ganz normalen Arbeitstages, doch schien es, als sei die ganze Stadt hier am Bahnsteig versammelt, sogar Kinder, die eigentlich in der Schule hätten sein müssen, und Arbeiter, die man in den Fabriken erwartet hätte. Großes Geschrei, große Geschäfte! Als der Zug wieder anfuhr, brach eine Alte in Tränen aus und schlug mit der offenen Hand verzweifelt gegen die eben geschlossene Tür. Sie schrie, sie habe bezahlt, aber ihren Trainingsanzug nicht bekommen. Die Mongolen antworteten, daß sie ihn ihr gegeben hätten, aber ein Dieb habe ihn ihr aus der Hand gerissen. Sie könnten nichts dafür.

»Afrika! Afrika!« meinte Wladimir. »Russisches Volk große Geschichte, aber kein System. System nicht gut.« Er lachte.

Am Bahnhof von Barabinsk ergriff auch mich das Handelsfieber. Ich bat meinen Mongolen um einen Regenmantel. Wieviel sollte ich dafür verlangen? 20000 Rubel. Einige Minuten lang schrie ich diesen Preis den Menschen entgegen. Einige faßten den Mantel an und rannten weiter. Schließlich steckte mir ein junger Mann zwei Zehntausend-Rubel-Scheine in die Hand, und ich gab ihm den Regenmantel.

In unserem Abteil überreichte ich dem Mongolen voller Stolz sein Geld; der aber lachte lauthals heraus. Falschgeld! Es waren Tausend-Rubel-Scheine, die jemand geschickt mit einer Null aufgewertet hatte. Man mußte nur ein wenig Spucke an der Stelle verreiben, und die Null verschwand.

Während der langen Reisestunden besuchte man sich gegenseitig. Der junge Franzose kam mit seiner schönen Zentralafrikanerin in mein Abteil. Auch er hatte eine Geschichte über die Hellseherei zu erzählen. Einer seiner Freunde in Afrika war mit Durchfall zu einem Medizinmann gegangen. Dieser zeichnete stilisierte Männchen in den Sand und sagte, innerhalb der nächsten zwei Wochen werde er erfahren, daß eine ihm sehr nahestehende Frau schwanger sei. Der Freund glaubte ihm nicht, aber zehn Tage später erhielt er einen Brief von seiner Schwester, in dem sie ihm mitteilte, daß sie ein Kind erwarte.

Was sollte ich dazu sagen? Daß jeder eine Geschichte hat, an die er glaubt. »Sie glaubt noch, daß es in Afrika Menschen gibt, die zu Krokodilen werden«, sagte der Franzose von seiner Frau.

»Für sie sind die Wesen im Fluß, die Kinder fressen, nicht einfach Krokodile ... Sie muß glauben, daß es böse Menschen sind, die zu Krokodilen geworden sind.«

Unser Abteil leerte sich allmählich. Als wir Perm hinter uns ließen, hatte mein Mongole, dessen Backen vom Wodka und vom Bier immer runder und röter geworden waren, alles verkauft, was er mitgenommen hatte. In den nächsten Bahnhöfen begannen Russen einzusteigen, die ihrerseits den Mongolen, die nun viel Bargeld in den Taschen hatten, etwas verkaufen wollten. Ein Mann bot eine Kiste voller Arzneimittel an, zwei Mädchen deutsche Pistolen. Mein Mongole kaufte eine für 150 Dollar, um sich gegen die »Gangster in Moskau« zu verteidigen. Ein junger Russe hatte nur ein Päckchen Karten dabei, aber damit organisierte er eine kleine Spielhölle.

In Danilow stiegen gefällige, dreiste Russinnen mit ihren Zuhältern zu, und das Abteil Nummer 5 meines *»De luxe«*-Waggons verwandelte sich plötzlich in ein Bordell.

Eine ganze Nacht lang keuchte der Zug den Ural hinauf und ließ Birken und Sibirien endlich hinter sich. Am nächsten Morgen dehnte sich die Landschaft in eine große Ebene voll reifen Korns, in der kein einziges Blockhaus mehr stand.

Der Speisewagen füllte sich immer mehr mit jungen *businessmen*. Sie traten frech auf Wladimir zu, bestellten Bier und Wodka, tranken, wurden rot im Gesicht und brachen über den Tischen zusammen.

Wladimir kannte das Leben und hatte sehr genaue Vorstellungen vom Lauf der Welt. Alles, was gut, geordnet, schön und sauber war, hieß bei ihm »normal«. Die Freiheit, es zu etwas bringen zu können? »Normal!« Frauen lieben? »Normal!« Was nicht mehr »normal« war, war Rußland, weil dort keine Ordnung mehr waltete, weil es zwischen Gangstern, Mafiosi und Polizisten keinen Unterschied mehr gab. Mit der Hand machte er eine Geste, die bedeutete: Sie sind alle gleich, die einen wie die anderen; sie stecken alle unter einer Decke. Er zeigte auf die Kragenspiegel eines Offiziers und sagte: »Mafia, nicht normal.« Er stellte die rhetorische Frage *»democracy?«* und gab gleich selbst die Antwort: »Nicht normal. Russisches Volk braucht Diktator. Großer Diktator für Rußland normal. Stalin für Rußland normal.« Ich glaube nicht, daß er das nur deshalb sagte, weil Stalin wie er aus Georgien kam. Er sagte es, weil mit dem Scheitern des Kommunismus und dem Zerfall des Sowjetimperiums Leute wie er nicht mehr wissen, worauf sie ihre Hoffnungen setzen sollen, weil sie um sich herum niemanden sehen, der Größe hat und dem man das eigene Schicksal anvertrauen kann.

Eine Gruppe bedrohlich aussehender Soldaten in Tarnanzügen und mit dicken Knüppeln stieg ein. Miliz. Sie patrouillierten durch den Zug und knöpften den Mongolen Geld ab. »Tausend Rubel wegen Rauchens im Korridor!« Oder einfach nur, damit es keinen Ärger gäbe.

Langsam kehrte im Zug Ruhe ein. Wladimir holte mit einem Helfer die betrunkenen Mongolen aus dem Speisewagen und setzte sie im Gang der 2. Klasse ab. Im Abteil Nummer 5 herrschte noch immer ein reges Kommen und Gehen.

Plötzlich spürte man, wie etwas Neues, lang Erwartetes sich näherte: Der Dialog von Rädern und Schienen wurde intensiver, quasi mehrstimmig, der Zug fuhr über Weichen, verlangsamte sein Tempo, die Räder kreischten, und wir fuhren schaukelnd in eine große Stadt ein. Die Zugführerin klopfte an die Türen der Betrunkenen und der Schlafenden und brüllte mit freudiger Stimme: »Moskwa! Moskwa!«

Es war drei Uhr morgens, und ein feiner Regen fiel auf die Überdachung der Gleise, als ich zu meiner großen Erleichterung endlich wieder festen Boden betrat. Wir hatten sechs Stunden Verspätung.

Mein Mongole schüttelte mir die Hand und verschwand in der Menge. Er trug Bluejeans und ein elegantes, dunkles Sakko. In der Hand hatte er einen Aktenkoffer wie ein normaler *businessman.* Nur ich wußte, daß darin Tausende Rubel und eine Pistole lagen.

Nach Moskau war die Reise einfach. In einem Tag durchquerten wir Weißrußland. Dann kam Brest, die letzte Station im ehemaligen Sowjetimperium. Dort wurden die Waggons wieder in eine

Wartungshalle gefahren, wo sie angehoben und mit Rädern einer kleineren Spurweite versehen wurden. Ein letzter Grenzsoldat beobachtete uns mit einem Fernglas. Dann rollten wir über die Grenze und waren in Polen.

In der Ferne sah ich zwischen Bäumen eine Kirche. Europa! Die Bahnhöfe wurden immer ordentlicher, die Uniformen der Bahnbediensteten immer sauberer, und bald war ich zu Hause. Welch eine Freude!

Ich packte meinen Rucksack aus und verteilte all die Öle, Pülverchen, Tütchen, Zauberzettel und anderen Glücksbringer, die ich auf meinem Weg gesammelt hatte, an Freunde und Verwandte. Was ich allerdings nicht abschütteln konnte, war die beunruhigende Erinnerung an diese riesige Menge verzweifelter, orientierungsloser, gieriger und zorniger Menschen, die ich in Vietnam und China, in der Mongolei und in Rußland hinter mir ließ.

Wäre ich geflogen, hätte ich sie nie gesehen.

Besser als ein Job bei der Bank

Das Buch kam genau zum richtigen Zeitpunkt heraus, um ein »Riesenerfolg« zu werden. Wie die Magierin aus Bangkok es vorgeschrieben hatte, war es weder zu groß noch zu klein, der Umschlag war pastellfarben, und im Titel stand der Name eines Mannes. Doch als ich in London ankam, sah ich vor den Buchhandlungen, in deren Schaufenstern es auslag, keine Käuferschlangen: erneut ein Beweis dafür – wenn ich eines solchen noch bedurft hätte –, daß man Wahrsagern nicht recht trauen kann. Jedenfalls nicht, was die Details betrifft, denn ansonsten war mein Besuch ein Erfolg. Schon die Ankunft mit dem Zug, nachdem ich den Ärmelkanal überquert und vom Fährschiff aus die weißen Klippen von Dover wiedergesehen hatte, war eine große Freude, die ich immerhin einem Wahrsager verdankte.

Bald würde auch dieser gesunde, schöne Abstand verschwinden, der über Jahrhunderte hinweg aus den Briten Briten und aus uns »Kontinentaleuropäer« gemacht hatte. Bald würde nämlich der gesamte Verkehr durch diesen einen erstickenden und – wie ich mir vorstellte – wenig romantischen Tunnel unter dem Meer hindurch abgewickelt werden.

Irgendwo ist offenbar einer, den niemand gewählt hat und der die Welt antreibt, damit sie sich immer schneller dreht, damit die Menschen einander immer ähnlicher werden – im Namen der sogenannten Globalisierung, ein Begriff, dessen Bedeutung kaum jemand kennt, und eine Tatsache, die noch weniger Menschen sich auch gewünscht haben.

In London wurde ich von meinem Verleger beschlagnahmt. Doch zwischen einem und dem nächsten Termin fragte ich meine Betreuerin, ob sie mir nicht helfen könne, einen Wahrsager zu finden – einen guten, bekannten. Sie vereinbarte ein Treffen: Um ein Uhr mittags sollte ich in der Monmouth Street 11 sein und nach Mister Norman fragen.

Mit gemischten Gefühlen stieg ich aus dem Taxi. Eine Sache ist es, als Entdecker, als Journalist, auf der Suche nach irgendeiner Wahrheit, einen alten Lama in Ulan Bator aufzusuchen; eine ganz andere Sache, einen Wahrsager im Zentrum Londons zu konsultieren. In der Mongolei hat man, so bildet man sich jedenfalls ein, dafür ein Alibi. Aber welches Alibi hatte ich hier?

Mein Unbehagen nahm zu, als ich, da die Straße für den Verkehr gesperrt war, die letzten paar Meter zu Fuß gehen mußte und entdeckte, daß die Hausnummer 11 ein Laden mit dem ans Fenster gepinselten Namen »Mysteries« war. Es war eine Art Supermarkt, eine Schule oder ein Tempel des Okkulten, in dem sich zu jener Tageszeit erstaunlich viele junge »Alternative« tummelten: Punks, Lehrlinge der Hexerei und routinierte Hexen. In den Regalen wurden alle möglichen Bücher zum Thema Magie, Wunder, Mysterium, alles nur Erdenkliche zum Thema Buddhismus, fernöstliche Philosophie, Astrologie und Chiromantie angeboten. Was man nur irgend wissen wollte, gab es dort. Alles, von dem ich mir einbildete, es selbst beschnüffelt und manchmal sogar entdeckt zu haben, war in dieser unendlichen Vielfalt von Büchern, in dieser Ansammlung von Fotos, Schallplatten und Videokassetten zweifellos zu finden.

Ich zahlte die verlangten fünfzehn Pfund an die Kassiererin, ein Mädchen mit einer lockigen, feuerroten Mähne, nahm meine Eintrittskarte, stieg eine schmale, mit Strohmatten ausgelegte Treppe hinauf und gelangte in einen in Kabinen unterteilten Raum, in denen jeweils ein Wahrsager saß. An den Wänden hingen Poster mit indischen oder buddhistischen Gottheiten. In einer Kabine entdeckte ich sogar eine Glaskugel.

»Ich bin Norman. Hast du einen Termin?« Der etwa sechzigjährige Mann mit fahlem Gesicht, vorstehendem Kinn und Geheimratsecken trug eine schwarze Lederjacke und eine dunkle Hose. In der Hand hielt er eine brennende Zigarette. Er führte mich in seine Kabine und ließ mich sich gegenüber an einem einfachen Tischchen Platz nehmen. An der Wand hingen Poster mit psychedelischen Motiven.

Mir stünde eine halbe Stunde Beratung zu, und damit ich für den Preis möglichst viel Gegenleistung bekäme, sei es ratsam, sofort anzufangen. Er reichte mir einen dicken Stapel großformatiger Karten mit Figuren in grellen Farben darauf, bat mich, dreimal zu mischen, hob jeweils die siebte Karte ab, legte sie aus und begann dann mit der Analyse:

»Du stehst am Anfang eines neuen Lebenszyklus und machst tastende Schritte im Dunkeln. Da du Herausforderungen liebst, wirst du Erfolg haben. Großen Erfolg ... Das steht außer Zweifel. Schau! In diesem ganzen Stapel befinden sich vier mächtige Karten, und drei davon hast du ... Darum sage ich dir: Laß dich in deinen Plänen nicht beirren. Was du dir vorgenommen hast, wird dir gelingen. Du mußt nur auf deine Gesundheit aufpassen, denn du bist einer, der viel Energie verbraucht. Manchmal zuviel. Sieh zu, daß deine Batterie immer geladen ist.«

Ich unterbrach ihn und bat, mir nichts zu verschweigen, was er sehe, absolut nichts, auch wenn es schreckliche Dinge wären.

»Ich sehe nichts Negatives in den Karten ... Klar, eines Tages stirbst auch du, wie ich, wie wir alle, aber die Karten sagen nicht, wann. Ich sehe hier nicht deinen Tod ... Du bist einer, der gern unter Druck steht, der die Gefahr, das Risiko liebt; aber wenn eine Kugel dich treffen soll, so verfehlt sie ihr Ziel, und sei es um ein paar Millimeter; du bleibst unversehrt. Das sagen die Karten. Dein ganzes Leben steht unter einem bestimmten Zeichen: ›Glücklich, aber nicht reich.‹ Hier die Karten, siehst du?« (Ich sah nur Figuren, die mir nichts sagten.) *»Das sind alles Glückskarten, aber nicht eine Karte für Reichtum ist dabei. Und dann sehe ich noch eine Frau in den Karten, eine Frau mit einem starken Charakter, die in deinem Leben eine große Rolle spielt ...«*

Norman fuhr zwanzig Minuten in dieser Weise fort, rauchte dabei eine Zigarette nach der anderen, mischte die Karten immer wieder, ließ mich eine wählen und legte sie aus, ehe er über die verschiedenen Bereiche sprach, die mir bereits wohlbekannt waren. Sie glichen einander – in Bangkok, in Ulan Bator wie in London: der Tod eines mir nahestehenden Menschen in den vergangenen oder folgenden Monaten; eine jüngere Person als ich, mit der ich mich im Oktober gutstellen sollte; ein Freund, der mich verraten könnte; größere Reisen zwischen dem 10. Oktober und dem 20. November und so weiter.

Ich sah auf die Uhr und beschloß, die letzten zehn Minuten dafür zu nutzen, über Norman zu sprechen statt über mich. Ich fragte ihn also, ob er an das glaube, was er in den Karten sah.

»Nicht hundertprozentig, denn sonst wären wir ja für unser Handeln nicht mehr selbst verantwortlich«, erwiderte er. Und fügte hinzu: *»Die Karten offenbaren die Schatten der Dinge, der Geschehnisse ... Ich kann den Leuten nur helfen, den Lichteinfall zu verändern und so in freier Entscheidung andere Schatten zu setzen. Daran glaube ich: Man kann die Schatten verändern.«*

Dies erschien mir als eine der schönsten Umschreibungen für die Tätigkeit eines Wahrsagers: die Schatten verändern. Schön, und auch treffend, wenn es – wie es uns Pirandello und Rashomon gelehrt haben – nicht eine Wahrheit gibt, sondern viele, je nachdem, wer die Dinge betrachtet und wie!

Ich erklärte ihm, weshalb ich gekommen sei, und Norman zündete sich die x-te Zigarette an und erzählte seinerseits, weshalb er hier sei. Jahrelang war er Kassierer in einer Bank gewesen. Schließlich hatte er es nicht mehr ausgehalten und gekündigt. Alle möglichen Berufe hatte er ausprobiert, aber keiner hatte ihm genügend Geld zum Leben eingebracht und soviel Befriedigung verschafft wie der des Kartenlegers. Von den fünfzehn Pfund, die die Kunden bezahlten, behielt er die eine Hälfte, die andere ging an den Laden. Wenn der Tag zu Ende sei, habe er das Gefühl, einigen Menschen wirklich geholfen zu haben.

Norman gefiel mir. Sicher, er verfügte nicht über besondere »Kräfte« – wenn er welche gehabt hätte, hätte er zumindest aufgehört zu rauchen! –, aber er besaß einen gesunden Menschenverstand. Ich spürte, daß er aufrichtig war, und bin sicher, daß er mit dem, was er sagte, manchmal tatsächlich jemandem helfen konnte, ein wenig Schatten zu beseitigen und etwas mehr Licht in sein Leben zu bringen. Wie der Wahrsager in Betong, der »spürte«, welche Mädchen Aids hatten, wie die Frauen aus Hanoi und die »Hexe« aus Ulan Bator.

Ich hätte allzugern in London ein Schiff bestiegen und wäre die Themse entlang Richtung Meer gefahren, wie ein Matrose bei Joseph Conrad, aber das Schiff nach Hamburg fuhr von Harwich aus, und so mußte ich den Zug nehmen, um an die Küste zu gelangen. Doch auch das war angenehm, da es mir Zeit ließ, die wohlgeordnete englische Landschaft zu betrachten; da war nichts, das sie verunstaltet hätte, nicht einmal Hochspannungsmasten. Man spürte das Bemühen, die natürliche Schönheit der Landschaft zu bewahren. Und das war herzerfrischend.

Vom ersten Augenblick meiner Ankunft in Europa an war ich beeindruckt davon, wie gut dieser Kontinent sein Alter verkraftete. Er gab sich keine Mühe, sich ein anderes Gesicht zuzulegen, vielmehr war er stolz auf sein Aussehen und bestrebt, es zu erhalten. Verglichen mit dem Selbstzerstörungsdrang Asiens war dies eine große Wohltat.

Das Schiff fuhr am frühen Vormittag von Harwich ab, und am Morgen des darauffolgenden Tages erreichten wir die Elbmündung. Noch sechs Stunden, dann würden wir in Altona vor Anker gehen, sechs wunderbare, gemächliche Stunden zwischen den eleganten Ufern dieses Flusses, über den soviel Geschichte und soviel Reichtum nach Hamburg gelangt war.

Hamburg ist ein Hafen. Das weiß man. Doch richtig verstanden habe ich es erst, als ich wie ein hanseatischer Seemann nach monatelanger Fahrt übers Meer zurückkehrte. Zuerst erblickte ich die Dächer von Cuxhaven am Horizont, dann die Kapitänshäuschen und die weißen Villen der reichen Kaufleute, die sich zwischen prächtigen Bäumen in Blankenese sonnten, und schließlich die kupfergrünen Kirchtürme der herbeigesehnten Stadt. Ich war zigmal in Hamburg gewesen, aber es hatte einen Wahrsager aus Hongkong gebraucht, damit ich seine wahre Seele erspürte.

Dies war jedoch nicht die einzige Überraschung. Als ich mich mit den Verantwortlichen des *Spiegel* traf, sagten sie: »Wir wissen, daß du gern nach Indien gehen und dort leben würdest. Gut. Der Posten des Korrespondenten wird zum Jahresende frei. Wir möchten, daß du ab 1. Januar in Delhi anfängst.«

Donnerwetter! Dann hatte der Blinde aus Bangkok also recht gehabt und mit ihm alle Wahrsager, die prophezeit hatten, daß ich ab 1994 in einem anderen Land leben würde! Ich sagte nichts, aber die Sache erschien mir merkwürdig und amüsant.

Für mich war es jedoch etwas schwierig, Bangkok derart schnell verlassen zu müssen. Und wie sollte ich nach Delhi kommen? Per Flugzeug? Ich erinnerte mich daran, daß einer meiner Wahrsager gemeint hatte, die Zeit nach dem 8. April sei für einen Wohnungswechsel günstig.

Nach einigem Hin und Her einigten wir uns schließlich darauf, daß ich am 1. Mai 1994 nach Indien gehen würde, was alle Beteiligten zufriedenstellte. Auch meinem Schicksal wurde auf diese Weise Rechnung getragen.

Auf seine Art machte mir der Wahrsager von Hongkong über die Jahre hinweg immer wieder Geschenke. Das nächste waren achtzehn lange, behagliche erholsame Tage der Stille und Einsamkeit an Bord eines Schiffes von Europa nach Asien, durch die großen Meere der Weltgeschichte: Mittelmeer, Rotes Meer, Persischer Golf, Indischer Ozean.

Aus unerfindlichen Gründen geht man immer davon aus, daß die Geschicke der Menschheit sich auf dem Land abspielen, man betrachtet die Vergangenheit im Spiegel der Bauwerke, in dem, was errichtet worden ist, in den Überbleibseln dessen, was zerstört worden ist, in den Gräbern; dabei wurde ein großer Teil der Weltgeschichte, häufig der dramatischste, auf den Meeren geschrieben, wo die Menschen keine Spuren hinterlassen haben, wo alles vom Wasser verschlungen wurde, das heute nicht anders ist als vor Tausenden von Jahren: unentzifferbar. Das Meer hat die Menschen zu großen Eroberungsträumen angeregt; auf dem Meer entschieden sich die Geschicke der Kulturen und Reiche. Die Verlockung durch unbekannte Erdteile jenseits des Horizonts hat die großen Seefahrer dazu getrieben, ihr Leben dem Meer anzuvertrauen.

Der Gedanke, durch diese geschichtsträchtigen Meere nach Bangkok zurückzukehren und nicht mehr den Landweg nehmen zu müssen, gefiel mir außerordentlich. Außerdem reizte mich der Gedanke, über eine lange Zeit hinweg auf einem Schiff zu sein, abgeschieden, unerreichbar, wenn es erst einmal in See gestochen war.

Schiffe gehören zu den ältesten, den klassischen und angenehmsten Möglichkeiten, die Welt zu bereisen. Leider sind auch sie dem Verschwinden geweiht: wieder eines der Vergnügen, die wir uns aus dem Zwang heraus, modern zu sein, versagen. Schiffe gibt es noch; und alle haben sie Passagierkabinen, aber die bürokratischen Bestimmungen und die Versicherungsgesellschaften verwehren den Zugang.

Ich hatte Glück. In Singapur hatte ich bei Roberto Pregaz zu Abend gegessen, einem Italiener, der das alte Raffles Hotel in den letzten Jahren seiner Glanzzeit geführt hatte, bevor auch dieses modernisiert und zu einem Supermarkt des Luxustourismus umfunktioniert wurde. Ich fragte ihn, ob er jemanden bei einer italienischen Schiffahrtslinie mit regelmäßigem Verkehr in den Orient kenne, und Roberto gab mir die Adresse eines befreundeten Kapitäns, der leitender Angestellter beim Lloyd Triestino war. Ich schrieb ihm einen Brief und erhielt postwendend eine sehr höfliche und vielversprechende Antwort. Wenn ich bereit sei, eine Erklärung zu unterschreiben, die die Schiffahrtsgesellschaft jeglicher Verantwortung für alle Zwischenfälle während der Reise entbinde, könne ich mich – diesmal mit Angela – an Bord eines Containerfrachters, der *Trieste*, einschiffen, der von La Spezia aus Ende September nach Singapur fuhr. Ein Geschenk des Himmels.

Allein schon La Spezia war ein Geschenk. Ich kannte die Stadt nur dem Namen nach, obwohl zwei meiner Kommilitonen aus Universitätszeiten von dort stammten. Wenn nicht das Schiff von dort abgefahren wäre, hätte es mich wahrscheinlich niemals dorthin verschlagen, und damit wäre mir eine entzückende Stadt des 19. Jahrhunderts entgangen. Im Auftrag von Cavour war sie mit großem ästhetischem Gespür von einem Admiral angelegt worden – nach der nationalen Einigung, als Italien eine militärische Werft und einen Marinestützpunkt brauchte. Wir quartierten uns in einer kleinen Pension im Zentrum ein und erkundeten die ganze Stadt zu Fuß.

Die Abfahrt der *Trieste*, ursprünglich für einen Samstag vorgesehen, wurde zuerst auf Montag, dann auf Mittwoch verschoben, und so hatten wir Zeit für Ausflüge nach Portovenere und nach Lerici, wo wir einen ganzen Tag verbrachten und die träge Eleganz des Badeorts außerhalb der Saison genossen.

Bei der Rückfahrt nach La Spezia mit dem Bus entlang der Küste sahen wir die *Trieste*, mächtig und plump, in den Hafen einlaufen. Als wir an Bord gingen, erschien uns das Schiff mit seinen 200 Meter Länge als ein richtiger Riese. Die Containerstapel, die das gesamte Deck einnahmen, wirkten wie Häuserblocks, zwischen denen enge Gäßchen verliefen; man hatte den Eindruck, eine verlassene Stadt zu betreten. Seit es Container gibt, haben die Schiffe ihr elegantes Äußeres eingebüßt. Und in den Häfen herrscht kein reges Treiben mehr. Der »neue« Hafen von La Spezia kam uns vor wie die Kulisse eines Science-fiction-Films. Riesige Kräne bewegten sich hin und her und luden Metallkästen in allen möglichen Farben ein und aus, hievten sie auf Lastwagen, auf Schiffe, auf andere Kästen – vollautomatisch, begleitet von einem unablässigen Alarmton, durch den niemand alarmiert wurde: Auf den riesigen Plätzen war keine Menschenseele zu entdecken, als werde alles per Computer ferngesteuert und als gäbe es keine Menschen mehr.

Es war wohltuend, in See zu stechen und zu beobachten, wie die Lichter dieses gespenstischen Hafens und der Bucht in der raucherfüllten Dunkelheit der Nacht entschwanden.

Fast drei Wochen lang legten wir nirgends an, und die Tage vergingen, einer nach dem anderen, in ständiger Erwartung eines Ziels: des Anblicks von Skylla und Charybdis, der Straße von Messina, des Suezkanals, des Zwischenstopps an den Bitterseen, der Durchfahrt durch das Rote Meer und der Überquerung eines der heißesten Punkte der Erde.

Wir hatten eine geräumige und bequeme Kajüte mit einem großen Bullauge, durch das wir auch nachts die Fahrt des Schiffs verfolgen konnten. Eigentlich war dies eine Kabine für die Kadetten, aber da es so gut wie keine mehr gab, war sie lange Zeit unbenutzt gewesen. Die Schiffsbesatzung selbst umfaßte aus wirtschaftlichen Gründen nur mehr achtzehn Mann, die wir aufgrund des Schichtdienstes unter Deck kaum zu Gesicht bekamen.

Rasch vergingen die Tage im Rhythmus der Rituale des Mittag- und Abendessens in der Offiziersmesse. Wir aßen mit den Herren in weißer Uniform – Herren der alten Schule, voller kleiner Aufmerksamkeiten und Seemannsgeschichten, die sie zu unserer Unterhaltung zum besten gaben. Das Essen, von einem neapolitanischen Koch zubereitet, war ausgezeichnet und abwechslungsreich; der Speiseplan wiederholte sich nie.

Ich stand mit der Sonne auf und drehte zehn sportliche Runden, dann verbrachte ich Stunde um Stunde am Heck, fern vom Dröhnen der Maschinen, las, ließ meinen Blick über die Weiten des Meeres schweifen oder beobachtete einen von der Mannschaft, der den Rost von einer Ankerwinde kratzte. In der Stille, unterbrochen nur vom Quietschen der leicht schwankenden Container, glaubte ich, die Seeleute endlich zu verstehen: Auch sie waren Ausbrecher; auch sie entflohen der Welt an »Land«, den gesellschaftlichen Verpflichtungen, der Last der Beziehungen, um wochen- und monatelang in jenem immer gleichen, schillernden Universum von Wasser und Himmel zu leben, um sich am Umriß einer Insel im Dunst zu erfreuen oder an einem Leuchtturm, der in der Dunkelheit blinkt.

Großartig, diese Seeleute! Aber auch sie wird es bald nicht mehr geben. Schon heißen sie nicht mehr »Matrose«, »Maat« und »Bootsmann«; diese Bezeichnungen wurden abgeschafft, und an ihre Stelle trat, aus gewerkschaftlichen Gründen, eine neue Kategorie: die »comuni polivalenti« – was im bürokratischen Jargon Italiens soviel heißt wie Mehrzweckarbeiter.

Ähnlich ergeht es dem Seemannswissen – Summe einer über Jahrhunderte hinweg erworbenen Erfahrung: Die moderne Welt weiß nichts mehr damit anzufangen. Heute erledigen alles die Instrumente. Einst mußte der Matrose sein Auge trainieren, um in einem Kräuseln der Wellen einen Fischschwarm ausmachen zu können, um von weitem die Schiffbarkeit einer Reede einzuschätzen oder um rechtzeitig eine seichtere Stelle zu entdecken und zu verhindern, daß das Schiff auf Grund lief. Dies alles wird heute per Sonar und Radar gemacht, Apparaturen, die von Jahr zu Jahr präziser werden. Dennoch, wieviel Wissen geht auf diese Weise verloren! Wie viele natürliche Antennen verliert der Mensch, weil er sie durch elektronische ersetzt.

»Alles funktioniert automatisch. Man braucht das Meer nicht mehr zu beobachten!« meinte der Kapitän wehmütig. Und es ist doch so wunderbar, das Meer zu betrachten! Jede Stunde ist es anders; es wechselt seine Farbe, seine Konsistenz, seine Geräusche, seinen Wellengang. Immer wieder ein neues Schauspiel: Delphine begleiteten das Schiff, ein Wal tauchte hoch und, durch unsere Ungeheuerlichkeit erschreckt, schnell wieder unter. Schwärme fliegender Fische spielten mit dem Schiffskiel. Dann sahen wir Haie, die, so erzählten die Matrosen, sich zu dieser Jahreszeit paaren und in der Nähe der Bucht von Dschibuti ihre Jungen zur Welt bringen.

Unsere Gespräche in der Offiziersmesse endeten stets mit einer Klage über all die Veränderungen auf den Schiffen und über die Technologie, die dem Leben auf See alle Poesie genommen hätte. Schuld daran, sagte der Ingenieur, seien die Amerikaner. Sie hätten so viel Geld ausgegeben, um auf den Mond zu gelangen, ohne dort etwas Nützliches, Ausbeutbares zu finden, daß sie, um ihre Investitionen wieder hereinzuholen, jetzt gezwungen seien, die Weltraumtechnologie für zivile Zwecke nutzbar zu machen. Er war überzeugt, daß die großen internationalen Transporte in absehbarer Zeit unbemannten U-Booten anvertraut würden: komplett von Computern gesteuert und mit Maschinen ausgerüstet, die nicht mit den Schwierigkeiten und Widrigkeiten der traditionellen Seefahrt zu kämpfen hätten.

Der Koch war vor allem ein Gegner des Telefons, durch das alle verlernt hätten, Briefe nach Hause zu schreiben. Jetzt werde unnötiges Geld für ein wöchentliches Drei-Minuten-Gespräch ausgegeben, das fast ausschließlich aus Floskeln wie »Hallo. Hörst du mich?« – »Ja. Ich höre dich sehr gut.« – »Ich auch …« bestand.

Die ganze Zeit über hatten wir das Gefühl, an etwas teilzunehmen, dessen Ende nicht mehr fern war. Und eines Tages bewahrheitete sich diese Ahnung: Unsere Reise war ein Begräbniszug. Kurz nachdem wir Kap Guardafui (»schau und flieh«)

passiert hatten, fing der Funker eine Nachricht der Gewerkschaft auf, die die Mannschaft zum Streik aufrief: Das staatliche Unternehmen, dem die *Trieste* gehörte, führte bereits Verkaufsverhandlungen. Bei der Rückkehr nach Italien werde das Schiff einem multinationalen Konzern übergeben, es werde umgetauft und unter einer anderen Flagge registriert werden; die typisch italienischen »Mehrzweckarbeiter« würden durch asiatische, vielleicht chinesische Seeleute ersetzt werden, die monatlich weniger als fünfzig Dollar Lohn erhielten.

Dies war also die letzte Fahrt eines der wenigen Schiffe, die noch unter italienischer Flagge fuhren.

Am Heck sitzend ging mir die Frage durch den Kopf, wie lange eine Welt noch weiterbestehen könne, in der ausschließlich die primitiven, unmenschlichen und unmoralischen Maßstäbe wirtschaftlicher Rentabilität den Ton angeben. Ich sah die Schattenrisse ferner Inseln und stellte mir vor, daß auf einer noch ein Stamm von Dichtern wohnte – der sich bereit hielt für den Tag, an dem, nach dem finsteren Mittelalter des Materialismus, die Menschheit ihr Leben wieder mit anderen Werten füllen würde.

Eine der großen Freuden des Schiffs war, daß man die Zeit hatte, seinen Gedanken freien Lauf zu lassen, daß man seinen Phantasien nachhängen und mit den absurdesten Vorstellungen spielen konnte. Ich spürte, wie heilsam und wohltuend dieses entspannte Erkunden war. Sich Zeit für sich selbst zu nehmen ist eine einfache Kur für die Krankheiten der Seele, aber niemand scheint sie sich zu erlauben. Jahrelang hatte ich in Augenblicken der Niedergeschlagenheit davon geträumt, an der Tür meines Arbeitszimmers ein Schild anzubringen mit der Aufschrift »Bin in der Mittagspause« und diese Abwesenheit über Tage, ja Wochen hinweg auszudehnen. Endlich war es mir gelungen. Auf dem Schiff war ich ständig »in der Mittagspause« und hatte alle Zeit der Welt. Ich hatte Zeit, über die Zeit nachzudenken, darüber, daß mich instinktiv die Vergangenheit weitaus mehr faszinierte als die Gegenwart, daß mich die Gegenwart oft langweilt und ich mir vorstellen muß, wie ich mich später an sie erinnern werde, um sie im Augenblick genießen zu können. Ich hatte Zeit, mich über das unerwartete Auftauchen – wer weiß, woher! – eines einsamen grauen Vögelchens mit gelber Brust und schwarzgestreiften Flügeln zu freuen, das sich auf einem Kran in meiner unmittelbaren Nähe niedergelassen hatte und mich unablässig beobachtete.

Zur Lektüre hatte ich zwei Bücher von Mario Appelius dabei, einem Journalisten aus der Zeit vor dem Ersten Weltkrieg, der heute völlig in Vergessenheit geraten ist, weil er Faschist war: wiederum ein Beispiel dafür, daß sich in diesen Zeiten der angeblichen Meinungsfreiheit alte Vorurteile hartnäckig behaupten. Appelius war ein großer Reisender, mit einem Instinkt für Geschichte und einem tiefen Verständnis für die Dramen der Menschheit. Die Beschreibung seiner Begegnung mit einem Überseechinesen in einer Opiumhöhle in Phnom Penh oder der Kaiserkrönung eines Kindes in der alten Zitadelle Hue in Vietnam ist meisterhaft. Appelius hatte viel vom Wesen des Kolonialismus verstanden, vom Drang und den Bedürfnissen der Völker Asiens sowie von den Auswirkungen der Moderne, die bereits zu seiner Zeit das Überleben der alten Kulturen und Zivilisationen bedrohte. Sein Schmerz über das Verschwinden der Kas, der mythischen Wilden in den Bergen von Laos, war echt. Die Tatsache, daß Appelius bis zuletzt ein überzeugter Faschist blieb und daß er es war, der über das Radio den berühmten Satz verbreitete: »Dio stramaledica gli Inglesi!« (»Gott verfluche die Engländer!«), machten ihn zu einer Unperson und seinen Namen zu einem Tabu. Indem ich sein Buch las, schien es mir, als würde ich ihm Gerechtigkeit widerfahren lassen.

Manchmal in diesen Stunden der Muße ließ ich die verschiedenen Wahrsager Revue passieren, die ich aufgesucht hatte, und versuchte, in dem, was sie mir gesagt hatten, einen roten Faden zu entdecken. So wie mir der Sinn einer Reise der Weg und nicht das Ziel zu sein schien, so zählte im Bereich des Okkulten allein die Suche; es zählte das Stellen von Fragen und nicht die Antworten aus den Rissen in einem Knochen und den Handlinien. Die Antwort geben im Grunde immer wir selbst.

Die Orte, die das Schiff auf seiner Route passierte, erwarteten wir mit immer größerer Ungeduld, und wir hielten ständig Ausschau nach den Punkten, die der Kapitän auf seiner Karte mit Bleistift markiert hatte. Drei Tage fuhren wir auf dem offenen Meer dahin in Erwartung der Insel Minicoy, aber als wir endlich an ihr vorbeifuhren, sahen wir nur das schwache Blinken eines Leuchtturms. Das Leprakrankenhaus am Strand, von dem uns die Offiziere erzählt hatten, konnte man nicht einmal mit dem Fernrohr erkennen.

Am Eingang der Straße von Malakka kamen wir an einer Gruppe von Inseln vorüber. Die eine war klein und unbewohnt, umgeben von Felsen und Klippen; auf der anderen, der größeren, palmenbestandenen, ließ sich eine katholische Kirche ausmachen. Es war die Insel We, auf der Nino Bixio begraben liegt, der ernüchterte Kampfgefährte Garibaldis, der nach Asien kam, um dort sein Glück zu versuchen und seine Enttäuschung nach dem Zug der Tausend loszuwerden. Früher formierten sich die Matrosen, wenn sie hier vorbeikamen, auf Deck und salutierten, aber auch diese Gepflogenheit hat sich abgeschliffen.

Mitten in der Nacht fuhren wir in die Bucht von Singapur ein. Der chinesische Lotse, der an Bord kam, flüsterte seine Anweisungen in ein Funksprechgerät, und die *Trieste* ging am Landungssteg Nummer 4 vor Anker. Im selben Augenblick begannen die Kräne trotz eines wütenden Unwetters damit, Container auszuladen und neue zu verladen, die das Schiff nach Japan transportieren sollte, bevor es nach Italien zurückkehrte.

Der Mannschaft war es nicht gestattet, an Land zu gehen und die Stadt zu besuchen. Die Umladearbeiten würden in wenigen Stunden beendet sein, und das Schiff würde sofort wieder ablegen, um die Verspätung aufzuholen und damit der Geldstrafe zu entgehen, die die internationalen Bestimmungen vorsahen.

Als die Polizei Angela und mir die Erlaubnis zum Aussteigen erteilte, waren alle so beschäftigt, daß der Augenblick des Abschieds und der Austausch von Geschenken in aller Eile und mit wenig Worten vonstatten ging. Der Kapitän überreichte uns im Namen der Mannschaft eine Papiertüte mit etwas Leichtem darin. Wir öffneten sie im Hotel. Es war eine Fahne: die Fahne der *Trieste*, deren letzte Passagiere wir gewesen waren.

Der ungereimte Astrologe

Man gewöhnt sich an alles. Ich zum Beispiel an das langsame Reisen. Angela nahm in Singapur das Flugzeug und war binnen zwei Stunden in Bangkok, während ich noch zwei Tage Zugfahrt vor mir hatte. Ich beschloß, in Kuala Lumpur Station zu machen, wo es meinem Freund M.G.G. Pillai gelungen war, ein Treffen mit dem »berühmten« Wahrsager zu arrangieren, den ich im April nicht hatte sehen können.

Wir hatten uns in seinem »Büro« verabredet, das in der Einkaufspassage eines großen Hotels lag, zwischen Souvenirläden, Schaltern von Fluggesellschaften, Schneidern, die ihre Produkte in vierundzwanzig Stunden lieferten, dem Friseur und der Drogerie. Daß er so »berühmt« war, daß es so schwierig war, ihn zu sehen, daß man monatelang auf einen Termin warten mußte, hatte meine Neugier und meinen Wunsch, ihn kennenzulernen, noch bestärkt.

Er mißfiel mir auf den ersten Blick. Er war etwa fünfzig Jahre alt, klein und kurzsichtig, hatte spärliches, krauses Haar und eine fettige Stirn. Sofort bemerkte ich, daß er einen Tick hatte: Seine rechte Schulter zuckte ständig. Ich hatte den Eindruck, daß er sich in seiner Haut nicht besonders wohl fühlte, daß er ein Schwächling war, der ganz sicher nicht in anderer Leute Leben »sehen« konnte. An den Fingern der rechten Hand trug er drei Ringe. Der irritierendste war der große, den er am Daumen trug, ein Ring mit einer Koralle. Ich weiß nicht weshalb, aber gegen beringte Hände habe ich eine instinktive Abneigung, und wenn ich eine sehe, auch die einer Frau, ziehe ich mich sofort zurück.

Der Wahrsager hatte mir durch seine Sekretärin ausrichten

lassen, daß ich, bevor ich zu ihm käme, keinen Alkohol, Tee oder Kaffee trinken dürfe. Schon dies war mir als geschickter Trick erschienen, um im Klienten den Eindruck zu erwecken, es hafte seiner Schicksalsdeutung, dort im Zwischengeschoß eines Hotels, zu Preisen, die variierten, je nachdem, ob man drei Jahre, sechs oder das ganze Leben vorhergesagt haben wollte, etwas Sakrales an.

Pater Willem, der Missionar in Indonesien, hatte recht: Es gibt Dinge in der unsichtbaren Kommunikation zwischen den Menschen, die wir uns heute noch nicht erklären können. Man lernt jemanden kennen und findet ihn unsympathisch. Wieso? Wieso fand ich diesen Mann absolut unausstehlich, obwohl ich ihn noch nie gesehen, obwohl er mir nichts getan hatte? Der Wahrsager, der meine Abneigung möglicherweise spürte, tat noch dazu alles, um mir zu gefallen: Er zeigte sich nett und zuvorkommend, was mich noch mehr irritierte. Meine unsichtbare Kommunikation mit ihm lief von Anfang an gründlich schief. Er hatte noch kein Wort gesagt, als ich ihn bereits für einen Mann ohne Format hielt, ohne innere Ruhe, ohne Weisheit. Vielleicht hatte auch ich, der ich so viele dieser Leute gesehen hatte, die ihre Zeit damit verbringen, im Leben anderer herumzuschnüffeln, meine eigene Art entwickelt, sie zu »lesen«. Ich hatte gelernt, diejenigen, die tatsächlich zu verstehen und zu helfen versuchten, von den Gaunern zu unterscheiden; diejenigen mit einer »Kraft« von den Schwindlern.

Der Wahrsager erzählte, daß er in dieser »Praxis« schon seit zwanzig Jahre arbeite. Früher sei er Lehrer gewesen. Ich fragte ihn, ob irgendein besonderes Ereignis, ein Trauma, ihn dazu veranlaßt habe, den Beruf zu wechseln. Er verneinte.

Während er seinen Schreibtisch vorbereitete, die Stifte und Blätter mit der Pingeligkeit eines kleinen Bürokraten parat legte, erklärte er mir, sein System bestehe aus einer speziellen indischen Kombination aus Handlesen und Astrologie. Dies erlaube ihm, fuhr er fort, auch das Leben der Eltern eines Menschen zu sehen, also ein genaueres Bild von dessen Charakter und Schicksal zu bekommen. Jedes seiner Worte irritierte mich. Es irritierten mich seine Gesten, die Schmutzflecken auf dem roten Teppich; und noch mehr irritierte mich, daß er mir, nachdem ich ihm Tag und Stunde meiner Geburt angegeben hatte, mitteilte, wir seien im selben Monat desselben Jahres geboren, mit nur einer Woche Abstand – als sei das eine gute Nachricht!

Wir waren also unter demselben Zeichen geboren. Der, ein Tiger?

Er stellte die üblichen Berechnungen an und verkündete dann mit lauter Stimme – er wollte mich damit wohl beeindrukken –, daß die Berechnungen bei Ausländern schwieriger seien, weil man Längen- und Breitengrad des Geburtsortes berücksichtigen müsse. Dann schickte er ein paar Sätze voraus, die ich noch nie von jemandem gehört hatte, und auch die waren töricht: *»Ich werde dir mit Hilfe eines alten indischen Systems deine Vergangenheit und deine Zukunft voraussagen. Das, was ich dir sage, muß absolut vertraulich bleiben. Diskretion ist dabei ungeheuer wichtig. Ich werde dir die ganze Wahrheit sagen, die guten und die schlechten Dinge. Möglicherweise stimmen die Daten nicht ganz, denn nur Gott kann in solchen Dingen auf die Sekunde genau sein. Ein Astrologe kann sich dem immer nur annähern ...«* Dann fragte er: *»Bist du schon einmal bei einem Astrologen gewesen?«*

Ich nickte bejahend. Er fragte mich, in welchem Tierkreiszeichen ich glaubte, geboren zu sein.

»Jungfrau«, antwortete ich.

»Wie? Hat dir denn keiner der Astrologen, bei denen du warst, gesagt, daß du nicht Jungfrau bist? Du bist ein Fisch ... ja, achtzig Prozent Fisch und zwanzig Prozent Löwe. Die Astrologen, bei denen du warst, waren keine Meister.«

Der Mann war unmöglich. Er nahm ein riesiges Vergrößerungsglas und eine kleine Taschenlampe, um mir aus der Hand zu lesen. Nachdem er sie lange betrachtet hatte, begann er:

»Herr Tiziano, in deiner Familie gibt es Diabetes, und auch du leidest darunter ...« (Überhaupt nicht, du Dummkopf! hätte ich am liebsten gesagt, aber ich hielt mich zurück und sagte weder ja noch nein, um zu sehen, wie weit er es treiben würde.) *»Dein Leben wird vom Sex beherrscht ...«* (Das würde ich nun wirklich nicht behaupten!) *»Frauen ziehen dich an und du sie ... Du hast*

sehr viele sexuelle Erfahrungen gemacht, nicht ganz so viele wie Casanova, der größte Liebhaber aller Zeiten, aber zumindest halb so viele.« Was er da hinzufügte, dieses »der größte Liebhaber aller Zeiten«, klang so pathetisch, daß ich nicht umhin konnte zu denken, es sei eben das, was er sich am sehnlichsten wünschte: Casanova zu sein, nicht Astrologe. Fast rührte er mich jetzt, dieser rachitische, schon etwas gebeugte Herr mit den fettigen Haaren, dessen sehnlichster Wunsch es offensichtlich war, den Frauen zu gefallen.

»Daran gibt es keinen Zweifel: In deinem Horoskop ist der Sex stark betont, und der Venushügel in deiner Hand ist ausgeprägt. Tatsächlich kannst du dich mit Frauen nicht einmal besonders gut unterhalten, da du in erster Linie mit ihnen ins Bett willst, sofort. Das ist die Würze deines Lebens, Herr Tiziano. Ist es nicht so?«

Ich lächelte in der Hoffnung, wenigstens rätselhaft zu wirken, damit er weiterredete.

»In dieser Hinsicht schlägst du deinem Vater nach ...« (Mein armer Vater! Er lernte meine Mutter kennen, heiratete sie, und ich glaube, daß er niemals eine andere Frau kennengelernt hat, bis er im Alter von siebenundsiebzig Jahren starb!) *»Dein Vater lebt noch, nicht wahr?«* (Ich schwieg.) *»Sei nicht gekränkt, wenn ich dir sage, daß dein Vater ein großer Weiberheld war, dein Horoskop ist in dieser Hinsicht völlig eindeutig ... Hier, ich sehe deine Eltern. Deine Mutter ist traurig, und die beiden streiten sich ... Als du klein warst, hat es in eurem Haus wegen der Geliebten deines Vaters ständig Streit gegeben, und du hast darunter arg gelitten. In deinen ersten Lebensjahren hattest du auch Probleme mit der Schule. Du warst der Schlechteste in der Klasse, während deine Brüder und Schwestern alle sehr gut waren.«*

»Ich habe weder Brüder noch Schwestern; ich bin ein Einzelkind«, sagte ich, um ihn für seine Dummheiten zu bestrafen, aber er nahm den Faden sofort wieder auf.

»... dann heißt das, daß deine Mutter mehrere Abgänge hatte und daß du dich jetzt aus diesem Grunde für das Okkulte interessierst. Du kommst zu mir, weil du dein Leben verstehen willst. Du trägst das Kreuz all dieser Seelen ...«

Der Mann konnte einen wirklich derart zur Verzweiflung treiben, daß es mich schon wieder amüsierte. Etwa wie ein Opernsänger, der falsch singt. Beim ersten falschen Ton leidet man, beim zweiten noch mehr, dann wartet man auf die weiteren, um darüber lachen zu können. Er tat mir wirklich leid; er zappelte herum mit seinen Zetteln, Berechnungen und Worten wie ein Hund im Wasser. Am liebsten hätte ich ihm irgend etwas über mich suggeriert, nur damit er es mir dann als Wahrheit hätte präsentieren können. Aber es war, als hätte auch er ein Schicksal: das, sich lächerlich machen.

»Als Junge wolltest du zum Militär ...« (Nicht einmal im Traum hätte ich daran gedacht!) *»Du wolltest Offizier werden, aber du hast es nicht geschafft. Aus deiner Hand sehe ich jedoch, daß du jetzt oft mit VIPs, mit wichtigen Leuten aus Politik und Armee, zu tun hast. Vor kurzem hattest du in deiner Arbeit schwierige Zeiten, weil deine Chefs dich nicht genügend zu schätzen wußten, und außerdem hattest du ein großes Problem in der Liebe ... 1991 gab es in deinem Leben eine Frau mit heller, sehr heller Haut, vielleicht eine Chinesin oder eine Koreanerin, die dich ganz schön hat leiden lassen. Die ist nun aus deinem Leben verschwunden, aber ich sehe da eine andere, die bald auftauchen und dir erhebliche Schwierigkeiten bereiten wird ...«*

»Was für eine Frau, Wahrsager?«

»Ich sehe sie sehr genau, sie ist Muslimin.« (Hoffentlich keine mit Schleier!) *»Ja, denn du wirst immer mehr mit dem Islam zu tun bekommen, und diese Frau hängt dem Islam an ... Du mußt in deinem Leben schon mit anderen muslimischen Frauen zusammen gewesen sein ...«* (Nein ... leider nicht!) *»Aber diese ist etwas Besonderes. Du bist schon zum zweitenmal verheiratet, nicht wahr?«*

»Nein.«

»Dann ist deine Ehe unglücklich, und deswegen gab es viele, viele andere Frauen in deinem Leben. Wann ist deine Frau geboren?«

»Am 9. April 1939.«

»Ah, da haben wir's ja! Deine Frau macht dich unglücklich: Sie ist kleinbürgerlich, aufdringlich, unerträglich; sie gibt keine

Ruhe, sorgt sich um das, was ihre Freundinnen oder die Nachbarn sagen ...« (Arme Angela, dieser Astrologe liest wirklich nur die Kehrseite aller Medaillen!) *»Du hast Diabetes, nicht wahr?«*

»Nein.«

»Dann hast du es an der Blase oder an der Leber ... Ah, ja, du hast Hepatitis gehabt.«

»Nein. Nie.«

»Wie viele Kinder hast du?«

»Sag du es doch!«

»Das mit den Kindern ist immer schwierig ... Aber ich denke, daß das erste ein ...« (Nun müßte er einfach Glück haben, die Auswahl ist nicht groß ... Und er täuscht sich wieder) *»... ein Mädchen ist.«*

»Nein, es ist ein Junge.«

»Gut, dann hast du zwei Kinder, auch das zweite ist ein Junge ..., und, entschuldige, wenn ich dir das sage, aber deine Frau hat mehrere Abgänge gehabt ... Hier, in deinem Horoskop und in deiner Hand sehe ich das ganz deutlich ... mehrere Abbrüche. Du wirst in deinen letzten Lebensjahren große Fortschritte machen, denn in deiner Hand zeichnen sich zwei Lebenslinien ab ...« (Das scheint zu stimmen, alle sehen sie!«) *»... und wenn du wolltest, so könntest du ein Heiler werden. Dein zwanzigstes Lebensjahr war eine einzige Katastrophe ...«* (Nein!) *»Aber das schlimmste Jahr in deinem Leben, das, in dem alles schiefging, war das Jahr 1971. Damals warst du völlig durcheinander und wußtest nicht, was du anfangen solltest.«* (Ganz im Gegenteil, dies war das Jahr, in dem ich beschloß, nach Asien zu gehen!)

Ich sagte nichts mehr, ließ ihn reden; ich wollte ihm nicht mehr widersprechen, aber die Fakten taten es für mich.

»Sowohl in deiner Hand wie auch in deinem Horoskop sehe ich, daß du einen Leberfleck an der Fußsohle hast, und dieser Leberfleck ist bedeutungsvoll.«

Ich wußte, daß mein einziger Leberfleck der auf meiner Stirn war, aber ich schwieg. Er hieß mich Schuhe und Socken ausziehen, nahm eine Taschenlampe und suchte und suchte. Er fand nichts.

Diese Szene mit den beiden Herren, ich auf einem Stuhl sitzend mit hochgestreckten Füßen, er mit Taschenlampe und Vergrößerungsglas etwas suchend, das nicht da war ... Es war zum Totlachen! Er selbst kam schließlich auf etwas Ernsthafteres zu sprechen: mein früheres Leben. Er fing an, mit erhobener Stimme seltsame Überlegungen anzustellen, Berechnungen mit Namen von Planeten, mit Zahlen und wieder anderen Zahlen und Namen. Schließlich verkündete er:

»88, 5, 16 ... Es ist völlig klar: Du, Tiziano Terzani, bist in Florenz geboren fünf Jahre, fünf Tage und sechzehn Monate nach deinem letzten Tod ...«

»Und wo bin ich gestorben?«

»Das kann ich dir nicht sagen. Ich sehe es nicht, aber wenn du willst, gebe ich dir die Adresse von einem, der das kann.« Seine Erklärung für den Grund, aus dem er es nicht sah, war vielleicht das Wahrste, was er während der ganzen »Beratung« von sich gab.

»Siehst du«, sagte er, *»ich mußte mich spezialisieren. Die meisten meiner Kunden sind Chinesen, und wenn ich mich auf frühere Leben spezialisiert hätte, wäre ich bankrott gegangen. Die Chinesen interessieren sich nicht für frühere Leben, sondern für das momentane; sie interessieren sich fürs Geld und wollen wissen, wie weit sie ihre Kunden übers Ohr hauen und ihre Freunde täuschen können. Für sie zählt nur dieses Leben, nicht die vorherigen, nicht die zukünftigen.«*

Mein armer Wahrsager! Auch er war also ein Opfer unserer prosaischen Zeiten und der Diaspora-Chinesen. Vielleicht hätte er vor hundert Jahren einen besseren Astrologen abgegeben! Jetzt redete er und redete, aber nichts von dem, was er sagte, wollte zu den Fakten passen! Es muß eine Welle von Sympathie von mir ausgegangen sein, denn plötzlich fing er an, von etwas zu reden, das Hand und Fuß hatte.

»Ich bin gut auf meinem Gebiet, und dir kann ich eines mit Gewißheit sagen: Versuche nie, ins Geschäftsleben einzusteigen, du würdest alles verlieren. Verleihe nie Geld, du würdest es nie wiederbekommen. Übernimm keine Bürgschaften und spekuliere nicht an der Börse. Geld ist nichts für dich.«

Er betrachtete meine linke Hand und sagte, daß ich in meinem Leben schon ein paarmal im Gefängnis gesessen hätte. Der Grund dafür sei gewesen, daß ich mich mit Autoritäten innerhalb der Armee oder der Regierung angelegt hätte. Hier hatte er einmal richtig geraten.

Seinen Tarifen zufolge mußte er mir für das, was ich bezahlt hatte, die nächsten drei Jahre vorhersagen, und er tat es mit einer Fülle von Einzelheiten und Daten. Im wesentlichen, versicherte er mir, sei mein größtes Problem die Gesundheit.

»1979 hattest du eine Hautkrankheit ...« (Nein.) *»Und die wird wieder ausbrechen. Zwischen heute und deinem 58. Lebensjahr wirst du plötzlich schwer erkranken ... vielleicht ein Infarkt ..., aber ich glaube, du kommst davon. Doch mußt du wirklich sehr gut achtgeben.«* Er meinte, daß ich in den folgenden drei Jahren viel reisen und außer der Muslimin noch viele andere Geliebte haben würde und daher Gefahr liefe, mir eine Geschlechtskrankheit, vielleicht sogar Aids zu holen.

Er sagte, daß ich vor dem 6. September 1996 ein anderes Haus kaufen würde und daß ich bei gefährlichen Sportarten aufpassen müsse, sonst könnte ich möglicherweise das linke Auge verlieren. Was den Tod anbelangt, so meinte er, daß ich, wenn ich in den nächsten drei Jahren die *»plötzliche, schwere Erkrankung«* überstehe, sechsundsiebzig Jahre alt werden würde, sicher sei er da aber nicht. Gewiß sei, daß ich weit weg von Florenz sterben würde, vielleicht in Vietnam oder in China, auf jeden Fall in Asien, nicht im Westen.

Mir fiel der einzige Witz ein, den ich über Wahrsager gehört hatte. »Die nächsten zehn Jahre wird dein Leben schrecklich sein, du wirst große Probleme haben, und nichts wird dir gelingen«, sagt der Wahrsager. »Und danach?« fragt der Kunde ängstlich. »Danach? Danach wirst du dich daran gewöhnt haben!«

Ich hatte mich bereits an seinen Unsinn gewöhnt, und um ihn nicht zu verletzen, fragte ich ihn, was ihm seine zwanzigjährige Erfahrung als Wahrsager gebracht habe und ob er an die Willensfreiheit des Menschen glaube.

»Mit diesen Fragen haben sich die indischen Philosophen mehr als sechstausend Jahre geplagt«, meinte er in seiner besser-

wisserischen Art, mit der er Banalitäten Bedeutung verlieh. »*Der freie Wille des Menschen ist eine Illusion. Ein großer Teil des Lebens ist vorherbestimmt. Wir werden in einer Familie, einem Land, einer Zeit geboren, die wir uns nicht ausgesucht haben, so wie wir uns unseren Körper nicht ausgesucht haben.*« Dabei deutete er verächtlich auf sich selbst. »*Wenn wir bestimmte Dinge im voraus wissen, können wir dadurch die Auswirkungen unseres Karma verringern, aber nur die des leichten Karma, nicht die des schweren. Das schwere Karma ist wie ein Taifun, der auf eine kleine Insel niedergeht; man kann ihn nicht abwenden. Das leichte Karma hingegen kann man beeinflussen. Mit Steinen zum Beispiel.*« Und er zeigte mir die Steine an seinen Ringen, als hätte ich sie nicht schon längst gesehen. »*Der Körper*«, sagte er, »*hat eine Aura, die man stärken kann. Viel hängt von der richtigen Wahl der Steine ab.*«

Das also war der Wahrsager, der in Kuala Lumpur in Mode war; der, von dem sogar sein Kollege Kaka in Penang gesagt hatte, daß er sehr berühmt sei (derselbe, der Kaka vorhergesagt hatte, daß er mit zweiundfünfzig Jahren an einem Infarkt sterben werde. Und jetzt war er schon fünfundsechzig!) Er war auch der banalste, der am wenigsten inspirierende, der normalste unter all den merkwürdigen Persönlichkeiten, die ich auf meiner Reise getroffen hatte, und mir schien, daß ich mit ihm abschließen konnte.

Fernsehen für Kopfjäger

Ist es recht und billig, daß die Kopfjäger ihre makabren Riten aufgeben, um sich einem harmloseren, aber nicht weniger inhumanen Tun zu widmen: dem stundenlangen Sitzen vor einem Kasten der Illusionen, der Fernseher heißt? Ist es recht und billig, daß das warme und heimelige Licht der Öllampen durch das flache und bläuliche Licht der Neonröhren ersetzt wird? Daß das sehnsuchtsvolle Bimmeln der Pagodenglocken in der abendlichen Brise vom ohrenbetäubenden Lärm der neueröffneten Diskothek am Seeufer erstickt wird? Daß Plastiktüten und leere Importbierdosen unverfroren auf dem mit Lotosblumen übersäten Wasser schwimmen?

Der »Fortschritt« hat inzwischen überall Einzug gehalten. Auch da, wo es noch keine Straßen und Flughäfen gibt, genügt eine simple Antenne auf einem Baumwipfel, um die verführerischen Botschaften, die giftigen Träume der Modernität aufzufangen. Es gibt inzwischen nur sehr wenige Orte auf der Welt, an denen man sich noch – und sei es auch nur rhetorisch – derart unzeitgemäße Fragen stellen kann. Einer davon war ein entlegener Zipfel Ostbirmas zwischen der Stadt Kengtung und der chinesischen Grenze, der, von der Außenwelt abgekapselt, sich die magische Schönheit alles Zeitlosen erhalten hatte.

Der Bann ist gebrochen. Zwölf Monate nachdem die Straße nach Kengtung durch angekettete Gefangene in Zwangsarbeit gebaut worden war, eröffneten die Birmanen unter dem Druck von Bangkok und Peking auch den Abschnitt zwischen Kengtung und der Provinz Yunnan. Damit wurde die gesamte Region zu einem Korridor zwischen Thailand und China, zu einer Freihandelszone für alle möglichen Geschäfte – vom Herion- bis zum Mädchenhandel. Einer der letzten Winkel ungezähmter Natur wurde der Logik des Profits geopfert. Und an diesem Raubbau war auch ich beteiligt!

Anfang Dezember fuhr ich in einem der sechsundvierzig Autos eines Konvois mit, durch den die Verbindung zwischen der Stadt Chiang Rai in Nordthailand und der Stadt Kunming in Südchina eingeweiht wurde. Die Straße war eröffnet – alles andere würde sich von selbst ergeben. Einst schickten die Kolonialmächte Missionare als Vorhut in die Länder, die sie erobern wollten. Die neuen Kolonisatoren Asiens, Geschäftsleute ohne Flagge und mit mehreren Pässen in der Tasche, schicken die Touristen voraus.

China und Thailand sind durch einen Streifen wildes, bergiges Land – birmanisches Territorium – voneinander getrennt. Doch China und Thailand sind bestrebt, ihre Wirtschaftskontakte auszubauen, und brauchen deshalb einen Verbindungsweg zu Land. Eine »Freundschafts-Rallye«, als zehn Tage »Abenteuer-Tourismus« angekündigt, sollte zeigen, daß die birmanischen Berge für den gemeinsamen Fortschritt kein Hindernis mehr darstellten und daß die Eröffnung der Straße im Interesse aller liege. Für die Organisatoren war die Reise ein großer Erfolg. Für mich ein unausgesetzter Anlaß zur Verzweiflung.

Die gewundene und holprige Straße, auf der ich Anfang des Jahres von Mae Sai nach Kengtung gefahren war, war jetzt doppelt so breit und wurde gerade asphaltiert. Die Gefangenen waren verschwunden, man hatte sie zur Zwangsarbeit in die Steinbrüche in den Bergen gebracht, damit ihr Anblick die Touristen nicht störe. An ihrer Stelle waren jetzt riesige Bulldozer, Kräne und Lastwagen aus Thailand am Werk. In den Dörfern sah ich weitere gemauerte Häuser, erbaut mit dem Geld, das die Mädchen in den Bordellen jenseits der Grenze verdienten; und Kengtung selbst zeigte jetzt, nur wenige Monate später, bereits alle Anzeichen des unvermeidlichen Triumphzugs der »Moderne« gegenüber der Tradition, des Geschmacklosen gegenüber dem Natürlichen. Hinter den Köpfen der Buddhas in den Pagoden leuchteten jetzt psychedelische Heiligenscheine aus konzentrischen Kreisen vielfarbig blinkender Lämpchen; überall in den Häusern brannten Neonlampen, und an den Ufern des Neung-Ting-Sees war eine Diskothek eröffnet worden, die ohrenbetäubenden Lärm verbreitete.

Der morgendliche Markt mit seiner wunderbaren Vielfalt an Menschen – den Meo-Jägern, den Padaung-Frauen, den Lisu und Karen, dem Bergvolk der Pao –, die alle etwas zum Verkaufen oder zum Tauschen dabeihatten, war immer noch ein großes »Abenteuer«. Eine Akka-Frau mit einem hölzernen Packsattel, den sie mit einem Riemen über der Stirn befestigt hatte, zeigte thailändischen Touristen eine auf traditionelle Weise reichbestickte Decke. Einer der Touristen bot ihr dafür einen Fünfhundert-Baht-Schein. Die Frau schüttelte den Kopf. Ein anderer aus der Gruppe hielt ihr zwei Geldscheine zu je hundert Baht hin. Die Frau nahm sie und gab ihm dafür die Decke. Alle lachten; auch die arme Akka, die glücklich von dannen zog, in der Überzeugung, zwei Geldscheine seien mehr wert als einer!

In der italienischen Missionsstation hatte sich in den vergangenen zehn Monaten nicht viel verändert. Im November war eine der Nonnen verstorben, sie war auf dem Friedhof der Kirche begraben worden.

Der wahrhaft »abenteuerlichste« Teil der Reise begann hinter Kengtung. Der Wald wurde dichter. In den Dörfern gruppierten sich die Holzhütten um strahlend weiße Pagoden. Der englische Schriftsteller Maurice Collis, der im Jahr 1938 diese Region als letzter westlicher Besucher bereist hatte, erzählt, sobald die Bauern das Motorengeräusch eines Autos vernommen hätten, seien sie auf die Knie gefallen: Sie waren überzeugt, daß dies nur das Auto eines Prinzen sein konnte!

Nach ein paar Stunden gelangten wir an eine alte Eisenbrükke, die über ein Flüßchen führte. Hier kam der Konvoi zum Stehen.

»Ist das hier die Grenze?« fragte ich einen birmanischen Beamten, der allem Anschein nach der örtliche Kommandant war.

»Nein, bis dahin sind es noch 50 Kilometer, aber die Grenzkontrollen werden hier durchgeführt.«

»Und weshalb?«

Der Beamte antwortete nicht und gab mir den Paß zurück, als fielen wir und alle anderen ab jetzt nicht mehr in seinen Kompetenzbereich. Und das war auch so.

Kaum hatten wir die Brücke überquert, wurde der Konvoi erneut angehalten und kontrolliert. Diesmal von seltsamen, kleinen Soldaten mit breitknochigen Gesichtern und chinesischen Uniformen, wie sie auch die Roten Khmer trugen. Sie hielten ihre AK-47 im Anschlag. Die Fahne, die auf dem mit spitzen Bambusstangen eingezäunten Wachhäuschen flatterte, war bunt gestreift, anders als die Fahne von Rangun. Auf Landkarten ist dieses Gebiet als birmanisches Territorium ausgewiesen, aber in Wirklichkeit waren wir im »Land der Wa«, der Kopfjäger, angelangt. Wir bekamen Anweisung, nicht auszusteigen und die Fenster geschlossen zu halten. Fotos zu machen war streng verboten. Keiner lächelte uns zu, keiner winkte oder hob die Hand zum Gruß. »Abenteuer-Tourismus« schien die Wa nicht im mindesten zu interessieren ... Die Organisatoren mußten eine »Gebühr« von fünfzehn Dollar pro Wagen entrichten, und dann ließen uns auch die Wa glücklich passieren.

Die Wa sind ein Bergvolk. Jahrelang kämpften sie an der Seite der birmanischen kommunistischen Guerilla gegen Rangun. Als dann die Kommunisten die Unterstützung aus Peking verloren, mit der Regierung Frieden schlossen und begannen, Opium anzubauen, blieb den Wa nichts anderes übrig, als das gleiche zu tun. Sie erhielten eine Art Autonomiestatus für ihr »Land« und wurden, offensichtlich mit dem Placet aus Birma einerseits und aus China andererseits, hauptberufliche Heroinproduzenten. Womit sie allerdings auch in Konkurrenz zu Khun Sa traten, dem großen Drogenkönig, der weiter südlich operiert.

Es erstaunt mich immer wieder zu sehen, wie wenig die abendländische Rechtskultur, die formal weltweit Gesetz geworden ist, in Asien Wurzeln geschlagen hat und wie unsere typisch westlichen Vorstellungen von »Recht«, »Staat« und »Grenze« hier den lokalen Traditionen und Interessen angeglichen werden. Die Chinesen beispielsweise haben diese Grenzgebiete des Reiches der Mitte stets als »Untertanengebiete« betrachtet, die dem Herrscher, dem »Sohn des Himmels«, obgleich nicht seiner Rechtsprechung unterstellt, tributpflichtig waren. Im Grunde sehen die Chinesen das auch heute noch so. Durch den modernen Grenzverlauf lebt der eine Teil der Wa in China, der andere in Birma, doch für die Chinesen bleiben die Wa eine ihrer zahlreichen »Minderheiten«. Das »Land der Wa« liegt juristisch – so würden wir sagen – auf birmanischem Gebiet. Es ist gewiß kein Zufall, daß das politische Oberhaupt der Wa ein gewisser Li Minxiang ist: ein Chinese, wie er im Buche steht, Ex-Mitglied der Roten Garden, ehemaliger Berater der birmanischen kommunistischen Guerilla, der heute ebenfalls ganz prosaisch zum Heroinproduzenten konvertiert ist.

Das Hauptquartier von Li Minxiang befindet sich in Mongla, der »Hauptstadt« des »Landes der Wa«; das Städtchen liegt nur hundert Meter von dem Schlagbaum entfernt, hinter dem China beginnt. In Mongla Station zu machen war strengstens verboten, doch durch seine Lage hoch auf dem Hügel war das Haus Li Minxiangs leicht auszumachen – mit einer Parabolantenne auf dem Dach, die es ihm ermöglichte, jeden Abend CNN zu empfangen. Vom Auto aus sah Mongla wie jeder beliebige Ort aus, wie auch die dortigen Wa, obgleich Kopfjäger, einen äußerst zivilisierten Eindruck machten. In einer Art Café an der Straße sah ich an die fünfzig Jugendliche auf Holzbänken wie gebannt vor einem Fernseher sitzen. Unser Autokonvoi, der Staub aufwirbelnd vorbeirollte, lenkte sie nur ein paar Sekunden ab.

Die Chinesen sind großartige Schauspieler, und für die Ankunft der »Freundschafts-Rallye« war bestimmt mehrfach geprobt worden. Der Schlagbaum, frisch gestrichen in Weiß und Rot, hob sich beim Herannahen des ersten Autos, und die Polizisten, alle in nagelneuen Uniformen, sagten ihren Spruch auf: »Willkommen in China. Ihr seid Pioniere. Wir hoffen, daß euch noch viele weitere folgen werden.« Seit dem Ende des Zweiten Weltkriegs hatte kein Besucher aus dem Westen mehr diese Grenze passiert, und so war eigens ein Kamerateam aus Yunnan herbestellt worden, das dieses denkwürdige Ereignis verewigen sollte.

Im Zentrum der Stadt Daluo hatten die chinesischen Behörden einen ihrer typischen Empfänge vorbereitet, um die »Völkerfreundschaft« zu feiern. Ich nutzte die Gelegenheit, um diesen merkwürdigen Ort zu durchstreifen. Die meisten Häuser waren neu oder befanden sich noch im Bau. Auch ein Geldinstitut fiel mir auf. Von den Telefonzellen aus konnte man in die ganze Welt telefonieren. Die Leute kannten Li Minxiang und erzählten, er komme häufig nach Daluo. Als ich mich nach Opium und Heroin erkundigte, lächelten sie. Ein Polizist meinte, kurz vor dem Grenzübertritt seien wir an der Raffinerie vorbeigefahren.

Die Verhältnisse waren perfekt auf die Interessen aller Beteiligten abgestimmt. Indem die Regierung in Rangun einen Teil ihres Territoriums den Wa überließ, konnte sie behaupten, in keiner Weise in den Drogenhandel dieser »Rebellen« verwickelt zu sein, obwohl ihr selbstverständlich ein Teil des Erlöses zufloß. Die Chinesen wiederum konnten sagen, innerhalb ihrer Grenzen gebe es weder Opiumanbau noch -raffinerien, obwohl auch sie natürlich von der Tatsache profitierten, daß das Heroin von Li Minxiang über China in die ganze Welt gelangte.

Nach Daluo wurde der »Abenteuer-Tourismus« ganz und gar von den chinesischen Behörden organisiert. Ein halbes Dutzend Polizeiautos fuhr unserem Konvoi voraus oder folgte ihm; in den Dörfern und Städten, durch die wir kamen, war die gesamte Bewohnerschaft zusammengetrommelt und verpflichtet worden, sich entlang der Strecke aufzustellen und ihre »spontane« Begeisterung für die »Freundschafts-Rallye« zum Ausdruck zu bringen.

Die Chinesen verbinden mit einer dauerhaften Öffnung dieser Straße die Erwartung, die Erzeugnisse ihrer Konsumgüterindustrie über Birma in die südostasiatischen Länder und nach Indien exportieren zu können. Die Thai sind ebenfalls an einer direkten Verbindung nach China interessiert; sie rechnen sich Vorteile für die unterentwickelten Regionen des Nordens aus und wollen ihren Einfluß auf jene Teile Birmas verstärken, in denen mit den Thai verwandte Völker lebten, zum Beispiel die Shan.

Als unser Konvoi in Kunming einfuhr, das schon zu Marco Polos Zeiten berühmt war, hatte ich zunächst den Eindruck, in Hongkong angekommen zu sein: funkelnagelneue Glas- und Stahlkonstruktionen ragten in den Himmel. In den von Polizisten bewachten Straßen jedoch herrschte das übliche Gedränge armer Chinesen. Viele trugen noch die blauen Anzüge aus Maos Zeiten.

Mao. In Kunming jedenfalls hatte man ihn nicht vergessen! Jedes Auto, das mir entgegenkam, trug am Rückspiegel eine Medaille: Die eine Seite zeigte den jungen Mao in Yenan, die grüne Mütze mit dem roten Stern auf dem Kopf; die andere Seite den alten Mao mit dem braunen Leberfleck am Kinn. »Sie bringt Glück. Sie schützt vor Unfällen«, sagte mir einer der Chauffeure des Hotels. Vom Gott der Revolution war Mao zum Gott des Verkehrs mutiert. Dies war möglicherweise ein äußerst kluger Schachzug der Chinesen, den *phi* auszutreiben, den Geist eines Mannes, der zu Lebzeiten so schwer auf ihrem Dasein gelastet hatte und der als Toter nicht wiederkommen sollte, um sie im Traum heimzusuchen. Wenn man ihn in den Rang einer Gottheit erhob, gab er vielleicht Ruhe.

Merkwürdig, das Schicksal Maos! Er hatte ein neues China ins Leben gerufen, die chinesische Kultur auf eine neue Grundlage stellen und neue Werte schaffen wollen, doch letztlich hatte er nur das wenige zerstört, das von der alten Kultur übriggeblieben war. Mao war es, der den Chinesen die letzte Überzeugung nehmen wollte, sie seien dank ihrer großen Kultur anders, um ihnen einzureden, sie seien anders, weil sie Revolutionäre wären. Als sich dann herausstellte, daß die Revolution fehlgeschlagen war, folgte auf die Tragödie der Epilog: Die Chinesen ließen sich treiben und von der Strömung der Zeit erfassen, um zu werden wie alle anderen. Arme Chinesen!

Das Schicksal dieser außerordentlichen Kultur, die jahrtausendelang einen eigenen Weg gegangen war, die zum Leben, zum Tod, zur Natur und zu den Göttern eine andere Beziehung hatte als die anderen, stimmte mich traurig! Die Chinesen hatten *ihre* Art zu schreiben, zu essen, zu lieben, sich zu kämmen; jahrhundertelang hatten sie ihre Kranken auf eigene Weise geheilt, den Himmel, die Berge, die Flüsse auf eigene Weise betrachtet; sie hatten eine andere Vorstellung von der Konstruktion von Häusern und Tempeln, eine andere Auffassung von Anatomie, eine andere Vorstellung von der Seele, von der Kraft, von Wind und Wasser; es war eine Kultur, die das Schießpulver erfunden, es aber lediglich für Feuerwerkskörper und nicht für Kanonen verwendet hatte. Diese Kultur ist heute nur mehr bestrebt, modern zu werden wie der Westen, wie jenes vollklimatisierte Inselchen Singapur; sie läßt Chinesen heranwachsen, die nur davon träumen, sich wie Handelsvertreter zu kleiden, vor den Fast-food-Ketten bei McDonald's Schlange zu stehen, eine Quarzuhr ihr eigen zu nennen, einen Farbfernseher und ein Handy.

Ist das nicht traurig? Ich meine nicht für die Chinesen. Traurig für die Menschheit als solche, die viel verliert, indem sie ihre Vielfalt einbüßt und alles gleich wird. Mao hatte erkannt, daß er China nur dann würde retten können, wenn er es gegen den westlichen Einfluß schützte und eine chinesische Lösung für das Problem der Modernität und des Fortschritts fand. Daß Mao dieses Problem erkannte, macht ihn groß. Groß war er auch in seinem Irrtum bei der Lösung dieses Problems. Mao war überhaupt groß: ein großer Dichter, ein großer Stratege, ein großer Intellektueller und ein großer Mörder. Groß wie China. Groß wie heute dessen Tragik.

Wenn es in ein paar hundert Jahren jemandem gelingt, auf die Menschheitsgeschichte zurückzublicken, so wird ihm das Ende der chinesischen Kultur als schwerer Verlust erscheinen: denn mit ihr ist eine großartige Alternative verlorengegangen, die vielleicht die Harmonie der Welt hätte sichern können.

Nicht zufällig waren es die Chinesen, die entdeckten, daß das Wesen aller Dinge das Gleichgewicht der Gegensätze ist, das Gleichgewicht von Yin und Yang, von Sonne und Mond, Licht und Schatten, männlich und weiblich, Wasser und Feuer. Durch die Harmonie der Gegensätze bleibt die Welt im Lot; durch sie pflanzt sie sich fort; durch sie bleibt sie in Spannung, durch sie lebt sie. Insofern hat es eine gewisse Berechtigung, den Niedergang des Kommunismus zu beklagen, nicht den Kommunismus als solchen, sondern als Alternative, als Gegengewicht. Seit es diesen Gegenpol nicht mehr gibt, befindet sich die Welt in einem großen Ungleichgewicht, und denjenigen, die sich heute auf der Siegerseite wähnen, fehlt nun die Spannung, die letztlich ihre Kreativität befruchtet hatte.

Wir brachen frühmorgens von Kunming auf und fuhren einen ganzen Tag durch eine wunderschöne Natur, vorbei an einer hoffnungslosen Menschheit. Die Berge, die Flüsse, die Reisterrassen und Teeplantagen waren atemberaubend; aber die Lehmhütten am Straßenrand wurden von verschmutzten, verstaubten, zerzausten Menschen bewohnt, von denen keine Wachstumsstatistik der Wirtschaft berichtet.

Ich hatte gehört, daß in China als Reaktion auf den wachsenden Materialismus das Interesse für das Okkulte wieder auflebe und auch die Zahl der Eremiten ansteige. Immer mehr Menschen wenden sich von der Gesellschaft ab und suchen Zuflucht in den Bergen. Yunnan ist eines der klassischen Ziele dafür. Ich sah einige dieser Eremiten mit Pilgerstab die Straße entlanggehen, altertümlich gekleidet, die Füße umwickelt, das Haar zum Knoten gebunden. Ich hätte gern mit ihnen geredet, aber der Konvoi konnte nicht anhalten. Ihr Bild blieb mir jedoch noch lange im Gedächtnis – wie das einer Erscheinung.

Auf dem Rückweg machte unser Konvoi erneut halt in Kengtung, und eine Birmanin, die ich bei der Hinfahrt gebeten hatte, mir behilflich zu sein, den besten Wahrsager der Stadt zu finden, hatte einen Termin mit einem jungen Mann vereinbart, der, wie es hieß, außergewöhnliche Kräfte besaß.

Er wohnte in einem der vielen Holzhäuser einer hübschen kopfsteingepflasterten Straße. Als wir ankamen, stand er schon an der Tür und erwartete uns: ein junger, schlanker Mann um die dreißig mit einem lebhaften Gesichtsausdruck und widerspenstigem Haar. Er führte uns eine wacklige Treppe hinauf in den ersten Stock. Dort setzten wir uns auf den Holzboden. Nach den üblichen Fragen und Berechnungen begann er, über mein Leben zu sprechen. Er sagte, als 55jähriger stünde ich nun an einem Wendepunkt in meinem Leben; ich hätte Entscheidungen zu fällen und vor kurzem eine Geldsumme bekommen, die mit meinem Gehalt nichts zu tun habe. Ich bestätigte das und dachte dabei an einen Preis, den ich kürzlich erhalten hatte. Das schien ihm Mut zu machen.

»Im Verlauf der nächsten zwei Monate wirst du einem Menschen begegnen, der auf einer höheren Stufe steht als du, nicht in bezug auf Macht oder Geld, sondern in bezug auf Spiritualität, und dieser Mensch wird dein Leben verbessern. Dies wird exakt zwischen Ende Januar und Anfang Februar geschehen.«

Ich dachte an den Meditationskurs, den ich besuchen wollte, und zwar genau in diesem Zeitraum. »Sagte« ich es ihm, oder »sah« er es?

»Deine Hand hat zwei Lebenslinien. Beide sind sehr stark. Du hast ein langes Leben vor dir und kannst geistig auf eine höhere Stufe gelangen. Es hängt von dir ab, du kannst noch scheitern. In den nächsten sechs Monaten werden sich in deinem Leben zahlreiche Veränderungen vollziehen.« (Gewiß, dachte ich, vom 1. Mai an werde ich in Indien sein.) *»Vom nächsten Jahr an wird dein Leben jeden Tag, jedes Jahr besser werden, und zwar über einen langen Zeitraum hinweg, bis zu deinem Tod.«*

Der junge Mann drehte die Innenseite meiner Hand nach oben und legte die seine in ein paar Zentimeter Abstand darüber, mit der Innenseite nach unten. Er schloß die Augen, wie um sich zu konzentrieren, und nach einiger Zeit begann seine Hand zu zittern.

»Ich spüre Wärme«, sagte er. *»Du besitzt große Kraft ... Du könntest ein Seher werden ... Ich spüre es, zwischen uns besteht eine Kommunikation ... Du hast etwas mit Indien zu tun ... Warst du schon einmal dort?«*

Ich war verblüfft. Natürlich hatte ich etwas mit Indien zu tun, aber wie war er bloß darauf gekommen? Ich hatte eben in Gedanken das Wort »Indien« ausgesprochen. Aber wie hatte er das hören können?

»Ja, ich war dort, aber weshalb fragst du?«

»Weil sie hinter dir steht ... ich sehe sie ...«, sagte er mit immer noch geschlossenen Augen.

»Wen?«

»Eine indische Gottheit … eine Göttin, die dich beschützt, die dich stets begleitet. Was hast du für eine Religion?«

»Eigentlich keine.«

»In deinem vergangenen Leben warst du Buddhist, jetzt strebst du danach, zum Dharma zurückzukehren, zum Weg Buddhas … Wenn du nach Indien kommst, mache sofort eine Spende … Kein Almosen, sondern eine Spende für eine buddhistische Einrichtung, für den Buddhismus. Meditierst du?«

Auch das war ein Wort, an das ich eben gedacht hatte. War ich es, der es ihm »suggerierte«?

»Noch nicht.«

»Tu es, denn in diesem Leben oder spätestens in dem folgenden wirst du Shambhala erreichen und die Kraft besitzen, anderen zu helfen … Dein Leben wird sich verlängern, und du wirst Macht über deinen Tod gewinnen. Gib acht, alles wird sich in den folgenden sechs Monaten entscheiden. Alles hängt von dir ab. Du hast schon immer einen sechsten Sinn gehabt, einen Instinkt, der dir stets geholfen hat. Du warst in Kriegsgebieten und hast überlebt, weil du die Gefahr, die dir drohte, vorausgesehen hast und ihr ausweichen konntest. Jetzt mußt du nur noch einen kurzen Weg zurücklegen, und bald kannst du die Zukunft anderer Menschen sehen.«

Dies war gewiß einer der merkwürdigsten, aber auch authentischsten der zahlreichen Wahrsager, die ich bisher kennengelernt hatte, und ich spürte ebenfalls, daß es zwischen uns eine »Kommunikation« gab. Aber wer sprach zu wem? Und auf welche Weise?

»Und meine Kinder?« fragte ich, um das Gespräch auf etwas Konkretes zu bringen und seine Fähigkeiten zu überprüfen. Es war, als hätte er es verstanden.

»Du hast zwei Kinder, das ältere ist ein Junge, das andere ein Mädchen«, antwortete er, nachdem er sich eine Weile konzentriert hatte … oder hatte er die Antwort in meinem Kopf gelesen?

»Siehst du Probleme für ihre Zukunft?« fragte ich.

»Nein. Keine … Auch nicht das mit deiner Tochter, das dich so sehr beunruhigt …«

»Welches meinst du?« fragte ich und war mir dabei sehr wohl bewußt, daß ich die Hexe in Bangkok meinte.

»Daß sie nicht heiratet ... Sie wird heiraten, hab keine Angst.«

Wirklich, ich war beeindruckt, wie er es fertigbrachte, auf die Fragen, die ich mit lauter Stimme stellte, die Antworten zu geben, die ich in mir trug.

Der junge Mann hielt noch immer seine Hand über die meine, und auf einmal hatte ich das Gefühl, Wärme zu spüren, etwas, das von einem zum anderen strömte. Das war gewiß Suggestion. Der Ort, die Geräusche und die frühabendlichen Gerüche, der Rauch der Feuer, die zum Kochen angezündet worden waren, die angenehme Ruhepause nach tagelangem Staub und Autofahren – dies alles brachte mich in Gleichklang mit diesem merkwürdigen Menschen. Ich spürte, daß ich weitaus mehr mit ihm gemeinsam hatte als mit all diesen »Abenteuer-Touristen«, mit denen ich die letzte Woche verbracht hatte.

»Hast du schon einmal von U Ba Khin gehört?« fragte er. *»Ein Birmane, der eine Meditationsschule gegründet und jetzt Schüler in der ganzen Welt hat. Folge dieser Methode. Es ist die beste für Leute wie dich, die weiterhin mitten in der Welt leben wollen, die sich nicht in ein Kloster zurückziehen, aber trotzdem weiterkommen wollen.«*

Er erzählte, er habe drei Jahre lang meditiert, sei sich aber erst kürzlich seiner »Kräfte« bewußt geworden. Und zwar per Zufall: In einem Städtchen im Norden Birmas sei der Geldschrank der Stadtverwaltung verschwunden, und eines Tages hatte er durch die Kraft der Konzentration gesehen, wer ihn davongetragen hatte und wo er versteckt war.

Ich hatte keine Möglichkeit zu kontrollieren, was an dieser Geschichte wahr oder falsch war – sowenig wie bei den zahlreichen anderen Geschichten, die man im Laufe der Zeit hört und weitererzählt und dabei mit dem größten Vergnügen denkt, sie könnten ja auch wahr sein.

Der junge Mann erzählte, seither höre er Stimmen und könne die Zukunft der Menschen sehen. Es sei schwierig für ihn geworden, im wirtschaftlichen Planungsamt der Stadt zu arbeiten, wo er eine Stelle hatte.

Er begleitete mich zur Tür, und beim Abschied sagte er, wir würden uns wiedersehen. Ich konnte mir nicht vorstellen, wie das möglich sein sollte. Innerhalb eines Jahres war ich zweimal in Kengtung gewesen, und ich hatte das Gefühl, dies sei ein Abschied für mich – nicht nur ein Abschied von der alten Hauptstadt der Shan, sondern auch von einem Asien, das ich liebte und dessen Symbol Kengtung für mich geworden war.

Der Konvoi sollte frühmorgens aufbrechen, und da ich nicht zu fahren brauchte, beschloß ich, diese letzten Stunden nicht mit Schlaf zu vergeuden. Als alle zu Bett gegangen waren und die Diskothek am See geschlossen hatte, streifte ich allein durch ein menschenleeres Kengtung, das von Schatten und altertümlichen Geräuschen beseelt war. Ich ging bis zum Stadttor, das als trauriger Überrest neben einem Stummel der alten Stadtmauer stehengeblieben war – mitten auf der verbreiterten Straße; ich hörte das göttliche Bimmeln der Pagodenglocken auf dem Hügel, und zwischen den Umrissen der Bäume, die sich gegen die hellen Klostermauern abzeichneten, sah ich den Schatten eines Fußgängers, den der Mondschein auf die Erde warf – langsam voranschreitend, den Kopf ein wenig geneigt, wie jemand, der versunken in müßige Gedanken über den Sinn des Lebens einem Begräbniszug folgt. Ich war es selbst.

Der Rest der Reise war eintönig. Am Abend des folgenden Tages waren wir wieder in Thailand. In Chiang Mai hatte man in einem neuen Luxushotel für »Abenteuer-Touristen« ein Bankett für uns organisiert, um den Erfolg der »Freundschafts-Rallye« zu feiern und Medaillen und Urkunden zu überreichen. Dies sind Situationen, die ich wie die Pest zu meiden suche, und so begab ich mich auf direktem Weg zum Busbahnhof, um nach Bangkok weiterzufahren.

Ich hatte Glück. Wenn ich an diesem Abend nicht in Chiang Mai gewesen wäre, wäre mir etwas Wunderbares entgangen: die Einladung, den Jahreswechsel mit dem Teufel zu begehen.

Neujahr mit dem Teufel

Die Nachricht besagte nur, daß ich mich am nächsten Tag in einer bestimmten Pension in Maehonsong, einer Stadt im Nordwesten Thailands, einfinden solle. Dort solle ich warten, jemand würde Kontakt mit mir aufnehmen. Für mich hieß das, daß ich mich sofort wieder auf den Weg machen mußte, noch einmal neun Stunden Fahrt mit dem Autobus durch die Berge, aber ich zögerte keine Sekunde. Die Nachricht war die Antwort auf eine über Mittelsmänner in Bangkok erfolgte Anfrage. Zusammen mit Bertil Lindner, dem schwedischen Kollegen und Birma-Experten, wollte ich einen der meistgesuchten Männer der Welt treffen: Khun Sa, den »Fürsten der Finsternis«, der seit Jahrzehnten Kriegsherr im Goldenen Dreieck war, der letzte große Drogenkönig, nachdem Noriega in einem Gefängnis der Vereinigten Staaten und Pablo Escobar in einem Grab in Kolumbien gelandet waren. Wieder eine Geschichte, die ich schreiben konnte, ohne ein Flugzeug nehmen zu müssen!

Der Zeitpunkt war ideal: Die Militärjunta in Rangun hatte in ihrem Bemühen, sich bei der Weltöffentlichkeit beliebt und sie vergessen zu machen, daß sie Tausende von Studenten ermordet und Madame Aung San Suu Kyi eingesperrt hatte, soeben verkündet, Khun Sa nun endlich fassen und eine militärische Offensive gegen ihn einleiten zu wollen. Khun Sa seinerseits hatte die von ihm kontrollierten Gebiete zum von der Birmanischen Union unabhängigen Staat und sich zum Präsidenten des »Landes der Shan« erklärt.

Ich nutzte die langen Stunden im Autobus zum Schlafen. In Maehonsong fand ich die betreffende Pension, nahm mir ein

Zimmer und traf Bertil, der direkt aus Bangkok angereist war. Gemeinsam warteten wir.

Bertil ist ein fabelhafter Kamerad für Abenteuer. Ich hatte mit ihm schon einmal mehrere Tage im Dschungel Birmas zugebracht: auf den Spuren der Karen-Rebellen und der ersten bewaffneten Gruppen der studentischen Demokratiebewegung. Er ist Schwede und kam unmittelbar nach Beendigung seines Studiums nach Asien. Wie ich hatte er sich hier sofort zu Hause gefühlt. Er hätte gut die Reinkarnation seines Landsmannes Sven Hedin sein können, des großen Entdeckers, der Asien zu Anfang dieses Jahrhunderts erforscht hatte. 1985 hatte Bertil in einem achtzehnmonatigen Marsch die Bergregionen des nördlichen Birma zu Fuß durchquert, dann heiratete er die Funkerin einer der Guerillagruppen und schrieb das erste einer Reihe von Büchern über diese Gegend. Was Birma anging, war er eine Art wandelndes Lexikon.

Am nächsten Morgen, während wir frühstückten, setzte sich ein etwa dreißigjähriger Mann zu uns, ein Chinese, der aussah wie ein Gangster aus dem Shanghai der Vorkriegsjahre: Lederblouson, zurückgekämmtes Haar und schmaler Schnurrbart. Alles sei schon organisiert, sagte er. Uns erwarte ein Marsch von etwa acht bis zehn Stunden. Ob wir bereit wären? Dann sollten wir ihm folgen.

Mit Bertils Jeep fuhren wir ungefähr 30 Kilometer weit auf einer asphaltierten Straße. Ein kleiner Kompaß, den ich immer bei mir trug, verriet mir, daß es nach Norden ging. Wir kamen zu einer Art Farm, die von einem hohen Palisadenzaun aus Holz umgeben war. Dort nahmen uns andere chinesisch aussehende Gestalten in Empfang. Sie zeigten uns, wo wir den Wagen verstecken konnten, und boten uns Tee an. Die ganze Zeit über sprachen sie kein Wort. Bald tauchte ein junger Shan mit drei Maultieren auf, und wir machten uns auf den Weg. Eines der Tiere trug unser Gepäck und die Wasservorräte, die anderen beiden liefen mit für den Fall, daß wir reiten wollten.

Die ersten zwei Stunden fiel das Gehen leicht. Wir marschierten einen Kalkberg mit Höhlen entlang, dann ging es auf und ab über ein paar Hügel. Wir durchwateten Wildbäche, die uns bis zu den Knien reichten. Am frühen Nachmittag schließlich – wir schwitzten immer mehr – erklommen wir einen Steilhang. Der Wald wurde immer dichter, die Bäume immer höher. Wir folgten einem von Maultieren ausgetretenen Pfad, was das Gehen um so schwieriger machte. Die Tiere, die manchmal zu Hunderten hier durchkommen, setzen ihre Hufe immer in dieselben Fußstapfen, was zur Folge hat, daß der Weg – vor allem in der Regenzeit – aus einer ununterbrochenen Reihe von Löchern besteht. Und man muß höllisch aufpassen, um nicht mit dem Fuß hineinzugeraten.

Die Natur bot ein herrliches Schauspiel. Wir sahen auf unserem Weg eine *Bandit krate*, eine gelb-schwarz gestreifte Schlange, die extrem giftig ist, aber nicht angreift, und dicke, glänzende Tausendfüßler. Gegen Abend erreichten wir den höchsten Gipfel. Die Sonne ging in einer goldenen Feuersbrunst hinter einer Reihe von Bergketten unter und tauchte sie – je nach Entfernung – in grüne, blaue, violette oder schwarze Farbtöne; die nächstliegenden, dichtbewaldeten Berge zeichneten sich weich, die weiter entfernten hart und streng ab.

Wie trügerisch Schönheit doch sein kann! So atemberaubend dieses Panorama mit seiner Weite, seiner Stille und seiner Üppigkeit auch war, so nahm doch hier unter diesen Bäumen, die majestätisch wie Kathedralen aufragen, zwischen diesen Bambushainen, die wie Feuerwerke in die Höhe schießen, jener Schmerzensweg seinen Anfang, der über Grenzen und Meere bis in unsere Häuser dringt und unsere Kinder tötet. Was da vor mir lag, war das Herz des Goldenen Dreiecks – auch dies, welch trügerische Bezeichnung! –, die Hauptquelle des heute weltweit zirkulierenden Heroins. Und der Mann, den wir unter so großen Mühen aufsuchten, herrschte über dieses Reich des Todes.

Die Nacht brach rasch und plötzlich herein. Begleitet von Vogelschreien, dem Gekreisch von Affen und dem geheimnisvollen Rascheln und Schleichen von Tieren, die ich im Dunkeln nicht mehr erkennen konnte.

Die letzten drei Stunden Fußmarsch, immer abwärts, waren besonders hart. Ich bekam Wadenkrämpfe, starke Kopfschmerzen und schließlich auch noch ... ein Stechen in der Brust. Waren dies etwa die ersten Symptome eines Infarkts? Unwillkürlich fiel mir der Abt aus Ulan Bator ein, der in der Weihrauchasche gesehen hatte, daß ich Herzstörungen haben würde; ich dachte an den ungereimten Astrologen in Kuala Lumpur, der ebenfalls so sicher war, daß mich vor meinem 58. Lebensjahr eine schwere Krankheit treffen würde. Da konnte ich mir hundertmal sagen, wieviel anderes diese Wahrsager nicht erraten hatten – es nützte nichts. Instinktiv suchte meine Hand den Leberfleck auf meiner Stirn, der – wenn man der Zauberin in Singapur glauben wollte – besagte, daß ich in fremder Erde sterben würde. Was konnte fremder sein als dieser Wald! Mit Bertil an meiner Seite, dem ich meinen »letzten Willen« diktieren würde ... Dieser Ausdruck, der mir zufällig in den Sinn kam, brachte mich zum Lachen. Richtige Angst überkam mich erst bei dem Gedanken, man könnte die Worte eines Wahrsagers so ernst nehmen, daß man alles tut, damit sie sich auch bewahrheiten. Statt also einen Herzinfarkt zu provozieren, atmete ich tief durch und marschierte weiter.

Der Himmel war voller Sterne, doch rund um uns herrschte blinde Dunkelheit. Es war die Nacht des Dezemberneumonds, mit dem für die Shan das neue Jahr beginnt. Die Festlichkeiten dauern eine Woche, und dazu hatte Khun Sa uns eingeladen. Für die Shan war das Jahr, das Mitte Dezember begann, nicht 1994, sondern das Jahr 2088, denn ihre Zeitrechnung setzt mit ihrem Übertritt zum Buddhismus und dem Bau der ersten Pagode an den Ufern des Toten Sees in Yunnan ein.

Noch zwei Wochen, dann würde auch unser Jahr 1993 vorbei sein. Auch mein Jahr ohne Fliegen? Nicht ganz. Der Wahrsager von Hongkong war Chinese, und so endete für ihn – wie für die gesamte von der Kultur des Reichs der Mitte beherrschte Welt – 1993 nicht am 31. Dezember, sondern mit dem ersten Frühlingsneumond. Und dieser fiel 1994 auf den 8. Februar. Wollte ich mich also tatsächlich an seine Prophezeiung halten, so galt für mich dieses Datum.

Neun Stunden waren wir bereits unterwegs, als wir in ein Tal kamen. Es war stockfinster. Ich hörte einen Bergbach rauschen, aber ehe ich ihn gewahrte, stand ich schon im Wasser. Am anderen Ufer befand sich ein einsames großes Holzhaus. Während wir eintraten, sah ich im schwachen Schein einer Petroleumlampe mehrere Menschen zusammenstehen. Ich hörte eine Frau auf chinesisch Befehle erteilen, ein junger Mann brachte uns heißen Tee.

»Und du, wo kommst du her?« fragte ich ihn.

»Aus Yunnan!«

»Und was machst du hier?«

»Ich arbeite«, antwortete er.

Es schien mir nicht klug, weiterzufragen. Die Frau unterhielt sich mit jemandem über Walkie-talkie, und kurz darauf kam ein kleiner Lastwagen und holte uns ab.

Nach einer halben Stunde Fahrt auf einer ungepflasterten Straße erschien mitten in einer Ebene ein hellerleuchtetes Städtchen. Ein Volksfest war im Gange. Menschen flanierten zwischen Ständen, aßen, sahen Gauklern zu. Ein paar Dutzend junge Soldaten mit geschultertem Gewehr standen im Dunkeln diskret Wache. Wir waren in Ho Mong angekommen, der »Hauptstadt des Bösen«, wie die Zeitungen diese erstaunliche Ortschaft nennen, die zwar auf birmanischem Territorium, doch kaum zehn Kilometer von der thailändischen Grenze entfernt liegt.

Mit einer Wollmütze auf dem Kopf und einer Windjacke über dem Schlafanzug kam uns der »Außenminister« des »Landes der Shan« entgegen und führte uns ins »Gästehaus der Regierung«.

Wir verbrachten fünf Tage in Ho Mong. Es wurde ein Aufenthalt voller Überraschungen. So entdeckten wir gleich am ersten Morgen, daß mindestens zwei Straßen von Thailand direkt nach Ho Mong führen und daß alle anderen »Gäste« Khun Sas bequem im Wagen angereist waren, darunter auch Offiziere der thailändischen Armee – in Zivil. Erstaunlich! Seit 1990 fahnden die Vereinigten Staaten wegen Drogenhandels nach Khun Sa, und auch Thailand hat eine Prämie von 20000 Dollar auf seinen Kopf ausgesetzt! Wir fotografierten einander mit breitem Grinsen.

Die übrigen Gäste waren Shan aus den von der Regierung in Rangun kontrollierten Gebieten – ich traf zwei, die aus Kengtung stammten – und vor allem im Ausland lebende Shan. Unter ihnen war auch die Tochter des alten *sawbwa* von Yawnghwe, des Königs der tausend Bananenbäume, die in die Staaten ausgewandert war.

Der »General«, wie alle ihn nannten, ließ nicht lange auf sich warten. Um die Mittagszeit hielt ein Kleinlaster vor dem Gästehaus, sechs bis an die Zähne bewaffnete Soldaten sprangen herunter; dann erhob sich gemächlich von seinem Platz neben dem Fahrer Khun Sa, in einer eleganten braun-grünen Uniform mit dem Emblem des »Landes der Shan« als einzigem Schmuck am Ärmel.

Auf den ersten Blick wirkte er sympathisch: in Aussehen und Verhalten äußerst chinesisch. Er hatte ein straffes, blankes Gesicht, kleine, äußerst lebhafte Augen und von Nikotin gebräunte Zähne; er wirkte ruhig und gelassen. Instinktiv suchte ich – das ist eine Berufskrankheit – nach einem Detail, an das ich mich erinnern würde, nach etwas Besonderem in seinem Gesicht, einer Geste, die mir verriet, wer er war. Nichts. Sein Gesicht war nicht undurchdringlicher als das anderer Asiaten, sein Blick nicht geheimnisvoller, gleichgültiger, mörderischer, starrer, entschiedener oder grausamer. Hätte ich ihn auf dem Markt getroffen, ohne Eskorte und Uniform, hätte ich ihn für einen der vielen gehalten, die dort einkaufen. Aber sagt man das nicht von allen großen Spionen?

Er drückte Bertils Hand und sagte: »Ich habe viel von Ihnen gehört. Ihre Worte und meine Taten sind Pfeile ins Herz der Diktatoren in Rangun.« Bertil zündete sich verlegen seine Pfeife an. Für einen Journalisten gibt es nichts Schlimmeres, denn als »Verbündeter« behandelt zu werden. Ganz egal, von wem. Geschweige denn von Khun Sa! Er habe persönlich kommen wollen, um uns zu dem feierlichen Neujahrsessen in seinem Haus einzuladen. Bevor er gemächlich wieder in seinen Wagen stieg, gab Khun Sa seinen »Ministern« demonstrativ den Befehl, uns alles zu zeigen, was wir sehen wollten, uns alles zu erklären, uns überallhin zu lassen.

Ho Mong hat etwa 20000 Einwohner. Es ist ein Städtchen, das nur aus Holzhäusern mit Wellblechdächern besteht und in seiner Mitte einen großen Spiel-, Markt- und Paradeplatz hat. Alle Neujahrsfestivitäten fanden dort statt. Man hatte zwei Theater, eine Diskothek, ein paar Schießbuden und sogar einen Laufsteg für den Schönheitswettbewerb aufgestellt, bei dem es neben den verschiedenen Hauptpreisen auch einen Trostpreis gab: Er ging an einen Transvestiten.

An der Hauptstraße hatten Friseure, Schneider, Juweliere und Fotografen ihre Läden; überdies gab es mehrere Geschäfte mit Videoverleih. *Jurassic Park* war besonders beliebt. Die Waren kommen durchweg aus Thailand. Man zahlt in thailändischer Währung, in Baht, und auch die Autos fahren links wie in Thailand und nicht rechts wie im übrigen Birma. Ho Mong hat einen buddhistischen Tempel mit vierhundert Mönchen, drei Hotels für »Geschäftsreisende« und ein Bordell mit etwa fünfzehn Mädchen.

Die Dächer der Wohlhabenden sind mit Parabolantennen bestückt, die den Empfang sämtlicher internationaler Programme ermöglichen. Am Eingang eines bescheidenen Ladens, der von der Taschenlampe über Nägel und Wolldecken alles verkauft, hängt ein Schild: »Telefon«. Dank einer Sonderverbindung mit Thailand kann man von Ho Mong, der »Welthauptstadt des Drogenhandels«, jeden Ort der Welt direkt anwählen. Ich hörte, wie in einer der Kabinen eine junge Chinesin jemanden in Taiwan bat, ein Flugticket von Bangkok nach Hongkong zu besorgen. Ist dies nicht die Route der Drogenkuriere? Sind es nicht chinesische Gangster, die die Verteilung der Drogen weltweit kontrollieren? Diese Fragen wagte ich nicht laut zu stellen.

Das einzige in Mauerwerk ausgeführte Gebäude im Tal war die Residenz Khun Sas: Weiß, ganz für sich auf einem Hügel gelegen, umgeben von einem ausgedehnten Garten samt zwei Tennisplätzen und einem Treibhaus voller Orchideen, erscheint sie von weitem wie eine kalifornische Villa, die am falschen Platz steht. Erst im Näherkommen bemerkt man, daß sie zugleich auch ein Bunker ist: abgeschirmt von Maschinengewehrstellungen, Luftabwehrbatterien und einer ganzen Kaserne

»Getreuer«. Für das Festessen zum Jahreswechsel, das am hellen Nachmittag stattfand – vielleicht um einen in der Dunkelheit möglichen Hinterhalt zu vermeiden –, öffnete Khun Sa seine Villa für ein paar hundert Offiziere seines Heeres und für die Beamten seiner Verwaltung. Zusammen mit Bergen von Speisen wurde den Geladenen auch das Spektakel des Karaoke singenden »Generals« geboten. Auch hier also! Auch mitten im birmanischen Dschungel war die Hauptattraktion ein hypermodernes Ding mit mächtigen Lautsprechern und einem riesigen Videoschirm, auf dem Bilder und Worte chinesischer Songs abliefen. Als guter Gast griff schließlich auch ich zum Mikrofon, um mit dem Drogenkönig ein Duett zu singen, unmusikalisch, wie ich bin. Nichts hätte das Publikum besser unterhalten können!

Daß ich alle zum Lachen gebracht hatte, trug mir kurz darauf eine Führung durch das Haus ein. Die Residenz Khun Sas – mit Kamin im Wohnzimmer, rosarotem Teppichboden in den Zimmern, Kunstledersesseln samt Kunstfaserüberwurf, hohen Regalen ohne ein Buch, aber voller Videokassetten – war die Verwirklichung aller Träume eines Neureichen, das Statussymbol eines Banditen mit dem Wunsch nach Ehrbarkeit. An den Wänden hingen Erinnerungsfotos: ein englischer Lord mit Gattin, der Sohn eines Polizeichefs aus New York, ein ehemaliger Oberst der amerikanischen Special Forces.

»Warum hängen die hier?«

»Es sind Freunde«, lautete die Antwort.

»Und die Drogen, Herr General? Wollen wir darüber sprechen?« wagte ich am Ende des Besuches zu fragen.

»Ein anderes Mal … Das Interview ein anderes Mal. Heute wird gefeiert«, antwortete Khun Sa belustigt.

Am Morgen danach wurden Bertil und ich ins »Regierungsgebäude« gebracht – eine große Holzbaracke mit Lehmboden, die den ganzen Marktplatz beherrschte –, um verschiedene »Minister« zu treffen. Der »Informationsminister«, ein ehemaliger Tierarzt, war beauftragt, uns die offizielle Position des »Landes der Shan« zu erläutern. Sie lautete folgendermaßen: Wir Shan sind eine von den Birmanen unterdrückte Minderheit. Nachdem die Aktionen der vielen vereinzelten Guerillagruppen gescheitert waren, hat Khun Sa unter seiner Führung alle vereint und führt jetzt einen Befreiungskrieg. Das Opium ist die Waffe, mit der wir diesen Krieg führen. Wir wären überglücklich, wenn wir andere Dinge anbauen könnten, Mangos zum Beispiel statt Schlafmohn. Das würde weniger Mühe kosten, und niemand könnte uns des Drogenhandels bezichtigen, was – wie wir ja alle wissen – einen häßlichen Schatten auf unseren Befreiungskampf wirft. Das Problem ist nur, daß man, um Mangos anzupflanzen, Frieden braucht. Man braucht Straßen, um die Früchte auf den Markt zu bringen. Für Opium hingegen braucht man nichts. Man kann es an Ort und Stelle verkaufen, weil die Käufer auch von sehr weit her anreisen, um es sich zu beschaffen. Der Opiumanbau ist folglich unsere einzige Überlebensmöglichkeit. Wenn wir unseren Leuten von heute auf morgen befehlen würden, den Mohnanbau einzustellen, so hieße das, sie dem Hungertod auszuliefern. Die einzige Möglichkeit, die Produktion der Droge zu unterbinden, ist: Frieden und die Entwicklung einer alternativen Wirtschaft. Helft uns dabei! Wir könnten uns nichts Besseres wünschen!

Diese Überlegungen waren alles andere als absurd. Der »Außenminister«, diesmal dem Anlaß entsprechend in Anzug und Krawatte, unterbrach seinen Kollegen, um uns zur Bekräftigung Dokumente zu zeigen. Seit 1980 hatte Khun Sa dem Westen, vor allem den Vereinigten Staaten, mehrfach angeboten, seine gesamte Opiumproduktion zu verkaufen oder zu vernichten. Dafür hatte der General Wirtschaftshilfe in Höhe von dreihundert Millionen Dollar über einen Zeitraum von sechs Jahren verlangt. Es hatte Gespräche gegeben, aber schließlich war alles beim alten geblieben. Anfang Oktober habe Khun Sa an Präsident Clinton persönlich geschrieben und sein Angebot wiederholt, aber mittlerweile seien zwei Monate vergangen, ohne daß aus Washington eine Antwort eingetroffen wäre, sagten Khun Sas »Minister«.

»Warum hilft der Westen uns nicht bei unserer Entwicklung, statt den Versuch zu unternehmen, uns auszurotten?« fragte der

»Finanzminister«. »Die Repressionen treiben nur den Preis in die Höhe und machen den Drogenhandel damit immer attraktiver.«

Die Zahlen gaben ihm recht. 1948, als Birma seine Unabhängigkeit erlangte, wurden im Goldenen Dreieck 30 Tonnen Opium produziert. 1988 waren es schon 3000 Tonnen – trotz der Dollarmilliarden, die für internationale Polizeiaktionen ausgegeben wurden, und trotz wiederholter Versuche, das Opium schon an der Quelle zu zerstören, indem man die Mohnfelder zum Beispiel mit Entlaubungsmittel besprühte. Für Ende 1993 erwarteten die Männer von Khun Sa eine Ernte von über 4000 Tonnen. Da zehn Kilo Opium ein Kilo Heroin hergeben, werden also bald 400 Tonnen »China White«*, in die Welt hinausgehen. Noch nie hat die Menschheit über solche Mengen Drogen verfügt, und noch nie waren die politischen und finanziellen Interessen, die hinter dem Drogenhandel stehen, so weit gestreut.

Die Macht Khun Sas liegt, nach Aussagen seiner »Minister«, in der Tatsache begründet, daß das Volk der Shan hinter ihm steht und daß er über ein Heer von gut 40000 Mann verfügt, die ihm treu ergeben sind. Diese »Männer« sind häufig noch Kinder. Einmal konnte ich in der Morgendämmerung Rekruten sehen, die auf dem großen Platz im Zentrum der Siedlung exerzierten: Einige schienen nicht älter als vielleicht zehn Jahre zu sein. Man sagte mir jedoch, daß sie erst im Alter von sechzehn ein Gewehr bekämen und erst dann gegen die Birmanen in den Kampf geschickt würden. Bis dahin wurden sie von Khun Sa ernährt, gekleidet und erzogen, was für die Menschen, die aus diesen Bergdörfern kommen, nicht gerade wenig ist.

Diese Armee ist bestens trainiert, und es herrscht eine eiserne Disziplin. Wird ein Deserteur aufgegriffen, schlägt man ihm den Kopf ab. Hat man ihn nach drei Monaten noch nicht gefunden, sind es die Köpfe seiner Eltern, die man den Kameraden zur Abschreckung zeigt. Erwischt man einen Soldaten dabei, wie er Opium raucht oder sich Heroin spritzt, dann kommt er in ein Umerziehungslager. Die »Entziehungskur« besteht in zehn Ta-

* Reinstes Heroin

gen, die er in einem drei Meter tiefen Loch in der Erde verbringt, und in einigen Monaten Zwangsarbeit. Ein Rückfall zieht unweigerlich die Exekution nach sich.

Khun Sa ist gewiß nicht der Che Guevara der Shan, der Idealist und Revolutionär, als den ihn seine Anhänger darstellten, aber je länger ich in Ho Mong war, um so deutlicher wurde mir, daß auch an der Beschreibung Khun Sas als des großen Verantwortlichen für all das vom Heroin hervorgerufene Leid etwas Falsches, ja vielleicht Ungerechtes war. Wenn man sich Ho Mong im Morgengrauen besah, wenn das fröstelnde Städtchen unter seiner nächtlichen Nebeldecke hervorkroch und die Shan-Frauen vor ihren Feuerstellen im Freien niederkauerten, um in rußgeschwärzten Töpfen ein Frühstück zu bereiten, dann fragte man sich, ob dieser im Dschungel verborgene Ort wirklich die Hauptstadt des neuen »Reiches des Bösen« war, wie die Amerikaner behaupteten; und ob Khun Sa und seine Männer wirklich die Totenvögel waren, welche die elfte Plage brachten. Waren nicht vielmehr auch sie nur Figuren in einem Spiel, das von weit mächtigeren, unsichtbaren Kräften gesteuert wurde?

Khun Sa zum Sündenbock zu stempeln war für manche Leute sehr bequem, vor allem für die Amerikaner, die früher in der Geschichte des Goldenen Dreiecks und der Drogen eine besondere Rolle gespielt haben. Es war die CIA, die nach dem Sieg Maos in China den Resten des nationalchinesischen Heeres der Kuomintang half, sich in Birma niederzulassen und sich dort mit Hilfe des Opiumanbaus zu finanzieren. Und es war wiederum die CIA, die mit Hilfe Thailands Khun Sa unterstützte, als dieser noch als Parteigänger der »freien Welt« galt und ihr im Kampf gegen die kommunistische Guerilla Thailands behilflich war.

Niemand in Ho Mong leugnete die Tatsache, daß die Drogen von hier stammten und daß Khun Sa sein Heer und seinen Staat finanzierte, indem er genau zwanzig Prozent des Nettowertes jeder Transaktion abschöpfte: vom Ankauf des Opiums in den Dörfern bis hin zum Export des fertigen Heroins ins Ausland. Doch wie kam das Heroin über die Grenze? Man verriet es mir nicht. Aber was kauften oder verkauften die beiden jungen Chinesen, die im Hotel für »Geschäftsreisende« untergebracht waren, in das man Bertil und mich umquartiert hatte, als wir im Gästehaus neuen, wichtigen Offizieren aus Thailand Platz machen mußten? Und was taten diese hier in Ho Mong, als Gäste von Khun Sa?

Die Anti-Drogen-Experten westlicher Botschaften in Bangkok sind überzeugt, daß der größte Teil von Khun Sas Produktion über Thailand ausgeführt wird und daß die Plastiksäckchen mit »China White« häufig von Militär- oder Polizeifahrzeugen transportiert werden. Zwischen fünfhundert und tausend Offiziere sollen direkt in den Drogenhandel verwickelt sein. Doch sind sie es nicht allein! »Die meisten dieser Wolkenkratzer sind mit Drogengeld gebaut worden«, hatte mir vor einiger Zeit ein europäischer Kriminalbeamter erklärt und dabei auf den Wald von Neubauten gezeigt, der im Zentrum Bangkoks aus dem Boden schießt. »Der Drogenhandel ist einer der Motoren des Wirtschaftswunders in diesem Land. Leute aus den höchsten Kreisen haben ihre Finger mit im Spiel!«

Hin und wieder wird die Spitze des Eisbergs sichtbar. Der Mann, der nach dem Sturz des für das Massaker von Bangkok Verantwortlichen Ministerpräsident hätte werden sollen, mußte sich urplötzlich aus der Politik zurückziehen, als bekannt wurde, daß die USA ihm ein Einreisevisum verweigert hatten, weil er des Drogenhandels verdächtigt wurde.

Mein Interview mit dem General wurde auf den Tag vor unserer Abfahrt gelegt. Das Treffen fand im Garten seiner Residenz, inmitten blühender Orchideen, statt. Ich hatte den Eindruck, daß es ihm gefiel, den Präsidenten des »Landes der Shan« zu spielen, der von einem »Vertreter der internationalen Presse«, wie man mich beschrieb, interviewt wurde. Khun Sa kam mit Gefolge, und wenn sich sein seelenruhiges Gesicht bei provokanten Fragen plötzlich zu einem hellen Lachen verzog, dann tat er das auch für sein Publikum.

»Herr General, Sie haben Ihr Leben lang mit Drogen zu tun gehabt. Sie haben noch als junger Mann die erste Morphiumfabrik in Birma gegründet. Nun geben Sie sich als Freiheitskämpfer der Shan. Ist dies nicht ein Vorwand, um Ihre einträglichen Drogengeschäfte unbehelligt weiterführen zu können?«

Khun Sa zündete eine seiner Zigaretten der Marke »555« an, und antwortete dann sehr langsam in Shan. Der »Außenminister« übersetzte: »Zunächst einmal sind diese Geschäfte nicht so einträglich, wie sie Ihnen scheinen mögen. Eine Partie Heroin, die bei uns eine Million Dollar wert ist, kostet über hundert Millionen, wenn sie in euren Ländern ankommt. Also, wer macht die großen Gewinne? Bestimmt nicht Khun Sa! Bestimmt nicht die Shan!« Er nahm einen tiefen Zug und fuhr fort: »Mehr als dreißig Jahre lang wurde die Wahrheit über mich und mein Volk von einem Schleier von Lügen verdeckt, den unsere Feinde über uns gebreitet haben. Es ist an der Zeit, daß die Wahrheit ans Licht kommt. Wir haben nichts zu verbergen. Sie konnten sich hier frei bewegen, haben mit allen gesprochen, haben alles gesehen, was sie wollten. Nun, komme ich Ihnen wie ein Teufel vor?«

»Wie ein Teufel nicht, Herr General; ich sehe weder Hörner noch Schwanz. Aber Sie werden doch nicht leugnen wollen, daß der größte Teil des Heroins, das unsere Länder überschwemmt, von den Opiumfeldern stammt, die von Ihren Leuten bearbeitet werden, aus den Raffinerien, die Sie kontrollieren, und daß es unter dem Schutz Ihrer Truppen exportiert wird?«

Khun Sas Assistenten reagierten beunruhigt auf die Art, wie ich mit dem General redete. Er hingegen schien beinahe belustigt. »Nicht ich zwinge meine Leute zum Anbau von Schlafmohn. Es sind die Birmanen! Sie greifen uns an, sie nehmen uns unser bestes Land weg und treiben uns in die Berge, wo wir nun leben müssen. Ich kontrolliere keine einzige Raffinerie. Die Anlagen sind alle in den Händen reicher Ausländer. Und was den Transport angeht, so garantiert meine Armee die Sicherheit sämtlicher Straßen und Wege hier, für alle, die sie passieren. Ich kämpfe für die Befreiung der Shan. Um diesen Kampf zu finanzieren, erhebe ich Steuern auf Drogengewinne. Das ist alles.«

Ich erinnerte Khun Sa daran, daß ein ehemaliger amerikanischer Botschafter in Bangkok ihn kürzlich als »letzten großen Feind der Menschheit« bezeichnet hatte. »Noriega wurde gefangengenommen, Escobar ermordet ... Fürchten Sie nicht, daß auch Ihre Stunden gezählt sein könnten?« fragte ich ihn.

»Dieser Botschafter redet nicht, er furzt, wenn er den Mund öffnet«, platzte Khun Sa heraus, und sein Gefolge wollte sich halb totlachen. »Was meine Ermordung angeht … schon möglich. Bisher wurden auf mich dreiundvierzig Anschläge verübt. Ganz sicher wird man es wieder versuchen! Aber glauben Sie wirklich, das Drogenproblem wäre gelöst, wenn ich tot wäre? Wenn dem so wäre, hätte ich den Tod wirklich verdient. Aber die Droge ist ein Problem, das älter ist als Khun Sa. Im vergangenen Jahrhundert habt ihr Ausländer die Droge nach Asien gebracht und sie uns aufgezwungen. Jetzt schickt Asien sie in den Westen. Vielleicht eine Frage des Karma. Der Westen bezahlt für seine früheren Missetaten.«

Wie konnte ich ihm unrecht geben?

Wir sprachen mehr als drei Stunden miteinander.

»Weder Hersteller noch Süchtige ziehen irgendeinen Nutzen aus den Drogen. Es sind die Händler, die Vermittler, die das große Geld machen«, versicherte Khun Sa, und mir schien, als habe er damit schon wieder recht. Ich betrachtete ihn, versuchte mir vorzustellen, was geschehen würde, wenn Khun Sa wirklich Schluß machte mit Heroin und Opium. Die Händler würden ihn um die Ecke bringen und einen anderen an seine Stelle setzen, der ihren Interessen besser diente. Der Drogenhandel war wie jedes andere Mega-Business Teil des weltweiten Profit- und Investitionsnetzes geworden, das keine nationalen Grenzen und keine Moral kennt.

Ich mußte an die Ausländer denken, die in Penang für wenige Gramm, die sie bei sich hatten, gehängt worden sind; an die beiden naiven Engländerinnen, die, verlockt durch die Aussicht auf einen kostenlosen Urlaub in Thailand, eingewilligt hatten, zwei Koffer eines »Freundes« mitzunehmen, und nun in einem der Zuchthäuser Bangkoks dahinvegetierten; an die armen Drogensüchtigen, die sich einbilden, ein kleines Geschäft machen zu können, und in die Berge von Chiang Mai gehen, um dort billig Drogen einzukaufen, dann aber von demjenigen verpfiffen werden, der sie ihnen angedreht hat – einfach nur deshalb, weil die Polizei jedes Jahr eine bestimmte Anzahl von »Dilettanten« abfangen muß, damit die Profis freie Hand haben.

Lauter kleine Fische im Vergleich zu den Haien, die unbehelligt in den Penthouses der großen Städte sitzen, in den heiligen Hallen der Banken, der Versicherungsanstalten, der Polizeidienststellen oder der Regierungen.

Der Tag neigte sich seinem Ende zu, und der General sprach immer noch. Ohne die Sonne war es kalt geworden, und jemand brachte ihm seine Militärjacke. Khun Sa sah, daß ein älterer Mann seines Stabes vor Kälte zitterte; er ließ sofort noch eine Jacke bringen, eine neue, und machte sie ihm zum Geschenk.

Khun Sa lud mich ein, mit ihm und seinen Leuten zu Abend zu essen. Er hieß mich neben sich Platz nehmen, und so unterhielten wir uns auf chinesisch, ohne Übersetzer. Wir sprachen über seine Kindheit. Sein Vater war Chinese und starb, als er, Khun Sa, gerade drei Jahre alt war. Die Mutter heiratete wieder, starb aber zwei Jahre später. Khun Sa wuchs auf, ohne zur Schule zu gehen. Erst als Erwachsener lernte er lesen und schreiben. Aus diesem Grund, so sagte er, lege er großen Wert darauf, daß die Rekruten seiner Armee schon von klein auf anfingen zu lernen. Er selbst habe mit sechzehn Jahren Gewehre geklaut und sei dann Bandit geworden. Die Morphiumraffinerie habe er gegründet, um seine Männer zu finanzieren. Er habe viele Kinder von vielen verschiedenen Frauen. Die letzte sei erst vor kurzem gestorben. Ich fragte ihn, wann er geboren sei.

»Am 22. Februar 1934«, sagte er.

»Und um welche Uhrzeit?«

»Damals hat man sie noch nicht registriert, aber ich glaube, es war am Morgen«, antwortete Khun Sa.

Wir aßen an einem runden Plastiktisch, bedient von jungen Soldaten. Das Essen, nach Shan-Art zubereitet, war ausgezeichnet, mit vielerlei gekochtem Gemüse. Zu trinken gab es nur Wasser. Mit der alten Höflichkeit der Bauern leckte Khun Sa ab und zu seine Stäbchen ab und holte damit aus dem großen Topf, aus dem sich alle bedienten, die besten Bissen für mich heraus.

Als er mich verabschiedete, sagte er, ganz wie ein richtiger Chinese: »Kommen Sie wieder, wenn Sie Zeit haben!« Er blieb mir sympathisch, wie bei unserer ersten Begegnung im Gästehaus.

Im »Land der Shan« fehlte mir nur noch ein Wahrsager. Da ich gehört hatte, daß der Abt der Pagode ein guter Astrologe war, suchte ich ihn am letzten Abend auf. Er war schon zu Bett gegangen, aber Bertil und ich waren außergewöhnliche Besucher, und so weckte man ihn. Ein Mönch, der während des Zweiten Weltkriegs in einem amerikanischen Lazarett gearbeitet hatte, übersetzte für uns.

Bald war alles bereit. Der Abt saß, eingehüllt in eine orangefarbene Decke, im Lotossitz vor einem niedrigen Tischchen; er hielt eine Feder in der Hand, mit der er seine Berechnungen anstellte. Als er mir nun die übliche Frage stellte, antwortete ich: »Ich bin am 22. Februar 1934 geboren. Die genaue Uhrzeit weiß ich nicht. Damals hat man sie noch nicht registriert, aber ich glaube, es war am Morgen.«

Niemand merkte etwas. Der Mönch rechnete und rechnete und hob dann mit seiner Litanei an:

»Du hattest eine schwierige Kindheit. Ohne Führung. Vielleicht hast du deine Eltern verloren, als du noch klein warst. Dein Leben ist voller Abenteuer, voller Gefahren. Du bist großzügig, und die Menschen lieben dich. In deinem Herzen waren mehrere Frauen, und du hast viele Kinder. Du selbst weißt nicht genau, wie viele.« Es war beeindruckend.

»Dies ist kein gutes Jahr für dich. Es sind Zeiten voller Spannungen. Kritische Zeiten«, fuhr der Mönch fort. *»Du mußt sehr auf deine Gesundheit achten ... möglicherweise wirst du Opfer eines Unfalls oder mußt dich operieren lassen. Die Gefahr rührt daher, daß du ein Mensch bist, der sich gern im Dunkeln, bei Nacht, bewegt, und gerade nachts mußt du sehr aufpassen. Die Zeit der größten Gefahr liegt zwischen dem 24. September und dem 22. November. Außerdem solltest du achtgeben, was du sagst. Auch Worte können dich in Gefahr bringen. Du hast viele Feinde und schaffst dir ständig neue. Dein Leben war immer in Gefahr.«*

Ich war tief beeindruckt. Was der Mönch sagte, konnte, obwohl es wie üblich allgemein gehalten war, nicht auf alle, nicht auf mich und gleichzeitig auf Khun Sa, zutreffen. Der Mann, den der Mönch beschrieb, war nicht ich, es war der General. Ich hatte sein Geburtsdatum statt des meinigen angegeben, teils aus Spaß, teils weil ich es satt hatte, immer dieselben Dinge zu hören. Doch bei den Worten des Mönchs fühlte ich mich wie ein Dieb und hatte plötzlich Angst, entlarvt zu werden. Doch konnte ich jetzt keinen Rückzieher mehr machen.

»Wann werde ich sterben?« fragte ich.

»Du wirst dein 67. Lebensjahr nicht mehr erleben«, sagte der Mönch. *»Du wirst vorher sterben.«*

»Wie denn? Ermordet?«

*»Nein. Bei einer Operation. Paß auf deine Nieren und dein Herz auf. 1996 kommt eine große Gefahr auf dich zu. Wenn du dieses Jahr überstehst, wird dein Leben besser werden.«**

»Wie steht's mit dem Geld?« fragte ich weiter.

»Du bist einer, der viele Ausgaben hat. Oft verlierst du Geld, weil jemand dich betrügt, und um das wieder wettzumachen, mußt du andere betrügen.«

Der Mönch betrachtete die Blätter, auf die er seine Berechnungen geschrieben hatte, betrachtete mich, als ob etwas nicht stimmte, und ich fürchtete schon, daß er meinen Trick durchschaut habe. Dann sagte er:

»Dein Horoskop ist höchst seltsam. Es ist ein Horoskop voller Rätsel. Du bist einer, von dem nur wenige wissen, wer du wirklich bist – ob du nun ein guter oder ein böser Mensch bist …«

Ein Schauder überlief mich, und ich vermochte kaum mehr, mir Notizen zu machen. Keiner der Wahrsager, die ich bisher aufgesucht hatte, hatte mit solcher Sicherheit über mich gesprochen wie dieser Abt, ohne es zu wissen, über Khun Sa. Lag es am Geburtsdatum? Oder war ich es, der ihm die wenigen Dinge, die ich über Khun Sa wußte, eingab? Aber in welcher Sprache? Der Abt verstand ja nur Shan.

Nach mir kam Bertil an die Reihe. Er wußte genau, zu welcher Stunde er geboren war. Nach seinen Berechnungen begann der Mönch: *»Deine Mutter lebt noch, aber ich sehe deinen Vater*

* Anfang 1996 sind birmanische Truppen in Ho Mong einmarschiert. Khun Sa hat sich kampflos ergeben und lebt seither, dank eines Abkommens mit den Generälen, in Rangun.

nicht. Vielleicht war er schon tot, bevor du auf die Welt kamst.« Bertil war betroffen. Genauso war es.

Intuition? Zufall? Die einfachste Erklärung war, daß dieser Mönch ein wirklicher, ein großer Astrologe war, vielleicht der beste, dem ich je begegnet war. Als wir uns von ihm verabschiedeten, war ich trotzdem froh, daß ich mich ihm durch meinen Scherz entzogen hatte.

Eine winzige Mondsichel hing silbern über dem Tal, als wir in die Herberge zurückkehrten. Die Kälte saß uns in den Knochen, aber rundherum herrschte tiefer Frieden. Gegen den Sternenhimmel stand wunderschön die schwarze Stickerei der Bäume. Auf dem großen Marktplatz spielten im Schein kleiner, durch Wachspapier gegen den Wind geschützter Kerzen noch ein paar junge Rekruten Khun Sas mit leeren Büchsen. Eine liebenswerte Szene; das letzte Bild aus der »Hauptstadt des Bösen«, das ich in mich aufnahm.

Vor uns lagen wieder neun Stunden Marsch über Berg und Tal, und so ging ich schlafen, etwas enttäuscht darüber, daß ich nicht mitspielen konnte.

Der meditierende CIA-Agent

Und so war schließlich auch ich angekommen. Unerschütterlich wie ein Fels saß ich mit gekreuzten Beinen am Boden, die Hände mit der Innenseite nach oben in Nabelhöhe aufeinandergelegt, den Rücken gerade, die Schultern entspannt, die Augen geschlossen. Die Gedanken auf meine Nasenspitze gerichtet, konzentrierte ich mich auf den Augenblick, in dem der langsam und sanft ein- und ausströmende Atem einen bestimmten Punkt der Haut berührt. Stunde um Stunde, Tag um Tag, ohne jemals ein Wort zu sprechen. Vegetarische Mahlzeiten – die letzte vor zwölf Uhr mittag –, Schlafengehen um neun, ohne eine einzige Buchseite zu lesen, um nicht abgelenkt zu werden, immer darauf bedacht, mir jeder Bewegung, jedes Gedankens, jeder Empfindung bewußt zu werden.

Meditation: Da hatte ich mein halbes Leben in Asien verbracht und nie auch nur einen Gedanken darauf verschwendet. Zwar hatte ich von Leuten gehört, die meditierten, die solche Kurse besuchten, aber ich hatte stets das Gefühl, mich ginge dies nichts an. Es war in meinen Augen etwas für Leute, die mit der Welt nicht zurechtkamen, eine Fluchtreaktion. Unglaublich, aber wahr. In China, Japan und Tibet, in Korea, Thailand und Indochina hatte ich Dutzende von Tempeln besucht, hatte ganze Tage in buddhistischen Klöstern verbracht, aber das Thema Meditation hatte sich mir nie gestellt. Wozu dient sie? Wie geht sie vonstatten? Was ist ihr Sinn?

Mich faszinierte die Schönheit der Buddha-Statuen, von denen ich inzwischen einige Dutzend besaß. Ich hatte in ihrer Gesellschaft gelebt – ein birmanischer Bronze-Buddha hatte mehr als zwanzig Jahre lang schweigend über meine Bibliothek gewacht –, mich aber nie gefragt, was sie da machten, im Lotossitz, mit jenem großmütigen Lächeln, den halbgeschlossenen Augen, eine Hand im Schoß, mit der anderen den Boden berührend. Wirklich, ich hatte mich nie gefragt – nicht anders als jemand, der seit seiner Kindheit ein Kruzifix über dem Bett hängen hat und sich nie mit der Bedeutung Christi am Kreuz beschäftigt hat.

Aber das Leben ist auch ungeheuer verschwenderisch. Wie vielen wunderbaren Menschen begegnen wir, ohne daß wir uns dessen bewußt werden; und wie viele schöne Dinge entgehen uns auf dem täglichen Nachhauseweg! Wie immer bedarf es lediglich des rechten Augenblicks, eines Zufalls; es bedarf eines Menschen, der uns anhält und unsere Aufmerksamkeit auf dies oder jenes lenkt. Der Weg, der mich in die Abgeschiedenheit von Pongyang geführt hatte, war labyrinthisch verzweigt, doch zum einen war ich dem roten Faden der Wahrsager gefolgt – »Meditiere!« hatten mir viele geraten –, zum anderen der Spur der weißen Steinchen, die Karma Chang Choub ausgestreut hatte; und schließlich hatte ich auch auf Leopold gehört, der mir immer wieder von seinem »Meister« erzählt hatte. Im November hatte er mir gesagt, daß John Coleman einen seiner berühmten Kurse in Thailand abhalten würde, und mich gedrängt, daran teilzunehmen. »Du mußt begreifen, was Meditation ist«, hatte er gesagt, »wozu warst du denn sonst all die Jahre in Asien?«

Die Vorstellung, von einem Amerikaner, einem ehemaligen CIA-Agenten, meditieren zu lernen, erschien mir höchst sonderbar. Aber wie Leopold ausführte, braucht man oft einen Vermittler aus dem Westen, um bestimmte Aspekte Asiens zu begreifen.

Der Rückzug aus der Welt fand in Pongyang im nördlichen Thailand statt. Auf einer Seite eines schmalen grünen Tals mitten in einem hohen Bambushain, zwischen Blumenbeeten und Frangipane-Wäldchen, standen strohgedeckte Holzbungalows. Die andere Seite gehörte dem Dschungel – den riesigen Bäumen mit ihrem üppigen Blattwerk. Wir meditierten auf einer Holzterrasse unweit eines schäumenden Wasserfalls, der sich in einen kleinen, von roten und orangefarbenen Blumen gesäumten See ergoß.

Mit einem Gongschlag, der von der Terrasse freundlich, aber streng durchs Tal hallte, begann unser Tag – noch vor Sonnenaufgang. Bald tauchten flimmernd wie Glühwürmchen die Taschenlampen der rund dreißig Teilnehmer auf, die in der Dunkelheit den Hügel heraufkamen. Wir nahmen unsere Plätze auf quadratischen Kissen ein und meditierten eine Stunde lang, ausgerichtet auf ein Podium, auf dem neben einem kleinen, mit einem Buddha und Blumen geschmückten Altärchen der »Meister« meditierte. Es folgten das Frühstück und zwei Stunden geleitete Meditation, dazwischen eine Viertelstunde Pause, dann um elf Uhr das – vegetarische – Mittagessen, zwei Stunden Ruhezeit und danach erneut Meditation. Nach Sonnenuntergang dann ein Vortrag über Dharma, den Weg des Buddha. Der Gong markierte die Stunden. Sein langsames, warmes Dröhnen erscholl zum letztenmal um neun Uhr abends, zur Zeit des Schlafengehens.

Ich war zwölf Stunden mit dem Zug und eine Stunde mit dem Auto gefahren, um Pongyang zu erreichen, aber im Augenblick meiner Ankunft wäre ich am liebsten gleich wieder abgereist. Die anderen Teilnehmer waren schon eingetroffen – zumeist Frauen mittleren Alters, nicht mehr schön, nicht mehr begehrt, aber intelligent und noch neugierig, nicht bereit, die Rolle des Mittelmaßes zu akzeptieren, die ihnen von der Gesellschaft zugewiesen wurde; die Frauen befanden sich zumeist in einer Lebenskrise: Es war jener Typ, der mich im Verlauf des Jahres immer wieder zu den Wahrsagern begleitet hatte. Die Thailänderinnen waren sichtlich reich; die Ausländerinnen alle Veteraninnen in der Kunst der Meditation, manche buddhistische Eiferer wie alle, die zu einer anderen Religion übertreten. Unter den Männern war nicht ein einziger mit einem wirklichen Gesicht. Ein Schweizer erzählte, er sei hier, weil Gesundheit seine große »Passion« sei; ein anderer, ein kanadischer Maler, weil er sich versprach, durch Meditation besser malen zu können. Und ich? Was hatte ich hier zu suchen? Ich kam mir vor wie ein Patient in einer psychiatrischen Klinik, der sich selbst einreden will, er sei irrtümlich hier oder seine Lage sei nicht so ernst wie die seiner Nachbarn.

Die »Meister« – sie waren zu zweit, denn John Coleman hatte einen thailändischen Assistenten und Dolmetscher dabei – bildeten ein ungewöhnliches Paar. Coleman, ein schwergewichtiger Riese, jovial und einfach, strahlte alles mögliche aus, nur nicht jenes Asketische und Heilige, das ich mir von einem Meditierenden erwartet hatte. Sein Assistent, um die sechzig, mager, kerzengerade, elegant, mit weißem Haar, kurzgeschoren wie bei einem Marinesoldaten, schien genau das zu sein, was er war: oberster Polizeichef.

John und der Polizeichef hatten sich Anfang der fünfziger Jahre in Bangkok kennengelernt, und der Polizeichef, damals noch ein junger Hauptmann, hatte John, damals noch ein junger, als *businessman* getarnter amerikanischer Geheimagent, auf den Weg der Meditation geführt. Der Hauptmann machte im Laufe der Jahre Karriere und wurde Adjutant des Königs. Vor kurzem war er in Pension gegangen – mit dem Ruf, einer der unbescholtensten Polizeichefs gewesen zu sein, die Thailand je gehabt hatte. Als frommer Buddhist meditierte er seit mehr als vierzig Jahren und hatte es sich nun zur Aufgabe gemacht, andere in die Techniken der Meditation einzuführen.

Ich überwand meinen Hochmut und blieb. Die ersten Tage waren eine harte Prüfung. Der Lotossitz, anfänglich wunderbar bequem, machte mir schon nach einer Viertelstunde schwer zu schaffen; nach einer halben Stunde war er eine Tortur: Meine Knie waren wie mit Stecknadeln gespickt, mein Rücken verkrampft, und ich verspürte den brennenden Wunsch, mich zu bewegen. Nie, keine einzige Sekunde, gelang es mir zu »meditieren«. Statt sich dort aufzuhalten, wo der Atem die Haut berührt, war mein Geist »wie ein Äffchen, das von Ast zu Ast hüpft«, wie uns John bereits vorgewarnt hatte. Nicht einen Augenblick gelang es mir, ihn in »einen starken und kräftigen Büffel« zu verwandeln, »ihm ein Seil um den Nacken zu schlingen und an einem Pflock festzubinden«.

»Denke nur an diesen Punkt, spüre nur dem Atem nach, der deine Haut berührt. Denke nur an diesen Punkt …« wiederholte John ganz langsam. Wie ein großer wächserner Buddha saß er auf seinem Podest. »In dem Augenblick, in dem der Atem die

Haut berührt, reagiert das Nervengewebe mit einer Empfindung, mit der Erfahrung dieser Berührung ... Werde dir dieser Empfindung bewußt ... Werde dir des Atems bewußt, der ein- und ausgeht ... die Flammen der Gier, des Hasses, der Unwissenheit, des Verlangens, der Abneigung werden erlöschen und der Geist wird ruhig werden, gelassen, frei von Angst, von Furcht ...«

Die Füße unter den Knien verschränkt saß ich da, mit geschlossenen Augen, ineinander gelegten Händen, aber wenn mein Geist nicht auf den Schmerz in den Beinen oder auf den Wunsch, aufzustehen und zu schreien, fixiert war, stob er in alle Richtungen davon: Er lief mir weg, und es gelang mir nicht, ihn zurückzurufen. Ich beherrschte ihn nicht; er gehörte nicht mir. Zwecklos. Der Schmerz wurde unerträglich, und noch bevor John das Ende der Stunde verkündete und mit seinem *Amen* (»Mögen alle Lebewesen an allen unseren Verdiensten teilhaben«) das Schweigen brach, gab ich auf, bewegte mich, wechselte die Position, öffnete die Augen ... und sah frustriert, daß andere immer noch in heiterer Gelassenheit dasaßen.

Mehrmals war ich drauf und dran zu gehen. Was hatte es für einen Sinn, mit geschlossenen Augen dazusitzen, inmitten einer herrlichen Natur? Was hatte es für einen Sinn, nur daran zu denken, jeden Gedanken abzutöten und mich zwanghaft jenem Schmerz auszusetzen, von dem früher oder später jeder – zweifellos auch ich – seinen Teil abbekommt?

Mißgestimmt lauschte ich den ersten Abendvorträgen – irritiert von ihrem Inhalt. »Alles im Leben ist Leid. Der Mensch verursacht Leid, wenn er geboren wird, er stirbt, indem er leidet. Wir leiden, weil wir Wünsche haben, wir leiden aus Furcht, das zu verlieren, was wir besitzen ...«, sagte John. Mich störte sein Reden von einer »höheren Energiestufe«, vom »Schärfen des Vergrößerungsglases der Konzentration«. Nach den ersten drei Tagen, in denen wir unsere ganze Aufmerksamkeit auf den Punkt lenken sollten, an dem der Atem die Haut berührt, würde der Geist zur Ruhe kommen – eine Übung, die *anapanasati* hieß. Sowohl die Übung wie auch deren Erklärung erschienen mir intellektuell erniedrigend.

Doch es gab auch Freuden. Da war zum einen die Stille. In der Eröffnungszeremonie hatten wir uns in einem formalen Akt verpflichtet, für die gesamte Dauer des Kurses die Fünf Regeln zu beachten: nicht töten (das galt für alle Lebewesen, auch für die Stechmücken, weshalb in Pongyang auch kein Insektenvertilgungsmittel verwendet wurde), nicht lügen, nicht nehmen, was einem nicht gegeben ist, keine geschlechtlichen Beziehungen haben (»weder mit sich noch mit anderen«, lautete die Formel), keine Giftstoffe zu sich nehmen (was bedeutete, keinen Kaffee zu trinken und nicht zu rauchen). Wir hatten auch versprochen, nach Mittag nichts mehr zu essen, keinen Schmuck zu tragen, kein Parfüm zu benutzen und in keinem allzu bequemen Bett zu schlafen. Weiterhin hatten wir uns verpflichtet, das Erhabene Schweigen nicht zu brechen, also nicht zu sprechen und keinen Lärm zu machen, der die anderen ablenken konnte. Und das war großartig.

Wenn man beim Spaziergang zwischen den Meditationen anderen Teilnehmern begegnete, war es nicht nötig, Konversation zu machen; ein stummes Kopfnicken genügte. Bei Tisch bestand kein Zwang, etwas zu sagen, nur um die Leere, die manchmal unterträglich scheint, mit noch leereren Banalitäten auszufüllen. Jeder war stets mit sich selbst allein.

Diese Stille war wahrhaft eine Entdeckung für mich, denn ohne den Vordergrund vieler Worte merkte ich, daß die großartige Schönheit der Natur in ihrem Schweigen lag. Ich betrachtete die Sterne und hörte ihre Stille; der Mond zog geräuschlos dahin, die Sonne ging lautlos auf und unter. Sogar das Plätschern des Wasserfalls, das Zwitschern der Vögel und das Rauschen des Windes in den Zweigen der Bäume schienen mir schließlich Teil einer gewaltigen beseelten kosmischen Stille, die ich genoß, in der ich Frieden fand.

Diese Stille erschien mir geradezu als ein natürliches Menschenrecht, ein Recht, das man uns genommen hatte. Mit Grauen dachte ich daran, wie sehr unser Leben oft von Krach erstickt wurde, den wir uns in der Illusion erschaffen haben, er bereite uns Vergnügen oder leiste uns Gesellschaft. Jeder müßte von Zeit zu Zeit das Recht auf Stille für sich einfordern und sich eine

Pause gönnen, ein paar Tage des Schweigens, um sich selbst zu fühlen, um nachzudenken und ein wenig Gesundheit wiederzufinden.

Eine weitere Befriedigung ergab sich aus der Anstrengung. Die Verpflichtung, die verschiedenen Verbote einzuhalten, gewann im Laufe der Tage immer mehr an Wert, und dieser Verpflichtung nachzukommen gab mir das Gefühl, Kraft zu schöpfen. John sagte, diese Kraft diene dazu, »eine moralische Basis« für die nächste Stufe der Meditation aufzubauen. Und er hatte recht, denn allmählich spürte ich, daß ich für diese Anstrengung etwas zurückerhielt. »In den letzten Tagen werdet ihr verstehen. Alles erhält seinen Sinn. Alles findet seinen Platz«, wiederholten John und der Polizeichef und machten uns dergestalt Hoffnung, daß wir durch die Konzentration auf diesen Punkt, an dem der Atem die Haut berührt, unseren Geist beherrschen lernten und sich uns damit neue Horizonte eröffnen würden.

Dies war der eigentliche Grund für mein Hiersein. Das ganze Jahr hindurch, immer auf den Spuren der Wahrsager, war ich wieder und wieder auf den Begriff »Geist« gestoßen, und ich war fasziniert gewesen, welche Möglichkeiten sich mit seinen »Kräften« eröffneten. Ich erkannte, daß im Laufe der Zeit dieser Geist aus vielerlei Gründen im Westen immer weniger benutzt wurde und daß er damit einen Großteil seiner Fähigkeiten verloren hatte. Diesen verlorenen Weg wollte ich wiederentdecken, wenn es ihn denn jemals gegeben hatte. War es möglich, daß der Geist ein Organ war, das verkümmert, wenn es nicht in allen seinen Möglichkeiten genutzt wird?

Ich dachte über mich nach. Seit Jahren machte ich nun schon täglich einen Dauerlauf von mehreren Kilometern, ich trieb Gymnastik und bemühte mich, die Muskeln zu trainieren, die ich brauchte. Wann aber hatte ich jemals meinen Geist trainiert? Wann hatte ich Übungen zu dessen Kräftigung gemacht, ihm gestattet, das zu tun, wozu er fähig war? Der Geist ist eines der kompliziertesten Instrumente, die wir zur Verfügung haben, und doch bringen wir ihm nicht einmal die Aufmerksamkeit entgegen, die wir unseren Beinmuskeln angedeihen lassen! Wir bringen ihm nicht bei, sich zu konzentrieren, wir trainieren ihn nicht, um jene Kräfte zu entwickeln, die ihm die Menschen in der Vergangenheit zuschrieben.

Die Französin Alexandra David Neel, die in den dreißiger Jahren den Himalaya erforschte, berichtet von tibetischen Lamas, die sich durch die Kraft des Geistes entmaterialisieren, und von anderen, die über große Entfernungen hinweg miteinander in Verbindung treten konnten. War das alles reine Erfindung? Vielleicht nicht. Vielleicht gibt es tatsächlich etwas im menschlichen Geist, das uns im Laufe der Zeit abhanden gekommen ist. Die Vorstellung, daß irgendwo auf der Welt noch Menschen leben, die den Geist in dieser Weise benutzen können, hat Europäer immer wieder dazu veranlaßt, sich auf die Suche nach ihnen zu machen und nach Asien zu gehen. Im Jahr 1924 begab sich der junge Engländer Paul Brunton nach Indien, um Yogis, Eremiten und Fakire aufzusuchen. Er wollte begreifen, wie sie durch Übung des Geistes zu einem »Wissen« gelangten, das ihm zufolge in der modernen Welt zum Untergang verurteilt ist.

Der erste Schritt auf all diesen verschiedenen Wegen zu diesem »Wissen« war die Meditation. Also war es sinnvoll, ihr Wesen zu verstehen.

Ich beobachtete John beim Meditieren, wie er auf dem leicht erhöhten Podest in meiner Nähe saß, in eine große, weiße Dekke gewickelt, reglos wie eine Gipsstatue. Er war entspannt und konzentriert; seine Stirn war glatt, und auf seinen Lippen lag ein unmerkliches, beinahe spöttisches Lächeln, als sähen seine geschlossenen Augen – so kam es mir jedenfalls vor – etwas, das mir versagt blieb, als vernähmen seine großen Ohren mit den langen Ohrläppchen noch etwas anderes außer der Stille der Natur. John hatte den Schritt getan. Ich weiß nicht, auf welches »Wissen« er zusteuerte, aber gewiß hin zu einer Ruhe, die ihn wie ein Heiligenschein umgab.

Er hatte eine seltsame Lebensgeschichte. 1930 als Kind armer Bergarbeiter in Pennsylvania geboren, arbeitete er zunächst als Maschinenschlosser, später als Fotograf. Während seines Militärdienstes wurde er nach Japan geschickt. In Tokio fanden eben die Kriegsverbrecherprozesse statt, und Johns Aufgabe war es, die Angeklagten zu fotografieren, während ihre Todesurteile verlesen wurden. Nach seiner Entlassung aus dem Militär kehrte er in die USA zurück, studierte an der Universität und ließ sich von der CIA anwerben, wo er für eine äußerst spezielle Tätigkeit ausgebildet wurde: Er mußte Schlösser aufbrechen und wiederherstellen, ohne daß jemand es merkte; Schlösser von Häusern, Büros, Botschaften, Tresore. Seine Mission bestand darin, in Städte zu fahren, ein Gebäude wochenlang zu beobachten, um schließlich dort einzudringen, Dokumente zu fotografieren und es unbemerkt wieder zu verlassen. 1950 schickte man ihn in diesem Auftrag nach Triest, dann nach Rom. 1954 kam er nach Thailand, um die dortige Grenzpolizei zu schulen. Beeindruckt vom Buddhismus, fing er an zu meditieren. Ein paar Jahre vergingen. Die CIA, die offensichtlich glaubte, ihr Agent habe den Verstand verloren, erklärte ihn zum Invaliden und schickte ihn in Frührente. Grund: Berufsunfähigkeit aufgrund einer »Berufskrankheit«. Eine Zeitlang leitete John das Oriental Hotel in Bangkok; dann heiratete er und wurde Vater zweier Kinder. Aus der Meditation, die er nie mehr aufgegeben hatte, machte er eine Lebensaufgabe.

Im dritten Abendvortrag über Dharma, den »Weg der Wahrheit, der Reinigung, der Entgiftung« (bei dieser Sprache drehte sich mir der Magen um), sagte John, das große Verdienst Buddhas liege darin, die Instabilität, die Vergänglichkeit, *anicca*, als das wahre Wesen der Welt erkannt zu haben, als den Ursprung allen Leids. Sich *anicca* bewußt zu werden sei der einzige Weg, sich dem Schmerz zu entziehen.

Nach drei Tagen *anapanasati*, der Konzentration auf den Punkt unterhalb der Nase, an dem der Atem die Haut berührt, der Vergegenwärtigung der aus dieser Berührung entstehenden Empfindungen, der Wärme und der Bewegung der Luft, die wir einatmeten, gingen wir zur richtigen Meditation über, *vipassana*, zur Innenschau. Alles drehte sich jetzt darum, dieses »Vergrößerungsglas, die gebündelte, durch Konzentration geschärfte Aufmerksamkeit des Geistes« auf die Kontemplation des eigenen Körpers zu richten.

Wir sollten damit beginnen, den Geist vollständig auf jenen Punkt unterhalb der Nase zu richten, ihn dann nach oben lenken, auf das Zentrum des Schädels – jetzt verstand ich, weshalb sich bei den Buddha-Statuen häufig an dieser Stelle ein Flämmchen befindet –, und von diesem höchsten Punkt des Körpers aus ganz langsam, ohne die Kontrolle zu verlieren, die Aufmerksamkeit auf die Haut, unter die Haut, unter die Schädeldecke, aufs Gehirn richten, auf die Augen, die Nase und ganz langsam weiter hinunter, auf den Brustkorb, die Lunge, das Herz, die Blutgefäße, die Knochen, die Eingeweide und noch weiter hinunter auf die Beine, die Fußspitzen, die Fußsohlen, auf den untersten Teil des Körpers, ohne an etwas anderes zu denken. Der Geist sollte wie eine Taschenlampe in einer Höhle immer aufs Ziel gerichtet, sich stets jeder Empfindung vollkommen bewußt sein, sich klarwerden, daß alle diese Empfindungen vergänglich sind, daß der Schmerz, das Vergnügen, das Streicheln des Windes auf der Haut, jedes Geräusch flüchtig ist.

»*Anicca* erkennen ... immer weiter *anicca* erkennen ... *anicca* ist alles«, wiederholte John langsam und mit tiefer Stimme. *Anicca* erkennen. Stunde um Stunde, Tag um Tag. Ohne mit jemandem ein Wort zu wechseln! Und von diesem Augenblick an auch außerhalb der Meditation jede Bewegung bewußt zu erleben, jeden Schritt beim Gehen, jeden Bissen beim Essen, jeden Schluck Wasser, der in den Magen hinuntergleitet und sich dort niederläßt.

John, der sich mit dem Polizeichef auf dem Podest abwechselte, begann seine Meditationsstunden stets mit einem Gebet, auf das wir uns jedesmal freuten:

»Frieden und Glück allen Wesen.

Mögen sich alle Wesen von Unwissenheit befreien, von Begierde, von Haß.

Mögen sich alle Wesen vom Leiden, vom Schmerz, von Konflikten befreien.

Mögen alle Wesen von unendlicher liebender Güte, von Mitleid und Gleichmut erfüllt sein.

Mögen alle Wesen zu vollständiger Erleuchtung gelangen.«

Noch mehr freute ich mich jedoch auf sein *Amen*, das der Tortur ein Ende setzte. Ich machte keinerlei Fortschritte. Zwar gelang es mir mit enormer Anstrengung und unter Schmerzen, ruhiger zu sitzen als zu Anfang, aber nicht deshalb war ich ja hier. Ich wollte meditieren lernen, und da war der Erfolg gleich Null. Auf mich traf exakt das zu, was ein berühmter Mönch und Meditierender einmal zu John gesagt hatte: »Ich habe ein Huhn gesehen, das drei Tage lang reglos auf seinen Eiern saß, um sie auszubrüten, aber ich habe noch nie ein erleuchtetes Huhn gesehen.«

John überzeugte mich im Laufe der Tage immer mehr. An ihm war nichts Falsches, keine Verstellung. Er war schlicht und einfach einer, der glaubte, eine große Wahrheit begriffen zu haben. Er war ein Laie, der eine Übung machte, eine Übung, die nicht unbedingt religiös, wohl aber spirituell war.

Wenn er die Meditationsterrasse betrat oder verließ, wandte er sich Buddha zu und verneigte sich mit vor der Brust gefalteten Händen: einfach eine Geste des Danks, daß er ihm den Weg, Dharma, gezeigt hatte. John war frei von der zur Schau getragenen Frömmelei anderer zum Buddhismus Übergetretener.

Ob er der Mensch war, der »auf einer höheren Stufe« stand, dem ich nach Aussage des jungen Wahrsagers aus Kengtung begegnen sollte? Die Fakten schienen mit der Prophezeiung genau übereinzustimmen; und als John in seinem Abendvortrag erzählte, wie ihm anfangs niemand in Thailand das Meditieren beibringen wollte und wie er schließlich in Rangun seinen großen Meister gefunden habe, durchlief mich ein Schauder. »Ich habe bei U Ba Khin gelernt«, sagte er. Ja, es war genau dieser Name! »Folge U Ba Khins Methode«, hatte der junge Mann in Kengtung gesagt, »es ist die beste für Leute wie dich.« Und hier war ich und folgte ihr!

U Ba Khin war Birmane. Geboren 1899, war er in den kolonialen Verwaltungsdienst der Engländer getreten, hatte dort Karriere gemacht, und als die Birmanische Union 1948 in die Unabhängigkeit entlassen wurde, wurde er ein hoher Beamter im Finanzministerium. Als frommer Buddhist hatte er sich seit seiner Jugend für Meditation interessiert und beschlossen, diese spirituelle Praxis, die die Mönche seit Jahrhunderten als ihr Monopol betrachteten, auch Laien zugänglich zu machen. Man mußte seinerzeit Mönch werden, eine andere Möglichkeit zu meditieren gab es nicht.

Zu Beginn veranstaltete U Ba Khin Kurse für seine Untergebenen im Ministerium, 1952 gründete er dann das Internationale Meditationszentrum in Rangun. Als er 1971 starb, war die Meditation zu einer allen zugänglichen spirituellen Übung geworden, wie vor 2500 Jahren, zur Zeit Buddhas. U Ba Khins Methode bestand darin, alle Bemühungen auf einen zehntägigen Kurs zu konzentrieren, damit anschließend der Laie wieder in sein normales Leben zurückkehren und selbständig weitermeditieren konnte.

Einer der Anekdoten zufolge, mit denen John seine Abendvorträge immer auflockerte, war U Ba Khins erster Schüler, ein Bahnhofsvorsteher. Als U Ba Khin einmal, begleitet vom Vorsteher der einzigen Bahnstation der Gegend, als Inspekteur der Eisenbahnen in einer abgelegenen Region Birmas unterwegs war, wollte er einem berühmten Mönch, einem *arahat* oder Erleuchteten, der als Einsiedler im Wald lebte und meditierte, einen Besuch abstatten. Doch sie wurden von einer Nonne abgewiesen; der Meister habe zu tun und empfange niemanden. »Aber wir kommen von weit her und möchten ihm die Ehre erweisen«, sagte U Ba Khin. Auf der Spitze eines hohen Pfahls befand sich eine nestähnliche Hütte aus Blättern und Bambus, in der der Mönch seit Tagen meditierte. Ein Verschlag öffnete sich, ein Schwarm Fliegen entwich, und dann lugte der Kopf des *arahat* hervor.

»Was suchst du?« stellte ihm der Mönch die einfache Frage.

»Das Nirwana«, erwiderte U Ba Khin.

»Und wie willst du dorthin gelangen?«

»Indem ich *anicca* begreife.«

»Ausgezeichnet. So bringe es auch anderen bei«, gab der *arahat* zurück, schloß den Verschlag und fuhr fort mit seiner Meditation.

U Ba Khin wies den Bahnhofsvorsteher unverzüglich an, sich im Lotossitz niederzulassen, und hieß ihn atmen und seine Aufmerksamkeit auf den Punkt richten, an dem der Atem die Haut berührt.

Indem U Ba Khin die Meditation allen zugänglich machte, gab er ihr neuen Aufschwung und erleichterte auch ihre Verbreitung im Westen. John war einer der ersten Schüler U Ba Khins gewesen, und von ihm wurde er beauftragt, die Methode weiterzuverbreiten, besonders in Europa.

»Nun, Meister, du kennst den Westen, und deshalb wird es dich nicht kränken«, sagte ich zu ihm in jenem einzigen Augenblick, in dem es mir erlaubt war, das Erhabene Schweigen zu brechen. Ich war in seinen Bungalow gerufen worden, um über den Fortschritt meiner Meditation zu berichten. »Es wird dich nicht kränken, wenn ich dir sage, daß ich in all den Tagen keine Minute meditiert habe; daß mein Geist, statt sich auf die Nase zu konzentrieren, alles mögliche gemacht hat: das Landhaus neu getüncht, die Bibliothek erweitert. Statt an den Atem zu denken, habe ich an das gedacht, was ich schreiben will, und daran, wie absurd es ist, daß ich hier bin. Wenn du ›Hals‹ sagst, denke ich daran, dich an der Gurgel zu packen, weil du mir diese Tortur aufzwingst; wenn du ›Beine‹ sagst, denke ich an die Beine unter den Röcken der Thailänderinnen neben mir, auch an die der alten und häßlichen in der letzten Reihe!«

John lachte vergnügt. »Verzweifle nicht«, sagte er. »Auch diese Dinge sind vergänglich. Es wird vorübergehen. Mag sein, daß dein Geist seit Jahrhunderten nicht unter Kontrolle gebracht wurde. Und da willst du ihn von einem Augenblick auf den anderen beherrschen? In wenigen Tagen? Warte. Gib nicht auf. Fahre fort, *anicca* zu erkennen.«

Bei der Vorstellung, daß mein Geist »in allen meinen vorangegangenen Leben« niemals trainiert worden sein soll, mußte ich lachen. Aber wer weiß? Vielleicht stimmte es ja.

Am Buddhismus hat mir immer die Toleranz gefallen, die Tatsache, daß es keine Sünde gibt, nicht diese dumpfe Last, die wir aus dem Westen mit uns herumschleppen und die im Grunde unsere ganze Kultur zusammenhält: das Schuldgefühl. In buddhistischen Ländern gibt es etwas derartig grundsätzlich Verurteilenswertes nicht. Keiner macht einem irgendwelche Vorwürfe oder will einem eine Strafpredigt halten, eine Lektion erteilen. Darum fühlt man sich in diesen Ländern so wohl, und darum suchen dort so viele junge Reisende aus dem Westen die Freiheit.

Der Buddhismus läßt einen in Frieden. Er verlangt nichts, schon gar nicht, daß man Buddhist wird. Eines der zahlreichen Verbote der Mönche – interessant, daß es auch untersagt ist, sich seiner Fortschritte in der Meditation zu rühmen – besteht darin, daß sie niemanden in ihrer Religion unterrichten dürfen, der nicht eigens darum ersucht. Der Buddhismus läßt einen sein, wie man will. Er schreibt zwar vor, nicht zu töten, aber alle tun es. Und die Mörder? Ausschließlich deren Sache. Ihre nächste Inkarnation ist dann eben weniger gut! Keiner ist bestrebt, hier und jetzt Recht und Gerechtigkeit zu üben. Das am allerwenigsten. Es geht uns nichts an. Deshalb ist auch Nächstenliebe keine moralische Pflicht. Im Gegenteil: Wer den Armen hilft, hindert sie daran, sich vom schlechten Karma zu befreien; wer sich um einen Aussätzigen kümmert, verhindert dessen Erlösung durch das Ertragen von Leid und damit dessen günstigere Wiedergeburt. Wenn das Haus des Nachbarn in Brand gerät, so hat das bestimmt mit seinem früheren Leben zu tun!

Der Buddhismus ist weniger eine Religion als ein Lebensstil; er ist eine Deutung der Welt aus der Sicht einer bäuerlichen Gesellschaft, die stets eng mit der Natur verbunden war und nach Erklärungen für deren unerbittliche Grausamkeit suchte. In der Natur herrscht keine Gerechtigkeit, wird keine Rechenschaft gefordert. Warum also sollte sie bei den Menschen herrschen, die doch ebenfalls ein Teil der Natur sind?

Weiterhin fehlt dem Buddhismus der Eroberungsdrang, er kennt keinen missionarischen Eifer, er ist nicht auf Seelenfang. Du willst Buddhist werden? Bitte sehr. Deine Sache! Deshalb haben sie auch nie die Meditation gelehrt. Und es ist bestimmt kein Zufall, daß – vom tibetischen Buddhismus einmal abgesehen – sich der Buddhismus heute vor allem dank westlicher Bekehrter überall auf der Welt ausbreitet. Es sind diese Leute, die mit ihrem angeborenen Kreuzfahrerinstinkt allenthalben Zentren für die Verbreitung dieser Religion gründen.

Wenn man den Buddhismus ernst nimmt und ihn in seinen letzten Konsequenzen weiterdenkt, ist er im Grunde die Negierung der bürgerlichen Gesellschaft und damit natürlich auch des Fortschritts. Wenn alles vergänglich ist, wenn man dem Gesetz von Ursache und Wirkung nicht entrinnen kann und wenn der einzige Weg zur Erlösung darin besteht, Gleichmut gegenüber dem Leben zu erlangen, durch Meditation, durch die man dem verhängnisvollen Kreislauf von Tod und Wiedergeburt entgeht – dann ist alles unbedeutend, alles sinnlos, und alles müßte zum Stillstand gebracht werden: eine äußerst pessimistische Sicht der Dinge mit nihilistischen Konsequenzen.

Wie sähe eine Gesellschaft aus, deren Mitglieder diese Gedanken konsequent weiterführen? Eine wahrhaft buddhistische Gesellschaft wäre unbeweglich und untätig. In der Praxis hat es eine solche Gesellschaft jedoch nie gegeben. Alle Gesellschaften haben weiterexistiert dank einer höchst toleranten Formel: Das Meditieren wurde den Mönchen überlassen (besonders den weniger begabten, denn die intelligenteren widmeten sich der Lehre), und die Leute sammelten »Verdienste« an und machten Schenkungen, mit denen sie die Klöster unterstützten. Die gewöhnlichen Sterblichen lebten weiterhin gemäß ihrer Natur, während die Bonzen ihnen all jene Tugenden vor Augen führten, die sie noch nicht erworben hatten. Auf diese Weise herrschte ein Gleichgewicht, die Gesellschaft fuhr fort zu existieren und ließ den Pessimismus der reinen Lehre außer acht.

In den schwierigen Stunden der Meditation dachte ich an all die Menschen aus dem Westen, die ich in diesem Jahr kennengelernt hatte und die, wie die Buddhisten sagen, im Dharma »Zuflucht gefunden« haben: Karma Chang Choub, der holländische Bikkhu und all die Meditierenden, die hier um mich herum auf ihren Füßen saßen. Gehörte auch ich zu ihnen? Vor zwanzig Jahren war ich nach Asien gekommen, um Mao und Gandhi besser zu verstehen, und da war ich nun und versuchte mit einem Ex-Agenten der CIA und mit einem thailändischen Polizeichef a.D. zu meditieren! Noch dazu ohne Erfolg …

Die erste Stunde der Meditation vor Sonnenaufgang war am schönsten. Ein frischer würziger Wind wehte vom Tal herauf, strich über die Terrasse, streifte diese starren pyramidengleichen Gestalten, die in Decken gehüllt dasaßen, und verschwand in dem noch dunklen Wald auf dem Hügel. John in seiner weißen Decke, die sein Gesicht halb bedeckte, gab uns Mut. Der Polizeichef zu seinen Füßen war der Beweis dafür, daß Meditation möglich war: Unbeweglich saß er da, aber irgendwie war er auch sehr weit entfernt. Lange betrachtete ich diese stumme friedliche Szene, bevor auch ich die Augen schloß. Es schien mir, als setze die Gruppe starke Energieströme frei, als werde durch die gemeinsame Anstrengung die Kraft jedes einzelnen gestärkt.

Am Morgen des achten Tages wurde auch meine Kraft gestärkt. Mir schmerzten die Beine, ich wollte schon aufgeben, doch auf einmal flaute der Schmerz ab, machte mir keine Angst mehr, begann sich aufzulösen und verschwand. Ich hatte es geschafft. Der Geist war kein Äffchen mehr, das von Ast zu Ast hüpfte. Er war hier. Er gehörte mir. Dies war eine große Freude. Dann hörte ich Johns Worte: »Loslassen ... Loslassen ... Sich an nichts festhalten ... Nichts ersehnen.« Auch diese Freude, den Geist bezähmt, den Schmerz gebändigt zu haben, war vergänglich, war *anicca*, und ich ließ sie fahren. Ich kehrte zu dem Punkt zurück, an dem der Atem die Haut berührte, und mir schien, als sei ich von meinem Körper getrennt: Der Geist, losgelöst, betrachtete den Körper von außen, der nur noch ein gefühlloses Skelett war, durch das ich die morgendliche Brise spürte, wahrnahm. Eine Empfindung, die ich nie zuvor gehabt hatte. Ich hörte Johns Stimme, die *Amen* sagte, ich hörte den Gong, der zum Frühstück rief, aber ich blieb unbeweglich sitzen, als hätte ich ein wenig von meiner schweren Körperlichkeit verloren.

Die folgenden Stunden waren nicht mehr so schön, aber die Zeit verging, ohne daß ich voller Ungeduld das Ende herbeigesehnt hätte. Meditieren war nicht mehr eine Probe des Widerstands gegen die Uhr – etwa wie wenn man so lange unter Wasser bleibt, bis die Lungen platzen. Meditieren war das geworden, was es sein sollte: eine Konzentrationsübung. Ich hatte den Eindruck, etwas »gelernt« zu haben, wie man auch schwimmen und lesen lernt. Jetzt hing es von mir ab. Ich hatte jenem Tier, das mein Geist war, die Zügel angelegt; jetzt hieß es beschließen, in welche Richtung ich losreiten wollte.

Ich nutzte die Mittagspause, um oben am Wasserfall zu meditieren. Nach *anapanasati* drang ich in meine Haut ein, verlor mich in einer Zelle, und vor mir breitete sich die Leere aus. Goldene Bilder, Gesichter von Menschen, die ich kannte, kamen mir entgegen: meine Mutter, mein Vater, dann Unbekannte ... dann wunderbare Farben. Ich hatte es erreicht!

Wieder hatte ich heftige Krämpfe und Schwierigkeiten, doch nun wußte ich, daß sie vorübergingen, daß ich zu jener Tür zurückkehren und sie durchschreiten konnte. Vor allem hatte ich die große Weisheit Johns und seiner Methode begriffen: Man mußte zur Erkenntnis der Vergänglichkeit gelangen, zum Bewußtsein von *anicca*, indem man sich diesen vom Stillsitzen herrührenden Schmerz zunutze machte. Wenn man erst einmal akzeptierte, daß auch der Schmerz wie alles andere vorüberging, war der große Schritt getan.

Diese Erfahrung bestärkte mich in meiner Hypothese: Der ausschließliche Glaube an die Wissenschaft hatte uns im Westen um einen interessanten und reichen Erkenntnisschatz gebracht. Wir waren in die Autobahn der wissenschaftlichen Erkenntnisse eingebogen und hatten alle anderen Wege vergessen, die gewiß auch wir einmal gekannt hatten. Hier war der Beweis: Der Schmerz war nicht allein ein körperliches Phänomen, das mit einer Pille unter Kontrolle gebracht werden konnte. Durch Training des Geistes war es möglich, zum selben Ergebnis zu gelangen.

War dies die Antwort auf Leopolds Frage? War dieser neu erlernte Gebrauch des Geistes nicht etwas, das ich in meinen Koffer packen mußte, damit ich, wenn ich eines Tages nach Europa zurückkehrte, nicht nur Seemannsgarn zu erzählen hatte?

Die letzte Stunde der Meditation war der Übung der »liebenden Güte« gewidmet. Am Ende des Kurses sollten wir uns mit ruhigem und abgeklärtem Geist an alle anderen Lebewesen wenden, um mit ihnen die durch die Übung erworbenen Verdienste zu teilen. Es war eine Hymne an die Liebe, und John schloß mit dem großartigen Brief des Apostels Paulus an die Korinther: »Wenn ich in den Sprachen der Menschen und Engel redete, hätte aber die Liebe nicht, wäre ich dröhnendes Erz oder eine klingende Schelle. Und wenn ich mit der Zunge der Propheten reden könnte und um alle Geheimnisse wüßte und alle Erkenntnis hätte und Berge damit versetzen könnte, hätte aber die Liebe nicht, wäre ich nichts...« Zwanzig Jahrhunderte menschlichen Denkens hatten dem nichts hinzufügen können.

Dann wurde eine lange Liste von Personen verlesen, die uns den Kurs ermöglicht hatten und an die unser Dank und ein Teil unserer »Verdienste« ging. Darunter auch die Inhaberin einiger der berühmtesten *massage-parlours* von Bangkok, die uns unsere vegetarischen Mahlzeiten spendiert hatte.

Wir wurden von unseren Gelübden entbunden und vom Gebot des Erhabenen Schweigens befreit. Am Abend sollte ein Festmahl stattfinden – nicht vegetarisch und mit Wein –, um das Ende der Besinnungstage zu feiern und den Teilnehmern die Möglichkeit zu geben, miteinander zu sprechen und sich kennenzulernen. Das war bestimmt nicht das, was ich wollte! Ich nahm meinen Rucksack und zog ab.

Dan Reids Haus lag eineinhalb Stunden von Pongyang entfernt, und bei Sonnenuntergang kam ich an. Großartig: Im alten Thai-Stil, ganz aus Holz erbaut, lag es am Ufer eines Flusses, mit einer großen Terrasse zum Wasser hin. Dan hatte in Berkeley Chinesisch studiert, fünfzehn Jahre in Taiwan gelebt, *Tai Chi Chuan* und *Kung Fu* gelernt und verschiedene Religionen praktiziert, vom Taoismus bis zum Lamaismus. Auch Dan ist auf der Suche. Er ist überzeugt, daß in der chinesischen und tibetischen Vergangenheit eine verlorene Weisheit liegt, und seine profunden Sprachkenntnisse waren für ihn der Schlüssel, um diese vergessene Schatztruhe zu öffnen. Er hatte Bücher darüber geschrieben, wie man mit Hilfe taoistischer Methoden gesund bleibt, sexuell aktiv und lange lebt. Seine Frau Yuki beschäftigte sich gleichfalls mit dem geheimen Wissen der Chinesen und war wie Dan geübt im Meditieren.

Zum Abendessen gab es drei verschiedene Arten von Reis und sehr kleine gekochte Kuttelfische. Es waren die ersten »Lebewesen«, die jetzt wieder vor mir auf dem Teller lagen, und ich konnte mich eines leichten Schauders nicht erwehren.

Wir sprachen über Schmuck- und Edelsteine, die Energie anziehen und Gefahren abwehren, wenn man sie am Körper trägt. Yuki sagte, sie glaube an die Entmaterialisierung bestimmter Gegenstände. Als Kind habe sie zum Schutz vor Gefahr zwei goldene Armreife getragen, die ihr eine Frau übergestreift hatte, indem sie ihr gewaltsam die Handknochen umgebogen hatte. Eines Tages war sie aufgewacht, und einer dieser Armreife war verschwunden. Er konnte unmöglich heruntergerutscht sein. Man suchte ihn überall, aber er blieb unauffindbar. Die einzige Erklärung war, daß er sich entmaterialisiert hatte. Er hatte sich in Energie verwandelt. Yuki meinte, die alten chinesischen Erzählungen seien voll von derartigen Geschichten.

Dan schrieb gerade an einem Buch über die chinesische Küche und erzählte von einem Abend in einem neuen, ganz besonderen Restaurant in Kanton. Die Tische waren in drei Etagen um einen riesigen Eisenkäfig angeordnet, in dem in Boxen die Tiere ausgestellt waren, die man essen konnte: Hunde, Schlangen, Affen, Bären und andere »Spezialitäten«. Da waren Affen, denen die Hände fehlten, weil ein Kunde nur die Handflächen hatte essen wollen. Die Wunde war mit glühendem Eisen verätzt und der Affe wieder in den Käfig zurückgebracht worden, wo er brüllend darauf wartete, daß ein Kunde sein Hirn bestellen würde. Köche in weißer Uniform gingen in die Käfige und holten sich jenen Körperteil, den die Kunden bestellt hatten. Die armen Tiere, die begriffen hatten, welches Schicksal sie erwarteten, schrien wie besessen, sobald sich ihnen jemand in Weiß näherte, und sei es auch nur ein Gast, der aufs Klo mußte.

»Im nächsten Leben«, sagte ich, »werden in diesem Restaurant die Affen die Köche und die Köche die Affen sein.«

»Siehst du, siehst du«, gab Dan zurück, »du bist noch immer ein Europäer und ein Christ. Du hast das Bedürfnis zu glauben, daß es irgendwo Gerechtigkeit gibt. Für einen Buddhisten ist das anders.« Ich mußte zugeben, daß zehn Tage Meditation mir den Wunsch, mit den »Bösen« abzurechnen, nicht hatten austreiben können.

Ich schlief wunderbar auf der Terrasse. Um fünf Uhr früh erwachte ich ohne Gong, zündete drei Räucherstäbchen im

Buddha-Zimmer meiner Gastgeber an und meditierte mehr als eine Stunde lang vor dem Fluß.

Ich fühlte mich stark, ja gereinigt. Diese zehn Tage der Stille, der Enthaltsamkeit, der Anstrengung hatten mich gleichsam geschärft und meine Falten geglättet. Es war der 23. Januar, und nach dem chinesischen Kalender fehlten noch zwei Wochen bis zum wahren Ende des Jahres 1993 – dem Ende meines Jahres ohne Fliegen. Doch ich verspürte große Lust, mich wieder als Florentiner zu behaupten, mein Schicksal in die eigenen Hände zu nehmen und jenes Verbot herauszufordern, mit dem ich mehr als dreizehn Monate gelebt hatte.

Beim Frühstück verkündete ich, daß ich mit dem Flugzeug nach Bangkok zurückkehren würde.

»Richtig«, sagte Yuki. »Heute ist für dich ein äußerst günstiger Tag.« Sie war nach dem Aufstehen ins Buddha-Zimmer gegangen und hatte meine drei Räucherstäbchen entdeckt. Aus der Art, wie die Asche heruntergefallen war, hatte sie meine Zukunft gelesen. »Es wird alles glatt gehen. Ganz ohne Schwierigkeiten«, sagte sie immer wieder. Das freute mich. Sollte ich wirklich an Botschaften in der Asche glauben? Warum auch nicht?

Es war ein Sonntag, und ohne Reservierung war es nicht einfach, für einen der zahlreichen Flüge von Chiang Mai nach Bangkok einen Platz zu finden. Stundenlang wartete ich am Flughafen. Endlich wurde ich für den Flug TG 119 aufgerufen. Eine günstige Zahl? fragte ich mich wie aus alter Gewohnheit.

Auf einmal war alles wieder ganz normal: das Gedudel der Musik, die Sicherheitsgurte, der Start, die Anonymität der Mitreisenden. Ich schloß die Augen, dachte an den Punkt, an dem mein Atem die Haut berührt, und bemühte mich, weiter *anicca* zu erkennen, bis ich spürte, daß die Räder auf der Landebahn des Flughafens Bangkok aufsetzten.

Ich erinnerte mich an das, was der Polizeichef in einem der Abendvorträge gesagt hatte: Wenn man während der Meditation stirbt und der Geist in jenem letzten Augenblick zur Ruhe kommt, dann wird man an einem Ort großen Friedens und großer Stille wiedergeboren.

Diese Chance hatte ich verpaßt.

Was nun?

Als ich wieder in Turtle House eintraf, lag unser Hund Baolì im Sterben. Es war, als hätte er auf mich gewartet, damit wir sein letztes Stück Weges zusammen gehen könnten. Er krümmte sich, zitterte, winselte. Wenn ich meine Hand auf ihn legte, beruhigte er sich. So verbrachte ich eine ganze Nacht, dann noch eine, die Mücken verscheuchend, die seine schon leeren Augen umschwirrten. Es tat weh, ihn so leiden zu sehen; und plötzlich fiel mir das Prozac ein. Wenn eine dieser Pillen meine Stimmung heben sollte, dann würde eine ganze Packung sicherlich auch Baolì helfen! Ich flößte ihm alle die Tabletten mit ein wenig Milch ein. Und so erwies sich auch diese magische eiserne Reserve, die mich nebst all den anderen Amuletten auf meinen Reisen begleitet hatte, um mich in der Not zu schützen, als äußerst nützlich.

Wir begruben Baolì im Garten, zu Füßen einer Statue des Gottes Ganesh, im Schatten eines Bambushains. Die Bediensteten von Turtle House und die Straßenwächter warfen Blumenkränze in die Grube und steckten Räucherstäbchen in die frische Erde. Mit diesem Hund verloren wir einen ruhenden Pol im Nomadenleben der Familie: Dreizehn Jahre hatte er uns begleitet, von Hongkong nach China, nach Japan und nach Thailand.

In welchem Körper würde er wohl wiedergeboren werden? Vielleicht im Körper eines höheren Wesens; vielleicht im Körper eines derjenigen, die – wie der meditierende Polizeichef erzählt hatte – nach zahlreichen gut verbrachten Leben an die Schwelle des Nirwana gelangen, sie beinah überschreiten, aber dann noch einmal zurückkehren, um noch ein Leben zu leben. Das letzte. Gute Reise, Baolì!

Und ich? Wohin bin ich unterwegs? Was soll ich mir nun ausdenken, da ich die Flugzeuge nicht mehr meiden muß? Bestimmt würde sich wieder einmal eine gute Gelegenheit bieten. Das Leben ist voll davon.

Ich habe gehört, daß es in Indien in der Nähe von Madras einen Tempel gibt, in dem vor dreitausend Jahren ein großer Weiser Leben und Tod aller Menschen aller Zeiten, der vergangenen wie der künftigen, auf Palmenblätter geschrieben hat. Wenn man dort ankommt, tritt offenbar ein Mönch auf einen zu mit den Worten: »Wir haben dich erwartet!«, und holt eines jener vergilbten Blätter hervor, auf denen alles verzeichnet ist, was der Besucher erlebt hat und was er noch erleben wird.

Jetzt, da ich nach Indien gehe, werde ich diesen Tempel aufsuchen. Schließlich ist man doch neugierig darauf, sein Schicksal zu erfahren.

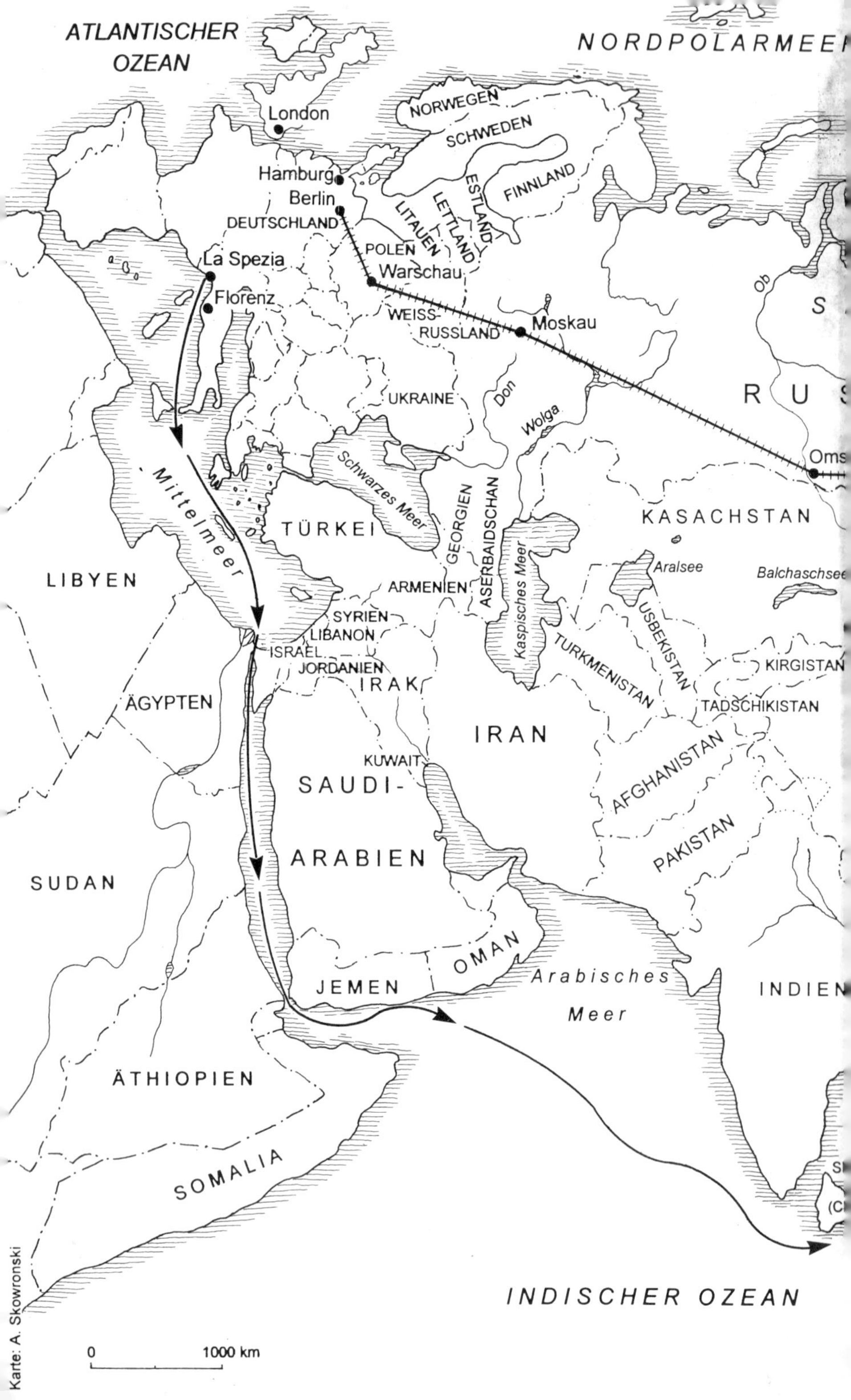
ATLANTISCHER OZEAN
NORDPOLARMEER
London
NORWEGEN
SCHWEDEN
FINNLAND
ESTLAND
LETTLAND
LITAUEN
Hamburg
Berlin
DEUTSCHLAND
POLEN
Warschau
La Spezia
Florenz
WEISS-RUSSLAND
Moskau
Ob
UKRAINE
Don
Wolga
Mittelmeer
Schwarzes Meer
TÜRKEI
GEORGIEN
ASERBAIDSCHAN
ARMENIEN
Kaspisches Meer
KASACHSTAN
Aralsee
Balchaschsee
LIBYEN
SYRIEN
LIBANON
ISRAEL
JORDANIEN
IRAK
TURKMENISTAN
USBEKISTAN
KIRGISTAN
TADSCHIKISTAN
ÄGYPTEN
IRAN
AFGHANISTAN
KUWAIT
SAUDI-ARABIEN
PAKISTAN
SUDAN
OMAN
JEMEN
Arabisches Meer
INDIEN
ÄTHIOPIEN
SOMALIA
INDISCHER OZEAN
0
1000 km
Karte: A. Skowronski